2022

GUARDA MUNICIPAL DE FORTALEZA

EDITORA
AlfaCon
Concursos Públicos

Diretor Geral: Evandro Guedes
Diretor de TI: Jadson Siqueira
Diretor Editorial: Javert Falco
Gerente Editorial: Mariana Passos
Editor Responsável: Mateus Ruhmke Vazzoller
Revisão de Texto: Paula Craveiro
Coordenação de Editoração: Alexandre Rossa
Diagramação: Emilly Lazarotto

Língua Portuguesa
Pablo Jamilk
Conhecimentos de Fortaleza
Julyane Cequinel Hul
Noções de Direito Administrativo
Evandro Guedes
Noções de Direito Constitucional
Daniel Sena
Noções de Direito Penal
Eduardo Labruna
Legislação Municipal
Guilherme Domingos
Legislação Específica
Gustavo Muzy, Lilian Novakoski, Thállius Moraes

Dados Internacionais de Catalogação na Publicação (CIP)
Jéssica de Oliveira Molinari CRB-8/9852

G947

Guarda municipal da prefeitura de Fortaleza /CE / Equipe de professores Alfacon. -- Cascavel, PR : AlfaCon, 2022.
368 p.

Bibliografia
ISBN 978-65-5918-294-7

1. Serviço público - Concursos – Brasil 2. Guarda Municipal – Fortaleza - Prefeitura - Concursos 3. Língua portuguesa 4. Fortaleza – CE - Legislação 5. Direito

22-1151 **CDD 351.81076**

Índices para catálogo sistemático:
1. Serviço público - Brasil - Concursos

Dúvidas?
Acesse: www.alfaconcursos.com.br/atendimento
Núcleo Editorial:
Rua: Paraná, nº 3193, Centro - Cascavel/PR
CEP: 85.810-010
Núcleo Comercial/Centro de Distribuição:
Rua: Dias Leme, nº 489, Mooca - São Paulo/SP
CEP: 03118-040
SAC: (45) 3037-8888

Data de fechamento 1ª impressão: 24/02/2022

EDITORA AlfaCon Concursos Públicos
www.alfaconcursos.com.br/apostilas

APRESENTAÇÃO

Fazer parte do serviço público é o objetivo de muitas pessoas. Por esse motivo, os processos seletivos relacionados a essa área de atuação costumam ser muito concorridos.

Nesse sentido, para a elaboração da obra **Guarda Municipal de Fortaleza,** a Editora AlfaCon teve o cuidado de trazer as indicações mais importantes dos tópicos que fazem parte do conteúdo programático das disciplinas abordadas. Além disso, durante a explicação dos conteúdos, o estudante encontrará dicas essenciais à sua compreensão, e alguns capítulos constam exercícios gabaritados, provenientes de concursos anteriores. Toda essa disposição de assuntos foi pensada para auxiliar o concurseiro na melhor compreensão e fixação do conteúdo.

O material também se destaca por agregar ao seu estudo a tecnologia educacional AlfaCon Notes, ferramenta cuja funcionalidade consiste em registrar suas anotações por meio do QR Code. O objetivo é justamente o de deixar tudo organizado e acessível na área do aluno AlfaCon e em seu smartphone. Por isso, você tem em mãos um material que é um grande facilitador para seus estudos, pois a finalidade maior é auxiliá-lo a compreender os conteúdos de forma didática e eficaz.

Trata-se, então, de uma obra de excelência, resultado da experiência e da competência da Editora e dos Autores, que são especializados em suas respectivas disciplinas. Ressaltamos a importância e a necessidade de haver uma preparação direcionada e organizada, pois somente assim o candidato pode ter o desempenho que almeja nas provas. Tenha a certeza de que esta obra será o diferencial para a conquista de sua aprovação.

Bons estudos e rumo à sua aprovação!

EDITORA

AlfaCon

Concursos Públicos

COMO ESTUDAR PARA UM CONCURSO PÚBLICO!

AlfaCon Concursos Públicos

Para se preparar para um concurso público, não basta somente estudar o conteúdo. É preciso adotar metodologias e ferramentas, como plano de estudo, que ajudem o concurseiro em sua organização.

As informações disponibilizadas são resultado de anos de experiência nesta área e apontam que estudar de forma direcionada traz ótimos resultados ao aluno.

CURSO ON-LINE GRATUITO

- Como montar caderno
- Como estudar
- Como e quando fazer simulados
- O que fazer antes, durante e depois de uma prova!

Ou pelo link: alfaconcursos.com.br/cursos/material-didatico-como-estudar

ORGANIZAÇÃO

Organização é o primeiro passo para quem deseja se preparar para um concurso público.

Conhecer o conteúdo programático é fundamental para um estudo eficiente, pois os concursos seguem uma tendência e as matérias são previsíveis. Usar o edital anterior - que apresenta pouca variação de um para outro - como base é uma boa opção.

Quem estuda a partir desse núcleo comum precisa somente ajustar os estudos quando os editais são publicados.

PLANO DE ESTUDO

Depois de verificar as disciplinas apresentadas no edital, as regras determinadas para o concurso e as características da banca examinadora, é hora de construir uma tabela com seus horários de estudo, na qual todas as matérias e atividades desenvolvidas na fase preparatória estejam dispostas.

PASSO A PASSO

VEJA AS ETAPAS FUNDAMENTAIS PARA ORGANIZAR SEUS ESTUDOS

PASSO 1	PASSO 2	PASSO 3	PASSO 4	PASSO 5
Selecionar as disciplinas que serão estudadas.	Organizar sua rotina diária: marcar pontualmente tudo o que é feito durante 24 horas, inclusive o tempo que é destinado para dormir, por exemplo.	Organizar a tabela semanal: dividir o horário para que você estude 2 matérias por dia e também destine um tempo para a resolução de exercícios e/ou revisão de conteúdos.	Seguir rigorosamente o que está na tabela, ou seja, destinar o mesmo tempo de estudo para cada matéria. Por exemplo: 2h/dia para cada disciplina.	Reservar um dia por semana para fazer exercícios e também simulados.

Esta tabela é uma sugestão de como você pode organizar seu plano de estudo. Para cada dia, você deve reservar um tempo para duas disciplinas e também para a resolução de exercícios e/ou revisão de conteúdos. Fique atento ao fato de que o horário precisa ser determinado por você, ou seja, a duração e o momento do dia em que será feito o estudo é você quem escolhe.

AlfaCon Concursos Públicos

TABELA SEMANAL

SEMANA	SEGUNDA	TERÇA	QUARTA	QUINTA	SEXTA	SÁBADO	DOMINGO
1							
2							
3							
4							

SUMÁRIO

Sumário

Sumário

Sumário

LÍNGUA PORTUGUESA

1. NÍVEIS DE ANÁLISE DA LÍNGUA

Vamos começar o nosso estudo fazendo uma distinção entre quatro níveis de análise da Língua Portuguesa, afinal, você não pode confundir-se na hora de estudar. Fique ligado nessa diferença:

- **Nível Fonético / Fonológico:** estuda a produção e articulação dos sons da língua.
- **Nível Morfológico:** estuda a estrutura e a classificação das palavras.
- **Nível Sintático:** estuda a função das palavras dentro de uma sentença.
- **Nível Semântico:** estuda as relações de sentido construídas entre as palavras.

Na Semântica, estudaremos, entre outras coisas, a diferença entre linguagem de sentido denotativo (ou literal, do dicionário) e linguagem de sentido conotativo (ou figurado).

Ex: Rosa é uma flor.

01. Morfologia:

    Rosa: substantivo;

    Uma: artigo;

    É: verbo ser;

    Flor: substantivo

02. Sintaxe:

    Rosa: sujeito;

    É uma flor: predicado;

    Uma flor: predicativo do sujeito.

03. Semântica:

    Rosa pode ser entendida como uma pessoa ou como uma planta, depende do sentido.

Vamos, a partir de agora, estudar as classes de palavras.

2. MORFOLOGIA CLASSES DE PALAVRAS

Antes de mergulhar nas conceituações, vamos fazer uma lista para facilitar o nosso estudo: classe e exemplo.

Artigo: o, a, os, as, um, uma, uns, umas.

Adjetivo: Legal, interessante, capaz, brasileiro, francês.

Advérbio: Muito, pouco, bem, mal, ontem, certamente

Conjunção: Que, caso, embora.

Interjeição: Ai! Ui! Ufa! Eita.

Numeral: Sétimo, vigésimo, terço.

Preposição: A, ante, até, após, com, contra, de, desde, em, entre.

Pronome: Cujo, o qual, quem, eu, lhe.

Substantivo: Mesa, bicho, concursando, Pablo, José.

Verbo: Estudar, passar, ganhar, gastar.

2.1 Substantivos

Os substantivos são palavras que nomeiam seres reais ou imaginários, objetos, lugares ou estados de espírito.

Eles podem ser:

- Comuns: quando designam seres da mesma espécie.

  gato, mulher, árvore
- Próprios: quando se referem a um ser em particular.

  Bahia, Clarice Lispector, Japão
- Concretos: que designam seres reais no mundo ou na mente.

  menino, bolo, jacaré, duende
- Abstratos: que designam sentimentos, qualidades, estados ou ações dos seres.

  saudade, tristeza, dor, sono (sensações)

  beleza, destreza (qualidades)

  vida, morte (estados)

  estudo, trabalho, luta (ações)
- Simples: que são formados por um único radical.

  garrafa, porta, camiseta, neve
- Compostos: que são formados por mais de um radical.

  passatempo, guarda-chuva
- Primitivos: que não derivam de outra palavra da língua portuguesa.

  pulso, dente
- Derivados: que derivam de outra palavra.

  pulseira, dentista
- Coletivos: que nomeiam seres da mesma espécie.

  alcateia, arquipélago, biblioteca

Há a possibilidade de que palavras de outras classes gramaticais tenham função de substantivo em uma frase, oração ou período, e quando isso ocorre são chamadas Palavras Substantivadas. Para isso, o artigo precede a palavra.

Ainda não sei o porquê do livro não ter sido devolvido.

2.2 Artigo

O artigo é a palavra variável que tem por função individualizar algo, ou seja, possui como função primordial indicar um elemento, por meio de definição ou indefinição da palavra que, pela anteposição do artigo, passa a ser substantivada. Os artigos se subdividem em:

Artigos definidos: **o, a, os, as** - porque definem o substantivo a que se referem.

Hoje à tarde, falaremos sobre **a** aula da semana passada.

Na última aula, falamos **do** conteúdo programático.

Artigos indefinidos: **um, uma, uns, umas** - porque indefinem o substantivo a que se referem.

Assim que eu passar no concurso, eu irei comprar **um** carro.

Pela manhã, papai, apareceu **um** homem da loja aqui.

É importante ressaltar que os artigos podem ser contraídos com algumas preposições essenciais, como demonstraremos na tabela a seguir:

Preposições	Artigo							
	Definido				Indefinido			
	o	a	os	as	um	uma	uns	umas
A	ao	à	aos	às	-	-	-	-
De	do	da	dos	das	dum	duma	duns	dumas
Em	no	na	nos	nas	num	numa	nuns	numas
Per	pelo	pela	pelos	pelas	-	-	-	-
Por	polo	pola	polos	polas	-	-	-	-

O artigo é utilizado para substantivar um termo. Ou seja, quer transformar algo em um substantivo? Coloque um artigo em sua frente.

"Cantar alivia a alma." (Verbo)

"O cantar alivia a alma." (Substantivo)

Emprego do artigo com a palavra "todo":

Quando inserimos artigos ao lado do termo "todo", em geral, o sentido da expressão passa a designar totalidade. Como no exemplo abaixo:

Pobreza é um problema que acomete todo país.

(todos os países)

Pobreza é um problema que acomete todo o país.

(o país em sua totalidade).

2.3 Pronome

Os pronomes são palavras que determinam ou substituem substantivos, indicando a pessoa do discurso – que é quem participa ou é objeto do ato comunicativo .

Os pronomes podem ser pessoais, possessivos, demonstrativos, indefinidos, relativos ou interrogativos.

Pronomes substantivos e adjetivos

É chamado pronome substantivo quando um pronome substitui um substantivo.

É chamado pronome adjetivo quando determina o substantivo com o qual se encontra.

Pronomes pessoais

Pronomes pessoais representam as pessoas do discurso, substituindo o substantivo.

Existem três pessoas do discurso – ou gramaticais:

> 1ª pessoa: eu, nós
> 2ª pessoa: tu, vós
> 3ª pessoa: ele, ela, eles, elas

Os pronomes pessoais podem ser:

→ Retos: têm função, em regra, como sujeito da oração.

→ Oblíquos: têm função de objeto ou complemento.

2.4 Pronomes de Tratamento

Estes são os pronomes utilizados para nos referirmos às pessoas. Eles podem ser cerimoniosos ou familiares, dependendo da pessoa com a qual falamos; considera-se a idade, o cargo e o título, dentre outros, para escolher o tratamento adequado.

É importante ressaltar que as abreviaturas devem, de modo geral, ser evitadas.

Exemplos de pronomes de tratamento:

Você: tratamento informal

Senhor, senhora: tratamento de respeito

Vossa Excelência: altas autoridades

Vossa Reverendíssima: para sacerdotes

Vossa Alteza: para príncipes, princesas e duques

Pronomes possessivos

São os pronomes que atribuem posse de algo às pessoas do discurso.

Eles podem estar em:

> 1ª pessoa do singular: meu, minha, meus, minhas
> 2ª pessoa do singular: teu, tua, teus, tuas
> 3ª pessoa do singular: seu, sua, seus, suas
> 1ª pessoa do plural: nosso, nossa, nossos, nossas
> 2ª pessoa do plural: vosso, vossa, vossos, vossas
> 3ª pessoa do plural: seu, sua, seus, suas

Pronomes demonstrativos

São os que indicam lugar, posição ou identidade dos seres, relativamente às pessoas do discurso.

São eles:

este(s), esta(s), esse(s), essa(s), aquele(s), aquela(s), aqueloutro(s), aqueloutra(s), mesmo(s), mesma(s), próprio(s), própria(s), tal, tais, semelhante(s).

Pronomes relativos

São palavras que representam substantivos já citados, com os quais estão relacionadas.

Eles podem ser:

→ Variáveis:

> Masculino: o qual, os quais, cujo, cujos, quanto, quantos.
> Femininos: a qual, as quais, cuja, cujas, quanta, quantas.

→ Invariáveis: quem, que, onde.

Os pronomes relativos podem unir duas orações como em:

Da árvore caíram maçãs, que foram recolhidas.

Pronomes indefinidos

São os pronomes que se referem, de forma imprecisa e vaga, à 3ª pessoa do discurso.

Eles podem ser:

→ Pronomes indefinidos substantivos

Têm função de substantivo: alguém, algo, nada, tudo, ninguém.

→ Pronomes indefinidos adjetivos

Têm função de adjetivo: cada, certo(s), certa (s).

→ Que variam entre pronomes adjetivos e substantivos

Variam de acordo com o contexto: algum, alguma, bastante, demais, mais, qual etc.

Locuções pronominais indefinidas

Cada qual, cada um, seja qual for, tal qual, um ou outro etc.

Pronomes interrogativos

São os pronomes utilizados em frases interrogativas e, assim como os pronomes indefinidos, não imprecisos para com a 3ª pessoa do plural.

Exemplos:

Quem foi?

Quantos professores vieram hoje?

Lutar contra quê?

Verbo

O verbo é uma palavra que exprime um estado, uma ação, um fato ou um fenômeno.

Ele possui diferentes formas, por suas flexões, para indicar a pessoa do discurso, o número, o tempo, o modo e a voz.

Pessoa e número

O verbo pode variar indicando a pessoa e o número:

> 1ª pessoa: eu ando (singular) / nós andamos
> 2ª pessoa: tu anda (singular) / vós andais
> 3ª pessoa: ele anda (singular) / eles andam

Tempos verbais

Os tempos têm a função de situar uma ação ou um acontecimento e podem ser:

→ Presente: Agora eu escrevo.

→ Pretérito (passado):

> Imperfeito: Depois de ler, ele fechava o livro.
> Perfeito: Ele fechou o livro.
> Mais-que-perfeito: Quando vi, ele já fechara o livro.

→ Futuro:

> Do presente: Indiara ganhará o presente.
> Do pretérito: Indiara ganharia o presente.

Modos verbais

Existem três modos de um fato se realizar:

→ Indicativo: Exprime um fato certo e positivo.

→ Imperativo: Exprime uma ordem, proibição, pedido, conselho.

→ Subjuntivo: Enuncia um fato hipotético, possível.

Formas nominais

As formas nominais enunciam, de forma imprecisa, vaga e impessoal, um fato.

São elas:

→ Infinitivo: prender, vender.

→ Gerúndio: prendendo, vendendo.

→ Particípio: prendido, vendido.

Além disso, o infinitivo pode ser pessoal ou impessoal, sendo:

→ Pessoal: quando tem sujeito.

→ Impessoal: quando não tem sujeito.

Também pode ser flexionado ou não flexionado

→ Flexionado: comeres tu, comermos nós, comerdes vós, comerem eles.

→ Não flexionado: comer eu, comer ele.

Verbos auxiliares

São os que se unem a uma forma nominal de outro verbo para formar voz passiva, tempos compostos e locuções verbais.

Principais verbos auxiliares: ter, haver, ser, estar.

Voz

Quanto à voz, os verbos podem ser classificados em:

→ Ativos

→ Passivos

→ Reflexivos

Conjugações

Podem-se agrupar os verbos em três conjugações, de acordo com a terminação do infinitivo.

> 1ª conjugação: terminados em -ar: cantar
> 2ª conjugação: terminados em -er: bater
> 3ª conjugação: terminados em -ir: fingir

As conjugações são caracterizadas pelas vogais temáticas A, E e I.

Elementos estruturais do verbo

É necessário identificar o radical, o elemento básico, e a terminação, que varia indicando tempo e modo, e pessoa e número.

Exemplo: dançar | danç- (radical) -ar (terminação)

Na terminação é encontrada ao menos um dos seguintes elementos:

→ Vogal temática: que caracteriza a conjugação.

→ Desinência modo-temporal: indica o modo e o tempo do verbo.

→ Desinência número pessoal: indica se seria a 1ª, 2ª ou 3ª pessoa e se seria do plural ou do singular.

Tempos primitivos e derivados

Os tempos podem ser divididos em primitivos e derivados, que podem ser:

→ Presente do infinitivo:

Exemplo: reclamar

- Pretérito imperfeito do indicativo: reclamava, reclamavas.
- Futuro do presente: reclamarei, reclamarás.
- Futuro do pretérito: reclamaria, reclamarias.
- Infinitivo pessoal: reclamar, reclamares.
- Gerúndio: reclamando.
- Particípio: reclamado.

→ Presente do indicativo:

Exemplo: guardo, guardas, guardais

- Presente do subjuntivo - guardo: guarda, guardas, guarda, guardamos, guardais, guardam
- Imperativo afirmativo - guardas: guarda, guardais

→ Pretérito perfeito do indicativo:

Exemplo: guardaram

- Pretérito mais que perfeito do indicativo: guardara, guardaras
- Pretérito imperfeito do subjuntivo: guardasse, guardasses
- Futuro do subjuntivo: guardares

Modo imperativo

O imperativo se dá de duas formas:

→ Imperativo afirmativo:

- 2ª pessoa do singular e a 2ª pessoa do plural: derivam das pessoas equivalentes do presente do indicativo e suprime-se o s final.
- demais pessoas: continuam como no presente do subjuntivo, sem alteração.

→ Imperativo negativo: as pessoas são iguais às equivalentes do presente do subjuntivo.

Tempos compostos

→ Da voz ativa: é formado pelo particípio do verbo principal, precedido pelos verbos auxiliares ter ou haver.

→ Da voz passiva: é formado quando o verbo principal, no particípio, é precedido pelos auxiliares ter (ou haver) e ser, de forma conjunta.

→ Locuções verbais: são formadas por um verbo principal, no gerúndio ou infinitivo, precedido por um verbo auxiliar.

Verbos regulares, irregulares e defectivos

A conjugação dos verbos pode ser dividida em:

→ Regular: são os que seguem um modelo comum de conjugação, mantendo o radical invariável

→ Irregular: são os que são alterados no radical e/ou nas terminações.

→ Defectiva: são os que não são usados em certos modos por não terem a conjugação completa.

Emprego do verbo haver

O verbo haver é utilizado, principalmente, para expressar ter ou existir, mas pode indicar, também, estar presente, decorrer, fazer, recuperar, julgar, acontecer, comportar-se, entender-se e o ato de ter existência. Além disso, ele possui diversas particularidades na conjugação.

O verbo haver é um verbo irregular, que passa por alterações tanto no seu radical, quanto nas suas terminações, quando conjugado.

→ Presente do indicativo:

- (eu) hei
- (tu) hás
- (ele) há
- (nós) havemos
- (vós) haveis
- (eles) hão

No pretérito perfeito do indicativo, no pretérito mais-que-perfeito do indicativo, no pretérito imperfeito do subjuntivo e no futuro do subjuntivo, o radical hav- se transformará em houv-.

→ Pretérito perfeito do indicativo

- (eu) houve
- (tu) houveste
- (ele) houve
- (nós) houvemos
- (vós) houvestes
- (eles) houveram

→ Futuro do subjuntivo

- (quando eu) houver
- (quando tu) houveres
- (quando ele) houver
- (quando nós) houvermos
- (quando vós) houverdes
- (quando eles) houverem

Nos demais tempos verbais, o radical hav- passa a ser haj-, no presente do subjuntivo e no imperativo.

→ Presente do subjuntivo

- (que eu) haja
- (que tu) hajas
- (que ele) haja
- (que nós) hajamos
- (que vós) hajais
- (que eles) hajam

Quando o verbo haver é utilizado para indicar tempo ou com o sentido de existir, ele será impessoal e sem sujeito, sendo conjugado apenas na 3ª pessoa do singular.

> Presente do indicativo: há
> Pretérito perfeito do indicativo: houve
> Pretérito imperfeito do indicativo: havia
> Pretérito mais-que-perfeito do indicativo: houvera
> Futuro do presente do indicativo: haverá
> Futuro do pretérito do indicativo: haveria
> Presente do subjuntivo: que haja
> Pretérito imperfeito do subjuntivo: se houvesse
> Futuro do subjuntivo: quando houver

Esse verbo pode ser, também, verbo auxiliar na formação de tempos compostos. Para tal, ele substitui o verbo ter, apresentando ainda o mesmo sentido, e pode ser conjugado em todas as pessoas verbais.

→ Pretérito mais-que-perfeito composto do indicativo

> (Eu) havia + particípio do verbo principal
> (Tu) havias + particípio do verbo principal
> (Ele) havia + particípio do verbo principal
> (Nós) havíamos + particípio do verbo principal
> (Vós) havíeis + particípio do verbo principal
> (Eles) haviam + particípio do verbo principal

→ Haver ou a ver

Para referir-se a algo que possui relação para com alguma coisa, a expressão correta é a ver.

2.5 Adjetivo

É a palavra variável que expressa uma qualidade, característica ou origem de algum substantivo ao qual se relaciona.

Meu terno é azul, elegante e italiano.

Analisando, entendemos assim:

Azul: característica.

Elegante: qualidade.

Italiano: origem.

Estrutura e a classificação dos adjetivos. Com relação à sua formação, eles podem ser:

Explicativos: quando a característica é comum ao substantivo referido.

Fogo **quente**, Homem **mortal**. (Todo fogo é quente, todo homem é mortal)

Restritivos: quando a característica não é comum ao substantivo, ou seja, nem todo substantivo é assim caracterizado.

Terno **azul**, Casa **grande**. (Nem todo terno é azul, nem toda casa é grande)

Simples: quando possui apenas uma raiz.

amarelo, brasileiro, competente, sagaz, loquaz, inteligente, grande, forte etc.

Composto: quando possui mais de uma raiz.

amarelo-canário, luso-brasileiro, verde-escuro, vermelho-sangue etc.

Primitivo: quando pode dar origem a outra palavra, não tendo sofrido derivação alguma.

bom, legal, grande, rápido, belo etc.

Derivado: quando resultado de um processo de derivação, ou seja, oriundo de outra palavra.

bondoso (de bom), grandioso (de grande), maléfico (de mal), esplendoroso (de esplendor) etc.

Os adjetivos que designam origem de algum termo são denominados adjetivos pátrios ou gentílicos.

Uma lista de adjetivos pátrios de estado:

Adjetivos Pátrios	
Acre	Acriano
Alagoas	Alagoano
Amapá	Amapaense
Aracaju	Aracajuano ou Aracajuense
Amazonas	Amazonense ou Baré
Belém(PA)	Belenense
Belo Horizonte	Belo-horizontino
Boa Vista	Boa-vistense
Brasília	Brasiliense
Cabo Frio	Cabo-friense
Campinas	Campineiro ou Campinense
Curitiba	Curitibano
Espírito Santo	Espírito-santense ou Capixaba
Fernando de Noronha	Noronhense
Florianópolis	Florianopolitano
Fortaleza	Fortalezense
Goiânia	Goianiense
João Pessoa	Pessoense
Macapá	Macapaense
Maceió	Maceioense
Manaus	Manauense
Maranhão	Maranhense
Marajó	Marajoara
Natal	Natalense ou Papa-jerimum
Porto Alegre	Porto Alegrense
Ribeirão Preto	Ribeiropretense
Rio de Janeiro(Estado)	Fluminense
Rio de Janeiro(Cidade)	Carioca
Rio Branco	Rio-branquense
Rio grande do Norte	Rio-grandense-do-norte, Norte-riograndense ou Potiguar

Rio grande do Sul	Rio-grandense-do-sul, Sul-rio-grandense ou Gaúcho
Rondônia	Rondoniano
Roraima	Roraimense
Salvador	Salvadorense ou Soteropolitano
Santa Catarina	Catarinense. ou Barriga-verde
Santarém	Santarense
São Paulo (Estado)	Paulista
São Paulo (Cidade)	Paulistano
Sergipe	Sergipano
Teresina	Teresinense
Tocantins	Tocantinense

Países	
Croácia	Croata
Costa rica	Costarriquense
Curdistão	Curdo
Estados Unidos	Estadunidense, norte-americano ou ianque
El Salvador	Salvadorenho
Guatemala	Guatemalteco
Índia	Indiano ou hindu (os que professam o hinduísmo)
Israel	Israelense ou israelita
Irã	Iraniano
Moçambique	Moçambicano
Mongólia	Mongol ou mongólico
Panamá	Panamenho
Porto Rico	Porto-riquenho
Somália	Somali

Adjetivos pátrios compostos

Na formação de adjetivos pátrios compostos, o primeiro elemento aparece na forma reduzida e, normalmente, erudita.

Observe alguns exemplos:

Adjetivos Pátrios Compostos	
África	Afro-/Cultura afro-americana
Alemanha	Germano- ou teuto-/Competições teutoinglesas
América	Américo-/Companhia américo-africana
Ásia	Ásio-/Encontros ásio-europeus
Áustria	Austro-/Peças austro-búlgaras
Bélgica	Belgo-/Acampamentos belgo-franceses
China	Sino-/Acordos sino-japoneses
Espanha	Hispano-/Mercado hispano-português
Europa	Euro-/Negociações euro-americanas
França	Franco- ou galo-/Reuniões franco-italianas
Grécia	Greco-/Filmes greco-romanos
Índia	Indo-/Guerras indo-paquistanesas
Inglaterra	Anglo-/Letras anglo-portuguesas
Itália	Ítalo-/Sociedade ítalo-portuguesa
Japão	Nipo-/Associações nipo-brasileiras
Portugal	Luso-/Acordos luso-brasileiros

Locução adjetiva

Expressão que tem valor adjetival, mas que é formada por mais de uma palavra. Geralmente, concorrem para sua formação uma preposição e um substantivo. Veja alguns exemplos.

Locução Adjetiva	Adjetivo
de águia	Aquilino
de aluno	Discente
de anjo	Angelical
de ano	Anual
de aranha	Aracnídeo
de asno	Asinino
de baço	Esplênico
de bispo	Episcopal
de bode	Hircino
de boi	Bovino
de bronze	Brônzeo ou êneo
de cabelo	Capilar
de cabra	Caprino
de campo	Campestre ou rural
de cão	Canino
de carneiro	Arietino
de cavalo	Cavalar, equino, equídeo ou hípico
de chumbo	Plúmbeo
de chuva	Pluvial
de cinza	Cinéreo
de coelho	Cunicular
de cobre	Cúprico
de couro	Coriáceo
de criança	Pueril
de dedo	Digital
de diamante	Diamantino ou adamantino
de elefante	Elefantino
de enxofre	Sulfúrico
de estômago	Estomacal ou gástrico
de falcão	Falconídeos
de fera	Ferino
de ferro	Férreo
de fígado	Figadal ou hepático

de fogo	Ígneo
de gafanhoto	Acrídeo
de garganta	Gutural
de gelo	Glacial
de gesso	Gípseo
de guerra	Bélico
de homem	Viril ou humano
de ilha	Insular
de intestino	Celíaco ou entérico
de inverno	Hibernal ou invernal
de lago	Lacustre
de laringe	Laríngeo
de leão	Leonino
de lebre	Leporino
de lobo	Lupino
de lua	Lunar ou selênico
de macaco	Simiesco, símio ou macacal
de madeira	Lígneo
de marfim	Ebúrneo ou ebóreo
de Mestre	Magistral
de monge	Monacal
de neve	Níveo ou nival
de nuca	Occipital
de orelha	Auricular
de ouro	Áureo
de ovelha	Ovino
de paixão	Passional
de pâncreas	Pancreático
de pato	Anserino
de peixe	Písceo ou ictíaco
de pombo	Columbino
de porco	Suíno ou porcino
de prata	Argênteo ou argírico
de quadris	Ciático
de raposa	Vulpino
de rio	Fluvial
de serpente	Viperino
de sonho	Onírico
de terra	Telúrico, terrestre ou terreno
de trigo	Tritício
de urso	Ursino
de vaca	Vacum
de velho	Senil
de vento	Eólico
de verão	Estival
de vidro	Vítreo ou hialino
de virilha	Inguinal
de visão	Óptico ou ótico

Flexão do adjetivo

O adjetivo pode ser flexionado em gênero, número e grau.

Flexão de gênero (Masculino / Feminino)

Com relação ao gênero, os adjetivos podem ser classificados de duas formas:

Biformes: quando possuem uma forma para cada gênero.

Homem **belo** / mulher **bela**

Contexto **complicado** / questão **complicada**

Uniformes: quando possuem apenas uma forma, como se fossem elementos neutros.

Homem **fiel** / mulher **fiel**

Contexto **interessante** / questão **interessante**

Flexão de número (Singular / Plural)

Os adjetivos simples seguem a mesma regra de flexão que os substantivos simples, portanto essas regras serão descriminadas no quadro de número dos substantivos. Serão, por regra, flexionados os adjetivos compostos que, em sua formação, possuírem dois adjetivos. A flexão ocorrerá apenas no segundo elemento da composição.

Guerra greco-**romana** - Guerras greco-**romanas**

Conflito **socioeconômico** - Análises **socioeconômicas**

Por outro lado, se houver um substantivo como elemento da composição, o adjetivo fica invariável.

Blusa **amarelo-canário** - Blusas **amarelo-canário**

Mesa **verde-musgo** - Mesas **verde-musgo**

O caso em questão também pode ocorrer quando um substantivo passa a ser, por derivação imprópria, um adjetivo, ou seja, também serão invariáveis os "substantivos adjetivados".

Terno cinza -Ternos cinza

Vestido rosa -Vestidos rosa

E também:

surdo mudo - surdos mudos

pele vermelha - peles vermelhas

Azul- marinho e azul-celeste são invariáveis.

Flexão de grau (Comparativo e Superlativo)

Há duas maneiras de se estabelecer o grau do adjetivo: por meio do grau comparativo e por meio do grau superlativo.

Vejamos como isso ocorre.

Grau comparativo: estabelece um tipo de comparação de características, sendo estabelecido de três maneiras:

Inferioridade: O açúcar é **menos** doce (do) **que** os teus olhos.

Igualdade: O meu primo é **tão** estudioso **quanto** o meu irmão.

Superioridade: Gramática **é mais legal** (do) **que** Matemática.

Grau superlativo: reforça determinada qualidade em relação a um referente. Pode-se estabelecer o grau superlativo de duas maneiras:

Relativo: em relação a um grupo.

De superioridade: José é o **mais** inteligente dos alunos.

De inferioridade: O presidente foi o **menos** prestigiado da festa.

Absoluto: sem relações, apenas reforçando as características

Analítico (com auxílio de algum termo)

Pedro é muito magro.

Pedro é magro, magro, magro.

Sintético (com o acréscimo de - íssimo ou -érrimo)

Pedro é macérrimo.

Somos todos estudiosíssimos.

Veja, agora, uma tabela de superlativos sintéticos.

Superlativos	
Grau normal	Superlativos
Ágil	Agilíssimo
Agradável	Agradabilíssimo
Agudo	Acutíssimo ou Agudíssimo
Alto	Altíssimo, Sumo ou Supremo
Amargo	Amaríssimo ou Marguíssimo
Amável	Amabilíssimo
Amigo	Amicíssimo
Antigo	Antiquíssimo
Atroz	Atrocíssimo
Baixo	Baixíssimo ou Ínfimo
Bom	Ótimo ou Boníssimo
Capaz	Capacíssimo
Célebre	Celebérrimo
Cheio	Cheíssimo
Comum	Comuníssimo
Cristão	Cristianíssimo
Cruel	Crudelíssimo
Doce	Dolcíssimo ou Docíssimo
Difícil	Dificílimo
Eficaz	Eficacíssimo
Fácil	Facílimo
Feliz	Felicíssimo
Feroz	Ferocíssimo
Fiel	Fidelíssimo
Frágil	Fragílimo
Frio	Frigidíssimo ou Friíssimo
Geral	Generalíssimo
Grande	Grandíssimo ou Máximo
Horrível	Horribilíssimo
Honorifíco	Honorificentíssimo
Humilde	Humílimo ou Humildíssimo
Inimigo	Inimicíssimo
Inconstitucional	Inconstitucionalíssimo
Jovem	Juveníssimo
Livre	Libérrimo e Livríssimo
Louvável	Laudabilíssimo
Magnífico	Magnificentíssimo
Magro	Macérrimo ou Magríssimo
Mau	Péssimo ou malíssimo
Miserável	Miserabilíssimo
Mísero	Misérrimo
Miúdo	Minutíssimo
Notável	Notabilíssimo
Pequeno	Mínimo ou Pequeníssimo
Pessoal	Personalíssimo
Pobre	Paupérrimo ou Pobríssimo
Precário	Precaríssimo ou Precariíssimo
Próspero	Prospérrimo
Provável	Probabilíssimo
Sábio	Sapientíssimo
Sério	Seríssimo
Simpático	Simpaticíssimo
Simples	Simplíssimo ou Simplicíssimo
Tenaz	Tenacíssimo
Terrível	Terribilíssimo
Vão	Vaníssimo
Voraz	Voracíssimo
Vulgar	Vulgaríssimo
Vulnerável	Vulnerabilíssimo

Atente à mudança de sentido provocada pela alteração de posição do adjetivo.

Homem **grande** (alto, corpulento)

Grande homem (célebre)

Mas isso nem sempre ocorre. Se você analisar a construção "giz azul" e "azul giz", perceberá que não há diferença semântica.

2.6 Advérbio

É a palavra invariável que se relaciona ao verbo, ao adjetivo ou a outro advérbio para atribuir-lhes uma circunstância.

Os alunos saíram **apressadamente**.

O caso era muito **interessante**.

Resolvemos **muito bem** o problema.

É importante decorar essa lista de advérbios para que você consiga reconhecê-los na sentença.

→ Classificação do Advérbio:

Afirmação: sim, certamente, efetivamente etc.

Negação: não, nunca, jamais.

Intensidade: muito, pouco, assaz, bastante, mais, menos, tão, tanto, quão etc.

Lugar: aqui, ali, aí, aquém, acima, abaixo, atrás, dentro, junto, defronte, perto, longe, algures, alhures, nenhures etc.

Tempo: agora, já, depois, anteontem, ontem, hoje, jamais, sempre, outrora, breve etc.

Modo: assim, adrede, bem, mal, depressa, devagar, melhor, pior e a maior parte das palavras formadas de um adjetivo, mais a terminação "mente" (leve + mente = levemente; calma + mente = calmamente).

Inclusão: também, inclusive.

Designação: eis.

Interrogação: onde, como, quando, por que.

Também existem as chamadas locuções adverbiais que vêm quase sempre introduzidas por uma preposição: à farta (= fartamente), às pressas (= apressadamente), à toa, às cegas, às escuras, às tontas, às vezes, de quando em quando, de vez em quando etc.

Existem casos em que utilizamos um adjetivo como forma de advérbio. É o que chamamos de adjetivo adverbializado.

Aquele orador fala **belamente**.
advérbio de modo

Aquele orador fala **bonito**.
adjetivo adverbializado que tenta designar modo

2.7 Conjunção

É a palavra invariável que conecta elementos em algum encadeamento frasal. A relação em questão pode ser de natureza lógico-semântica (relação de sentido) ou apenas indicar uma conexão exigida pela sintaxe da frase.

Coordenativas

São as conjunções que conectam elementos que não possuem dependência sintática, ou seja, as sentenças que são conectadas por meio desses elementos já estão com suas estruturas sintáticas (sujeito / predicado / complemento) completas.

Aditivas: e, nem (= e não), também, que, não só... mas também, não só... como, tanto ... como, assim... como etc.

José não foi à aula **nem** fez os exercícios.

Devemos estudar **e** apreender os conteúdos.

Adversativas: mas, porém, contudo, todavia, no entanto, entretanto, senão, não obstante, aliás, ainda assim.

Os países assinaram o acordo, **mas** não o cumpriram.

A menina cantou bem, **contudo** não agradou ao público.

Alternativas: ou... ou, já ... já, seja... seja, quer... quer, ora... ora, agora... agora.

Ora diz sim, **ora** diz não.

Ou está feliz, **ou** está no ludibriando.

Conclusivas: logo, pois (depois do verbo), então, portanto, assim, enfim, por fim, por conseguinte, conseguintemente, consequentemente, donde, por onde, por isso.

O **concursando** estudou muito, **logo**, deverá conseguir seu cargo.

É professor, **por conseguinte** deve saber explicar o conteúdo.

Explicativas: Isto é, por exemplo, a saber, ou seja, verbi gratia, pois (antes do verbo), pois bem, ora, na verdade, depois, além disso, com efeito, que, porque, ademais, outrossim, porquanto etc.

Deve ter chovido, **pois** o chão está molhado.

O homem é um animal racional, **porque** é capaz de raciocinar.

Não converse agora, **que** eu estou explicando.

Subordinativas

São as conjunções que denotam uma relação de subordinação entre orações, ou seja, a conjunção subordinativa evidencia que uma oração possui dependência sintática em relação a outra. O que se pretende dizer com isso é que uma das orações envolvidas nesse conjunto desempenha uma função sintática para com sua oração principal.

Integrantes

Que, se

Sei **que** o dia do pagamento é hoje.

Vejamos **se** você consegue estudar sem interrupções.

Adverbiais

Causais: indicam a causa de algo.

Já que, porque, que, pois que, uma vez que, sendo que, como, visto que, visto como, como etc.

Não teve medo do perigo, **já que** estava protegido.

Passou no concurso, **porque** estudou muito.

Comparativas: estabelecem relação de comparação:

Como, tal como, mais...(do)que, menos...(do)que, tão como, assim como, tanto quanto etc.

Tal como procederes, receberás o castigo.

Alberto é aplicado **como** quem quer passar.

Concessivas (concessão): estabelecem relação de quebra de expectativa com respeito à sentença à qual se relacionam.

Embora, ainda que, dado que, posto que, conquanto, em que, quando mesmo, mesmo que, por menos que, por pouco que, apesar de (que).

Embora tivesse estudado pouco, conseguiu passar.

Conquanto estudasse, não conseguiu aprender.

Condicionais: estabelecem relação de condição.

Se, salvo se, caso, exceto se, contanto que, com tal que, caso, a não ser que, a menos que, sem que etc.

Se tudo der certo, estaremos em Portugal amanhã.

Caso você tenha dúvidas, pergunte a seu professor.

Consecutivas: estabelecem relação de consequência.

Tanto que, de modo que, de sorte que, tão...que, sem que etc.

O aluno estudou **tanto que** morreu.

Timeto Amon era **tão** feio **que** não se olhava no espelho.

Conformativas: estabelecem relação de conformidade.

Conforme, consoante, segundo, da mesma maneira que, assim como, como que etc.

Faça a prova **conforme** teu pai disse.

Todos agem **consoante** se vê na televisão.

Finais: estabelecem relação de finalidade.

Para que, a fim de que, que, porque.

Estudou muito **para que** pudesse ter uma vida confortável.

Trabalhei **a fim de que** o resultado seja satisfatório.

Proporcionais: estabelecem relação de proporção.

À proporção que, à media que, quanto mais... tanto mais, quanto menos... tanto menos, ao passo que etc.

À medida que o momento de realizar a prova chegava, a ansiedade de todos aumentava.

Quanto mais você estudar, **tanto mais** terá a chance de ser bem sucedido.

Temporais: estabelecem relação de tempo.

Quando, enquanto, apenas, mal, desde que, logo que, até que, antes que, depois que, assim que, sempre que, senão quando, ao tempo que, apenas que, antes que, depois que, sempre que etc.

Quando todos disserem para você parar, continue.

Depois que terminar toda a lição, poderá descansar um pouco.

Mal chegou, já quis sair.

2.8 Interjeição

É o termo que exprime, de modo enérgico, um estado súbito de alma. Sem muita importância para a análise a que nos propomos, vale apenas lembrar que elas possuem uma classificação semântica[1]:

Dor: ai! ui!

Alegria: ah! eh! oh!

Desejo: oxalá[2]! tomara!

Admiração: puxa! cáspite! safa! quê!

Animação: eia! sus! coragem!

Aplauso: bravo! apoiado!

Aversão: ih! chi! irra! apre!

Apelo: ó, olá! psit! pitsiu! alô! socorro!

Silêncio: psit! psiu! caluda!

Interrogação, espanto: hem!

Há, também, locuções interjeitivas: **Minha nossa! Meu Deus!**

A despeito da classificação acima, o que determina o sentido da interjeição é o seu uso.

2.9 Numeral

É a palavra que indica uma quantidade, multiplicação, fração ou um lugar numa série. Os numerais podem ser divididos em:

Cardinais: quando indicam um número básico: um, dois, três, cem mil...

Ordinais: quando indicam um lugar numa série: primeiro, segundo, terceiro, centésimo, milésimo...

Multiplicativos: quando indicam uma quantidade multiplicativa: dobro, triplo, quádruplo...

Fracionários: quando indicam parte de um inteiro: meio, metade, dois terços...

Algarismo		Cardinais	Ordinais
Romanos	Arábicos		
I	1	um	primeiro
II	2	dois	segundo
III	3	três	terceiro
IV	4	quatro	quarto
V	5	cinco	quinto
VI	6	seis	sexto
VII	7	sete	sétimo
VIII	8	oito	oitavo
IX	9	nove	nono
X	10	dez	décimo
XI	11	onze	undécimo ou décimo primeiro
XII	12	doze	duodécimo ou décimo segundo
XIII	13	treze	décimo terceiro
XIV	14	quatorze ou catorze	décimo quarto
XV	15	quinze	décimo quinto
XVI	16	dezesseis	décimo sexto
XVII	17	dezessete	décimo sétimo
XVIII	18	dezoito	décimo oitavo
XIX	19	dezenove	décimo nono
XX	20	vinte	vigésimo
XXI	21	vinte e um	vigésimo primeiro
XXX	30	trinta	trigésimo
XXXL	40	quarenta	quadragésimo
L	50	cinquenta	quinquagésimo

1 Segundo Napoleão Mendes de Almeida.

2 Curiosamente, esses elementos podem ser concebidos, em algumas situações, como advérbios de dúvida.

LX	60	sessenta	sexagésimo
LXX	70	setenta	septuagésimo ou setuagésimo
LXXX	80	oitenta	octogésimo
XC	90	noventa	nonagésimo
C	100	cem	centésimo
CC	200	duzentos	ducentésimo
CCC	300	trezentos	trecentésimo
CD	400	quatrocentos	quadringentésimo
D	500	quinhentos	quingentésimo
DC	600	seiscentos	seiscentésimo ou sexcentésimo
DCC	700	setecentos	septingentésimo
DCCC	800	oitocentos	octingentésimo
CM	900	novecentos	nongentésimo ou noningentésimo
M	1.000	mil	milésimo
X'	10.000	dez mil	dez milésimos
C'	100.000	cem mil	cem milésimos
M'	1.000.000	um milhão	milionésimo
M''	1.000.000.000	um bilhão	bilionésimo

Lista de numerais multiplicativos e fracionários:

Algarismos	Multiplicativos	Fracionários
2	duplo, dobro, dúplice	meio ou metade
3	triplo, tríplice	terço
4	quádruplo	quarto
5	quíntuplo	quinto
6	sêxtuplo	sexto
7	sétuplo	sétimo
8	óctuplo	oitavo
9	nônuplo	nono
10	décuplo	décimo
11	undécuplo	onze avos
12	duodécuplo	doze avos
100	cêntuplo	centésimo

Para realizar a leitura dos cardinais:

É necessário colocar a conjunção "e" entre as centenas e dezenas, assim como entre as dezenas e a unidade. Ex.: 3.068.724 = três milhões sessenta e oito mil setecentos e vinte e quatro. Quanto à leitura do numeral ordinal, há duas possibilidades: Quando é inferior a 2.000, lê-se inteiramente segundo a forma ordinal. 1766º = milésimo septingentésimo sexagésimo sexto. Acima de 2.000, lê-se o primeiro algarismo como cardinal e os demais como ordinais. Hodiernamente, entretanto, tem-se observado a tendência a ler os números redondos segundo a forma ordinal.

2.536º = dois milésimos quingentésimo trigésimo sexto.

8 000º = oitavo milésimo.

Para realizar a leitura do fracionário:

O numerador de um numeral fracionário é sempre lido como cardinal. Quanto ao denominador, há dois casos:

Primeiro: se for inferior ou igual a 10, ou ainda for um número redondo, será lido como ordinal 2/6 = dois sextos; 9/10 = nove décimos; centésimos (se houver).

São exceções: 1/2 = meio; 1/3 = um terço.

Segundo: se for superior a 10 e não constituir número redondo, é lido como cardinal, seguido da palavra "avos".

1/12 = um doze avos; 4/25 = quatro vinte e cinco avos.

Ao se fazer indicação de reis, papas, séculos, partes de uma obra, usam-se os numerais ordinais até décimo. A partir daí, devem-se empregar os cardinais. Século V (século quinto), século XX (vinte), João Paulo II (segundo), Bento XVI (dezesseis).

2.10 Preposição

É a palavra invariável que serve de ligação entre dois termos de uma oração ou, às vezes, entre duas orações. Costuma-se denominar "regente" o termo que exige a preposição e "regido" aquele que recebe a preposição:

Ele comprou um livro **de** poesia.

Ele tinha medo **de** ficar solitário.

Como se vê, a preposição "de", no primeiro caso, liga termos de uma mesma oração; no segundo, liga orações.

Preposições essenciais

São aquelas que têm como função primordial a conexão das palavras: a, ante, até, após, com contra, de, desde, em,entre, para, per, perante, por, sem, sob, sobre, trás. Veja o emprego de algumas preposições:

Os manifestantes lutaram **contra** a polícia.

O aluno chegou **ao** salão rapidamente.

Aguardo sua decisão **desde** ontem.

Entre mim e ti, não há qualquer problema.

Preposições acidentais

São palavras que pertencem a outras classes, empregadas, porém, eventualmente como preposições: conforme, consoante, durante, exceto, fora, agora, mediante, menos, salvante, salvo, segundo, tirante.

O emprego das preposições acidentais é mais comum do que parece:

Todos saíram da sala, **exceto** eu.

Tirante as mulheres, o grupo que estava na sala parou de falar.

Escreveu o livro **conforme** o original.

Locuções prepositivas

Além das preposições simples, existem também as chamadas locuções prepositivas, que terminam sempre por uma preposição simples: abaixo de, acerca de, acima de, a despeito de, adiante de, a fim de, além de, antes de, ao lado de, a par de, apesar de, a respeito de, atrás de, através de, de acordo com, debaixo de, de cima de, defronte de, dentro de, depois de, diante de, embaixo de, em cima de, em frente de(a), em lugar de, em redor de, em torno de, em vez de, graças a, junto a (de), para baixo de, para cima de, para com, perto de, por baixo de, por causa de, por cima de, por detrás de, por diante de, por entre, por trás de.

CONECTIVOS

Os conectivos têm a função de ligar palavras ou orações e eles podem ser coordenativos (ligam orações coordenadas) ou subordinativos (ligam orações subordinadas).

Coordenativos

→ Conjunções coordenativas:

Iniciam orações coordenadas:

Aditivas: e

Adversativas: mas

Alternativas: ou

Conclusivas: logo

Explicativas: pois

Subordinativos

→ Pronomes relativos:

Iniciam orações adjetivas:

que

quem

cujo/cuja

o qual/a qual

→ Conjunções subordinativas:

Iniciam orações adverbiais:

Causais: porque

Comparativas: como

Concessivas: embora

Condicionais: se

Conformativas: conforme

Consecutivas: (tão) que

Finais: para que

Proporcionais: à medida que

Temporais: quando

Iniciam orações substantivas:

Integrantes: que, se

Formas variantes

Algumas palavras possuem mais de uma forma, ou seja, junto à forma padrão existem outras formas variantes.

Em algumas situações, é irrelevante a variação utilizada, mas em outros deve-se escolher a variação mais generalizada.

Exemplos:

Assobiar, assoviar

Coisa, cousa

Louro, loiro

Lacrimejar, lagrimejar

Infarto, enfarte

Diabete, diabetes

Transpassar, traspassar, trespassar

Questões

01. (CESPE)

"A questão maior é saber como colocar em prática essas belezas, num momento em que as lutas sociais sofrem o assédio cada vez mais **agressivo** da globalização e as próprias barreiras ideológicas caem por terra."

(Newton Carlos. Má hora das esquerdas. In: Correio Braziliense, 20/11/2007 (com adaptações).

A partir do texto acima, julgue os itens subsequentes. O adjetivo "agressivo" está empregado com valor de advérbio e corresponde, dessa forma, a ***agressivamente***.

Certo ( ) Errado ( )

02. (NCE) A alternativa em que ***NÃO*** ocorre qualquer forma de superlativo de um adjetivo é:

a) "...é o mais esperto do mundo";

b) "...que mesmo espécies mais longe na escala...";

c) "...teria evoluído a partir de organismos mais simples...";

d) "...para chegar a conclusões bem simples...";

e) "...os animais são, sim, algo inteligentes".

03. (CESPE) Leia o texto:

O **célebre** homem brasileiro cordial é cordial não porque seja polido, o que ele nunca foi, mas porque nada nunca passa pelo cérebro antes de chegar à vida — é só um coração batendo forte no meio da rua, que é o seu lugar.

(Cristovão Tezza. Um erro emocional. Rio de Janeiro: Record, 2010, p. 91 - com adaptações).

Em relação às ideias e a aspectos gramaticais do texto acima, julgue os itens a seguir. Se, em vez do adjetivo "célebre", o autor tivesse optado pela sua forma superlativa, teria de acrescentar-lhe o sufixo ***-érrimo***, da seguinte forma: celebérrimo.

Certo ( ) Errado ( )

04. (NCE) "...comuns a quase todos os animais..."; O trecho abaixo em que o emprego do artigo é ***EQUIVOCADO*** é:

a) Ambos os animais são dotados de alguma inteligência;

b) Todos os quatro animais de estimação sobreviveram;

c) Os biólogos trabalharam todo o dia;

d) Entre os animais há diversos graus de inteligência;

e) Toda a manhã eles chegavam sempre na hora.

05. (TJ). Assinale a alternativa em que o grupo de vocábulos, a seguir, admite, exclusivamente, o artigo masculino.

a) Conceito, poema, sentinela;

b) Atleta, eclipse, herpes;

c) Quadrilha, assalto, hangar;

d) Fonema, afã, champanha;

e) Epígrafe, introito, omoplata.

06. (TJ) Assinale a alternativa em que a classificação morfológica da palavra está ***INCORRETA***.
a) Ele jamais faria tal afirmação tão leviana e vil. Leviana é adjetivo.
b) Nunca se soube verdadeiramente quem era culpado naquela história. Quem é pronome adjetivo interrogativo.
c) Não sei se vocês estão conscientes da situação periclitante em que nos encontramos. Se é conjunção.
d) A essa hora, o delegado já terá feito a ocorrência. Ocorrência é substantivo.
e) Era mister considerar todas as particularidades daquele contrato. Mister é adjetivo.

07. (TJ) Assinale a alternativa em que o termo em negrito NÃO apresenta o valor circunstancial indicado entre parênteses.
a) O hábito, naquele país, era comer **com as mãos**. (instrumento)
b) **Naquele verão**, quantos teriam viajado? (tempo)
c) **Para vencer**, precisávamos de um esforço hercúleo. (fim)
d) Procurava, **desordenadamente**, as fichas no arquivo morto. (modo)
e) Só se retirarão do recinto **com a minha licença**. (companhia)

08. (TJ) Assinale a alternativa em que a palavra composta inclui um elemento que originalmente é um advérbio.
a) Maus-tratos
b) Pré-frontal
c) Bem-humorado
d) Peça-chave
e) Maria-vai-com-as-outras

09. (FGV) Em ***Justiça justa***, ocorre um substantivo ao lado de um adjetivo dele cognato. Assinale a alternativa em que substantivo e adjetivo, respectivamente, **NÃO** sejam cognatos.
a) Lentidão – lento
b) Inércia – inercial
c) Arma – inerme
d) Perfil – perfilhado
e) Obcecação – obcecado

10. (TJ) "**Se** fosse ensinar a uma criança a beleza da música, **não** começaria **com** partituras, notas e pautas. Ouviríamos juntos **as** melodias mais gostosas e **lhe** contaria sobre os instrumentos que fazem a música. Aí,encantada com a beleza da música,ela mesma me pediria que lhe ensinasse o mistério daquelas bolinhas pretas escritas sobre cinco linhas. Porque as bolinhas pretas e as cinco linhas são apenas ferramentas para a produção da beleza musical. A experiência da beleza tem de vir antes."

(http://pensador.uol.com.br/alegria de ensinar de rubens alves/)

Assinale a alternativa que apresenta, ***correta*** e ***respectivamente***, as classes gramaticais a que pertencem as palavras em negrito no trecho acima.
a) Conjunção – pronome – artigo – conjunção – pronome;
b) Conjunção – advérbio – preposição – artigo – pronome;
c) Pronome – advérbio– artigo – pronome – conjunção;
d) Pronome – conjunção – preposição – conjunção – pronome;
e) Conjunção – pronome – preposição – pronome – conjunção.

11. (CEPERJ) O sentido estabelecido pelo conectivo está corretamente indicado em:
a) "engolidas ou colocadas no nariz" - oposição
b) "comunicado público sobre o perigo" – causa
c) "tem os produtos em casa" – modo
d) "brinquedo a ser recolhido" – adição
e) "para evitar acidentes" - finalidade

12. (CEPERJ) O fragmento abaixo que apresenta uma estrutura sintática comparativa é:
a) "quem lhe escreve sou eu"
b) "Porque tive de viajar para o distante país do recall."
c) "mas três meses era o mínimo."
d) "O homem não disse nada, mas seu sorriso sinistro falava por si."
e) "ninguém mais fraco do que nós."

13. (CEPERJ) "Sei que você sente muitas saudades, porque eu também sinto saudades de você." O conectivo "porque", no contexto acima, estabelece relação de:
a) Modo
b) Causa
c) Adversidade
d) Conformidade
e) Proporcionalidade

14. (FGV) "É exatamente isso o ***que*** tem ocorrido, nos últimos tempos, no ***que*** diz respeito ao direito de maior importância em uma democracia, ***que*** é o direito de defesa, inexistente nos Estados totalitários."

A respeito das ocorrências da palavra QUE no trecho acima, assinale a alternativa que apresente, respectivamente, sua correta classificação.
a) Conjunção subordinativa – conjunção integrante – conjunção integrante
b) Pronome relativo – pronome relativo – pronome relativo
c) Conjunção integrante – conjunção integrante – conjunção subordinativa
d) Pronome relativo – preposição – pronome relativo
e) Conjunção integrante – preposição – conjunção subordinativa

15. (FUNIVERSA) No futebol americano, há um momento em que o jogador tem de dar um chute naquilo que eles chamam de bola. E, no circuito universitário, havia um rapaz recordista de chute. Ninguém chutava tão forte quanto esse rapaz. O importante, nessa história, era que o pé que ele usava para tal façanha não tinha nenhum dos dedos e, além disso, era menor que o outro. Quando descobriram isso, fizeram entrevistas com ele, e a primeira pergunta era: "Como você, com tal deficiência, consegue fazer uma coisa que ninguém mais conseguiu?" Ele, orgulhosamente, respondia: "Porque cresci ouvindo meu pai dizer: 'Encare suas deficiências e seus problemas como desafios, nunca como desculpas'.". O que mais se encontra no dia a dia? Justamente a postura oposta. [As pessoas encaram tudo como desculpas e justificativas.] Há pessoas que vivem dizendo frases negativas que encerram verdadeiras filosofias desastrosas.

Não são raras [as vezes] em que já se ouviu alguém falando de seus problemas e dificuldades e da incapacidade de superá-los, traduzida nas seguintes frases conformistas: "Eu sou assim mesmo..."; "Sempre fui assim..."; "Não posso evitar isso..."; "Essa é a minha natureza..."; "Não adianta mesmo..."; [**"Deus me fez assim e pronto!"**.] [O que tais pessoas talvez nunca percebam é] que desculpas e justificativas só levam ao conformismo e à acomodação. E isso não diz respeito à elevação de padrões e à melhoria da qualidade de vida. Desculpas e justificativas são coisas de perdedor! Enquanto os vencedores comemoram, os perdedores se justificam.

Roberto Shinyashiki. Internet: <http://tecessa.arteblog.com.br>(com adaptações). Acesso em 19/1/2011.

Assinale a alternativa correta a respeito de fatos gramaticais e estilísticos encontrados no texto .

a) As palavras "ninguém", "pé", "você" são acentuadas pela mesma razão.

b) Na frase "'Deus me fez assim e pronto!'", encontra-se uma interjeição característica da linguagem coloquial.

c) Na frase "As pessoas encaram tudo como desculpas e justificativas" (linhas 8 e 19), há exemplo de gíria e de uma figura da linguagem: a anáfora.

d) Na construção "O que tais pessoas talvez nunca percebam", o pronome "tais" está empregado de modo informal, com significado de **brilhantes, grandiosas**.

e) O "as" de "as vezes" deve receber o sinal indicativo de crase para ajustar-se à norma culta padrão.

16. (FGV) A palavra centenário corresponde a cem anos. Assinale a alternativa em que não tenha havido correta associação da noção temporal à palavra indicada.

a) 400 anos – quadringentenário

b) 400 anos – quadricentenário

c) 600 anos – sesquicentenário

d) 150 anos – tricinquentenário

e) 7 anos – septenário

17. (FIP)

Corações a mil

(Gilberto Gil)

Minhas ambições são dez.
Dez corações de uma vez
pra eu poder me apaixonar
dez vezes a cada dia,
setenta a cada semana,
trezentas a cada mês.

(Fonte: www.gilbertogil.com.br/sec_discografia_letra.php?id=182)

Na primeira frase do texto, a palavra "dez", sublinhada, tem duplo sentido. São eles:

a) O sentido de serem dez ambições (no caso, "dez" seria um numeral) e o sentido de os corações serem apaixonados (no caso, "dez" seria um adjetivo).

b) O sentido de serem dez ambições e o sentido de serem dez corações (nos dois casos, "dez" seria um numeral).

c) O sentido de serem dez corações e o sentido de serem dez vezes a cada dia (nos dois casos, "dez" seria um numeral).

d) O sentido de serem dez ambições (no caso, "dez" seria um numeral) e o sentido de as ambições serem de extrema qualidade (no caso, "dez" seria um adjetivo).

e) O sentido de serem dez vontades boas (no caso, "dez" seria um substantivo) e o sentido de totalizarem dez as paixões ambiciosas (no caso, "dez" seria um adjetivo).

18. (CESPE) Considerando o texto, avalie:

O cenário econômico otimista levou os empresários brasileiros a aumentarem a formalização do mercado de trabalho nos últimos cinco anos. As contratações com carteira assinada cresceram 19,5% entre 2003 e 2007, enquanto a geração de emprego seguiu ritmo mais lento e aumentou 11,9%, segundo estudo comparativo divulgado pelo IBGE.

In: Correio Braziliense, 25/1/2008 (com adaptações).

No primeiro período do texto, a partícula "a" ocorre tanto como preposição quanto como artigo: a primeira ocorrência é uma preposição exigida pelo emprego do verbo "levou"; a segunda ocorrência é um artigo que determina "formalização".

Certo ( ) Errado ( )

Gabaritos

01	ERRADO	10	B
02	B	11	E
03	CERTO	12	E
04	E	13	B
05	D	14	B
06	B	15	B
07	E	16	C
08	C	17	D
09	D	18	CERTO

3. PRONOMES

Em uma definição breve, podemos dizer que pronome é o termo que substitui um substantivo, desempenhando, na sentença em que aparece, uma função coesiva. Podemos dividir os pronomes em sete categorias, são elas: pessoais, tratamento, demonstrativos, relativos, indefinidos, interrogativos, possessivos.

Antes de partir para o estudo pormenorizado dos pronomes, vamos fazer uma classificação funcional deles quando empregados em uma sentença:

Pronomes substantivos: são aqueles que ocupam o lugar do substantivo na sentença.

Alguém apareceu na sala ontem.

Nós faremos todo o trabalho.

Pronomes adjetivos: são aqueles que acompanham um substantivo na sentença.

Meus alunos são os mais preparados.

Pessoa **alguma** fará tal serviço por **esse** valor.

3.1 Pessoais

Referem-se às pessoas do discurso:

Quem fala (1ª pessoa);

Com quem se fala (2ª pessoa);

De quem se fala (3ª pessoa).

Classificação dos Pronomes Pessoais (caso **Reto** x caso **Oblíquo**)

Pessoa Gramatical	Retos	Oblíquos	
		Átonos	Tônicos
1ª Singular	eu	me	mim, comigo
2ª Singular	tu	te	ti, contigo
3ª Singular	ele, ela	o, a, lhe, se	si, consigo
1ª Plural	nós	nos	nós, conosco
2ª Plural	vós	vos	vós, convosco
3ª Plural	eles, elas	os, as, lhes, se	si, consigo
Função	Sujeito	Complemento/Adjunto	

Emprego de alguns pronomes (**Certo** X **Errado**)

Eu e tu x mim e ti

1ª regra: depois de preposição essencial, usa-se pronome oblíquo.

Entre mim e ti, não há acordo.

Sobre Manoel e ti, nada se pode falar.

Devo **a** ti esta conquista.

O presente é **para** mim.

Não saia **sem** mim.

Comprei um livro **para** ti.

Observe a preposição essencial destacada nas sentenças.

2ª regra: se o pronome utilizado na sentença for sujeito de um verbo, deve-se empregar os do caso RETO.

Não saia sem **eu** deixar.

Comprei um livro para **tu** leres.

O presente é para **eu** desfrutar.

Observe que o pronome desempenha a função de sujeito do verbo destacado.

Ou seja: "mim" não faz nada!

Não vá se confundir com as sentenças em que a ordem frasal está alterada. Deve-se, nesses casos, tentar pôr a sentença na ordem direta.

Para mim, fazer exercícios é muito bom. → Fazer exercícios é muito bom para mim.

Não é tarefa para mim realizar esta revisão. → Realizar esta revisão não é tarefa para mim.

Com causativos e sensitivos:

Regra com verbos causativos (mandar, fazer, deixar) ou sensitivos (ver, ouvir, sentir).

Quando os pronomes oblíquos átonos são empregados com verbos causativos ou sensitivos, pode haver a possibilidade de desempenharem a função de sujeito de uma forma verbal próxima. Ex.:

Fiz **Juliana** chorar. (sentença original)

Fi-**la** chorar. (sentença reescrita com a substituição do termo Juliana pelo pronome oblíquo)

Em ambas as situações, a "Juliana é a chorona". Isso quer dizer que o termo feminino que está na sentença é sujeito do verbo chorar. Pensando dessa maneira, entenderemos a primeira função da forma pronominal "la" que aparece na sentença reescrita.

Outro fator a ser considerado é que o verbo "fazer" necessita de um complemento, portanto, é um verbo transitivo. Bem, ocorre que o complemento do verbo "fazer" não pode ter outro referente senão "Juliana". Então, entendemos que, na reescrita da frase, a forma pronominal "la" funciona como complemento do verbo "fazer" e sujeito do verbo "chorar".

Si e consigo

Estes pronomes somente podem ser empregados se se referirem ao sujeito da oração, pois possuem função reflexiva:

Alberto só pensa em si.
("Si" refere-se a "Alberto": sujeito do verbo "pensar")

O aluno levou as apostilas consigo.
("consigo" refere-se ao termo "aluno")

Estão erradas, portanto, frases como estas:

Creio muito em si, meu amigo.

Quero falar consigo.

Corrigindo:

Creio muito em **você**, meu amigo.

Quero falar **contigo**.

Conosco e convosco

Se vierem seguidos de uma expressão complementar, geralmente a palavra "todos", desdobram-se em "com nós" e "com vós":

Este trabalho é com nós mesmos.

Ele(s), ela(s) x o(s), a(s)

É muito comum ouvirmos frases como: "Vi ***ela*** na esquina", "Não queremos ***eles*** aqui". Então, é errado falar ou escrever assim, pois o pronome em questão está sendo utilizado fora de seu emprego original, ou seja, como um complemento (ao passo que deveria ser apenas sujeito). O certo é: "Vi-***a*** na esquina", "Não ***os*** queremos aqui".

"O" e "a"

São complementos diretos, ou seja, são utilizados juntamente aos verbos transitivos diretos, ou nos bitransitivos, como no exemplo a seguir:

Comprei **um carro** para minha namorada = Comprei-**o** para ela. (Ocorreu a substituição do Objeto Direto)

É importante lembrar que há uma especificidade em relação à colocação dos pronomes "o" e "a" depois de algumas palavras:

> Se a palavra terminar em R, S ou Z: tais letras devem ser suprimidas e o pronome há de ser empregado como **lo**, **la**, **los**, **las**.

Fazer as tarefas = fazê-**las**

Querer o dinheiro = querê-**lo**.

> Se a palavra terminar com **ão**, **õe** ou **m**: tais letras devem ser mantidas e o pronome há de ser empregado como **no**, **na**, **nos**, **nas**.

Compraram a casa = compraram-**na**

Compõe a canção = compõe-**na**.

Lhe

É um complemento indireto, equivalente a "a ele" ou "a ela": ou seja, é empregado juntamente a um verbo transitivo indireto ou a um verbo bitransitivo, como no exemplo:

Comprei um carro **para minha namorada** = comprei-**lhe** um carro. (Ocorreu a substituição do objeto indireto)

Muitas bancas gostam de trocar as formas "o" e "a" por "lhe", o que não pode ser feito sem que a sentença seja totalmente reelaborada.

3.2 De Tratamento

São pronomes de tratamento você, senhor, senhora, senhorita, fulano, sicrano, beltrano e as expressões que integram o quadro seguinte:

Pronome	Abreviatura Singular	Abreviatura Plural
Vossa Excelência(s)	V.Ex.ª	V.Ex.as
Usa-se para:		
Presidente (sem abreviatura), ministro, embaixador, governador, secretário de Estado, prefeito, senador, deputado federal e estadual, juiz, general, almirante, brigadeiro e presidente de câmara de vereadores;		
Pronome	**Abreviatura Singular**	**Abreviatura Plural**
Vossa(s) Magnificência(s)	V.Mag.ª	V.Mag.as
Usa-se para:		
Reitor de universidade para o qual também se pode usar V. Ex.ª;		
Pronome	**Abreviatura Singular**	**Abreviatura Plural**
Vossa(s) Senhoria(s)	V.Sª	V.S.as
Usa-se para:		
Qualquer autoridade ou pessoa civil não citada acima;		
Pronome	**Abreviatura Singular**	**Abreviatura Plural**
Vossa(s) Santidade(s)	V.S	VV.SS.
Usa-se para:		
Papa;		
Pronome	**Abreviatura Singular**	**Abreviatura Plural**
Vossa(s) Eminência(s)	V.Em.ª	V.Em.as
Usa-se para:		
Cardeal;		
Pronome	**Abreviatura Singular**	**Abreviatura Plural**
Vossa(s) Excelência(s) Reverendíssima(s)	V.Exª.Rev.ma	V.Ex.as.Rev.mas
Usa-se para:		
Arcebispo e bispo;		
Pronome	**Abreviatura Singular**	**Abreviatura Plural**
Vossa(s) Reverendíssima(s)	V.Rev.ma	V.Rev.mas
Usa-se para:		
Autoridade religiosa inferior às acima citadas;		
Pronome	**Abreviatura Singular**	**Abreviatura Plural**
Vossa(s) Reverência(s)	V.Rev.ª	V.Rev.mas
Usa-se para:		
Religioso sem graduação;		
Pronome	**Abreviatura Singular**	**Abreviatura Plural**
vossa(s) majestade(s)	v.m.	vv.mm.
Usa-se para:		
Rei e imperador;		
Pronome	**Abreviatura Singular**	**Abreviatura Plural**
Vossa(s) Alteza(s)	V.A.	VV.AA.
Usa-se para:		
Príncipe, arquiduque e duque.		

Todas essas expressões se apresentam também com SUA para cujas abreviaturas basta substituir o "V" por "S".

Emprego dos pronomes de tratamento

Vossa Excelência etc. x **Sua Excelência** etc.

Os pronomes de tratamento iniciados com "Vossa(s)" empregam-se em uma relação direta, ou seja, indicam o nosso interlocutor, pessoa com quem falamos:

Soube que V. Ex.ª, Senhor Ministro, falou que não estava interessado no assunto da reunião.

Empregaremos o pronome com a forma "Sua" quando a relação não é direta, ou seja, quando falamos SOBRE a pessoa:

A notícia divulgada é de que Sua Excelência, o Presidente da República, foi flagrado em uma boate.

Utilização da 3ª pessoa

Os pronomes de tratamento são de 3ª pessoa; portanto, todos os elementos relacionados a eles devem ser empregados também na 3ª pessoa, para que se mantenha a uniformidade:

É preciso que V. Ex.ª **diga** qual será o **seu** procedimento no caso em questão, a fim de que seus assessores possam agir a tempo.

Uniformidade de Tratamento

No momento da escrita ou da fala, não é possível ficar fazendo "dança das pessoas" com os pronomes. Isso quer dizer que se deve manter a uniformidade de tratamento. Para tanto, se for utilizada 3ª pessoa no início de uma sentença, ela deve permanecer ao longo de todo o texto. Preste atenção para ver como ficou estranha a construção abaixo:

Quando **você** chegar, eu **te** darei o presente.

"Você" é de 3ª pessoa e "te" é de 2ª pessoa. Não há motivo para cometer tal engano. Tome cuidado, portanto. Podemos corrigir a sentença:

Quando tu chegares, eu te darei o presente.

Quando você chegar, eu lhe darei o presente.

3.3 Demonstrativos

São os que localizam ou identificam o substantivo ou uma expressão no espaço, no tempo ou no texto.

1ª Pessoa	
Masculino	Este(s)
Feminino	Esta(s)
Neutro	Isto
No Espaço	Com o falante
No tempo	Presente
No Texto	O que se pretende dizer ou o imediatamente retomado
2ª Pessoa	
Masculino	Esse(s)
Feminino	Essa(s)
Neutro	Isso
No Espaço	Pouco afastado
No tempo	Passado ou futuro próximos
No Texto	O que se disse anteriormente
3ª Pessoa	
Masculino	Aquele(s)
Feminino	Aquela(s)
Neutro	Aquilo
No Espaço	Muito afastado
No tempo	Passado ou futuro distantes
No Texto	O que se disse há muito ou o que se pretende dizer

Quando o pronome retoma algo já mencionado no texto, dizemos que ele possui função **Anafórica**. Quando aponta para algo que será dito, dizemos que possui função **Catafórica**. Essa nomenclatura começou a ser cobrada em algumas questões de concurso público, portanto, é importante ter esses conceitos na ponta da língua.

Exemplos de emprego dos demonstrativos:

Veja este livro que eu trouxe, é muito bom.

Você deve estudar mais! Isso é o que eu queria dizer.

Vê aquele mendigo lá na rua? Terrível futuro o aguarda.

Há outros pronomes demonstrativos:

O, **a**, **os**, **as**, quando antecedem o relativo Que e podem ser permutados por: Aquele (s), Aquela (s), Aquilo:

Não entendi o que disseste. (Não entendi aquilo que disseste.)

Esta rua não é a que te indiquei. (Esta rua não é aquela que te indiquei.)

Tal: quando puder ser permutado por qualquer demonstrativo: Não acredito que você disse **tal** coisa. (aquela coisa)

Semelhante: quando puder ser permutado por qualquer demonstrativo: Jamais me prestarei a **semelhante** canalhice. (esta canalhice)

Mesmo: quando modificar os pronomes eu, tu, nós e vós: Eu **mesmo** investiguei o caso.

De modo análogo, classificamos o termo "**próprio**". (eu próprio, ela própria)

Mesmo pode ainda funcionar como pronome neutro em frases como: "é o mesmo", "vem a ser o mesmo".

Vejamos mais alguns exemplos:

José e **João** são alunos do ensino médio. Este gosta de matemática, **aquele** gosta de português.

Veja que a verdadeira relação estabelecida pelos pronomes demonstrativos focaliza, por meio do "este" o elemento mais próximo, por meio do "aquele" o elemento mais afastado.

Esta sala precisa de bons professores. / Gostaria de que esse órgão pudesse resolver meu problema.

Este(s), **esta(s)**, **isto** indicam o local de onde escrevemos. **Esse(s)**, **essa(s)**, **isso** indicam o local em que se encontra o nosso interlocutor.

3.4 Relativos

São termos que relacionam palavras em um encadeamento. Os relativos da Língua Portuguesa são:

Que: Quando puder ser permutado por "o qual" ou um de seus termos derivados. Utiliza-se o pronome "que" para referências a pessoas ou coisas.

O Qual: Empregado para referência a coisas ou pessoas.

Quem: É equivalente, segundo o mestre Napoleão Mendes de Almeida, a dois pronomes – aquele e que.

Quanto: Será relativo quando seu antecedente for o termo "tudo".

Onde: É utilizado para estabelecer referência a lugares, sendo permutável por "em que" ou "no qual" e seus derivados.

Cujo: Possui um sentido possessivo. Não permite permuta por outro relativo. Também é preciso lembrar que o pronome cujo não admite artigo, pois já é variável (cujo / cuja, jamais cujo o, cuja a).

O peão a **que** me refiro é Jonas.

A casa n**a qual** houve o tiroteio foi interditada.

O homem para **quem** se enviou a correspondência é Alberto.

Não gastes tudo **quanto** tens.

O estado para **onde** vou é Minas Gerais.

Cara, o pedreiro em **cujo** serviço podemos confiar é Marcelino.

A preposição que está relacionada ao pronome é, em grande parte dos casos, oriunda do verbo que aparece posteriormente na sentença. As bancas costumam cobrar isso!

3.5 Indefinidos

São os que determinam o substantivo de modo vago, de maneira imprecisa.

Variáveis				Invariáveis
Masculino		Feminino		
Singular	Plural	Singular	Plural	
Algum	Alguns	Alguma	Algumas	Alguém
Certo	Certos	Certa	Certas	Algo
Muito	Muitos	Muita	Muitas	Nada
Nenhum	Nenhuns	Nenhuma	Nenhumas	Ninguém
Outro	Outros	Outra	Outras	Outrem
Qualquer	Quaisquer	Qualquer	Quaisquer	Cada
Quando	Quantos	Quanta	Quantas	
Tanto	Tantos	Tanta	Tantas	
Todo	Todos	Toda	Todas	Tudo
Vário	Vários	Vária	Várias	
Pouco	Poucos	Pouca	Poucas	

Fique bem atento para as alterações de sentido relacionadas às mudanças de posição dos pronomes indefinidos.

Alguma pessoa passou por aqui ontem.

Pessoa alguma passou por aqui ontem.

Alguma pessoa = ao menos uma pessoa.

Pessoa alguma = ninguém.

3.6 Interrogativos

Chamam-se interrogativos os pronomes **que**, **quem**, **qual** e **quanto**, empregados para formular uma pergunta direta ou indireta:

Que conteúdo estão estudando?

Diga-me **que** conteúdo estão estudando.

Quem vai passar no concurso?

Gostaria de saber **quem** vai passar no concurso.

Qual dos livros preferes?

Não sei **qual** dos livros preferes.

Quantos de coragem você tem?

Pergunte **quanto** de coragem você tem.

3.7 Possessivos

Com eles relacionamos a coisa possuída à pessoa gramatical possuidora. No quadro abaixo, estão relacionados aos pronomes pessoais.

Pessoais	Possessivos
eu	meu, minha, meus, minhas
tu	teu, tua, teus, tuas
ele, você, v.ex.ª. etc.	seu, sua, seus, suas
nós	nosso, nossa, nossos, nossas
vós	vosso, vossa, vossos, vossas
eles	seu, sua, seus, suas

Emprego

→ **Ambiguidade**: "Seu", "sua", "seus" e "suas" são os reis da ambiguidade (duplicidade de sentido)

O policial prendeu o maconheiro em **sua** casa.

(casa de quem?)

Meu pai levou meu tio para casa em seu carro.

(no carro de quem?)

Corrigindo:

O policial prendeu o maconheiro na casa deste.

Meu pai, em seu carro, levou meu tio para casa.

→ Emprego especial - Não se usam os possessivos em relação às partes do corpo ou às faculdades do espírito. Devemos, pois, dizer:

Machuquei a mão. (E não "a minha mão")

Ele bateu a cabeça. (E não "a sua cabeça")

Perdeste a razão? (E não "a tua razão")

4. SUBSTANTIVO

É a palavra variável que designa qualidades, sentimentos, sensações, ações etc.

Quanto a sua classificação, o substantivo pode ser:

Primitivo (sem afixos): pedra.

Derivado (com afixos): pedreiro/ empedrado.

Simples (1 núcleo): guarda.

Composto (mais de 1 núcleo): guarda-roupas.

Comum (designa ser genérico): copo, colher.

Próprio (designa ser específico): Maria, Portugal.

Concreto (existência própria): cadeira, lápis.

Abstrato (existência dependente): glória, amizade.

Os substantivos concretos

Designam seres de existência própria, como: padre, político, carro e árvore. Os substantivos abstratos nomeiam qualidades ou conceitos de existência dependente, como: beleza, fricção, tristeza e amor.

Os substantivos próprios

São sempre concretos e devem ser grafados com iniciais maiúsculas. Porém, alguns substantivos próprios podem vir a se tornar comuns, pelo processo de derivação imprópria que, geralmente, ocorre pela anteposição de um artigo e a grafia do substantivo com letra minúscula. (um judas = traidor / um panamá = chapéu). As flexões dos substantivos podem se dar em gênero, número e grau.

Gênero dos substantivos

Quanto à distinção entre masculino e feminino, os substantivos podem ser:

Biformes: quando apresentam uma forma para o masculino e outra para o feminino - gato, gata, homem, mulher.

Uniformes: quando apresentam uma única forma para ambos os gêneros. Nesse caso, eles estão divididos em:

Epicenos: usados para animais de ambos os sexos (macho e fêmea) - besouro, jacaré, albatroz;

Comum de dois gêneros: aqueles que designam pessoas. Nesse caso, a distinção é feita por um elemento ladeador (artigo, pronome) - terrícola, estudante, dentista, motorista;

Sobrecomuns: apresentam um só gênero gramatical para designar seres de ambos os sexos - indivíduo, vítima, algoz.

Em algumas situações, a mudança de gênero altera também o sentido do substantivo:

O cabeça (líder) / A cabeça (parte do corpo).

4.1 Número dos Substantivos

Tentemos resumir as principais regras de formação do plural nos substantivos.

Terminação	Variação	Exemplo
vogal ou ditongo	acréscimo do 's'	barco - barcos
m	ns	pudim - pudins
ão (primeiro caso)	ões	ladrão - ladrões
ão (segundo caso)	ães	pão - pães
ão (terceiro caso)	s	cidadão - cidadãos
r	es	mulher - Mulheres
z	es	cartaz - cartazes
n	es	abdômen - Abdômenes
s (oxítonos)	es	inglês - ingleses
al, el, ol, ul	is	tribunal - tribunais
il (oxítonos)	s	barril - barris
il (paroxítonos)	eis	fóssil - fósseis
zinho, zito	s	anelzinho - aneizinhos

Alguns substantivos são grafados apenas no plural: alvíssaras, anais, antolhos, arredores, belas-artes, calendas, cãs, condolências, esponsais, exéquias, fastos, férias, fezes, núpcias, óculos, pêsames.

Grau do substantivo:

Aumentativo / Diminutivo[1]

Analítico: quando se associam os adjetivos ao substantivo: carro grande, pé pequeno;

Sintético: quando se adiciona ao substantivo sufixos indicadores de grau, carrão, pezinho.

Sufixos:

Aumentativos: -ázio, -orra, -ola, -az, -ão, -eirão, -alhão, -arão, -arrão, -zarrão;

Diminutivos: -ito, -ulo-, -culo, -ote, -ola, -im, -elho, -inho, -zinho (o sufixo -zinho é obrigatório quando o substantivo terminar em vogal tônica ou ditongo: cafezinho, paizinho);

O aumentativo pode exprimir tamanho (casarão), desprezo (sabichão, ministraço, poetastro) ou intimidade (amigão); enquanto o diminutivo pode indicar carinho (filhinho) ou ter valor pejorativo (livreco, casebre), além das noções de tamanho (bolinha).

1 Quando não flexionamos o substantivo em algum grau, dizemos que ele está no grau normal.

5. VERBO

É a palavra com que se expressa uma ação (cantar, vender), um estado (ser, estar), mudança de estado (tornar-se) ou fenômeno da natureza (chover).

Quanto à noção que expressam, os verbos podem ser classificados da seguinte maneira:

Verbos Relacionais: exprimem estado ou mudança de estado. São os chamados verbos de ligação.

Verbo de ligação
ser
estar
continuar
andar
parecer
permanecer
ficar
tornar-se

Verbos Nocionais: exprimem ação ou fenômeno da natureza. São os chamados verbos significativos.

Os Verbos Nocionais podem ser classificados da seguinte maneira:

VI (Verbo Intransitivo): diz-se daquele que não necessita de um complemento para que se compreenda a ação verbal. Exemplos: morrer, cantar, sorrir, nascer, viver.

VT (Verbo Transitivo): diz-se daquele que necessita de um complemento para expressar o afetado pela ação verbal. Divide-se em três tipos:

Diretos: não possuem preposição para ligar o complemento verbal ao verbo. São exemplos os verbos querer, comprar, ler, falar etc.

Indiretos: possuem preposição para ligar o complemento verbal ao verbo. São exemplos os verbos gostar, necessitar, precisar, acreditar etc.

Diretos e Indiretos, ou Bitransitivos: possuem dois complementos, um não-preposicionado, outro com preposição. São exemplos os verbos pagar, perdoar, implicar etc.

Preste atenção na dica que segue:

João **morreu**.

(quem morre, morre. Não é preciso um complemento para entender o verbo).

Eu **quero** um aumento.

(quem quer, quer alguma coisa. É preciso um complemento para entender o sentido do verbo).

Eu **preciso** de um emprego.

(quem precisa, precisa "de" alguma coisa. Deve haver uma preposição para ligar o complemento ao seu verbo).

Mário **pagou** a conta ao padeiro.

(quem paga, paga algo a alguém. Há um complemento com preposição e um complemento sem preposição).

5.1 Estrutura e Conjugação dos Verbos

Os verbos possuem:

Raiz: o que lhes guarda o sentido (**cant**ar, **corr**er, **sorr**ir).

Vogal temática: o que lhes garante a família conjugacional. (**A**R, **E**R, **I**R).

Desinências: o que ajuda a conjugar ou nominalizar o verbo. (canta**ndo**, cantá**vamos**).

Os verbos apresentam três conjugações, quer dizer, três famílias conjugacionais. Em função da vogal temática, podem-se criar três paradigmas[2] verbais. De acordo com a relação dos verbos com esses paradigmas, obtém-se a seguinte classificação:

Regulares: seguem o paradigma verbal de sua conjugação sem alterar suas raízes (amar, vender, partir).

Irregulares: não seguem o paradigma verbal da conjugação a que pertencem. As irregularidades podem aparecer na raiz ou nas desinências (ouvir - ouço/ouve, estar - estou/estão).

Anômalos: apresentam profundas irregularidades. São classificados como anômalos em todas as gramáticas os verbos ser e ir.

Defectivos: não são conjugados em determinadas pessoas, tempo ou modo, portanto, apresentam algum tipo de "defeito" (falir - no presente do indicativo só apresenta a 1ª e a 2ª pessoa do plural). Os defectivos distribuem-se em grupos:

» impessoais;

» unipessoais (vozes ou ruídos de animais, só conjugados nas 3ªs pessoas);

» antieufônicos (a sonoridade permite confusão com outros verbos) - demolir; falir, abolir etc.

Abundantes: apresentam mais de uma forma para uma mesma conjugação.

Existe abundância conjugacional e participial. A primeira ocorre na conjugação de algumas formas verbais, como, por exemplo, o verbo "haver", que admite "nós havemos/hemos", "vós haveis/heis". A segunda ocorre com as formas nominais de particípio. A seguir segue uma lista dos principais abundantes na forma participial.

Verbos	Particípio regular – empregado com os auxiliares TER e HAVER	Particípio irregular – empregado com os auxiliares SER, ESTAR e FICAR
aceitar	aceitado	aceito
acender	acendido	aceso
benzer	benzido	bento
eleger	eegido	eleito
entregar	entregado	entregue
enxugar	enxugado	enxuto
expressar	expressado	expresso

2 Paradigma é o modo como se dá a conjugação.

expulsar	expulsado	expulso
extinguir	extinguido	extinto
matar	matado	morto
prender	prendido	preso
romper	rompido	roto
salvar	salvado	salvo
soltar	soltado	solto
suspender	suspendido	suspenso
tingir	tingido	tinto

5.2 Flexão Verbal

Relativamente à flexão verbal, anotamos:

Número: singular ou plural;

Pessoa gramatical: 1ª, 2ª ou 3ª;

Tempo: referência ao momento em que se fala (pretérito, presente ou futuro). O modo imperativo só tem um tempo, o presente;

Voz: ativa, passiva, reflexiva e recíproca (que trabalharemos mais tarde);

Modo: indicativo (certeza de um fato ou estado), subjuntivo (possibilidade ou desejo de realização de um fato ou incerteza do estado) e imperativo (expressa ordem, advertência ou pedido).

5.3 Formas Nominais do Verbo

As três formas nominais do verbo (infinitivo, gerúndio e particípio) não possuem função exclusivamente verbal.

Infinitivo: assemelha-se ao substantivo, indica algo atemporal - o nome do verbo, sua desinência característica é a letra R: ama**r**, realça**r**, ungi**r** etc.

Gerúndio: equipara-se ao adjetivo ou advérbio pelas circunstâncias que exprime de ação em processo. Sua desinência característica é **-NDO**: ama**ndo**, realça**ndo**, ungi**ndo** etc.

Particípio: tem valor e forma de adjetivo - pode também indicar ação concluída, sua desinência característica é **-ADO** ou **-IDO** para as formas regulares: am**ado**, realç**ado**, ung**ido** etc.

5.4 Tempos Verbais

Dentro do **Modo Indicativo**, anotamos os seguintes tempos:

Presente do indicativo: indica um fato real situado no momento ou época em que se fala;

Eu amo, eu vendo, eu parto.

Pretérito perfeito do indicativo: indica um fato real cuja ação foi iniciada e concluída no passado;

Eu amei, eu vendi, eu parti.

Pretérito imperfeito do indicativo: indica um fato real cuja ação foi iniciada no passado, mas não foi concluída ou era uma ação costumeira no passado;

Eu amava, eu vendia, eu partia.

Pretérito mais-que-perfeito do indicativo: indica um fato real cuja ação é anterior a outra ação já passada;

Eu amara, eu vendera, eu partira.

Futuro do presente do indicativo: indica um fato real situado em momento ou época vindoura;

Eu amarei, eu venderei, eu partirei.

Futuro do pretérito do indicativo: indica um fato possível, hipotético, situado num momento futuro, mas ligado a um momento passado.

Eu amaria, eu venderia, eu partiria.

Dentro do **Modo Subjuntivo**, anotamos os seguintes tempos:

Presente do subjuntivo: indica um fato provável, duvidoso ou hipotético, situado no momento ou época em que se fala. Para facilitar a conjugação, utilize a conjunção "que";

Que eu ame, que eu venda, que eu parta.

Pretérito imperfeito do subjuntivo: indica um fato provável, duvidoso ou hipotético, cuja ação foi iniciada, mas não concluída no passado. Para facilitar a conjugação, utilize a conjunção "se";

Se eu amasse, se eu vendesse, se eu partisse.

Futuro do subjuntivo: indica um fato provável, duvidoso, hipotético, situado num momento ou época futura. Para facilitar a conjugação, utilize a conjunção "quando".

Quando eu amar, quando eu vender, quando eu partir.

5.5 Tempos Compostos da Voz Ativa

Constituem-se pelos verbos auxiliares **ter** ou **haver** + particípio do verbo que se quer conjugar, dito principal.

No **modo Indicativo**, os tempos compostos são formados da seguinte maneira:

Pretérito perfeito: presente do indicativo do auxiliar + particípio do verbo principal (Tenho amado);

Pretérito mais-que-perfeito: pretérito imperfeito do indicativo do auxiliar + particípio do verbo principal (Tinha amado);

Futuro do presente: futuro do presente do indicativo do auxiliar + particípio do verbo principal (Terei amado);

Futuro do pretérito: futuro do pretérito indicativo do auxiliar + particípio do verbo principal (Teria amado).

No **modo Subjuntivo** a formação se dá da seguinte maneira:

Pretérito perfeito: presente do subjuntivo do auxiliar + particípio do VP (Tenha amado);

Pretérito mais-que-perfeito: imperfeito do subjuntivo do auxiliar + particípio do VP (Tivesse amado);

Futuro composto: futuro do subjuntivo do auxiliar + particípio do VP (Tiver amado).

Quanto às **formas nominais**, elas são formadas da seguinte maneira:

Infinitivo composto: infinitivo pessoal ou impessoal do auxiliar + particípio do verbo principal (Ter vendido / Teres vendido);

Gerúndio composto: gerúndio do auxiliar + particípio do verbo principal (Tendo partido).

5.6 Vozes Verbais

Cuidado com esse conteúdo, costuma ser muito cobrado em provas de concursos públicos.

Quanto às vozes, os verbos apresentam voz:

Ativa: sujeito é agente da ação verbal;

(**O corretor** vende casas)

Passiva: sujeito é paciente da ação verbal;

(Casas são vendidas **pelo corretor**)

Reflexiva: o sujeito é agente e paciente da ação verbal.

(A garota feriu-**se** ao cair da escada)

Recíproca: há uma ação mútua descrita na sentença.

(Os amigos entreolh**aram-se**)

A voz passiva: sua característica é possuir um sujeito paciente, ou seja, que é afetado pela ação do verbo.

5.7 Tipos de Voz Passiva

Analítica: verbo auxiliar + particípio do verbo principal. Isso significa que há uma locução verbal de voz passiva.

Casas **são vendidas** pelo corretor

Veja mais alguns exemplos:

Ele fez o trabalho - O trabalho **foi feito** por ele (mantido o pretérito perfeito do indicativo)

O vento ia levando as folhas - As folhas iam **sendo levadas** pelo vento (mantido o gerúndio do verbo principal em um dos auxiliares).

Vereadores entregarão um prêmio ao gari - Um prêmio **será entregue** ao gari por vereadores (veja como a flexão do futuro se mantém na locução).

Sintética: verbo apassivado pelo termo "se" (partícula apassivadora) + sujeito paciente.

Roubou-se **o dinheiro do povo**.

Fez-se **o trabalho** com pressa.

É comum observar, em provas de concurso público, questões que mostram uma voz passiva sintética como aquela que é proveniente de uma ativa com sujeito indeterminado.

Alguns verbos da língua portuguesa apresentam **problemas de conjugação**. A seguir, **temos uma lista**, seguida de comentários sobre essas dificuldades de conjugação.

Compraram um carro novo (ativa);

Comprou-se um carro novo (passiva sintética).

5.8 Verbos com a Conjugação Irregular

Abolir: Defectivo - não possui a 1ª pessoa do singular do presente do indicativo, por isso não possui presente do subjuntivo e o imperativo negativo. (= banir, carpir, colorir, delinquir, demolir, descomedir-se, emergir, exaurir, fremir, fulgir, haurir, retorquir, urgir).

Acudir: Alternância vocálica o/u - presente do indicativo - acudo, acodes... e pretérito perfeito do indicativo - com u (= bulir, consumir, cuspir, engolir, fugir).

Adequar: Defectivo - só possui a 1ª e a 2ª pessoa do plural no presente do indicativo.

Aderir: Alternância vocálica e/i - presente do indicativo - adiro, adere... (= advertir, cerzir, despir, diferir, digerir, divergir, ferir, sugerir).

Agir:

Acomodação gráfica g/j - presente do indicativo - ajo, ages... (= afligir, coagir, erigir, espargir, refulgir, restringir, transigir, urgir).

Agredir:

Alternância vocálica e/i - presente do indicativo - agrido, agrides, agride, agredimos, agredis, agridem (= prevenir, progredir, regredir, transgredir).

Aguar:

Regular - presente do indicativo - águo, águas..., - pretérito perfeito do indicativo - aguei, aguaste, aguou, aguamos, aguastes, aguaram (= desaguar, enxaguar, minguar).

Prazer:

Irregular - presente do indicativo - aprazo, aprazes, apraz... / pretérito perfeito do indicativo - aprouve, aprouveste, aprouve, aprouvemos, aprouvestes, aprouveram.

Arguir:

Irregular com alternância vocálica o/u - presente do indicativo - arguo (ú), arguis, argui, arguimos, arguis, arguem - pretérito perfeito - argui, arguiste...

Atrair:

Irregular - presente do indicativo - atraio, atrais... / pretérito perfeito - atraí, atraíste... (= abstrair, cair, distrair, sair, subtrair).

Atribuir:

Irregular - presente do indicativo - atribuo, atribuis, atribui, atribuímos, atribuís, atribuem - pretérito perfeito - atribuí, atribuíste, atribuiu... (= afluir, concluir, destituir, excluir, instruir, possuir, usufruir).

Averiguar:

Alternância vocálica o/u - presente do indicativo - averiguo (ú), averiguas (ú), averigua (ú), averiguamos, averiguais, averiguam (ú) - pretérito perfeito - averiguei, averiguaste... - presente do subjuntivo - averigue, averigues, averigue... (= apaziguar).

Cear:

Irregular - presente do indicativo - ceio, ceias, ceia, ceamos, ceais, ceiam - pretérito perfeito indicativo - ceei, ceaste, ceou, ceamos, ceastes, cearam (= verbos terminados em -ear: falsear, passear... - alguns apresentam pronúncia aberta: estreio, estreia...).

Coar:

Irregular - presente do indicativo - coo, côas, côa, coamos, coais, coam - pretérito perfeito - coei, coaste, coou... (= abençoar, magoar, perdoar).

Comerciar:

Regular - presente do indicativo - comercio, comercias... - pretérito perfeito - comerciei... (= verbos em -iar , exceto os seguintes verbos: mediar, ansiar, remediar, incendiar, odiar).

Compelir:

Alternância vocálica e/i - presente do indicativo - compilo, compeles... - pretérito perfeito indicativo - compeli, compeliste...

Compilar:

Regular - presente do indicativo - compilo, compilas, compila... - pretérito perfeito indicativo - compilei, compilaste...

Construir:

Irregular e abundante - presente do indicativo - construo, constróis (ou construís), constrói (ou construí), construímos, construís, constroem (ou construem) - pretérito perfeito indicativo - construí, construíste...

Crer:

Irregular - presente do indicativo - creio, crês, crê, cremos, credes, creem - pretérito perfeito indicativo - cri, creste, creu, cremos, crestes, creram - imperfeito indicativo - cria, crias, cria, críamos, críeis, criam.

Falir:

Defectivo - presente do indicativo - falimos, falis - pretérito perfeito indicativo - fali, faliste... (= aguerrir, combalir, foragir-se, remir, renhir)

Frigir:

Acomodação gráfica g/j e alternância vocálica e/i - presente do indicativo - frijo, freges, frege, frigimos, frigis, fregem - pretérito perfeito indicativo - frigi, frigiste...

Ir:

Irregular - presente do indicativo - vou, vais, vai, vamos, ides, vão - pretérito perfeito indicativo - fui, foste... - presente subjuntivo - vá, vás, vá, vamos, vades, vão.

Jazer:

Irregular - presente do indicativo - jazo, jazes... - pretérito perfeito indicativo - jazi, jazeste, jazeu...

Mobiliar:

Irregular - presente do indicativo - mobílio, mobílias, mobília, mobiliamos, mobiliais, mobíliam - pretérito perfeito indicativo - mobiliei, mobiliaste...

Obstar:

Regular - presente do indicativo - obsto, obstas... - pretérito perfeito indicativo - obstei, obstaste...

Pedir:

Irregular - presente do indicativo - peço, pedes, pede, pedimos, pedis, pedem - pretérito perfeito indicativo - pedi, pediste... (= despedir, expedir, medir).

Polir:

Alternância vocálica e/i - presente do indicativo - pulo, pules, pule, polimos, polis, pulem - pretérito perfeito indicativo - poli, poliste...

Precaver-se:

Defectivo e pronominal - presente do indicativo - precavemo-nos, precaveis-vos - pretérito perfeito indicativo - precavi-me, precaveste-te...

Prover:

Irregular - presente do indicativo - provejo, provês, provê, provemos, provedes, provêem - pretérito perfeito indicativo - provi, proveste, proveu...

Reaver:

Defectivo - presente do indicativo - reavemos, reaveis - pretérito perfeito indicativo - reouve, reouveste, reouve... (verbo derivado do haver, mas só é conjugado nas formas verbais com a letra v).

Remir:

Defectivo - presente do indicativo - remimos, remis - pretérito perfeito indicativo - remi, remiste...

Requerer:

Irregular - presente do indicativo - requeiro, requeres... - pretérito perfeito indicativo - requeri, requereste, requereu... (derivado do querer, diferindo dele na 1ª pessoa do singular do presente do indicativo e no pretérito perfeito do indicativo e derivados, sendo regular)

Rir:

Irregular - presente do indicativo - rio, rir, ri, rimos, rides, riem - pretérito perfeito indicativo - ri, riste... (= sorrir)

Saudar:

Alternância vocálica - presente do indicativo - saúdo, saúdas... - pretérito perfeito indicativo - saudei, saudaste...

Suar:

Regular - presente do indicativo - suo, suas, sua... - pretérito perfeito indicativo - suei, suaste, sou... (= atuar, continuar, habituar, individuar, recuar, situar)

Valer:

Irregular - presente do indicativo - valho, vales, vale... - pretérito perfeito indicativo - vali, valeste, valeu...

Também merecem atenção os seguintes verbos irregulares:

→ **Pronominais:** Apiedar-se, dignar-se, persignar-se, precaver-se

Caber

Presente do indicativo: caibo, cabes, cabe, cabemos, cabeis, cabem;

Presente do subjuntivo: caiba, caibas, caiba, caibamos, caibais, caibam;

Pretérito perfeito do indicativo: coube, coubeste, coube, coubemos, coubestes, couberam;

Pretérito mais-que-perfeito do indicativo: coubera, couberas, coubera, coubéramos, coubéreis, couberam;

Pretérito imperfeito do subjuntivo: coubesse, coubesses, coubesse, coubéssemos, coubésseis, coubessem;

Futuro do subjuntivo: couber, couberes, couber, coubermos, couberdes, couberem.

Dar

Presente do indicativo: dou, dás, dá, damos, dais, dão;

Presente do subjuntivo: dê, dês, dê, demos, deis, deem;

Pretérito perfeito do indicativo: dei, deste, deu, demos, destes, deram;

Pretérito mais-que-perfeito do indicativo: dera, deras, dera, déramos, déreis, deram;

Pretérito imperfeito do subjuntivo: desse, desses, desse, déssemos, désseis, dessem;

Futuro do subjuntivo: der, deres, der, dermos, derdes, derem.

Dizer

Presente do indicativo: digo, dizes, diz, dizemos, dizeis, dizem;

Presente do subjuntivo: diga, digas, diga, digamos, digais, digam;

Pretérito perfeito do indicativo: disse, disseste, disse, dissemos, dissestes, disseram;

Pretérito mais-que-perfeito do indicativo: dissera, disseras, dissera, disséramos, disséreis, disseram;

Futuro do presente: direi, dirás, dirá etc.;

Futuro do pretérito: diria, dirias, diria etc.;

Pretérito imperfeito do subjuntivo: dissesse, dissesses, dissesse, disséssemos, dissésseis, dissessem;

Futuro do subjuntivo: disser, disseres, disser, dissermos, disserdes, disserem;

Estar

Presente do indicativo: estou, estás, está, estamos, estais, estão;

Presente do subjuntivo: esteja, estejas, esteja, estejamos, estejais, estejam;

Pretérito perfeito do indicativo: estive, estiveste, esteve, estivemos, estivestes, estiveram;

Pretérito mais-que-perfeito do indicativo: estivera, estiveras, estivera, estivéramos, estivéreis, estiveram;

Pretérito imperfeito do subjuntivo: estivesse, estivesses, estivesse, estivéssemos, estivésseis, estivessem;

Futuro do subjuntivo: estiver, estiveres, estiver, estivermos, estiverdes, estiverem;

Fazer

Presente do indicativo: faço, fazes, faz, fazemos, fazeis, fazem;

Presente do subjuntivo: faça, faças, faça, façamos, façais, façam;

Pretérito perfeito do indicativo: fiz, fizeste, fez, fizemos, fizestes, fizeram;

Pretérito mais-que-perfeito do indicativo: fizera, fizeras, fizera, fizéramos, fizéreis, fizeram;

Pretérito imperfeito do subjuntivo: fizesse, fizesses, fizesse, fizéssemos, fizésseis, fizessem;

Futuro do subjuntivo: fizer, fizeres, fizer, fizermos, fizerdes, fizerem.

Seguem esse modelo desfazer, liquefazer e satisfazer.

Os particípios desses verbos e seus derivados são irregulares: Feito, desfeito, liquefeito, satisfeito, etc.

Haver

Presente do indicativo: hei, hás, há, havemos, haveis, hão;

Presente do subjuntivo: haja, hajas, haja, hajamos, hajais, hajam;

Pretérito perfeito do indicativo: houve, houveste, houve, houvemos, houvestes, houveram;

Pretérito mais-que-perfeito do indicativo: houvera, houveras, houvera, houvéramos, houvéreis, houveram;

Pretérito imperfeito do subjuntivo: houvesse, houvesses, houvesse, houvéssemos, houvésseis, houvessem;

Futuro do subjuntivo: houver, houveres, houver, houvermos, houverdes, houverem.

Ir

Presente do indicativo: vou, vais, vai, vamos, ides, vão;

Presente do subjuntivo: vá, vás, vá, vamos, vades, vão;

Pretérito imperfeito do indicativo: Ia, ias, ia, íamos, íeis, iam;

Pretérito perfeito do indicativo: fui, foste, foi, fomos, fostes, foram;

Pretérito mais-que-perfeito do indicativo: fora, foras, fora, fôramos, fôreis, foram;

Pretérito imperfeito do subjuntivo: fosse, fosses, fosse, fôssemos, fôsseis, fossem;

Futuro do subjuntivo: for, fores, for, formos, fordes, forem.

Poder

Presente do indicativo: posso, podes, pode, podemos, podeis, podem;

Presente do subjuntivo: possa, possas, possa, possamos, possais, possam;

Pretérito perfeito do indicativo: pude, pudeste, pôde, pudemos, pudestes, puderam;

Pretérito mais-que-perfeito do indicativo: pudera, puderas, pudera, pudéramos, pudéreis, puderam;

Pretérito imperfeito do subjuntivo: pudesse, pudesses, pudesse, pudéssemos, pudésseis, pudessem;

Futuro do subjuntivo: puder, puderes, puder, pudermos, puderdes, puderem.

Pôr

Presente do indicativo: ponho, pões, põe, pomos, pondes, põem;

Presente do subjuntivo: ponha, ponhas, ponha, ponhamos, ponhais, ponham;

Pretérito imperfeito do indicativo: punha, punhas, punha, púnhamos, púnheis, punham;

Pretérito perfeito do indicativo: pus, puseste, pôs, pusemos, pusestes, puseram;

Pretérito mais-que-perfeito do indicativo: pusera, puseras, pusera, puséramos, puséreis, puseram;

Pretérito imperfeito do subjuntivo: pusesse, pusesses, pusesse, puséssemos, pusésseis, pusessem;

Futuro do subjuntivo: puser, puseres, puser, pusermos, puserdes, puserem.

Todos os derivados do verbo pôr seguem exatamente esse modelo: Antepor, compor, contrapor, decompor, depor, descompor, dispor, expor, impor, indispor, interpor, opor, pospor, predispor, pressupor, propor, recompor, repor, sobrepor, supor, transpor são alguns deles.

Querer

Presente do indicativo: quero, queres, quer, queremos, quereis, querem;

Presente do subjuntivo: queira, queiras, queira, queiramos, queirais, queiram;

Pretérito perfeito do indicativo: quis, quiseste, quis, quisemos, quisestes, quiseram;

Pretérito mais-que-perfeito do indicativo: quisera, quiseras, quisera, quiséramos, quiséreis, quiseram;

Pretérito imperfeito do subjuntivo: quisesse, quisesses, quisesse, quiséssemos, quisésseis, quisessem;

Futuro do subjuntivo: Quiser, quiseres, quiser, quisermos, quiserdes, quiserem;

Saber

Presente do indicativo: sei, sabes, sabe, sabemos, sabeis, sabem;

Presente do subjuntivo: saiba, saibas, saiba, saibamos, saibais, saibam;

Pretérito perfeito do indicativo: soube, soubeste, soube, soubemos, soubestes, souberam;

Pretérito mais-que-perfeito do indicativo: Soubera, souberas, soubera, soubéramos, soubéreis, souberam;

Pretérito imperfeito do subjuntivo: Soubesse, soubesses, soubesse, soubéssemos, soubésseis, soubessem;

Futuro do subjuntivo: souber, souberes, souber, soubermos, souberdes, souberem.

Ser

Presente do indicativo: Sou, és, é, somos, sois, são;

Presente do subjuntivo: Seja, sejas, seja, sejamos, sejais, sejam;

Pretérito imperfeito do indicativo: Era, eras, era, éramos, éreis, eram;

Pretérito perfeito do indicativo: Fui, foste, foi, fomos, fostes, foram;

Pretérito mais-que-perfeito do indicativo: Fora, foras, fora, fôramos, fôreis, foram;

Pretérito imperfeito do subjuntivo: Fosse, fosses, fosse, fôssemos, fôsseis, fossem;

Futuro do subjuntivo: For, fores, for, formos, fordes, forem.

As segundas pessoas do imperativo afirmativo são: Sê (tu) e sede (vós).

Ter

Presente do indicativo: Tenho, tens, tem, temos, tendes, têm;

Presente do subjuntivo: Tenha, tenhas, tenha, tenhamos, tenhais, tenham;

Pretérito imperfeito do indicativo: Tinha, tinhas, tinha, tínhamos, tínheis, tinham;

Pretérito perfeito do indicativo: Tive, tiveste, teve, tivemos, tivestes, tiveram;

Pretérito mais-que-perfeito do indicativo: Tivera, tiveras, tivera, tivéramos, tivéreis, tiveram;

Pretérito imperfeito do subjuntivo: Tivesse, tivesses, tivesse, tivéssemos, tivésseis, tivessem;

Futuro do subjuntivo: Tiver, tiveres, tiver, tivermos, tiverdes, tiverem.

Seguem esse modelo os verbos: Ater, conter, deter, entreter, manter, reter.

Trazer

Presente do indicativo: Trago, trazes, traz, trazemos, trazeis, trazem;

Presente do subjuntivo: Traga, tragas, traga, tragamos, tragais, tragam;

Pretérito perfeito do indicativo: Trouxe, trouxeste, trouxe, trouxemos, trouxestes, trouxeram;

Pretérito mais-que-perfeito do indicativo: Trouxera, trouxeras, trouxera, trouxéramos, trouxéreis, trouxeram;

Futuro do presente: Trarei, trarás, trará, etc.;

Futuro do pretérito: Traria, trarias, traria, etc.;

Pretérito imperfeito do subjuntivo: Trouxesse, trouxesses, trouxesse, trouxéssemos, trouxésseis, trouxessem;

Futuro do subjuntivo: Trouxer, trouxeres, trouxer, trouxermos, trouxerdes, trouxerem.

Ver

Presente do indicativo: Vejo, vês, vê, vemos, vedes, veem;

Presente do subjuntivo: Veja, vejas, veja, vejamos, vejais, vejam;

Pretérito perfeito do indicativo: Vi, viste, viu, vimos, vistes, viram;

Pretérito mais-que-perfeito do indicativo: Vira, viras, vira, víramos, víreis, viram;

Pretérito imperfeito do subjuntivo: Visse, visses, visse, víssemos, vísseis, vissem;

Futuro do subjuntivo: Vir, vires, vir, virmos, virdes, virem.

Seguem esse modelo os derivados antever, entrever, prever, rever. Prover segue o modelo acima apenas no presente do indicativo e seus tempos derivados; nos demais tempos, comporta-se como um verbo regular da segunda conjugação.

Vir

Presente do indicativo: Venho, vens, vem, vimos, vindes, vêm;

Presente do subjuntivo: Venha, venhas, venha, venhamos, venhais, venham;

Pretérito imperfeito do indicativo: Vinha, vinhas, vinha, vínhamos, vínheis, vinham;

Pretérito perfeito do indicativo: Vim, vieste, veio, viemos, viestes, vieram;

Pretérito mais-que-perfeito do indicativo: Viera, vieras, viera, viéramos, viéreis, vieram;

Pretérito imperfeito do subjuntivo: Viesse, viesses, viesse, viéssemos, viésseis, viessem;

Futuro do subjuntivo: Vier, vieres, vier, viermos, vierdes, vierem;

Particípio e gerúndio: Vindo.

Emprego do infinitivo

Apesar de não haver regras bem definidas, podemos anotar as seguintes ocorrências:

→ Usa-se o impessoal:

Sem referência a nenhum sujeito: É proibido **estacionar** na calçada;

Nas locuções verbais: Devemos **pensar** sobre a sua situação;

Se o infinitivo exercer a função de complemento de adjetivos: É uma questão fácil de **resolver**;

Se o infinitivo possuir valor de imperativo - O comandante gritou: "**marchar**!"

→ Usa-se o pessoal:

Quando o sujeito do infinitivo é diferente do sujeito da oração principal: Eu não te culpo por seres um imbecil;

Quando, por meio de flexão, se quer realçar ou identificar a pessoa do sujeito: Não foi bom agires dessa forma;

Questões

01. (FCC) Levando-se em conta as alterações necessárias, o termo grifado foi substituído corretamente por um pronome em:

a) A Inveja habita o fundo de um vale = habitá-lo

b) jamais se acende o fogo = lhe acende

c) serviu de modelo a todos = serviu-os

d) infectar a jovem Aglauros = infectá-la

e) ao dilacerar os outros = dilacerar-lhes

02. (CESPE) Leia o texto:

Na era das redes sociais, algumas formas de comunicação arcaicas ainda dão resultado. O canadense Harold Hackett que o diga. Morador da Ilha Príncipe Eduardo, uma das dez províncias do Canadá, ele enviou mais de 4.800 mensagens em uma garrafa e recebeu 3.100 respostas de pessoas de várias partes do mundo. De acordo com a BBC, o canadense envia as mensagens desde 1996. O seu método é simples. Harold utiliza **garrafas** de suco de laranja e se certifica de que as **mensagens** estão com data. Antes de **enviá-las**, checa o sentido dos ventos — que devem rumar de preferência para oeste ou sudoeste. Algumas cartas demoraram 13 anos para voltar para ele.

A forma pronominal "las", em "enviá-las", pode fazer referência tanto ao termo "garrafas" quanto ao termo "mensagens"

Certo ( ) Errado ( )

03. (CESGRANRIO) "***A gente se acostuma*** a morar em apartamentos de fundos."

Nós nos acostumamos a morar em apartamentos de fundos.

A troca de pronomes também respeita as regras de concordância estabelecidas na norma-padrão em:

a) Tu te acostuma / Você se acostuma.

b) Tu se acostuma / Você se acostumas.

c) Tu te acostumas / Você se acostuma.

d) Tu te acostumas / Você vos acostuma.

e) Tu te acostumas / Você vos acostumais.

04. (CESPE) Nossa espécie passou os últimos 150 mil anos melhorando o cérebro. Mas uma pesquisa recém-publicada por uma equipe da Universidade de Cambridge reforçou uma tese recorrente na neurociência: a de que nossa inteligência chegou a seu limite. Os estudos ainda devem prosseguir para confirmá-la, mas esse trabalho, **somado aos que vinham sendo realizados nos últimos anos**, não deixa margem para muitas dúvidas.

No trecho "somado aos que vinham sendo realizados nos últimos anos", o elemento "aos" poderia ser corretamente substituído por àqueles.

Certo ( ) Errado ( )

05. (FAURGS) As bibliotecas virtuais têm, de certo modo, os predicados ______ o escritor argentino Jorge Luis Borges define a sua fantástica Biblioteca de Babel: são ilimitadas e periódicas. Desse modo, atualizam, no que oferecem e na forma ______ o oferecem, uma espécie de otimismo cético próprio do racionalismo.

A biblioteca está e vai com você onde você estiver, como uma Babel feita do paradoxo do conhecimento: quanto mais se sabe, mais há para saber, de modo que, o máximo sendo também o mínimo, nunca nos falte nem a pergunta ilimitada, nem a resposta periódica ______ os livros e revistas postos ao alcance de nosso cotidiano podem nos ajudar a formular, ou, ao menos, entrever.

Assinale a alternativa que preenche, correta e respectivamente, as lacunas das linhas.

a) que - como - que

b) com que - que - a que

c) com que - como - que

d) que - como - a que

e) que - que - a que

06. (CESGRANRIO) Os substantivos grafados com ç são derivados de verbos: **produção, redução, desaceleração, projeção**. Quais os verbos a seguir que formam substantivos com a mesma grafia:

a) admitir, agredir, intuir

b) discutir, emitir, aferir

c) inquirir, imprimir, perseguir

d) obstruir, intervir, conduzir

e) reduzir, omitir, extinguir

07. (NUCEPE) **Adaptada**. Assinale a opção em que o substantivo apresentado é uma palavra de gênero feminino.

a) "sinal".

b) "palco".

c) "comunidade".

d) "lugares".

e) "jornais".

08. (CEPERJ) Os verbos considerados impessoais devem se manter invariáveis, no singular, segundo as normas de concordância verbal. Há um caso de verbo impessoal no seguinte exemplo do texto:

a) "você não vê há três meses"

b) "Para lá fui enviada."

c) "um gigantesco caminhão que andava"

d) "aquilo nos pareceu absurdo"

e) "E não precisará de recall para isso."

09. (FCC) Ainda que os modernistas de 1922 não se ______ componentes de uma escola, nem _______ ter postulados rigorosos em comum, um grande desejo de expressão livre os unificava.

Na frase acima, a correção será mantida caso a conjugação dos verbos originalmente empregados consideraram e afirmaram for modificada de modo que as formas verbais resultantes sejam, respectivamente:

a) considerarem e afirmarem.

b) considerassem e afirmassem.

c) consideravam e afirmavam.

d) considerariam e afirmariam.

e) considerar e afirmar.

10. (FUNCAB) Em "(...) A empregada já HAVIA CHEGADO e estava no portão, olhando o movimento.(...)", o tempo verbal mostra uma ação:

a) iniciada no passado, continuada no presente.

b) realizada em futuro próximo.

c) subordinada a uma ação futura.

d) repetida, independente da ação passada.

e) já terminada.

11. (CESPE) Leia o texto:

Eu sei morrer. Morri **desde pequena**. E dói, mas a gente finge que não dói. Estou com tanta saudade de Deus.

E agora vou morrer um pouquinho. Estou tão precisada.

Sim. Aceito, my Lord. Sob protesto.

Mas Brasília é esplendor. Estou assustadíssima.

São Paulo: Círculo do Livro, 1981, p. 106-7.

No que concerne a aspectos gramaticais do texto acima, julgue (C ou E) o item a seguir.

Da combinação inusitada do verbo morrer, flexionado no pretérito perfeito do indicativo, com a expressão adverbial "desde pequena" infere-se uma compreensão da morte diferente da que estaria implícita caso tivesse sido empregada a locução verbal Venho morrendo.

Certo ( ) Errado ( )

12. (FCC) Na Antiguidade, os egípcios tinham nas letras um objeto sagrado, inventado pelos deuses. O verbo flexionado nos mesmos tempo e modo em que se encontra o grifado acima está em:

a) Por meio da observação do cérebro de crianças e adultos, verificou-se de forma bastante clara ...

b) ... que o ato de escrever desencadeia ligações entre os neurônios ...

c) Com a digitação, essa área fica inativa.

d) .. a caligrafia constava entre as habilidades avaliadas nos exames de admissão do antigo ginásio até a década de 70 ...

e) ... entre as gerações que chegam aos bancos escolares.

13. (FCC) ... que já ***detestava*** a jovem... O verbo empregado nos mesmos tempo e modo que o grifado está em:

a) A Inveja habita o fundo de um vale...

b) ...todos os que falaram desse sentimento...

c) ...porque esta a espionara...

d) ...que interceda junto a Hersé...

e) Não admitia que a mortal...

14. (Vunesp) No contexto, a correlação expressa pelos verbos destacados na frase - Se o **fizesse** não **teria** coragem de me olhar no espelho. - indica:

a) hipótese sobre a consequência de mentir.

b) necessidade de comunicar-se sem enganar.

c) certeza acerca de ser desnecessária a mentira.

d) dúvida em relação àquilo que motiva a mentira.

e) negação de que a mentira seja viável.

Gabaritos

01	D	08	A
02	CERTO	09	B
03	C	10	E
04	CERTO	11	CERTO
05	C	12	D
06	D	13	E
07	C	14	A

6. SINTAXE BÁSICA DA ORAÇÃO E DO PERÍODO

Sintaxe é a parte da Gramática que estuda a função das palavras ou das expressões em uma oração ou em um período.

Definições importantes:

Frase, oração e período (conceitos essenciais)

Frase: qualquer sentença dotada de sentido.

Ex.: Eu adoro estudar Português!

Ex.: Fogo! Socorro!

Oração: frase organizada em torno de uma forma verbal.

Os alunos farão a prova amanhã!

Período: conjunto de orações;

> Período simples: 1 oração.

Estudarei Português.

> Período composto: mais de 1 oração.

Estudarei Português e farei a prova.

6.1 Período simples (oração)

A oração é dividida em termos. Assim, o estudo fica organizado e impossibilita a confusão. São os termos da oração:

Essenciais;

Integrantes;

Acessórios.

Termos essenciais da oração

Sujeito e Predicado: são chamados de essenciais, porque são os elementos que dão vida à oração. Quer dizer, sem um deles (o predicado, ao menos) não se pode formar oração.

O **Brasil** caminha para uma profunda transformação social.
(sujeito) (predicado)

Sujeito

Sujeito é o termo sintático sobre o qual se declara ou se constata algo. Deve-se observar que há uma profunda relação entre o verbo que comporá o predicado e o sujeito da oração. Usualmente, o sujeito é formado por um substantivo ou por uma expressão substantivada.

Classificação do Sujeito:

Simples;

Composto;

Oculto, elíptico ou desinencial;

Indeterminado;

Inexistente;

Oracional.

Sujeito simples: aquele que possui apenas um núcleo.

O país deverá enfrentar difíceis rivais na competição.

A perda de fôlego de algumas das grandes economias também já foi notada por outras gigantes do setor.

> **Sujeito composto:** é aquele que possui mais de um núcleo.

Rigoberto e Jacinto são amigos inseparáveis.

Eu, meus **amigos** e todo o **resto** dos alunos faremos a prova.

Sujeito oculto, elíptico ou desinencial: aquele que não se encontra expresso na oração, porém é facilmente subentendido pelo verbo apresentado.

Acord**amos** cedo naquele dia. (Quem acordou? Nós)

Ab**ri** o blusão, tirei o 38, e perguntei com tanta raiva que uma gota de meu cuspe bateu na cara dele.(R. Fonseca)

Vanderlei caminhou pela manhã. À tarde pass**eou** pelo lago municipal, onde encont**rou** a Anaconda da cidade.

Perceba que o sujeito não está grafado na sentença, mas é facilmente recuperável por meio da terminação do verbo.

Sujeito indeterminado: ocorre quando o verbo não se refere a um núcleo determinado. São situações de indeterminação do sujeito:

Terceira pessoa do plural sem um referente:

Nunca lhe **deram** nada.

Fizeram comentários maldosos a seu respeito.

Com verbos transitivos indiretos, intransitivo e relacionais (de ligação) acompanhados da partícula "se" que, no caso, será classificada como índice de indeterminação de sujeito.

Vive-se muito bem.

Precisa-se de força e coragem na vida de estudante.

Nem sempre **se está** feliz na riqueza.

Sujeito inexistente ou oração sem sujeito: ocorre em algumas situações específicas.

Com verbos impessoais (principalmente os que denotam fenômeno da natureza).

Em setembro **chove** muito.

Nevava em Palotina.

Com o verbo haver, desde que empregado nos sentidos de existir, acontecer ou ocorrer.

Há poemas perfeitos, não **há** poetas perfeitos.

Deveria haver soluções para tais problemas.

Com os verbos ir, haver e fazer, desde que empregado fazendo alusão a tempo transcorrido.

Faz um ano que não viajo. (verbo "fazer" no sentido de "tempo transcorrido")

Há muito tempo que você não aparece. (verbo "haver" no sentido de "tempo")

Vai para dois meses que não recebo salário. (verbo "ir" no sentido de "tempo")

Com os verbos ser ou estar indicando tempo.

Era noite fechada.

É tarde, eles não vêm!

Com os verbos bastar e chegar indicando cessamento.

Basta de tanta corrupção no Senado!

Chega de ficar calado quando a situação aperta!

Com o verbo ser indicando data ou horas.

São dez horas no relógio da torre.

Amanhã **serão** dez de dezembro.

Sujeito oracional: ocorre nas análises do período composto, quando se verifica que o sujeito de um verbo é uma oração.

É preciso **que você estude Língua Portuguesa**.

Predicado

É o termo que designa aquilo que se declara acerca do sujeito. É mais simples e mais prudente para o aluno buscar identificar o predicado antes do sujeito, pois, se assim o fizer, terá mais concretude na identificação do sujeito.

Classificação do predicado:

> Nominal;

> Verbal;

> Verbo-nominal.

Predicado Nominal: o predicado nominal é formado por um verbo relacional (de ligação) + predicativo.

Lembre os principais verbos de ligação: ser, estar, permanecer, continuar, ficar, parecer, andar e torna-se.

A economia da Ásia parecia derrotada após a crise.

O deputado, de repente, virou patriota.

Português é legal.

Predicado Verbal: o predicado verbal tem como núcleo um verbo nocional.

Empresários **investirão R$ 250 milhões em novo berço para Porto de Paranaguá**.

Predicado Verbo-nominal: ocorre quando há um verbo significativo (nocional) + um predicativo do sujeito.

O trem chegou atrasado. ("atrasado" é uma qualidade do sujeito que aparece após o verbo, portanto, é um predicativo do sujeito).

Pedro Paladino já nasceu rico.

Acompanhei a indignação de meus alunos preocupado.

Predicativo

O predicativo é um termo componente do predicado. Qualifica sujeito ou objeto.

Josefina era **maldosa**, **ruim**, **sem valor**. (pred. do sujeito)

Leila deixou o garoto **louco**. (pred. do objeto)

O diretor nomeou João **chefe da repartição**. (pred. do objeto)

Termos integrantes da oração

Objeto Direto (complemento verbal);

Objeto Indireto (complemento verbal);

Complemento Nominal;

Agente da Passiva.

Objeto Direto: é o complemento de um verbo transitivo direto.

Os bons cidadãos cumprem **as leis**. (quem cumpre, cumpre algo)

Em resumo: ele queria **uma mulher**. (quem quer, quer algo)

Objeto Indireto: é o complemento de um verbo transitivo indireto.

Os bons cidadãos obedecem **às leis**. (quem obedece, obedece a algo)

Necessitamos **de manuais mais práticos** nos dias de hoje. (quem necessita, necessita de algo)

Complemento Nominal: é o complemento, sempre preposicionado, de adjetivos, advérbios e substantivos que, em determinadas circunstâncias, pedem complemento, assim como os verbos transitivos indiretos.

O filme era impróprio para crianças.

Finalizou-se a construção do prédio.

Agiu favoravelmente ao réu.

Agente da Passiva: É o complemento que, na voz passiva, designa o ser praticante da ação sofrida ou recebida pelo sujeito.

Ex. de voz ativa: O zagueiro executou a jogada.

Ex. de voz passiva: A jogada foi executada **pelo zagueiro**. (Agente da passiva)

Conversas foram interceptadas pela **Polícia Federal**. (Agente da passiva)

Termos acessórios da oração

Adjunto Adnominal;

Adjunto Adverbial ;

Aposto;

Vocativo.

Adjunto Adnominal: a função do adjunto adnominal é desempenhada por qualquer palavra ou expressão que, junto de um substantivo ou de uma expressão substantivada, modifica o seu sentido. Vejamos algumas palavras que desempenham tal função.

Artigos: as alunas serão aprovadas.

Pronomes adjetivos: aquela aluna será aprovada.

Numerais adjetivos: duas alunas serão aprovadas.

Adjetivos: aluno **estudioso** é aprovado.

Locuções adjetivas: aluno **de gramática** passa no concurso.

Adjunto Adverbial: o Adjunto Adverbial é o termo acessório (que não é exigido por elemento algum da sentença) que exprime circunstância ao verbo e, às vezes, ao adjetivo ou mesmo ao advérbio.

Advérbios: os povos antigos trabalhavam mais.

Locuções Adverbiais: Li vários livros **durante as férias**.

Alguns tipos de adjuntos adverbiais: Tempo: **Ontem**, choveu muito.

Lugar: Gostaria de que me encontrasse **na esquina da padaria**.

Modo: Alfredo executou a aria **fantasticamente**.

Meio: Fui para a escola **a pé**.

Causa: **Por amor**, cometem-se loucuras.

Instrumento: Quebrou a **vidraça com uma pedra**.

Condição: **Se estudar muito**, será aprovado.

Companhia: Faremos sucesso **com essa banda.**

Aposto: o aposto é o termo sintático que, possuindo equivalência semântica, esclarece seu referente. Tipos de Aposto:

Explicativo: Alencar, **escritor romântico**, possui uma obra vastíssima.

Resumitivo ou recapitulativo: Estudo, esporte, cinema, **tudo** o chateava.

Enumerativo: Preciso de duas coisas: **saúde e dinheiro**.

Especificativo: A notícia foi publicada na revista **Veja**.

Distributivo: Havia grupos interessados: **o da direita e o da esquerda**.

Oracional: Desejo só uma coisa: **que vocês passem no concurso**.

Vocativo: O Vocativo é uma interpelação, é um chamamento. Normalmente, indica com quem se fala.

Ó mar, por que não me levas contigo?

Vem, **minha amiga**, abraçar um vitorioso.

6.2 Período Composto

Nesse tópico, você deverá realizar a análise de mais de uma oração, portanto, atenção! Há dois processos de composição de período em Língua Portuguesa. São eles: coordenação e subordinação.

Coordenação: ocorre quando são unidas orações independentes sintaticamente. Ou seja, são autônomas do ponto de vista estrutural. Vamos a um exemplo.

Altamiro pratica esportes e estuda muito.

Subordinação: ocorre quando são unidas orações que possuem dependência sintática. Ou seja, não estão completas em sua estrutura. O processo de subordinação ocorre de três maneiras:

Substantiva: quando a oração desempenhar a função de um substantivo na sentença (**sujeito, predicativo, objeto direto, objeto indireto, complemento nominal ou aposto**).

Adjetiva: quando a oração desempenhar a função de adjunto adnominal na sentença.

Adverbial: quando a oração desempenhar a função de adjunto adverbial na sentença.

Eu quero **que vocês passem no concurso**. (oração subordinada substantiva objetiva direta – a função de objeto direto está sendo desempenhada pela oração)

O Brasil, **que é um belíssimo país**, possui vegetação exuberante. (oração subordinada adjetiva explicativa)

Quando José entrou na sala, Manoel saiu. (oração subordinada adverbial temporal)

Processo de coordenação

Há dois tipos de orações coordenadas: **assindéticas** e **sindéticas**.

Assindéticas:

O nome vem da palavra grega *sýndetos*, que significa conjunção, união. Ou seja, oração que não possui conjunção quando está colocada ao lado de outra.

Valdevino **correu (OCA), correu (OCA), correu (OCA)** o dia todo.

Perceba que não há conjunções para ligar os verbos, ou seja, as orações estão colocadas uma ao lado da outra sem síndeto, portanto, são **Orações Coordenadas Assindéticas**.

Sindéticas:

Contrariamente às assindéticas, as sindéticas possuem conjunção para exprimir uma relação lógico-semântica. Cada oração recebe o nome da conjunção que a introduz. Por isso é necessário decorar as conjunções.

Aditivas: São introduzidas pelas conjunções e, nem, mas também, também, como (após "não só"), como ou quanto (após "tanto"), mais etc., dando a ideia de adição à oração anterior.

A seleção brasileira venceu a Dinamarca/ **e empatou com a Inglaterra**. (Oração Coordenada Assindética / **Oração Coordenada Sindética Aditiva**)

Adversativas: São introduzidas pelas conjunções mas, porém, todavia, contudo, entretanto, no entanto, não obstante, senão, apesar disso, embora etc., indicando uma relação de oposição à sentença anterior.

O time batalhou muito, / **mas não venceu o adversário.** (Oração Coordenada Assindética / **Oração Coordenada Sindética Adversativa**)

Alternativas: São introduzidas pelas conjunções ou... ou, ora... ora, já... já, quer... quer, seja... seja, nem... nem etc., indicando uma relação de alternância entre as sentenças.

Ora estuda, / ora trabalha,: (Oração Coordenada Sindética Alternativa / Oração Coordenada Sindética Alternativa)

Conclusivas: São introduzidas pelas conjunções pois (posposto ao verbo), logo, portanto, então, por conseguinte, por consequência, assim, desse modo, destarte, com isso, por isto, consequentemente, de modo que, indicando uma relação de conclusão do período anterior.

Comprei a carne e o carvão, / **portanto podemos fazer o churrasco**. (Oração Coordenada Assindética / **Oração Coordenada Sindética Conclusiva**)

Estou muito doente, / **não posso, pois, ir à aula**. (Oração Coordenada Assindética/ **Oração Coordenada Sindética Conclusiva**)

Explicativas: São introduzidas pelas conjunções que, porque, porquanto, por, portanto, como, pois (anteposta ao verbo), ou seja, isto é, indicando uma relação de explicação para com a sentença anterior.

Não converse, / **pois estou estudando**. (OCA / **Oração Coordenada Sindética Explicativa**)

Processo de subordinação

Orações Subordinadas Substantivas: dividem-se em 6 tipos, introduzidas, geralmente, pelas conjunções "**que**" e "**se**".

Subjetiva (O.S.S.S.): Exerce função de sujeito do verbo da oração principal.

É interessante / **que todos joguem na loteria**. (Oração Principal / **Oração subordinada substantiva subjetiva**)

Objetiva Direta (O.S.S.O.D.): Exerce função de objeto direto.

Eu quero / **que você entenda a matéria**. - Quem quer, quer algo ou alguma coisa - (Oração Principal / **Oração subordinada substantiva Objetiva Direta**)

Objetiva Indireta (O.S.S.O.I.): Exerce função de objeto indireto.

Os alunos necessitam / **de que as explicações fiquem claras**. - Quem necessita, necessita de algo - (Oração Principal / **Oração subordinada substantiva Objetiva Indireta**)

Predicativa (O.S.S.P.): Exerce função de predicativo.

O bom é / **que você faça exercícios todos os dias**. (Oração Principal / **Oração subordinada substantiva Predicativa**)

Completiva Nominal (O.S.S.C.N.): Exerce função de complemento nominal de um nome da oração principal.

Jonas tem vontade / **de que alguém o mande calar a boca**. (Oração Principal / **Oração subordinada substantiva Completiva Nominal**)

Apositivas (O.S.S.A.): Possuem a função de aposto da sentença principal, geralmente são introduzidas por dois-pontos (:).

Eu quero apenas isto: / **que você passe no concurso**. (Oração Principal / **Oração subordinada substantiva Apositiva**)

Orações Subordinadas Adjetivas: dividem-se em dois tipos. Quando desenvolvidas, são introduzidas por um pronome relativo.

O nome Oração Subordinada Adjetiva se deve ao fato de ela desempenhar a mesma função de um adjetivo na oração, ou seja, a função de adjunto adnominal. Na Gramática de Portugal, são chamadas de Orações Relativas pelo fato de serem introduzidas por pronome relativo.

Restritivas: Restringem a informação da oração principal. Não possuem vírgulas.

O homem / **que mora ao lado** / é mal-humorado. (Oração Principal / **Oração subordinada Adjetiva Restritiva** / Oração Principal)

Para entender basta perguntar: qualquer homem é mal-humorado? Não. Só o que mora ao lado.

Explicativas: Explicam ou dão algum esclarecimento sobre a oração principal.

João, / **que é o ex-integrante da comissão**, / chegou para auxiliar os novos contratados. (Oração Principal / **Oração Subordinada Adjetiva Explicativa** /Oração Principal)

Orações Subordinadas Adverbiais: dividem-se em nove tipos. Recebem o nome da conjunção que as introduz. Nesse caso, teremos uma principal (que não está negritada) e uma subordinada adverbial (que está em negrito).

Essas orações desempenham a função de Adjunto Adverbial da oração principal.

Causais: Exprimem a causa do fato que ocorreu na oração principal. Introduzidas, principalmente, pelas conjunções porque, visto que, já que, uma vez que, como que, como.

Ex.: Já que precisamos de dinheiro, vamos trabalhar.

Comparativas: Representam o segundo termo de uma comparação. Introduzidas, na maior parte dos casos, pelas conjunções que, do que, como, assim como, (tanto) quanto.

Ex.: Tiburcina fala **como uma gralha** (fala - o verbo está elíptico).

Concessivas: Indica uma concessão entre as orações. Introduzidas, principalmente, pelas conjunções embora, a menos que, ainda que, posto que, conquanto, mesmo que, se bem que, por mais que, apesar de que. Fique de olho na relação da conjunção com o verbo.

Ex.: Embora não tivesse tempo disponível, consegui estudar.

Condicionais: Expressa ideia de condição. Introduzidas, principalmente, pelas conjunções se, salvo se, desde que, exceto, caso, desde, contanto que, sem que, a menos que.

Ex.: Se ele não se defender, acabará como "boi-de-piranha" no caso.

Conformativas: Exprimem acordo, concordância entre fatos ou ideias. Introduzidas, principalmente, pelas conjunções como, consoante, segundo, conforme, de acordo com etc.

Ex.: Realize as atividades **conforme eu expliquei**.

Consecutivas: Indicam a consequência ou o efeito daquilo que se diz na oração principal. Introduzidas, principalmente, pelas conjunções que (precedida de tal, tão, tanto, tamanho), de sorte que, de modo que.

Ex.: Estudei tanto, **que saiu sangue dos olhos**.

Finais: Exprimem finalidade da ação primeira. Introduzidas, em grande parte dos casos, pelas conjunções para que, a fim de que, que e porque.

Ex.: Estudei muito **para que pudesse fazer a prova**.

Proporcionais: Expressa uma relação de proporção entre as orações. Introduzidas, principalmente, pelas conjunções (locuções conjuntivas) à medida que, quanto mais....mais, à proporção que, ao passo que, quanto mais.

Ex.: José piorava, **à medida que abandonava seu tratamento**.

Temporais: Indicam circunstância de tempo. Introduzidas, principalmente, pelas conjunções quando, antes que, assim que, logo que, até que, depois que, mal, apenas, enquanto etc.

Ex.: Logo que iniciamos o trabalho os alunos ficaram mais tranquilos.

Você viu que não é difícil. Na verdade, só é preciso estudar muito e decorar o sentido das conjunções.

Questões

01. (CESPE)

Macunaíma

No fundo do mato-virgem nasceu Macunaíma, herói da nossa gente. Era preto retinto e filho do medo da noite. Houve um momento em que o silêncio foi tão grande escutando o murmurejo do Uraricoera, que a índia tapanhumas pariu uma criança feia. Essa criança é que chamaram de Macunaíma. Já na meninice fez coisas de sarapantar. De primeiro passou mais de seis anos não falando. Si o incitavam a falar exclamava:

— Ai! Que preguiça!... e não dizia mais nada. Ficava no canto da maloca, trepado no jirau de paxiúba, espiando o trabalho dos outros e principalmente os dois manos que tinha, Maanape já velhinho e Jiguê na força do homem.

Na linha 12 do fragmento I, a oração "que tinha", sintática e semanticamente dispensável para o texto, caracteriza-se por ter um pronome relativo como sujeito sintático.

Certo ( ) Errado ( )

02. (CESPE) Leia o texto:

Que Demócrito não risse, eu o provo. Demócrito ria sempre: logo não ria. A consequência parece difícil e evidente. O riso, como dizem todos os filósofos, nasce da novidade e da admiração, e cessando a novidade ou a admiração, cessa também o riso; o como Demócrito se ria dos ordinários desconcertos do mundo, o que é ordinário e se vê sempre, não pode causar admiração nem novidade; segue-se que nunca ria, rindo sempre, pois não havia matéria que motivasse o riso.

No período "Que Demócrito não risse, eu o provo" (linha 1), o verbo provar complementa-se com uma estrutura em forma de objeto direto pleonástico, com uma oração servindo de referente para um pronome.

Certo ( ) Errado ( )

03. (FCC) **Graças aos avanços na medicina e na agricultura**, as previsões funestas de Malthus não se confirmaram...

O segmento grifado exprime, em relação à afirmativa seguinte, noção de:

a) Condição.

b) Tempo.

c) Proporção.

d) Causa.

e) Finalidade.

04. (FCC) A frase em que **ambos** os elementos sublinhados são complementos verbais é:

a) Assim vos confesso que entendo de arquitetura, apesar das muitas opiniões em contrário.

b) Ninguém se impressiona tanto com um velho porão como este velho cronista, leitor amigo.

c) O porão deverá jazer sob os pés da família como jazem os cadáveres num cemitério.

d) Que atração exercem sobre o cronista as gravatas manchadas, quando desce a um porão...

e) Já não se fazem porões, hoje em dia, já não há qualquer mistério ou evocação mágica numa casa moderna.

05. (FCC) **Nascidas do povo mais humilde do Brasil**, as Escolas afirmam a vocação dos brasileiros, de todos os brasileiros, para a grandeza.

A oração grifada acima tem sentido ...... e, ao reescrevê-la com o emprego da conjunção adequada, a oração resultante deverá iniciar--se por ....

As lacunas estarão corretamente preenchidas, respectivamente, por:

a) final - Para que tivessem nascido

b) temporal - Enquanto tinham nascido

c) concessivo - Ainda que tenham nascido

d) consecutivo - Desde que tenham nascido

e) condicional - Caso tenham nascido

06. (FCC) Analisando-se aspectos sintáticos de frases de textos, é correto afirmar que em:

a) Muitos se lembravam da alegria voraz com que foram disputadas as toneladas da vítima - as formas verbais sublinhadas têm um mesmo sujeito.

b) Todos se empenhavam no lúcido objetivo comum - configura-se um caso de indeterminação do sujeito.

c) Uma tripulação de camelôs anunciava umas bugigangas - a voz verbal é ativa, sendo umas bugigangas o objeto direto.

d) Eu já podia recolher a minha aflição - não há a possibilidade de transposição para outra voz verbal.

e) Logo uma estatal, ó céus - o elemento sublinhado exerce a função de adjunto adverbial de tempo.

07. (FCC) "Fica calmo, meu caro jornalista, avião comigo não cai", procurava me tranquilizar **dr. Ulysses**...

O segmento em destaque exerce na frase acima a mesma função sintática que o elemento grifado exerce em:

a) Como a Folha era **o único veículo** ...

b) ... essas coisas não pegariam bem **para um repórter**.

c) ... **em que** tudo devia estar acertado...

d) Viajava **com os três líderes da campanha** em pequenos aviões fretados...

e) ... **quem** era o comandante.

08. (FCC) Mas, **embora ele não tivesse sido nomeado**, todos sabiam quem era o comandante.

Em relação à frase em que está inserido, o segmento grifado acima possui um sentido.

a) Condicional.

b) Causal.

c) Concessivo.

d) Comparativo.

e) Conclusivo.

09. (FCC) Este conceito **é relativo**, pois em arte não há originalidade absoluta.

... a sua contribuição maior foi **a liberdade de criação e expressão**.

Ambos os elementos acima grifados exercem nas respectivas frases a função de:

a) Adjunto adverbial.

b) Objeto direto.

c) Complemento nominal.

d) Predicativo.

e) Objeto indireto.

10. (FCC) ... o tema das mudanças climáticas **pressiona** os esforços mundiais para reduzir a queima de combustíveis.

A mesma relação entre o verbo grifado e o complemento se reproduz em:

a) ... a Idade da Pedra não acabou por falta de pedras ...

b) ... o estilo de vida e o modo da produção (...) são os principais responsáveis...

c) ... que ameaçam a nossa própria existência.

d) ... e a da China triplicou.

e) Mas o homem moderno estaria preparado.

11. (CONSULPLAN) Leia o texto:

A tradição teológica e filosófica nunca conseguiu explicar o "mistério da iniquidade", a existência do mal como potência do desejo e da ação humanas.

Ora, a corrupção é o mal do nosso tempo. Curiosamente, ela aparece como uma nova regra de conduta, uma contraditória "moral imoral". Da governalidade aos atos cotidianos, o mundo da vida no qual ética e moral se cindiram há muito tempo transformou-se na sempre saqueável terra de ninguém.

Como toda moral, a corrupção é rígida. Daí a impossibilidade do seu combate por meios comuns, seja o direito, seja a polícia. Do contrário, meio mundo estaria na prisão. A mesma polícia que combate o narcotráfico nas favelas das grandes cidades poderia ocupar o Congresso e outros espaços do governo onde a corrupção é **a regra**.

Mas o problema é que a força da corrupção é a do costume, é a da "moral", aquela mesma do malandro que age "na moral", que é "cheio de moral". Ela é muito mais forte do que a delicada reflexão ética que envolveria a autonomia de cada sujeito agente. E que só surgiria pela educação política que buscasse um pensamento reflexivo.

O sistema da corrupção é composto de um jogo de forças do qual uma das mais importantes é a "força do sentido". É ela que faz perguntar, por exemplo, "como é possível que um policial pobre se negue a aceitar dinheiro para agir ilegalmente?"

O simples fato de que essa pergunta seja colocada implica o pressuposto de que uma verdade ética tal como a honestidade foi transvalorada. Isso significa que foi também desvalorizada.

Se a conduta de praxe seria não apenas aceitar, mas exigir dinheiro em troca de uma ação qualquer na contramão do dever, é porque no sistema da corrupção o valor da honestidade, que garantiria ao sujeito a sua autonomia, foi substituído pela vantagem do dinheiro.

Mas não somente. Aquele que age na direção da lei como que age contra a moral caracterizada pelo "fazer como a grande maioria", levando em conta que no âmbito da corrupção se entende que o que a maioria quer é "dinheiro".

Verdade é que a ação em nome de um universal por si só caracteriza qualquer moral. É por meio dela que se faz o **cálculo** do "sentido" no qual, fora da vantagem que define a regra, o sujeito honesto se transfigura imediatamente em otário.

Se a moral é medida em dinheiro, não entregar-se a ele poderá parecer um luxo. Mas um contraditório luxo de pobre, já que a questão da honestidade não se coloca para os ricos, para quem tal valor parece de antemão assegurado.

Daí que jamais se louve nos noticiários a honestidade de alguém que não se enquadra no estereótipo do "pobre". **Honesto** é sempre o pobre elevado a cidadão exótico. Na verdade, por meio desse gesto o pobre é colocado à prova pelo sistema. Afinal ele teria tudo para ser corrupto, ou seja, teria todo o motivo para sê-lo. Mas teria também todo o perdão?

O cidadão exótico – pobre e honesto – que deixa de agir na direção de uma vantagem pessoal como que estaria perdoado por antecipação ao agir imoralmente sendo pobre, mas não está. A frase de Brecht seria sua jurisprudência mais básica: "O que é roubar um banco comparado a fundar um?"

Ora, sabemos que essa "moral imoral" tem sempre dois pesos e duas medidas, diferentes para ricos e pobres. No **vão** que as separa vem à tona a **incompreensibilidade** diante do mistério da honestidade. De categoria ética, ela desce ao posto de irrespondível problema metafísico.

Pois quem terá hoje a coragem de perguntar como alguém se torna o que é quando a subjetividade, a individualidade e a biografia já não valem nada e sentimos apenas o miasma que exala da vala comum das celebridades da qual o cidadão pode se salvar apenas alcançando o posto de um herói exótico, máscara do otário da vez?

(Marcia Tiburi. Cult, dezembro de 2011)

Assinale o termo que, no texto, desempenhe função sintática idêntica à de incompreensibilidade termos em destaque no texto.

a) a regra.

b) vão.

c) cálculo.

d) honesto.

12. (IPAD) Em que opção a expressão em negrito retoma a ideia de um termo para explicá-lo, desenvolvê-lo ou esclarecê-lo, assumindo a função sintática de aposto?

a) O conjunto de saltos de quedas d'água estava localizado ao oeste do Estado do Paraná, **no município de Guaíra...**

b) Calcula-se que a água do Rio Paraná levou cerca de 1 milhão de anos para cavar no basalto, **rocha vulcânica dura**, o caminho que percorria.

c) Era a cachoeira mais caudalosa do mundo, **nela** se escoando cerca de 75 mil metros cúbicos de água por segundo...

d) Capaz de gerar 15 milhões de kilowatts, Itaipu é **a usina** de maior potencial energético do mundo.

e) A barragem, **que represa o Rio Paraná**, tem a altura aproximada de um edifício de 62 andares.

13. (IPAD) Em que oração o sujeito **não** é posposto ao verbo?

a) "Sete quedas por mim passaram"

b) "Cessa o estrondo das cachoeiras"

c) "Aos mortos espanhóis, aos mortos bandeirantes, aos apagados fogos de Ciudad Real de Guaira vão juntar-se os sete fantasmas das águas assassinadas"

d) "Faz-se do movimento uma represa"

e) "da agitação faz-se um silêncio"

14. (CESGRANRIO) Em "e controlar a epidemia crescente **das doenças crônicas**," o termo destacado está ligado sintaticamente ao substantivo "epidemia". O termo que desempenha função sintática idêntica ao destacado acima está no trecho:

a) "enquanto cerca de 300 milhões de adultos são **obesos**,"

b) "...que ajude as autoridades nacionais a enfrentar os problemas."

c) "– Para alcançar as Metas do Milênio estabelecidas **pela ONU**,"

d) "Todos eles estão **mais** expostos..."

e) "entre outras doenças ligadas **ao excesso de peso**."

15. (FCC) ... mas nem todos **entendem** seu real significado.
O verbo que exige o mesmo tipo de complemento que o grifado acima está também **grifado** em:
a) Pesquisadores **revelaram** a existência de preconceitos enraizados contra a manifestação de emoções.
b) A pesquisa **tratava** da valorização de sentimentos até então vistos como negativos no ambiente de trabalho.
c) A manifestação de emoções positivas **é** geralmente bem aceita em qualquer ambiente.
d) Estudos recentes **aludem** à importância das emoções, sejam elas positivas ou negativas, na vida pessoal e profissional.
e) O local de trabalho nem sempre se **torna** propício à manifestação das próprias emoções.

16. (FUNCAB) A alternativa em que o termo destacado tem a função de adjunto adnominal e não a de predicativo do sujeito é:
a) "(...) ela estava muito mais **viva**(...)"
b) "(...) um peixe **sozinho** num tanque era algo muito solitário. (...)"
c) "(...) a mãe era **boa** para dar ideias. (...)"
d) "(...) Mas ele estava **sozinho**. (...)"
e) "(...) Só então notou como estava **cansado**."

17. (FCC) ... **embora** a maioria das pessoas consuma calorias suficientes ...
A conjunção grifada acima imprime ao contexto noção de:
a) Finalidade de uma ação.
b) Temporalidade relativa a um fato.
c) Concessão quanto à afirmativa que a segue.
d) Conjectura que não se realiza.
e) Incerteza quanto à comprovação de um fato.

18. (FCC) ... elas ainda **sofrem de imensas deficiências de nutrientes** ...
A relação entre verbo e complemento, grifada acima, se reproduz em:
a) ... embora a maioria das pessoas consuma calorias suficientes ...
b) ... e têm pontuação mais baixa nos testes de habilidade cognitiva.
c) ... a epidemia de obesidade nos países ricos representa exatamente o problema oposto.
d) ... e muitos não obtêm esses nutrientes.
e) ... menos da metade daqueles que mais precisam deles ...

19. (FCC) **Com o avançar da idade**, eles precisam de mais cálcio e vitaminas...
a) À medida que a idade vai avançando.
b) Conquanto a idade avance.
c) Se a idade for avançando.
d) Ainda que a idade vá avançando.
e) Em comparação à idade que avança.

20. **Enquanto** o primeiro é regido por valores como amor e lealdade, o segundo tem como marca indexadores monetários e contratos. Assinale a alternativa que poderia substituir Enquanto no período anterior, sem modificação de sentido.
a) Como
b) Já que
c) Ao passo que
d) Quando

Gabaritos

01	ERRADO	11	C
02	CERTO	12	B
03	D	13	A
04	A	14	B
05	C	15	A
06	C	16	B
07	E	17	C
08	C	18	E
09	D	19	A
10	C	20	C

7. CONCORDÂNCIA VERBAL E NOMINAL

Trata-se do processo de flexão dos termos a fim de se relacionarem harmoniosamente na frase. Quando se pensa sobre a relação do verbo com os demais termos da oração, o estudo focaliza a concordância verbal. Quando a análise se volta para a relação entre pronomes, substantivos, adjetivos e demais termos do grupo nominal, diz-se que o foco é concordância nominal.

Fique de olho aberto para a relação do sujeito com o verbo. Uma boa noção de Sintaxe é importantíssima para entender esse segmento do conteúdo.

7.1 Concordância Verbal

Regra geral

O verbo concorda com o sujeito em número e pessoa.

O **primeiro-ministro** russo **acusou** seus inimigos.

Dois **parlamentares rebateram** a acusação.

Contaram-se **mentiras** no telejornal.

Vós sois os responsáveis por vosso destino.

Regras para sujeito composto[1]

Anteposto (colocado antes do verbo): o verbo vai para o plural:

Eu e meus irmãos vamos à praia.

Posposto (colocado após o verbo): o verbo concorda com o mais próximo ou vai para o plural:

Morreu (morreram), no acidente, **o prefeito e o vereador**.

Formado por pessoas (gramaticais) diferentes: plural da predominante.

Eu, você e os alunos **estudaremos** para o concurso. (a primeira pessoa é a predominante, por isso, o verbo fica na primeira pessoa do plural)

Com núcleos em correlação: concorda com o mais próximo ou fica no plural:

O professor assim como o monitor auxilia(m) os estudantes.

Ligado por NEM: verbo concordará:

No singular: se houver exclusão.

Nem Josias nem Josué **percebeu** o perigo iminente.

No singular: quando se pretende individualizar a ação, aludindo a um termo em específico.

Nem os esportes nem a leitura **o entretém**.

No plural: quando não houver exclusão, ou seja, quando a intenção for aludir ao sujeito em sua totalidade.

Nem a minha rainha nem o meu mentor **serão** tão convincentes a ponto de me fazerem mudar de ideia.

Ligado por COM: verbo concorda com o antecedente do COM ou vai para o plural:

O vocalista com os demais integrantes da banda **realizaram (realizou)** o show.

Ligado por OU: verbo no singular (se houver exclusão) ou no plural (se não houver exclusão):

Ou Pedro Amorim ou Jurandir Leitão **será** eleito vereador da cidade.

O aviso ou o ofício **deveriam** ser expedidos antes da data prevista.

Se o sujeito for construído com os termos:

Um e outro, nem um nem outro: verbo no singular ou plural, dependendo do sentido pretendido.

Um e outro **passou (passaram)** no concurso.

Um ou outro: verbo no singular.

Um ou outro fez a lição.

Expressões partitivas seguidas de nome plural: verbo no singular ou plural.

A maior parte das pessoas **fez (fizeram)** o exercício recomendado.

Coletivo geral: verbo no singular.

O cardume **nadou** rio acima.

Expressões que indicam quantidade aproximada seguida de numeral: Verbo concorda com o substantivo.

Aproximadamente 20 % dos eleitores compareceram às urnas.

Aproximadamente 20% do eleitorado **compareceu** às urnas.

Pronomes (indefinidos ou interrogativos) seguidos dos pronomes "nós" e/ou "vós": verbo no singular ou plural.

Ex.: Quem de nós **fará (faremos)** a diferença?

Palavra QUE (pronome relativo): verbo concorda com o antecedente do pronome "que".

Ex.: Fui eu que **fiz** a diferença.

Palavra QUEM: verbo na 3ª pessoa do singular.

Ex.: Fui eu *quem* **fez** a diferença.

Pela repetida utilização errônea, algumas gramáticas já toleram a concordância do verbo com a pessoa gramatical distinta da terceira, no caso de se utilizar um pronome pessoal como antecedente do "quem".

Um dos que: verbo no singular ou plural.

Ele foi *um dos que* **fez (fizeram)** a diferença.

Palavras sinônimas: verbo concorda com o mais próximo ou fica no plural.

Ex.: *A ruindade, a maldade, a vileza* **habita (habitam)** a alma do ser humano.

Quando os verbos estiverem acompanhados da palavra "SE": fique atento à função da palavra "SE".

SE - na função de pronome apassivador: verbo concorda com o sujeito paciente.

Vendem-se casas e sobrados em Alta Vista.

Presenteou-se o aluno aplicado com uma gramática.

1 As gramáticas registram um sem-número de regras de concordância. Selecionamos as mais relevantes para o universo do concurso público.

SE - na função de índice de indeterminação do sujeito: verbo fica sempre na 3ª pessoa do singular.

Precisa-se de empregados com capacidade de aprender.

Vive-se muito bem na riqueza.

A dica é ficar de olho na transitividade do verbo. Se o verbo for VTI, VI ou VL, o termo "SE" será índice de indeterminação do sujeito.

Casos de concordância com o verbo "ser":

Quando indicar tempo ou distância: Concorda com o predicativo.

Amanhã **serão** 7 de fevereiro.

São 890 quilômetros daqui até Florianópolis.

Quando houver sujeito que indica quantidade e predicativo que indica suficiência ou excesso: Concorda com o predicativo.

Vinte milhões **era** muito por aquela casa.

Sessenta centavos **é** pouco por aquele lápis.

O verbo dar, no sentido de bater ou soar, acompanhado do termo hora(s): concorda com o sujeito.

Deram cinco horas no relógio do juiz.

Deu cinco horas o relógio juiz.

Verbo "parecer" – Concordância estranha.

Verbo "parecer" somado a infinitivo: Flexiona-se um dos dois.

Os alunos **pareciam** estudar novos conteúdos.

Os alunos **parecia estudarem** novos conteúdos.

Quando houver sujeito construído com nome no plural: com artigo no singular ou sem artigo: o verbo fica no singular.

Memórias Póstumas de Brás Cubas **continua** sendo lido por jovens estudantes.

Minas Gerais **é** um lindo lugar.

Com artigo plural: o verbo fica no plural.

Os Estados Unidos **aceitaram** os termos do acordo assinado.

7.2 Concordância Nominal

A concordância nominal está relacionada aos termos do grupo nominal. Ou seja, entram na dança o substantivo, o pronome, o artigo, o numeral e o adjetivo. Vamos à regra geral para a concordância.

Regra geral

O artigo, o numeral, o adjetivo e o pronome adjetivo devem concordar com o substantivo a que se referem em gênero e número.

Meu belíssimo e **antigo** carro **amarelo** quebrou, ontem, em **uma** rua **estreita.**

Os termos destacados acima, mantém uma relação harmoniosa com o núcleo de cada expressão. Relação tal que se estabelece em questões de gênero e de número.

A despeito de a regra geral dar conta de grande parte dos casos de concordância, devemos considerar a existência de casos particulares, que merecem atenção.

Casos que devem ser estudados

Dependendo da intencionalidade de quem escreve, pode-se realizar a concordância atrativa, primando por concordar com apenas um termo de uma sequência ou com toda a sequência. Vejamos:

Vi um carro e uma **moto** *vermelha*. (concordância apenas com o termo "moto")

Vi um carro e uma **moto** *vermelhos*. (concordância com ambos os elementos)

Bastante ou bastantes?

Se "bastante" é pronome adjetivo, será variável; se for advérbio (modificando o verbo), será invariável, ou seja, não vai para o plural.

Há *bastantes* **motivos** para sua ausência. (adjetivo)

Os alunos **falam** *bastante*. (advérbio)

Troque a palavra "bastante" por "muito". Se "muito" for para o plural, "bastante" também irá.

Anexo, incluso, apenso, obrigado, mesmo, próprio: são adjetivos que devem concordar com o substantivo a que se referem.

O *relatório* segue **anexo** ao documento.

Os *documentos* irão **apensos** ao relatório.

A expressão "em anexo" é invariável (não vai para plural nem para o feminino).

As planilhas irão **em anexo.**

É bom, é necessário, é proibido, é permitido: variam somente se o sujeito vier antecedido de um artigo ou outro termo determinante.

Maçã **é bom** para a voz. / A maçã **é boa** para a voz.

É necessário **aparecer** na sala. / É necessária **sua aparição** na sala.

Menos / alerta. São sempre invariáveis, contanto que respeitem sua classe de origem - advérbio: se forem derivadas para substantivo, elas poderão variar.

Encontramos **menos** alunos na escola. / Encontramos **menos** alunas na escola.

O policial ficou **alerta**. / Os policiais ficaram **alerta**.

Só / sós. Variam apenas quando forem adjetivos: quando forem advérbios, serão invariáveis.

Pedro apareceu **só** (sozinho) na sala. / Os meninos apareceram **sós** (sozinhos) na sala. (adjetivo)

Estamos **só** (somente) esperando sua decisão. (advérbio)

A expressão "a sós" é invariável.

A menina ficou **a sós** com seus pensamentos.

Troque "só" por "sozinho" (vai para o plural) ou "somente" (fica no singular).

Questões

01. (FCC) O verbo indicado entre parênteses deverá ser obrigatoriamente flexionado numa forma do plural para preencher de modo correto a frase:

a) Quanto mais interesses ...... (haver) em jogo, mais contundentes serão as iniciativas da máquina neoliberal.
b) A não ...... (ser) pelas miragens que alimenta, muitas pessoas não conseguiriam sustentar o ânimo de viver.
c) O que não lhes ...... (dever) convir é abandonar todos esses sonhos que ajudam a viver.
d) Nunca me ...... (sobrevir), como agora, os sobressaltos que cada sonho traz consigo.
e) .....-se (dever) a essas miragens o esforço com que muitos conduzem seu trabalho.

02. (CESPE) Leia o trecho:

Dentro de um mês tinha comigo vinte aranhas; no mês seguinte cinquenta e cinco; em março de 1877 contava quatrocentas e noventa. Duas forças serviram principalmente à empresa de as congregar: o emprego da língua delas, desde que pude discerni-la um pouco, e o sentimento de terror que lhes infundi.

O verbo ter, na linha 1, está empregado no sentido de haver, existir, por isso mantém-se no singular, sem concordar com o sujeito da oração — "vinte aranhas".

Certo ( ) Errado ( )

03. (FCC) O verbo indicado entre parênteses deverá flexionar-se numa forma do singular para preencher corretamente a lacuna da frase:

a) Aquele a quem ...... (sensibilizar) os fatos do noticiário deve poupar-se de acompanhá-los todos os dias.
b) Não ...... (dever) mover a ninguém as esperanças ou a crença em que o mundo se torne mais discreto e silencioso.
c) Em qualquer notícia que provenha do nosso íntimo não mais ...... (haver) de se ocultar as verdades que fingimos desconhecer.
d) As pessoas a quem ...... (impor) a TV, diuturnamente, notícias de toda espécie perdem a capacidade de discriminar o que é ou não importante.
e) As novidades que dentro de mim se ...... (mascarar) só se revelarão mediante uma análise introspectiva.

04. (FCC) O verbo entre parênteses deverá flexionar-se em uma forma do plural para preencher de modo correto a lacuna da frase:

a) Aos sentimentos do menino ...... (corresponder) um gesto bonito, pelo qual se materializou o amor filial.
b) Não se ...... (atribuir) ao gesto do menino quaisquer intentos que não tivessem raiz em sua generosidade.
c) A nenhum dos parentes ...... (ocorrer) alimentar suspeitas acerca das preocupações do menino.
d) Não ...... (faltar) aos brinquedos antigos a magia que as engenhocas eletrônicas exercem hoje sobre os pequenos.
e) ...... (ter) ocorrido aos pais que os gestos do filho estariam ocultando algum segredo?

05. (CESPE) Leia o trecho:

Imagine que um poder absoluto ou um texto sagrado declarem que quem roubar ou assaltar será enforcado (ou terá a mão cortada). **Nesse caso, puxar a corda, afiar a faca ou assistir à execução seria simples, pois a responsabilidade moral do veredicto não estaria conosco.** Nas sociedades tradicionais, em que a punição é decidida por uma autoridade superior a todos, as execuções podem ser públicas: a coletividade festeja o soberano que se encarregou da justiça — que alívio!

No período "Nesse caso (...) estaria conosco", como o conector "ou" está empregado com sentido aditivo, e não, de exclusão, a forma verbal do predicado "seria simples" poderia, conforme faculta a prescrição gramatical, ter sido flexionada na terceira pessoa do plural: seriam.

Certo ( ) Errado ( )

06. (FCC) Para cada uma dessas questões, assinale a alternativa que preenche corretamente, na ordem, as lacunas da frase apresentada.

O cientista ......, com base em dados que lhe haviam sido ...... , que a pesquisa ...... resultados importantes para a fauna da região.

a) previu - entregues - traria
b) previu - entregados - trazeria
c) preveu - entregues - trazeria
d) preveu - entregados - traria
e) previu - entregues - trazeria

07. (FCC) ...... tomar medidas que ...... a sobrevivência de algumas espécies de aves na região.

a) Eram necessários - garantissem
b) Eram necessárias - garantissem
c) Era necessário - garantisse
d) Eram necessárias - garantisse
e) Era necessário - garantissem

08. (FCC) A frase em que as regras de concordância estão plenamente respeitadas é:

a) Contam-se que o poeta Manuel Bandeira ficou extasiado e impressionado ao ouvirem as novas batidas do violão de João Gilberto.
b) As canções de Caetano Veloso, cuja letra costumam despertar discussões acaloradas, são considerados por muitos grandes poemas da literatura nacional.
c) Já se passou vários anos do surgimento da bossa nova, mas Chega de saudade, de João Gilberto, continua a encantar os ouvidos ao redor do mundo.
d) Além de uma canção de João Gilberto, Chega de saudade é o título do livro de Ruy Castro em que o autor relembra os protagonistas da bossa nova.
e) Imagina-se que, embora pouco estudados, deve existir motivos sociais para a indiferença com que as camadas superiores durante muito tempo via o samba.

09. O verbo que se mantém corretamente ***no singular***, mesmo com as alterações propostas entre parênteses para o segmento grifado, está em:

a) Quando a peste negra varreu populações inteiras (**as epidemias**)
b) Quanto mais gente houvesse no mundo (**mais habitantes**)
c) Tom alarmista acerca do crescimento populacional arrefeceu (**As profecias**)
d) A humanidade terá de colocar toda sua inventividade à prova (**Os homens**)
e) Existe um consenso (**hipóteses diversas**)

10. (FCC) A frase em que ***ambos*** os elementos sublinhados são complementos verbais é:
    a) Assim vos confesso que entendo de arquitetura, apesar das muitas opiniões em contrário.
    b) Ninguém se impressiona tanto com um velho porão como este velho cronista, leitor amigo.
    c) O porão deverá jazer sob os pés da família como jazem os cadáveres num cemitério.
    d) Que atração exercem sobre o cronista as gravatas manchadas, quando desce a um porão...
    e) Já não se fazem porões, hoje em dia, já não há qualquer mistério ou evocação mágica numa casa moderna.

11. (FCC) Substituindo-se o elemento grifado pelo segmento que está entre parênteses, o verbo que deverá flexionar-se no ***plural*** está em:
    a) Clarice (**Juntamente com o marido, Clarice**) se encontrava no exterior...
    b) A voz nova e solitária (**A voz que poucos conheciam**) em seguida iria encontrar obstáculos ...
    c) O nome de Clarice (**A ficção de autoras intimistas**) [...] tinha aqui pequena repercussão.
    d) ... como está dito por toda parte (**em todos os jornais**).
    e) Ao contrário do que se (**os desavisados**) pensa ...

12. (FCC) Em épocas passadas, alguns poetas se ...... atrelados a convenções literárias tão rígidas que, em alguns casos, os ...... de encontrar uma voz original e única

Preenchem corretamente as lacunas da frase acima, na ordem dada:
    a) Mantém - impedirão
    b) Manteram - impediam
    c) Mantiveram - impediram
    d) Manteriam - impedira
    e) Mantinham - impedia

13. (CESPE) Leia o trecho:

"O [fim] da Idade Média, no [século] XV, e o [ressurgimento] das cidades, no período renascentista,[representaram] profundas mudanças para a sociedade da época, mas, do ponto de vista político, assistiu-se a uma concentração ainda maior do poder nas mãos dos soberanos, reis absolutos, que, sob o peso de sua autoridade, unificaram os diversos feudos e formaram vários dos Estados modernos que hoje conhecemos."

A forma verbal "representaram" está no plural para concordar com o sujeito composto da oração, cujos núcleos são "fim", "século" e "ressurgimento".

Certo ( ) Errado ( )

14. (CESPE) Leia o trecho:

Trabalho demais, agenda cheia, Internet, celular [e carros que chegam a mais de 200 km/h] **transformam** o homem moderno numa espécie de Coelho Branco de Alice no País das Maravilhas.

Se o trecho "e carros que chegam a mais de 200 km/h" fosse retirado do texto, a forma verbal "transformam" deveria ser substituída por ***transforma.***

Certo ( ) Errado ( )

15. (FCC) Estão plenamente observadas as normas de concordância verbal em:
    a) À noite, davam-se aos trabalhos de poucos e à diversão de muitos uma trégua oportuna, para tudo recomeçar na manhã seguinte.
    b) Aos esforços brutais da jubarte não correspondiam qualquer efeito prático, nenhum avanço obtinha o gigante encalhado na areia.
    c) Sempre haverá de aparecer aqueles que, diante de um espetáculo trágico, logram explorá-lo como oportunidade de comércio.
    d) Como se vê, cabe aos bons princípios ecológicos estimular a salvação das baleias, seja no alto-mar, seja na areia da praia.
    e) Da baleia encalhada em 1966 não restou, lembra-nos o autor, senão as postas em que a cruel voracidade dos presentes retalhou o animal

16. (CESGRANRIO) Em uma mensagem de e-mail bastante formal, enviada para alguém de cargo superior numa empresa, estaria mais adequada, por seguir a norma-padrão, a seguinte frase:
    a) Anexo vão os documentos.
    b) Anexas está a planilha e os documentos
    c) Seguem anexos os documentos
    d) Em anexas vão as planilhas.
    e) Anexa vão os documentos e a planilha.

17. (CESGRANRIO) Em que sentença a concordância segue os parâmetros da norma-padrão?
    a) Paguei a dívida e fiquei quites com minhas obrigações.
    b) A secretária disse que ela mesmo ia escrever a ata.
    c) Junto com o contrato, segue anexo a procuração.
    d) A vizinha adotou uma atitude pouca amistosa.
    e) Após a queda, a criança ficou meio chorosa.

18. A concordância verbal está de acordo com a norma-padrão em:
    a) Cada um dos curadores foram responsáveis por um tema.
    b) Muitos cartões vem decorados com guirlandas de flores.
    c) A maior parte dos cartões expostos encantou os visitantes.
    d) Está acontecendo diversos eventos sobre meios de comunicação na cidade.
    e) Haviam poucos estudantes interessados em meios de comunicação do passado.

19. (CESGRANRIO) O plural, de acordo com a norma-padrão, do trecho "Foi um momento mágico, pois, apesar de bastante jovem, eu já vinha de uma experiência de vida cheia de mudanças e recomeços." é:
    a) Foi momentos mágicos, pois, apesar de bastante jovens, nós já vínhamos de uma experiência de vida cheia de mudanças e recomeços.
    b) Foi um momento mágico, pois, apesar de bastante jovem, eu já vinha de uma experiência de vidas cheias de mudanças e recomeços.
    c) Foi um momento mágico, pois, apesar de bastante jovem, eu já vinha de experiências de vidas cheia de mudanças e recomeços.
    d) Foram momentos mágicos, pois, apesar de bastante jovens, nós já vínhamos de experiências de vida cheias de mudanças e recomeços.
    e) Foram dois momentos mágicos, pois, apesar de bastante jovem, eu já vinha de uma experiência de vida cheia de mudanças e recomeços.

20. (CESGRANRIO) O chefe de vários departamentos identifica a mudança no cenário da informática.

Considere a frase a cima. *A palavra* ***identifica*** *pode ser substituída, mantendo o sentido da sentença, pelo verbo ver, flexionado de acordo com a norma-padrão, por*

a) Vêm

b) Veem

c) Vem

d) Vê

e) Viram

Gabaritos

01	D	11	E
02	ERRADO	12	C
03	D	13	ERRADO
04	B	14	ERRADO
05	ERRADO	15	D
06	A	16	C
07	E	17	E
08	D	18	C
09	B	19	D
10	A	20	D

8. ACENTUAÇÃO GRÁFICA

Antes de começar o estudo, é importante que você entenda quais são os padrões de tonicidade da Língua Portuguesa e quais são os encontros vocálicos presentes na Língua. Assim, fica mais fácil entender quais são as regras e como elas surgem.

Padrões de Tonicidade

Palavras oxítonas: última sílaba tônica (*sofá, café, jiló*)

Palavras paroxítonas: penúltima sílaba tônica (fer**ru**gem, a**du**bo, sa**ú**de)

Palavras proparoxítonas: antepenúltima sílaba tônica (**â**nimo, **ví**tima, **á**timo)

Encontros Vocálicos

Hiato (encontro vocálico que se separa):

> Pi - **a** - no; sa - **ú** - de.

Ditongo (encontro vocálico que permanece unido na sílaba):

> cha - **péu**; to - **néis**.

Tritongo (encontro vocálico que permanece unido na sílaba):

> sa - g**uão**; U - ru - g**uai**.

8.1 Regras Gerais

Quanto às Proparoxítonas

Acentuam-se todas as palavras:

Vítima, **â**nimo, Hiper**bólico**

Quanto às Paroxítonas

Não se acentuam as terminadas em A, E, O (seguidas ou não de S) M e ENS.

Cas**te**lo, gra**na**da, pa**ne**la, pe**pi**no, **pa**jem, i**ma**gens etc.

Acentuam-se as terminadas em R, N, L, X, I ou IS, US, UM, UNS, PS, Ã ou ÃS e DITONGOS.

Susten**tá**vel, **tó**rax, **hí**fen, **tá**xi, **ál**bum, **bí**ceps, prin**cí**pio etc.

Fique de olho em alguns casos particulares, como as palavras terminadas em OM / ON / ONS

lândom; **pró**ton, **nêu**trons etc.

Nova Ortografia – olho aberto! Deixam de se acentuarem as paroxítonas com OO e EE

"Voo, enjoo, perdoo, magoo."

"Leem, veem, deem, creem."

Quanto às Oxítonas

São acentuadas as terminadas em:

A ou **AS**: So**fá**, Pa**rá**;

E ou **ES**: Ra**pé**, Ca**fé**;

O ou **OS**: A**vô**, Ci**pó**;

EM ou **ENS**: Tam**bém**, Para**béns**.

Acentuação de Monossílabos

Acentuam-se os monossílabos tônicos terminados em **A**, **E** e **O**, seguidos ou não de **S**.

Pá, pó, pé, já, lá, fé, só.

Acentuação dos Hiatos

Acentuam-se os hiatos quando forem formados pelas letras **I** ou **U**, sozinhas ou seguidas de **S**:

Sa**ú**va, Ba**ú**, Bala**ús**tre, Pa**ís**.

Exceções:

Seguidas de **NH**: **Tainha**

Paroxítonas antecedidas de ditongo: Fe**i**ura

Com o **i** duplicado: Xi**i**ta

Ditongos Abertos

Serão acentuados os ditongos abertos **ÉU**, **ÉI** e **ÓI**, com ou sem **S**, quando forem oxítonos ou monossílabos.

Chap**éu**, R**éu**, Ton**éis**, Her**ói**, Past**éis**, Hot**éis**, Lenç**óis**.

Novo Acordo Ortográfico – fique de olho! Caiu o acento do ditongo aberto em posição de paroxítona.

"Ideia, Onomatopeia, Jiboia, Paranoia, Heroico etc."

Formas Verbais com Hífen

Para saber se há acento em uma forma verbal com hífen, deve-se analisar o padrão de tonicidade de cada bloco da palavra:

Aju**dá**-lo (oxítona terminada em "a" / monossílabo átono)

Con**tar**-lhe (oxítona terminada em "r" / monossílabo átono)

Convi**dá**-la-íamos. (oxítona terminada em "a" / proparoxítona)

Verbos *"ter"* e *"vir"*

Quando escritos na 3ª pessoa do singular, não serão acentuados:

Ele tem / ele vem.

Quando escritos na **3ª pessoa do plural**, receberão o **acento circunflexo**:

Eles **têm** / **vêm**

Nos verbos derivados das formas acima:

Acento agudo para singular - Contém / convém.

Acento circunflexo para o plural - Contêm / convêm.

Acentos Diferenciais

Alguns permanecem:

pôde / pode (pretérito perfeito / presente simples);

pôr / por (verbo / preposição);

fôrma[1] / forma (substantivo / verbo ou ainda substantivo).

Caiu o acento diferencial de:

para - pára (preposição / verbo);

pelo - pêlo (preposição + artigo / substantivo);

polo - pólo (preposição + artigo / substantivo);

pera - pêra (preposição + artigo / substantivo).

1 Nesse caso, é facultativo o acento.

Questões

01. É preciso corrigir deslizes relativos à ortografia oficial e à acentuação gráfica da frase:

a) As obras modernistas não se distinguem apenas pela temática inovadora, mas igualmente pela apreensão do ritmo alucinante da existência moderna.

b) Ainda que celebrassem as máquinas e os aparelhos da civilização moderna, a ficção e a poesia modernista também valorizavam as coisas mais quotidianas e prosaicas.

c) Longe de ser uma excessão, a pintura modernista foi responsável, antes mesmo da literatura, por intênsas polêmicas entre artistas e críticos conservadores.

d) No que se refere à poesia modernista, nada parece caracterizar melhor essa extraordinária produção poética do que a opção quase incondicional pelo verso livre.

e) O escândalo não era apenas uma consequência da produção modernista: parecia mesmo um dos objetivos precípuos de artistas dispostos a surpreender e a chocar.

02. Assinale a palavra que **NÃO** tenha sido acentuada pelo mesmo motivo que as demais.

a) Substituído

b) Polícia

c) Jurisprudência

d) Saqueável

03. Em qual das frases abaixo, a palavra destacada está de acordo com as regras de acentuação gráfica oficial da língua portuguesa?

a) Vende-se **cocô** gelado.

b) Se **amássemos** mais, a humanidade seria diferente.

c) É importante que você estude pelo **ítem** do edital.

d) Estavam deliciosas as **larânjas** que comprei.

e) A empresa **têm** procurado um novo empregado.

04. Todas as palavras são acentuadas graficamente pelo mesmo motivo em:

a) Água, município, edifício, Guaíra

b) Estádios, superfície, Baía, média

c) Paraná, será, vulcânica

d) Cúbicos, espetáculo, energético

e) Insuperável, quilômetro, três

05. Assinale a alternativa em que todos os substantivos devem ser acentuados.

a) Lapis - bonus - bainha

b) Serie - aspecto - torax

c) Alcool - moinho - sucuri

d) Urubu - egoismo - magoa

e) Armazem - orgao - carater

06. Levando-se em consideração o que está previsto na ortografia oficial vigente, é correto afirmar que: o vocábulo "têxtil", que segue o padrão de flexão do vocábulo pênsil, é acentuado também na forma plural; "obsolescência" é vocábulo que segue o padrão do vocábulo ciência, no que se refere ao emprego de sinal de acentuação; a acentuação gráfica do vocábulo "déspotas" também é empregada quando o vocábulo é grafado na forma singular.

Certo ( ) Errado ( )

07. Assinale a alternativa em que o termo tenha sido acentuado seguindo regra distinta dos demais.

a) Difíceis

b) Próprio

c) Concluída

d) Consequências

e) Solidários

08. "E no alto da torre exibo-te o varal. Onde balança ao léu minh'alma"

A respeito dos versos acima, analise os itens a seguir: O acento em léu se justifica como acento diferencial, para não se confundir com o verbo leu.

Certo ( ) Errado ( )

09. Que palavra obedece à mesma regra de acentuação que país?

a) Compôs

b) Baú

c) Índio

d) Negócios

e) Águia

10. Cada alternativa a seguir apresenta um princípio ortográfico seguido de dois exemplos. A exemplificação está correta somente em:

a) São acentuadas todas as palavras oxítonas terminadas em a, e, o, em seguidas ou não de "s": também e já.

b) Todas as palavras proparoxítonas são acentuadas: década e porém.

c) Acentua-se a segunda vogal tônica do hiato: subtraídas e ótimo.

d) Acentuam-se os monossílabos tônicos terminados em a, e, o (s): há e só.

e) Acentuam-se com acento agudo os ditongos tônicos éi, éu, ói: vídeo e sério.

11. "Dedicar-se **à** relação é importante..." É correto afirmar que o sinal gráfico empregado na palavra destacada nessa frase é denominado:

a) Trema.

b) Acento agudo.

c) Crase.

d) Acento circunflexo.

e) Acento grave.

12. Assinale a alternativa em que a palavra tenha sido acentuada seguindo regra distinta das demais.

a) Consciência

b) Juízos

c) Pretório

d) Episódios

e) Importância

13. Assinale a alternativa em que a palavra tenha sido acentuada seguindo regra distinta das demais.

a) Previdência

b) Diária

c) Vítima

d) Declínio

e) Óbvia

14. Nas palavras "país", "político", "preferência", "perpétua" e "páginas", o acento é decisivo para a determinação do sentido dos vocábulos, uma vez que, sem acento, tais palavras, mesmo estando escritas de acordo com a norma culta, teriam outro significado.

Certo ( ) Errado ( )

15. As palavras "é", "média", "até" e "líderes", obedecem, respectivamente, às mesmas regras de acentuação gráfica de:
   a) Há, salários, paletós e técnico.
   b) Já, próprio, júnior e acadêmico
   c) É, consultório, convém e infindáveis.
   d) Mês, universitário, papéis e público
   e) Só, líder, escritório e sênior.

16. Assinale a alternativa que traz toda a acentuação correta:
   a) Não duvida o órfão que tal benção no tatú é doida.
   b) Coçá-lo é bem doído; é seriíssimo, sem dúvida.
   c) Vanglória-te dos girassois cultivados no paraíso.
   d) Favor apôr sua rubrica no documento, sem desdem.
   e) O edil foi habil ao comprar toda a maquinária.

17. Nas alternativas a seguir, os acentos foram omitidos propositadamente. Assinale a alternativa em que todas as palavras deveriam ser graficamente acentuadas
   a) Rubrica, diluvio, viuva.
   b) Ambar, heroi, ilustra-lo.
   c) Protons, forceps, releem.
   d) Dificilmente, Piaui, misantropo.
   e) Perdoo, atribuimos, caiste.

18. Assinale a série que apresenta somente palavras paroxítonas:
   a) Enciclopédia – página – relatório.
   b) Conteúdo – brechós – catálogo.
   c) Além – lá – bônus.
   d) Histórias – enciclopédia – bônus.

19. A alternativa em que o uso do acento gráfico obedece à mesma regra é:
   a) Panóptico, ótima, úteis
   b) Óleo, ótima, Ásia
   c) Óleo, Ásia, delícia
   d) Aliás, já, biguá
   e) Chapéu, vocês, aí

20. As palavras mês, está e água, respectivamente, recebem acento pelo mesmo motivo que:
   a) Baú, sofá, possível.
   b) Até, já, ausência.
   c) Nós, até, canário.
   d) Caí, será, última.
   e) Pés, saúde, notícia.

Gabaritos

01	C	11	E
02	A	12	B
03	B	13	C
04	D	14	ERRADO
05	E	15	A
06	CERTO	16	B
07	C	17	B
08	ERRADO	18	D
09	B	19	C
10	D	20	C

9. COLOCAÇÃO PRONOMINAL

Esta parte do conteúdo é relativa ao estudo da posição dos pronomes oblíquos átonos em relação ao verbo. Antes de iniciar o estudo, trate de memorizar os pronomes em questão, do contrário, você não progredirá.

Pronomes Oblíquos Átonos
me
te
o, a, lhe, se
nos
vos
os, as, lhes, se

Quatro casos de colocação:

Próclise (anteposto ao verbo)

Nunca **o** vi.

Mesóclise (medial em relação ao verbo)

Dir-te-ei algo.

Ênclise (posposto ao verbo)

Passa-**me** a resposta.

Apossínclise (intercalação de uma ou mais palavras entre o pronome e o verbo)

Talvez tu **me** já não creias.

9.1 Regras de Próclise

Palavras ou expressões negativas:

Não **me** deixe aqui neste lugar!

Ninguém **lhe** disse que seria fácil.

Pronomes relativos:

O material de que **me** falaste é muito bom.

Eis o conteúdo que **me** causa nojo.

Pronomes indefinidos:

Alguém **me** disse que você vai ser transferido.

Tudo **me** parece estranho.

Conjunções subordinativas:

Confiei neles, assim que **os** conheci.

Disse que **me** faltavam palavras.

Advérbios:

Sempre **lhe** disse a verdade.

Talvez **nos** apareça a resposta para essa questão.

Pronomes interrogativos:

Quem **te** contou a novidade?

Que **te** parece essa situação?

"Em + gerúndio"

Em **se** tratando de Gramática, eu gosto muito!

Nesta terra, em **se** plantando, tudo há de nascer.

Particípio

Ele havia avisado-**me** (errado)

Ele **me** havia avisado (certo)

Sentenças optativas

Deus **lhe** pague!

Deus **o** acompanhe!

9.2 Regras de Mesóclise

Emprega-se o pronome oblíquo átono no meio da forma verbal, quando ela estiver no futuro do presente ou no futuro simples do pretérito do indicativo.

Chamar-**te**-ei, quando ele chegar.

Se houver tempo, contar-**vos**-emos nossa aventura.

Contar-**te**-ia a novidade.

9.3 Regras de Ênclise

Não se inicia sentença, em Língua Portuguesa, por pronome oblíquo átono. Ou seja, não coloque o pronome átono no início da frase.

Formas verbais:

Do **infinitivo impessoal** (precedido ou não da preposição "a");

Do **gerúndio**;

Do **imperativo afirmativo**;

Alcança-**me** o prato de salada, por favor!

Urge obedecer-**se** às leis.

O garoto saiu da sala desculpando-**se**.

Tratando-**se** desse assunto, não gosto de pensar.

Dá-**me** motivos para estudar.

Se o gerúndio vier precedido da preposição "em", deve-se empregar a próclise.

Em **se** tratando de Gramática, eu gosto muito.

9.4 Casos Facultativos

Sujeito expresso, próximo ao verbo.

O menino se machucou **(-se)**.

Eu **me** refiro **(-me)** ao fato de ele ser idiota.

Infinitivo antecedido de "não" ou de preposição.

Sabemos que não se habituar **(-se)** ao meio causa problemas.

O público o incentivou a se jogar **(-se)** do prédio.

Questões

01. (FUNCAB) A autora escreve "mas nos cingiremos a uma delas", e não "cingiremo-nos", para não infringir a mesma regra de colocação pronominal DESRESPEITADA em:

a) O livro havia sumido e eu queria que alguém procurasse-o.

b) Se não achasse o livro na estante, eu procuraria-o por toda a casa.

c) Aquele livro era ótimo, por isso tenho procurado-o com insistência.

d) Procure o livro para mim, que eu hoje não procuro-o mais.

e) Venho tentando achar o livro, mas quem disse que encontro-o?

02. (FUNCAB) A passagem em que se evitou a ênclise do pronome átono com base na mesma regra de colocação observada em: "Assim, o homem se tornaria menos consumidor e mais feliz" é a seguinte:

a) "... com argumentos de que se trata de uma economia limpa..."

b) "... fica evidente que poucos se perguntam sobre as consequências..."

c) "Para frear o drama ambiental planetário que se avizinha..."

d) "Os manipuladores da indústria da moda não se cansam de alternar tendências..."

e) "... uma maior consciência do nosso Eu Superior se refletirá num contato mais próximo coma natureza..."

03. (MS CONCURSOS - ADAPTADA) E quando Seu José, desesperado, fez saltar os miolos com uma bala, deixou esta frase escrita num pedaço de papel:

"Enquanto foi solteira, achava minha mulher que nenhum homem era digno de ser seu marido; depois de casada (por conveniência) achou que todos eles eram dignos de ser seus amantes. Mato- me".

Na oração final do texto: "Mato-me", a colocação pronominal está:

a) Correta, pois depois de verbo é obrigatória a ênclise.

b) Incorreta, pois depois de verbo é obrigatória a próclise.

c) Adequada, pois não se inicia frase ou oração com pronome oblíquo átono.

d) Adequada, pois não se inicia frase ou oração com pronome pessoal reto.

04. (CESGRANRIO) Observe os pronomes oblíquos destacados no texto abaixo.

Como já **se** sabia, o ser humano adapta-**se** rapidamente a novas condições de vida. O que a pesquisa da felicidade nos ensinou foi o fato de a nossa capacidade de adaptação ser ainda maior do que **se** imaginava. Acostumamo-**nos** a quase tudo e há coisas das quais nunca **nos** enfadamos.

Segundo a norma culta, é possível inverter a colocação do pronome apenas em:

a) Sabia-se.

b) Se adapta.

c) Imaginava-se.

d) Nos acostumamos.

e) Enfadamo-nos.

05. (CESGRANRIO) A colocação do pronome átono destacado está ***INCORRETA*** em:

a) Quando **se** tem dúvida, é necessário refletir mais a respeito.

b) Tudo **se** disse e nada ficou acordado.

c) Disse que, por vezes, temos equivocado-**nos** nesse assunto.

d) Alguém **nos** informará o valor do prêmio.

e) Não devemos preocupar-**nos** tanto com ela.

06. (FADESP - ADAPTADA) Quanto às normas de colocação pronominal, é correto afirmar que, no enunciado "agora se reivindica uma escola capaz de extrapolar a mera transmissão de conteúdos", a próclise justifica-se pelo(pela):

a) Uso do registro informal da língua.

b) Presença de um termo atrativo.

c) Ocorrência de forma verbal paroxítona.

d) Posição que o pronome ocupa na frase, não iniciando a oração.

07. (INSTITUTO CIDADES) A colocação pronominal no trecho "O país recusou-se a assinar o tratado" está ***CORRETA*** porque:

a) Não se deve usar pronome oblíquo átono antes de verbo.

b) Não há nenhuma palavra atrativa antes do verbo para que se desse a próclise.

c) Por estar no pretérito perfeito do indicativo, o pronome ocorre em ênclise.

d) Por tratar-se de uma locução verbal de infinitivo, essa é a única forma possível de colocação pronominal.

08. (FUNCAB) Marque a opção em que houve ***ERRO*** na colocação do pronome oblíquo átono.

a) Você realmente acha que me convenceu com esta história?

b) Pergunto-me frequentemente se há vida após a morte.

c) Ninguém me convenceria do contrário.

d) Jamais me submeteria a este tipo de interrogatório.

e) Sentiria-se tranquilo se tivesse certeza.

09. (IADES) Assinale a alternativa correta em relação à colocação pronominal em "E muitas delas, talvez a maioria das empresas manufatureiras, ***se tornarão*** simples fornecedoras (...)".

a) Está adequada uma vez que a vírgula funciona como fator de próclise.

b) Está inadequada, porque quando houver o emprego de verbos nos futuros do modo indicativo, seja futuro do presente ou futuro do pretérito, a colocação deve ser a mesóclise.

c) É inadequada, pois como não há fator atrativo deveria estar na posição enclítica.

d) Está adequada, já que não há justificativa para as demais posições: ênclise, mesóclise.

10. (TJ-SC) Em qual período a colocação pronominal está ***INCORRETA***:

a) O cientista pretende desvendar como se formam os furacões, tornados, tsunamis e demais fenômenos naturais de inegável potência.

b) Adotarão-se medidas de urgência para minorar os efeitos do temporal.

c) Não se sabe ainda o valor do negócio, que, especula-se, ficou em torno de um bilhão de reais.

d) O advogado se referiu duas vezes ao mesmo assunto.

e) O dano moral é a lesão aos elementos individualizadores da pessoa, tais como a honra, a reputação e o prestígio, expressando-se por desequilíbrios no ânimo do lesado.

Gabaritos

01	B	06	B
02	E	07	B
03	C	08	E
04	B	09	B
05	C	10	B

10. REGÊNCIA VERBAL E NOMINAL

Regência é a parte da Gramática Normativa que estuda a relação entre dois termos, verificando se um termo serve de complemento a outro e se nessa complementação há uma preposição.

Dividimos a Regência em:

Regência Verbal (ligada aos verbos).

Regência Nominal (ligada aos substantivos, adjetivos ou advérbios).

10.1 Regência Verbal

Deve-se analisar, nesse caso, a necessidade de complementação, a presença ou ausência da preposição e a possibilidade de mudança de sentido do texto.

Vamos aos casos:

Agradar e desagradar: São transitivos indiretos (com preposição a) nos sentidos de satisfazer, contentar:

A biografia de Aníbal Machado **agradou/desagradou** à maioria dos leitores.

A criança **agradava** ao pai por ser muito comportada.

Agradar: Pode ser transitivo direto (sem preposição) se significar acariciar, afagar:

Agradar a esposa.

Pedro passava o dia todo **agradando** os seus gatos.

Agradecer: Transitivo direto e indireto, com a preposição a, no sentido de demonstrar gratidão a alguém:

Agradecemos a Santo Antônio o milagre alcançado.

Agradecemos-lhes a benesse concedida.

O verbo em questão também pode ser transitivo direto no sentido de mostrar gratidão por alguma coisa:

Agradeço a dedicação de todos os estudantes.

Os pais **agradecem** a dedicação dos professores para com os alunos.

Aspirar: É transitivo indireto (preposição "a") nos sentidos de desejar, pretender ou almejar:

Sempre **aspirei** a um cargo público.

Manoel **aspirava** a ver novamente a família na Holanda.

Aspirar: É transitivo direto na acepção de inalar, sorver, tragar, ou seja, mandar para dentro:

Aspiramos o perfume das flores.

Vimos a empregada **aspirando** a poeira do sofá.

Assistir: É transitivo direto no sentido de ajudar, socorrer etc:

O professor **assistia** o aluno.

Devemos **assistir** os mais necessitados.

Assistir: É transitivo indireto (complemento regido pela preposição "a") no sentido de ver ou presenciar:

Assisti ao comentário da palestra anterior.

Você deve **assistir** às aulas do professor!

Assistir: É transitivo indireto (complemento regido pela preposição "a") no sentido de "ser próprio de", "pertencer a":

O direito à vida **assiste** ao ser humano.

Esse comportamento **assiste** às pessoas vitoriosas.

Assistir: É intransitivo no sentido de morar ou residir:

Maneco **assistira** em Salvador.

Chegar: É verbo intransitivo e possui os adjuntos adverbiais de lugar introduzidos pela preposição "a":

Chegamos a Cascavel pela manhã.

Este é o ponto a que pretendia **chegar**.

Caso a expressão indique posição em um deslocamento, admite-se a preposição em:

Cheguei no trem à estação.

Os verbos ir e vir têm a mesma regência de chegar:

Nós **iremos** à praia amanhã.

Eles **vieram** ao cursinho para estudar.

Custar: Ter valor ou preço: verbo transitivo direto:

O avião **custa** 100 mil reais.

Ter como resultado certa perda ou revés: verbo transitivo direto e indireto:

Essa atitude **custou**-lhe a vida.

Ser difícil ou trabalhoso: intransitivo:

Custa muito entender esse raciocínio.

Levar tempo ou demorar: intransitivo:

Custa a vida para aprender a viver.

Esquecer / lembrar: Possuem a seguinte regra - se forem pronominais, terão complemento regido pela preposição "de"; se não forem, não haverá preposição:

Lembrei-**me de** seu nome. / Esqueci-me de seu nome.

Lembrei seu nome. / Esqueci seu nome.

Gostar: É transitivo indireto no sentido de apreciar (complemento introduzido pela preposição "de"):

Gosto de estudar.

Gosto muito de minha mãe.

Gostar: Como sinônimo de experimentar ou provar é transitivo direto:

Gostei a sobremesa apenas uma vez e já adorei.

Gostei o chimarrão uma vez e não mais o abandonei.

Implicar: pode ser:

Transitivo direto (sentido de acarretar):

Cada escolha **implica** uma renúncia.

Transitivo direto e indireto (sentido de envolver alguém em algo):

Implicou a irmã no crime.

Transitivo indireto (sentido de rivalizar):

Joana estava **implicando** com o irmão menor.

O verbo informar é bitransitivo, ou seja, é transitivo direto e indireto. Quem informa, informa:

» Algo a alguém: **Informei** o acontecido para Jonas.

» Alguém de algo: **Informei**-o do acontecido.

» Alguém sobre algo: **Informei**-o sobre o acontecido.

Morar / Residir: Verbos intransitivos (ou, como preconizam alguns dicionários, transitivo adverbiado), cujos adjuntos adverbiais de lugar são introduzidos pela preposição "em":

José **mora** em Alagoas.

Há boas pessoas **residindo** em todos os estados do Brasil.

Obedecer: É um verbo transitivo indireto:

Os filhos **obedecem** aos pais.

Obedeça às leis de trânsito.

Embora transitivo indireto, admite forma passiva:

"Os pais são obedecidos pelos filhos."

O antônimo "desobedecer" também segue a mesma regra.

Perdoar: É transitivo direto e indireto, com objeto direto de coisa e indireto de pessoa:

Jesus **perdoou** os pecados aos pecadores.

Perdoava-lhe a desconsideração.

Perdoar admite a voz passiva:

"Os pecadores foram perdoados por Deus."

Precisar: É transitivo indireto (complemento regido pela preposição de) no sentido de "necessitar":

Precisaremos de uma nova Gramática.

Precisar: É transitivo direto no sentido de indicar com precisão:

Magali não soube **precisar** quando o marido voltaria da viagem.

Preferir É um verbo bitransitivo, ou seja, é transitivo direto e indireto, sempre exigindo a preposição a (preferir alguma coisa a outra):

Ex.: Adelaide **preferiu** o filé ao risoto.

Ex.: **Prefiro** estudar a ficar em casa descansando.

Ex.: **Prefiro** o sacrifício à desistência.

É incorreto reforçar o verbo "preferir" ou utilizar a locução "do que".

Proceder: É intransitivo na acepção de "ter cabimento":

Suas críticas são vazias, não **procedem**.

Proceder: É também intransitivo na acepção de "portar-se":

Todas as crianças **procederam** bem ao lavarem as mãos antes do lanche.

Proceder: No sentido de "ter procedência" é utilizado com a preposição de:

Acredito que a dúvida **proceda** do coração dos curiosos.

Proceder: É transitivo indireto exigindo a preposição a no sentido de "dar início":

Os investigadores **procederam** ao inquérito rapidamente.

Querer: É transitivo direto no sentido de "desejar":

Eu **quero** um carro novo.

Querer: É transitivo indireto (com o complemento de pessoa) no sentido de "ter afeto":

Quero muito a meus alunos que são dedicados.

Solicitar: É utilizado, na maior parte dos casos, como transitivo direto e indireto. Nada impede, entretanto, que se construa como transitivo direto:

O juiz **solicitou** as provas ao advogado.

Solicito seus documentos para a investidura no cargo.

Visar: É transitivo direto na acepção de mirar:

O atirador **visou** o alvo e disparou um tiro certeiro.

Visar: É transitivo direto também no sentido de "dar visto", "assinar":

O gerente havia **visado** o relatório do estagiário.

Visar: É transitivo indireto, exigindo a preposição a, na acepção de "ter em vista", "pretender", "almejar":

Pedro **visava** ao amor de Mariana.

As regras gramaticais **visam** à uniformidade da expressão linguística.

10.2 Regência Nominal

Alguns nomes (substantivos, adjetivos e advérbios) são comparáveis aos verbos transitivos indiretos: precisam de um complemento introduzido por uma preposição.

Acompanhemos os principais termos que exigem regência especial.

Substantivo		
Admiração a, por	Devoção a, para, com, por	Medo a, de
Aversão a, para, por	Doutor em	Obediência a
Atentado a, contra	Dúvida acerca de, em, sobre	Ojeriza a, por
Bacharel em	Horror a	Proeminência sobre
Capacidade de, para	Impaciência com	Respeito a, com, para com, por
Exceção a	Excelência em	Exatidão de, em
Dissonância entre	Divergência com, de, em, entre, sobre	Referencia a
Alusão a	Acesso a	Menção a

Adjetivos		
Acessível a	Diferente de	Necessário a
Acostumado a, com	Entendido em	Nocivo a
Afável com, para com	Equivalente a	Paralelo a
Agradável a	Escasso de	Parco em, de
Alheio a, de	Essencial a, para	Passível de
Análogo a	Fácil de	Preferível a
Ansioso de, para, por	Fanático por	Prejudicial a
Apto a, para	Favorável a	Prestes a

Ávido de	Generoso com	Propício a
Benéfico a	Grato a, por	Próximo a
Capaz de, para	Hábil em	Relacionado com
Compatível com	Habituado a	Relativo a
Contemporâneo a, de	Idêntico a	Satisfeito com, de, em, por
Contíguo a	Impróprio para	Semelhante a
Contrário a	Indeciso em	Sensível a
Curioso de, por	Insensível a	Sito em
Descontente com	Liberal com	Suspeito de
Desejoso de	Natural de	Vazio de
Distinto de, em, por	Dissonante a, de, entre	Distante de, para

Advérbios		
Longe de	Perto de	Relativamente a
Contemporaneamente a	Impropriamente a	Contrariamente a

É provável que você encontre um grande número de listas com palavras e suas regências, porém a maneira mais eficaz de se descobrir a regência de um termo é fazer uma pergunta para ele e verificar se, na pergunta, há uma preposição. Havendo, descobre-se a regência.

Ex.: A descoberta era **acessível** a todos.

Faz-se a pergunta: algo que é acessível é acessível? (a algo ou a alguém). Descobre-se, assim, a regência de acessível.

Questões

01. (FCC) A frase em que a regência está em conformidade com o padrão culto escrito é:

a) Em seu fingimento, só restou de que dissesse ao ex-sócio que sentia saudades dele.

b) Tudo isso considerado, é necessário fazer que ele sinta o peso da responsabilidade.

c) Em atenção por seu talento indiscutível, o pouparam as devidas multas.

d) Passou os documentos a mão do técnico e não os perdeu de vista até ao final da reunião.

e) Inconformado de que eles propalavam injúrias a seu respeito, decidiu denunciá-los.

02. (CESGRANRIO) A frase em que a presença ou ausência da preposição está de acordo com a norma-padrão é:

a) A certeza que a sorte chegará para mim é grande.

b) Preciso de que me arranjem um emprego.

c) Convidei à Maria para vir ao escritório.

d) A necessidade que ele viesse me ajudar me fez chamá-lo.

e) Às dez horas em ponto, estarei à sua casa.

03. (FCC) ... de modo que ele próprio o anunciou no orçamento de 1925.
Considerando-se o contexto, o verbo grifado acima está empregado como

a) transitivo indireto pronominal.

b) transitivo indireto.

c) bitransitivo.

d) transitivo direto.

e) intransitivo.

04. (FCC) ... procurava incorporar à escrita o ritmo da fala...
O verbo empregado no texto com a mesma regência do grifado acima está em:

a) ... consagrar literariamente o vocabulário usual.

b) ... dar estado de literatura aos fatos da civilização moderna.

c) No Brasil, ele significou principalmente libertação dos modelos acadêmicos...

d) ... que a sua contribuição maior foi a liberdade de criação e expressão.

e) ... os modernistas promoveram uma valorização diferente do léxico...

05. (CESPE) No trecho "essa propensão tenderá à aceleração" o uso do sinal indicativo de crase não é obrigatório, haja vista que o verbo tender, com o sentido empregado no texto, pode ter complementação direta ou indireta, isto é, com ou sem preposição.

Certo ( ) Errado ( )

06. (CESPE) Em "que ele chama ***metafísica dos costumes***", o trecho em itálico, que exerce, na oração, a função de complemento verbal, deveria estar precedido da preposição ***de***.

Certo ( ) Errado ( )

07. (CESPE) A retirada da preposição "de" em "A indicação inicial é a de que, sim, a rede (...)" não implicaria alteração do texto, quer do ponto de vista semântico, quer sintático.

Certo ( ) Errado ( )

08. (CESPE) Leia o texto:

Ainda que se soubessem todas as palavras de cada figura da Inconfidência, nem assim se poderia fazer com o seu simples registro uma composição da arte. A obra de arte não é feita de tudo — mas apenas de algumas coisas essenciais. A busca desse essencial expressivo é que constitui o trabalho do artista. Ele poderá dizer a mesma verdade do historiador, porém de outra maneira. Seus caminhos são outros, para atingir a comunicação. Há um problema de palavras. Um problema de ritmos. Um problema de composição. Grande parte de tudo isso se realiza, decerto, sem inteira consciência do artista. É a **decorrência** natural da sua constituição, da sua personalidade — por isso, tão difícil se torna quase sempre a um criador explicar a própria criação. No caso, porém, de um poema de mais objetividade, como o Romanceiro, muitas coisas podem ser explicadas, porque foram aprendidas, à proporção que ele se foi compondo.

Digo "que ele se foi compondo" e não "que foi sendo composto", pois, na verdade, uma das coisas que pude observar melhor que nunca, ao realizá-lo, foi a maneira por que um tema encontra sozinho ou sozinho impõe seu ritmo, sua sonoridade, seu desenvolvimento, sua medida. O Romanceiro foi construído tão sem normas preestabelecidas, tão à mercê de sua expressão natural que cada poema procurou a forma **condizente** com sua mensagem. A voz **irreprimível** dos fantasmas, que todos os artistas conhecem, vibra, porém, com certa docilidade, e submete-se à aprovação do poeta, como se realmente, a cada instante, lhe pedisse para ajustar seu timbre à audição do público. Porque há obras que existem apenas para o artista, desinteressadas de transmissão; outras que exigem essa transmissão e esperam que o artista se ponha a seu serviço, para alcançá-la. O Romanceiro é desta segunda espécie. Quatro anos de quase completa solidão — numa renúncia total às mais sedutoras solicitações, entre livros de toda espécie relativos ao especializadamente século ainda pareceram curtos demais para uma obra que se desejava o menos imperfeita possível, porque se impunha, acima de tudo, o respeito por essas vozes que falavam, que se confessavam, que exigiam, quase, o registro da sua história. E era uma história feita de coisas eternas e irredutíveis: de ouro, amor, liberdade, traições... Mas porque esses grandiosos acontecimentos já vinham preparados de tempos mais antigos e foram o desfecho de um passado minuciosamente construído — era preciso iluminar esses caminhos anteriores, seguir o rastro do ouro que vai, a princípio como o fio de um colar, ligando cenas e personagens, até transformar-se em pesada cadeia que prende e imobiliza num destino doloroso.

Cecília Meireles. Como escrevi o Romanceiro da Inconfidência. In: Romanceiro da Inconfidência. 3.ª ed., Rio de Janeiro: Nova Fronteira, 2005, p. XVI-XVII (com adaptações).

Os vocábulos em destaque "decorrência", "condizente" e "irreprimível" regem termos que lhes complementam, necessariamente, o sentido.

Certo ( ) Errado ( )

09. (CESGRANRIO) Em qual das sentenças abaixo, a regência verbal está em ***DESACORDO*** com a norma-padrão:

a) Esqueci-me dos livros hoje.

b) Sempre devemos aspirar a coisas boas.

c) Sinto que o livro não agradou aos alunos.

d) Ele lembrou os filhos dos anos de tristeza.

e) Fomos no cinema ontem assistir o filme

10. Em relação à regência verbal e nominal, o emprego do pronome relativo, segundo o registro culto e formal da língua, está ***INCORRETO*** em:

a) A conclusão que chegamos é que o fracasso ensina ao homem como recomeçar

b) O barco a cujos tripulantes me referi pode voltar a navegar

c) O ideal por que lutamos norteia nossos projetos.

d) O infortúnio a que está sujeito o empreendedor motiva-o

e) Após o término da pesquisa, informei-lhe que tornasse cuidado para não errar.

Gabaritos

01	B	06	ERRADO
02	B	07	ERRADO
03	D	08	ERRADO
04	B	09	E
05	ERRADO	10	A

11. CRASE

O acento grave é solicitado nas palavras quando há a união da preposição "a" com o artigo (ou a vogal dependendo do caso) feminino "a" ou com os pronomes demonstrativos (aquele, aquela, aquilo e "a").

Ex.: Mário foi **à** festa ontem.

Tem-se o "a" preposição e o "a" artigo feminino.

Quem vai, vai a algum lugar / festa é palavra feminina, portanto, admite o artigo "a".

Chegamos **àquele** assunto (a + aquele).

A gravata que eu comprei é semelhante **à** que você comprou (a + a).

Decore os casos em que não ocorre crase, pois a tendência da prova é perguntar se há crase ou não. Sabendo os casos proibitivos, fica muito fácil.

11.1 Crase Proibitiva

Não se pode usar acento grave indicativo de crase:

Antes de palavras masculinas.

Ex.: Fez uma pergunta **a** Mário.

Antes de palavras de sentido indefinido.

Ex.: Não vai **a** festas, **a** reuniões, **a** lugar algum.

Antes de verbos.

Ex.: Todos estão dispostos **a** colaborar.

De pronomes pessoais.

Ex.: Darei um presente **a ela**.

De nomes de cidade, estado ou país que não utilizam o artigo feminino.

Ex.: Fui **a** Cascavel. / Vou **a** Pequim.

Da palavra "casa" quando tem significado de próprio lar, ou seja, quando ela aparecer indeterminada na sentença.

Ex.: Voltei a casa, pois precisava comer algo.

Quando houver determinação da palavra casa, ocorrerá crase.

"Voltei à casa de meus pais"

Da palavra "terra" quando tem sentido de solo;

Ex.: Os tripulantes vieram a terra.

A mesma regra da palavra "casa" se aplica à palavra terra.

De expressões com palavras repetidas;

Dia a dia, mano a mano, face a face, cara a cara etc.

Diante de numerais cardinais referentes a substantivos que não estão determinados pelo artigo:

Ex.: Irei assistir a duas aulas de Língua Portuguesa.

No caso de locuções adverbiais que exprimem hora determinada e nos casos em que o numeral estiver precedido de artigo, acentua-se:

"Chegamos às oito horas da noite."

"Assisti às duas sessões de ontem."

No caso dos numerais, há uma dica para facilitar o entendimento dos casos de crase. Se houver o "a" no singular e a palavra posterior no plural, não ocorrerá o acento grave. Do contrário, ocorrerá.

11.2 Crase Obrigatória

Locução adverbial feminina.

Ex.: À noite, à tarde, às pressas, às vezes, à farta, à vista, à hora certa, à esquerda, à direita, à toa, às sete horas, à custa de, à força de, à espera de, à vontade, à toa.

Termos femininos ou masculinos com sentido da expressão "à moda de" ou "ao estilo de".

Ex.: Filé à milanesa, servir à francesa, brigar à portuguesa, gol à Pelé, conto à Machado de Assis, discurso à Rui Barbosa etc.

Locuções conjuntivas proporcionais.

Ex.: À medida que, à proporção que.

Locuções prepositivas.

Ex.: À procura de, à vista de, à margem de, à beira de, à custa de, à razão de, à mercê de, à maneira de etc.

Para evitar ambiguidade: receberá o acento o termo afetado pela ação do verbo (objeto direto preposicionado).

Ex.: Derrubou a menina **à panela**.

Ex.: Matou a vaca **à cobra**.

Diante da palavra distância quando houver determinação da distância em questão:

Ex.: Achava-se à **distância de cem** (ou de alguns) **metros**.

Antes das formas de tratamento "senhora", "senhorita" e "madame" = não há consenso entre os gramáticos, no entanto, opta-se pelo uso.

Ex.: Enviei lindas flores **à senhorita**.

Ex.: Josias remeteu uma carta **à senhora**.

11.3 Crase Facultativa

Após a preposição até:

As crianças foram até **à escola**.

Antes de pronomes possessivos femininos:

Ele fez referência **à nossa causa!**

Antes de nomes próprios femininos:

Mandei um SMS **à Joaquina**.

Antes da palavra Dona.

Remeti uma carta à **Dona Benta**.

Não se usa crase antes de nomes históricos ou sagrados:

"O padre fez alusão a Nossa Senhora."

"Quando o professor fez menção a Joana D'Arc, todos ficaram entusiasmados."

Questões

01. ... assim [ele] se via transportado de volta "à glória que foi a Grécia e à grandeza que foi Roma".

Ambos os sinais indicativos de crase devem ser mantidos caso o segmento sublinhado seja substituído por:

a) Enaltecia.
b) Louvava.
c) Aludia.
d) Mencionava.
e) Evocava.

02. A vida urbana ofereceu ...... condições ideais para o surgimento do detetive particular, personagem dedicado ...... elucidação dos mais variados mistérios, propenso ...... investigar delitos de todos os tipos.

Preenchem corretamente as lacunas da frase acima, na ordem dada:

a) as - à - a
b) às - a - à
c) as - a - à
d) as - à - à
e) às - à - a

03. A pesquisa, feita em terras destinadas ...... agricultura, teve por objetivo estudar ...... áreas que permitissem condições favoráveis de sobrevivência ...... aves.

a) à - às - as
b) à - as - as
c) à - as - às
d) a - as - as
e) a - às - às

04. ... e chegou à conclusão de que o funcionário passou o dia inteiro tomando café.

Do mesmo modo que se justifica o sinal indicativo de crase em destaque na frase acima, está correto o seu emprego em:

a) E chegou à uma conclusão totalmente inesperada.
b) E chegou então à tirar conclusões precipitadas.
c) E chegou à tempo de ouvir as conclusões finais.
d) E chegou finalmente à inevitável conclusão.
e) E chegou à conclusões as mais disparatadas.

05. Com relação a aspectos linguísticos do texto, julgue o item que se segue.

No trecho "Exceção a essa regra", é opcional o emprego do sinal indicativo de crase no "a".

Certo ( ) Errado ( )

06. ...os modernistas promoveram uma valorização diferente do léxico, paralela à renovação dos assuntos.

O sinal indicativo de crase presente na frase acima deve ser mantido em caso de substituição do segmento grifado por:

a) Muita inovação no repertório.
b) Uma grande reformulação dos temas.
c) Toda sorte de revigoramento do repertório.
d) Profundas mudanças temáticas.
e) Inevitável transformação temática.

07. A fidelidade ...... música e ...... fala do povo permitiram ...... Adoniran exprimir a sua cidade de modo completo e perfeito.

Antonio Cândido. Op. cit.

Preenchem corretamente as lacunas da frase acima, na ordem dada:

a) a - a - à
b) a - à - à
c) à - à - a
d) à - a - a
e) a - à - a

08. Não deixa de ser paradoxal o fato de o crescimento da descrença, que parecia levar ...... uma ampliação da liberdade, ter dado lugar ...... escalada do fundamentalismo religioso, ... que se associam manifestações profundamente reacionárias.

Preenchem corretamente as lacunas da frase acima, na ordem dada:

a) a - à - a
b) à - a - a
c) a - a - à
d) à - à - a
e) a - à - à

09. Em "Bem-vindos à Feira de Caruaru", a crase é obrigatória. Em qual das alternativas abaixo, o uso da crase É FACULTATIVO?

a) A Feira de Caruaru é atração devido à grande diversidade lá existente.
b) Na Feira de Caruaru, tudo está à venda.
c) Em feiras, como a de Caruaru, vendem-se coisas às pessoas de diferentes classes sociais
d) Nas cidades de pequeno comércio, há mais pagamentos à vista.
e) Todos os dias, os comerciantes da Feira de Caruaru permanecem até às 18h.

10. A parcela da população mundial que ascendeu ...... classe média nos últimos vinte anos passou ...... consumir mais, ... um ritmo acelerado, o que põe em risco a sustentabilidade do planeta.

As lacunas da frase acima estarão corretamente preenchidas, respectivamente, por:

a) à - a - a
b) à - à - a
c) à - a - à
d) a - a - à
e) a - a - a

11. Assinale a opção em que o espaço deve ser preenchido com À (preposição e pronome), como destacado em "(...) uma média semelhante À de um casal de classe média (...)".

a) ____ medida que caminhava, recordava-se da terra natal
b) Esta cena corresponde ____ que presenciei ontem.
c) Aproveite ____ oferta e se contente com a cor do tecido.
d) Referia-se, com certeza, _____ terra de seus pais.
e) Obedeceu _____ ordem dada, sem reclamar.

12. Assinale a alternativa em que o uso do acento grave é obrigatório.

a) Ficou a olhar para os peixes sobre a pia.
b) Abriu a torneira para ver o que acontecia.
c) Ela está lá do jeitinho que a deixei.
d) Juro; pode ir a cozinha ver os peixes.
e) Podia dar alguma coisa a ele.

13. ... levava à crença na contínua evolução da sociedade ...

O emprego do sinal de crase, exemplificado acima, estará correto, unicamente, em:

a) Aludir à felicidade geral.

b) Buscar à felicidade.

c) Propor à toda a população

d) Impor à esse grupo.

e) Discutir à obrigatoriedade da lei.

14. Em "direito à alimentação", o uso de sinal indicativo de crase é um recurso imprescindível para a compreensão do texto.

Certo ( ) Errado ( )

15. Leia o texto :

A preocupação com a herança que deixaremos as (1) gerações futuras está cada vez mais em voga. Ao longo da nossa história, crescemos em número e modificamos quase todo o planeta. Graças aos avanços científicos, tomamos consciência de que nossa sobrevivência na Terra está fortemente ligada a (2) sobrevivência das outras espécies e que nossos atos, relacionados a (3) alterações no planeta, podem colocar em risco nossa própria sobrevivência. Contudo, aliado ao desenvolvimento científico, temos o crescimento econômico que nem sempre esteve preocupado com questões ambientais. O que se almeja é o desenvolvimento sustentável, que é aquele viável economicamente, justo socialmente e correto ambientalmente, levando em consideração não só as (4) nossas necessidades atuais, mas também as (5) das gerações futuras, tanto nas comunidades em que vivemos quanto no planeta como um todo.

(Adaptado de A. P. FOLTZ, A Crise Ambiental e o Desenvolvimento Sustentável: o crescimento econômico e o meio ambiente. Disponível em http://www.iuspedia.com.br.22 jan. 2008)

Para que o texto acima respeite as regras gramaticais do padrão culto da Língua Portuguesa, é obrigatória a inserção do sinal indicativo de crase em:

a) 1, 2 e 3.

b) 1 e 2.

c) 1, 3 e 5.

d) 2 e 4.

e) 3, 4 e 5.

16. Institucionalizada ____ partir das lutas antiabsolutistas, no século 18, e da expansão dos movimentos constitucionalistas, no século 19, ____ democracia representativa foi consolidada ao longo de um processo histórico marcado pelo reconhecimento de três gerações de direitos humanos: os relativos ____ cidadania civil e política, os relativos ____ cidadania social e econômica e os relativos ____ cidadania "pós-material", que se caracterizam pelo direito ____ qualidade de vida, ____ um meio ambiente saudável, ____ tutela dos interesses difusos e ao reconhecimento da diferença e da subjetividade.

(Baseado em Mário Antônio Lobato de Paiva em www.ambitojurídico.com.br)

Marque o item que preenche de forma correta as lacunas do texto seguinte:

a) a, à, à, a, à, à, a, a.

b) a, a, à, à, à, à, a, à.

c) à, a, a, à, à, a, a, à.

d) à, a, a, à, à, à, a, à.

e) a, à, à, a, à, à, a, à.

17. "O movimento altermundialista deverá também responder à nova situação mundial nascida da crise escancarada da fase neoliberal da globalização capitalista."

No trecho acima, empregou-se corretamente o acento grave indicativo de crase. Assinale a alternativa em que isso não tenha ocorrido.

a) Eles visaram à premiação no concurso.

b) Sempre nos referimos à Florianópolis dos açorianos.

c) Nossos cursos vão de 8h às 18h.

d) A solução foi sair à francesa.

e) Fizemos uma longa visita à casa nova dos nossos amigos.

18. Os trechos abaixo compõem, sequencialmente, um texto adaptado do Editorial do jornal Zero Hora (RS) de 18/01/2010. Assinale a opção que está gramaticalmente correta quanto à ausência ou à presença do acento grave indicativo de crase.

a) O novo estímulo aos usineiros, também com pesado suporte de subsídios, levou à indústria automobilística a investir na produção não mais de carros movidos a álcool, mas de veículos flex, que permitem o uso dos dois combustíveis. No ano passado, as vendas de carros flex cresceram 14% em relação a 2008.

b) Apresentado nos anos 70 como opção à crise do petróleo, sob forte apoio governamental, o álcool perdeu relevância nas décadas de 80 e 90. A produção foi retomada e intensificada nos últimos anos, com a explosão nos preços internacionais dos derivados da energia fóssil.

c) As montadoras aplicaram recursos no desenvolvimento de tecnologias, e o consumidor se dispôs a pagar mais por veículos mais modernos. Ambos apostaram nas vantagens de um combustível que, além de reduzir à dependência da gasolina e do diesel, apresentava ainda as virtudes do ecologicamente correto, por ser menos poluente e renovável.

d) A partir do ano passado, com a queda nos preços do petróleo, outros fatores de mercado conspiraram contra o álcool, como a quebra na produção da cana e o aumento dos preços do açúcar. Mesmo que o álcool se submeta à oscilações de cotações, como qualquer outro produto, o que não se pode admitir é que essas variações façam com que a oferta do produto seja imprevisível e instável.

e) A sazonalidade e outras questões envolvidas não são suficientes para explicar a ausência de uma política que assegure, à fabricantes e consumidores, a certeza de que investiram em uma opção de combustível tratada com a seriedade que merece.

19. Assinale a alternativa em que o acento indicativo de crase está corretamente empregado.

a) O memorando refere-se à documentos enviados na semana passada.

b) Dirijo-me à Vossa Senhoria para solicitar uma audiência urgente.

c) Prefiro montar uma equipe de novatos à trabalhar com pessoas já desestimuladas.

d) O antropólogo falará apenas àquele aluno cujo nome consta na lista.

e) Quanto à meus funcionários, afirmo que têm horário flexível e são responsáveis.

20. O acento indicativo de crase foi corretamente empregado apenas em:

a) O cidadão não atende à apelos sem fundamento.

b) No artigo, o autor citou à necessária reforma do Estado.

c) Convencemos à todos da necessidade de um pacto social.

d) O debatedor não se rendeu àqueles discursos demagógicos.

e) Os governantes dispuseram-se à colaborar.

Gabaritos

01	C	11	B
02	A	12	D
03	C	13	A
04	D	14	ERRADO
05	ERRADO	15	B
06	E	16	B
07	C	17	C
08	A	18	B
09	E	19	D
10	A	20	D

12. PONTUAÇÃO

A pontuação assinala a melodia de nossa fala, ou seja, as pausas, a ênfase etc.

12.1 Principais Sinais e Usos

Vírgula

É o sinal mais importante para concurso público.

Usa-se a vírgula para:

Separar termos que possuem mesma função sintática no período:

José, **Maria**, **Antônio** e **Joana** foram ao mercado. (função de núcleo do sujeito)

Isolar o vocativo:

Então, **minha cara**, não há mais o que se dizer!

Isolar um aposto explicativo (cuidado com essa regra, veja que não há verbo no aposto explicativo):

O João, **ex-integrante da comissão**, veio fazer parte da reunião.

Isolar termos antecipados, como: complemento, adjunto ou predicativo:

Na semana passada, comemos camarão no restaurante português. (antecipação de adjunto adverbial)

Separar expressões explicativas, conjunções e conectivos:

isto é, ou seja, por exemplo, além disso, pois, porém, mas, no entanto, assim etc.

Separar os nomes dos locais de datas:

Cascavel, 02 de maio de 2012.

Isolar orações adjetivas explicativas (pronome relativo + verbo + vírgula):

O Brasil, **que é um belíssimo país**, possui ótimas praias.

Separar termos de uma enumeração:

Vá ao mercado e traga **cebola**, **alho**, **sal**, **pimenta e coentro**.

Separar orações coordenadas:

Esforçou-se muito, **mas não venceu o desafio**. (oração coordenada sindética adversativa)

Roubou todo o dinheiro, **e ainda apareceu na casa**. (oração coordenada sindética aditiva).

A vírgula pode ser utilizada antes da conjunção aditiva "e" caso se queira enfatizar a oração por ela introduzida.

Omitir um termo, elipse (no caso da elipse verbal, chamaremos "zeugma"):

De dia era um anjo, de noite um **demônio**. (omissão do verbo "ser")

Separar termos de natureza adverbial deslocado dentro da sentença:

Na semana passada, trinta alunos foram aprovados no concurso. (locução adverbial temporal)

Se estudar muito, você será aprovado no concurso. (oração subordinada adverbial condicional)

Ponto final

Usa-se o ponto final:

Ao final de frases para indicar uma pausa total; é o que marca o fim de um período:

Depois de passar no concurso, comprarei um carro.

Em abreviaturas:

Sr., a. C., Ltda., num., adj., obs., máx., *bat., brit. etc.*

Ponto e vírgula

Usam-se ponto e vírgula para:

Separar itens que aparecem enumerados:

Uma boa dissertação apresenta:

Coesão;

Coerência;

Progressão lógica;

Riqueza lexical;

Concisão;

Objetividade;

Aprofundamento.

Separar um período que já se encontra dividido por vírgulas:

Não gostava de trabalhar; queria, no entanto, muito dinheiro no bolso.

Separar partes do texto que se equilibram em importância:

Os pobres dão pelo pão o trabalho; os ricos dão pelo pão a fazenda; os de espíritos generosos dão pelo pão a vida; os de nenhum espírito dão pelo pão a alma.(Vieira).

O capitalismo é a exploração do homem pelo homem; o socialismo é exatamente o contrário.

Dois Pontos

São usados dois pontos quando:

Se vai fazer uma citação ou introduzir uma fala:

José respondeu:

- Não, muito obrigado!

Se quer indicar uma enumeração:

Quero apenas uma coisa: que vocês sejam aprovados no concurso!

Aspas

São usadas aspas para indicar:

Citação presente no texto. Ex.:

"Há distinção entre categorias do pensamento" - disse o filósofo.

Expressões estrangeiras, neologismos, gírias. Ex.:

Na parede, haviam pintado a palavra "love". (expressão estrangeira)

Ficava "bailarinando", como diria Guimarães. (neologismo)

"Velho", esconde o "cano" aí e "deixa baixo". (gíria)

Reticências

São usadas para indicar supressão de um trecho, interrupção
dar ideia de continuidade ao que se estava falando. Ex.:

rofundissimamente hipocondríaco Este ambiente me
repugnância Sobe-me à boca uma ânsia análoga à ânsia
Que se escapa pela boca de um cardíaco(...)

Eu estava andando pela rua quando...

Eu gostei da nova casa, mas da garagem...

Parênteses

São usados quando se quer explicar melhor algo que foi dito ou para fazer simples indicações. Ex.:

Foi o homem que cometeu o crime (o assassinato do irmão).

Travessão

Indica a fala de um personagem:

Ademar falou. Ex.:

- Amigo, preciso contar algo para você.

Isola um comentário no texto. Ex.:

O estudo bem realizado - **diga-se de passagem, que quase ninguém faz** - é o primeiro passo para a aprovação.

Isola um aposto na sentença. Ex.:

A Semântica – **estudo sobre as relações de sentido** - é importantíssima para o entendimento da Língua.

Reforçar a parte final de um enunciado. Ex.:

Para passar no concurso, é preciso estudar muito — **muito mesmo.**

Trocas

A Banca, eventualmente, costuma perguntar sobre a possibilidade de troca de termos, portanto, atenção!

» Vírgulas, travessões e parênteses, quando isolarem um aposto, podem ser trocadas sem prejuízo para a sentença;

» Travessões podem ser trocados por dois pontos, a fim de enfatizar um enunciado.

Regra de ouro

Na ordem natural de uma sentença, é proibido:

→ Separar Sujeito e Predicado com vírgulas:

"Aqueles maravilhosos velhos ensinamentos de meu pai foram de grande utilidade. (certo) Aqueles maravilhosos velhos ensinamentos de meu pai, foram de grande utilidade. (errado)."

→ Separar Verbo de Objeto:

"O presidente do maravilhoso país chamado Brasil assinou uma lei importante. (certo) O presidente do maravilhoso país chamado Brasil assinou, uma lei importante. (errado)"

Questões

01. (CESGRANRIO) Leia o trecho:

É uma pena que haja tamanha displicência em relação ao seu uso. Poucos se dão conta de que ela é a chave que abre as portas mais emperradas, que ela facilita negociações, encurta caminhos, cria laços, aproxima as pessoas. Tanta gente nasce e morre sem dialogar com a vida. Contam coisas, falam por falar, mas não conversam, não usam a palavra como elemento de troca. Encantam-se pelo som da própria voz e, nessa onda narcísica, qualquer palavra lhes serve.

Mas não. Não serve qualquer uma.

O trecho "Mas não. Não serve qualquer uma." pode ter sua pontuação alterada, sem modificar-lhe o sentido original, em:

a) Mas não: não serve qualquer uma.
b) Mas, não; não, serve qualquer uma.
c) Mas não; não serve, qualquer uma.
d) Mas: não, não. Serve qualquer uma.
e) Mas não - não; serve qualquer uma.

02. (CESGRANRIO) Atente para as afirmações abaixo sobre a pontuação empregada em segmentos transcritos do texto.

I. Eis aí duas culturas, a grega e a romana, que na Antiguidade se reuniram para criar uma civilização comum... **A substituição das vírgulas por travessões redundaria em prejuízo para a correção e a lógica**.

II. Se Grécia e Roma foram, para Poe, uma espécie de casa... **A retirada simultânea das vírgulas não implicaria prejuízo para a correção e a lógica**.

III. ... a primeira, em suma, a tornar-se letrada no pleno sentido deste termo, e a transmitir-nos o seu conhecimento letrado. **A vírgula colocada imediatamente depois de termo é facultativa**.

Está correto o que consta APENAS em:

a) I.
b) I e II.
c) I e III.
d) II e III.
e) III.

03. (CESGRANRIO) O uso de sinais (aspas e travessão) está adequado à norma-padrão, que deve ser observada em uma correspondência oficial, na seguinte frase:

a) O artigo sobre o "processo de desregulamentação" foi publicado na Folha de São Paulo.
b) As chuvas de verão — fenômenos que se repetem desde há muito tempo podem ser previstas.
c) "Mutatis mutandis", as novas diretrizes da direção em nada alteram as antigas.
d) O cuidado com a saúde — meta prioritária do governo, será ainda maior.
e) — O diretor disse: Demita-se o funcionário.

04. (FCC) A pesquisa também chama a atenção para o novo Código Florestal, que prevê a redução de algumas áreas – ***hoje legalmente protegidas, como matas ciliares e topos de morros*** –, para serem utilizadas para a agropecuária. "Ficamos receosos de que as mudanças nas áreas protegidas possam ser terríveis para as aves e para outros animais, que vão perder ambientes naturais. E aquelas que não conseguem sobreviver nas plantações tendem a se tornar raras ou até mesmo a desaparecer", prevê o professor.

O segmento isolado pelos travessões, constitui:

a) Repetição desnecessária de uma mesma informação.

b) Introdução de um novo assunto no texto

c) Transcrição exata das palavras do pesquisador.

d) Determinação de uma área a ser explorada.

e) Informação com exemplos esclarecedores.

05. (FCC) Na escala de valores, popular, mais que um adjetivo, era um estigma. Daí o escândalo do sarau de d. Nair de Tefé. Primeira-dama, ela própria artista, afrontou a conspícua Velha República.

Mantendo-se, em linhas gerais, o sentido original, uma redação alternativa para as frases acima, em que se respeitam as regras de pontuação, é:

a) Popular, era na escala de valores mais que um adjetivo, um estigma. Daí o escândalo do sarau da primeira-dama, d. Nair de Tefé, ela própria artista, que, afrontou a conspícua Velha República.

b) Popular era, na escala de valores, mais que um adjetivo, um estigma. Daí o escândalo do sarau da primeira-dama, d. Nair de Tefé, ela própria artista, que afrontou a conspícua Velha República.

c) Popular, era na escala de valores mais que um adjetivo: um estigma. Daí o escândalo do sarau da primeira-dama, d. Nair de Tefé ela própria artista, que afrontou a conspícua, Velha República.

d) Popular era, na escala de valores, mais que um adjetivo, um estigma, daí o escândalo do sarau da primeira-dama d. Nair de Tefé ela própria, artista que afrontou a conspícua Velha República.

e) Popular era, na escala de valores, mais que um adjetivo um estigma; daí o escândalo do sarau, da primeira-dama d. Nair de Tefé, ela própria, artista que afrontou, a conspícua Velha República.

06. (FCC) Está plenamente correta a pontuação do seguinte período:

a) Confessando não sem ironia, que entende de arquitetura, o cronista Rubem Braga, mestre do gênero propõe uma receita de casa, em que o porão, área frequentemente desprezada, ganha ares de profundidade e mistério.

b) Confessando, não sem ironia, que entende de arquitetura o cronista, Rubem Braga, mestre do gênero, propõe uma receita de casa, em que, o porão, área frequentemente desprezada, ganha ares de profundidade e mistério.

c) Confessando não sem ironia que entende de arquitetura, o cronista Rubem Braga, mestre do gênero, propõe: uma receita de casa em que, o porão área frequentemente desprezada, ganha ares de profundidade, e mistério.

d) Confessando, não sem ironia que, entende de arquitetura, o cronista Rubem Braga – mestre do gênero – propõe uma receita, de casa, em que o porão (área frequentemente desprezada), ganha ares de profundidade e mistério.

e) Confessando, não sem ironia, que entende de arquitetura, o cronista Rubem Braga, mestre do gênero, propõe uma receita de casa em que o porão, área frequentemente desprezada, ganha ares de profundidade e mistério.

07. (FCC - ADAPTADA) Leia o Texto:

Por mais que tudo isso venha desaparecendo dos nossos olhos e se dissolvendo em passado, em antiguidade, em raridade de museu, continua a ser parte do espírito do Rio de Janeiro. Pois as cidades são como as pessoas, em cujo espírito nada do que se passou deixa inteiramente de ser. O Rio descaracterizado de hoje guarda no seu íntimo para os que, como Gastão Cruls, sabem vê-lo histórica e sentimentalmente, uma riqueza de característicos irredutíveis ou indestrutíveis, que as páginas de Aparência do Rio de Janeiro nos fazem ver ou sentir. E este é o maior encanto do guia da cidade que o autor de A Amazônia que eu vi acaba de **escrever: dar-nos**, através da aparência do Rio de Janeiro, traços essenciais do passado e do caráter da gente carioca. Comunicar-nos do Rio de Janeiro que Gastão Cruls conhece desde seus dias de menino de morro ilustre – menino nascido à sombra do Observatório – alguma coisa de essencial. Alguma coisa do que a cidade parece ter de eterno e que vem de certa harmonia misteriosa a que tendem o branco, o preto, o roxo e o moreno – principalmente o moreno – da cor da pele dos seus homens e das suas mulheres, com o azul e o verde quente de suas águas e de suas matas.

Os dois-pontos que aparecem no trecho destacado denotam:

a) Inclusão de segmento especificativo.

b) Interrupção intencional do fluxo expositivo.

c) Intercalação de ideia isolada no contexto.

d) Constatação de fatos pertinentes ao assunto.

e) Enumeração de elementos da cidade e do povo.

08. (CESPE) Leia o texto:

O levantamento concluído pelo Instituto Médico Legal (IML) **aponta**, após a implantação da Lei de Embriaguez ao **Volante**, uma redução de 63% nas mortes ocasionadas por acidente de **trânsito** em São Paulo. No levantamento realizado pelo IML, são comparadas as três primeiras semanas de **junho**, período que antecedeu a chamada **Lei Seca**, com as três semanas posteriores. Na primeira fase, a média é de 11,7 mortos na quinta, sexta, sábado e domingo de cada semana. Depois da implantação da Lei Seca, a média cai para 4,3 mortos em acidentes de trânsito. A pesquisa foi feita nesses quatro dias de cada semana, pois é o período em que é mais frequente a associação de álcool e direção com o aumento do número de acidentes registrados.

Internet: <www.detran.sp.gov.br>

O emprego de vírgulas após as palavras "aponta" e "Volante" indica que o adjunto adverbial de tempo está deslocado na oração.

Certo ( ) Errado ( )

09. (CESPE) Após a palavra "trânsito", não se emprega vírgula porque o adjunto adverbial de lugar está em sua posição lógica na oração.

Certo ( ) Errado ( )

10. (CESPE) O emprego de vírgula após "junho" e "Lei Seca" justifica-se porque isola oração subordinada adjetiva restritiva.

Certo ( ) Errado ( )

Gabaritos

01	A	06	E
02	D	07	A
03	C	08	CERTO
04	E	09	CERTO
05	B	10	ERRADO

13. TIPOLOGIA TEXTUAL

O conteúdo relativo à tipologia textual é, deveras, fácil. Precisamos, apenas, destacar alguns elementos estruturantes a cada tipo de texto. Dessa forma, você conseguirá responder quaisquer questões relacionadas a essa temática.

O primeiro item que se deve ter em mente na hora de analisar um texto segundo sua tipologia é o caráter da predominância. Isso quer dizer que um mesmo agrupamento textual pode possuir características de diversas tipologias distintas, porém as questões costumam focalizar qual é o "tipo" predominante, o que mais está evidente no texto. Um pouco de bom-senso e uma pequena dose de conhecimento relativo ao assunto são necessários para obter sucesso nesse conteúdo.

Trabalharemos com três tipologias básicas: **narração, dissertação e descrição.** Vamos ao trabalho:

13.1 Narração

Facilmente identificável, a tipologia narrativa guarda uma característica básica: contar algo, transmitir a ocorrência de fatos e/ou ações que possuam um registro espacial e temporal. Quer dizer, a narração necessita, também, de um espaço bem marcado e de um tempo em que as ações narradas ocorram. Discorramos sobre cada aspecto separadamente.

São elementos de uma NARRAÇÃO:

Personagem: Quem pratica ação dentro da narrativa, é claro. Deve-se observar que os personagens podem possuir características físicas (altura, aparência, cor do cabelo etc.) e psicológicas (temperamento, sentimentos, emoções etc.), as quais podem ser descritas ao longo do texto.

Espaço: Trata-se do local em que a ação narrativa ocorre.

Tempo: É o lapso temporal em que a ação é descrita. Não se engane, o tempo pode ser enunciado por um simples "era uma vez".

Ação: Não existe narração sem ação! Ou seja, os personagens precisam fazer algo, ou sofrer algo para que haja ação narrativa.

Narrador: Afinal, como será contada uma estória sem uma voz que a narre? Portanto, este é outro elemento estruturante da tipologia narrativa. O narrador pode estar inserido na narrativa ou apenas "observar" e narrar os acontecimentos.

Note-se que, na tipologia narrativa, os verbos flexionados no pretérito são mais evidentes.

Eis um exemplo de narração, tente observar os elementos descritos acima, no texto:

Um Apólogo

Machado de Assis

Era uma vez uma agulha, que disse a um novelo de linha:

— Por que está você com esse ar, toda cheia de si, toda enrolada, para fingir que vale alguma cousa neste mundo?

— Deixe-me, senhora.

— Que a deixe? Que a deixe, por quê? Porque lhe digo que está com um ar insuportável? Repito que sim, e falarei sempre que me der na cabeça.

— Que cabeça, senhora? A senhora não é alfinete, é agulha. Agulha não tem cabeça. Que lhe importa o meu ar? Cada qual tem o ar que Deus lhe deu. Importe-se com a sua vida e deixe a dos outros.

— Mas você é orgulhosa.

— Decerto que sou.

— Mas por quê?

— É boa! Porque coso. Então os vestidos e enfeites de nossa ama, quem é que os cose, senão eu?

— Você? Esta agora é melhor. Você é que os cose? Você ignora que quem os cose sou eu e muito eu?— Você fura o pano, nada mais; eu é que coso, prendo um pedaço ao outro, dou feição aos babados...

— Sim, mas que vale isso? Eu é que furo o pano, vou adiante, puxando por você, que vem atrás obedecendo ao que eu faço e mando...

— Também os batedores vão adiante do imperador.

— Você é imperador?

— Não digo isso. Mas a verdade é que você faz um papel subalterno, indo adiante; vai só mostrando o caminho, vai fazendo o trabalho obscuro e ínfimo. Eu é que prendo, ligo, ajunto...

Estavam nisto, quando a costureira chegou à casa da baronesa. Não sei se disse que isto se passava em casa de uma baronesa, que tinha a modista ao pé de si, para não andar atrás dela. Chegou a costureira, pegou do pano, pegou da agulha, pegou da linha, enfiou a linha na agulha, e entrou a coser. Uma e outra iam andando orgulhosas, pelo pano adiante, que era a melhor das sedas, entre os dedos da costureira, ágeis como os galgos de Diana — para dar a isto uma cor poética. E dizia a agulha:

— Então, senhora linha, ainda teima no que dizia há pouco? Não repara que esta distinta costureira só se importa comigo; eu é que vou aqui entre os dedos dela, unidinha a eles, furando abaixo e acima...

A linha não respondia; ia andando. Buraco aberto pela agulha era logo enchido por ela, silenciosa e ativa, como quem sabe o que faz, e não está para ouvir palavras loucas. A agulha, vendo que ela não lhe dava resposta, calou-se também, e foi andando. E era tudo silêncio na saleta de costura; não se ouvia mais que o plic-plic-plic-plic da agulha no pano. Caindo o sol, a costureira dobrou a costura, para o dia seguinte. Continuou ainda nessa e no outro, até que no quarto acabou a obra, e ficou esperando o baile.

Veio a noite do baile, e a baronesa vestiu-se. A costureira, que a ajudou a vestir-se, levava a agulha espetada no corpinho, para dar algum ponto necessário. E enquanto compunha o vestido da bela dama, e puxava de um lado ou outro, arregaçava daqui ou dali, alisando, abotoando, acolchetando, a linha para mofar da agulha, perguntou-lhe:

— Ora, agora, diga-me, quem é que vai ao baile, no corpo da baronesa, fazendo parte do vestido e da elegância? Quem é que vai dançar com ministros e diplomatas, enquanto você volta para a caixinha da costureira, antes de ir para o balaio das mucamas? Vamos, diga lá.

Parece que a agulha não disse nada; mas um alfinete, de cabeça grande e não menor experiência, murmurou à pobre agulha:

— Anda, aprende, tola. Cansas-te em abrir caminho para ela e ela é que vai gozar da vida, enquanto aí ficas na caixinha de costura. Faze como eu, que não abro caminho para ninguém. Onde me espetam, fico.

Contei esta história a um professor de melancolia, que me disse, abanando a cabeça:

— Também eu tenho servido de agulha a muita linha ordinária!

13.2 Dissertação

O texto dissertativo, também chamado por alguns de informativo, possui a finalidade de discorrer sobre determinado assunto, apresentando fatos, opiniões de especialista, dados quantitativos ou mesmo informações sobre o assunto da dissertação. É preciso entender que nem sempre a dissertação busca persuadir o seu interlocutor, ela pode simplesmente transmitir informações pertinentes ao assunto dissertado.

Quando a persuasão é objetivada, o texto passa a ter também características argumentativas. A rigor, as questões de concurso público focalizam a tipologia, não seus interstícios, portanto, não precisa ficar desesperado com o fato de haver diferença entre texto dissertativo-expositivo e texto dissertativo-argumentativo. Importa saber que ele é dissertativo.

Toda boa dissertação possui a ***Introdução*** do tema, o ***Desenvolvimento*** coeso e coerente, que está vinculado ao que se diz na introdução, e uma ***Conclusão*** lógica do texto, evidenciando o que se permite compreender por meio da exposição dos parágrafos de desenvolvimento.

A tipologia dissertativa pode ser facilmente encontrada em editoriais, textos de divulgação acadêmica, ou seja, com caráter científico, ensaios, resenhas, artigos científicos e textos pedagógicos.

Exemplo de dissertação:

Japão foi avisado sobre problemas em usinas dois anos antes, diz Wikileaks

O Wikileaks, site de divulgação de informações consideradas sigilosas, vazou um documento que denuncia que o governo japonês já havia sido avisado pela vigilância nuclear internacional que suas usinas poderiam não ser capazes de resistir a terremotos. O relatório, assinado pelo embaixador Thomas Schieffer obtido pelo WikiLeaks foi publicado hoje pelo jornal britânico, The Guardian.

O documento revela uma conversa de dezembro de 2008 entre o então deputado japonês, Taro Kono, e um grupo diplomático norte-americano durante um jantar. Segundo o relatório, um membro da Agência Internacional de Energia Atômica (AIEA) disse que as normas de segurança estavam obsoletas para aguentar os fortes terremotos, o que significaria "um problema grave para as centrais nucleares". O texto diz ainda que o governo do Japão encobria custos e problemas associados a esse ramo da indústria.

Diante da recomendação da AIEA, o Japão criou um centro de resposta de emergência em Fukushima, capaz de suportar, apenas, tremores até magnitude 7,0.

13.3 Descrição

Em um texto descritivo, faz-se um tipo de retrato por escrito de um lugar, uma pessoa, um animal ou um objeto. Os adjetivos são abundantes nessa tipologia, uma vez que a sua função de caracterizar os substantivos é extremamente exigida nesse contexto. É possível existir um texto descritivo que enuncie características de sensações ou sentimentos, porém não é muito comum em provas de concurso público. Não há relação temporal na descrição. Os verbos relacionais são mais presentes, para poder evidenciar aspectos e características. Significa "criar" com palavras uma imagem.

Exemplo de texto descritivo:

Texto extraído da prova do BRB (2010) – Banca CESPE/UnB

Nome científico*: Ginkgo biloba L.*
Nome popular*: Nogueira-do-japão*
Origem*: Extremo Oriente*
Aspecto*: as folhas dispõem-se em leque e são semelhantes ao trevo; a altura da árvore pode chegar a 40 metros; o fruto lembra uma ameixa e contém uma noz que pode ser assada e comida*

14. COMPREENSÃO E INTERPRETAÇÃO DE TEXTOS

É bastante comum e compreensível que os concursandos tenham algum tipo de dificuldade nas questões de compreensão e interpretação de textos. Isso é oriundo do próprio histórico de leituras que o candidato possui, uma vez que grande parte dos concursandos querem gabaritar uma prova, ou mesmo conseguir um cargo público, sem possuir o menor hábito de leitura. Ou seja você precisa adquirir (se ainda não possui) o bom costume de ler.

Por "ler", entende-se buscar os meandros de um texto, de uma canção, de qualquer coisa com que entremos em contato. Mesmo um discurso ou um diálogo podem ser "lidos". O grande problema fica a cargo de que o bom brasileiro gosta de fazer qualquer coisa, menos de ler. Parece até que aquilo que era uma diversão, um bom entretenimento virou um pesadíssimo "fardo". Você não pode pensar desse modo. Ler deve ser uma prática constante.

E na hora do concurso? Como proceder?

Há três elementos fundamentais para boa interpretação:

Eliminação dos vícios de leitura ;

Organização;

"Malandragem".

Vícios de leitura

A pior coisa que pode acontecer com o concursando, quando recebe aquele texto "capetótico" para ler e interpretar, é cair num vício de leitura. Veja se você possui algum deles. Caso possua, tente eliminar o quanto antes.

O Movimento:

Como tudo inicia. O indivíduo pega o texto para ler e não para quieto. Troca a maneira de sentar, troca a posição do texto, nada está bom, nada está confortável. Em casa, senta para estudar e o que acontece? Fome. Depois? Sede. Então, a pessoa fica se mexendo para pegar comida, para tomar água, para ficar mais sossegado e o fluxo de leitura vai para o espaço. FIQUE QUIETO! O conceito é militar! Sente-se e permaneça assim até acabar a leitura, do contrário, vai acabar com a possibilidade de entender o que está escrito. Estudar com televisão, rádio, *msn* e qualquer coisa dispersiva desse gênero só vai atrapalhar você.

O Apoio:

Não é aconselhável utilizar apoios para a leitura, tais como: réguas, acompanhar a linha com a caneta, ler em voz baixa, passar o dedo pelo papel etc. Basta pensar que seus olhos são muito mais rápidos que qualquer movimento ou leitura em voz alta. Gaguejou, escorregou no papel, dançou.

O Garoto da Borboleta:

Se você possui os vícios "a" e "b", certamente é um "garoto da borboleta" também. Isso quer dizer que é um desatento que fica facilmente (fatalmente) disperso. Tudo chama sua atenção: caneta batendo na mesa, o concorrente barulhento, a pessoa estranha que está em sua frente, o tempo passando etc. Você vai querer ficar voltando ao início do texto porque não conseguiu compreender nada e, finalmente, vai perder as questões de interpretação.

Organização da leitura

Para que ocorra organização, é necessário compreender que todo texto possui:

Posto: aquilo que é dito no texto. O conteúdo expresso.

Pressuposto: aquilo que não está dito, mas que é facilmente compreendido.

Subentendido: o que se pode interpretar por uma soma de dito com não-dito.

Veja um exemplo:

Alguém diz: "felizmente, meu tio parou de beber." É certo que o dito se compõe pelo conteúdo da mensagem: o homem parou de beber. O não-dito, ou pressuposto, fica a cargo da ideia de que meu tio "bebia", agora, não bebe mais. Por sua vez, o subentendido pode ser abstraído como "meu tio possuía problemas com a bebida e eu assumo isso por meio da sentença que profiro". Não é difícil! É necessário, no entanto, possuir uma certa "malandragem linguística" para perceber isso de início. Veremos isso ao longo do texto.

As dicas de organização não são novas, mas são eficazes, vamos lá:

Ler mais de uma vez o texto (quando for curtinho, é lógico):

A primeira leitura é para tomar contato com o assunto, a segunda, para observar como o texto está articulado.

Ao lado de cada parágrafo, escreva a principal ideia (tópico frasal) ou argumento mais forte do trecho. Isso ajuda você a ter clareza da temática e como ela está sendo desenvolvida.

Se o texto for muito longo, recomenda-se ler primeiro a questão de interpretação, para, então, buscá-la na leitura.

Observar as relações entre parágrafos:

Observar que há relações de exemplificação, oposição, causalidade entre os parágrafos do texto, por isso, tente compreender as relações intratextuais nos parágrafos.

Ficar de olho aberto para as conjunções adversativas: no entanto, contudo, entretanto, etc.

Atentar para o comando da questão:

Responda àquilo que foi pedido.

» **Dica**: entenda que modificar e prejudicar o sentido não são a mesma coisa.

Palavras de alerta (polarizadoras):

Sublinhar palavras como: erro, incorreto, correto e exceto, para não se confundir no momento de responder à questão.

Inaceitável, incompatível e incongruente também podem aparecer.

Limitar os horizontes:

Não imaginar que você sabe o que o autor quis dizer, mas sim entender o que ele disse: o que ele escreveu. Não extrapolar a significação do texto. Para isso, é importante prestar atenção no significado das palavras.

Pode até ser coerente o que você concluiu, mas se não há base textual, descarte.

» **Ex.**: O homem **pode** morrer de infarto. / O homem **deve** morrer de infarto.

Busque o tema central do texto:

Geralmente aparece no primeiro parágrafo do texto.

Desenvolvimento:

Se o enunciado mencionar a argumentação do texto, você deve buscar entender o que ocorre com o desenvolvimento dos parágrafos.

Verificar se o desenvolvimento ocorre por:

» Causa e consequência;
» Enumeração de fatos;
» Retrospectiva histórica;
» Fala de especialista;
» Resposta a um questionamento;
» Sequência de dados;
» Estudo de caso;
» Exemplificação.

Relatores:

Atentar para os pronomes relativos e demonstrativos no texto. Ele auxiliam o leitor a entender como se estabelece a coesão textual.

Alguns deles:

» Que;
» Cujo;
» O qual;
» Onde;
» Esse;
» Este;
» Isso;
» Isto.

Entender se a questão é de interpretação ou de compreensão:

Interpretação

Parte do texto para uma conclusão. As questões que solicitam uma inferência apresentam as seguintes estruturas:

» É possível entender que...
» O texto possibilita o entendimento de que...
» O texto encaminha o leitor para...
» O texto possibilita deduzir que...
» Depreende-se do texto que...
» Com apoio no texto, infere-se que...
» Entende-se que...
» Compreende-se que...

Compreensão

Buscam-se as informações solicitadas pela questão no texto. As questões dessa natureza possuem as seguintes estruturas:

» De acordo com o texto, é possível afirmar....
» Segundo o texto...
» Conforme o autor...
» No texto...
» Conforme o texto...

Tomar cuidado com as generalizações.

Na maior parte das vezes, o elaborador da prova utiliza a generalização para tornar a questão incorreta.

Atenção para as palavras "sempre, nunca, exclusivamente, unicamente, somente".

O que você não deve fazer!

"Viajar" no texto: interpretar algo para além do que o texto permite.

Ser "mão-de-vaca": interpretar apenas um trecho do texto.

Dar uma de "Zé Mané" e entender o contrário: fique atento a palavras como "pode", "não", "deve" etc.

"Malandragem da banca"

Talvez seja essa a característica mais difícil de se desenvolver no concursando, pois ela envolve o conhecimento do tipo de interpretação e dos limites estabelecidos pelas bancas. Só há uma maneira de ficar "malandro" estudando para concurso público: realizando provas! Pode parecer estranho, mas depois de resolver 200 questões da mesma banca, você já consegue prever como será a próxima questão. Prever é garantir o acerto! Então, faça exercícios até cansar e, quando cansar, faça mais um pouco. Assim você fica "malandro" na banca!

Vamos trabalhar com alguns exemplos agora:

Exemplo I

Entre os maiores obstáculos ao pleno desenvolvimento do Brasil, está a educação. Este é o próximo grande desafio que deve ser enfrentado com paciência, mas sem rodeios. É a bola da vez dentro das políticas públicas prioritárias do Estado. Nos anos 90 do século passado, o país derrotou a inflação — que corroía salários, causava instabilidade política e irracionalidade econômica. Na primeira década deste século, os avanços deram-se em direção a uma agenda social, voltada para a redução da pobreza e da desigualdade estrutural. Nos próximos anos, a questão da melhoria da qualidade do ensino deve ser uma obrigação dos governantes, sejam quais forem os ungidos pelas decisões das urnas.

Jornal do Brasil, Editorial, 21/1/2010 (com adaptações).

Agora o mesmo texto, devidamente marcado.

Entre **os maiores obstáculos** ao pleno desenvolvimento do Brasil, está a educação. Este é o **próximo grande desafio** que deve ser enfrentado com paciência, mas sem rodeios. É a **bola da vez** dentro das políticas públicas prioritárias do Estado. **Nos anos 90 do século passado,** o país derrotou a inflação — que corroía salários, causava instabilidade política e irracionalidade econômica. **Na primeira década deste século**, os avanços deram-se em direção a uma agenda social, voltada para a redução da pobreza e da desigualdade estrutural. **Nos próximos anos**, a questão da melhoria da qualidade do ensino deve ser uma **OBRIGAÇÃO DOS GOVERNANTES**, sejam quais forem os ungidos pelas decisões das urnas.

Comentário: Observe que destacamos para você elementos que podem surgir, posteriormente como questões. O texto inicia falando que há mais obstáculos além da educação. Também argumenta, posteriormente, que já houve outros desafios além desse que ele chama de "próximo grande desafio". Utilizando uma expressão de sentido **Conotativo** (bola da vez), o escritor anuncia que a educação ocupa posição de destaque quando o assunto se volta para as políticas públicas prioritárias do Estado.

No decorrer do texto, que se desenvolve por um tipo de retrospectiva histórica (veja o que está sublinhado), o redator traça um panorama dessas políticas públicas ao longo da história do país, fazendo uma previsão para os anos vindouros (o que foi destacado em caixa alta).

Exemplo II

Um passo fundamental para que não nos enganemos quanto à **natureza do capitalismo contemporâneo** e o significado das políticas empreendidas pelos países centrais para enfrentar a recente **crise econômica** é problematizarmos, com cuidado, o termo **neoliberalismo**: "começar pelas palavras talvez não seja coisa vã", escreve Alfredo Bosi em Dialética da Colonização.

A partir da década de 1980, buscando exprimir a natureza do capitalismo contemporâneo, muitos, principalmente os críticos, utilizaram esta palavra que, por fim, se generalizou. Mas o que, de fato, significa? O prefixo neo quer dizer novo; portanto, novo liberalismo. Ora, durante o século **XIX DEU-SE A CONSTRUÇÃO DE UM LIBERALISMO** que viria encontrar a sua crise definitiva na I Guerra Mundial em 1914 e na crise de 1929. Mas desde o período entre guerras e, sobretudo, depois, com o término da II Guerra Mundial, em 1945, tomou corpo um novo modelo, principalmente na Europa, que de certa forma se contrapunha ao velho liberalismo: era **O MUNDO DA SOCIALDEMOCRACIA**, da presença do Estado na vida econômica, das ações políticas inspiradas na reflexão teórica do economista britânico John Keynes, um crítico do liberalismo econômico clássico que viveu na primeira metade do século XX. Quando esse modelo também entrou em crise, no princípio da década de 1970, surgiu a perspectiva de **RECONSTRUÇÃO DA ORDEM LIBERAL**. Por isso, novo liberalismo, neoliberalismo.

(Grupo de São Paulo, disponível em http://www.correiocidadania.com.br/content/view/5158/9/, acesso em 28/10/2010)

Exemplo III

Em Defesa do Voto Obrigatório

O voto, direito duramente conquistado, **deve ser considerado um dever** cívico, sem o exercício do qual o **direito se descaracteriza ou se perde**, afinal liberdade e democracia são fins e não apenas meios. Quem vive em uma comunidade política não pode estar **DESOBRIGADO** de opinar sobre os rumos dela. Nada contra a desobediência civil, recurso legítimo para o protesto cidadão, que, no caso eleitoral, se pode expressar no voto nulo (cuja tecla deveria constar na máquina utilizada para votação). Com o **voto facultativo**, o direito de votar e o de não votar ficam inscritos, em pé de igualdade, no corpo legal. Uma parte do eleitorado deixará voluntariamente de opinar sobre a constituição do poder político. O desinteresse pela política e a descrença no voto são registrados como mera "escolha", sequer como desobediência civil ou protesto. **A consagração da alienação política** como um direito legal interessa aos conservadores, reduz o peso da soberania popular e desconstitui o sufrágio como universal.

Para o **cidadão ativo,** que, além de votar, se organiza para garantir os direitos civis, políticos e sociais, o enfoque é inteiramente outro. O tempo e o **TRABALHO DEDICADOS AO ACOMPANHAMENTO CONTINUADO DA POLÍTICA NÃO SE APRESENTAM COMO RESTRITIVOS DA LIBERDADE INDIVIDUAL.** Pelo contrário, são obrigações auto-assumidas no esforço de construção e aprofundamento da democracia e de vigília na defesa das liberdades individuais e públicas. A ideia de que a democracia se constrói nas lutas do dia a dia se contrapõe, na essência, ao modelo liberal. O cidadão escolado na disputa política sabe que a liberdade de não ir votar é uma armadilha. Para que o sufrágio continue universal, para que todo poder emane do povo e não, dos donos do poder econômico, o voto, além de ser um direito, **deve conservar a sua condição de dever cívico.**

Exemplo IV

Madrugada na aldeia

Madrugada na aldeia nervosa,
com as glicínias escorrendo orvalho,
os figos prateados de orvalho,
as uvas multiplicadas em orvalho,
as últimas uvas miraculosas.

O silêncio está sentado pelos corredores,
encostado às paredes grossas,
de sentinela.

E em cada quarto os cobertores peludos envolvem o sono:
poderosos animais benfazejos, encarnados e negros.
Antes que um sol luarento
dissolva as frias vidraças,
e o calor da cozinha perfume a casa
com lembrança das árvores ardendo,
a velhinha do leite de cabra desce as pedras da rua
antiquíssima, antiquíssima,
e o pescador oferece aos recém-acordados
os translúcidos peixes,
que ainda se movem, procurando o rio.

(Cecília Meireles. Mar absoluto, in Poesia completa. Rio de Janeiro: Nova Aguilar, 1994, p.311)

15. PARÁFRASE UM RECURSO PRECIOSO

Parafrasear, em sentido lato, significa reescrever uma sequência de texto sem alterar suas informações originais. Isso quer dizer que o texto resultante deve apresentar o mesmo sentido do texto original, modificando, evidentemente, apenas a ordem frasal ou o vocabulário. Há algumas exigências para uma paráfrase competente. São elas:

Usar a mesma ordem das ideias que aparecem no texto original.

Em hipótese alguma é possível omitir informações essenciais.

Não tecer comentários acerca do texto original, apenas parafrasear, sem frescura.

Usar construções sintáticas e vocabulares que, apesar de manterem o sentido original, sejam distintas das do texto base.

Os passos da paráfrase

Vamos entender que há alguns recursos para parafrasear um texto. Apresentarei alguns com a finalidade de clarear mais o assunto em questão.

A utilização de termos sinônimos.

O presidente assinou o documento, **mas** esqueceu-se de pegar sua caneta. / O presidente assinou o documento, **contudo** esqueceu-se de pegar sua caneta.

O uso de palavras antônimas, valendo-se de palavra negativa.

José era um **covarde.**

José **não** era um **valente.**

Emprego de termos anafóricos.

São Paulo e Palmeiras são dois times brasileiros. O São Paulo venceu o Palmeiras na semana passada. / São Paulo e Palmeiras são dois times brasileiros. **Aquele** (São Paulo) venceu **este** (Palmeiras) na semana passada.

Permuta de termo verbal por nominal, e vice-versa.

É importante que chegue cedo. / **Sua chegada** é importante.

Deixar termos elípticos.

Eu preciso da colaboração de todos. / Preciso da colaboração de todos.

Alteração da ordem frasal.

Adalberto venceu o último desafio de sua vida ontem. / Ontem, Adalberto venceu o último desafio de sua vida.

Transposição de voz verbal.

Joel cortou a seringueira centenária. / A seringueira centenária foi cortada por Joel.

Troca de discurso.

Naquela manhã, Oséas dirigiu-se ao pai dizendo: "Cortarei a grama sozinho." (discurso direto).

Naquela manhã, Oséas dirigiu-se ao pai dizendo que cortaria a grama sozinho. (discurso indireto).

Troca de palavras por expressões perifrásticas.

O Rei do Futebol esteve presente durante as celebrações. / **Pelé** esteve presente durante as celebrações.

Troca de locuções por palavras de mesmo sentido:

A turma **da noite** está comprometida com os estudos. / A turma **noturna** está mais comprometida com os estudos.

Questões

I. Fragmento

Macunaíma

No fundo do mato-virgem nasceu Macunaíma, herói da nossa gente. Era preto retinto e filho do medo da noite. Houve um momento em que o silêncio foi tão grande escutando o murmurejo do Uraricoera, que a índia tapanhumas pariu uma criança feia. Essa criança é que chamaram de Macunaíma. Já na meninice fez coisas de sarapantar. De primeiro passou mais de seis anos não falando. Si o incitavam a falar exclamava:— Ai! Que preguiça!...e não dizia mais nada. Ficava no canto da maloca, trepado no jirau de paxiúba, espiando o trabalho dos outros e principalmente os dois manos que tinha, Maanape já velhinho e Jiguê na força do homem.

II. Fragmento

Carta pras icamiabas

Às mui queridas súbditas nossas, Senhoras Amazonas. Trinta de Maio de Mil Novecentos e Vinte e Seis, São Paulo. Senhoras: Não pouco vos surpreenderá, por certo, o endereço e a literatura desta missiva. Cumpre-nos, entretanto, iniciar estas linhas de saudade e muito amor, com desagradável nova. É bem verdade que na boa cidade de São Paulo — a maior do universo, no dizer de seus prolixos habitantes — não sois conhecidas como "icamiabas", voz espúria, sinão que pelo apelativo de Amazonas; e de vós, se afirma, cavalgardes ginetes belígeros e virdes da Hélade clássica; e assim sois chamadas. Muito nos pesou a nós, Imperator vosso, tais dislates da erudição, porém heis de convir conosco que, assim, ficais mais heroicas e mais conspícuas, tocadas por essa plátina respeitável da tradição e da pureza antiga.(...)

Macunaíma, Imperator Mário de Andrade. Macunaíma, o herói sem nenhum caráter. Rio de Janeiro: Agir, 2008, p. 13, 97 e 109.

01. (CESPE) Ambos os fragmentos apresentam a estrutura textual típica da narrativa, recurso empregado pelo autor como forma de manter a coerência dos fatos narrados.

Certo ( ) Errado ( )

02. (CESPE) Em ambos os fragmentos, encontram-se traços de subjetividade: no primeiro, do narrador; no segundo, do autor da carta.

Certo ( ) Errado ( )

03. Leia o texto

O que passa na cabeça deles?

Quem tem um bicho de estimação sabe muito bem: seu gato, cachorro, papagaio, hamster ou o que seja é o mais esperto do mundo. Até meados do século passado, porém, a inteligência animal era considerada inexistente. Suas atitudes e ações eram descritas como simples respostas instintivas ou estratégias de sobrevivência, sem nenhuma relação com a cognição, que se acreditava ser exclusiva do ser humano. Foi só a partir dos anos 1960 que estudos de longo prazo começaram a produzir pistas de que, sim, os animais pensam, são capazes de resolver problemas, aprender com seus erros e se adaptar a novas situações, assim como os seres humanos. Mas o que se passa na cabeça deles? Algumas espécies têm autoconsciência? Quão inteligentes são os animais? Apesar dos avanços nas pesquisas, estas e outras perguntas permanecem sem resposta, gerando controvérsias entre os especialistas. – O que existe hoje são várias linhas de entendimento do que vem a ser a inteligência animal. Há estudos feitos em ambiente natural, mas também tem muita coisa sendo feita em laboratórios – o que nos é contado pelo biólogo Salvatore Siciliano, pesquisador da Escola Nacional de Saúde da Fundação Oswaldo Cruz (Fiocruz). As pesquisas podem levar anos para chegar a conclusões bem simples, mas, à medida que aumenta o esforço de observação e amostragem, estamos passando a perceber que os animais são, sim, algo inteligentes. Quando elaborou sua Teoria da Evolução, no século XIX, Charles Darwin a estendeu para o desenvolvimento do cérebro humano. Como outros aspectos da nossa fisiologia, a inteligência teria evoluído a partir de organismos mais simples em resposta a desafios comuns a quase todos os animais, como as necessidades de se alimentar, reproduzir e interagir com o ambiente. Atualmente, faz parte do senso comum considerar que grandes primatas como os chimpanzés, cujo DNA é 99% igual ao dos seres humanos, apresentam um certo grau de inteligência, assim como outros mamíferos mais desenvolvidos, como cetáceos (baleias e golfinhos) e elefantes. Surpreendente, no entanto, foi verificar que mesmo espécies mais longe da escala e árvore evolutivas, como pássaros e polvos, também demonstram sinais de inteligência.

César Baima – O Globo, Planeta Terra, outubro 2010 (adaptado)

Sobre o título dado ao texto, pode-se fazer, de forma adequada, a seguinte afirmação:

a) A pergunta não é respondida no texto;

b) Trata-se de uma questão sobre a qual a ciência ainda não apresenta todas as respostas;

c) Representa uma interrogação feita pelos proprietários de animais domésticos;

d) O pronome eles se refere exclusivamente aos animais domésticos;

e) A pergunta fala sobre as preocupações dos donos de animais.

04. (NCE – UFRJ) - "...é o mais esperto do mundo." Esse pensamento representa:

a) Uma antiga forma de pensar sobre a inteligência animal;

b) Um pensamento corrente sobre os animais selvagens;

c) Um conceito errado sobre os animais domésticos;

d) Um carinhoso modo de pensar sobre animais de estimação;

e) Um falso pensamento fundamentado apenas nas aparências.

05. (NCE – UFRJ) A presença do biólogo no texto tem a seguinte utilidade textual:

a) Mostrar que a publicação é internacional;

b) Dar mais autoridade e credibilidade ao texto;

c) Demonstrar atualização brasileira no tema estudado;

d) Indicar pessoas que demonstram interesse pelo tema estudado;

e) Convencer o leitor de que o tema é importante.

06. (NCE – UFRJ) O texto desta prova deve ser caracterizado como:

a) Informativo sobre conhecimentos atuais no tema analisado;

b) Narrativo de uma sequência de fatos ocorridos nos últimos anos;

c) Descritivo de um conjunto de ideias científicas sobre os animais;

d) Argumentativo a respeito de prós e contras das recentes descobertas;

e) Publicitário sobre os trabalhos da Fiocruz.

07. (FCC) Leia o texto:

Como declaração de princípios que é, a Declaração Universal dos Direitos Humanos não cria obrigações legais aos Estados, salvo se as respectivas Constituições estabelecem que os direitos fundamentais e as liberdades nelas reconhecidos serão interpretados de acordo com a Declaração. Todos sabemos, porém, que esse reconhecimento formal pode acabar por ser desvirtuado ou mesmo denegado na ação política, na gestão econômica e na realidade social. A Declaração Universal é geralmente considerada pelos poderes econômicos e pelos poderes políticos, mesmo quando presumem de democráticos, como um documento cuja importância não vai muito além do grau de boa consciência que lhes proporcione.

Nesses cinquenta anos não parece que os governos tenham feito pelos direitos humanos tudo aquilo a que, moralmente, quando não por força da lei, estavam obrigados. As injustiças multiplicam-se no mundo, as desigualdades agravam-se, a ignorância cresce, a miséria alastra. A mesma esquizofrênica humanidade que é capaz de enviar instrumentos a um planeta para estudar a composição das suas rochas assiste indiferente à morte de milhões de pessoas pela fome. Chega-se mais facilmente a Marte neste tempo do que ao nosso próprio semelhante.

Alguém não anda a cumprir o seu dever. Não andam a cumpri-lo os governos, seja porque não sabem, seja porque não podem, seja porque não querem. Ou porque não lho permitem os que efetivamente governam, as empresas multinacionais e pluricontinentais cujo poder, absolutamente não democrático, reduziu a uma casca sem conteúdo o que ainda restava de ideal de democracia. Mas também não estão a cumprir o seu dever os cidadãos que somos. Foi-nos proposta uma Declaração Universal dos Direitos Humanos e com isso julgamos ter tudo, sem repararmos que nenhuns direitos poderão subsistir sem a simetria dos deveres que lhes correspondem, o primeiro dos quais será exigir que esses direitos sejam não só reconhecidos,mas também respeitados e satisfeitos. Não é de esperar que os governos façam nos próximos cinquenta anos o que não fizeram nestes que comemoramos. Tomemos, então, nós, cidadãos comuns, a palavra e a iniciativa. Com a mesma veemência e a mesma força com que reivindicamos os nossos direitos, reivindiquemos também o dever dos nossos deveres. Talvez o mundo possa começar a tornar-se um pouco melhor.

(Trecho do discurso de José Saramago no banquete de encerramento da entrega do Prêmio Nobel, em 10 de dezembro de 1998. Transcrição segundo as normas brasileiras de ortografia.)

No texto, o autor

a) Reconhece o esforço empreendido por governos, mesmo os não democráticos, no sentido de respeitar integralmente os postulados da Declaração Universal dos Direitos Humanos.

b) Aponta a necessidade de participação de toda a sociedade, em todos os países, na aplicação efetiva dos princípios constantes da Declaração Universal dos Direitos Humanos.

c) Detém-se na história da elaboração da Declaração Universal dos Direitos Humanos, documento importante para a afirmação dos direitos e liberdades fundamentais do homem.

d) Relata as dificuldades encontradas em alguns países e regiões como justificativa para o fato de que os princípios da Declaração Universal ainda não estejam sendo respeitados integralmente.

e) Defende o respeito que deve merecer uma Constituição, como norma legal maior em cada Estado, para nortear toda possível ação política e até mesmo econômica.

Leia o texto:

Desde 1934 — Lampião à solta, Antônio Silvino preso no Recife, Sinhô Pereira arribado para os lados de Minas Gerais — Clarival Valladares despertava para o mundo de significados que o cangaceiro carregava penduradas, afiveladas, cravadas ou costuradas no conjunto do traje e nos equipamentos, como ainda hoje se vê no aguadeiro das feiras do Marrocos, as cartucheiras envernizadas e bem ajoujadas ao corpo, a não deverem homenagem — senão a requerê-la — à guarda de um Ibn-Saud. Com a população portuguesa drenada para a aventura da Índia, foi o moçárabe, em boa parte, que veio povoar o Brasil. Presença viva na cultura brasileira, a árabe, por suas muitas composições, teve aulas a dar em maior número a um sertão de 500 mm de chuva anual que a uma faixa litorânea de fáceis 1.500 mm. O que Valladares percebeu foi a raiz pastoril da estética do cangaço, encantando-se por ver que a do guerreiro ia muito além da que pontuava as alfaias magras do pastor, por não se ver empobrecida pelo teto limitador da funcionalidade, capaz de explicar tudo na vestimenta do vaqueiro. Para ele, assim:

O traje do cangaceiro é um dos exemplos demonstrativos do comportamento arcaico brasileiro. Ao invés de procurar camuflagem para a proteção do combatente, é adornado de espelhos, moedas, metais, botões e recortes multicores, tornando-se um alvo de fácil visibilidade até no escuro. Lembremo-nos, entretanto, que, no entendimento do comportamento arcaico, o homem está ligado e dependente ao sobrenatural, em nome do qual ele exerce uma missão, lidera um grupo, desafia porque se acredita protegido e inviolável e, de fato, desligado do componente da morte. Esta explicação, embora sumária, de algum modo justifica a incidência da superfluidade ornamental no traje do cangaceiro, que, antes de sua implicação mística, deriva do empírico traje do vaqueiro.

Frederico Pernambucano de Mello. Estrelas de couro — a estética do cangaço. São Paulo: Escrituras, 2010, p. 48-9 (com adaptações).

08. (CESPE) Pelas relações estabelecidas no texto, conclui-se que a cultura árabe influenciou a cultura brasileira do sertão.

Certo ( ) Errado ( )

09. (CESPE) Dos trechos "Lampião à solta" e "Sinhô Pereira arribado para os lados de Minas Gerais" depreende-se que a mobilidade dos cangaceiros devia-se ao exercício da missão mística de ampliação dos limites geográficos dos estados brasileiros.

Certo ( ) Errado ( )

10. (CESPE) Depreende-se da leitura do texto que Clarival Valladares iniciou o estudo sobre o significado das vestimentas e do comportamento dos cangaceiros a partir de 1934, quando ocorreram os sinais de que o cangaço havia deixado de ser uma ameaça ao poder local.

Certo ( ) Errado ( )

Gabaritos

01	ERRADO	06	A
02	CERTO	07	B
03	A	08	CERTO
04	D	09	ERRADO
05	B	10	ERRADO

16. ORTOGRAFIA

A ortografia é a parte da Gramática que estuda a escrita correta das palavras. O próprio nome da disciplina já designa tal função. É oriunda das palavras gregas ***ortho*** que significa "correto" e ***graphos*** que significa "escrita". Neste capítulo, vamos estudar alguns aspectos da correta grafia das palavras: o emprego de algumas letras que apresentam dificuldade para os falantes do Português.

Atualmente, há um confusão a respeito do sistema ortográfico vigente. O último sistema foi elaborado em 1990, com base em um sistema de 1986, e será implantado em todos os países de língua lusófona. No Brasil, a adesão ao acordo se deu em 2009 e, como leva 4 anos para ser implantado, teríamos dois sistemas oficiais até 31 de dezembro de 2013. Bem, seria isso, se não houvesse a prorrogação do prazo até o ano de 2016. A partir de então, vale apenas o Novo Acordo Ortográfico.

Por certo, dúvidas pairam pela cabeça do aluno: que sistema devo usar? Qual sistema devo aprender? O melhor é estudar o sistema antigo, aprendendo quais foram as atualizações, assim, garante-se que não errará pela novidade ou pela tradição. A banca deve avisar no edital do concurso ou no comando da questão qual sistema ortográfico está levando em consideração. Como as maiores alterações estão no terreno de acentuação e emprego do hífen (para o Português falado no Brasil, evidentemente), não teremos grandes surpresas neste capítulo. Vamos ao trabalho.

O Alfabeto

As letras K, W e Y foram inseridas no alfabeto devido a uma grande quantidade de palavras que são grafadas com tais letras e não podem mais figurar como termos exóticos em relação ao português. Eis alguns exemplos de seu emprego:

Em abreviaturas e em símbolos de uso internacional:

Kg - quilograma / **w** - watt /

Em palavras estrangeiras de uso internacional, nomes próprios estrangeiros e seus derivados:

Kremlin, Kepler, Darwin, Byron, byroniano.

O alfabeto, também conhecido como abecedário, é formado (a partir do novo acordo ortográfico) por 26 letras.

Forma Maiúscula		Forma Minúscula	
A	B	a	b
C	D	c	d
E	F	e	f
G	H	g	h
I	J	i	j
K	L	k	l
M	N	m	n
O	P	o	p
Q	R	q	r
S	T	s	t
U	V	u	v
W	X	w	x
Y	Z	y	z

O emprego da letra "H"

A letra H demanda um pouco de atenção. Apesar de não possui verdadeiramente sonoridade, utilizamo-la, ainda, por convenção histórica. Seu emprego, basicamente, está relacionado às seguintes regras:

No início de algumas palavras, por sua origem:

Ex.: Hoje, hodierno, haver, Helena, helênico.

No fim de algumas interjeições:

Ah! Oh! Ih! Uh!

No interior de palavra compostas que preservam o hífen, nas quais o segundo elemento se liga ao primeiro:

Super-homem, pré-história, sobre-humano.

Nos dígrafos NH, LH e CH:

Tainha, lhama, chuveiro.

O emprego de "E" e "I"

Existe uma curiosidade a respeito do emprego dessas letras nas palavras que escrevemos: o fato de o "e", no final da palavra, ser pronunciado como uma semivogal faz com que muitos falantes sintam aquela vontade de grafar a palavra com "i". Bem, veremos quais são os principais aspectos do emprego dessas letras.

Escreveremos com "e"

Palavras formadas com o prefixo ante- (que significa antes, anterior):

Antebraço, antevéspera, antecipar, antediluviano etc.

A sílaba final de formas conjugadas dos verbos terminados em –OAR e –UAR (quando estiverem no subjuntivo). Ex.:

Abençoe (abençoar)

Continue (continuar)

Pontue (pontuar)

Algumas palavras, por sua origem: arrepiar, cadeado, creolina, desperdiçar, desperdício, destilar, disenteria, empecilho, indígena, irrequieto, mexerico, mimeógrafo, orquídea, quase, sequer, seringa, umedecer etc.

Escreveremos com "i"

Palavras formadas com o prefixo anti- (que significa contra). Ex.:

Antiaéreo, anticristo, antitetânico, anti-inflamatório.

A sílaba final de formas conjugadas dos verbos terminados em –AIR, -OER e –UIR:

Cai (cair)

Sai (sair)

Diminui (diminuir)

Dói (doer)

Os ditongos AI, OI, ÓI, UI:

Pai

Foi

Herói

Influi.

As seguintes palavras: aborígine, chefiar, crânio, criar, digladiar, displicência, escárnio, implicante, impertinente, impedimento, inigualável, lampião, pátio, penicilina, privilégio, requisito etc.

Vejamos alguns casos em que o emprego das letras "E" e "I" pode causar uma alteração semântica:

Escrito com "e"
Arrear = pôr arreios
Área = extensão de terra, local
Delatar = denunciar
Descrição = ação de descrever
Descriminação = absolver
Emergir = vir à tona
Emigrar = sair do país ou do local de origem
Eminente = importante

Escrito com "i"
Arriar = abaixar, desistir
Ária = peça musical
Dilatar = alargar, aumentar
Discrição = qualidade do discreto
Discriminar = separar, estabelecer diferença
Imergir = mergulhar
Imigrar = entrar em um país estrangeiro
Iminente = próximo, prestes e ocorre

O Novo Acordo Ortográfico explica que, agora, escreve-se com "i" antes de sílaba tônica. Veja alguns exemplos: acriano (admite-se, por ora, acreano), rosiano (de Guimarães Rosa), camoniano, nietzschiano (de Nietzsche) etc.

O emprego de O e U

Vejamos como empregar essas letras, a fim de que não mais possamos errar.

Apenas por exceção, palavras em Português com sílabas finais átonas (fracas) terminam por us; o comum é que se escreva com o ou os. Veja os exemplos: carro, aluno, abandono, abono, chimango etc.

Exemplos das exceções a que aludimos: bônus, vírus, ônibus etc.

Em palavras proparoxítonas ou paroxítonas com terminação em ditongo, são comuns as terminações –UA, -ULA, -ULO:

Tábua, rábula, crápula, coágulo.

As terminações –AO, -OLA, -OLO só aparecem em algumas palavras: mágoa, névoa, nódoa, agrícola[1], vinícola, varíola etc.

Fique de olho na grafia destes termos:

Com a letra O: abolir, boate, botequim, bússola, costume, engolir, goela, moela, moleque, mosquito etc.

Com a letra U: bulício, buliçoso, bulir, camundongo, curtume, cutucar, jabuti, jabuticaba, rebuliço, urtiga, urticante etc.

1 Em razão da construção íncola (quem vive, habitante), por isso, silvícola, terrícola etc.

O emprego de G e J

Essas letras, por apresentarem o mesmo som eventualmente, costumam causar problemas de ortografia. Vamos tentar facilitar o trabalho: a letra "g" só apresenta o som de "j" diante das letras "e" e "i": gesso, gelo, agitar, agitador, agir, gíria.

Escreveremos com "G"

Palavras terminadas em - AGEM, -IGEM, -UGEM. Ex.:

Garagem, vertigem, rabugem, ferrugem, fuligem etc.

Exceções: pajem, lambujem (doce ou gorjeta), lajem (pedra da sepultura).

As palavras terminadas em –ÁGIO, ÉGIO, ÍGIO, ÓGIO, ÚGIO:

Contágio, régio, prodígio, relógio, refúgio.

As palavras derivadas de outras que já possuem a letra "g".

Viagem - viageiro

Ferrugem - ferrugento

Vertigem - vertiginoso

Regime - regimental

Selvagem - selvageria

Regional - regionalismo

Em geral, após a letra "r"

Ex.: Aspergir, divergir, submergir, imergir etc.

As palavras:

De origem latina: agir, gente, proteger, surgir, gengiva, gesto etc.

De origem árabe: álgebra, algema, ginete, girafa, giz etc.

De origem francesa: estrangeiro, agiotagem, geleia, sargento etc.

De origem italiana: gelosia, ágio etc.

Do castelhano: gitano.

Do inglês: gim.

Escreveremos com "J"

Os verbos terminados em –JAR ou –JEAR e suas formas conjugadas:

Gorjear: gorjeia (lembre-se das "aves"), gorjeiam, gorjearão.

Viajar: viajei, viaje, viajemos, viajante.

Cuidado para não confundir os termos viagem (substantivo) com viajem (verbo "viajar"). Vejamos o emprego.

"Ele fez uma bela viagem."

"Tomara que eles viajem amanhã."

Palavras derivadas de outras terminadas em –JA.

Granja: granjeiro, granjear.

Loja: lojista, lojinha.

Laranja: laranjal, laranjeira.

Lisonja: lisonjeiro, lisonjeador.

Sarja: sarjeta.

Palavras cognatas (raiz em comum) ou derivadas de outras que possuem o "j".

Laje: lajense, lajedo.

Nojo: nojento, nojeira.

Jeito: jeitoso, ajeitar, desajeitado.

Nas palavras: conjetura, ejetar, injeção, interjeição, objeção, objeto, objetivo, projeção, projeto, rejeição, sujeitar, sujeito, trajeto, trajetória, trejeito.

Palavras de origem ameríndia (geralmente tupi-guarani) ou africana: canjerê, canjica, jenipapo, jequitibá, jerimum, jia, jiboia, jiló, jirau, Moji, pajé, pajéu.

Nas palavras: berinjela, cafajeste, jeca, jegue, Jeremias, jerico, jérsei, majestade, manjedoura, ojeriza, pegajento, rijeza, sujeira, traje, ultraje, varejista.

Orientações sobre a grafia do fonema /s/

Podemos representar o fonema /s/ por:

S: ânsia, cansar, diversão, farsa.

SS: acesso, assar, carrossel, discussão.

C, Ç: acetinado, cimento, açoite, açúcar.

SC, SÇ: acréscimo, adolescente, ascensão, consciência, nasço, desça

X: aproximar, auxiliar, auxílio, sintaxe.

XC: exceção, exceder, excelência, excepcional.

Como se grafa, então?

Escreveremos com s:

A correlação nd - ns:

Pretender - pretensão, pretenso;

Expandir - expansão, expansivo.

A correlação rg - rs:

Aspergir - aspersão;

Imergir - imersão;

Emergir - emersão .

A correlação rt - rs:

Divertir - diversão;

Inverter - inversão.

O sufixo - ense:

paranaense;

cearense;

londrinense.

Escreveremos com ss:

A correlação ced - cess:

Ceder - cessão;

Interceder - intercessão;

Retroceder - retrocesso .

A correlação gred - gress

Agredir - agressão, agressivo;

Progredir - progressão, progresso.

A correlação prim - press

Imprimir - impressão, impresso;

Oprimir - opressão, opressor;

Reprimir - repressão, repressivo.

A correlação meter - miss

Submeter - submissão;

Intrometer - intromissão.

Escreveremos com c ou com "Ç"

Palavras de origem tupi ou africana. Ex.:

Açaí, araçá, Iguaçu, Juçara, muçurana, Paraguaçu, caçula, cacimba.

O "ç" só será usado antes das vogais a, o, u.

Com os sufixos:

aça: barcaça;

ação: armação;

çar: aguçar;

ecer: esmaecer;

iça: carniça;

nça: criança;

uça: dentuça.

Palavras derivadas de verbos terminados em –ter (não confundir com a regra do –meter / s):

Abster -> abstenção;

Reter -> retenção;

Deter -> detenção.

Depois de ditongos:

Feição;

louça;

traição.

Palavras de origem árabe:

açúcar;

açucena;

cetim;

muçulmano.

Emprego do SC

Escreveremos com sc palavras que são termos emprestados do latim:

adolescência;

ascendente;

consciente;

crescer;

descer;

fascinar;

fescenino.

Grafia da letra s com som de "Z"

Escreveremos com "S":

Terminações –ês, -esa, -isa, que indicam nacionalidade, título ou origem:

Japonês - japonesa;

Marquês - marquesa;

Camponês - camponesa.

Após ditongos:

causa;

coisa;

lousa;

Sousa.

As formas dos verbos pôr e querer e de seus compostos:

Eu pus, nós pusemos, pusésseis etc.

Eu quis, nós quisemos, quisésseis etc.

As terminações –oso e –osa, que indicam qualidade:

gostoso;

garboso;

fervorosa;

talentosa.

O prefixo trans-:

transe;

transação;

transoceânico.

Em diminutivos cujo radical termine em "***S***":

Rosa - rosinha;

Teresa - Teresinha;

Lápis - lapisinho.

A correlação "***d***" - "***s***":

Aludir - alusão, alusivo;

Decidir - decisão, decisivo;

Defender - defesa, defensivo.

Verbos derivados de palavras cujo radical termina em s:

Análise - analisar;

Presa - apresar;

Êxtase - extasiar.

Português - aportuguesar

Os substantivos com os sufixos gregos –esse, isa, -ose:

catequese;

diocese;

poetisa;

virose.

(obs.: "catequizar" com "z")

Os nomes próprios:

Baltasar;

Heloísa;

Isabel;

Isaura;

Luísa;

Sousa;

Teresa.

As palavras:

análise;

cortesia;

hesitar;

reses;

vaselina;

avisar;

defesa;

obséquio;

revés;

vigésimo;

besouro;

fusível;

pesquisa;

tesoura;

colisão;

heresia;

querosene;

vasilha.

Emprego da letra "Z"

Escreveremos com "z"

As terminações - ez, -eza de substantivos abstratos derivados de adjetivos:

Belo - beleza;

Rico - riqueza;

Altivo - altivez;

Sensato - sensatez.

Os verbos formados com os sufixo - izar e palavras cognatas:

balizar;

inicializar;

civilizar.

As palavras derivadas em:

zal: cafezal, abacaxizal;

zeiro: cajazeiro, açaizeiro;

zito: avezita.

zinho: cãozinho, pãozinho, pezinho

Os derivados de palavras cujo radical termina em z:

Cruzeiro;

Esvaziar.

As palavras:

azar;
aprazível;
baliza;
buzina;
bazar;
cicatriz;
ojeriza;
prezar;
proeza;
vazamento;
vizinho;
xadrez;
xerez.

Emprego do X e do CH

A letra X pode representar os seguintes fonemas:

/ch/: xarope;
/cx/: sexo, tóxico;
/z/: exame;
/ss/: máximo;
/s/: sexto.

Escreveremos com "X"

Em geral, após um ditongo:

Caixa, peixe, ameixa, rouxinol, caixeiro (exceções: recauchutar e guache)

Geralmente, depois de sílaba iniciada por -em:

enxada;
enxerido;
enxugar;
enxurrada.

Encher (e seus derivados); palavras que iniciam por ch e recebem o prefixo en- "encharcar, enchumaçar, enchiqueirar, enchumbar". "Enchova" também é uma exceção.

Em palavras de origem indígena ou africana:

abacaxi;
xavante;
xará;
orixá;
xinxim.

Após a sílaba me no início da palavra:

mexerica;
mexerico;
mexer;
mexida.

(exceção: mecha de cabelo)

Nas palavras:

bexiga;
bruxa;
coaxar;
faxina;
graxa;
lagartixa;
lixa;
praxe;
vexame;
xícara;
xale;
xingar;
xampu.

Escreveremos com "CH"

→ As seguintes palavras, em razão de sua origem:

chave;
cheirar;
chuva;
chapéu;
chalé;
charlatão;
salsicha;
espadachim;
chope;
sanduíche;
chuchu;
cochilo;
fachada;
flecha;
mecha;
mochila;
pechincha.

Atente para a divergência de sentido com os seguintes elementos

bucho - estômago	buxo - espécie de arbusto
cheque - ordem de pagamento	xeque - lance do jogo de xadrez
tacha - pequeno prego	taxa - imposto

Questões

01. (ESAF) O texto abaixo foi transcrito com adaptações. Assinale a opção que corresponde a erro gramatical ou de grafia de palavra.

Em alguns países mais afetados pela crise global, como os Estados Unidos, a indústria buscou aumentar sua competitividade por meio da forçada redução dos custos de produção, **o que** (1) implicou demissões em massa. Mesmo com menos trabalhadores, a indústria manteve ou ampliou a produção, alcançando ganhos notáveis de produtividade. Mesmo que **aceitasse** (2) arcar com um custo social tão alto, dificilmente o Brasil **alcançaria**(3) resultados econômicos tão rápidos. O aumento da produtividade do trabalhador brasileiro é limitado, entre outros fatores, pela **defazagem** (4) nos investimentos em educação. Com **escassez** (5) de trabalhadores qualificados, exigidos cada vez mais pelo mercado de trabalho, os salários de determinadas funções tendem a subir bem mais do que a produtividade média do setor, que afeta o preço dos bens finais.

(Editorial, O Estado de S. Paulo, 24/3/2012)

a) 1
b) 2
c) 3
d) 4
e) 5

02. (ESAF) O texto abaixo foi transcrito com adaptações. Assinale a opção que corresponde a erro gramatical ou de grafia de palavra.

Poucos dias depois de **estender** (1) a cobrança de 6% do Imposto sobre Operações Financeiras – IOF para os empréstimos externos de cinco anos (antes eram taxados apenas os de três anos), como parte da guerrilha que **mantém** (2) para conter a valorização do real frente **ao** (3) dólar, o ministro da Fazenda não apenas reconheceu que sacrifica sua fé no câmbio flutuante, como admitiu haver efeitos colaterais da medida que terão de ser **mitigados** (4).De fato, o aumento do custo desse tipo de empréstimo ajuda o governo a rejeitar o capital oportunista, que aqui vem apenas para tirar vantagem de nossas taxas de juros elevadas, mas **ingeta** (5) problema na veia dos exportadores que precisam financiar suas operações no exterior. Ele fez questão de reforçar sua disposição de continuar atirando com todas as armas contra o excesso de liquidez mundial, provocado pelo tsunami cambial promovido pelos bancos centrais europeu e norte-americano.

(Editorial, Correio Braziliense,15/3/2012)

a) 1
b) 2
c) 3
d) 4
e) 5

03. Há alguns substantivos grafados com ç que são derivados de verbos, como produção, redução, desaceleração, projeção. Os verbos a seguir formam substantivos com a mesma grafia:

a) admitir, agredir, intuir
b) discutir, emitir, aferir
c) inquirir, imprimir, perseguir
d) obstruir, intervir, conduzir
e) reduzir, omitir, extinguir

04. Assinale a alternativa gramaticalmente correta de acordo com a ortografia.

a) A última paralização ocorreu há cerca de dois anos.
b) A última paralizassão ocorreu acerca de dois anos.
c) A última paralização ocorreu a cerca de dois anos.
d) A última paralisação ocorreu há cerca de dois anos.
e) A última paralisação ocorreu a cerca de dois anos.

05. (FCC) Os ...... para a conclusão da pesquisa estavam próximos e exigiam ...... na ...... dos dados já obtidos.

a) prazos – rapidês – análize
b) prazos – rapidez – análise
c) prazos – rapidez – análize
d) prasos – rapidez – análise
e) prasos – rapidês – análise

06. (FCC) É preciso corrigir deslizes relativos à ortografia oficial e à acentuação gráfica da frase:

a) As obras modernistas não se distinguem apenas pela temática inovadora, mas igualmente pela apreensão do ritmo alucinante da existência moderna.
b) Ainda que celebrassem as máquinas e os aparelhos da civilização moderna, a ficção e a poesia modernista também valorizavam as coisas mais quotidianas e prosaicas.
c) Longe de ser uma excessão, a pintura modernista foi responsável, antes mesmo da literatura, por intênsas polêmicas entre artistas e críticos concervadores.
d) No que se refere à poesia modernista, nada parece caracterizar melhor essa extraordinária produção poética do que a opção quase incondicional pelo verso livre.
e) O escândalo não era apenas uma consequência da produção modernista: parecia mesmo um dos objetivos precípuos de artistas dispostos a surpreender e a chocar.

07. (CESGRANRIO) Em qual das frases abaixo, todas as palavras são adequadas à ortografia oficial da língua portuguesa?

a) A discução sobre o português mais correto rerpercutiu bastante da mídia.
b) A discussão sobre o português mais correto repecutiu bastante na mídia.
c) A discussão sobre o português mais correto repercutiu bastante na mídia.
d) A discusão sobre o português mais correto respercutiu bastante na mídia.
e) A discursão sobre o português mais correto respercutiu bastante na mídia.

08. (ESAF) A frase correta do ponto de vista da grafia é:

a) Era grande a insidência de casos de enjoo quando era servido aquele alimento, por isso o episódio não foi tratado como exceção, atitude que garantiu o êxito das providências.
b) Em meio a tanta opulência da mansão leiloada, encontrou a geringonça que, tratada criativamente por ele, garantiu por anos seu apoio a entidades beneficientes.
c) Seus gestos desarmônicos às vezes eram mal compreendidos, mas seu jeito afável de falar, sem resquícios de mágoa, revelava sua intenção de restabelecer a paz entre os familiares.

d) Defendeu-se dizendo que nunca pretendeu axincalhar ninguém, mas as suas caçoadas realmente humilhavam e incitavam à malediscência.

e) Sempre ansiosos, desenrolaram no saguão apinhado a faixa com que brindavam os recém-formados, com os seguintes dizeres: "Viagem bastante e divirtam-se, nobres doutores".

09. A palavra corretamente grafada é

a) admissão

b) distenção

c) discusão

d) excessão

e) extenção

10. A frase que está em conformidade com a ortografia oficial é:

a) Não interessa recaptular a indesejável dissensão, mas sim aliviar as tensões agudizadas pelo desnecessário enxerto de questões polêmicas.

b) Sempre quis ser assessora de moda em lojas, mas eram tantos os empecilhos, que acabou por vencer a ojeriza de coser sob encomenda e, com isso, tornou-se grande costureira.

c) Endoidescia o marido com seus gastos extravagantes, pois acreditava que o tão desejado charme era questão de plumas e brilhos esplendorosos, de preferência, vindos do exterior.

d) Quando disse que não exitaria em abandonar o emprego de sopetão e ir relaxar numa praia distante, lhe disseram que seria sandice, mas não conseguiram vencer o fascínio da aventura.

e) Representava na peça um cafageste que tratava a todos com escárneo, mas sua atuação era sempre tão fascinante que diariamente angariava a simpatia de toda a platéia.

Gabaritos

01	D	06	C
02	E	07	C
03	D	08	C
04	D	09	A
05	B	10	B

17. ACORDO ORTOGRÁFICO DA LÍNGUA PORTUGUESA

O Novo Acordo Ortográfico busca simplificar as regras ortográficas da Língua Portuguesa e unificar a nossa escrita e a das demais nações de língua portuguesa: Portugal, Angola, Moçambique, Cabo Verde, Guiné-Bissau, São Tomé e Príncipe e Timor-Leste.

Sua implementação no Brasil passou por algumas etapas:

> 2009 – vigência ainda não obrigatória
> 2010 a 2015: adaptação completa às novas regras
> A partir de 1º de janeiro de 2016: emprego obrigatório, o novo acordo ortográfico passa a ser o único formato da língua reconhecido no Brasil.

Entre as mudanças na língua portuguesa decorrentes da reforma ortográfica, podemos citar o fim do trema, alterações da forma de acentuar palavras com ditongos abertos e que sejam hiatos, supressão dos acentos diferencias e dos acentos tônicos, novas regras para o emprego do hífen e inclusão das letras w, k e y ao idioma.

Entre a proposta (em 1990) e a entrada em vigor (2016) são 16 anos. Esse processo foi longo porque era necessário que fossem alcançadas as três decisões para que o acordo fosse cumprido. Em 2006, São Tomé e Príncipe e Cabo Verde se uniram ao Brasil e ratificaram o novo acordo. Em maio de 2008, Portugal também ratificou o acordo para unificar a ortografia em todas as nações de língua portuguesa.

17.1 Trema

Não se usa mais o trema (¨), sinal colocado sobre a letra u para indicar que ela deve ser pronunciada nos grupos gue, gui, que, qui.

aguentar, bilíngue, cinquenta, delinquente, eloquente, ensanguentado, frequente, linguiça, quinquênio, sequência, sequestro, tranquilo.

Obs.: o trema permanece apenas nas palavras estrangeiras e em suas derivadas. Exemplos: Müller, mülleriano.

17.2 Regras de Acentuação

Ditongos abertos em paroxítonas

Não se usa mais o acento dos ditongos abertos éi e ói das palavras paroxítonas (palavras que têm acento tônico na penúltima sílaba).

alcateia, androide, apoia, apoio (verbo), asteroide, boia, celuloide, claraboia, colmeia, Coreia, debiloide, epopeia, estoico, estreia, geleia, heroico, ideia, jiboia, joia, odisseia, paranoia, paranoico, plateia, tramoia.

Obs.: a regra é somente para palavras paroxítonas. Assim, continuam a ser acentuadas as palavras oxítonas e os monossílabos tônicos terminados em éi(s), ói(s). Exemplos: papéis, herói, heróis, dói (verbo doer), sóis etc.

A palavra ideia não leva mais acento, assim como heroico. Mas o termo herói é acentuado.

I e u tônicos depois de um ditongo

Nas palavras paroxítonas, não se usa mais o acento no i e no u tônicos quando vierem depois de um ditongo.

baiuca, bocaiuva (tipo de palmeira), cauila (avarento)

Obs.:

> *se a palavra for oxítona e o i ou o u estiverem em posição final (ou seguidos des), o acento permanece. Exemplos: tuiuiú, tuiuiús, Piauí;*
> *se o i ou o u forem precedidos de ditongo crescente, o acento permanece. Exemplos: guaíba, Guaíra.*

Hiatos ee e oo

Não se usa mais acento em palavras terminadas em eem e oo(s).

abençoo, creem, deem, doo, enjoo, leem, magoo, perdoo, povoo, veem, voos, zoo

Acento diferencial

Não se usa mais o acento que diferenciava os pares pára/para, péla(s)/pela(s), pêlo(s)/pelo(s), pólo(s)/polo(s) e pêra/pera.

Exs.:

Ele para o carro.

Ele foi ao polo Norte.

Ele gosta de jogar polo.

Esse gato tem pelos brancos.

Comi uma pera.

Obs.:

> *Permanece o acento diferencial em pôde/pode. Pôde é a forma do passado do verbo poder (pretérito perfeito do indicativo), na 3ª pessoa do singular. Pode é a forma do presente do indicativo, na 3ª pessoa do singular.*

Ontem, ele não pôde sair mais cedo, mas hoje ele pode.

> Permanece o acento diferencial em pôr/por. Pôr é verbo. Por é preposição. Exemplo: Vou pôr o livro na estante que foi feita por mim.
> Permanecem os acentos que diferenciam o singular do plural dos verbos ter e vir, assim como de seus derivados (manter, deter, reter, conter, convir, intervir, advir etc.).

Exs.:

Ele tem dois carros. / Eles têm dois carros.

Ele vem de Sorocaba. / Eles vêm de Sorocaba.

Ele mantém a palavra. / Eles mantêm a palavra.

Ele convém aos estudantes. / Eles convêm aos es tudantes.

Ele detém o poder. / Eles detêm o poder.

Ele intervém em todas as aulas. / Eles intervêm em todas as aulas.

> É facultativo o uso do acento circunflexo para diferenciar as palavras forma/fôrma. Em alguns casos, o uso do acento deixa a frase mais clara. Veja este exemplo: Qual é a forma da fôrma do bolo?

Acento agudo no u tônico

Não se usa mais o acento agudo no u tônico das formas (tu) arguis, (ele) argui, (eles) arguem, do presente do indicativo dos verbos arguir e redarguir.

17.3 Hífen com Compostos

Palavras compostas sem elementos de ligação

Usa-se o hífen nas palavras compostas que não apresentam elementos de ligação.

guarda-chuva, arco-íris, boa-fé, segunda-feira, mesa-redonda, vaga-lume, joão-ninguém, porta-malas, porta-bandeira, pão-duro, bate-boca.

Exceções: Não se usa o hífen em certas palavras que perderam a noção de composição, como girassol, madressilva, mandachuva, pontapé, paraquedas, paraquedista, paraquedismo.

Compostos com palavras iguais

Usa-se o hífen em compostos que têm palavras iguais ou quase iguais, sem elementos de ligação.

reco-reco, blá-blá-blá, zum-zum, tico-tico, tique-taque, cri-cri, glu-glu, rom-rom, pingue-pongue, zigue-zague, esconde-esconde, pega-pega, corre-corre.

Compostos com elementos de ligação

Não se usa o hífen em compostos que apresentam elementos de ligação.

pé de moleque, pé de vento, pai de todos, dia a dia, fim de semana, cor de vinho, ponto e vírgula, camisa de força, cara de pau, olho de sogra.

Obs.: Incluem-se nesse caso os compostos de base oracional.

maria vai com as outras, leva e traz, diz que diz que, deus me livre, deus nos acuda, cor de burro quando foge, bicho de sete cabeças, faz de conta.

Exceções: água-de-colônia, arco-da-velha, cor-de-rosa, mais-que-perfeito, pé-de-meia, ao deus-dará, à queima-roupa.

Topônimos

Usa-se o hífen nas palavras compostas derivadas de topônimos (nomes próprios de lugares), com ou sem elementos de ligação.

Exs.:

Belo Horizonte: belo-horizontino

Porto Alegre: porto-alegrense

Mato Grosso do Sul: mato-grossense-do-sul

Rio Grande do Norte: rio-grandense-do-norte

África do Sul: sul-africano

17.4 Uso do Hífen com Palavras Formadas por Prefixos

Casos gerais

Antes de h

Usa-se o hífen diante de palavra iniciada por h.

Exs.:

anti-higiênico

anti-histórico

macro-história

mini-hotel

proto-história

sobre-humano

super-homem

ultra-humano

Letras iguais

Usa-se o hífen se o prefixo terminar com a mesma letra com que se inicia a outra palavra.

Exs.:

micro-ondas

anti-inflacionário

sub-bibliotecário

inter-regional

Letras diferentes

Não se usa o hífen se o prefixo terminar com letra diferente daquela com que se inicia a outra palavra.

Exs.:

autoescola

antiaéreo

intermunicipal

supersônico

superinteressante

agroindustrial

aeroespacial

semicírculo

Obs.: Se o prefixo terminar por vogal e a outra palavra começar por r ou s, dobram-se essas letras.

Exs.:

minissaia

antirracismo

ultrassom

semirreta

Casos particulares

Prefixos sub e sob

Com os prefixos sub e sob, usa-se o hífen também diante de palavra iniciada por r.

Exs.:

sub-região
sub-reitor
sub-regional
sob-roda

Prefixos circum e pan

Com os prefixos circum e pan, usa-se o hífen diante de palavra iniciada por m, n e vogal.

Exs.:

circum-murado
circum-navegação
pan-americano

Outros prefixos

Usa-se o hífen com os prefixos ex, sem, além, aquém, recém, pós, pré, pró, vice.

Exs.:

além-mar
além-túmulo
aquém-mar
ex-aluno
ex-diretor
ex-hospedeiro
ex-prefeito
ex-presidente
pós-graduação
pré-história
pré-vestibular
pró-europeu
recém-casado
recém-nascido
sem-terra
vice-rei

Prefixo co

O prefixo co junta-se com o segundo elemento, mesmo quando este se inicia por o ou h. Neste último caso, corta-se o h. Se a palavra seguinte começar com rou s, dobram-se essas letras.

Exs.:

coobrigação
coedição
coeducar
cofundador
coabitação
coerdeiro
corréu
corresponsável
cosseno

Prefixos pre e re

Com os prefixos pre e re, não se usa o hífen, mesmo diante de palavras começadas por e.

Exs.:

preexistente
preelaborar
reescrever
reedição

Prefixos ab, ob e ad

Na formação de palavras com ab, ob e ad, usa-se o hífen diante de palavra começada por b, d ou r.

Exs.:

ad-digital
ad-renal
ob-rogar
ab-rogar

Outros casos do uso do hífen

Não e quase

Não se usa o hífen na formação de palavras com não e quase.

Exs.:

(acordo de) não agressão
(isto é um) quase delito

Mal

Com mal*, usa-se o hífen quando a palavra seguinte começar por vogal, h ou l.

Exs.:

mal-entendido
mal-estar
mal-humorado
mal-limpo

Obs.: Quando mal significa doença, usa-se o hífen se não houver elemento de ligação.

Exs.:

mal-francês.
Se houver elemento de ligação, escreve-se sem o hífen.
mal de lázaro, mal de sete dias.

Tupi-guarani

Usa-se o hífen com sufixos de origem tupi-guarani que representam formas adjetivas: açu, guaçu, mirim.*:*

Exs.:

capim-açu

amoré-guaçu

anajá-mirim

Combinação ocasional

Usa-se o hífen para ligar duas ou mais palavras que ocasionalmente se combinam, formando não propriamente vocábulos, mas encadeamentos vocabulares.

Exs.:

ponte Rio-Niterói

eixo Rio-São Paulo

Hífen e translineação

Para clareza gráfica, se no final da linha a partição de uma palavra ou combinação de palavras coincidir com o hífen, ele deve ser repetido na linha seguinte.

Exs.:

Na cidade, conta-

- **s**e que ele foi viajar.

O diretor foi receber os ex-

-alunos.

guarda-

-chuva

Por favor, diga-

-nos logo o que aconteceu.

17.5 Síntese das Principais Regras do Hífen

	Síntese do Hífen	
Letras diferentes	Não use hífen	Infraestrutura, extraoficial, supermercado
Letras iguais	Use hífen	Anti-inflamatório, contra-argumento, inter-racial, hiper-realista
Vogal + r ou s	Não use hífen (duplique r ou s)	Correú, cosseno, minissaia, autorretrato
Bem	Use hífen	Bem-vindo, bem-humorado

17.6 Quadro Resumo do Emprego do Hífen com Prefixos

Prefixos	Letra que inicia a palavra seguinte
Ante-, Anti-, Contra-, Entre-, Extra-, Infra-, Intra-, Sobre-, Supra-, Ultra-	H / VOGAL IDÊNTICA À QUE TERMINA O PREFIXO Exemplos com H: ante-hipófise, anti-higiênico, anti-herói, contra-hospitalar, entre-hostil, extra-humano, infra-hepático, sobre-humano, supra-hepático, ultra-hiperbólico. Exemplos com vogal idêntica: anti-inflamatório, contra-ataque, infra-axilar, sobre-estimar, supra-auricular, ultra-aquecido.
Ab-, Ad-, Ob-, Sob-	B - R - D (Apenas com o prefixo "Ad") Exemplos: ab-rogar (pôr em desuso), ad-rogar (adotar) ob-reptício (astucioso), sob-roda ad-digital
Circum-, Pan-	H / M / N / VOGAL Exemplos: circum-meridiano, circum-navegação, circum-oral, pan-americano, pan-mágico, pan-negritude.
Ex- (no sentido de estado anterior), Sota-, Soto-, Vice-, Vizo-	DIANTE DE QUALQUER PALAVRA Exemplos: ex-namorada, sota-soberania (não total), soto-mestre (substituto), vice-reitor, vizo-rei.
Hiper-, Inter-, Super-	H / R Exemplos: hiper-hidrose, hiper-raivoso, inter-humano, inter-racial, super-homem, super-resistente.
Pós-, Pré-, Pró- (tônicos e com significados próprios)	DIANTE DE QUALQUER PALAVRA Exemplos: pós-graduação, pré-escolar, pró-democracia. Obs.: se os prefixos não forem autônomos, não haverá hífen. Exemplos: predeterminado, pressupor, pospor, propor.
Sub-	B - H - R Exemplos: sub-bloco, sub-hepático, sub-humano, sub-região. Obs.: "subumano" e "subepático" também são aceitas.
Pseudoprefixos (diferem-se dos prefixos por apresentarem elevado grau de independência e possuírem uma significação mais ou menos delimitada, presente à consciência dos falantes.) Aero-, Agro-, Arqui-, Auto-, Bio-, Eletro-, Geo-, Hidro-, Macro-, Maxi-, Mega, Micro-, Mini-, Multi-, Neo-, Pluri-, Proto-, Pseudo-, Retro-, Semi-, Tele-	H / VOGAL IDÊNTICA À QUE TERMINA O PREFIXO Exemplos com H: geo-histórico, mini-hospital, neo-helênico, proto-história, semi-hospitalar. Exemplos com vogal idêntica: arqui-inimigo, auto-observação, eletro-ótica, micro-ondas, micro-ônibus, neo-ortodoxia, semi-interno, tele-educação.

01. Não se utilizará o hífen em palavras iniciadas pelo prefixo 'co-'.

Ex.: coadministrar, coautor, coexistência, cooptar, coerdeiro corresponsável, cosseno.

02. Prefixos des- e in- + segundo elemento sem o "h" inicial.

Ex.: *desarmonia, desumano, desumidificar, inábil, inumano, etc.*

03. Não se utilizará o hífen com a palavra não.

Ex.: não violência, não agressão, não comparecimento.

04. Não se utiliza o hífen em palavras que possuem os elementos "bi", "tri", "tetra", "penta", "hexa", etc.

Ex.: bicampeão, bimensal, bimestral, bienal, tridimensional, trimestral, triênio, tetracampeão, tetraplégico, pentacampeão, pentágono, etc.

05. Em relação ao prefixo "hidro", em alguns casos pode haver duas formas de grafia.

Ex.: hidroelétrica e hidrelétrica

06. No caso do elemento "socio", o hífen será utilizado apenas quando houver função de substantivo (= de associado).

Ex.: sócio-gerente / socioeconômico

Questões

01. As palavras "superfície" e "saída" recebem acento gráfico, assim como são acentuadas graficamente todas as palavras a seguir: ideia, heroico, mantem, proximo e pe.

Certo ( ) Errado ( )

02. Nas alternativas a seguir, os acentos foram omitidos propositadamente. Assinale a alternativa em que todas as palavras deveriam ser graficamente acentuadas

a) rubrica, diluvio, viuva.
b) ambar, heroi, ilustra-lo.
c) protons, forceps, releem.
d) dificilmente, Piaui, misantropo.
e) perdoo, atribuimos, caiste.

03. Observe as frases abaixo e responda a seguir.

01. Fiz toda a janta usando só o ________ .
02. Na ________ , os homens viviam em cavernas.
03. Meu ________ é ________ .

As palavras que completam corretamente as lacunas em (1), (2) e (3) são, respectivamente:

a) micro-ondas / pré-história / microcomputador / seminovo.
b) microondas / préhistória / microcomputador / seminovo.
c) micro-ondas / pré-história /microcomputador / semi-novo.
d) microndas / preistoria / microcomputador / seminovo.
e) micro-ondas / pré-história / micro-computador / seminovo.

04. Assinale a alternativa correta, segundo o novo acordo ortográfico:

"O pronunciamento do parlamentar na ________ da peça de teatro teve repercussão na impressa, de modo que o outro deputado, ao desembarcar do seu ____ rumo à cidade de ______, no estado do _________também falou sobre o assunto: Os que _______ jornais saberão do que estou falando".

a) Estréia - vôo - Parnaíba - Piauí - lêem
b) Estreia - vôo - Parnaiba - Piaui - lêem
c) Estreia - voo - Parnaíba - Piaui - leem
d) Estreia - voo - Parnaíba - Piauí - leem
e) Estreia - voo - Parnaíba - Piauí - lêem

05. Assinale a opção em o emprego do hífen, segundo as regras do mais recente Acordo Ortográfico, está incorreto.

a) Vamos comprar um anti-inflamatório porque ela está superresfriada.
b) O quadro foi protegido com vidro antirreflexo
c) Ele era corréu na acusação de ter assassinado o contrarregra
d) O grupo antissequestro já participa da investigação.
e) Trata-se de uma informação semioficial.

06. De acordo com a Nova Ortografia da Língua Portuguesa, no trecho "Apoiou ditaduras, avalizou políticas antipopulares, fingiu não ver os desmandos de aliados (...)" o termo destacado

I. deveria ter sido grafado com hífen, como em anti-higiênico e anti-inflacionário.
II. está adequadamente grafado, obedecendo à regra em que prefixo terminado em vogal se junta com a palavra iniciada por consoante.
III. está adequadamente grafado, assim como em antiaéreo e antiprofissional.
IV. tem como facultativo o emprego do hífen, visto que o Novo Acordo Ortográfico ainda é recente.
V. obedece à mesma regra que palavras formadas por prefixos como super-, ultra- e sub-.

Estão CORRETAS as proposições

a) II, III, IV e V.
b) I, II e IV.
c) II, III e V.
d) I, II e III.
e) I, II, III, IV e V.

07. Assinale a opção em que há quatro palavras INCORRETAS:

a) coronéis; micro-ondas; hipersensível; super-resistente; anti-horário; bem-vindo.
b) acessor; atraso; infringir; jus; excessão; ascenção; aridês; vírus; excesso; viuvez.
c) canalizar, pesquisar, analisar, balizar, sintetizar; dialisar; atualizar; bisar; prezar.
d) ideia, chapéu, herói, plateia, condói, céu, perdoo, voo, geo-história, subsolo.

08. "O idioma tornou-se multicultural, multiétnico, pois a maior parte dos falantes da África e da Índia é bilíngue ou multilíngue." A ortografia, nesse trecho, respeita as regras determinadas pelo novo acordo ortográfico, assim como em todas as palavras de qual alternativa? Assinale-a.

a) O sóciogerente participou da reunião com a pré-comissão do evento.

b) A infraestrutura está protegida por um eficiente sistema de para-raios.

c) O médico solicitou exames pre-cirúrgicos, como ultrassom e coleta de sangue para análise.

d) Houve efeitos que indicaram a interrelação dos elementos presentes na estrutura pré-moldada.

09. Assinale a opção em que a palavra não está de acordo com o Novo Acordo Ortográfico:

a) Ideia;

b) Inter-relação;

c) Microeletrônica;

d) Minissérie;

e) Auto-ajuda.

10. Leia o cartoon.

Disponível em: https://ciberduvidas.iscte-iul.pt/Images/AOCartoon2.jpg. Acesso em 05 de mar. de 2016

O efeito de humor no cartoon é produzido devido a uma mudança na grafia da palavra "microondas" de acordo com o Novo Acordo Ortográfico. Segundo esse documento

a) O hífen deve ser usado em dois casos: quando a segunda parte da palavra começar com s ou r (contra-regra permanece com hífen), e quando a primeira parte da palavra termina com vogal e a segunda parte começa com vogal (auto-estrada).

b) Já o acento agudo permanece nos ditongos abertos "ei" e "oi" (antes "éi" e "ói"), na grafia de palavras como colméia e jibóia.

c) O hífen deve ser usado se o prefixo do primeiro elemento terminar com a mesma vogal que inicia o segundo.

d) O acento circunflexo foi mantido nas palavras terminadas em "êem", como nas formas verbais lêem, crêem, vêem e em substantivos como enjôo e vôo.

e) Não se usa hífen nas palavras cujo prefixo for "ex" (no sentido de estado anterior) e "vice".

Gabaritos

01	ERRADO	06	C
02	B	07	B
03	A	08	B
04	D	09	E
05	A	10	C

18. INTERPRETAÇÃO DE TEXTOS

18.1 Ideias Preliminares sobre o Assunto

Independentemente de quem seja o professor de Língua Portuguesa, é muito comum ele ouvir alguns alunos falando que até gostam da matéria em questão, mas que possuem muita dificuldade com a interpretação dos textos. Isso é algo totalmente normal, principalmente porque costumamos fazer algo terrível chamado de "leitura dinâmica" que poderia ser traduzido da seguinte maneira: procedimento em que você olha as palavras mas não entende o significado do que está lá escrito.

Para interpretar um texto, o indivíduo precisa de muita atenção e de muito treino. Interpretar pode ser comparado com disparar uma arma: apenas temos chance de acertar o alvo se treinarmos muito e soubermos combinar todos os elementos externos ao disparo: velocidade do ar, direção, distância etc.

Quando o assunto é texto, o primordial é estabelecer uma relação contextual com aquilo que estamos lendo. Montar o contexto significa associar o que está escrito no texto base com o que está disposto nas questões. Lembre-se de que há uma questão montada com a intenção de testar você, ou seja, deve ficar atento para todas as palavras e para todas as possibilidades de mudança de sentido que possa haver nas questões.

É preciso, para entender as questões de interpretação de qualquer banca, buscar o raciocínio que o elaborador da questão emprega na redação da questão. Usualmente, objetiva-se a depreensão dos sentidos do texto. Para tanto, destaque os itens fundamentais (as ideias principais contidas nos parágrafos) para poder refletir sobre tais itens dentro das questões.

18.2 Semântica ou Pragmática?

Existe uma discussão acadêmica sobre o que possa ser considerado como semântica e como pragmática. Em que pese o fato de os universitários divergirem a respeito do assunto, vamos estabelecer uma distinção simples, apenas para clarear nossos estudos.

Semântica: disciplina que estuda o significado dos termos. Para as questões relacionadas a essa área, o comum é que se questione acerca da troca de algum termo e a manutenção do sentido original da sentença.

Pragmática: disciplina que estuda o sentido que um termo assume dentro de determinado contexto. Isso quer dizer que a identificação desse sentido depende do entorno linguístico e da intenção de quem exprime a sentença.

Para exemplificar essa situação, vejamos o exemplo abaixo:

Pedro está na geladeira.

Nesse caso, é possível que uma questão avalie a capacidade de o leitor compreender que há, no mínimo, dois sentidos possíveis para essa sentença: um deles diz respeito ao fato de a expressão "na geladeira" poder significar algo como "ele foi até a geladeira buscar algo", o que – coloquialmente – significaria uma expressão indicativa de lugar. O outro sentido diz respeito ao fato de "na geladeira" significar que "foi apartado de alguma coisa para receber algum tipo de punição".

A questão sobre semântica exigiria que o candidato percebesse a possibilidade de trocar a palavra "geladeira" por "refrigerador" – havendo, nesse caso, uma relação de sinonímia.

A questão de pragmática exigiria que o candidato percebesse a relação contextualmente estabelecida, ou seja, a criação de uma figura de linguagem (um tipo de metáfora) para veicular um sentido particular.

18.3 Questão de Interpretação?

Como se faz para saber que uma questão de interpretação é uma questão de interpretação? É uma mera intuição que surge na hora da prova ou existe uma "pista" a ser seguida para a identificação da natureza da questão?

Respondendo a essa pergunta, entende-se que há pistas que identificam a questão como pertencente ao rol de questões para interpretação. Os indícios mais precisos que costumam aparecer nas questões são:

Reconhecimento da intenção do autor.

Ponto de vista defendido.

Argumentação do autor.

Sentido da sentença.

Apesar disso, não são apenas esses os indícios de que uma questão é de intepretação. Dependendo da banca, podemos ter a natureza interpretativa distinta, principalmente porque o critério de intepretação é mais subjetivo que objetivo. Algumas bancas podem restringir o entendimento do texto; outras podem extrapolá-lo.

18.4 Tipos de Texto - O Texto e suas Partes

Um texto é um todo. Um todo é constituído de diversas partes. A interpretação é, sobremaneira, uma tentativa de reconhecer as intenções de quem comunica recompondo as partes para uma visão global do todo.

Para podermos interpretar, é necessário termos o conhecimento prévio a respeito dos tipos de texto que, fortuitamente, podemos encontrar em um concurso. Vejamos quais são as distinções fundamentais com relação aos tipos de texto.

18.5 O Texto Dissertativo

Nas acepções mais comuns do dicionário, o verbo "dissertar" significa "discorrer ou opinar sobre algum tema". O texto dissertativo apresenta uma ideia básica que começa a ser desdobrada em subitens ou termos menores. Cabe ressaltar que não existe apenas um tipo de dissertação, há mais de uma maneira de o autor escrever um texto dessa natureza.

Conceituar, polemizar, questionar a lógica de algum tema, explicar ou mesmo comentar uma notícia são estratégias dissertativas. Vamos dividir essa tipologia textual em dois tipos essencialmente diferentes: o **dissertativo-expositivo** e o **dissertativo-argumentativo**.

Padrão dissertativo-expositivo

A característica fundamental do padrão expositivo da dissertação é utilizar a estrutura da prosa não para convencer alguém de alguma coisa, e sim para apresentar uma ideia, apresentar um conceito. O princípio do texto expositivo não é a persuasão, é a informação e, justamente por tal fato, ficou conhecido como informativo. Para garantir uma boa interpretação desse padrão textual, é importante buscar a ideia principal (que deve estar presente na introdução do texto) e, depois, entender quais serão os aspectos que farão o texto progredir.

Onde posso encontrar esse tipo de texto? Jornais revistas, sites sobre o mundo de economia e finanças. Diz-se que esse tipo de texto focaliza a função referencial da linguagem.

Como costuma ser o tipo de questão relacionada ao texto dissertativo-expositivo? Geralmente, os elaboradores questionam sobre as informações veiculadas pelo texto. A tendência é que o elaborador inverta as informações contidas no texto.

Como resolver mais facilmente? Toda frase que mencionar o conceito ou a quantidade de alguma coisa deve ser destacada para facilitar a consulta.

Padrão dissertativo-argumentativo

No texto do padrão dissertativo-argumentativo, existe uma opinião sendo defendida e existe uma posição ideológica por detrás de quem escreve o texto. Se analisarmos a divisão dos parágrafos de um texto com características argumentativas, perceberemos que a introdução apresenta sempre uma tese (ou hipótese) que é defendida ao longo dos parágrafos.

Uma vez feito isso, o candidato deve entender qual é a estratégia utilizada pelo produtor do texto para defender seu ponto de vista. Na verdade, agora é o momento de colocar "a mão na massa" para valer, uma vez que aqueles enunciados que iniciam com "infere-se da argumentação do texto", "depreende-se dos argumentos do autor" serão vencidos caso se observem os fatores de interpretação corretos.

Quais são esses fatores, então?

A conexão entre as ideias do texto (atenção para as conjunções).

Articulação entre as ideias do texto (atenção para a combinação de argumentos).

Progressão do texto.

Os Recursos Argumentativos:

Quando o leitor interage com uma fonte textual, deve observar - tratando-se de um texto com o padrão dissertativo-argumentativo - que o autor se vale de recursos argumentativos para construir seu raciocínio dentro do texto. Vejamos alguns recursos importantes:

Argumento de autoridade: baseado na exposição do pensamento de algum especialista ou alguma autoridade no assunto. Citações, paráfrases e menções ao indivíduo podem ser tomadas ao longo do texto. Tome cuidado para não cair na armadilha: saiba diferenciar se a opinião colocada em foco é a do autor ou se é a do indivíduo que ele cita ao longo do texto.

Argumento com base em consenso: parte de uma ideia tomada como consensual, o que "carrega" o leitor a entender apenas aquilo que o elaborador mostra. Sentenças do tipo todo mundo sabe que, é de conhecimento geral que identificam esse tipo de argumentação.

Argumento com fundamentação concreta: basear aquilo que se diz em algum tipo de pesquisa ou fato que ocorre com certa frequência.

Argumento silogístico (com base em um raciocínio lógico): do tipo hipotético - Se...então.

Argumento de competência linguística: consiste em adequar o discurso ao panorama linguístico de quem é tido como possível leitor do texto.

Argumento de exemplificação: utilizar casos, ou pequenos relatos para ilustrar a argumentação do texto.

Questões

01. (CESPE) Leia o texto:

Costumamos olhar pouco para fora do Brasil quando tentamos compreender o que estamos vivendo. Faz muito que a distância entre os países desapareceu, no plano objetivo. Continuamos, porém, vivendo "isolados do mundo", como diz uma canção, ainda que apenas na subjetividade.

Se pensarmos no que está à nossa volta, na América do Sul, então, mais ainda. Mesmo quando é bem informado, o brasileiro típico se mostra mais capaz de dar notícia do que ocorre na Europa e nos Estados Unidos da América do que em qualquer de nossos vizinhos.

É pena, pois estar mais informados sobre o que acontece além das fronteiras pode ajudar muito a que nos entendamos como país.

Marcos Coimbra. Olhando à nossa volta. In: Correio Braziliense, 23/9/2007 (com adaptações).

O autor do texto, em sua argumentação, opõe o desaparecimento da distância entre os Estados Unidos da América e a Europa, no "plano objetivo", à preservação dessa distância entre os países da América do Sul, no plano subjetivo.

Certo ( ) Errado ( )

Celular Vira 'Fura-trânsito' em São Paulo

Em uma cidade com tantos problemas no trânsito como São Paulo, a indústria de apps - os aplicativos para celulares e tablets - encontrou terreno fértil para se desenvolver.

Aplicativos lançados recentemente ajudam o motorista a escapar de alagamentos, a desviar de congestionamentos e até a saber onde há vagas para estacionar.

Um dos mais famosos é o Waze. Criado em Israel, é uma mistura de rede social com GPS, em que motoristas compartilham as condições do trânsito e pontos críticos de congestionamento.

Uri Levine, fundador e presidente do Waze, diz que a ideia surgiu em suas férias de 2007, ao viajar com amigos. Ele foi o último a sair, ligou para saber como estava o trânsito e evitou engarrafamentos.

Situação semelhante ocorreu em São Paulo, na temporada de chuvas de 2010. Noel Rocha trabalhava no centro e precisava passar pelo túnel do Anhangabaú - famoso pelos alagamentos.

Preso no trânsito, ele queria saber se o túnel estava fechado. "Tentei, pelo celular, o site do CGE (Centro de Gerenciamento de Emergências), mas achei muito complicado." Foi aí que teve a ideia de criar o Alaga SP, aplicativo que mostra os alagamentos ativos em São Paulo a partir de informações da prefeitura.

Além do Waze e do Alaga SP, destacam-se o Moovit - que oferece informações sobre o transporte público (ônibus, trens etc.) -, o Maplink - que mostra rotas, condições de trânsito e exibe imagens dos principais corredores através de um sistema de coleta de informações próprio - e o Apontador Rodoviário, que traça rotas e mostra a localização de pedágios com seus preços.

(André Monteiro, Folha de S.Paulo, 10.03.2013. Adaptado)

02. (VUNESP) Os aplicativos mencionados no texto têm, em comum, a finalidade de:

a) Oferecer aos usuários opções para contornarem os problemas no trânsito.

b) Substituir os órgãos públicos na fiscalização do tráfego de veículos.

c) Auxiliar os pedestres e acabar com os atropelamentos nas grandes cidades.

d) Orientar os motoristas que desconhecem as principais leis de trânsito.

e) Reduzir o número de carros por habitante na cidade de São Paulo.

03. (VUNESP) Uri Levine e Noel Rocha idealizaram os aplicativos Waze e Alaga SP, respectivamente, a partir:

a) Da conversa com amigos que reclamavam do trânsito.

b) De suas experiências concretas como motoristas.

c) De situações em que se viram presos em engarrafamentos.

d) Da impossibilidade de viajar devido a alagamentos.

e) Da cópia de aplicativos idênticos que faziam sucesso no mercado.

04. (VUNESP) "Quando paro com meu carro no semáforo, já olho se o caminho que vou fazer está congestionado. Se estiver, pego uma alternativa e, se também estiver travada, uso o aplicativo para avisar os outros motoristas."

Considerando as descrições dos aplicativos apresentadas no texto, pode-se concluir que esse comentário se refere ao uso do:

a) Waze.

b) Alaga SP.

c) Moovit.

d) Maplink.

e) Apontador Rodoviário.

05. (VUNESP) Leia o primeiro parágrafo:

Em uma cidade com tantos problemas no trânsito como São Paulo, a indústria de apps – os aplicativos para celulares e tablets - encontrou **terreno fértil** para se desenvolver.

A expressão **terreno fértil** pode ser substituída, sem alteração da mensagem, por:

a) Necessidade restrita.

b) Cenário conturbado.

c) Condições propícias.

d) Ferramentas exóticas.

e) Momento contraditório.

Observe a passagem do terceiro parágrafo: Criado em Israel, é uma mistura de rede social com GPS, em que motoristas compartilham as condições do trânsito e pontos **críticos** de congestionamento.

06. (VUNESP) O termo **críticos**, em destaque, é empregado com o sentido de:

a) Distintos.

b) Provisórios.

c) Sugestivos.

d) Problemáticos.

e) Analíticos.

O novo milênio - designado como era do conhecimento, da informação - é marcado por mudanças de relevante importância e por impactos econômicos, políticos e sociais. Em épocas de transformações tão radicais e abrangentes como essa, caracterizada pela transição de uma era industrial para uma baseada no conhecimento, aumenta-se o grau de indefinições e incertezas. Há, portanto, que se fazer esforço redobrado para identificar e compreender esses novos processos - o que exige o desenvolvimento de um novo quadro conceitual e analítico que permita captar, mensurar e avaliar os elementos que determinam essas mudanças - e para distinguir, entre as características e tendências emergentes, as que são mais duradouras das que são transitórias, ou seja, lidar com a necessidade do que Milton Santos resumiu como distinguir o modo da moda.

No novo padrão técnico-econômico, notam-se a crescente inovação, intensidade e complexidade dos conhecimentos desenvolvidos e a acelerada incorporação desses nos bens e serviços produzidos e comercializados pelas organizações e pela sociedade. Destacam-se, sobretudo, a maior velocidade, a confiabilidade e o baixo custo de transmissão, armazenamento e processamento de enormes quantidades de conhecimentos codificados e de outros tipos de informação.

Helena Maria Martins Lastres et al. Desafios e oportunidades da era do conhecimento. In: São Paulo em Perspectiva, 16(3), 2002, p. 60-1 (com adaptações).

A partir das ideias e dos argumentos suscitados pelo texto, julgue os itens subsequentes.

07. (CESPE) Da leitura do texto infere-se que o novo milênio engloba a era do conhecimento, em que a vantagem competitiva decorrente da produção e comercialização de bens e serviços ocorrerá por meio da geração do conhecimento, que permitirá a manutenção do potencial inovador das organizações.

Certo ( ) Errado ( )

08. (CESPE) No texto, é abordada a necessidade de se lidar com as tendências e mudanças derivadas das novas formas de conhecimento, objeto do que se denomina, hoje, por era do conhecimento.

Certo ( ) Errado ( )

O setor de tecnologias da informação e comunicação (TICs) impulsiona um conjunto de inovações técnico-científicas, organizacionais, sociais e institucionais, gerando novas possibilidades de retorno econômico e social nas mais variadas atividades. Por contribuir para a elevação do valor agregado da produção, com reflexos positivos no emprego, na renda e na qualidade de vida da população, esse ramo vem obtendo status privilegiado em diversas políticas e programas nacionais para a ampliação do acesso às telecomunicações, aceleração da informatização e mitigação da exclusão digital. Como exemplo, podem ser destacadas as propostas de fortalecimento da competitividade inseridas no âmbito da Política de Desenvolvimento Produtivo do Ministério do Desenvolvimento, Indústria e Comércio, que são imprescindíveis em face do panorama da crise financeira internacional.

Cristiane Vianna Rauen et al. Relatório de acompanhamento setorial. In: Tecnologias de informação e comunicação, v. III. UNICAMP e Agência Brasileira de Desenvolvimento Industrial, ago./2009, p. 10-1 (com adaptações).

No que diz respeito aos argumentos e às estruturas linguísticas do texto acima, julgue o próximo item:

09. (CESPE) Da leitura do texto depreende-se que as TICs representam a nova base tecnoprodutiva em conhecimento e podem ser consideradas as principais difusoras de progresso técnico nos dias de hoje, além de constituírem elemento estratégico das organizações e instituições.

Certo ( ) Errado ( )

Crescimento da População é "Desafio do Século", Diz Consultor da ONU

O crescimento populacional é o "desafio do século" e não está sendo tratado de forma adequada na Rio+20, segundo o consultor do Fundo de População das Nações Unidas, Michael Herrmann.

"O desafio do século é promover bem-estar para uma população grande e em crescimento, ao mesmo tempo em que se assegura o uso sustentável dos recursos naturais" [...] "As questões relacionadas à população estão sendo tratadas de forma adequada nas negociações atuais? Eu acho que não. O assunto é muito sensível e muitos preferem evitá-lo. Mas nós estaremos enganando a nós mesmos se acharmos que é possível falar de desenvolvimento sustentável sem falar sobre quantas pessoas seremos no planeta, onde estaremos vivendo e que estilo de vida teremos", afirmou.

No fim do ano passado, a população mundial atingiu a marca de sete bilhões de pessoas. As projeções indicam que, em 2050, serão 9 bilhões. O crescimento é mais intenso nos países pobres, mas Herrmann defende que os esforços para o enfrentamento do problema precisam ser globais.

"Se todos quiserem ter os padrões de vida do cidadão americano médio, precisaremos ter cinco planetas para dar conta. Isso não é possível. Mas também não é aceitável falar para os países em desenvolvimento 'desculpa, vocês não podem ser ricos, nós não temos recursos suficientes'. É um desafio global, que exige soluções globais e assistência ao desenvolvimento", afirmou.

O consultor disse ainda que o Fundo de População da ONU é contrário a políticas de controle compulsório do crescimento da população. Segundo ele, as políticas mais adequadas são aquelas que permitem às mulheres fazerem escolhas sobre o número de filhos que querem e o momento certo para engravidar. Para isso, diz, é necessário ampliar o acesso à educação e aos serviços de saúde reprodutiva e planejamento familiar. [...]

MENCHEN, Denise. Crescimento da população é "desafio do século", diz consultor da ONU. Folha de São Paulo. São Paulo, 11 jun. 2012. Ambiente. Disponível em:<http://www1.folha.uol.com.br/ambiente.1103277-crescimento-da-populacao-e-desafio-do--seculo-diz-consultor-da-onu.shtml>. Acesso em: 22 jun. 2012. Adaptado.

10. (CESGRANRIO) No Texto I, Michael Herrmann, consultor do Fundo de População das Nações Unidas, afirma que tratar o crescimento populacional de forma adequada significa:

a) Enfrentar o problema de forma localizada e evitar soluções globalizantes.
b) Permitir a proliferação dos padrões de vida do cidadão americano e rechaçar a miséria.
c) Evitar o enriquecimento dos países emergentes e incentivar a preservação ambiental nos demais.
d) Implementar uma política de controle populacional compulsório e garantir acesso à educação e aos serviços de saúde reprodutiva.
e) Promover o bem-estar da população e assegurar o uso sustentável dos recursos naturais.

Gabaritos

01	ERRADO	06	D
02	A	07	CERTO
03	B	08	CERTO
04	A	09	CERTO
05	C	10	E

19. DEMAIS TIPOLOGIAS TEXTUAIS

19.1 O Texto Narrativo

Em uma definição bem simplista, "narrar" significa "sequenciar ações". É um dos gêneros mais utilizados e mais conhecidos pelo ser humano, quer no momento de relatar algum evento para alguém – em um ambiente mais formal -, quer na conversa informal sobre o resumo de um dia de trabalho. O fato é que narramos, e o fazemos de maneira praticamente instintiva. É importante, porém, conhecer quais são seus principais elementos de estruturação.

Os operadores do texto narrativo são:

Narrador: é a voz que conduz a narrativa.

Narrador-protagonista: narra o texto em primeira pessoa.

Narrador-personagem (testemunha): nesse caso, quem conta a história não participou como protagonista, no máximo como um personagem adjuvante da história.

Narrador onisciente: narrador que está distanciado dos eventos e conhece aquilo que se passa na cabeça dos personagens.

Personagens: são aqueles que efetivamente atuam na ordem da narração, ou seja, a trama está atrelada aos comportamentos que eles demonstram ao longo do texto.

Tempo: claramente, é o lapso em que transcorrem as ações narradas. Segundo a classificação tradicional, divide-se o tempo da narrativa em: Cronológico, Psicológico e Da narrativa.

Espaço: é o local físico em que as ações ocorrem.

Trama: é o encadeamento de ações propriamente dito.

19.2 O Texto Descritivo

O texto descritivo é o que levanta características para montar algum tipo de panorama. Essas características, mormente, são físicas, entretanto, não é necessário ser sempre desse modo. Podemos dizer que há dois tipos de descrição:

Objetiva: em que surgem aspectos sensoriais diretos, ou seja, não há uma subjetividade por parte de quem escreve. Veja um exemplo:

Nome científico: *Ginkgo biloba L.*
Nome popular: *nogueira-do-japão.*
Origem: *Extremo Oriente.*

Aspecto: as folhas dispõem-se em leque e são semelhantes ao trevo.

A altura da árvore pode chegar a 40 metros; o fruto lembra uma ameixa e contém uma noz que pode ser assada e comida.

Subjetiva: em que há impressões particulares do autor do texto. Há maior valorização dos sentimentos insurgentes daquilo que se contempla. Veja um exemplo:

19.3 Conotação X Denotação

É interessante, quando se estuda o conteúdo de interpretação de texto, ressaltar a distinção conceitual entre o sentido conotativo e o sentido denotativo da linguagem. Vejamos como se opera essa distinção:

Sentido conotativo: figurado, ou abstrato. Relaciona-se com as figuras de linguagem.

Adalberto **entregou sua alma a Deus**.

A ideia de entregar a alma a Deus é figurada, ou seja, não ocorre literalmente, pois não há um serviço de entrega de almas. Essa é uma figura que convencionamos chamar de **metáfora**.

Sentido denotativo: literal, ou do dicionário. Relaciona-se com a função referencial da linguagem.

Adalberto **morreu**.

Quando dizemos função referencial, entende-se que o falante está preocupado em transmitir precisamente o fato ocorrido, sem apelar para figuras de pensamento.

19.4 Figuras de Linguagem

Apenas para ilustrar algumas das mais importantes figuras de linguagem que podem ser cobradas em algumas provas, observe a lista:

Metáfora: uma figura de linguagem, que consiste na comparação de dois termos sem o uso de um conectivo.

Seus olhos **são dois oceanos**. (Os olhos possuem a profundidade do oceano, a cor do oceano etc.)

Comparação: comparação direta com o elemento conectivo.

O vento é como uma mulher.

Metonímia: figura de linguagem que consiste utilização de uma expressão por outra, dada a semelhança de sentido ou a possibilidade de associação lógica entre elas.

Vá ao mercado e traga um Nescau. (achocolatado em pó).

Antítese: figura de linguagem que consiste na exposição de ideias opostas.

*"**Nasce** o Sol e não dura mais que um **dia***
*Depois da **Luz** se segue à **noite** escura*
*Em tristes **sombras morre** a formosura,*
*Em contínuas **tristezas e alegrias**."*

(Gregório de Matos)

Os termos em negrito evidenciam relações semânticas de distinção (oposição). Nascer é o contrário de morrer, assim como sombra é o contrário de luz. Essa figura foi muito utilizada na poesia brasileira, em especial pelo autor dos versos acima: Gregório de Matos Guerra.

Paradoxo: expressão que contraria o senso comum. Ilógica.

*"Amor é fogo que **arde sem se ver**;*
*É ferida que **dói e não se sente**;*
*É um **contentamento descontente**;*
*É **dor que desatina sem doer**."*

(Luís de Camões)

A construção semântica acima é totalmente ilógica, pois é impossível uma ferida doer e não ser sentida, assim como não é possível o contentamento ser descontente.

Perífrase: expressão que tem por função substituir semanticamente um termo:

A última flor do Lácio anda muito judiada. (Português é a última flor do Lácio)

Eufemismo: figura que consiste em atenuar uma expressão desagradável:

José **pegou emprestado sem avisar**; (roubou).

Disfemismo: contrário ao Eufemismo, é a figura de linguagem que consiste em tornar uma expressão desagradável em algo ainda pior.

O homem **abotoou o paletó de madeira**. (morreu).

Prosopopeia: atribuição de características animadas a seres inanimados.

O vento sussurrou em meus ouvidos.

Hipérbole: exagero proposital de alguma característica.

Estou morrendo de rir.

Sinestesia: confusão dos sentidos do corpo humano para produzir efeitos expressivos.

Ouvi uma **voz suave** saindo do quarto.

19.5 Funções da Linguagem

Deve-se a Roman Jakobson a discriminação das seis funções da linguagem na expressão e na comunicação humanas, conforme o realce particular que cada um dos componentes do processo de comunicação recebe no enunciado. Por isso mesmo, é raro encontrar em uma única mensagem apenas uma dessas funções, ou todas reunidas em um mesmo texto. O mais frequente é elas se superporem, apresentando-se uma ou outra como predominante.

Em que pese tal fato, é preciso considerar que há particularidades com relação às funções da linguagem, ou seja, cada função descreve algo em particular. Com isso, pretendo dizer que, antes de o estudante se ater às funções em si, é preciso que ele conheça o sistema que é um pouco mais amplo, ou seja, o ato comunicativo. Afinal, a teoria de Roman Jakobson se volta à descrição do ato comunicativo em si.

Em um livro chamado Linguística e comunicação, o linguista Roman Jakobson, pensando sobre o ato comunicativo e seus elementos, identifica seis funções da linguagem.

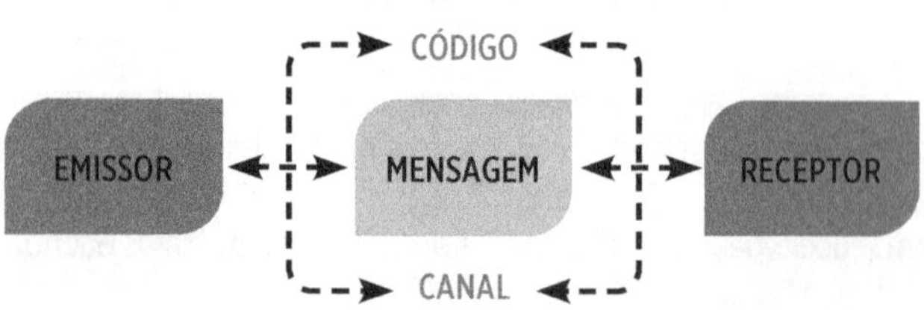

→ Nesse esquema, identificamos:

- **Emissor**: quem enuncia.
- **Mensagem**: aquilo que é transmitido pelo emissor.
- **Receptor**: quem recebe a mensagem.
- **Código**: o sistema em que a mensagem é codificada. O código deve ser comum aos polos da comunicação.
- **Canal**: meio físico por que ocorre a comunicação.

Pensando sobre esses elementos, Jakobson percebeu que cada função da linguagem está centrada em um elemento específico do ato comunicativo. É o que veremos agora.

As Funções da Linguagem são:

- **Referencial**: centrada na mensagem, ou seja, na transmissão do conteúdo. Como possui esse caráter, a objetividade é uma constante para a função referencial. É comum que se busque a imparcialidade quando dela se faz uso. É também conhecida como função denotativa. Como a terceira pessoa do singular é predominante, podem-se encontrar exemplos de tal função em textos científicos, livros didáticos, textos de cunho apenas informativo etc.

Emotiva: centrada no emissor, ou seja, em quem enuncia a mensagem. Basicamente a primeira pessoa predomina quando o texto se apoia sobre a função emotiva. É muito comum a observarmos em depoimentos, discursos, em textos sentimentais, e mesmo em textos líricos.

Apelativa: centrada no receptor, ou seja, em quem recebe a mensagem. As características comuns a manifestações dessa função da linguagem são os verbos no modo imperativo, a tentativa de persuadir o receptor, a utilização dos pronomes de tratamento que tangenciem o interlocutor. É comum observar a função apelativa em propaganda, em discursos motivacionais etc.

Poética: centrada na transformação da mensagem, ou seja, em como modificar o conteúdo da mensagem a fim de torná-lo mais expressivo. As figuras de linguagem são abundantes nessa função e, por sua presença, convencionou-se chamar, também, função poética de função conotativa. Textos literários, poemas e brincadeiras com a mensagem são fontes em que se pode verificar a presença da função poética da linguagem.

Fática: centrada no canal comunicativo. Basicamente, busca testar o canal para saber se a comunicação está ocorrendo. Expressões como "olá", "psiu" e "alô você" são exemplos dessa função.

Metalinguística: centrada no código. Quando o emissor se vale do código para explicar o próprio código, ou seja, num tipo de comunicação autorreferente. Como exemplo, podemos citar um livro de gramática, que se vale da língua para explicar a própria língua; uma aula de didática (sobre como dar aula); ou mesmo um poema que se refere ao processo de escrita de um poema. O poema a seguir é um ótimo exemplo de função metalinguística.

Catar feijão

Catar feijão se limita com escrever:
jogam-se os grãos na água do alguidar
e as palavras na da folha de papel;
e depois, joga-se fora o que boiar.
Certo, toda palavra boiará no papel,
água congelada, por chumbo seu verbo:
pois para catar esse feijão, soprar nele,
e jogar fora o leve e oco, palha e eco.
Ora, nesse catar feijão entra um risco:
o de que entre os grãos pesados entre
um grão qualquer, pedra ou indigesto,
um grão imastigável, de quebrar dente.
Certo não, quando ao catar palavras:
a pedra dá à frase seu grão mais vivo:
obstrui a leitura fluviante, flutual,
açula a atenção, isca-a com risco.

MELO NETO, João Cabral de. Obra completa. Rio de Janeiro: Nova Aguilar, 1995.

Questões

01. Leia o texto:

Logo à entrada paramos diante de uma lápide quadrada, incrustada nas lajes escuras, tão polida e reluzindo com um tão doce brilho de nácar, que parecia a água quieta de um tanque, onde se refletiam as luzes das lâmpadas. Pote puxou-me a manga, lembrou-me que era costume beijar aquele pedaço de rocha, santa entre todas, que outrora, no jardim de José de Arimateia... (A Relíquia – Eça de Queirós).

Uma pesquisa realizada em 16 países mostrou que os jovens brasileiros são os que colecionam o maior número de amigos virtuais. A média brasileira de contatos é mais do que o dobro da mundial, que tem como base países como Estados Unidos da América (EUA) e China. O levantamento avaliou a participação da tecnologia na vida de 18 mil jovens de 8 a 24 anos, com acesso fácil à Internet, telefones celulares e pelo menos dois outros aparelhos eletrônicos.

Os brasileiros com idade entre 14 e 24 anos têm em média 46 amigos virtuais, enquanto a média global é de 20. No mundo, os jovens costumam ter cerca de 94 contatos guardados no celular, 78 na lista de programas de mensagem instantânea e 86 em sítios de relacionamento como o Orkut.

Jornal do Brasil, 27/7/2007, p. A24 (com adaptações).

O texto entrelaça características de dissertação; de narração e de descrição.

Certo ( ) Errado ( )

02. Leia o texto:

Zygmunt Bauman põe o dedo na ferida ao denunciar o limite da liberdade na modernidade capitalista: pode-se tudo (embora a maioria não possa quase nada), exceto imaginar um mundo melhor que este em que vivemos. Quando muito, fica-se no conserto da casa, a reforma do telhado, a pintura das paredes, sem que se questionem a própria arquitetura da casa e, muito menos, o modo de convivência dos que a habitam.

A expressão "põe o dedo na ferida" tem sentido conotativo (figurado).

Certo ( ) Errado ( )

03. Há sentido conotativo na seguinte alternativa:

a) "Será que uma bola é mais valiosa que um livro?"
b) "... aposentados choram pelo minguado aumento."
c) "Por que se concedem altos aumentos na política?"
d) "... hospitais deixam de atender ao mais simples diagnóstico..."
e) "Por que os salários não são igualitários?"

04. Leia o seguinte trecho de Machado de Assis e marque a opção correta.

"O tempo é um tecido invisível em que se pode bordar tudo, uma flor, um pássaro, uma dama, um castelo, um túmulo. Também se pode bordar nada. Nada em cima de invisível é a mais sutil obra deste mundo..."

a) Em "O tempo é um tecido invisível", o autor empregou uma metáfora.
b) Depreende-se do sentido global do trecho uma censura aos que vivem sem fazer nada.
c) A sintaxe de "bordar nada" foi construída com a figura de estilo chamada paradoxo ou oxímoro, dado que o verbo "bordar" é transitivo direto, ou seja, quem borda sempre borda alguma coisa.
d) No contexto em que está empregado, o adjetivo "sutil" significa "inútil".
e) O trecho está construído sobre uma contradição: na primeira linha, afirma-se que sobre o tecido do tempo "se pode bordar tudo"; na segunda, afirma-se que "se pode bordar nada".

O Lixo

(Luís Fernando Veríssimo)

Encontram-se na área de serviço. Cada um com seu pacote de lixo. É a primeira vez que se falam.

– Bom dia...

– Bom dia.

– A senhora é do 610.

– E o senhor do 612.

– É.

– Eu ainda não lhe conhecia pessoalmente...

– Pois é...

– Desculpe a minha indiscrição, mas tenho visto o seu lixo...

– O meu quê?

– O seu lixo.

– Ah...

– Reparei que nunca é muito. Sua família deve ser pequena...

– Na verdade sou só eu.

– Mmmm. Notei também que o senhor usa muito comida em lata.

– É que eu tenho que fazer minha própria comida. E como não sei cozinhar...

– Entendo.

– A senhora também...

– Me chame de você.

– Você também perdoe a minha indiscrição, mas tenho visto alguns restos de comida em seu lixo. Champignons, coisas assim...

– É que eu gosto muito de cozinhar. Fazer pratos diferentes. Mas, como moro sozinha, às vezes sobra...

– A senhora... Você não tem família?

– Tenho, mas não aqui.

– No Espírito Santo.

- Como é que você sabe?

– Vejo uns envelopes no seu lixo. Do Espírito Santo.

– É. Mamãe escreve todas as semanas.

– Ela é professora?

– Isso é incrível! Como foi que você adivinhou?

– Pela letra no envelope. Achei que era letra de professora.

– O senhor não recebe muitas cartas. A julgar pelo seu lixo.

– Pois é...

– No outro dia tinha um envelope de telegrama amassado.

– É.

– Más notícias?

– Meu pai. Morreu.

– Sinto muito.

– Ele já estava bem velhinho. Lá no Sul. Há tempos não nos víamos.

– Foi por isso que você recomeçou a fumar?

– Como é que você sabe?

– De um dia para o outro começaram a aparecer carteiras de cigarro amassadas no seu lixo.

– É verdade. Mas consegui parar outra vez.

– Eu, graças a Deus, nunca fumei.

– Eu sei. Mas tenho visto uns vidrinhos de comprimido no seu lixo...

– Tranquilizantes. Foi uma fase. Já passou.

– Você brigou com o namorado, certo?

– Isso você também descobriu no lixo?

– Primeiro o buquê de flores, com o cartãozinho, jogado fora. Depois, muito lenço de papel.

– É, chorei bastante, mas já passou.

– Mas hoje ainda tem uns lencinhos...

– É que eu estou com um pouco de coriza.

– Ah.

– Vejo muita revista de palavras cruzadas no seu lixo.

– É. Sim. Bem. Eu fico muito em casa. Não saio muito. Sabe como é.

– Namorada?

– Não.

– Mas há uns dias tinha uma fotografia de mulher no seu lixo. Até bonitinha.

– Eu estava limpando umas gavetas. Coisa antiga.

– Você não rasgou a fotografia. Isso significa que, no fundo, você quer que ela volte.

– Você já está analisando o meu lixo!

– Não posso negar que o seu lixo me interessou.

– Engraçado. Quando examinei o seu lixo, decidi que gostaria de conhecê-la. Acho que foi a poesia.

– Não! Você viu meus poemas?

– Vi e gostei muito.

– Mas são muito ruins!

– Se você achasse eles ruins mesmo, teria rasgado. Eles só estavam dobrados.

– Se eu soubesse que você ia ler...

– Só não fiquei com eles porque, afinal, estaria roubando. Se bem que, não sei: o lixo da pessoa ainda é propriedade dela?

– Acho que não. Lixo é domínio público.

– Você tem razão. Através do lixo, o particular se torna público. O que sobra da nossa vida privada se integra com a sobra dos outros. O lixo é comunitário. É a nossa parte mais social. Será isso?

– Bom, aí você já está indo fundo demais no lixo. Acho que...

– Ontem, no seu lixo...

– O quê?

– Me enganei, ou eram cascas de camarão?

– Acertou. Comprei uns camarões graúdos e descasquei.

– Eu adoro camarão.

– Descasquei, mas ainda não comi. Quem sabe a gente pode...

– Jantar juntos?

– É.

– Não quero dar trabalho.

– Trabalho nenhum.

– Vai sujar a sua cozinha?

– Nada. Num instante se limpa tudo e põe os restos fora.

– No seu lixo ou no meu?

05. A função da linguagem predominante no texto de Luís Fernando Veríssimo é:

a) Fática.

b) Conativa.

c) Referencial.

d) Metalinguística.

Leia a seguir os trechos de -Consideração do poema , integrante do livro A Rosa do Povo, de Carlos Drummond de Andrade.

Uma pedra no meio do caminho
ou apenas um rastro, não importa.
Estes poetas são meus. De todo o orgulho,
de toda a precisão se incorporaram
ao fatal meu lado esquerdo. Furto a Vinicius
sua mais límpida elegia. Bebo em Murilo.
Que Neruda me dê sua gravata
chamejante. Me perco em Apollinaire. Adeus, Maiakovski.
São todos meus irmãos, não são jornais
nem deslizar de lancha entre camélias:
é toda a minha vida que joguei.
[...]
Saber que há tudo. E mover-se em meio
a milhões e milhões de formas raras,
secretas, duras. Eis aí meu canto.

ANDRADE, Carlos Drummond de. Nova reunião: 23 livros de poesia. Rio de Janeiro: Bestbolso, 2009. p. 139-140.

Nesses trechos, além da função poética, ocorre predominantemente a função:

06. Apelativa, percebida na persuasão do texto poético.
Certo ( ) Errado ( )

07. Expressiva, percebida na ausência da subjetividade do eu-lírico.
Certo ( ) Errado ( )

08. O texto "Grandes cidades nem sempre são as mais poluentes diz estudo, da France Press, publicado em http://www1.folha.uol.com.br/ambiente/866228 (com acesso em 29/12/2011)" foi adaptado para compor os fragmentos abaixo. Numere-os, de acordo com a ordem em que devem ser dispostos para formar um texto coeso e coerente.

( ) Nesse estudo, enquanto cidades do mundo todo foram apontadas como culpadas por cerca de 71% das emissões causadoras do efeito estufa, cidadãos urbanos que substituíram os carros por transporte público ajudaram a diminuir as emissões per capita em algumas cidades.

( ) Pesquisadores examinaram dados de cem cidades em 33 países, em busca de pistas sobre quais metrópoles seriam as maiores poluidoras e por que, de acordo com estudo publicado na revista especializada "Environment and Urbanization".

( ) "Isso reflete a grande dependência de combustíveis fósseis para a produção de eletricidade, uma base industrial significante em muitas cidades e uma população rural relativamente grande e pobre", informa o estudo.

( ) Por fim, quando os pesquisadores olharam as cidades asiáticas, latino-americanas e africanas, descobriram emissões menores por pessoa. A maior parte das cidades na África, Ásia e América Latina tem emissões inferiores por pessoa. O desafio para elas é manter essas emissões baixas, apesar do crescimento de suas economias.

( ) O estudo também aponta outras tendências, como as cidades de climas frios terem emissões maiores, e países pobres e de renda média terem emissões per capita inferiores aos países desenvolvidos.

A sequência correta é:

a) (1) (2) (5) (4) (3)
b) (2) (1) (3) (5) (4)
c) (2) (5) (1) (3) (4)
d) (4) (1) (2) (5) (3)
e) (4) (2) (1) (3) (5)

09. Assinale a opção que preenche de forma coesa, coerente e gramaticalmente correta a lacuna do trecho a seguir.

Brasil, Rússia, Índia, China e África do Sul são mais do que cinco economias emergentes em expansão num mundo em crise. Reunidas sob o acrônimo Brics, abrigam mais de 40% da população global e somam perto de US$ 14 trilhões de PIB, ou seja, quase um quinto das riquezas produzidas no planeta. É natural que busquem maior participação no cenário internacional – o que seria facilitado por uma atuação conjunta, em bloco.

A instituição permitiria aos países reduzir a dependência econômica em relação aos Estados Unidos e à União Europeia, em sérias dificuldades. Mais do que isso, a experiência poderia depois ser replicada para dar um pontapé inicial para mudanças políticas não apenas voltadas ao desenvolvimento sustentável, como também à segurança e à paz no universo, com um rearranjo das regras e dos organismos internacionais.

(Adaptado do Correio Braziliense, 27/3/2012)

a) Maior dos Brics, a China, segunda potência mundial, tem PIB de US$ 7,4 trilhões e reservas cambiais superiores a US$ 3 trilhões. Contudo, é uma ditadura que ganha mercados mundo afora com vantagens artificiais, como a desvalorização da moeda, o yuan, um calo inclusive para o Brasil, invadido por produtos chineses em condições desfavoráveis de competitividade.

b) Assim, reconhecer a necessidade de promover correções de rumo internas é desafio de primeira ordem para os cinco emergentes. Aproximações bilaterais, vale lembrar, também terminam por fortalecer o quinteto emergente.

c) A Rússia, por sua vez, apresenta desenvolvimento relativo e hoje consolida-se como economia de mercado ainda sob olhares desconfiados de parte dos governantes de outros países do globo.

d) Os demais países têm abismos sociais a superar, problemas de desigualdades evidentes, o que deixa o bloco, formalizado ou não, distante da pose de referência internacional na questão do desenvolvimento humano.

e) Avançar na criação de um banco de desenvolvimento, proposto pelo primeiro-ministro indiano, como alternativa ao Banco Mundial - Bird e ao Fundo Monetário Internacional - FMI, já seria grande passo.

10. Os trechos abaixo compõem um texto, mas estão desordenados. Ordene-os nos parênteses e assinale a opção que corresponde à ordem que assegura coesão e coerência ao texto.

( ) Em seu Parecer, já enviado ao Tribunal Superior Eleitoral, em que responde à Consulta nº 1062, está expresso o entendimento de que o Parecer da AGU viola o artigo 73, VI, "a", da Lei 9.504/97.

( ) O subprocurador-geral da República, com aprovação do vice--procurador-geral eleitoral, contesta a posição da Advocacia Geral da União (AGU) que permite a liberação de recursos para obras e serviços iniciados nos três meses que antecedem as eleições

( ) O subprocurador-geral da República conclui, então, que "o tão-só posicionamento liberalizante de verbas em período vedado por lei está a merecer o conhecimento da presente consulta e sua resposta negativa para prevenir eventuais equívocos de interpretação, passíveis de quebra do princípio isonômico que deve presidir o embate eleitoral".

( ) Tal dispositivo legal proíbe aos agentes públicos "realizar transferência voluntária de recursos da União aos Estados e Municípios, e dos Estados aos Municípios, sob pena de nulidade de pleno direito, ressalvados os recursos destinados a cumprir obrigação formal preexistente para execução de obra ou serviço em andamento e com cronograma pré-fixado, e os destinados a atender situações de emergência e de calamidade pública".

(Adaptado de www.mpu.gov.br/noticias/ - 05/07/2004)

a) B A D C.
b) C D B A.
c) D C A B.
d) A B D C.
e) B D C A.

Gabaritos

01	CERTO	06	ERRADO
02	CERTO	07	ERRADO
03	B	08	B
04	A	09	E
05	A	10	A

20. INTERPRETAÇÃO DE TEXTO POÉTICO

Cada vez mais comum em provas de concursos públicos, o texto poético possui suas particularidades. Nem todas as pessoas possuem a capacidade de ler um texto poético, quanto mais interpretá-lo. Justamente por esse fato, ele tem sido o predileto dos examinadores que querem dificultar a vida dos candidatos.

Antes de passar à interpretação propriamente dita, é preciso identificar a nomenclatura das partes de um poema. Cada "linha" do poema é chamada de "**verso**", o conjunto de versos é chamado de "**estrofe**". A primeira sugestão para quem pretende interpretar um poema é segmentar a interpretação por estrofe e anotar o sentido trazido ao lado e cada trecho.

Geralmente as bancas pecam ao diferenciar **autor** de **eu-lírico**. O primeiro é realmente a pessoa por detrás da pena, ou seja, é quem efetivamente escreve o texto; o segundo é a "voz" do poema, a "pessoa" fictícia, abstrata que figura como quem traz o poema para o leitor.

Outro problema muito comum na hora de fazer algo dessa natureza é a leitura do texto. Como o texto está em uma disposição que não é mais tão usual, as pessoas têm dificuldade para realizar a leitura. Eis uma dica fundamental: só interrompa a leitura quando chegar a um ponto ou a uma vírgula, porque é dessa maneira que se lê um texto poético. Além disso, é preciso que, mesmo mentalmente, o indivíduo tente dar ênfase na leitura, pois isso pode ajudar na intepretação.

Comumente, o vocabulário do texto poético não é acessível e, em razão disso, costuma haver notas explicativas com o significado das palavras, jamais ignore essa informação! Pode ser a salvação para a interpretação do texto lido.

Veja um exemplo:

Nel mezzo del camin (Olavo Bilac)

"Cheguei. Chegaste. Vinhas fatigada
E triste, e triste e fatigado eu vinha.
Tinhas a alma de sonhos povoada,
E a alma de sonhos povoada eu tinha...

E paramos de súbito na estrada
Da vida: longos anos, presa à minha
A tua mão, a vista deslumbrada
Tive da luz que teu olhar continha.

Hoje, segues de novo... Na partida
Nem o pranto os teus olhos umedece,
Nem te comove a dor da despedida.
E eu, solitário, volto a face, e tremo,
Vendo o teu vulto que desaparece
Na extrema curva do caminho extremo."

Existe outro fator extremamente importante na hora de tentar entender o conteúdo de um texto poético: o **título**! Nem todo poema possui um título, é claro, mas os que possuem ajudam, e muito, na compreensão do "assunto" do poema.

É claro que ter conhecimento do autor e do estilo de escrita por ele adotado é a ferramenta mais importante para que o candidato compreenda com profundidade o que está sendo veiculado pelo texto, porém, como grande parte das bancas ainda não chegou a esse nível de aprofundamento interpretativo, apenas o reconhecimento da superfície do texto já é suficiente para responder às questões.

Vejamos alguns textos para explanar melhor:

Bem no fundo (Paulo Leminski)

No fundo, no fundo,
Bem lá no fundo,
A gente gostaria
De ver nossos problemas
Resolvidos por decreto

A partir desta data,
Aquela mágoa sem remédio
É considerada nula
E sobre ela – silêncio perpétuo

Extinto por lei todo o remorso,
Maldito seja quem olhar pra trás,
Lá pra trás não há nada,
E nada mais

Mas problemas não se resolvem,
Problemas têm família grande,
E aos domingos saem todos passear
O problema, sua senhora
E outros pequenos probleminhas

Interpretação: por mais que trabalhemos para resolvermos nossos problemas, a única certeza é a de que eles continuarão, pois é isso que nos move.

20.1 Tradução de Sentido

As questões de tradução de sentido costumam ser o "calcanhar de Aquiles" dos candidatos. Nem sempre aparecem nas provas, mas quando surgem, é celeuma garantida. A maneira mais eficaz de resolvê-las é buscar relações de sinonímia em ambos os lados da sentença. Com isso, fica mais fácil acertar a questão.

Consideremos a relação de sinonímia presente entre "alegria" e "felicidade". Esses dois substantivos não significam, rigorosamente, a mesma coisa, mas são considerados sinônimos contextuais, se considerarmos um texto. Disso, entende-se que o sinônimo é identificado contextualmente e não depende, necessariamente, do conhecimento do sentido de todas as palavras.

Seria bom se fosse sempre dessa maneira. Ocorre que algumas bancas tentam selecionar de maneira não rigorosa os candidatos que acabam por cobrar o chamado "conhecimento que não é básico" dos candidatos. O melhor exemplo é pedir o significado da palavra "adrede", o qual pouquíssimas pessoas conhecem.

20.2 Organização de Texto (Texto Embaralhado)

Em algumas bancas, é comum haver questões que apresentam um texto desordenado, para que o candidato o reordene, garantido a coesão e a coerência. Além disso, não é raro haver trecho de texto com lacunas para preencher com alguns parágrafos. Para que isso ocorra, é mister saber o que significa coesão e coerência. Vamos a algumas definições simples.

Coesão é o conjunto de procedimentos e mecanismos que estabelecem conexão dentro do texto, o que busca garantir a progressão daquilo que se escreve nas sentenças. Pronomes, perífrases e sinônimos estão entre os mecanismos de coesão que podem ser empregados na sentença.

Coerência diz respeito à organização de significância do texto, ou seja, o sentido daquilo que se escreve. A sequência temporal e o princípio de não contradição são os dispostos mais emergentes da coerência.

Em questões dessa natureza, busque analisar as sequências de entrada e saída dos textos. Veja se há definições e conectivos que encerram ideias, ou se há pronomes que buscam sequenciar as sentenças. Desse modo, fica mais fácil acertar a questão.

20.3 Significação das Palavras

Compreensão, interpretação, intelecção

O candidato que é concurseiro de longa data sabe que, dentre as questões de interpretação de texto, é muito comum surgirem nomenclaturas distintas para fenômenos não tão distintos assim. Quer dizer que se no seu edital há elementos como leitura, compreensão, intelecção ou interpretação de texto, no fundo, o conceito é o mesmo. Ocorre que, dentro desse processo de interpretação, há elementos importantes para a resolução dos certames.

O que se diz e o que se pode ter dito:

Sempre que há um momento de enunciação, o material linguístico serve de base para que os interlocutores negociem o sentido daquilo que está na comunicação. Isso ocorre por meio de vários processos, sendo que é possível destacar alguns mais relevantes:

Dito: consiste na superfície do enunciado. O próprio material linguístico que se enuncia.

Não-dito: consiste naquilo que se identifica imediatamente, quando se trabalha com o que está posto (o dito).

Subentendido: consiste nos sentidos ativados por um processo inferencial de análise e síntese do material linguístico somado ao não-dito.

- Vejamos isso em uma sentença para compreendermos a teoria.
- "A eleição de Barack Obama não é um evento apenas americano."

Dito: é o próprio conteúdo da sentença – o fato de a eleição em questão não ser um evento apenas americano.

Não-dito: alguém poderia pensar que a eleição teria importância apenas para os americanos.

Subentendido: pode-se concluir que a eleição em questão terá grandes repercussões, a um nível global.

20.4 Inferência

Assunto muitíssimo delicado e ainda não resolvido na linguística. Não vou me dispor a teorizar sobre isso, pois seria necessário o espaço de um livro para tanto. Para a finalidade dos concursos públicos, vamos considerar que a inferência é o resultado do processamento na leitura, ou seja, é aquilo que se pode "concluir" ou "depreender" da leitura de um texto.

No momento de responder a uma questão dessa natureza, recomenda-se prudência. Existe um conceito que parece fundamental para facilitar a resolução dessas questões. Ele se chama **ancoragem lexical.** Basicamente, entende-se como A. L. a inserção de algum elemento que dispara pressuposições e fomenta inferências, ou seja, se alguma questão pedir se é possível inferir algo, o candidato só poderá responder afirmativamente, se houve uma palavra ou uma expressão (âncora lexical) que permita associar diretamente esses elementos.

Semântica (sentido)

Evidentemente, o conteúdo relativo à significação das palavras deve muito a uma boa leitura do dicionário. Na verdade, o vocabulário faz parte do histórico de leitura de qualquer pessoa: quanto mais você lê, maior é o número de palavras que você vai possuir em seu "HD" mental. Como é impossível receitar a leitura de um dicionário, podemos arrolar uma lista com palavras que possuem peculiaridades na hora de seu emprego. Falo especificamente de **sinônimos, antônimos, homônimos e parônimos**. Mãos à obra!

Sinônimos:

Sentido aproximado: não existem sinônimos perfeitos:

Feliz (Alegre / Contente).

Palavra (Vocábulo).

Professor (Docente).

Professor Mário chegou à escola. O **docente** leciona matemática.

Antônimos:

Oposição de sentido:

Bem (Mal).

Bom (Mau).

Igual (Diferente).

Homônimos:

Homônimos são palavras com escrita ou pronúncia iguais (semelhantes), porém com significado (sentido) diferente:

Adoro comer **manga** com sal.

Derrubei vinho na **manga** da camisa.

Há três tipos de homônimos: homógrafos, homófonos e homônimos perfeitos.

Homógrafos – palavras que possuem a mesma grafia, mas o som é diferente.

O meu **olho** está doendo.

Quando eu **olho** para você, dói.

Homófonos – apresentam grafia diferente, mas o som é semelhante.

A **cela** do presídio foi incendiada.

A **sela** do cavalo é novinha.

Homônimos perfeitos – possuem a mesma grafia e o mesmo som.

O **banco** foi assaltado.

O **banco** da praça foi restaurado ontem.

Ele não **para** de estudar.

Ele olhou **para** a prova.

Parônimos:

Parônimos – são palavras que possuem escrita e pronúncia semelhantes, mas com significado distinto.

O professor fez a **descrição** do conteúdo.

Haja com muita **discrição**, Marivaldo.

Aqui vai uma lista para você se precaver quanto aos sentidos desses termos:

Ascender (subir).

Acender (pôr fogo, alumiar).

Quando Nero **ascendeu** em Roma, ele **acendeu** Roma.

Acento (sinal gráfico).

Assento (lugar de sentar-se).

O **acento** grave indica crase.

O **assento** 43 está danificado.

Acerca de (a respeito de).

Cerca de (aproximadamente).

Há cerca de (faz aproximadamente).

Falamos **acerca de** Português ontem.

José mora **cerca de** mim.

Há cerca de 10 anos, leciono Português.

Afim (semelhante a).

A fim de (com a finalidade de).

Nós possuímos ideias **afins**.

Nós estamos estudando **a fim** de passar.

Aprender (instruir-se).

Apreender (assimilar).

Quando você **apreender** o conteúdo, saberá que **aprendeu** o conteúdo.

Área (superfície).

Ária (melodia, cantiga).

O tenor executou a ária.

A polícia cercou a área.

Arrear (pôr arreios).

Arriar (abaixar, descer).

Precisamos **arrear** o cavalo.

Joaquim **arriou** as calças.

Caçar (apanhar animais).

Cassar (anular).

O veado foi **caçado**.

O deputado teve sua candidatura **cassada**.

Censo (recenseamento).

Senso (raciocínio).

Finalizou-se o **censo** no Brasil.

Argumentou com bom-**senso**.

Cerração (nevoeiro).

Serração (ato de serrar).

Nos dias de chuva, pode haver **cerração**.

Rolou a maior **serração** na madeireira ontem.

Cerrar (fechar).

Serrar (cortar).

Cerrou os olhos para a verdade.

Marina **serrou**, acidentalmente, o nariz na serra.

Cessão (ato de ceder).

Seção (divisão).

Secção (corte).

Sessão (reunião).

O órgão pediu a **cessão** do espaço.

Compareça à **seção** de materiais.

Fez-se uma **secção** no azulejo.

Assisti à **sessão** de cinema ontem. Passava "A Lagoa Azul".

Concerto (sessão musical).

Conserto (reparo).

Vamos ao **concerto** hoje.

Fizeram o **conserto** do carro.

Mal (antônimo de bem).

Mau (antônimo de bom).

O homem **mau** vai para o inferno.

O **mal** nunca prevalece sobre o bem.

Ratificar (confirmar).

Retificar (corrigir).

O documento **ratificou** a decisão.

O documento **retificou** a decisão.

Tacha (pequeno prego, mancha).

Taxa (imposto, percentagem).

Comprei uma tacha.

Paguei outra taxa.

Continuação da lista:

Bucho (estômago)

Buxo (arbusto)

Calda (xarope)

Cauda (rabo)

Cela (pequeno quarto)

Sela (arreio)

Chá (bebida)

Xá (Título do soberano da Pérsia, atual Irã, antes da revolução islâmica)

Cheque (ordem de pagamento)

Xeque (lance do jogo de xadrez)

Comprimento (extensão)

Cumprimento (saudação)

Conjetura (hipótese)

Conjuntura (situação)

Coser (costurar)

Cozer (cozinhar)

Deferir (costurar)

Diferir (distinguir-se)

Degredado (desterrado, exilado)

Degradado (rebaixado, estragado)

Descrição (ato de descrever)

Discrição (reserva, qualidade de discreto)

Descriminar (inocentar)

Discriminar (distinguir)

Despensa (lugar de guardar mantimentos)

Dispensa (isenção, licença)

Despercebido (não notado)

Desapercebido (desprovido, despreparado)

Emergir (vir à tona)

Imergir (mergulhar)

Eminente (notável, célebre)

Iminente (prestes a acontecer)

Esbaforido (ofegante, cansado)

Espavorido (apavorado)

Esperto (inteligente)

Experto (perito)

Espiar (observar)

Expiar (sofrer castigo)

Estada (ato de estar, permanecer)

Estadia (permanência, estada por tempo limitado)

Estático (imóvel)

Extático (pasmo)

Estrato (tipo de nuvem)

Extrato (resumo)

Flagrante (evidente)

Fragrante (perfumado)

Fluir (correr)

Fruir (gozar, desfrutar)

Incidente (episódio)

Acidente (acontecimento grave)

Incipiente (principiante)

Insipiente (ignorante)

Inflação (desvalorização do dinheiro)

Infração (violação, transgressão)

Infligir (aplicar castigo)

Infringir (transgredir)

Intercessão (ato de interceder)

Interseção ou intersecção (ato de cortar)

Laço (nó)

Lasso (frouxo)

Mandado (ordem judicial)

Mandato (período político)

Ótico (relativo ao ouvido)

Óptico (relativo à visão)

Paço (palácio)

Passo (passada)

Peão (empregado / peça de xadrez)

Pião (brinquedo)

Pequenez (pequeno)

Pequinês (ração de cão, de Pequim)

Pleito (disputa)

Preito (homenagem)

Proeminente (saliente)

Preeminente (nobre, distinto)

Prescrição (ordem expressa)

Proscrição (eliminação, expulsão)

Prostrar-se (humilhar-se)

Postar-se (permanecer por muito tempo)

Ruço (grisalho, desbotado)

Russo (da Rússia)

Sexta (numeral cardinal)

Cesta (utensílio)

Sesta (descanso depois do almoço)

Sortido (abastecido)

Surtido (produzido, causado)

Sortir (abastecer)

Surtir (efeito ou resultado)
Sustar (suspender)
Suster (sustentar)
Tilintar (soar)
Tiritar (tremer)
Tráfego (trânsito)
Tráfico (comércio ilícito)
Vadear (passa a pé ou a cavalo, atravessar o rio)
Vadiar (vagabundear)
Viagem (substantivo)
Viajem (verbo)
Vultoso (volumoso, grande vulto)
Vultuoso (inchado)

Questões

01. (CESPE) Leia o texto:

A Contribuição do Conhecimento Geológico Para a Educação Ambiental

A observação do tempo geológico contrapõe-se à percepção histórica construída na sociedade moderna capitalista vinculada ao imediatismo. A concepção do tempo geológico pode contribuir para uma mudança cultural dessa percepção imediatista que tem se refletido em um consumismo exacerbado de produtos, produtos esses que se originaram a partir de bens minerais que se formaram ao longo do tempo geológico e que levarão anos até serem incorporados pela terra, quando passarão novamente a ser fonte de recurso. Os conhecimentos do Sistema Terra oferecem condições de se pensar a realidade de forma complexa e integrada, em diversas escalas de tempo e espaço, o que permite a construção do mundo físico em que vivemos. As discussões dos conteúdos das geociências transformam a visão de mundo, tornando-a significativa, não fragmentada, não linear, e estabelecem conexões, expressas por características criativas, sem mecanismos repetitivos e descontextualizados, propiciando o conhecimento em uma rede de relações com significado, transformando seus agentes, flexibilizando tarefas e saberes, formando cidadãos aptos a entender e atuar em um mundo em transformação de forma participativa.

Denise de La Corte Bacci. A contribuição do conhecimento geológico para a educação ambiental. In: Pesquisa em debate. Edição 11, V. 6, nº 2, jul. / dez. 2009, p. 17 e 19 (com adaptações).

Dados a organização das ideias no texto e o emprego de forma verbal flexionada na primeira pessoa do plural em "a construção do mundo físico em que vivemos", infere-se que os conhecimentos geológicos têm importância para toda a sociedade.

Certo ( ) Errado ( )

02. (FUNRIO)

Vaidade – Florbela Espanca
Sonho que sou a Poetisa eleita,
Aquela que diz tudo e tudo sabe,
Que tem a inspiração pura e perfeita,
Que reúne num verso a imensidade!
Sonho que um verso meu tem claridade
Para encher todo o mundo! E que deleita
Mesmo aqueles que morrem de saudade!
Mesmo os de alma profunda e insatisfeita!
Sonho que sou Alguém cá neste mundo...
Aquela de saber vasto e profundo,
Aos pés de quem a terra anda curvada!
E quando mais no céu eu vou sonhando,
E quando mais no alto ando voando,
Acordo do meu sonho...
E não sou nada!...

No primeiro verso do poema, encontramos o eu poético feminino afirmando seu sonho de ser "a Poetisa eleita". Outro de seus sonhos é que:

a) Sua inspiração lhe diga tudo o que sabe.
b) Seus versos encham todo o mundo.
c) A terra ande curvada aos seus pés.
d) A imensidade lhe seja pura e perfeita.
e) A claridade de seus versos deleite os mortos.

03. (FUNRIO) Sobre as rimas que ocorrem nas duas primeiras estrofes do poema, é correto afirmar que elas são feitas

a) Entre verbos no gerúndio e substantivos concretos.
b) Em posição interna e externa nos oito versos.
c) Com palavras paroxítonas terminadas em vogal átona.
d) Sem simetria apenas na primeira estrofe.
e) De modo aleatório, com pouca regularidade.

04. (CEFET)

Coisas da Terra

Todas as coisas de que falo estão na cidade entre o céu e a terra. São todas elas coisas perecíveis e eternas como o teu riso a palavra solidária minha mão aberta ou este esquecido cheiro de cabelo que volta e acende sua flama inesperada no coração de maio. Todas as coisas de que falo são de carne como o verão e o salário. Mortalmente inseridas no tempo, estão dispersas como o ar no mercado, nas oficinas, nas ruas, nos hotéis de viagem. São coisas, todas elas, cotidianas, como bocas e mãos, sonhos, greves, denúncias, acidentes do trabalho e do amor. Coisas, de que falam os jornais às vezes tão rudes às vezes tão escuras que mesmo a poesia as ilumina com dificuldade. Mas é nelas que te vejo pulsando, mundo novo, ainda em estado de soluços e esperança.

Identifique os itens verdadeiros.

A primeira estrofe do poema (Texto II) é marcada pela presença de:

I. Elementos antitéticos.
II. Imagens sensoriais.
III. Ideias hiperbólicas.
IV. Termos de valor metafórico.
V. Ambiguidade de signos linguísticos.

A alternativa em que todos os itens verdadeiros estão corretamente indicados é a:

a) I e III.
b) II e V.
c) III e IV.
d) I, II e IV.
e) II, III e V.

05. (FCC) Considerando-se o contexto, traduz-se adequadamente o sentido de um segmento em:

a) Trepidam as engrenagens = Ajustam-se as peças.

b) Luz imponderável = chama impetuosa.

c) Um híbrido estranho = um mestiço inolvidável.

d) Perturbam a frieza = abalam a impassibilidade.

e) Reflexos flamejantes = imagens enérgicas.

06. (FCC) Considerado o contexto, o segmento cujo sentido está adequadamente expresso em outras palavras é:

a) Manejar a lâmina da ironia = lidar com o cortante da blasfêmia.

b) Sem apelo ideológico = desprovido de ideias revolucionárias.

c) Se alimentava da matula = se nutria da provisão.

d) Pelo atalho do senso de humor = através de um muxoxo.

e) Tratam o forasteiro = referem-se ao salteador.

07. (FCC) Considerando-se o contexto, o segmento cujo sentido está adequadamente expresso em outras palavras é:

a) Partisse os laços com a tradição = quebrasse o condão sagrado.

b) Galgou ao comando de um continente = sobrelevou o ordenamento europeu.

c) Pela causa da liberdade contra a tirania = pelo motivo da insubmissão versus rigorismo.

d) Os próprios clichês o denunciam = os próprios lugares-comuns o evidenciam.

e) O mecanismo das instituições francesas = a articulação dos institutos galeses.

08. (FCC) ... estudou para ser monge beneditino no Colégio São Bento, em São Paulo, onde chegou a escrever um livro sobre a **ordem**. No entanto, acabou seguindo o caminho da poesia – em meio à **agitação** cultural e política dos anos 1960 e 1970. (1º parágrafo).

Considerado o contexto, o sentido dos elementos grifados acima pode ser adequadamente reproduzido, na ordem dada, por:

a) Disposição - tumulto.

b) Escola - confronto.

c) Equilíbrio - burburinho.

d) Congregação - efervescência.

e) Prudência - radicalismo.

09. (FCC) Considerando-se o contexto, o segmento cujo sentido está adequadamente expresso em outras palavras é:

a) Semelhante à tensão típica = parecida com a inquietude disseminada.

b) Eletricidade que emanava da interpretação = impulso que transcendia a encenação.

c) Misto de respeito e estranhamento = mistura de reverência e espanto.

d) Energia que vibrava da vontade = força que celebrava o anseio.

e) Carga de emoção que era única = voltagem sentimental que era usual.

10. (FCC) Considere as definições abaixo:

I. **Senso** (estético): capacidade de apreciar a beleza pelo prazer que ela proporciona. **Censo** (demográfico): conjunto de dados característicos dos habitantes de uma localidade ou país.

II. **Cobre**: forma flexionada do verbo cobrir. **Cobre**: metal usado em condutores de eletricidade.

III. **Manto**: veste feminina, larga, comprida e sem mangas, usada por cima do vestido. **Manto**: por extensão, o que cobre, revestimento.

Constitui exemplo de homonímia o par que se encontra em:

a) III, apenas.

b) I e II, apenas.

c) I e III, apenas.

d) II e III, apenas.

e) I, II e III.

Gabaritos

01	CERTO	06	D
02	D	07	D
03	D	08	C
04	C	09	C
05	D	10	D

21. ESTRUTURA E FORMAÇÃO DE PALAVRAS

21.1 Estrutura das Palavras

Para compreender os termos da Língua Portuguesa, deve-se observar, nos vocábulos, a presença de algumas estruturas como raiz, desinências e afixos:

Raiz ou Radical (morfema lexical): parte que guarda o sentido da palavra.

Pedreiro

Pedrada

Em**pedr**ado

Pedregulho.

Desinências (fazem a flexão dos termos)

Nominais:

Gênero: Jogador / Jogadora.

Número: Aluno / Alunos.

Grau: Cadeira / Cadeirinha.

Verbais:

Modo-tempo: Cantá**va**mos / Vendê**ra**mos.

Número-pessoa: Fize**mos** / Compra**stes**

Afixos (conectam-se às raízes dos termos)

» Prefixos: colocados antes da raiz

Infeliz, **des**fazer, **re**tocar.

» Sufixos: colocados após a raiz

Feliz**mente**, capac**idade**, igual**dade.**

Também é importante ficar atento aos termos de ligação. São eles:

Vogal de ligação:

Gas**ô**metro / Bar**ô**metro / Caf**ei**cultura / Carn**í**voro

Consoante de ligação:

Gira**s**sol / Cafe**t**eira / Pau**l**ada / Cha**l**eira

21.2 Radicais Gregos e Latinos

O conhecimento sobre a origem dos radicais é, muitas vezes, importante para a compreensão e memorização de inúmeras palavras.

Radicais gregos

Os radicais gregos têm uma importância expressiva para a compreensão e fácil memorização de diversas palavras que foram criadas e vulgarizadas pela linguagem científica.

Podemos observar que esses radicais se unem, geralmente, a outros elementos de origem grega e, frequentemente, sofrem alterações fonéticas e gráficas para formarem palavras compostas.

Seguem algumas palavras e seus respectivos radicais:

ácros, alto: acrópole, acrobacia, acrofobia

álgos, dor: algofilia, analgésico, nevralgia

ánthropos, homem: antropologia, antropófago, filantropo

astér, astéros, estrela: asteroide, asterisco

ástron, astro: astronomia, astronauta

biblíon, livro: biblioteca, bibliografia, bibliófilo

cir-, quiro- (de chéir, cheirós, mão): cirurgia, cirurgião, quiromante

chlorós, verde: cloro, clorofila, clorídrico

chróma, chrómatos, cor: cromático, policromia

dáktylos, dedo: datilografia, datilografar

déka, dez: decálogo, decâmetro, decassílabo

gámos, casamento: poligamia, polígamo, monogamia

gastér, gastrós, estômago: gastrite, gastrônomo, gástrico

glótta, glóssa, língua: poliglota, epiglote, glossário

grámma, letra, escrito: gramática, anagrama, telegrama

grápho, escrevo: grafia, ortografia, caligrafia

heméra, dia: herneroteca, hernerologia, efêmero

hippos, cavalo: hipódromo, hipismo, hipopótamo

kardía, coração: cardíaco, cardiologia, taquicardia

mésos, meio, do meio: mesocarpo, mesóclise, mesopotâmia

mnemo- (de mnéme, memória, lembrança): mnemônico, amnésia, mnemoteste

morphé, forma: morfologia, amorfo, metamorfose

nekrós, morto, necrotério, necropsia, necrológio

páis, paidós, criança: pedagogia, pediatria, pediatra

pyr, pyrós, fogo: pirosfera, pirotécnico, antipirético

rino- (ele rhis, rhinós, nariz): rinite, rinofonia, otorrino

theós, deus: teologia, teólogo, apoteose

zóon, animal: zoologia, zoológico, zoonose

Radicais latinos

Outras palavras da língua portuguesa possuem radicais latinos. A maioria delas entrou na língua entre os séculos XVIII e XX. Seguem algumas das que vieram por via científica ou literária:

ager, agri, campo: agrícola, agricultura

ambi- (de ambo, ambos): ambidestro, ambíguo

argentum, argenti, prata: argênteo, argentífero, argentino

capillus, capilli, cabelo: capilar, capiliforme, capilaridade

caput, capitis, cabeça: capital, decapitar, capitoso

cola-, (de colo, colere, habitar, cultivar): arborícola, vitícola

cuprum, cupri, cobre: cúpreo, cúprico, cuprífero

ego, eu: egocêntrico, egoísmo, ególatra

equi-, (de aequus, igual): equivalente, equinócio, equiângulo

-fero (de fero, ferre, levar, conter): aurífero, lactífero, carbonífero

fluvius, rio: fluvial, fluviômetro

frigus, frigoris, frio: frigorífico, frigomóvel

lapis, lapidis, pedra: lápide, lapidificar, lapidar

lex, legis, lei: legislativo, legislar, legista

noceo, nocere, prejudicar, causar mal: nocivo, inocente, inócuo
pauper, pauperis, pobre: pauperismo, depauperar
pecus, rebanho: pecuária, pecuarista, pecúnia
pluvia, chuva: pluvial, pluviômetro
radix, radieis, raiz: radical, radicar, erradicar
sidus, sideris, astro: sideral, sidéreo, siderar
stella, estrela: estelar, constelação
triticum, tritici, trigo: triticultura, triticultor, tritícola
vinum, vini, vinho: vinicultura, vinícola
vitis, videira: viticultura, viticultor, vitícola
volo, volare, voar: volátil, noctívolo
vox, vocis, voz: vocal, vociferar

21.3 Origem das Palavras de Língua Portuguesa

As palavras da língua portuguesa têm múltiplas origens, mas a maioria delas veio do latim vulgar, ou seja, o latim que era falado pelo povo duzentos anos antes de Cristo.

No geral, as palavras que formam o nosso léxico podem ser de origem latina, de formação vernácula ou de importação estrangeira.

Quanto às palavras de origem latina, sabe-se que algumas datam dos séculos VI e XI, aproximadamente, e outras foram introduzidas na língua por escritores e letrados, ao longo do tempo, sobretudo no período áureo, o século XVI, e de forma ainda mais abundante durante os séculos que o seguiram, por meios literário e científico. As primeiras, as formas populares, foram grandemente alteradas na fala do povo rude, mas as formas eruditas tiveram leves alterações.

Houve, ao longo desses séculos, com incentivo do povo luso-brasileiro, a criação de palavras que colaboraram para enriquecer o vocabulário. Essas palavras são chamadas criações vernáculas.

Desde os primórdios da língua, diversos termos estrangeiros entraram em uso, posteriormente enriquecendo definitivamente o patrimônio léxico, porque é inevitável que palavras de outros idiomas adentrem na língua por meio das relações estabelecidas entre os povos e suas culturas.

Devido a isso, encontramos, no vocabulário português, palavras provenientes:

→ Do grego
  por influência do cristianismo e do latim literário: anjo, bíblia, clímax
  por criação de sábios e cientistas: nostalgia, microscópio
→ Do hebraico
  veiculadas pela Bíblia: aleluia, Jesus, Maria, Sábado
→ Do alemão
  guerra, realengo, interlância
→ Do árabe
  algodão, alfaiate, algema
→ Do japonês
  biombo, micado, samurai
→ Do francês
  greve, detalhe, pose
→ Do inglês
  bife, futebol, tênis
→ Do turco
  lacaio, algoz
→ Do italiano
  piano, maestro, lasanha
→ Do russo
  vodca, esputinique
→ Do tupi
  tatu, saci, jiboia, pitanga
→ Do espanhol
  cavalheiro, ninharia, castanhola
→ De línguas africanas
  macumba, maxixe, marimbondo

Atualmente, o francês e o inglês são os idiomas com maior influência sobre a língua portuguesa.

21.4 Processos de Formação de Palavras

Há dois processos mais fortes (presentes) na formação de palavras em Língua Portuguesa: a composição e a derivação. Vejamos suas principais características.

Composição: é muito mais uma criação de vocábulo. Pode ocorrer por:

Justaposição (sem perda de elementos):
» Guarda-chuva, girassol, arranha-céu etc.

Aglutinação (com perda de elementos):
» Embora, fidalgo, aguardente, planalto, boquiaberto etc.

Hibridismo (união de radicais oriundos de línguas distintas:
» Automóvel (latim e grego); Sambódromo (tupi e grego).

Derivação: é muito mais uma transformação no vocábulo. Pode ocorrer das seguintes maneiras:

Prefixal (prefixação)
» Reforma, anfiteatro, cooperação

Sufixal (sufixação)
» Pedreiro, engenharia, florista

Prefixal - sufixal
» Infelizmente, ateísmo, desordenamento

Parassintética: prefixo e sufixo simultaneamente, sem a possibilidade de remover umas das partes.
» Avermelhado, anoitecer, emudecer, amanhecer

Regressão (regressiva) ou deverbal: advinda de um verbo.

» Abalo (abalar), luta (lutar), fuga (fugir)

Imprópria (conversão): mudança de classe gramatical.

O jantar, um não, o seu sim, o pobre.

Estrangeirismo

Pode-se entender como um empréstimo linguístico

Com aportuguesamento: abajur (do francês "abat-jour"), algodão (do árabe "al-qutun"), lanche (do inglês "lunch") etc.

Sem aportuguesamento: networking, software, pizza, show, shopping etc.

Acrônimo ou Sigla

Silabáveis: podem ser separados em sílabas.

Infraero (Infraestrutura Aeroportuária), **Petrobras** (Petróleo Brasileiro) etc.

Não-silabáveis: não podem ser separados em sílabas.

FMI, MST, SPC, PT, INSS, MPU etc.

Onomatopeia ou reduplicação

Onomatopeia: tentativa de representar um som da natureza.

Pow, paf, tum, psiu, argh.

Reduplicação: repetição de palavra com fim onomatopaico.

Reco-reco, tique-taque, pingue-pongue.

Redução ou abreviação

Eliminação do segmento de alguma palavra

Fone (telefone), cinema (cinematógrafo), pneu (pneumático) etc.

Questões

01. Marque a alternativa cujo sentido do sufixo e/ou prefixo formador da palavra está corretamente indicado.

a) Estadual - proveniência, origem.
b) Responsabilidade - propriedade.
c) Construção - lugar ou instrumento da ação.
d) Pavimentadas - referência, semelhança.
e) Transversais - movimento para além de.

02. (Vunesp) O sentido expresso pelo prefixo na palavra desafinado também está presente na palavra destacada em:

a) Eles teriam de cooperar com a nova administração do prédio.
b) Trabalhou tanto e não salvou o documento, por isso o refez.
c) No subtítulo do texto, havia uma palavra que não conhecia.
d) Ele era incapaz de resolver um problema com agilidade.
e) Era preciso esfriar o leite antes de acrescentar-lhe o café.

03. Considerando o processo de formação de palavras, assinale a alternativa em que se encontra um prefixo e um sufixo.

a) Reconstrução
b) Idealizadas
c) Diariamente
d) Heroicizadas
e) Veracidade

04. Assim como em "desimpedido", o prefixo indica oposição, negação ou falta em:

a) desgastada.
b) embuste.
c) investimento.
d) independente.
e) retificar.

05. Assinale a alternativa correta. Com relação à palavra AMAR, pode-se afirmar que:

a) "am-" é o radical e "-a-" é a vogal temática, sendo "-r" a desinência do infinitivo.
b) "am" é o prefixo verbal e "-ar" o radical que indica o tema verbal.
c) "am" é o radical e "-ar" é o sufixo verbal que indica verbo no gerúndio.
d) "am" é o radical e "-a-" é o determinante de gênero feminino, sendo "-r" a consoante de ligação.
e) "a-" é o prefixo verbal e "-ma-" o radical, sendo "-r" a desinência de ligação.

06. Assinale a alternativa em que "infra" NÃO é prefixo.

a) Infracitado.
b) Infrato.
c) Inframedíocre.
d) Infraglótico.
e) Infracolocado.

Brasília comemorou seu aniversário com uma superfesta. A cinquentona planejada por Lúcio Costa é hoje uma metrópole que oferece alta qualidade de vida.

(Fonte: O Globo, 21/04/2010, com adaptações)

07. Na notícia do jornal, as palavras "superfesta" e "cinquentona" exemplificam, respectivamente, casos de formação de palavras por

a) Hibridismo e neologismo.
b) Justaposição e aglutinação.
c) Composição e derivação.
d) Prefixação e sufixação.
e) Conversão e regressão.

08. (CESPE) A palavra "trem-bala" é composta por justaposição, tal qual o vocábulo:

a) governança.
b) ilimitado.
c) passatempo.
d) superprodução.
e) faturamento.

09. Em "...que serão dignos de seu sobrenome...", o substantivo grifado foi formado pelo processo de:

a) composição por justaposição;
b) composição por aglutinação;
c) derivação prefixal;
d) derivação sufixal;
e) derivação parassintética.

10. A palavra grifada no trecho: "...pesquisas frequentes ajudam a estimular o debate." foi formada pelo processo de:

a) composição por aglutinação.

b) composição por justaposição.

c) derivação parassintética.

d) derivação regressiva.

e) derivação prefixal.

Gabaritos

01	E	06	B
02	D	07	D
03	A	08	C
04	D	09	C
05	A	10	D

22. FIGURAS DE LINGUAGEM

Para iniciar o estudo deste capítulo, é importante, retomar alguns conceitos: ao falar de figuras de linguagem, estamos, também, falando de **funções da linguagem** e de **semântica**.

As figuras de linguagem (também chamadas de figuras de pensamento) são construções que se relacionam com a função **poética da linguagem**, ou seja, estão articuladas em razão de modificar o código linguístico para dar ênfase no sentido de uma frase.

É comum vermos exemplos de figuras de linguagem em propagandas publicitárias, poemas, músicas etc. Essas figuras estão presentes em nossa fala cotidiana, principalmente na fala de registro **informal**.

O registro dito informal é aquele que não possui grande preocupação com a situação comunicativa, uma vez que não há tensão para a comunicação entre os falantes. Gírias, erros de concordância e subtração de termos da frase são comuns nesse baixo nível de formalidade comunicativa. Até grandes poetas já escreveram textos sobre esse assunto, veja o exemplo do escritor Oswald de Andrade, que discute a norma gramatical em relação à fala popular do brasileiro:

Pronominais

Dê-me um cigarro
Diz a gramática
Do professor e do aluno
E do mulato sabido
Mas o bom negro e o bom branco
Da Nação Brasileira
Dizem todos os dias
Deixa disso camarada
Me dá um cigarro

Oswald de Andrade
(1890-1954)

Os Cem Melhores Poemas Brasileiros do Século - Seleção e Organização de Ítalo Moriconi, Editora Objetiva, Rio de Janeiro, 2001 (In Pau-Brasil - Poesia - Oswald de Andrade, São Paulo, Globo)

22.1 Conotação X Denotação

É interessante, quando se estuda o conteúdo de figuras de linguagem, ressaltar a distinção conceitual entre o sentido conotativo e o sentido denotativo da linguagem. Vejamos como se opera essa distinção:

Sentido CONOTATIVO: figurado, ou abstrato. Relaciona-se com as figuras de linguagem.

Adalberto **entregou sua alma a Deus**.

A ideia de entregar a alma a Deus é figurada, ou seja, não ocorre literalmente, pois não há um serviço de entrega de almas. Essa é uma figura que convencionamos chamar de **metáfora**.

Sentido DENOTATIVO: literal, ou do dicionário. Relaciona-se com a função **referencial** da linguagem.

Adalberto **morreu**.

Quando dizemos função referencial, entende-se que o falante está preocupado em transmitir precisamente o fato ocorrido, sem apelar para figuras de pensamento. Essa frase do exemplo serviu para mostrar o sinônimo da figura de linguagem anterior.

Vejamos agora algumas das principais figuras de linguagem que costumam ser cobradas em provas de concursos públicos:

Metáfora: uma figura de linguagem, que consiste na comparação de dois termos sem o uso de um conectivo.

- Rosa **é uma flor**. (A pessoa é como uma flor: perfumada, delicada, bela etc.)
- Seus olhos **são dois oceanos**. (Os olhos possuem a profundidade do oceano, a cor do oceano etc.)
- João **é fera**. (João é perito em alguma coisa, desempenha determinada tarefa muito bem etc.)

Metonímia: figura de linguagem que consiste utilização de uma expressão por outra, dada a semelhança de sentido ou a possibilidade de associação lógica entre elas.

Há vários tipos de metonímia, vejamos alguns deles:

Efeito pela causa:

O carrasco ergueu **a morte**. (O efeito é a morte, a causa é o machado).

Marca pelo produto:

Vá ao mercado e traga um Nescau. (achocolatado em pó).

Autor pela obra:

Li Camões com entusiasmo. (Quem leu, leu a obra, não o autor).

Continente pelo conteúdo:

Comi dois pratos de feijão. (Comeu o feijão, ou seja, o conteúdo do prato)

Parte pelo todo:

Peço sua **mão em casamento**. (Pede-se, na verdade, o corpo todo).

Possuidor pelo possuído:

Mulher, vou **ao médico**. (Vai-se ao consultório que pertence ao médico, não ao médico em si).

Antítese: figura de linguagem que consiste na exposição de ideias opostas.

*"**Nasce** o Sol e não dura mais que um **dia***
*Depois da **Luz** se segue à **noite** escura*
Em tristes sombras morre a formosura,
*Em contínuas **tristezas** e **alegrias**."*

(Gregório de Matos)

Os termos em negrito evidenciam relações semânticas de distinção (oposição). Nascer é o contrário de morrer, assim como sombra é o contrário de luz. Essa figura foi muito utilizada na poesia brasileira, em especial pelo autor dos versos acima: Gregório de Matos Guerra.

Paradoxo: expressão que contraria o senso comum. Ilógica.

*"Amor é fogo que **arde sem se ver**;*
*É ferida que **dói e não se sente**;*
*É um **contentamento descontente**;*
*É **dor que desatina sem doer**."*

(Luís de Camões)

A construção semântica acima é totalmente ilógica, pois é impossível uma ferida doer e não ser sentida, assim como não é possível o contentamento ser descontente.

Perífrase: expressão que tem por função substituir semanticamente um termo:

A última flor do Lácio anda muito judiada. (Português é a última flor do Lácio)

O país do futebol é uma grande nação. (Brasil)

O Bruxo do Cosme Velho foi um grande escritor. (Machado de Assis era conhecido como o Bruxo do Cosme Velho)

O anjo de pernas tortas foi o melhor jogador do mundo. (Garrincha)

Eufemismo: figura que consiste em atenuar uma expressão desagradável:

José **pegou emprestado sem avisar**; (roubou).

Maurício **entregou a alma a Deus**; (morreu).

Coitado, só porque **é desprovido de beleza**. (feio)

Disfemismo: contrário ao Eufemismo, é a figura de linguagem que consiste em tornar uma expressão desagradável em algo ainda pior.

O homem **abotoou o paletó de madeira**. (morreu)

Está chupando cana pela raiz. (morreu)

Sentou no colo do capeta. (morreu)

Prosopopeia: atribuição de características animadas a seres inanimados.

O vento sussurrou em meus ouvidos.

Parecia que a **agulha odiava o homem**.

Hipérbole: exagero proposital de alguma característica.

Estou morrendo de rir.

Chorou rios de lágrimas.

Hipérbato: inversão sintática de efeito expressivo.

Ouviram do Ipiranga as margens plácidas
De um povo heroico o brado e retumbante.

Colocando na ordem direta:

As margens plácidas do Ipiranga ouviram o brado retumbante de um povo heroico.

Da minha família, ninguém fala!

Gradação: figura que consiste na construção de uma escala de termo que fazem parte do mesmo campo semântico.

Plantou **a semente**, zelou pelo **broto**, regou a **planta** e colheu o **fruto**. (A gradação pode ser do campo semântico da palavra semente – broto, planta e fruto – ou da palavra plantar – zelar, regar, colher)

Ironia: figura que consiste em dizer o contrário do que se pensa.

Lamento por ter sido eu o vencedor dessa prova. (Evidentemente a pessoa não lamenta ser o vencedor de alguma coisa)

Onomatopeia: tentativa de representar um som da natureza. Figura muito comum em histórias em quadrinhos.

Pof, tic-tac, click, bum, vrum!

Sinestesia: confusão dos sentidos do corpo humano para produzir efeitos expressivos.

Ouvi uma **voz suave** saindo do quarto.

O seu **perfume doce** é extremamente inebriante.

22.2 Vícios de Linguagem

Em um âmbito geral, vício de linguagem é toda expressão contrária à lógica da norma gramatical. Vejamos quais são os principais deslizes que se transformam em vícios.

Pleonasmo vicioso: consiste na repetição desnecessária de ideias.

Subir para cima.

Descer para baixo.

Entrar para dentro.

Cardume de peixes.

Enxame de abelhas.

Elo de ligação.

Fato real.

Observação: pode existir o plágio expressivo em um texto poético. Na frase "ele penetrou na escura treva" há pleonasmo, mas não é vicioso.

Ambiguidade: ocorre quando a construção frasal permite que a sentença possua dois sentidos.

Tenho que buscar **a cadela da sua irmã**.

A empregada disse para o chefe que o cheque estava sobre **sua mesa**.

Como você, também estou cansado. (conjunção "como" ou verbo "comer")

Cacofonia: ocorre quando a pronúncia de determinadas palavras permite a construção de outra palavra.

Dei um beijo na bo**ca dela**.

Nos**so hino** é belo.

Na **vez passada**, esca**pei de** uma.

Barbarismo: é um desvio na forma de falar ou grafar determinada palavra.

Mortandela (em vez de mortadela).

Poblema (em vez de problema).

Mindingo (em vez de mendigo).

Salchicha (em vez de salsicha).

Esse conteúdo costuma ser simples para quem pratica a leitura de textos poéticos, portanto devemos sempre ler poesia. Passemos à resolução de algumas questões.

Questões

01. (CESGRANRIO) As palavras podem assumir sentidos figurados, ou seja, significados diferentes das acepções e usos previstos pelos dicionários, embora facilmente compreensíveis no contexto específico em que se encontram. A passagem do texto em que uma palavra em sentido figurado está presente é:

a) "Daí esta avalanche, este tsunami de informações."

b) "O estado de nossas células cerebrais, as nossas emoções; tudo isso pode representar uma limitação para nossa capacidade de lembrar."

c) "Para quem, como eu, viaja bastante e tem de trabalhar em aviões ou em hotéis, é um recurso precioso."

d) "Mas não encontrei pen drive algum."

e) "Perguntei no aeroporto, entrei em contato com o táxi que me trouxera, liguei para casa: nada."

02. (UNICENTRO) O fragmento que ilustra a linguagem conotativa é o transcrito na alternativa:

a) "pelo uso dos aviões sequestrados como arma".

b) "A derrubada do Taleban, que governava o país centro-asiático, contribuiu de modo decisivo para debilitar aquele grupo terrorista."

c) "uma guerra injustificável contra o Iraque."

d) "como alegou então, por má-fé e paranoia, o governo americano."

e) "Produziu até agora apenas dois outros atentados de vulto".

03. (CEV-URCA) Em: "Chico passou por maus bocados, andou gastando mais de cinco litros de saliva para reconquistar a mulher" (linhas 40 e 41). A construção em destaque é própria da linguagem literária e caracteriza-se como:

a) Hipérbole.

b) Eufemismo.

c) Catacrese.

d) Anáfora.

e) Elipse.

04. (PaqTcPB) Leia o texto:

Tomar uma decisão envolve uma disputa com três participantes – dois deles (instinto e experiência) cuidam de seu presente, o outro (razão) pensa no seu futuro. Por isso, diante de uma encruzilhada, o melhor é tentar organizar essa briga. Antes de decidir se quer mesmo encarar uma mudança radical na carreira, talvez você resolva usar a razão. Ou não – talvez você esteja cansado da profissão que escolheu e prefira tentar um caminho novo. Tanto faz: em qualquer decisão, o importante é pensar se aquele problema merece uma consideração mais racional ou emotiva. E só aí começar a julgar as informações e os argumentos. Assim, o cérebro começa a movimentar as engrenagens sabendo qual delas interessa mais. E evita erros.

A utilização dos termos "participantes", "cuidam" e "pensa" (L. 2 e 3) contribui para estabelecer, no texto, uma relação de sentido denominada:

a) Ambiguidade.

b) Sinonímia.

c) Paráfrase.

d) Oposição.

e) Metáfora.

05. Pleonasmo é uma figura de linguagem que tem como marca a repetição de palavras ou expressões, aparentemente desnecessárias, para enfatizar uma ideia. No entanto, alguns pleonasmos são considerados "vícios de linguagem" por informarem uma obviedade e não desempenharem função expressiva no enunciado. Considerando esta afirmação, assinale a alternativa que possui exemplo de pleonasmo vicioso.

a) "(...) E então abriu a torneira: a água espalhou-se (...)"

b) "(...)O jeito era ir comprar um pão na padaria. (...)"

c) "(...)Matá-la, não ia; não, não faria isso. (...)"

d) "(...) Traíra é duro de morrer, nunca vi um peixe assim. (...)"

e) "(...) Tirou para fora os outros peixes: lambaris, chorões, piaus; (...)"

06. (FUNCAB) Assinale a figura de linguagem que predomina no trecho "Mas aquele pendão firme, vertical, beijado pelo vento do mar, veio enriquecer nosso canteirinho vulgar com uma força e uma alegria que me fazem bem."

a) hipérbole

b) eufemismo

c) prosopopeia

d) antítese

e) catacrese

07. (FUNRIO) Em um texto, as palavras e as expressões podem ser empregadas em sentido conotativo ou denotativo. No segmento "O segundo caminho, válido para profissionais liberais, é conquistar bons clientes e assumir a propriedade do próprio nariz.", a expressão "do próprio nariz" tem natureza conotativa. O termo ou expressão destacado(a) que está empregado(a) em sentido denotativo ocorre em:

a) Os jovens "lutam" aguerridamente para conseguir um bom emprego.

b) É educativo ensinar às pessoas a ganharem o dinheiro com o "suor do seu rosto".

c) Muitos jovens não conseguem ser "felizes" nas profissões que abraçaram.

d) Os profissionais financeiramente "mais bem sucedidos" são os médicos.

e) Os filhos podem ser "o braço direito" dos pais em empresas familiares.

08. (CESPE)

*"**Nasce** o Sol e não dura mais que um **dia***
*Depois da **Luz** se segue à **noite** escura*
*Em tristes **sombras morre** a formosura,*
*Em contínuas **tristezas e alegrias**."*

(Gregório de Matos)

Assinale a opção que apresenta a figura de linguagem predominante no trecho do poema acima.

a) sinestesia

b) comparação

c) antítese

d) eufemismo

e) hipérbole

09. (CONSUPLAN) Há sentido conotativo na seguinte alternativa:

a) "Será que uma bola é mais valiosa que um livro?"

b) "...aposentados choram pelo minguado aumento."

c) "Por que se concedem altos aumentos na política?"

d) "... hospitais deixam de atender ao mais simples diagnóstico..."

e) "Por que os salários não são igualitários?"

10. Constitui exemplo de uso de linguagem figurada o elemento sublinhado na frase:

I. Foi acusado de ser o cabeça do movimento.

II. Ele emprega sempre a palavra literalmente atribuindo- lhe um sentido inteiramente inadequado.

III. Ignoro o porquê de você se aborrecer comigo.

IV. Seus pensamentos são fantasmagorias que não o deixam em paz.

Atende ao enunciado APENAS o que está em:

a) I e II.

b) I e IV.

c) II e III.

d) III e IV.

e) I e III.

Gabaritos

01	A	06	C
02	B	07	C
03	A	08	C
04	E	09	B
05	E	10	B

CONHECIMENTOS DE FORTALEZA

1. CONHECIMENTOS SOBRE FORTALEZA

1.1 Localização e Limites

A cidade de Fortaleza, capital do Ceará, está localizada no Nordeste do Brasil, mais precisamente no litoral do estado.

O município tem como limites o Oceano Atlântico ao norte; ao sul, faz fronteira com as cidades de Maracanaú, Itaitinga e Pacatuba; Caucaia a oeste e Eusébio; e Aquiraz a leste. Além disso, a cidade é a capital brasileira mais próxima do continente europeu.

Cabe ainda destacar que Fortaleza é uma das menores capitais do País, com a extensão de 313.353 km².

1.2 Hidrografia

A hidrografia principal de Fortaleza é composta pelas bacias da Vertente Marítima, do Rio Pacoti, do Rio Maranguapinho e do Rio Cocó.

O estado do Ceará está dividido em 12 bacias hidrográficas, sendo que Fortaleza está inserida na bacia que leva o nome de Metropolitana.

Rios

> **Rio Ceará:** deságua na praia da Barra do Ceará e marca a divisa com o município de Caucaia. A principal característica é a vegetação de mangue.

> **Rio Maranguapinho:** tem sua nascente na Serra de Maranguape, sendo o maior afluente do Rio Ceará, com 34 km de extensão.

> **Rio Pajeú:** historicamente, é o rio em que se assentou a cidade de Fortaleza. Atualmente, restam somente duas áreas verdes de margem do rio – sendo uma atrás da antiga sede da Prefeitura e a outra próxima à administração da Câmara de Dirigentes Lojistas, ambas localizadas no centro da cidade.

> **Rio Cocó:** é considerado o rio mais importante de Fortaleza, que corta toda a cidade, sendo o principal recurso superficial. Em sua foz foi criado o Parque Ecológico de Cocó.

> **Rio Coaçu:** forma também uma área de interesse ambiental. Representa a divisa entre Fortaleza e Eusébio e é um afluente do Rio Cocó.

> **Rio Pacoti:** esse rio determina a divisa com o município de Aquiraz.

Lagos e lagoas

Dentre os principais lagos e lagoas que fazem parte da hidrografia do município de Fortaleza, podemos citar:

> **Jacareí:** faz parte da Bacia Hidrográfica do Rio Cocó. Seu entorno possui pista para caminhada e uma praça, sendo uma agradável área de lazer.

> **Maraponga:** está localizada a oeste da Bacia Hidrográfica do Rio Cocó. Caracteriza-se por possuir uma paisagem natural de grande porte. Também é utilizada pela população da cidade para atividades ligadas ao esporte e ao lazer.

> **Massejana:** também localizada na Bacia Hidrográfica do Rio Cocó, é um dos recursos naturais mais importantes da cidade de Fortaleza. Conta com um calçadão para a prática esportiva.

> **Mondubim:** faz parte da Bacia Hidrográfica do Rio Ceará. A estação de trem da Estrada de Ferro de Baturité, construída próxima do local, estimulou a economia desta localidade.

> **Opaia:** está localizada entre os bairros Aeroporto e Vila União, sendo muito utilizada para práticas de pesca e lazer.

> **Parangaba:** faz parte da Bacia Hidrográfica do Rio Maranguapinho. A realização de atividades pesqueiras é favorecida pela profundidade da lagoa.

> **Porangabussu:** localizada do bairro Rodolfo Teófilo. Conta com quadras de esporte, área de ginástica, pista de *skate*, *playground*, além de um calçadão.

> **Sapiranga:** é um dos maiores estuários da cidade de Fortaleza, com 675 mil m² de superfície d'água.

> **Precabura:** forma-se no leito do Rio Coaçu, não sendo uma lagoa de água doce, pois sofre influência do mar. A lagoa, que possui um rico ecossistema, dá sustento à diversos pescadores da região.

1.3 População

Fortaleza é a 5ª cidade mais populosa do Brasil e a 2ª mais populosa da região do Nordeste, atrás apenas de Salvador (BA). De acordo com o censo do Instituto Brasileiro de Geografia e Estatística (IBGE) de 2021, a população estimada da cidade é de 2.703.391 habitantes. Em comparação com o censo em 2020, Fortaleza teve um aumento populacional de 0,62%, quando contava com 2.452.185 habitantes. Cabe ainda destacar que a densidade demográfica de Fortaleza é de 7.786,44 hab/km².

Com relação à composição étnica do município, Fortaleza possui 57,21% de pessoas que se autodeclaram pardas; 36,28% brancas; 4,91% negras; 1,42% amarelas e somente 0,18% indígenas.

1.4 Aspectos Políticos, Administrativos, Econômicos e Culturais

O município de Fortaleza surgiu em 1725 a partir da chamada Resolução Régia, mas a data oficial de sua fundação e instalação aconteceu apenas em 13 de abril de 1726. Contudo, só foi considerada uma cidade no ano de 1823, data em que recebeu o nome de Fortaleza da Nova Bragança, até se transformar apenas em Fortaleza.

Hoje, a cidade abriga 121 bairros, divididos em territórios administrativos e secretarias executivas, as quais oferecem serviços de órgãos públicos, e funcionam como subprefeituras. Atualmente, a gestão do município é feita por José Sarto Nogueira (PDT), que ocupa o cargo de prefeito de 2021 até 2024.

Entre as capitais da região Nordeste do Brasil, Fortaleza possui um dos maiores Produtos Internos Brutos (PIB) e, por esse motivo, é considerada o município mais rico da região, ocupando o nono lugar no País e o oitavo entre as capitais brasileiras. Traduzido em números, segundo dados de 2014, Fortaleza possui um potencial de compra estimado em R$ 42 bilhões.

A economia da cidade destaca-se, principalmente, em atividades do setor terciário, como o comércio e a prestação de serviços. Depois disso, o setor secundário, industrial, também exerce relevante papel econômico na cidade. Contudo, grande parte da riqueza gerada na capital tem como base as atividades exercidas nas Regiões Metropolitanas, uma das mais populosas e economicamente mais estáveis do Norte e Nordeste do Brasil. Assim, a renda média de Fortaleza gira em torno de 2,7 salários-mínimos. Com a maioria da sua população sendo urbana, a agricultura tem menor importância econômica na região, concentrando-se mais na agropecuária.

Assim, no comércio e nos serviços destacam-se grandes centros de compra, com ênfase para o centro histórico da cidade, que reúne o maior número de estabelecimentos de compra, venda e negócios. Um exemplo é a Avenida Monsenhor Tabosa, referência turística e para a moda. Nas regiões periféricas da cidade, a expansão desses centros comerciais vem acontecendo de forma significativa, como no bairro Montese. Já na indústria, destacam-se atividades como fábricas têxteis, metalúrgicas, mecânicas e de construção civil. Nesse setor, sobressai-se o Complexo Industrial do Pecém, no qual se encontra a Companhia Siderúrgica do Pecém, de atuação nacional e internacional. A produção de alimentos derivados do trigo, de vestuário, couro, pele e extração mineral são segmentos industriais importantes. Fortaleza também exporta petróleo refinado, coco, castanha, caju, e crustáceos, principalmente. Também é a sede do Banco do Nordeste e do Banco Palmas – ambos estimulam o desenvolvimento econômico regional.

A cultura local possui forte relação com suas manifestações religiosas e movimentos de tradições históricas. São muito conhecidas as Festas Juninas realizadas no meio do ano, e a festa em homenagem à Nossa Senhora de Assunção, padroeira da cidade, em 15 de agosto. Além disso, diversas instituições culturais surgidas no século XIX fomentaram uma tradição cientifica e literária na cidade muito interessante; entre tais instituições, podemos citar: o Instituto do Ceará, de 1887, a mais antiga e ainda existente, e a Academia Cearense de Letras, a primeira do país, fundada em 1892. Tais iniciativas deram origem ao movimento literário "Padaria Espiritual", que exerceu forte influência na Semana de Arte Moderna de 1922.

O folclore da região é composto por influências indígenas, africanas e dos colonizadores europeus. Podemos destacar o Bumba-meu-boi, um conjunto de cantos e danças de origens ibéricas, e o Maracatu, danças e cantos típicos da região, celebradas principalmente no carnaval nordestino. Na gastronomia, Fortaleza possui pratos típicos nordestinos como o baião de dois, e diversos frutos do mar, como a moqueca de arraia, caranguejada e bobó de camarão. Possui mais de 30 museus, com diferentes temáticas e acervos, entre eles o Museu do Ceará, que guarda a história e cultura local. Também possui uma das bibliotecas mais importantes do Brasil, a Biblioteca Pública Governador Menezes Pimentel, que reúne cerca de 95 mil obras, muitas delas raras, datando de 1492.

1.5 Pontos Turísticos

Fortaleza é um dos maiores centros turísticos do Brasil segundo o Ministério do Turismo. A cidade é o segundo destino mais procurado pelos turistas brasileiros e estrangeiros, sendo a quarta cidade a receber mais visitantes no país. Sua paisagem natural é composta por clima quente, dias ensolarados e belas praias – entre elas, citamos as cinco principais: Praia da Iracema, Praia do Meireles, Praia da Barra do Ceará, Praia do Futuro e Praia da Sabiaguaba. Diante de tal cenário, o município possui grande infraestrutura turística, segundo a Associação Brasileira de Agências de Viagens. Fortaleza sedia uma das maiores e mais bem estruturadas redes hoteleiras do país e, ainda, possui diversas outras atrações, como parques aquáticos, com destaque para parque temático Beach Park, diversos clubes, boates, restaurantes e lojas.

O turismo também é movido pelos eventos festivos da cidade, como o Carnaval, em que acontecem os cortejos de Maracatu, micaretas, e o festival de música "Ceará Music", além do SANA, um dos maiores eventos do Brasil, no qual se celebra a cultura japonesa; no famoso Mercado dos Pinhões, é possível ter acesso a diversos eventos culturais que acontecem na cidade.

1.6 Patrimônio Cultural

Tanto o estado do Ceará como a cidade de Fortaleza foram pioneiros ao adotarem políticas de proteção ao patrimônio imaterial, no programa intitulado Mestres da Cultura, diante da efervescência cultural da cidade, repleta de artistas, escritores e pintores em seu passado e contemporaneidade. Fortaleza conta com diversos tombamentos de construções em nível estadual e federal. Entre eles, a Casa de José de Alencar e o Theatro José de Alencar, famoso literário brasileiro e uma das maiores personalidades do Ceará; a primeira estação ferroviária do Ceará, a Estação João Felipe, com projeto de transformar-se em uma Pinacoteca; o Palácio da Luz, sede da Academia Cearense de Letras; um dos mais belos cinemas brasileiros, o Cinema São Luiz; e o Farol do Mucuripe, símbolo e cartão postal de Fortaleza. Localizado na Praia da Iracema, o prédio do Estoril foi utilizado como um cassino pelos estadunidenses durante a Segunda Guerra Mundial (1939-1945).

No Centro Dragão do Mar de Arte e Cultura, é possível encontrar o principal espaço dedicado à cultura em Fortaleza. O espaço abriga manifestações artísticas, museus, teatros, planetário, cinemas, biblioteca, restaurantes típicos e lojas. Outras construções históricas de Fortaleza, com arquitetura neoclássica, são fruto da chamada *belle époque* fortalezense no ciclo econômico do algodão, como o Prédio da Alfândega de Fortaleza, o Sobrado Doutor José Lourenço, a Estação João Felipe, e a Casa e o Theatro e José de Alencar.

Em Fortaleza, destaca-se também a produção local de artesanato do Ceará. Muitos locais são pontos de exposição e venda desse material, como a Central de Artesanato do Ceará, a Feira de Artesanato Beira-Mar e o próprio Mercado Central. Nesses locais, é possível encontrar artigos de couro, argila, cipó, madeira, algodão, e objetos como cestarias feitas de palha de carnaúba, cerâmicas, rendas, bordados, crochês etc.

Como já mencionado, a "Padaria Espiritual" foi um movimento literário regional de Fortaleza e do Ceará, pioneiro no modernismo brasileiro. Na Academia Cearense de Letras, compuseram nomes como Gustavo Barroso, Araripe Júnior, José de Alencar, Heráclito Graça, Franklin Távora, Clóvis Beviláqua e Rachel de Queiroz. Já o Instituto do Ceará foi responsável por revelar outros intelectuais de relevância nacional como Farias Brito e Capistrano de Abreu. Na casa onde o poeta Juvenal Galeno viveu, foi criado, em 1969, por outro poeta, Carneiro Portela, o Clube dos Poetas Cearenses.

Quanto ao cinema, o nome mais conhecido é de Zelito Viana, diretor de diversos filmes premiados e com produções exibidas nos Festivais de Cannes, Veneza e Berlim. Na moda, o estilista Lino Villaventura, natural de Fortaleza, é um dos principais nomes do São Paulo Fashion Week e participou da fundação da semana de moda. Por ser grande polo têxtil, Fortaleza também sedia o festival de moda de Fortaleza, o Fortaleza Fashion Week e o Dragão Fashion do Brasil, maior evento de moda do Nordeste. Além da moda praia, produtos de couro e renda, Fortaleza é centro de marcas como Santana Textiles, Esplanada e Otoch.

O humor permeia o imaginário coletivo e a cultura popular cearense é uma característica própria da região, desde o século XIX, em diversas manifestações artísticas. Assim, Fortaleza é considerada a capital do humor e dela saíram nomes que são referências nacionais, como Tom Cavalcante e Wellington Muniz. Renato Aragão e Tiririca, apesar de não terem nascido na cidade, fizeram sua carreira nela, assim como o cantor de música brega Falcão. Além destes, o ator Chico Anysio, considerado o maior comediante brasileiro, também nasceu em Fortaleza.

Na música, o forró, além de ser o gênero musical mais popular de Fortaleza, é considerado patrimônio imaterial e exerce grande influência cultural e comercial na cidade, sendo responsável por grande parte do entretenimento das casas de *show*, com suas variações, como o forró eletrônico e o forró pé de serra. Sua origem está atrelada aos bailes populares que aconteciam no século XIX e eram chamados de "forrobodó", no qual as pessoas dançavam arrastando seus pés no chão para não levantar a poeira no ar. Tornou-se marca registrada da cultura nordestina e, hoje, é conhecido e respeitado como um gênero musical e de dança internacionalmente. Foi em Fortaleza também que se originou o nacionalismo musical brasileiro, com o compositor Alberto Nepomuceno, um dos maiores nomes da música erudita no Brasil. Assim, hoje, o Conservatório Alberto Nepomuceno é uma das principais escolas de música de Fortaleza. No esporte, há destaque para o Fortaleza Esporte Clube, time de futebol da cidade, e para os esportes náuticos e de praia, como o surfe.

1.7 Clima e Vegetação

O clima da cidade de Fortaleza é caracterizado como tropical semiúmido, tendo como característica uma época mais chuvosa entre janeiro e junho e outra seca, de agosto a dezembro.

As chuvas de verão acontecem com mais frequência na cidade do que no restante do estado, devido à sua localização entre serras próximas. Além disso, cabe destacar que a temperatura média do município de Fortaleza está em torno de 27 °C.

Já no que diz respeito à vegetação, em Fortaleza, ela é tipicamente litorânea contando com áreas de mangue e restinga. Ao sul da cidade, próximo às dunas e também perto da foz dos rios Cocó, Ceará e Pacoti, encontram-se as áreas de restinga. Na região dos leitos desses mesmos rios, a vegetação predominante é a de mangue, sendo que a maior área de mangue da cidade de Fortaleza está localizada no Rio Cocó, formando o Parque do Cocó.

Além disso, na região sudeste da cidade, existe ainda uma reserva de floresta tropical que conta com mais de 50 hectares.

1.8 Ocupação Geográfica

No quesito de ocupação da cidade de Fortaleza, o primeiro aspecto que precisamos destacar é que foi um processo tardio, se comparado às demais capitais do Nordeste brasileiro. Isso se deu principalmente devido à dificuldade que os colonizadores portugueses tiveram em dominar os povos nativos da região.

No início da colonização, a cidade de Fortaleza teve sua ocupação na parte central e, gradativamente, avançou para a região oeste, seguindo o curso do Riacho Pajeú. Ainda no século XIX, até aproximadamente metade do século XX, a população continuou se estabelecendo nessas regiões.

Nesse período, o aumento da população do local aconteceu, principalmente, por conta do êxodo rural, devido às secas constantes que acontecem nas cidades do interior do estado do Ceará, bem como no Nordeste em geral.

O crescimento urbano de Fortaleza foi acentuado a partir de 1866, principalmente por conta de estradas que ferro que ligavam a capital a algumas cidades mais do interior, bem como rotas de navios que iam diretamente à Fortaleza.

Esse crescimento, que pode ser considerado como um crescimento desordenado, trouxe alguns problemas de urbanização para a cidade. Nesse período surgiram os primeiros aglomerados subnormais, que consistiam na ocupação irregular de propriedades alheias para fins de habitação em áreas urbanas.

A região oeste da cidade passou a ter aumento demográfico a partir da década de 1960, com uma concentração populacional em locais considerados ambientalmente instáveis como os mangues e as dunas.

Somente no final do século XX Fortaleza passou a ter níveis de urbanização bastante elevados, porém, esse espaço urbano passou a ser planejado, buscando privilegiar as parcelas da sociedade com maior poder aquisitivo, de acordo com uma lógica das grandes incorporadoras imobiliárias. Dessa maneira, as parcelas com menor poder aquisitivo passaram por uma espécie de perda de direito ao espaço da cidade.

A região sudoeste da cidade apresenta uma quantidade bastante significativa de bairros populosos, principalmente aqueles que fazem divisa com o município de Maracanaú. O lado oeste também apresenta grande número de habitantes, sendo, então, estas regiões as que concentram a maior população de Fortaleza.

Já na zona leste da cidade, encontram-se muitos bairros relativamente novos e, assim, esses locais ainda conservam áreas com uma natureza mais preservada.

1.9 História da Cidade

Registros pré-históricos indicam que os primeiros habitantes do território, que mais tarde iria se tornar Fortaleza, chegaram no local há cerca de 2 mil anos atrás. No ano 1.000 a.C, os índios tapuias dominavam a região, mas, mais tarde, foram expulsos pelos tupis da Amazônia, que se instalaram na região litorânea e deram origem ao povo indígena potiguara. Alguns estudos apontam que, antes da chegada dos portugueses, houve a passagem de navegadores espanhóis pela região, como Yáñez Pinzón e Diego de Lepe, mas nada foi oficializado devido ao Tratado de Tordesilhas.

A ocupação efetiva do território iniciou-se entre 1597 e 1598, fazendo com que os indígenas da etnia potiguara migrassem para as margens dos rios Cocó e Ceará. A partir de 1603, os portugueses iniciaram o processo de colonização, às margens do Rio Ceará, batizando o local de Nova Lisboa e Nova Lusitânia. Contudo, houve resistência indígena e essa primeira tentativa de conquista do território fracassou. Em 1613, o português Martim Soares Moreno recuperou o então construído Forte de São Tiago na região e o rebatizou de Forte de São Sebastião. Foi esse forte que, em 1613, os holandeses tentaram invadir com ajuda dos índios potiguaras. Em 1637, finalmente tiveram êxito e, em 1644, o Forte São Sebastião foi destruído e os holandeses expulsos.

Mas o domínio holandês na região ocorreu novamente em 1649, quando a expedição de Matias Beck estabeleceu o domínio às margens do Rio Pajeú. O Forte Schoonenborch, construído no local, é considerado o marco inicial da cidade de Fortaleza. Com a expulsão dos holandeses pelos portugueses novamente em 1654, a construção foi rebatizada de Forte de Nossa Senhora de Assunção. No dia 13 de abril de 1726, o povoado do Forte de Nossa Senhora de Assunção foi elevado à condição de vila e Fortaleza passou a ser considerada o centro político do Ceará. Com a Capitania do Ceará sendo desmembrada da Capitania de Pernambuco, em 1799, Fortaleza foi escolhida como sua capital, por sua relevância política já citada. Com a Independência do Brasil, Dom Pedro I transformou a vila na cidade de Fortaleza e Nova Bragança.

Durante o século XIX, Fortaleza era uma das principais cidades do Brasil. A base de sua economia estava na cultura do algodão diante da Revolução Industrial. Houve um rápido aumento populacional com o êxodo rural, e com o crescimento da cidade, ela passou a incorporar a arquitetura, o comportamento e a cultura das grandes metrópoles do Ocidente, ao mesmo tempo em que problemas sociais decorrentes das desigualdades e da pobreza começavam a surgir. Construções como a Alfândega de Fortaleza para a exportação de produtos para a Europa, a reconstrução da Fortaleza de Nossa Senhora de Assunção, ambas em 1812, e o Passeio Público, em 1820, foram executadas pelo idealizador urbanístico da cidade, Silva Paulet. Esse século foi considerado a *belle époque* de Fortaleza, com a construção de diversos empreendimentos comerciais e culturais e com o surgimento de diversos movimentos artísticos e intelectuais.

Em 1824, Fortaleza viveu um cenário sangrento diante da Confederação do Equador, e assistiu à execução de diversos revolucionários, entre eles, do Padre Mororó e de Pessoa Anta. Entre 1870 e 1880, o Movimento Abolicionista Cearense e os ideais republicanos tomaram a cidade e quatro anos antes da Lei Áurea, em 1884, houve a libertação dos escravos no Ceará. Inspirados pelos valores progressistas, o movimento literário "Padaria Espiritual" colaborou com o movimento abolicionista, mas o principal levante popular pela causa aconteceu em janeiro de 1881, feito pelos jangadeiros liderados por Dragão do Mar, responsável por acabar com o tráfico negreiro na região.

Nas primeiras décadas do período republicano , as oligarquias, grandes proprietários de terra, com destaque para Nogueira Acioly, no Ceará, deram início ao seu domínio na região, com grande poder aquisitivo e político. Os oligarcas cometiam corrupção e crimes, e exerciam o controle da população por meio do voto de cabresto. As obras urbanas continuaram a ocorrer e, em 1912, ocorreu a maior revolta popular de Fortaleza para a retirada de Acioly do poder. No dia 21 de janeiro, ocorreu a Passeata da Crianças, na qual milhares de pessoas, entre elas muitas crianças, foram mortas pela polícia, e após dias de conflito, Nogueira Acioly renunciou.

Durante o contexto da Segunda Guerra Mundial (1939-1945), Fortaleza foi sede o Serviço Especial de Mobilização de Trabalhadores para a Amazônia e foi o local escolhido para a construção de duas bases das Forças Armadas dos Estados Unidos. Em 1954, foi criada a primeira universidade da cidade, a Universidade Federal do Ceará, e ao longo das décadas de 1950 e 1960, as regiões mais distantes do centro de Fortaleza passaram a ser ocupadas. Com o crescimento desordenado da população, surgiram as primeiras favelas. Após o período do Regime Militar no Brasil (1964-1985), com a volta das eleições diretas, Fortaleza elegeu a primeira prefeita mulher de uma capital brasileira, Maria Luiza Fontenele, também foi a primeira política de um partido de esquerda do país a ocupar este cargo.

NOÇÕES DE DIREITO ADMINISTRATIVO

1. INTRODUÇÃO AO DIREITO ADMINISTRATIVO

Neste capítulo, vamos conhecer algumas características do Direito Administrativo, seu conceito, sua finalidade, seu regime jurídico peculiar que orienta toda a sua atividade administrativa, seja ela exercida pelo próprio Estado-administrador, ou por particular. Para entendermos melhor tudo isso, é preciso dar início ao nosso estudo pela compreensão adequada do papel do Direito na vida social.

O Direito é um conjunto de normas (regras e princípios) impostas coativamente pelo Estado que regularão a vida em sociedade, possibilitando a coexistência pacífica das pessoas.

1.1 Ramos do Direito

O Direito é historicamente dividido em dois grandes ramos: o Direito Público e o Direito Privado. Em relação ao Direito Privado, vale o princípio da igualdade (isonomia) entre as partes; aqui não há que se falar em superioridade de uma parte sobre a outra. Por esse motivo, dizemos que estamos em uma relação jurídica horizontal ou uma horizontalidade nas relações jurídicas.

O Direito Privado é regulado pelo princípio da autonomia da vontade, o que traduz a regra a qual diz que o particular pode fazer tudo que não é proibido (Art. 5º, II, da Constituição Federal).

No Direito Público, temos o Estado em um dos polos, representando os interesses da coletividade, e um particular desempenhando seus próprios interesses. Sendo assim, o Estado é tratado com superioridade ante ao particular, pois o Estado é o procurador da vontade da coletividade e, representada pelo próprio Estado, deve ser tratada de forma prevalente ante a vontade do particular.

O fundamento dessa relação jurídica vertical é encontrado no Princípio da Supremacia do Interesse Público, que estudaremos com mais detalhes no tópico referente aos princípios. Mas já podemos adiantar que, como o próprio nome o interesse público é supremo. Desse modo, são disponibilizadas ao Estado prerrogativas especiais para que possa atingir os seus objetivos. Essas prerrogativas são os poderes da administração pública.

Esquema da Divisão do Direito

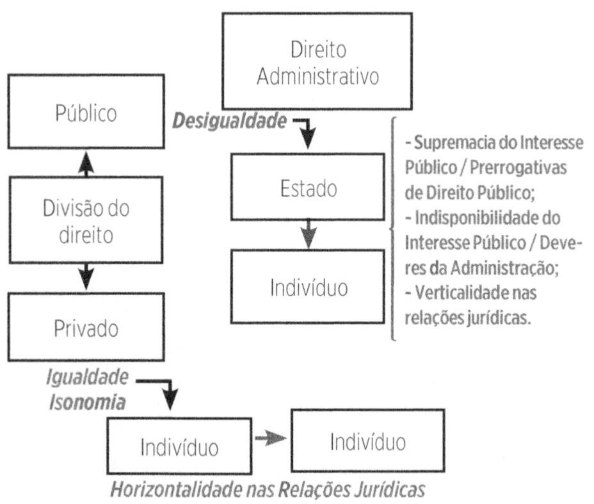

Os dois princípios norteadores do Direito Administrativo são: Supremacia do Interesse Público (gera os poderes) e Indisponibilidade do Interesse Público (gera os deveres da administração).

1.2 Conceito de Direito Administrativo

Vários são os conceitos que podem ser encontrados na doutrina para o Direito Administrativo. Descreveremos dois deles trazidos pela doutrina contemporânea e citados a seguir:

O Direito Administrativo é o ramo do direito público que tem por objeto órgãos, agentes e pessoas jurídicas administrativas que integram a Administração Pública. A atividade jurídica não contenciosa que exerce e os bens que se utiliza para a consecução de seus fins de natureza pública[1].

O Direito Administrativo é o conjunto harmônico de princípios jurídicos que regem órgãos, agentes e atividades públicas que tendem a realizar concreta, direta e imediatamente os fins desejados pelo Estado[2].

1.3 Objeto do Direito Administrativo

Os conceitos de Direito Administrativo foram desenvolvidos de forma que se desdobram em uma sequência natural de tópicos que devem ser estudados ponto a ponto para que a matéria seja corretamente entendida.

Por meio desses conceitos, podemos constatar que o objeto do Direito Administrativo são as relações da administração pública, sejam elas de natureza interna entre as entidades que a compõe, seus órgãos e agentes, ou de natureza externa entre a administração e os administrados.

Além de ter por objeto a atuação da administração pública, também é foco do Direito Administrativo o desempenho das atividades públicas quando exercidas por algum particular, como no caso das concessões, permissões e autorizações de serviços públicos.

Resumidamente, podemos dizer que o Direito Administrativo tem por objeto a administração pública e também as atividades administrativas, independentemente de quem as exerçam.

1.4 Fontes do Direito Administrativo

É o lugar de onde provém algo, no nosso caso, no qual emanam as regras do Direito Administrativo. Esse não está codificado em um único livro. Dessa forma, para o estudarmos de maneira completa, temos que recorrer às fontes, ou seja, a institutos esparsos. Por esse motivo, dizemos que o Direito Administrativo está tipificado (escrito), mas não está codificado em um único instituto.

Lei: fonte principal do Direito Administrativo. A lei deve ser compreendida em seu sentido amplo, o que inclui a Constituição Federal, as normas supra legais, as leis e também os atos normativos da própria administração pública. Temos como exemplo os Arts. 37 ao 41 da Constituição Federal, a Lei nº 8.666/93, a Lei nº 8.112/90, a Lei de Improbidade Administrativa (Lei nº 8.429/92), Processo Administrativo Federal (Lei nº 9.784/99), etc.

Jurisprudência: gênero que se divide entre jurisprudência e doutrina. Jurisprudência são decisões quais são editadas pelos tribunais e não possuem efeito vinculante; são resumos numerados

1 Direito Administrativo, Maria Sylvia Zanella di Pietro, 23ª edição.
2 Conceito de Direito Administrativo do professor Hely Lopes Meirelles.

que servem de fonte de pesquisa do direito materializados em livros, artigos e pareceres.

Doutrina tem a finalidade de tentar sistematizar e melhor explicar o conteúdo das normas de Direito Administrativo; doutrina pode ser utilizada como critério de interpretação de normas, bem como auxiliar a produção normativa.

Costumes: conjunto de regras não escritas, porém, observadas de maneira uniforme, as quais suprem a omissão legislativa acerca de regras internas da Administração Pública.

Segundo o doutrinador do Direito Administrativo, Hely Lopes Meirelles, em razão da deficiência da legislação, a prática administrativa vem suprindo o texto escrito e, sedimentada na consciência dos administradores e administrados, a praxe burocrática passa a saciar a lei e atuar como elemento informativo da doutrina.

Lei e Súmulas Vinculantes são consideradas fontes principais do Direito Administrativo. Jurisprudência, súmulas, doutrina e costumes são considerados fontes secundárias.

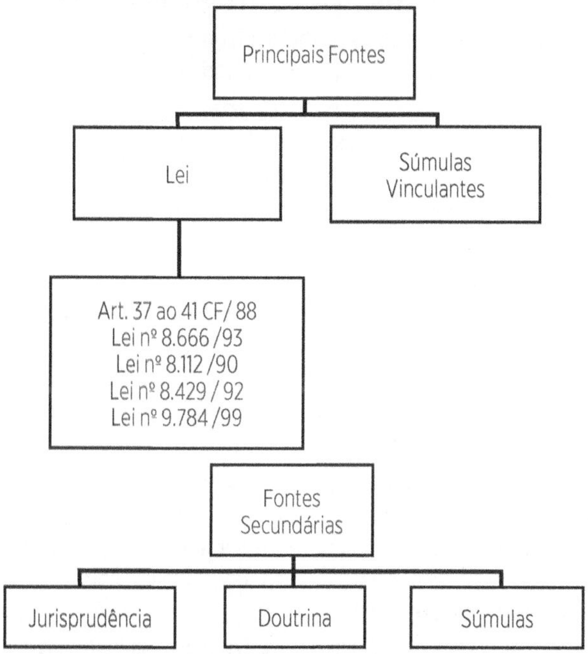

1.5 Sistemas Administrativos

É o regime que o Estado adota para o controle dos atos administrativos ilegais praticados pelo poder público nas diversas esferas e em todos os poderes. Existem dois sistemas que são globalmente utilizados.

O Sistema Francês (do contencioso administrativo), não utilizado no Brasil, determina que as lides administrativas podem transitar em julgado, ou seja, as decisões administrativas têm força de definibilidade. Nesse sentido, falamos em dualidade de jurisdição, já que existem tribunais administrativos e judiciais, cada qual com suas competências.

O Sistema Inglês, também chamado de jurisdicional único ou unicidade da jurisdição, é o sistema que atribui somente ao poder judiciário a capacidade de tomar decisões sobre a legalidade administrativa com caráter de coisa julgada ou definitividade.

O Direito Administrativo, no nosso sistema, não pode fazer coisa julgada e todas as decisões administrativas podem ser revistas pelo poder judiciário, pois somente ele pode dar resolução em caráter definitivo. Ou seja, não cabem mais recursos, por isso, falamos em trânsito em julgado das decisões judiciais e nunca das decisões administrativas.

> A Constituição Federal de 1988 adotou o sistema Inglês ou, o do não contencioso administrativo.

Via administrativa de curso forçado

São situações em que o particular é obrigado a seguir todas as vias administrativas até o fim, antes de socorrer ao poder judiciário. Isso é exceção, pois a regra é que, ao particular, é facultado socorrer ao poder judiciário, por força do Art. 5º, XXXV, da Constituição Federal.

> ***XXXV.*** *A lei não excluirá da apreciação do Poder Judiciário lesão ou ameaça a direito.*

Exemplos de via administrativa de curso forçado:

Aqui, o indivíduo deve esgotar as esferas administrativas obrigatoriamente antes de ingressar com ação no poder judiciário.

Justiça Desportiva: só são admitidas pelo poder judiciário ações relativas à disciplina e as competições desportivas depois de esgotadas as instâncias da Justiça Desportiva. Art. 217, § 1º, CF.

Ato Administrativo ou a Omissão da Administração Pública que contrarie Súmula Vinculante: só pode ser alvo de reclamação ao STF depois de esgotadas as vias administrativas. Lei nº 11.417/2006, Art. 7º, §1º.

***Habeas Data*:** é indispensável para caracterizar o interesse de agir no *Habeas Data* a prova anterior do indeferimento do pedido de informação de dados pessoais ou da omissão em atendê-lo sem que se confirme situação prévia de pretensão. *STF, HD, 22-DF Min. Celso de Mello.*

1.6 Regime Jurídico Administrativo

É o conjunto de normas e princípios de direito público que regulam a atuação da administração pública. Tais regras se fundamentam nos princípios da Supremacia e da Indisponibilidade do Interesse Público, conforme estudaremos adiante.

O Princípio da Supremacia do Interesse Público é o fundamento dos poderes da Administração Pública, afinal de contas, qualquer pessoa que tenha como fim máximo da sua atuação o interesse da coletividade, somente conseguirá atingir esses objetivos se dotadas de poderes especiais.

O Princípio da Indisponibilidade do Interesse Público é o fundamento dos deveres da Administração Pública, pois essa tem o dever de nunca abandonar o interesse público e de usar os seus poderes com a finalidade de satisfazê-lo.

Desses dois princípios decorrem todos os outros princípios e regras que se desdobram no regime jurídico administrativo.

1.7 Noções de Estado

Conceito de estado

Estado é a pessoa jurídica territorial soberana.

Pessoa: capacidade para contrair direitos e obrigações.

Jurídica: é constituída por meio de uma formalidade documental e não por uma mulher, tal como a pessoa física.

Territorial soberana: quer dizer que, dentro do território do Estado, esse detém a soberania, ou seja, sua vontade prevalece ante a das demais pessoas (sejam elas físicas ou jurídicas). Podemos definir soberania da seguinte forma: soberania é a independência na ordem internacional (lá fora ninguém manda no Estado) e supremacia na ordem interna (aqui dentro quem manda é o Estado).

Elementos do estado

Território: é a base fixa do Estado (solo, subsolo, mar, espaço aéreo).

Povo: é o componente humano do Estado.

Governo Soberano: é o responsável pela condução do Estado. Por ser tal governo soberano, ele não se submete a nenhuma vontade externa, pois, relembrando, lá fora o Estado é independente e aqui dentro sua vontade é suprema, afinal, a vontade do Estado é a vontade do povo.

Formas de estado

Temos duas formas de Estado:

Estado Unitário: é caracterizado pela centralização política; não existe divisão em estados membros ou municípios, há somente uma esfera política central que emana sua vontade para todo o país. É o caso do Uruguai.

Estado Federado: caracteriza-se pela descentralização política; existem diferentes entidades políticas autônomas que são distribuídas regionalmente e cada uma exerce o poder político dentro de sua área de competência. É o caso do Brasil.

Poderes do estado

Os poderes do Estado estão previstos no texto Constitucional.

> ***Art. 2º.*** *São Poderes da União, independentes e harmônicos entre si, o Legislativo, o Executivo e o Judiciário.*

Os poderes podem exercer as funções para que foram investidos pela Constituição Federal (funções típicas) ou executar cargos diversas das suas competências constitucionais (funções atípicas). Por esse motivo, não há uma divisão absoluta entre os poderes, e sim relativa, pois o poder Executivo pode executar suas funções típicas (administrar) e pode também iniciar o processo legislativo em alguns casos (pedido de vagas para novos cargos). Além disso, é possível até mesmo legislar no caso de medidas provisórias com força de lei.

Poderes	Funções Típicas	Funções Atípicas
Legislativo	Criar Leis Fiscalizar (Tribunal de Contas)	Administrar Julgar Conflitos
Executivo	Administrar	Criar Leis Julgar Conflitos
Judiciário	Julgar Conflitos	Administrar Criar Leis

É importante notar que a atividade administrativa está presente nos três poderes, por isso, o Direito Administrativo, por ser um dos ramos do Direito Público, disciplina não somente a atividade administrativa do Poder Executivo, mas também a do Poder Legislativo e do Judiciário.

1.8 Noções de Governo

O governo é atividade política e discricionária, tendo conduta independente. Governar está relacionado com a função política do Estado, a de comandar, de coordenar, de direcionar e de fixar planos e diretrizes de atuação do Estado. O governo é o conjunto de Poderes e órgãos constitucionais responsáveis pela função política do Estado.

O governo está diretamente ligado com as decisões tomadas pelo Estado. Exerce a direção suprema e geral, ao fazer uma analogia, podemos dizer que o governo é o cérebro do Estado.

Função de governo e função administrativa

É comum aparecer em provas de concursos públicos questões que confundem as ideias de governo e de administração pública. Para evitar esse erro, analisaremos as diferenças entre as expressões:

Segundo o jurista brasileiro, Hely Lopes Meirelles, o governo é uma atividade política e discricionária e tem conduta independente.

De acordo com ele, a administração é uma atividade neutra, normalmente vinculada à lei ou à norma técnica, e exercida mediante conduta hierarquizada.

Não podemos confundir Governo com Administração Pública, pois governo se encarrega de definir os objetivos do Estado e definir as políticas para o alcance desses objetivos; a Administração Pública se encarrega simplesmente em atingir os objetivos traçados pelo governo.

O governo atua mediante atos de soberania ou, pelo menos, de autonomia política na condução dos negócios públicos. A Administração é atividade neutra, normalmente vinculada à lei ou à norma técnica. Governo é conduta independente, enquanto a Administração é hierarquizada.

O Governo deve comandar com responsabilidade constitucional e política, mas sem responsabilidade técnica e legal pela execução. A administração age sem responsabilidade política, mas com responsabilidade técnica e legal pela execução dos serviços públicos.

Sistemas de governo

Sistema de governo se refere ao grau de dependência entre o poder legislativo e executivo.

Parlamentarismo

É caracterizado por uma grande relação de dependência entre o poder legislativo e o executivo.

A chefia do Estado e a do Governo são desempenhadas por pessoas distintas.

Chefe de Estado: responsável pelas relações internacionais.

Chefe de Governo: responsável pelas relações internas, o chefe de governo é o da Administração pública.

Presidencialismo

É caracterizado por não existir dependência, ou quase nenhuma, entre o Poder Legislativo e o Executivo.

A chefia do Estado e a do Governo são representadas pela mesma pessoa.

O Brasil adota o presidencialismo.

Formas de governo

Conforme Hely Meirelles, a forma de governo se refere à relação entre governantes e governados.

Monarquia

Hereditariedade: o poder é passado de pai para filho.

Vitaliciedade: o detentor do poder fica no cargo até a morte.

Ausência de prestação de contas.

República

Eletividade: o governante precisa ser eleito para chegar ao poder.

Temporalidade: ao chegar ao poder, o governante ficará no cargo por tempo determinado.

Dever de prestar contas.

O Brasil adota a república como forma de governo.

2. ADMINISTRAÇÃO PÚBLICA

Antes de fazermos qualquer conceituação doutrinária sobre Administração Pública, podemos entendê-la como a ferramenta utilizada pelo Estado para atingir os seus objetivos. O Estado possui objetivos, e quem escolhe quais são eles é o seu governo, pois a esse é que cabe a função política (atividade eminentemente discricionária) do Estado e que determina as suas vontades, ou seja, o Governo é o cérebro do Estado. Para poder atingir esses objetivos, o Estado precisa fazer algo, e o faz por meio de sua Administração Pública. Sendo assim, essa é a responsável pelo exercício das atividades públicas do Estado.

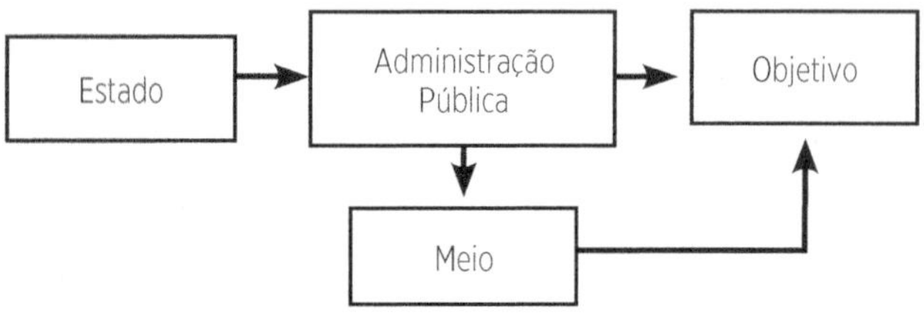

2.1 Classificação de Administração Pública

Sentido material/objetivo

Em sentido material ou objetivo, a Administração Pública compreende o exercício de atividades pelas quais se manifesta a função administrativa do Estado.

Compõe a Administração Pública material qualquer pessoa jurídica, seus órgãos e agentes que exercem as **atividades** administrativas do Estado. Como exemplo de tais atividades, há a prestação de serviços públicos, o exercício do poder de polícia, o fomento, a intervenção e as atividades da Administração Pública.

Essas são as chamadas atividades típicas do Estado e, pelo critério formal, qualquer pessoa que exerce alguma dessas é Administração Pública, não importa quem seja. Por esse critério, teríamos, por exemplo, as seguintes pessoas na Administração Pública:

> União, Estados, Municípios, DF, Autarquias, Fundações Públicas prestadoras de serviços públicos, Empresa Pública prestadora de serviço público, Sociedade de Economia Mista prestadora de serviços públicos e, ainda, as concessionárias, autorizatárias e permissionárias de serviço público.

Esse critério não é o adotado pelo Brasil. Assim sendo, a classificação feita acima não descreve a Administração Pública Brasileira, que, conforme veremos a seguir, adota o modelo formal de classificação.

Sentido formal/subjetivo

Em sentido formal ou subjetivo, a Administração Pública compreende o conjunto de órgãos e pessoas jurídicas encarregadas, por determinação legal, do exercício da função administrativa do Estado.

Pelo modelo formal, segundo Meirelles, a Administração Pública é o conjunto de entidades (pessoas jurídicas, seus órgãos e agentes) que o nosso ordenamento jurídico identifica como Administração Pública, pouco interessa a sua área de atuação, ou seja, pouco importa a atividade mas, sim, quem a desempenha.

A Administração Pública Brasileira que adota o modelo formal é classificada em Administração Direta e Indireta.

2.2 Organização da Administração

A Administração Pública foi definida pela Constituição Federal no Art. 37.

> ***Art. 37.*** *A Administração Pública direta e indireta de qualquer dos Poderes da União, dos Estados, do Distrito Federal e dos Municípios obedecerá aos princípios de legalidade, impessoalidade, moralidade, publicidade e eficiência e, também, ao seguinte:*

O Decreto-Lei nº 200/67 determina quem é Administração Pública Direta e Indireta.

> ***Art. 4º.*** *A Administração Federal compreende:*
>
> ***I.*** *A Administração Direta, que se constitui dos serviços integrados na estrutura administrativa da Presidência da República e dos Ministérios.*
>
> ***II.*** *A Administração Indireta, que compreende as seguintes categorias de entidades, dotadas de personalidade jurídica própria:*
>
> ***a)*** *Autarquias;*
>
> ***b)*** *Empresas Públicas;*
>
> ***c)*** *Sociedades de Economia Mista.*
>
> ***d)*** *Fundações públicas.*

Dessa forma, temos somente quatro pessoas que representam a Administração Direta e nenhuma outra. São consideradas pessoas jurídicas de direito público e possuem várias características. As pessoas da Administração Direta recebem o nome de pessoas políticas do estado.

A Administração Indireta também representa um rol taxativo e não cabe ampliação. Existem quatro pessoas da Administração Indireta e nenhuma outra; elas possuem características marcantes. Contudo, não possuem a mais importante e que diferencia das pessoas políticas do Estado, ou seja, a capacidade de legislar (capacidade política).

2.3 Administração Direta

A Administração Direta é representada pelas entidades políticas. São elas: União, Estados, DF e os Municípios.

A definição no Brasil foi feita pelo Decreto-Lei nº 200/67, que dispõe sobre a organização da Administração Federal e estabelece diretrizes para a Reforma Administrativa.

É importante observar que esse decreto dispõe somente sobre a Administração Pública Federal, todavia, pela aplicação do princípio da simetria, tal regra é aplicada uniformemente por todo o território nacional. Assim sendo, tal classificação utilizada nesse decreto define expressamente a Administração Pública Federal e também, implicitamente, a Administração Pública dos demais entes da federação.

Os entes políticos possuem autonomia política (capacidade de legislar), administrativa (capacidade de auto-organizar-se) e capacidade financeira (capacidade de julgar as próprias contas). Não podemos falar aqui em hierarquia entre os entes, mas sim em cooperação, pois um não dá ordens aos outros, visto que eles são autônomos.

Características

São pessoas jurídicas de direito público interno – tem autonomia.

- Unidas formam a República Federativa do Brasil: pessoa jurídica de direito público externo –tem soberania (independência na ordem externa e supremacia na interna).
- Regime jurídico de direito público.
- Autonomia Política: Administrativa e Financeira.
- Sem subordinação: atuam por cooperação.
- Competências: hauridas da CF.
- Responsabilidade civil - regra - objetiva.
- Bens: públicos, não pode ser objeto de sequestro, arresto, penhora etc.
- Débitos judiciais: são pagos por precatórios.
- Regime de pessoal: regime jurídico único.
- Competência para julgamento de ações judiciais.
  - União = Justiça Federal.
  - Demais Entes Políticos = Justiça Estadual.

2.4 Noção de Centralização, Descentralização e Desconcentração

Centralização Administrativa: órgãos e agentes trabalhando para a Administração Direta.

Descentralização Administrativa: técnica administrativa em que a Administração direta passa a atividade administrativa, serviço ou obra pública para outras pessoas jurídicas ou físicas (para pessoa física somente por delegação por colaboração). A descentralização pode ser feita por outorga legal (titularidade + execução) ou diante delegação por colaboração (somente execução). A outorga legal cria as pessoas da Administração Indireta. A Delegação por colaboração gera os concessionários, permissionários e Autorizatários de serviços públicos:

- **Descentralização por Outorga Legal** (também chamada de descentralização técnica, por serviços, ou funcional): é feita por lei e transfere a titularidade e a execução da atividade administrativa por prazo indeterminado para uma pessoa jurídica integrante da administração indireta.
- **Descentralização por Delegação** (também chamada de descentralização por colaboração): é feita em regra por um contrato administrativo e, nesses casos, depende de licitação; também pode acontecer descentralização por delegação por meio de um ato administrativo. Transfere somente a execução da atividade administrativa, e não a sua titularidade, por prazo determinado para um particular, pessoa física ou jurídica.

Outorga Legal

- Feita por lei;
- Transfere a titularidade e a execução do serviço público;
- Não tem prazo.

Delegação

- Feita por contrato, exceto as autorizações;
- Os contratos dependem de licitação;
- Transfere somente a execução do serviço público e não a titularidade;
- Há fiscalização do Poder Público. Tal fiscalização decorre do exercício do poder disciplinar;
- Tem prazo.
- **Desconcentração administrativa**: técnica de subdivisão de órgãos públicos para que melhor desempenhem o serviço público ou atividade administrativa. Em outras palavras, na desconcentração, a Pessoa Jurídica distribui competências no âmbito de sua própria estrutura. É a distribuição de competências entre os diversos órgãos integrantes da estrutura de uma pessoa jurídica da Administração Pública. Somente ocorre na Administração Direta ou Indireta, jamais para particulares, uma vez que não existem órgãos públicos entre particulares.

2.5 Administração Indireta

Pessoas / Entes / Entidades Administrativas

- **F**undações Públicas;
- **A**utarquias;
- **S**ociedades de Economia Mista;
- **E**mpresas Públicas.

Características

- Tem personalidade jurídica própria;
- Tem patrimônio e receita próprios;
- Tem autonomia:
  - Administrativa;
  - Técnica;
  - Financeira.

Obs.:

- Não tem autonomia política;.
- Finalidade definida em lei;
- Controle do Estado.

Não há subordinação nem hierarquia entre os entes da administração direta e indireta, mas sim, vinculação que se manifesta por meio da **supervisão ministerial** realizada pelo ministério ou secretaria da pessoa política responsável pela área de atuação da entidade administrativa. Tal supervisão tem por finalidade o exercício do denominado **controle finalístico** ou **poder de tutela**.

Em alguns casos, a entidade administrativa pode estar diretamente vinculada à chefia do poder executivo e, nesse contexto, caberá a essa chefia o exercício do controle finalístico de tal entidade.

- São frutos da descentralização por outorga legal.
- Nomeação de Dirigentes.

Os dirigentes das entidades administrativas são nomeados pelo chefe do poder a que está vinculada a respectiva entidade, ou seja, as entidades administrativas ligadas ao poder executivo federal têm seus dirigentes nomeados pelo chefe de tal poder, que, nesse caso, é o(a) Presidente(a) da República.

É válido lembrar que, em todos os poderes, existe a função administrativa no executivo, de forma típica, e nos demais poderes, de forma atípica. Além disso, a função administrativa de todos os poderes é exercida pela sua Administração Pública (Administração Direta e Indireta), assim sendo, existe Administração Pública Direta e Indireta nos três poderes e, caso uma entidade administrativa seja vinculada ao Poder Legislativo ou Judiciário, caberá ao chefe do respectivo poder a nomeação de tal dirigente.

Excepcionalmente, a nomeação de um dirigente pode depender ainda de aprovação do Poder Legislativo. Na esfera federal, temos como exemplo a nomeação dos dirigentes das agências reguladoras. Tais nomeações são feitas pelo Presidente da República e, para terem efeito, dependem de aprovação do Senado Federal.

Via de regra, lembraremos que a nomeação do dirigente de uma entidade administrativa é feita pelo chefe do Poder Executivo, sendo que, em alguns casos, é necessária a prévia aprovação de outro poder. Excepcionalmente, o Judiciário e o Legislativo poderão nomear dirigentes para essas entidades, desde que vinculadas ao respectivo poder.

Criação dos entes da administração indireta

A instituição das entidades administrativas depende sempre de uma lei ordinária específica. Essa lei pode criar a entidade administrativa. Nesse caso, nasce uma pessoa jurídica de direito público, as autarquias. A lei também pode autorizar a criação das entidades administrativas. Nessa circunstância, nascem as demais entidades da administração indireta: fundações públicas, empresas públicas e sociedades de economia mista. Pelo fato dessas entidades serem autorizadas por lei, elas são pessoas jurídicas de Direito Privado.

A lei que cria ou que autoriza a criação de uma entidade administrativa é uma **lei ordinária específica.**

Quando a lei autoriza a criação de uma entidade da Administração Indireta, a sua construção será consumada após o registro na serventia registral pertinente (cartório ou junta comercial, conforme o caso).

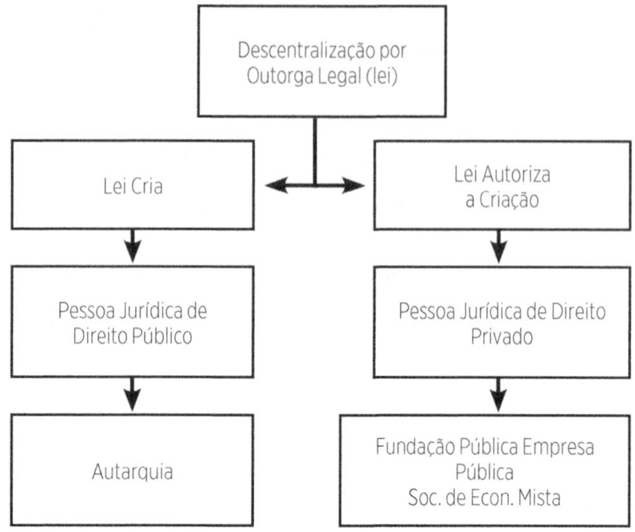

Extinção dos entes da administração indireta:

- Só lei revoga lei.
- Se a lei cria, a lei extingue.
- Se a lei autoriza a criação, autoriza também a extinção.

Relação da administração pública direta com a indireta

As entidades compreendidas na Administração Indireta vinculam-se ao Ministério em cuja área de competência estiver enquadrada sua principal atividade. Dessa forma, não há que se falar em hierarquia ou subordinação, mas, sim vinculação.

A vinculação entre a Administração Direta e a Administração Indireta gera o chamado controle finalístico ou supervisão ministerial. Assim, a Administração Direta não pode intervir nas decisões da Indireta, salvo se ocorrer a chamada fuga de finalidade.

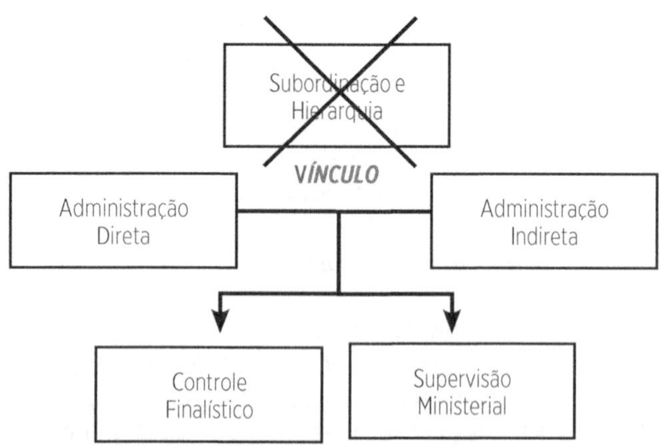

Autarquias

Autarquia é a pessoa jurídica de direito público, criada por lei, com capacidade de autoadministração, para o desempenho de serviço público descentralizado (atividade típica do Estado). É o próprio serviço público personificado.

Vejamos a seguir as suas características:

Personalidade Jurídica: Direito Público.

> Recebem todas as prerrogativas do Direito Público.

Finalidade: atividade típica do Estado.

Regime Jurídico: público.

Responsabilidade Civil: objetiva.

Bens: públicos (não podem ser objeto de penhora, arresto, sequestro).

> Ao serem constituídas, recebem patrimônio do Ente Instituidor e, a partir desse momento, seguem com sua autonomia.

Débitos Judiciais: pagamento por precatórios.

Regime de Pessoal: regime jurídico único.

Competência para o julgamento de suas ações judiciais:

> Autarquia Federal = Justiça Federal.
> Outras Esferas = Justiça Estadual.

Ex.: INSS, Banco Central do Brasil.

Espécies de autarquias

Comum ou Ordinária (de Acordo com Decreto-Lei nº 200/67)

São as autarquias que recebem as características principais, ou seja, criadas diretamente por lei, pessoas jurídicas de direito público e que desempenham um serviço público especializado; seu ato constitutivo é a própria lei.

Sob Regime Especial

As autarquias em regime especial são submetidas a um regime jurídico peculiar, diferente do jurídico relativo às autarquias comuns.

Por autarquia comum deve-se entender as ordinárias, aquelas que se submetem a regime jurídico comum das autarquias. Na esfera federal, o regime jurídico comum das autarquias é o Decreto-Lei nº 200/67.

Se a autarquia além das regras do regime jurídico comum ainda é alcançada por alguma regra especial, peculiar às suas atividades, será considerada uma autarquia em regime especial.

Agências Reguladoras

São responsáveis por regular, normatizar e fiscalizar determinados serviços públicos que foram delegados ao particular. Em razão dessa característica, elas têm mais liberdade e maior autonomia, se comparadas com as Autarquias comuns.

Ex.: ANCINE, ANA, ANAC, ANTAQ, ANATEL, ANEEL, ANP, ANTT.

Autarquia Territorial

É classificado como Autarquia Territorial, o espaço que faça parte do território da União, mas que não se enquadre na definição de Estado membro, DF ou município. No Brasil atual, não existem exemplos de Autarquias Territoriais, mas elas podem vir a ser criadas. Nesse caso, esses Territórios fazem parte da Administração Direta e são Autarquias Territoriais, pois são criados por lei e assumem personalidade jurídica de direito público.

Associações Públicas (Autarquias Interfederativas ou Multifederativas)

Também chamada de consórcio público de Direito Público.

O consórcio público é a pessoa jurídica formada exclusivamente por entes da Federação, na forma da Lei nº 11.107, de 2005, para estabelecer relações de cooperação federativa, inclusive a realização de objetivos de interesse comum, constituída como associação pública, com personalidade jurídica de direito público e natureza autárquica, ou como pessoa jurídica de direito privado, sem fins econômicos.

Sendo assim, não é todo consórcio público que representa uma Autarquia Interfederativa, mas somente os públicos de Direito Público.

Autarquia Fundacional ou Fundação Autárquica

As Fundações Públicas de Direito Público (exceção) são consideradas, na verdade, uma espécie de autarquia.

Agências Executivas

As agências executivas não se configuram como pessoas jurídicas, menos ainda outra classificação qualquer. Representam, na prática, um título que é dado às autarquias e fundações públicas que assinam contrato de gestão com a Administração Pública. Art. 37, §8º.

Conselhos fiscalizadores de profissões são considerados autarquias. Contudo, comportam uma exceção muito importante:

ADI 3.026-DF Min. Eros Graus. 08/06/2006. OAB: Considerada entidade sui generis, um serviço independente não sujeita ao controle finalístico da Administração Direta.

Fundação pública

A Fundação Pública é a entidade dotada de personalidade jurídica de Direito Privado, sem fins lucrativos, criada em virtude de autorização legislativa, para o desenvolvimento de atividades que não exijam execução por órgãos ou entidades de direito público, com autonomia administrativa, patrimônio próprio gerido pelos respectivos órgãos de direção e funcionamento custeado por recursos da União e de outras fontes.

Regra

> Autorizada por lei;
> Pessoa jurídica de Direito Privado;
> Depende de registro dos atos constitutivos na junta comercial;
> Depende de lei complementar que especifique o campo de atuação.

Exceção

> Criada diretamente por lei;
> Pessoa jurídica de direito público;
> Possui um capital personalizado (diferença meramente conceitual);
> Considerada pela doutrina como autarquia fundacional.

As fundações públicas de Direito Público, são espécie de autarquia, sendo chamadas pela doutrina como autarquias fundacionais.

Características

- **Personalidade Jurídica:** Direito Privado.
- **Finalidade:** lei complementar definirá – Sem fins lucrativos.
- **Regime Jurídico:** Híbrido (regras de Direito Público + Direito Privado) incontroverso.
- **Responsabilidade Civil:** se for prestadora de serviço público é objetiva, caso contrário é subjetiva.
- **Bens Privados, com exceção:** bens diretamente ligados à prestação de serviço público são bens públicos.
- **Débitos Judiciais:** são pagos por meio do seu patrimônio, com exceção dos bens diretamente ligados à prestação de serviços públicos, que são bens públicos e não se submetem a pagamento de débitos judiciais.
- **Regime de Pessoal:** Regime Jurídico **Único.**

Competência para o julgamento de suas ações judiciais:

- » Justiça Federal.
- » Outras esferas = Justiça Estadual.
- » IBGE, Biblioteca Nacional, FUNAI.

Empresas públicas e sociedades de economia mista

São pessoas jurídicas de Direito Privado, criadas pela Administração Direta por meio de autorização da lei, com o respectivo registro, para a prestação de serviços públicos ou a exploração da atividade econômica.

A Lei 13.303/16 dispõe sobre o estatuto jurídico da empresa pública, da sociedade de economia mista e de suas subsidiárias, no âmbito da União, dos Estados, do Distrito Federal e dos Municípios.

A referida lei apresenta os seguintes conceitos:

> ***Art. 3º*** *Empresa pública é a entidade dotada de personalidade jurídica de direito privado, com criação autorizada por lei e com patrimônio próprio, cujo capital social é integralmente detido pela União, pelos Estados, pelo Distrito Federal ou pelos Municípios.*
>
> ***Art. 4º*** *Sociedade de economia mista é a entidade dotada de personalidade jurídica de direito privado, com criação autorizada por lei, sob a forma de sociedade anônima, cujas ações com direito a voto pertençam em sua maioria à União, aos Estados, ao Distrito Federal, aos Municípios ou a entidade da administração indireta.*

Empresas públicas e sociedades de economia mista exploradoras da atividade econômica

Segundo o Art. 173 da Constituição Federal:

> ***Art. 173.*** *Ressalvados os casos previstos nesta Constituição, a exploração direta de atividade econômica pelo Estado só será permitida quando necessária aos imperativos da segurança nacional ou a relevante interesse coletivo, conforme definidos em lei.*
>
> ***§ 1º*** *- A lei estabelecerá o estatuto jurídico da Empresa Pública, da sociedade de economia mista e de suas subsidiárias que explorem atividade econômica de produção ou comercialização de bens ou de prestação de serviços, dispondo sobre:*
>
> ***I.*** *Sua função social e formas de fiscalização pelo Estado e pela sociedade;*
>
> ***II.*** *A sujeição ao regime jurídico próprio das empresas privadas, inclusive quanto aos direitos e obrigações civis, comerciais, trabalhistas e tributários;*
>
> ***III.*** *Licitação e contratação de obras, serviços, compras e alienações, observados os princípios da Administração Pública;*
>
> ***IV.*** *A constituição e o funcionamento dos conselhos de administração e fiscal, com a participação de acionistas minoritários;*
>
> ***V.*** *Os mandatos, a avaliação de desempenho e a responsabilidade dos administradores.*
>
> ***§ 2º*** *- As empresas públicas e as sociedades de economia mista não poderão gozar de privilégios fiscais não extensivos às do setor privado.*
>
> ***§ 3º*** *- A lei regulamentará as relações da Empresa Pública com o Estado e a sociedade.*
>
> ***§ 4º*** *- A lei reprimirá o abuso do poder econômico que vise à dominação dos mercados, à eliminação da concorrência e ao aumento arbitrário dos lucros.*
>
> ***§ 5º*** *- A lei, sem prejuízo da responsabilidade individual dos dirigentes da pessoa jurídica, estabelecerá a responsabilidade desta, sujeitando-a as punições compatíveis com sua natureza, nos atos praticados contra a ordem econômica e financeira e contra a economia popular.*

Empresas públicas e sociedades de economia mista prestadoras de serviço público

Essas entidades são criadas para a exploração da atividade econômica em sentido amplo, o que inclui o exercício delas em sentido estrito e também a prestação de serviços públicos que podem ser explorados com o intuito de lucro.

Segundo o Art. 175 da Constituição Federal:

> ***Art. 175.*** *Incumbe ao Poder Público, na forma da lei, diretamente ou sob regime de concessão ou permissão, sempre através de licitação, a prestação de serviços públicos.*
>
> ***Parágrafo único.*** *A lei disporá sobre:*
>
> ***I.*** *O regime das empresas concessionárias e permissionárias de serviços públicos, o caráter especial de seu contrato e de sua prorrogação, bem como as condições de caducidade, fiscalização e rescisão da concessão ou permissão;*
>
> ***II.*** *Os direitos dos usuários;*
>
> ***III.*** *Política tarifária;*
>
> ***IV.*** *A obrigação de manter serviço adequado.*

Não se inclui nessa categoria os serviços públicos relativos aos direitos sociais, pois esses não podem ser prestados com o intuito de lucro pelo Estado e, também, não são de titularidade exclusiva do Estado, podendo ser livremente explorados por particulares.

Características comuns das empresas públicas e sociedades de economia mista

Personalidade Jurídica: Direito Privado.

Finalidade: prestação de serviço público ou a exploração da atividade econômica.

Regime Jurídico Híbrido: se for prestadora de serviço público, o regime jurídico é mais público; se for exploradora da atividade econômica, o regime jurídico é mais privado.

Responsabilidade Civil: se for prestadora de serviço público, a responsabilidade civil é objetiva, se for exploradora da atividade econômica, a civil é subjetiva.

Bens Privados, com exceção: bens diretamente ligados à prestação de serviço público são bens públicos.

Débitos Judiciais: são pagos por meio do seu patrimônio, com exceção dos bens diretamente ligados à prestação de serviços públicos, que são bens públicos e não se submetem a pagamento de débitos judiciais.

Regime de Pessoal: CLT – Emprego Público.

Exemplo de Empresa Pública: Caixa Econômica Federal, Correios.

Exemplo de Sociedade de Economia Mista: Banco do Brasil e Petrobras.

Sociedade de economia mista

A Sociedade de Economia Mista é uma entidade dotada de personalidade jurídica de Direito Privado, autorizada por lei para a exploração de atividade econômica, sob a forma de sociedade anônima, cujas ações com direito a voto pertençam em sua maioria à União ou a entidade da Administração Indireta:

- Autorizada por lei;
- Pessoa jurídica de Direito Privado;
- Capital 50% + 1 ação no controle da Administração Pública;
- Constituição obrigatória por Sociedade Anônima (S.A.);
- Competência da Justiça Estadual.

Empresa pública

Entidade dotada de personalidade jurídica de Direito Privado, com patrimônio próprio e capital exclusivo da União, autorizado por lei para a exploração de atividade econômica que o Governo seja levado a exercer por força de contingência ou de conveniência administrativa, podendo revestir-se de qualquer das formas admitidas em direito.

- Autorizado por lei;
- Pessoa jurídica de Direito Privado;
- 100% na constituição de capital público;
- Constituído de qualquer forma admitido em direito;
- Competência da Justiça Federal.

Esse quadro foi desenvolvido para memorização das características mais importantes das pessoas da Administração Pública indireta.

Tabela Comparativa das Características dos Entes da Administração Pública

CARACTERÍSTICA	ENTIDADES POLÍTICAS	AUTARQUIA	FUNDAÇÃO PÚBLICA	EMPRESA PÚBLICA	SOCIEDADE DE ECONOMIA MISTA
PERSONALIDADE JURÍDICA	Direito Público	Direito Público	Direito Privado	Direito Privado	Direito Privado
FINALIDADE	Competências constitucionais	Atividade típica do Estado	Lei Complementar definirá	Exploração da atividade econômica OU prestação de serviço público	Exploração da atividade econômica OU prestação de serviço público
REGIME JURÍDICO	Direito Público	Direito Público	Híbrido: se PSP + público. Caso desenvolva outra atividade, mais privado.	Híbrido: se EAE + privado; se PSP + público	Híbrido: se EAE + privado; se PSP + público
RESPONSABILIDADE CIVIL	Objetiva: ação Subjetiva: omissão	Objetiva: ação Subjetiva: omissão	PSP = Objetiva, nos demais casos, subjetiva	PSP = Objetiva, EAE = Subjetiva	PSP = Objetiva, EAE = Subjetiva
BENS	Públicos	Públicos	Privados, exceção: bens diretamente ligados à prestação de serviços públicos são bens públicos.	Privados, exceção: bens diretamente ligados à prestação de serviços públicos são bens públicos.	Privados, exceção: bens diretamente ligados à prestação de serviços públicos são bens públicos.
DÉBITOS JUDICIAIS	Precatórios	Precatórios	Patrimônio	Patrimônio	Patrimônio
REGIME DE PESSOAL	Regime Jurídico Único	Regime Jurídico Único	Regime Jurídico Único	CLT	CLT
COMPETÊNCIA PARA JULGAMENTO	União: Justiça Federal; Demais: Justiça Estadual.	Federal: Justiça Federal; Demais: Justiça Estadual.	Federal: Justiça Federal; Demais: justiça Estadual.	Federal: Justiça Federal; Demais: justiça Estadual.	Todas: Justiça Estadual.

* EAE: Exploração da Atividade Econômica.

* PSP: Prestação de Serviço Público.

Questões

01. (CESPE) Em sentido subjetivo, a administração pública compreende o conjunto de órgãos e de pessoas jurídicas ao qual a lei confere o exercício da função administrativa do Estado.

Certo ( ) Errado ( )

02. (CESPE) A administração direta compreende os órgãos e as pessoas jurídicas de direito público que prestam serviços típicos do Estado; no âmbito federal, integram a administração direta os ministérios e as autarquias.

Certo ( ) Errado ( )

03. (CESPE) A desconcentração administrativa consiste na distribuição interna de competências, no âmbito de uma mesma pessoa jurídica; a descentralização administrativa pressupõe a distribuição de competência para outra pessoa, física ou jurídica.

Certo ( ) Errado ( )

04. (CESPE) A delegação ocorre quando a entidade da administração, encarregada de executar um ou mais serviços, distribui competências no âmbito da própria estrutura, a fim de tornar mais ágil e eficiente a prestação dos serviços.

Certo ( ) Errado ( )

05. (CESPE) A administração direta é o conjunto de órgãos que integram a União e exercem seus poderes e competências de modo centralizado, ao passo que a administração indireta é formada pelo conjunto de pessoas administrativas, como autarquias e empresas públicas, que exercem suas atividades de forma descentralizada.

Certo ( ) Errado ( )

06. (CESPE) As entidades compreendidas na administração indireta subordinam-se ao ministério em cuja área de competência estiver enquadrada sua principal atividade, mantendo com esse uma relação hierárquica de índole político-administrativa, mas não funcional.

Certo ( ) Errado ( )

07. (CESPE) As pessoas integrantes da administração indireta podem ser autorizadas e instituídas somente por lei, cujo teor deverá abordar a atividade descentralizada a ser exercida, e serão submetidas ao controle da administração direta da pessoa política a que são vinculadas.

Certo ( ) Errado ( )

08. (CESPE) A autarquia é uma pessoa jurídica criada somente por lei específica para executar funções descentralizadas típicas do Estado.

Certo ( ) Errado ( )

09. (CESPE) Como pessoas jurídicas de direito público, as autarquias têm personalidade jurídica, patrimônio e receita próprios e são criadas com a finalidade de desempenhar atividades próprias e típicas da administração pública.

Certo ( ) Errado ( )

10. (CESPE) A autarquia age por delegação.

Certo ( ) Errado ( )

Gabaritos

01	CERTO	06	ERRADO
02	ERRADO	07	CERTO
03	CERTO	08	CERTO
04	ERRADO	09	CERTO
05	CERTO	10	ERRADO

3. ÓRGÃO PÚBLICO

Neste capítulo, aprenderemos a respeito dos órgãos públicos, sua finalidade, seu papel na estrutura da Administração Pública, bem como as diversas teorias e classificações relativas ao tema. Começaremos a partir das teorias que buscam explicar o que é o órgão público.

3.1 Teorias

São três as teorias criadas para caracterizar e conceituar a ideia de órgão público: a Teoria do Mandato, Teoria da Representação e Teoria Geral do Órgão.

Teoria do mandato

Essa teoria preceitua que o agente, pessoa física, funcionaria como o mandatário da pessoa jurídica, agindo sob seu nome e com a responsabilidade dela, em razão de outorga específica de poderes (não adotado).

Teoria da representação

O agente funcionaria como um tutor ou curador do Estado, que representaria nos atos que necessita participar (não adotado).

Teoria geral do órgão

Tem-se presunção de que a pessoa jurídica exteriora sua vontade por meio dos órgãos, os quais são parte integrante da própria estrutura da pessoa jurídica, de tal modo que, quando os agentes que atuam nesses órgãos manifestam sua vontade, considera-se que essa foi manifestada pelo próprio Estado. Falamos em imputação da atuação do agente, pessoa natural, à pessoa jurídica (adotado pela CF/88).

Alguns órgãos possuem uma pequena capacidade, que é impetrar mandado de segurança para garantir prerrogativas próprias. Contudo, somente os órgãos independentes e autônomos têm essa capacidade.

Segundo o doutrinador Hely Lopes Meirelles, os órgãos não possuem personalidade jurídica, tampouco vontade própria, agem em nome da entidade a que pertencem, mantendo relações entre si e com terceiros, e não possuem patrimônio próprio. Os órgãos manifestam a vontade da Pessoa Jurídica à qual pertencem; os agentes, quando atuam para o Estado, dizemos que estão em imputação à pessoa jurídica a qual estão efetivamente ligados. Assim, falamos em imputação à pessoa jurídica.

Constatamos que órgãos são meros centros de competência, e os agentes que trabalham nesses órgãos estão em imputação à pessoa jurídica a que estão ligados; suas ações são imputadas ao ente federativo. Assim, quando um servidor público federal atua, suas ações são imputadas (como se o próprio Estado estivesse agindo) à União, pois o agente é ligado a um órgão que pertence a esse ente.

> **Ex.:** Quando um Policial Federal está trabalhando, ele é um agente público que atua dentro de um órgão (Departamento de Polícia Federal) e suas ações, quando feitas, são consideradas como se a União estivesse agindo. Por esse motivo, os atos que gerem prejuízo a terceiros são imputados a União, ou seja, é a União que paga o prejuízo e, depois, entra com ação regressiva contra o agente público.

3.2 Características

Não possui personalidade jurídica

Muitas pessoas se assustam com essa regra devido ao fato de o órgão público ter CNPJ, realizar licitações e também por celebrar contratos públicos. Todavia, essas situações não devem ser levadas em consideração nesse momento.

O CNPJ não é suficiente para conferir personalidade jurídica para o órgão público, a sua instituição está ligada ao direito tributário, e realmente o órgão faz licitação, celebra contratos, mas ele não possui direitos, não é responsável pela conduta dos seus agentes e tudo isso por que ele não possui personalidade jurídica, órgão público não é pessoa.

Integram a estrutura da pessoa jurídica que pertencem

O órgão público é simplesmente o integrante da estrutura corporal (orgânica) da pessoa jurídica a que está ligado. O órgão público é para a pessoa jurídica a que está ligado, o que o coração, os rins, o fígado, o estômago e o pulmão, dentre tantos outros órgãos do corpo humano são para nós, essenciais.

- Não possui capacidade processual, salvo os órgãos independentes e autônomos que podem impetrar Mandado de Segurança em defesa de suas prerrogativas constitucionais, quando violadas por outro órgão.
- Não possui patrimônio próprio.
- São hierarquizados.
- São frutos da desconcentração.
- Estão presentes na Administração Direta e Indireta.
- Criação e extinção: por meio de Lei.
- Estruturação: pode ser feita por meio de decreto autônomo, desde que não impliquem em aumento de despesas.
- Os agentes que trabalham nos órgãos estão em imputação à pessoa jurídica que estão ligados.

3.3 Classificação

Dentre as diversas classificações pertinentes ao tema, a partir de agora, abordaremos as classificações quanto à posição estatal que leva em consideração a relação de subordinação e hierarquia, a estrutura que se relaciona com a desconcentração e a composição ou atuação funcional que se relaciona com a quantidade de agentes que agem e manifestam vontade em nome do órgão.

Posição estatal

Quanto à posição estatal, os órgãos são classificados em independentes, autônomos, superiores e subalternos:

Órgãos independentes

- São considerados o mais alto escalão do Governo.
- Não exercem subordinação.
- Seus agentes são inseridos por eleição.

> Têm suas competências determinadas pelo texto constitucional.

> Possuem alguma capacidade processual.

Órgãos autônomos

> São classificados como órgãos diretivos.

> Possuem capacidade administrativa, financeira e técnica.

> São exemplos os Ministérios e as Secretarias.

> Possuem alguma capacidade processual.

Órgãos superiores

> São órgãos de direção, controle e decisão.

> Não possuem autonomia administrativa ou financeira.

> Exemplos são as coordenadorias, gabinetes, etc.

Subalternos

> Exercem atribuições de mera execução.

> Exercem reduzido poder decisório.

> São exemplos as seções de expediente ou de materiais.

Estrutura

A classificação quanto à estrutura leva em consideração, a partir do órgão analisado, se existe ou não um processo de desconcentração, se há ramificações que levam a órgãos subordinados ao órgão analisado.

Simples: são aqueles que representam um só centro de competências, sem ramificações, independentemente do número de cargos.

Composto: são aqueles que reúnem em sua estrutura diversos órgãos, ou seja, existem ramificações.

A Presidência da República é um órgão composto, pois dela se origina outros órgãos de menor hierarquia, dentre esses o Ministério da Justiça, por exemplo, que também é órgão composto, pois, a partir dele, tem-se novas ramificações, tais como o Departamento Penitenciário Nacional, o Departamento de Polícia Federal, entre outros .

A partir da Presidência da República, tem-se também um órgão chamado de gabinete, e esse é considerado simples, pois a partir dele não há novos órgãos, ou seja, não nasce nenhuma ramificação a partir do gabinete da Presidência da República.

Atuação funcional/composição

Os órgãos públicos podem ser classificados em singulares ou colegiados:

Órgãos Singulares ou Unipessoais: a sua atuação ou decisões são atribuições de um único agente.

Ex.: Presidência da República.

Órgão Colegiado ou Pluripessoal: a atuação e as decisões dos órgãos colegiados acontecem mediante obrigatória manifestação conjunta de seus membros.

Ex.: Congresso Nacional, Tribunais de Justiça.

3.4 As Paraestatais

A expressão "paraestatais" gera divergência em nosso ordenamento jurídico, sendo que podemos mencionar três posicionamentos:

As Paraestatais são as Autarquias - posição de José Cretella Júnior – entendimento ultrapassado.

As Paraestatais são: as Fundações Públicas, Empresas Públicas, Sociedades de Economia Mista e os Serviços Sociais Autônomos – posição de Hely Lopes Meirelles - corrente minoritária.

As Paraestatais são os serviços sociais autônomos, as fundações de apoio, as organizações sociais – OS, as organizações da sociedade civil de interesse público – OSCIP'S e as organizações da sociedade civil – OSCs – posição de Maria Silvia Zanella di Pietro, entre outros - é o entendimento majoritário.

Obs.: nesse terceiro sentido, as paraestatais equivalem ao chamado terceiro setor. O primeiro setor é o Estado e o segundo setor é o mercado (iniciativa privada que visa ao lucro).

Serviços Sociais Autônomos – são pessoas jurídicas de direito privado sem fins lucrativos, instituídas por lei e vinculadas a categorias profissionais, sendo mantidas por dotações orçamentárias ou contribuições parafiscais. É o chamado sistema "S".

Ex.: SESI, SESC, SENAI, SENAC, SEBRAE etc. Não integram a Administração Pública nem direta e nem indireta.

Fundações de Apoio - segundo a professora Odete Medauar, são pessoas jurídicas de direito privado que se destinam a colaborar com instituições de ensino e pesquisa, sendo instituídas por professores, pesquisadores ou universitários (ver Lei 8.958/94). Exemplos: FUVEST, FIPE, CNPQ etc.

Organizações Sociais e Organizações da Sociedade Civil de Interesse Público – são pessoas jurídicas de direito privado sem fins lucrativos, instituídas por particulares que desempenham serviços não exclusivos de Estado, como a saúde, cultura, preservação do meio ambiente, etc.

→ **Características comuns entre as Organizações Sociais (Lei 9.637/98) e as Organizações da Sociedade Civil de Interesse Público (Lei 9.790/99).**

> São pessoas jurídicas de direito privado.

> Sem fins lucrativos.

> Instituídas por particulares.

> Desempenham serviços não exclusivos de Estado.

> Não integram a Administração Pública (seja direta ou indireta).

> Ambas integram o chamado terceiro setor.

> Sujeitam-se ao controle da Administração Pública e do Tribunal de Contas.

> Gozam de imunidade tributária, desde que atendidos os requisitos legais, conforme prevê o Art. 150, VI, "c", da CF/88.

Principais diferenças entre OS e OSCIPs

Organizações Sociais	Organizações da Sociedade Civil de Interesse Público
- o vínculo com o Estado se dá por Contrato de Gestão;	- o vínculo com o Estado se dá por Termo de Parceria;
- o ato de qualificação é discricionário, dado pelo Ministro da pasta competente;	- o ato de qualificação é vinculado, dado pelo Ministro da Justiça;
- pode ser contratada pela Administração com dispensa de licitação (hipótese de licitação dispensável);	- não há essa previsão;
- o Conselho deve ser formado por representantes do Poder Público;	- não há essa exigência;
- regulada pela Lei n.º 9.637/98 ;	- regulada pela Lei n.º 9.790/99 ;
- Ex.: Associação Roquette Pinto, IMPA (Instituto Nacional de Matemática Pura e Aplicada).	- Ex.: AMI (Amigo do Índio), AMAR (Associação de Amparo às Mães de Alto Risco).

→ **Observações sobre as Organizações Sociais:**

> O poder público pode destinar para as OSs recursos orçamentários e bens necessários ao cumprimento do contrato de gestão, mediante permissão de uso.

> O poder público pode ceder servidores públicos para as OSs com ônus para a origem.

> A Administração poderá dispensar a licitação nos contratos de prestação de serviços celebrados com as OSs (Art. 24, XXIV da Lei 8.666/93).

Organizações da Sociedade Civil – OSC - As Organizações da Sociedade Civil (OSCs) são entidades do terceiro setor criadas com a finalidade de atuar junto ao Poder Público, em regime de mútua cooperação, na execução de serviços públicos e tem o seu regime jurídico regulado pela Lei n. 13.019/2014.

Essas entidades atuam na prestação de serviço público não exclusivo do Estado e têm vínculo com a Administração Pública, de modo que essa conexão se dá mediante celebração de Termo de Fomento, Termo de Colaboração e Acordo de Cooperação. Vejamos tais conceitos:

Termo de Colaboração (Art. 2º, VII e Art. 16): instrumento por meio do qual são formalizadas as parcerias estabelecidas pela Administração Pública com organizações da sociedade civil para a consecução de finalidades de interesse público e recíproco propostas pela Administração Pública que envolvam a transferência de recursos financeiros. Assim, o Termo de Colaboração é utilizado para a execução de políticas públicas nas mais diversas áreas, para consecução de **planos de trabalho de iniciativa da própria Administração**, nos casos em que esta já tem parâmetros consolidados, com indicadores e formas de avaliação conhecidos, abarcando, reitere-se, o **repasse de valores por parte do erário**;

Termo de Fomento (Art. 2º, VIII e Art. 17): instrumento por meio do qual são formalizadas as parcerias estabelecidas pela Administração Pública com organizações da sociedade civil para a consecução de finalidades de interesse público e recíproco propostas pelas organizações da sociedade civil, que envolvam a transferência de recursos financeiros. Note-se, portanto, que o Termo de Fomento, ao contrário do Termo de Colaboração, tem como objetivo **incentivar iniciativas das próprias OSCs, para consecução de planos de trabalho por elas propostos**, buscando albergar nas políticas públicas tecnologias sociais inovadoras, promover projetos e eventos nas mais diversas áreas e expandir o alcance das ações desenvolvidas pelas organizações. Assim como no Termo de Colaboração, o Termo de Fomento também enseja a transferência de recursos financeiros por parte da Administração Pública;

Acordo de Cooperação (Art. 2º, VIII-A): instrumento por meio do qual são formalizadas as parcerias estabelecidas pela Administração Pública com organizações da sociedade civil para a consecução de finalidades de interesse público e recíproco que não envolvam a transferência de recursos financeiros. Portanto, o grande diferencial do Acordo de Cooperação com os demais é justamente a **ausência de repasse de valores financeiros**. O Acordo, como regra, também não exige prévia realização de chamamento público como ocorre no caso do Termo de Fomento e do Termo de Colaboração, o que será abordado mais adiante, salvo quando envolver alguma forma de compartilhamento de recurso patrimonial (comodato, doação de bens etc.).

Para facilitar, segue tabela comparativa:

	Iniciativa de plano de trabalho	Transferência de recursos públicos	Previsão na Lei 13.019/14
Termo de Colaboração	Administração	Sim	Art. 2º, VII e Art. 16
Termo de fomento	OSC	Sim	Art. 2º, VIII e Art. 17
Acordo de cooperação	Administração ou OSC	Não	Art. 2º, VIII-A

Chamamento Público: trata-se do procedimento que o poder público deverá realizar obrigatoriamente na prospecção de organizações. É a partir desse chamamento que serão avaliadas diferentes propostas para escolher a OSC mais adequada à parceria, ou ainda um grupo de OSCs trabalhando em rede, a fim de tornar mais eficaz a execução do objeto. Tal procedimento deverá adotar procedimentos claros, objetivos e simplificados que orientem os interessados e facilitem o acesso direto aos órgãos e às instâncias decisórias.

Obs.: não se aplicará a Lei 8.666/93 às relações de parceria com as OSCs (Art. 84, Lei 13.019/14), uma vez que agora há lei própria.

Organizações não governamentais (ONGs)

A ONG é uma entidade civil sem fins lucrativos, formada por pessoas interessadas em determinado tema, o qual se constitui em seu objetivo e interesse principal. (Ex.: IDEC – Instituto Brasileiro de Defesa do Consumidor).

Normalmente são iniciativas de pessoas ou grupos que visam colaborar na solução de problemas da comunidade, como mobilizações, educação, conscientização e organização de serviços ou programas para o atendimento de suas necessidades.

Do ponto de vista jurídico, o termo ONG não se aplica. Nosso Código Civil prevê apenas dois formatos institucionais para entidades civis sem fins lucrativos, sendo a Associação Civil (Art. 44, I e Art. 53 ambos do Código Civil) e a Fundação Privada (Art. 44, III e 62, ambos do Código Civil).

Questões

01. (CESPE) Os órgãos são centros de competência com personalidade jurídica própria, cuja atuação é imputada aos agentes públicos que os representam.

Certo ( ) Errado ( )

02. (CESPE) Em regra, os órgãos, por não terem personalidade jurídica, não têm capacidade processual, salvo nas hipóteses em que eles são titulares de direitos subjetivos, o que lhes confere capacidade processual para a defesa de suas prerrogativas e competências.

Certo ( ) Errado ( )

03. (CESPE) Tanto a criação quanto a extinção de órgãos públicos depende da edição de lei específica; contudo, a estruturação e o estabelecimento das atribuições desses órgãos, desde que não impliquem aumento de despesa, podem ser processados por decreto do chefe do Poder Executivo.

Certo ( ) Errado ( )

04. (CESPE) Na Teoria da Representação, o agente funcionaria como um tutor ou curador do Estado, porém não representaria nos atos que necessita participar.

Certo ( ) Errado ( )

05. (CESPE) Segundo classificação doutrinária, quanto ao critério relacionado à posição estatal, os órgãos autônomos são aqueles originários da Constituição e que representam os três poderes do Estado, cujas funções são exercidas por agentes políticos.

Certo ( ) Errado ( )

06. (CESPE) Quanto à posição estatal, as secretarias estaduais e as municipais são consideradas órgãos públicos subalternos.

Certo ( ) Errado ( )

07. (CESPE) Embora, em regra, os órgãos públicos não tenham personalidade jurídica, a alguns órgãos é conferida a denominada capacidade processual, estando eles autorizados por lei a defender em juízo, em nome próprio, determinados interesses ou prerrogativas.

Certo ( ) Errado ( )

08. (CESPE) De acordo com a teoria do órgão da pessoa jurídica aplicada ao direito administrativo, as pessoas jurídicas estatais expressam suas vontades por meio dos seus órgãos, os quais, por sua vez, são representados por seus agentes, que atuam como mandatários da pessoa jurídica estatal.

Certo ( ) Errado ( )

09. (CESPE) As ações dos entes políticos - como União, estados, municípios e DF - concretizam-se por intermédio de pessoas físicas, e, segundo a teoria do órgão, os atos praticados por meio desses agentes públicos devem ser imputados à pessoa jurídica de direito público a que pertencem.

Certo ( ) Errado ( )

10. (CESPE) Órgão público pode ser definido como pessoa jurídica de natureza pública, dotada de personalidade jurídica própria e com atribuições para atuar em prol do interesse público.

Certo ( ) Errado ( )

Gabaritos

01	ERRADO	06	ERRADO
02	CERTO	07	CERTO
03	CERTO	08	ERRADO
04	ERRADO	09	CERTO
05	ERRADO	10	ERRADO

4. PRINCÍPIOS FUNDAMENTAIS DA ADMINISTRAÇÃO PÚBLICA

Neste capítulo, o objetivo é conhecer o rol de princípios fundamentais que norteiam e orientam toda a atividade administrativa do Estado, bem como toda a atuação da Administração Pública direta e indireta.

Tais princípios são de observância obrigatória para toda a Administração Pública, quer da União, dos Estados, do Distrito Federal, quer dos Municípios. São considerados expressos, pois estão descritos expressamente no *caput* do Art. 37 da Constituição Federal de 1988.

> ***Art. 37.*** *A Administração Pública direta e indireta de qualquer dos Poderes da União, dos Estados, do Distrito Federal e dos Municípios obedecerá aos princípios de legalidade, impessoalidade, moralidade, publicidade e eficiência e, também, ao seguinte (Ver CF/88).*

4.1 Classificação

Os princípios da Administração Pública são classificados como princípios explícitos (expressos) e implícitos.

É importante apontar que não existe relação de subordinação e de hierarquia entre os princípios expressos e os implícitos; na verdade, essa relação não existe entre nenhum princípio.

Isso quer dizer que, em um aparente conflito entre os princípios, um não exclui o outro, pois deve o administrador público observar ambos ao mesmo tempo, devendo nortear sua decisão na obediência de todos os princípios fundamentais pertinentes ao caso em concreto.

Como exemplo, não pode o administrador público deixar de observar o princípio da legalidade para buscar uma atuação mais eficiente (de acordo com o Princípio da Eficiência), devendo ele, na colisão entre os dois princípios, observar a lei e ainda buscar a eficiência conforme os meios que lhes seja possível.

Os princípios explícitos ou expressos são aqueles que estão descritos no *caput* do Art. 37 da CF. São eles:

LEGALIDADE

IMPESSOALIDADE

MORALIDADE

PUBLICIDADE

EFICIÊNCIA

Os princípios implícitos são aqueles que não estão descritos no *caput* do Art. 37 da CF. São eles:

- > Supremacia do Interesse Público;
- > Indisponibilidade do Interesse Público;
- > Motivação;
- > Razoabilidade;
- > Proporcionalidade;
- > Autotutela;
- > Continuidade dos Serviços Públicos;
- > Segurança Jurídica, entre outros.

A seguir, analisaremos as características dos princípios fundamentais da administração pública que mais aparecem nas provas de concurso público.

4.2 Princípio da Legalidade

O Princípio da Legalidade está previsto em dois lugares distintos na Constituição Federal. Em primeiro plano, no Art. 5º, II: ninguém será obrigado a fazer ou deixar de fazer alguma coisa senão em virtude de lei. O Princípio da Legalidade regula a vida dos particulares e, ao particular, é facultado fazer tudo que a lei não proíbe; é o chamado princípio da Autonomia da Vontade. Essa regra não deve ser aplicada à administração pública.

Em segundo plano, o Art. 37, *caput* do texto Constitucional, determina que a Administração Pública somente pode fazer aquilo que a lei determina ou autoriza. Assim, em caso de omissão legislativa (falta de lei), a Administração Pública está proibida de agir.

Nesse segundo caso, a lei deve ser entendida em sentido amplo, o que significa que a administração pública deve obedecer aos mandamentos constitucionais, às leis formais e materiais (leis complementares, leis delegadas, leis ordinárias, Medidas Provisórias) e também às normas infra legais (decretos, resoluções, portarias, entre outros), e não somente a lei em sentido estrito.

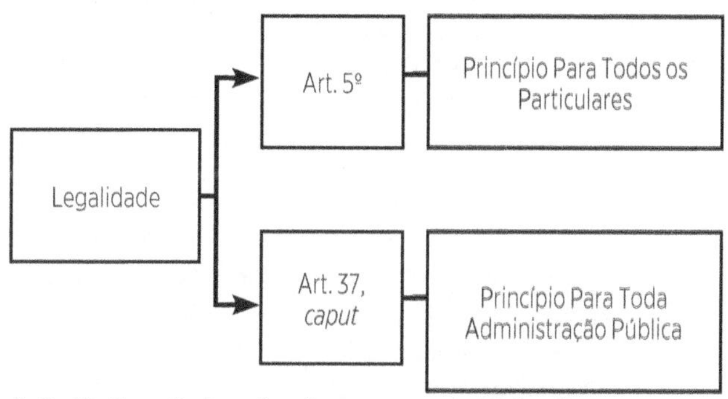

4.3 Princípio da Impessoalidade

O Princípio da Impessoalidade determina que todas as ações da administração pública devem ser revestidas de finalidade pública. Além disso, como segunda vertente, proíbe a promoção pessoal do agente público, como determina o Art. 37, § 1º da CF/88:

> ***Art. 37, § 1º -*** *A publicidade dos atos, programas, obras, serviços e campanhas dos órgãos públicos deverá ter caráter educativo, informativo ou de orientação social, dela não podendo constar nomes, símbolos ou imagens que caracterizem promoção pessoal de autoridades ou servidores públicos (Ver CF/88).*

O Princípio da Impessoalidade é tratado sob dois prismas, a saber:

- → Como determinante da finalidade de toda atuação administrativa (também chamado de princípio da **finalidade**, considerado constitucional implícito, inserido no princípio expresso da impessoalidade).
- → Como vedação a que o agente público se promova à custa das realizações da administração pública (vedação à promoção pessoal do administrador público pelos serviços, obras e outras realizações efetuadas pela administração pública).

É pelo Princípio da Impessoalidade que dizemos que o agente público age em imputação à pessoa jurídica a que está ligado, ou seja, pelo princípio da impessoalidade as ações do agente público são determinadas como se o próprio Estado estivesse agindo.

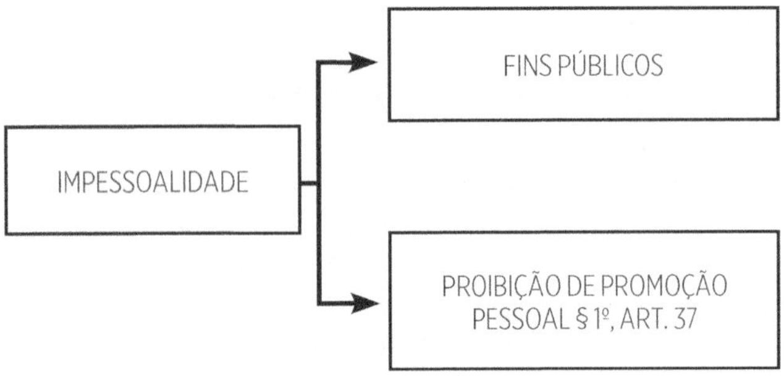

4.4 Princípio da Moralidade

O Princípio da Moralidade é um complemento ao da legalidade, pois nem tudo que é legal é moral. Dessa forma, o Estado impõe a sua administração a atuação segundo a lei e também segundo a moral administrativa. Tal princípio traz para o agente público o dever de probidade. Esse dever é sinônimo de atuação com ética, decoro, honestidade e boa-fé.

O Princípio da Moralidade determina que o agente deva sempre trabalhar com ética e em respeito aos princípios morais da administração pública. O princípio está intimamente ligado ao dever de probidade (honestidade) e sua não observação acarreta a aplicação do Art. 37, §4º da CF/88 e a Lei nº 8.429/92 (Lei de Improbidade Administrativa).

> ***§ 4º*** *- Os atos de improbidade administrativa importarão a suspensão dos direitos políticos, a perda da função pública, a indisponibilidade dos bens e o ressarcimento ao erário, na forma e gradação previstas em lei, sem prejuízo da ação penal cabível.*

O desrespeito ao Princípio da Moralidade afeta a própria legalidade do ato administrativo, ou seja, leva a anulação do ato, e ainda pode acarretar a responsabilização dos agentes por improbidade administrativa.

O Princípio da Moralidade não se refere ao senso comum de moral, que é formado por meio das instituições que passam pela vida da pessoa, tais como família, escola, igreja, entre outras. Para a administração pública, esse princípio refere-se à moralidade administrativa, que está inserida no corpo das normas de Direito Administrativo.

4.5 Princípio da Publicidade

Esse princípio deve ser entendido como aquele que determina que os atos da Administração sejam claros quanto à sua procedência. Por esse motivo, em regra, os atos devem ser publicados em diário oficial e, além disso, a Administração deve tornar o fato acessível (público). Tornar público é, além de publicar em diário oficial, apresentar os atos na Internet, pois esse meio hoje é o que deixa todas as informações acessíveis.

O Princípio da Publicidade apresenta dupla acepção em face do sistema constitucional vigente:

> Exigência de publicação em órgão oficial como requisito de eficácia dos atos administrativos que devam produzir efeitos externos e dos atos que impliquem ônus para o patrimônio público.

Essa regra não é absoluta, pois, em defesa da intimidade e também do Estado, alguns atos públicos não precisam ser publicados:

> ***Art. 5º, X, CF.*** *São invioláveis a intimidade, a vida privada, a honra e a imagem das pessoas, assegurado o direito a indenização pelo dano material ou moral decorrente de sua violação.*
>
> ***Art. 5º, XXXIII, CF.*** *Todos têm direito a receber dos órgãos públicos informações de seu interesse particular, ou de interesse coletivo ou geral, que serão prestadas no prazo da lei, sob pena de responsabilidade, ressalvadas aquelas cujo sigilo seja imprescindível à segurança da sociedade e do Estado.*

Sendo assim, o ato que tiver em seu conteúdo uma informação sigilosa ou relativa à intimidade da pessoa tem que resguardar o devido sigilo.

> Exigência de transparência da atuação administrativa:

> ***Art. 5º, XXXIII, CF.*** *Todos têm direito a receber dos órgãos públicos informações de seu interesse particular, ou de interesse coletivo ou geral, que serão prestadas no prazo da lei, sob pena de responsabilidade, ressalvadas aquelas cujo sigilo seja imprescindível à segurança da sociedade e do Estado.*

O Princípio da Publicidade orientou o poder legislativo nacional a editar a Lei nº 12.527/2011, que regulamenta o dispositivo do Art. 5º, XXXIII, da CF. Dispõe sobre o acesso à informação pública, sobre a informação sigilosa, sua classificação, bem como a informação pessoal, entre outras providências. Tal dispositivo merece ser lido, pois essa lei transpassa toda a essência do Princípio da Publicidade.

Podemos inclusive afirmar que esse princípio foi materializado em lei após a edição da Lei nº 12.527/2011. Veja a seguir a redação do Art. 3º dessa Lei:

> ***Art. 3º.*** *Os procedimentos previstos nesta Lei destinam-se a assegurar o direito fundamental de acesso à informação e devem ser executados em conformidade com os princípios básicos da administração pública e com as seguintes diretrizes:*
>
> ***I.*** *Observância da publicidade como preceito geral e do sigilo como exceção;*
>
> ***II.*** *Divulgação de informações de interesse público, independentemente de solicitações;*
>
> ***III.*** *Utilização de meios de comunicação viabilizados pela tecnologia da informação;*
>
> ***IV.*** *Fomento ao desenvolvimento da cultura de transparência na administração pública;*
>
> ***V.*** *Desenvolvimento do controle social da administração pública.*

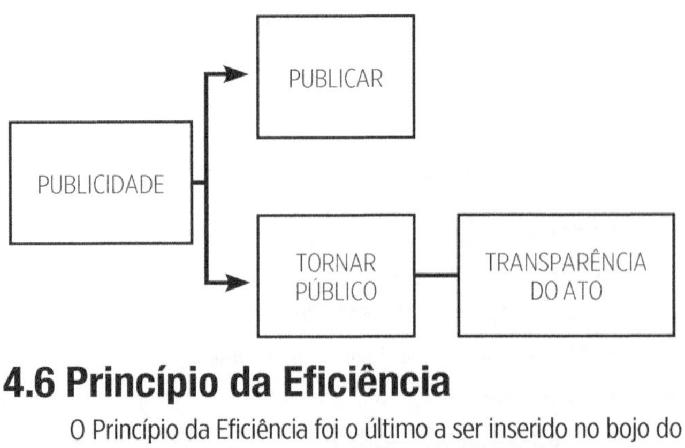

4.6 Princípio da Eficiência

O Princípio da Eficiência foi o último a ser inserido no bojo do texto constitucional (o Princípio da Eficiência foi incluído com a Emenda Constitucional nº 19/98), e apresenta dois aspectos principais:

- Relativamente à forma de atuação do agente público, espera-se o melhor desempenho possível de suas atribuições, a fim de obter os melhores resultados.
- Quanto ao modo de organizar, estruturar e disciplinar a Administração Pública, exigiu-se que esse seja o mais racional possível, no intuito de alcançar melhores resultados na prestação dos serviços públicos.

Art. 37, § 8º, CF. A autonomia gerencial, orçamentária e financeira dos órgãos e entidades da administração direta e indireta poderá ser ampliada mediante contrato, a ser firmado entre seus administradores e o poder público, que tenha por objeto a fixação de metas de desempenho para o órgão ou entidade, cabendo à lei dispor sobre.

O Princípio da Eficiência orienta a atuação da administração pública de forma que essa busque o melhor custo benefício no exercício de suas atividades, ou seja, os serviços públicos devem ser prestados com adequação às necessidades da sociedade que o custeia.

A atuação da Administração Pública tem que ser eficiente, o que acarreta ao agente público o dever de agir com presteza, esforço, rapidez e rendimento funcional. O seu descumprimento poderá acarretar a perda do seu cargo por baixa produtividade apurada em procedimento da avaliação periódica de desempenho, tanto antes da aquisição da estabilidade, como também após.

4.7 Princípio da Supremacia do Interesse Público sobre o Privado

Esse princípio é também considerado o norteador do Direito Administrativo. Ele determina que o Estado, quando trabalhando com o interesse público, se sobrepõe ao particular. Devemos lembrar que esse princípio deve ser utilizado pelo administrador público de forma razoável e proporcional para que o ato não se transforme em arbitrário e, consequentemente, ilegal.

É o fundamento das prerrogativas do Estado, ou seja, da relação jurídica desigual ou vertical entre o Estado e o particular. A exemplo, temos o poder de império do Estado (também chamado de poder extroverso), que se manifesta por meio da imposição da lei ao administrado, admitindo até o uso da força coercitiva para o cumprimento da norma. Assim sendo, a administração pública pode criar obrigações, restringir ou condicionar os direitos dos administrados.

Limitações:

- Respeito aos demais princípios;
- Não está presente diretamente nos atos de gestão (Atos de gestão são praticados pela administração na qualidade de gestora de seus bens e serviços, sem exercício de supremacia sobre os particulares, assemelhando-se aos atos praticados pelas pessoas privadas. São exemplos de atos de gestão a alienação ou a aquisição de bens pela administração pública, o aluguel a um particular de um imóvel de propriedade de uma autarquia, entre outros).

Exemplos de Incidência:

- Intervenção na propriedade privada;
- Exercício do poder de polícia, limitando ou condicionando o exercício de direito em prol do interesse público;
- Presunção de legitimidade dos atos administrativos.

4.8 Princípio da Indisponibilidade do Interesse Público

Conforme dito anteriormente, o princípio da indisponibilidade do interesse público juntamente com o da supremacia do interesse público, formam os pilares do regime jurídico administrativo.

Esse princípio é o fundamento das **restrições** do Estado. Assim sendo, apesar de o Princípio da Supremacia do Interesse Público prever prerrogativas especiais para a Administração Pública em determinadas relações jurídicas com o administrado, tais poderes são ferramentas que a ordem jurídica confere ao agentes públicos para alcançar os objetivos do Estado. E o uso desses poderes, então, deve ser balizado pelo interesse público, o que impõe restrições legais a sua atuação, garantindo que a utilização do poder tenha por finalidade o interesse público e não o do administrador.

Sendo assim, é vedada a renúncia do exercício de competência pelo agente público, pois a atuação desse não é balizada por sua vontade pessoal, mas, sim, pelo interesse público, também chamado de interesse da lei. Os poderes conferidos aos agentes públicos têm a finalidade de auxiliá-los a atingir tal interesse. Com base nessa regra, concluímos que esses agentes não podem dispor do interesse público, por não ser o seu proprietário, e sim o povo. Ao agente público cabe a gestão da Administração Pública em prol da coletividade.

4.9 Princípios da Razoabilidade e Proporcionalidade

Os Princípios da Razoabilidade e da Proporcionalidade não se encontram expressos no texto constitucional. Esses são classificados como princípios gerais do Direito e são aplicáveis a vários ramos da ciência jurídica. São chamados de princípios da proibição de excesso do agente público.

A razoabilidade diz que toda atuação da Administração tem que seguir a teoria do homem médio, ou seja, as decisões devem ser tomadas segundo o critério da maioria das pessoas "racionais", sem exageros ou deturpações.

Razoabilidade: adequação entre meios e fins. O Princípio da Proporcionalidade diz que o agente público deve ser proporcional no uso da força para o cumprimento do bem público, ou seja, nas aplicações de penalidades pela Administração deve ser levada em conta sempre a gravidade da falta cometida.

Proporcionalidade: vedação de imposição de obrigações, restrições e sanções em medida superior àquela estritamente necessária ao interesse público.

Podemos dar como exemplo a atuação de um fiscal sanitário, que esteja vistoriando dois estabelecimentos e, em um deles, encontre um quilo de carne estragada e, no outro, encontre uma tonelada.

Na aplicação da penalidade, deve ser respeitada tanto a razoabilidade quanto a proporcionalidade, ou seja, aplica-se, no primeiro, uma penalidade pequena, uma multa, por exemplo, e, no segundo, uma penalidade grande, suspensão de 90 dias.

Veja que o administrador não pode fazer menos ou mais do que a lei determina, isso em obediência ao Princípio da Legalidade, senão cometerá abuso de poder.

4.10 Princípio da Autotutela

O Princípio da Autotutela propicia o controle da Administração Pública sob seus próprios atos em dois pontos específicos:

De legalidade: em que a Administração pode controlar seus próprios atos quando eivados de vício de ilegalidade, sendo provocado ou de ofício.

De mérito: a Administração Pública pode revogar seus atos por conveniência e oportunidade.

> ***Súmula 473 do STF***. *A Administração pode anular seus próprios atos, quando eivados de vícios que os tornam ilegais, porque deles não se originam direitos; ou revogá-los, por motivo de conveniência ou oportunidade, respeitados os direitos adquiridos, e ressalvada, em todos os casos, a apreciação judicial.*

O Princípio da Autotutela não exclui a possibilidade de controle jurisdicional do ato administrativo previsto no Art. 5º, XXXV, da CF: a lei não excluirá da apreciação do Poder Judiciário lesão ou ameaça a direito.

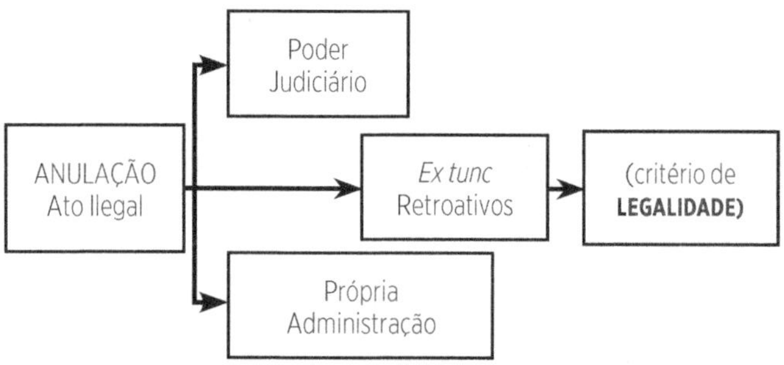

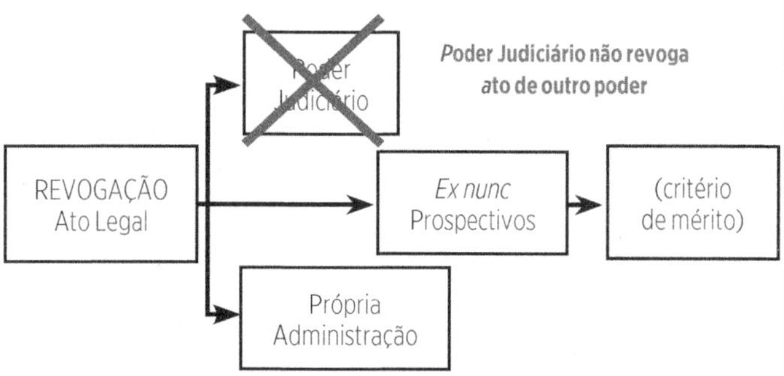

4.11 Princípio da Ampla Defesa

A ampla defesa determina que todos que sofrerem medidas de caráter de pena terão direito a se defender de todos os meios disponíveis legais em direito. Está previsto nos processos administrativos disciplinares:

> ***Art. 5ª, LV, CF***. *Aos litigantes, em processo judicial ou administrativo, e aos acusados em geral são assegurados o contraditório e ampla defesa, com os meios e recursos a ela inerentes;*

4.12 Princípio da Continuidade do Serviço Público

O Princípio da Continuidade do Serviço Público tem como escopo (objetivo) não prejudicar o atendimento dos serviços essenciais à população. Assim, evitam que esses sejam interrompidos.

O professor Celso Ribeiro Bastos[1] é um dos doutrinadores que defende a não interrupção do serviço público essencial: *O serviço público deve ser prestado de maneira contínua, o que significa dizer que não é passível de interrupção. Isso ocorre pela própria importância de que tal serviço se reveste, o que implica ser colocado à disposição do usuário com qualidade e regularidade, assim como com eficiência e oportunidade... Essa continuidade afigura-se em alguns casos de maneira absoluta, quer dizer, sem qualquer abrandamento, como ocorre com serviços que atendem necessidades permanentes, como é o caso de fornecimento de água, gás, eletricidade. Diante, pois, da recusa de um serviço público, ou do seu fornecimento, ou mesmo da cessação indevida desse, pode o usuário utilizar-se das ações judiciais cabíveis, até as de rito mais célere, como o mandado de segurança e a própria ação cominatória.*

Regra:

» Os serviços públicos devem ser adequados e ininterruptos.

Exceção:

» Aviso prévio;

» Situações de emergência.

Alcance:

> Todos os prestadores de serviços públicos;

> Administração Direta;

> Administração Indireta;

> Concessionárias, Autorizatárias e Permissionárias de serviços públicos.

Efeitos:

> Restrição de direitos das prestadoras de serviços públicos, bem como dos agentes envolvidos na prestação desses serviços, a exemplo do direito de greve.

Dessa forma, quem realiza o serviço público se submete a algumas restrições:

> Restrição ao direito de greve, Art. 37, VII CF/88;

> Suplência, delegação e substituição – casos de funções vagas temporariamente;

> Impossibilidade de alegar a exceção do contrato não cumprido, somente em casos em que se configure uma impossibilidade de realização das atividades;

> Possibilidade da encampação da concessão do serviço, retomada da administração do serviço público concedido no prazo na concessão, quando o serviço não é prestado de forma adequada.

O Código de Defesa do Consumidor, em seu Art. 22, assegura ao consumidor que os serviços essenciais devem ser contínuos, caso contrário, aos responsáveis, caberá indenização. O referido código não diz quais seriam esses serviços essenciais. Podemos usar, como analogia, o Art. 10 da Lei nº 7.783/89, que enumera os que seriam considerados fundamentais:

> ***Art. 10.*** *São considerados serviços ou atividades essenciais:*
>
> ***I.*** *Tratamento e abastecimento de água; produção e distribuição de energia elétrica, gás e combustíveis;*
>
> ***II.*** *Assistência médica e hospitalar;*
>
> ***III.*** *Distribuição e comercialização de medicamentos e alimentos;*
>
> ***IV.*** *Funerários;*
>
> ***V.*** *Transporte coletivo;*

1 Curso de direito administrativo, 2. ed. – São Paulo: Saraiva, 1996, p. 165.

VI. *Captação e tratamento de esgoto e lixo;*

VII. *Telecomunicações;*

VIII. *Guarda, uso e controle de substâncias radioativas, equipamentos e materiais nucleares;*

IX. *Processamento de dados ligados a serviços essenciais;*

X. *Controle de tráfego aéreo;*

XI. *Compensação bancária.*

4.13 Princípio da Segurança Jurídica

Esse princípio veda a aplicação retroativa da nova interpretação da norma.

Caso uma regra seja revogada ou alterada a sua redação ou interpretação, os atos praticados durante a vigência da norma antiga continuam valendo, pois tal princípio visa resguardar o direito adquirido, o ato jurídico perfeito e a coisa julgada.

Assim, temos que a nova interpretação da norma, via de regra, somente terá efeitos prospectivos, ou seja, da data em que for revogada para frente, não atingindo os atos praticados na vigência da norma antiga.

Questões

A Administração Pública, regulamentada no texto constitucional, possui princípios e características que lhe conferem organização e funcionamento peculiares. A respeito desse assunto, julgue os próximos itens.

01. (CESPE - ADAPTADA) Como consequência do princípio da legalidade ao particular, é autorizado fazer tudo que a lei não proíbe e, ao administrador público, só é permitido fazer aquilo que a lei determina ou autoriza.

Certo ( ) Errado ( )

02. (CESPE - ADAPTADA) Como decorrência do princípio da moralidade os atos devem ser publicados.

Certo ( ) Errado ( )

Com relação ao vencimento e à remuneração dos servidores públicos, julgue o próximo item.

03. (CESPE) Assegura-se a isonomia de vencimentos para cargos de atribuições iguais ou assemelhadas do mesmo Poder, ou entre servidores dos três Poderes, ressalvadas as vantagens de caráter individual e as relativas à natureza ou ao local de trabalho.

Certo ( ) Errado ( )

04. (CESPE) Podemos afirmar que o princípio da eficiência foi um dos princípios originais da Constituição, ou seja, foi inserido em 1988, com a promulgação da Constituição.

Certo ( ) Errado ( )

No que se refere aos poderes administrativos e aos princípios que regem a Administração Pública, julgue os itens subsequentes.

05. (CESPE) O princípio da moralidade administrativa tem existência autônoma no ordenamento jurídico nacional e deve ser observado não somente pelo administrador público, como também pelo particular que se relaciona com a Administração Pública.

Certo ( ) Errado ( )

06. (CESPE) Com fundamento no princípio da publicidade ao administrador publico só é permitido fazer o que a lei determina.

Certo ( ) Errado ( )

A respeito dos princípios constitucionais aplicados ao direito administrativo, julgue os itens que se seguem. Nas situações em que for empregada, considere que a sigla CF se refere à Constituição Federal de 1988.

07. (CESPE) Os princípios da razoabilidade e da proporcionalidade estão expressos no texto da CF.

Certo ( ) Errado ( )

08. (CESPE) O princípio da autotutela possibilita à Administração Pública anular os próprios atos, quando possuírem vícios que os tornem ilegais, ou revogá-los por conveniência ou oportunidade, desde que sejam respeitados os direitos adquiridos e seja garantida a apreciação judicial.

Certo ( ) Errado ( )

Acerca da Administração Pública, julgue o item seguinte.

09. (CESPE) As organizações privadas podem deixar de fornecer, por exemplo, determinados dados financeiros, para resguardar as suas estratégias. Em contrapartida, na gestão pública, a transparência das ações e decisões deve existir, salvo quando houver questões que envolvam segurança nacional ou demais exceções respaldadas na CF.

Certo ( ) Errado ( )

Gabaritos

01	CERTO	06	ERRADO
02	ERRADO	07	ERRADO
03	CERTO	08	CERTO
04	ERRADO	09	CERTO
05	CERTO	-	-

5. ATO ADMINISTRATIVO

5.1 Conceito de Ato Administrativo

Ato administrativo é toda manifestação unilateral de vontade da Administração Pública que, agindo nessa qualidade, tenha por fim imediato adquirir, resguardar, transferir, modificar, extinguir e declarar direitos, ou impor obrigações aos administrados ou a si própria.

Da prática dos atos administrativos gera-se:

> Superioridade

> Efeitos jurídicos

5.2 Elementos de Validade do Ato

Competência

Poderes que a lei confere aos agentes públicos para exercer funções com o mínimo de eficácia. A competência tem caráter instrumental, ou seja, é um instrumento outorgado para satisfazer interesses públicos – finalidade pública.

Características da Competência:

> Obrigatoriedade: ela é obrigatória para todos os agentes e órgãos públicos.

> Irrenunciabilidade: a competência é um poder-dever de agir e não pode ser renunciada pelo detentor do poder-dever. Contudo, tem caráter relativo uma vez que a competência pode ser delegada ou pode ocorrer a avocação.

> Intransferível: mesmo após a delegação, a competência pode ser retomada a qualquer tempo pelo titular do poder-dever, por meio da figura da revogação.

> Imodificável: pela vontade do agente, pois somente a lei determina competências.

> Imprescritível: a competência pode ser executada a qualquer tempo. Somente a lei pode exercer a função de determinar prazos prescricionais. **Ex.:** *o Art. 54 da Lei nº 9.784/99 determina o prazo decadência de cinco anos para anular atos benéficos para o administrado de boa-fé.*

Finalidade

Visa sempre ao interesse público e à finalidade específica prevista em lei. **Ex.:** *remoção de ofício.*

Forma

O ato administrativo é, em regra, formal e escrito.

Motivo

O motivo é a causa imediata do ato administrativo. É a situação de fato e de direito que determina ou autoriza a prática do ato, ou, em outras palavras, o pressuposto fático e jurídico (ou normativo) que enseja a prática do ato.

A Lei nº 9.784/99, que trata dos processos administrativos no âmbito da União, reza pelo Princípio do Informalismo, admitindo que existam atos verbais ou por meio de sinais (de acordo com o contexto).

Art. 40, § 1º, II, "a", CF. Trata da aposentadoria por tempo de contribuição.

Objeto

É o ato em si, ou seja, no caso da remoção o ato administrativo é o próprio instituto da remoção.

Ex.: Demissão: quanto ao ato de demissão deve ter o agente competente para determiná-lo (competência), depois disso, deve ser revertido de forma escrita (forma), a finalidade deve ser o interesse público (finalidade), o motivo deve ser embasado em lei, ou seja, os casos do Art. 132 da Lei nº 8.112/90, o objeto é o próprio instituto da demissão que está prescrito em lei.

5.3 Motivação

É a exteriorização por escrito dos motivos que levaram a produção do ato.

> Faz parte do elemento forma e não do motivo.

> Teoria dos Motivos Determinantes.

A motivação é elemento de controle de validade dos atos administrativos. Se ela for falsa, o ato é ilegal, independentemente da sua qualidade (discricionário ou vinculado).

Devem ser motivados:

> Todos os atos administrativos vinculados;

> Alguns atos administrativos discricionários (atos punitivos, que geram despesas, dentre outros).

A Lei nº 9.784/99, em seu Art. 50, traz um rol dos atos que devem ser motivados. Veja a seguir:

Art. 50. *Os atos administrativos deverão ser motivados, com indicação dos fatos e dos fundamentos jurídicos, quando:*

I. *Neguem, limitem ou afetem direitos ou interesses;*

II. *Imponham ou agravem deveres, encargos ou sanções;*

III. *Decidam processos administrativos de concurso ou seleção pública;*

IV. *Dispensem ou declarem a inexigibilidade de processo licitatório;*

V. *Decidam recursos administrativos;*

VI. *Decorram de reexame de ofício;*

VII. *Deixem de aplicar jurisprudência firmada sobre a questão ou discrepem de pareceres, laudos, propostas e relatórios oficiais;*

VIII. *Importem anulação, revogação, suspensão ou convalidação de ato administrativo.*

§ 1º *- A motivação deve ser explícita, clara e congruente, podendo consistir em declaração de concordância com fundamentos de anteriores pareceres, informações, decisões ou propostas, que, nesse caso, serão parte integrante do ato.*

§ 2º *- Na solução de vários assuntos da mesma natureza, pode ser utilizado meio mecânico que reproduza os fundamentos das decisões, desde que não prejudique direito ou garantia dos interessados.*

§ 3º *- A motivação das decisões de órgãos colegiados e comissões ou de decisões orais constará da respectiva ata ou de termo escrito.*

5.4 Atributos do Ato

Qualidades especiais dos atos administrativos que lhes asseguram uma qualidade jurídica superior a dos atos de direito privado.

Presunção de legitimidade e veracidade

Presume-se, em caráter relativo, que os atos da administração foram produzidos em conformidade com a lei e os fatos deles. Para os administrados são obrigatórios. Ocorre aqui, a inversão do ônus da prova (cabe ao administrado provar que o ato é vicioso).

Consequências

Imediata executoriedade do ato administrativo, mesmo impugnado pelo administrado. Até decisão que reconhece o vício ou susta os efeitos do ato.

Impossibilidade de o Poder Judiciário analisar, de ofício, elementos de validade do ato não expressamente impugnados pelo administrado.

Imperatividade

Imperativo, ou seja, é impositivo e independe da anuência do administrado.

Exceção

Atos negociais: a Administração concorda com uma pretensão do Administrado ou reconhece que ela satisfaz os requisitos para o exercício de certo direito (autorização e permissão - discricionário; licença - vinculado).

> *Relacionado ao poder extroverso do Estado (expressão italiana do autor Renato Aless), esse poder é usado como sinônimo para imperatividade nas provas de concurso.*

Atos enunciativos: declaram um fato ou emitem uma opinião sem que tal manifestação produza por si só efeitos jurídicos.

Autoexecutoriedade

O ato administrativo, uma vez produzido pela Administração, é passível de execução imediata, independentemente de manifestação do Poder Judiciário.

Para Hely Lopes Meirelles, deve haver previsão legal, a exceção existe em casos de emergência. Esse atributo incide em todos os atos, com exceção dos enunciativos e negociais. A administração não goza de autoexecutoriedade na cobrança de débito, quando o administrado resiste ao pagamento.

Tipicidade

O ato deve observar a forma e o tipo previsto em lei para sua produção.

5.5 Classificação dos Atos Administrativos

Atos Vinculados: são os que a Administração pratica sem margem alguma de liberdade de decisão, pois a lei previamente determinou o único comportamento possível a ser obrigatoriamente adotado sempre que se configure a situação objetiva descrita na lei. Não cabe ao agente público apreciar a situação objetiva descrita nela.

Atos Discricionários: a Administração pode praticar, com certa liberdade de escolha, nos termos e limites da lei, quanto ao seu conteúdo, seu modo de realização, sua oportunidade e sua conveniência administrativa.

Atos Gerais: caracterizam-se por não possuir destinatários determinados. Os Atos Gerais são sempre determinados e prevalecem sobre os individuais. Podem ser revogados a qualquer tempo. Ex.: são os decretos regulamentares. Esses atos necessitam ser publicados em meio oficial.

Atos Individuais: são aqueles que possuem destinatários certos (determinados), produzindo diretamente efeitos concretos, constituindo ou declarando situação jurídicas subjetivas. **Ex.:** nomeação em concurso público e exoneração. Os atos podem ser discricionários ou vinculados e sua revogação somente é passível caso não tenha gerado direito adquirido.

Atos Simples: decorrem de uma única manifestação de vontade, de um único órgão.

Atos Complexos: necessitam, para formação de seu conteúdo, da manifestação de vontade de dois ou mais órgãos.

Atos Compostos: o seu conteúdo depende de manifestação de vontade de um único órgão, contudo, para funcionar, necessita de outro ato que o aprove.

Diferenças entre ato complexo e ato composto:

Ato Complexo	Ato Composto
1 ato	2 atos
2 vontades	2 vontades
2 ou + órgãos	1 órgão com a aprovação de outro

5.6 Espécies de Atos Administrativos

Normativo;

Ordinatórios;

Negociais;

Enunciativos;

Punitivos.

Atos normativos

São atos caracterizados pela generalidade e pela abstração, isto é, um ato normativo não é prescrito para uma situação determinada, mas para todos os eventos assemelhados; a abstração deriva do fato desse ato não representar um caso concreto, determinado, mas, sim, um caso abstrato, descrito na norma e possível de acontecer no mundo real. A regra abstrata deve ser aplicada no caso concreto.

Finalidade: regulamentar as leis e uniformizar procedimentos administrativos.

Características:

> Não possuem destinatários determinados;

> Correspondem aos atos gerais;

- Não pode inovar o ordenamento jurídico;
- Controle.

Regra: os atos administrativos normativos não podem ser atacados mediante recursos administrativos ou judiciais.

Exceção: atos normativos que gerarem efeitos concretos para determinado destinatário podem ser impugnados pelo administrado na via judicial ou administrativa.

Decretos regulamentares, instruções normativas, atos declaratórios normativos.

Atos ordinatórios

São atos administrativos endereçados aos servidores públicos em geral.

Finalidade: divulgar determinações aplicáveis ao adequado desempenho de suas funções.

Características:

- Atos internos;
- Decorrem do exercício do poder hierárquico;
- Vinculam os servidores subordinados ao órgão que o expediu;
- Não atingem os administrados;
- Estão hierarquicamente abaixo dos atos normativos;
- Devem obediência aos atos normativos que tratem da mesma matéria relacionada ao ato ordinatório.

Exs.: Instruções, circulares internas, portarias, ordens de serviço.

Atos negociais

São atos administrativos editados quando o ordenamento jurídico exige que o particular obtenha anuência prévia da Administração para realizar determinada atividade de interesse dele ou exercer determinado direito.

Finalidade: satisfação do interesse público, ainda que essa possa coincidir com o interesse do particular que requereu o ato.

Características:

- Os atos negociais não são imperativos, coercitivos e autoexecutórios;
- Os atos negociais não podem ser confundidos com contratos, pois, nesses existe manifestação de vontade bilateral e, nos atos negociais, nós temos uma manifestação de vontade unilateral da Administração Pública, que é provocada mediante requerimento do particular;
- Podem ser vinculados, discricionários, definitivos e precários.

Atos Negociais Vinculados: reconhecem um direito subjetivo do particular, mediante um requerimento, desse particular, comprovando preencher os requisitos que a lei exige para a anuência do direito, a Administração obrigatoriamente deve praticar o ato.

Atos Negociais Discricionários: não reconhecem um direito subjetivo do particular, pois, mesmo que esse atenda às exigências necessárias para a obtenção do ato, a Administração poderá não praticá-lo, decidindo se executa ou não o ato por juízo de conveniência e oportunidade.

Atos Negociais Definitivos: não comportam revogação, são atos vinculados, mas podem ser anulados ou cassados. Sendo assim, esses atos geram, ao particular, apenas uma expectativa de definitividade.

Atos Negociais Precários: podem ser revogados a qualquer tempo, são atos discricionários; via de regra, a revogação do ato negocial não gera direito de indenização ao particular.

Espécies de atos negociais

Licença: fundamenta-se no poder de polícia da Administração. É ato vinculado e definitivo, pois reconhece um direito subjetivo do particular, mediante um requerimento desse, comprovando preencher os requisitos que a lei exige. Para a anuência do direito, a Administração, obrigatoriamente, deve praticar o ato. A licença não comporta revogação, mas ela pode ser anulada ou cassada, sendo assim, esses atos geram, ao particular, apenas uma expectativa de definitividade.

Ex.: Alvará para a realização de uma obra, alvará para o funcionamento de um estabelecimento comercial, licença para dirigir, licença para exercer uma profissão.

Admissão: é o ato unilateral e vinculado pelo qual a Administração faculta a alguém a inclusão em estabelecimento governamental para o gozo de um serviço público. O ato de admissão não pode ser negado aos que preencham as condições normativas requeridas.

Ex.: Ingresso em estabelecimento oficial de ensino na qualidade de aluno; o desfrute dos serviços de uma biblioteca pública como inscrito entre seus usuários.

Aprovação: é o ato unilateral e discricionário pelo qual a Administração faculta a prática de ato jurídico (aprovação prévia) ou manifesta sua concordância com ato jurídico já praticado (aprovação a posteriori).

Homologação: é o ato unilateral e vinculado de controle pelo qual a Administração concorda com um ato jurídico ou série de atos (procedimento) já praticados, verificando a consonância deles com os requisitos legais condicionadores de sua válida emissão.

Autorização: na maior parte das vezes em que é praticado, fundamenta-se no poder de polícia do Estado quando a lei exige a autorização como condicionante para prática de uma determinada atividade privada ou para o uso de bem público. Todavia, a autorização também pode representar uma forma de descentralizar, por delegação, serviços públicos para o particular.

A autorização é caracterizada por uma predominância do interesse do particular que solicita o ato, todavia, também existe interesse público na prática desse ato.

É um ato discricionário, pois não reconhece um direito subjetivo do particular; mesmo que esse atenda às exigências necessárias para a obtenção do ato, a Administração poderá não praticá-lo, decidindo se desempenha ou não o ato por juízo de conveniência e oportunidade.

É um ato precário, pois pode ser revogado a qualquer tempo. Via de regra, a revogação da autorização não gera direito de indenização ao particular, mas, caso a autorização tenha sido concedida por prazo certo, pode haver o direito de indenização para o particular.

Prazo: a autorização é concedida sem prazo determinado, todavia, pode havê-la outorgada por prazo certo.

Exs.:

> Atividades potencialmente perigosas e que podem colocar em risco a coletividade, por isso, a necessidade de regulação do Estado;
> Autorização para porte de arma de fogo;
> Autorização para a prestação de serviços privados de educação e saúde;
> Autorização de uso de bem público;
> Autorização de serviço público: prestação de serviço de táxi.

Permissão: é o ato administrativo discricionário e precário, pelo qual a Administração Pública consente ao particular o exercício de uma atividade de interesse predominantemente da coletividade.

Características:

> Pode ser concedida por prazo certo;
> Pode ser imposta condições ao particular.

A Permissão é um ato precário, pois pode ser revogada a qualquer tempo. Via de regra, a revogação da permissão não gera direito de indenização ao particular, mas, caso a autorização tenha sido concedida por prazo certo ou sob condições, pode haver o direito de indenização para o particular.

A permissão concedida ao particular, por meio de um ato administrativo, não se confunde com a permissão para a prestação de serviços públicos. Nesse último caso, representa uma espécie de descentralização por delegação realizada por meio de contrato.

Ex.: Permissão de uso de bem público.

Atos enunciativos

São atos administrativos enunciativos aqueles que têm por finalidade declarar um juízo de valor, uma opinião ou um fato.

Características:

> Não produzem efeitos jurídicos por si só;
> Não contêm uma manifestação de vontade da administração.

Certidão, atestado, parecer e apostila.

Certidão: é uma cópia de informações registradas em banco de dados da Administração. Geralmente, é concedida ao particular mediante requerimento da informação registrada pela Administração.

Atestado: declara uma situação de que a Administração tomou conhecimento em virtude da atuação de seus agentes. O atestado não se assemelha à certidão, pois essa declara uma informação constante em banco de dados e aquele declara um fato que não corresponde a um registro de um arquivo da Administração.

Parecer: é um documento técnico, confeccionado por órgão especializado na respectiva matéria tema do parecer, em que o órgão emite sua opinião relativa ao assunto.

Apostila: apostilar significa corrigir, emendar, complementar um documento. É o aditamento de um contrato administrativo ou de um ato administrativo. É um ato de natureza aditiva, pois sua finalidade é adicionar informações a um registro já existente.

Ex.: Anotar alterações na situação funcional de um servidor.

Atos punitivos

São os atos administrativos por meio dos quais a Administração Pública impõe sanções a seus servidores ou aos administrados.

Fundamento

> **Poder Disciplinar:** quando o ato punitivo atinge servidores públicos e particulares ligados à Administração por algum vínculo jurídico específico.
> **Poder de Polícia:** quando o ato punitivo atinge a particulares não ligados à Administração Pública por um vínculo jurídico específico.

Os atos punitivos podem ser internos e externos:

> **Atos Punitivos Internos:** têm como destinatários os servidores públicos e aplicam penalidades disciplinares, ou seja, os atos punitivos internos decorrem sempre do poder disciplinar.
> **Atos Punitivos Externos**: têm como destinatários os particulares. Podem ter fundamento decorrente do poder disciplinar, quando punem particulares sujeitos à disciplina administrativa, ou podem ter fundamento no poder de polícia, quando punem particulares não ligados à Administração Pública.

Todo ato punitivo interno decorre do poder disciplinar, mas nem todo ato que decorre do poder punitivo que surge do poder disciplinar é um ato punitivo interno, pois, quando a Administração aplica punição aos particulares ligados a administração, essa punição decorre do poder disciplinar, mas também representa um ato punitivo externo.

Todo ato punitivo decorrente do poder de polícia é um ato punitivo externo, pois, nesse caso, temos a Administração punindo sempre o particular.

5.7 Extinção dos Atos Administrativos

Anulação ou controle de legalidade

É o desfazimento do ato administrativo que decorre de vício de legalidade ou de legitimidade na prática do ato.

Cabimento

> Ato discricionário;
> Ato vinculado.

Competência para Anular

> Entidade da Administração Pública que praticou o ato: pode anular o ato a pedido do interessado ou de ofício em razão do princípio da autotutela.

> Poder Judiciário: pode anular somente por provocação do interessado.

Efeitos da Anulação: *ex tunc*, retroagem desde a data da prática do ato, impugnando a validade do ato.

Prazo: 5 (cinco) anos

> Contagem;

> Prática do ato.

No caso de efeitos patrimoniais contínuos, a partir do primeiro pagamento.

Revogação ou controle de mérito

É o desfazimento do ato administrativo por motivos de conveniência e oportunidade.

Cabimento

> Ato discricionário legal, inconveniente e inoportuno;

> Não é cabível a revogação de ato vinculado.

Competência para Revogar

Apenas a entidade da Administração Pública que praticou o ato.

Não pode o controle de mérito ser feito pelo Poder Judiciário na sua função típica de julgar. Todavia, a Administração Pública está presente nos três poderes da União e, caso uma entidade dos Poderes Judiciário, Legislativo ou Executivo pratique um ato discricionário legal, que com o passar do tempo, se mostre inconveniente e inoportuno, somente a entidade que criou o ato tem competência para revogá-lo.

Assim, o poder judiciário não tem competência para exercer o controle de mérito dos atos da Administração Pública, mas a essa do Poder Judiciário pratica atos administrativos e cabe somente a ela a revogação dos atos praticados por ela mesma.

Efeitos da revogação: *ex nunc*, não retroagem, ou seja, a revogação gera efeitos prospectivos, para frente.

Cassação

É o desfazimento do ato administrativo decorrente do descumprimento dos requisitos que permitem a manutenção do ato. Na maioria das vezes, a cassação representa uma sanção aplicada ao particular que deixou de atender às condições exigidas para a manutenção do ato.

Como exemplo, temos a cassação da carteira de motorista, que nada mais é do que a cassação de um ato administrativo classificado como licença. A cassação da licença para dirigir decorre da prática de infrações de trânsito praticadas pelo particular, sendo assim, nesse caso, essa cassação é uma punição.

5.8 Convalidação

Convalidação é a correção com efeitos retroativos do ato administrativo com defeito sanável, o qual pode ser considerado:

Vício de Competência relativo à Pessoa

Exceção: competência exclusiva (não cabe convalidação).

O vício de competência relativo à matéria não é considerado um defeito sanável e também não cabe convalidação.

Vício de Forma

Exceção: a lei determina que a forma seja elemento essencial de validade de determinado ato (também não cabe convalidação).

Convalidação Tácita

O Art. 54 da Lei nº 9.784/99 prevê que a Administração tem o direito de anular os atos administrativos de que decorram efeitos favoráveis para os destinatários. O prazo é de cinco anos, contados da data em que forem praticados, salvo comprovada má-fé. Transcorrido esse prazo, o ato foi convalidado, pois não pode ser mais anulado pela Administração.

Convalidação Expressa

> ***Art. 55, Lei nº 9.784/99.*** *Em decisão na qual se evidencie não acarretarem lesão ao interesse público nem prejuízo a terceiros, os atos que apresentarem defeitos sanáveis poderão ser convalidados pela própria Administração.*

Questões

01. (CESPE) Como exemplo da incidência do princípio da inafastabilidade do controle jurisdicional relativos aos atos administrativos no ordenamento jurídico brasileiro, é correto citar a vigência, entre nós, do sistema do contencioso administrativo ou sistema francês.

Certo ( ) Errado ( )

02. (CESPE) Ato administrativo complexo é aquele que resulta do somatório de manifestações de vontade de mais de um órgão, podendo-se citar, como exemplo, a aposentadoria.

Certo ( ) Errado ( )

03. (CESPE) De acordo com a teoria dos motivos determinantes, ainda que se trate de ato discricionário sem a exigência de expressa motivação, uma vez sendo manifestada a motivação, essa vincula o agente para sua realização, devendo, obrigatoriamente, haver compatibilidade entre o ato e a motivação, sob pena de vício suscetível de invalidá-lo.

Certo ( ) Errado ( )

04. (CESPE) A competência constitui elemento ou requisito do ato administrativo vinculado, cabendo, entretanto, ao próprio órgão público estabelecer as suas atribuições.

Certo ( ) Errado ( )

05. (CESPE) A legalidade dos atos administrativos vinculados e discricionários está sujeita à apreciação judicial.

Certo ( ) Errado ( )

06. (CESPE) Sempre que a lei expressamente exigir determinada forma para que um ato administrativo seja considerado válido, a inobservância dessa exigência acarretará a nulidade do ato.

Certo ( ) Errado ( )

07. (CESPE) O Poder Judiciário pode, de ofício, apreciar a validade de um ato administrativo e decretar a sua nulidade, caso seja considerado ilegal.

Certo ( ) Errado ( )

08. (CESPE) Atenderá aos atos normativos do MPOG a contratação, por órgão público, de suporte técnico para os seus processos de planejamento e avaliação da qualidade dos serviços de tecnologia da informação, desde que sob a supervisão exclusiva de servidores do órgão.

Certo ( ) Errado ( )

09. (CESPE) O Tribunal de Contas é o órgão que auxilia o Poder Legislativo no exercício do controle financeiro externo da Administração Pública. Por ter função de caráter administrativo, suas decisões poderão ser submetidas ao controle judicial.

Certo ( ) Errado ( )

10. (CESPE) No caso de um administrado alegar a existência de vício de legalidade que invalide determinado ato administrativo, esse indivíduo deverá fundamentar sua alegação com provas dos fatos relevantes, por força da obrigatoriedade de inversão do ônus da prova, originada no princípio da presunção de legitimidade do ato administrativo.

Certo ( ) Errado ( )

Gabaritos

01	ERRADO	06	CERTO
02	CERTO	07	ERRADO
03	CERTO	08	CERTO
04	ERRADO	09	CERTO
05	CERTO	10	CERTO

NOÇÕES DE DIREITO CONSTITUCIONAL

1. INTRODUÇÃO AO DIREITO CONSTITUCIONAL

1.1 Noções Gerais

Para iniciarmos o estudo do Direito Constitucional, alguns conceitos precisam ser esclarecidos, principalmente para aqueles que nunca tiveram contato com a matéria.

Primeiramente, faz-se necessário conhecer qual será o objeto de estudo desta disciplina jurídica: **Constituição Federal**.

A Constituição Federal é simplesmente a norma mais importante de todo o ordenamento jurídico brasileiro. Ela é a norma principal, a norma fundamental.

Se pudéssemos posicionar as espécies normativas na forma de uma pirâmide hierárquica, a Constituição Federal apareceria no topo desta pirâmide, ao passo que as outras espécies normativas estariam todas abaixo dela, como na ilustração:

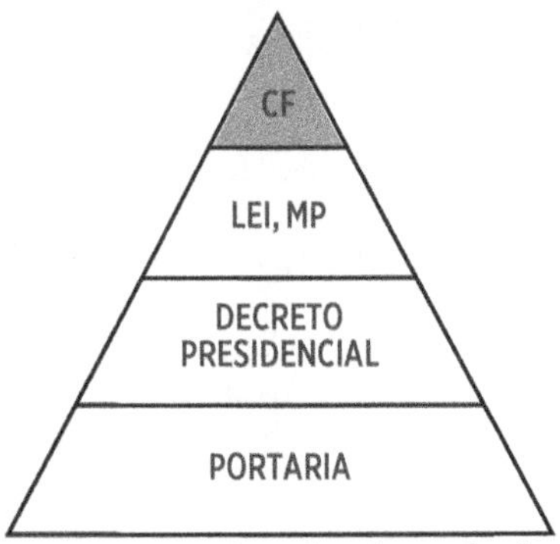

Para que sua preparação seja adequada, é necessário que se tenha em vista uma Constituição atualizada. Isso por conta de que a Constituição Federal foi promulgada em 1988, mas já foi alterada várias vezes. Significa dizer, numa linguagem mais jurídica, que ela foi **emendada**.

As Emendas Constitucionais são a única forma de alteração do Texto Constitucional. Portanto, jamais uma lei, ou outra espécie normativa hierarquicamente inferior à Constituição, poderá alterar o seu texto.

Neste ponto caberia a pergunta: o que torna a Constituição Federal a norma mais importante do Direito Brasileiro? A resposta é muito simples: a Constituição possui alguns elementos que a distinguem das outras espécies normativas, por exemplo:

Os Princípios Constitucionais;

Os Direitos Fundamentais;

A Organização do Estado;

A Organização dos Poderes.

De nada adiantaria possuir uma Constituição Federal com tantos elementos essenciais ao Estado se não existisse alguém para protegê-la. O próprio texto constitucional previu um Guardião para a Constituição, o **Supremo Tribunal Federal (STF)**.

O STF é o órgão de cúpula do Poder Judiciário e possui como atribuição principal a guarda da Constituição. Ele é tão poderoso que se alguém editar uma norma que contrarie o disposto no texto constitucional, o Supremo a declarará inconstitucional. Uma norma declarada inconstitucional pelo STF não produzirá efeitos na sociedade.

Além de Guardião da Constituição, o STF possui outra atribuição Constitucional, qual seja, a de intérprete do texto fundamental. É o Supremo quem define a melhor interpretação para esta ou aquela norma Constitucional. Quando um Tribunal manifesta sua interpretação, dizemos que ele revelou sua **jurisprudência** (o pensamento dos tribunais), sendo a do STF a que mais interessa para o estudo do Direito Constitucional. E é exatamente neste ponto que se encontra a maior importância do STF para o objetivo que aqui se tem em vista: é essencial conhecer sua jurisprudência, pois costuma cair em prova. Para se ter ideia da importância dessa matéria, é possível que alguma jurisprudência do STF seja contrária ao próprio texto constitucional. Dessa forma, o aluno precisa ter uma dupla percepção: conhecer o texto da Constituição e conhecer a jurisprudência do STF.

Contudo, ainda existe outra fonte de conhecimento essencial para o aprendizado em Direito Constitucional: a **doutrina**.

A doutrina é o pensamento produzido pelos estudiosos do Direito Constitucional. Conhecer a doutrina também faz parte de sua preparação.

Em suma, para estudar Direito Constitucional é necessário estudar:

A Constituição Federal;

A Jurisprudência do STF;

Doutrina de Direito Constitucional.

Neste estudo apresentar-se-á o conteúdo de Direito Constitucional atualizado, objetivo e necessário para prova de forma que se tenha à mão um material suficiente ao estudo para concurso público.

Metodologia de Estudo

Aproveitam-se essas considerações iniciais para passar uma dica de estudo que pode ser útil na preparação para concurso público. A preparação em Direito Constitucional precisa observar três passos:

Leitura da Constituição Federal;

Leitura da apostila;

Resolução de exercícios.

O aluno que seguir esses passos certamente chegará à aprovação em concurso público. Essa é a melhor orientação para quem está iniciando os estudos.

1.2 Classificações

A partir de algumas **características** que possuem as Constituições, é possível classificá-las, agrupá-las. As classificações abaixo não são as únicas possíveis, realçando apenas aqueles elementos mais comumente cobrados nos concursos públicos.

Quanto à **origem**, a Constituição pode ser Promulgada ou Outorgada. A **Constituição Promulgada** é aquela decorrente de um verdadeiro processo democrático para a sua elaboração, fruto de uma Assembleia Nacional Constituinte. A **Outorgada** é aquela imposta, unilateralmente, por um governante ou por um grupo de pessoas, ao povo.

Quanto à **possibilidade** de **alteração**, **mutação**, podem ser **Flexíveis**, **Rígidas** ou **Semirrígidas**. As Constituições Flexíveis não exigem, para a sua alteração, qualquer processo legislativo especial. As Rígidas, contudo, dependem de um processo legislativo de alteração mais difícil do que aquele utilizado para as normas ordinárias. As Constituições Semirrígidas são aquelas cuja parte de seu texto só pode ser alterada por um processo mais difícil, sendo que outra parte pode ser mudada sem qualquer processo especial.

Quanto **à forma** adotada, as Constituições podem ser: **Escritas ou Dogmáticas** e **Costumeiras**. A Constituição Dogmática é aquela que apresenta um único texto, no qual encontramos sistematizadas e organizadas todas as disposições essenciais do Estado. A Constituição Costumeira é aquela formada pela reunião de diversos textos esparsos, reconhecidos pelo povo como fundamentais, essenciais.

Quanto à **extensão**, podem ser: **Sintéticas** ou **Analíticas**. A Constituição Sintética é aquela concisa, enxuta e que só traz as disposições políticas essenciais a respeito da forma, organização, fundamentos e objetivos do Estado. A Constituição Analítica é aquela que aborda diversos assuntos, não necessariamente relacionados com a organização do Estado e dos poderes. Ela desce a minúcias que poderiam figurar em uma lei ordinária, não precisando constar do texto constitucional.

A partir das classificações apresentadas acima, temos que a Constituição Federal de 1988 pode ser considerada por **Promulgada**, **Rígida**, **Escrita** e **Analítica**.

Questões

01. (FCC) Suponha que, como resultado dos trabalhos de uma Assembleia Nacional Constituinte convocada ao fim de um período e processo revolucionários, entre em vigor em determinado país uma nova Constituição, que estabeleça que a alteração do texto constitucional se dê por deliberação do mesmo órgão responsável pela elaboração da legislação ordinária, embora mediante procedimento mais complexo e quórum mais elevado do que o previsto para essa. Nessa hipótese, tem-se, respectivamente quanto à origem e alterabilidade, uma Constituição

a) promulgada, por ser fruto do trabalho de uma Assembleia Nacional Constituinte; e flexível, por atribuir o poder constituinte derivado ao mesmo órgão responsável pela legislação ordinária, a despeito da existência de procedimento diferenciado para reforma constitucional.

b) promulgada, por ser resultado de um processo revolucionário; e semirrígida, por atribuir o poder constituinte derivado ao mesmo órgão responsável pela legislação ordinária, estabelecendo um procedimento especial para reforma constitucional.

c) outorgada, por ser fruto do trabalho de uma Assembleia Nacional Constituinte; e flexível, por atribuir o poder constituinte derivado ao mesmo órgão responsável pela legislação ordinária, a despeito da existência de procedimento diferenciado para reforma constitucional.

d) promulgada, por ser fruto do trabalho de uma Assembleia Nacional Constituinte; e rígida, em virtude da existência de procedimento próprio e mais dificultoso para alteração do texto constitucional, ainda que a cargo do órgão legislativo ordinário.

e) outorgada, por ser resultado de um processo revolucionário; e rígida, em virtude da existência de procedimento próprio e mais dificultoso para alteração do texto constitucional, ainda que a cargo do órgão legislativo ordinário.

02. (CESPE) As constituições podem ser classificadas sob diversos critérios, entre os quais, o da estabilidade, que se dá com base na complexidade do processo para sua alteração, em comparação com o processo legislativo ordinário. Considerando a classificação das constituições quanto à estabilidade, julgue o item.

A Constituição Federal de 1988 é um modelo de constituição flexível, uma vez que permite sua modificação por meio dos mesmos procedimentos utilizados nas normas ordinárias.

Certo ( ) Errado ( )

03. (IBADE) A Constituição da República Federativa do Brasil de1988 pode ser classificada como:

a) escrita e histórica.

b) sintética e semântica.

c) liberal e preceitual.

d) promulgada e dogmática.

e) rígida e pretende ser nominal.

04. (IBADE) "____________ é, juridicamente, a lei fundamental e suprema de um Estado, contendo as normas referentes à estruturação do Estado, à formação dos poderes públicos, forma de governo e aquisição do poder de governar, distribuição de competências, direitos, garantias e deveres dos cidadãos". O documento que completa corretamente a lacuna acima é:

a) Constituição.

b) Lei complementar.

c) Lei ordinária.

d) Resolução legislativa.

e) Decreto presidencial.

05. (CESPE) Acerca da classificação das constituições, é correto afirmar que a

a) outorgada, também chamada de democrática, é decorrente do trabalho de uma Assembleia Nacional.

b) costumeira é a que traz as regras em um único texto solene e codificado.

c) sintética é a que aborda todos os assuntos que os representantes do povo entendem como fundamentais.

d) dogmática, sempre escrita, consubstancia os dogmas estruturais e fundamentais do Estado.

e) flexível é a que pode ser alterada, mas que possui um processo legislativo de alteração mais dificultoso que o processo de alteração de normas infraconstitucionais.

Gabaritos

01	D	04	A
02	ERRADO	05	E
03	D	-	-

2. PRINCÍPIOS FUNDAMENTAIS

Os Princípios Fundamentais, também chamados de Princípios Constitucionais, formam a base de toda a organização do Estado Brasileiro. Como bem citado pelo Professor José Afonso da Silva, "os Princípios Fundamentais visam essencialmente definir e caracterizar a coletividade política e o Estado e enumerar as principais opções político-constitucionais[1]".

Exatamente em razão de sua importância, a Constituição Federal os colocou logo no início, pois eles são a base de todo o texto. O que se segue a partir desses princípios é mero desdobramento de seu conteúdo.

Quem se prepara para concurso público deve saber que, quando esse tema é abordado, costuma-se trabalhar questões com o conteúdo previsto nos Arts. 1º ao 4º do texto constitucional. Geralmente, aparece apenas texto constitucional puro, mas, dependendo do concurso, as bancas costumam cobrar questões doutrinárias mais difíceis.

Quais princípios serão abordados?

- Princípio da Tripartição dos Poderes;
- Princípio Federativo;
- Princípio Republicano;
- Presidencialismo;
- Princípio Democrático;
- Fundamentos da República Federativa do Brasil;
- Objetivos Fundamentais da República Federativa do Brasil;
- Princípios que Regem as Relações Internacionais do Brasil.

2.1 Princípio da Tripartição dos Poderes

Esse princípio, também chamado de Princípio da Separação dos Poderes, originou-se, historicamente, numa tentativa de limitar os poderes do Estado. Alguns filósofos perceberam que, se o Poder do Estado estivesse dividido entre três entidades diferentes, seria possível que a sociedade exercesse um maior controle de sua utilização.

Na verdade, a divisão não é do Poder Estatal, haja vista ser ele uno, indivisível e indelegável, mas apenas uma divisão das suas funções. Nos dizeres de José Afonso da Silva: "O poder político, uno, indivisível e indelegável, se desdobra e se compõe de várias funções, fato que permite falar em distinções das funções, que fundamentalmente são três: a legislativa, a executiva e a jurisdicional"[2].

A previsão constitucional desse princípio encontra-se no Art. 2º, que diz:

> ***Art. 2º.*** *São Poderes da União, independentes e harmônicos entre si, o Legislativo, o Executivo e o Judiciário.*

Esses são os três poderes, cada qual responsável pelo desenvolvimento de uma função principal do Estado:

Poder Executivo

Função principal (típica) de administrar o Estado;

Poder Legislativo

Função principal (típica) de legislar e fiscalizar as contas públicas;

Poder Judiciário

Função principal (típica) jurisdicional.

Além da sua própria função, a Constituição criou uma sistemática que permite a cada um dos poderes o exercício da função do outro poder. Essa função acessória chamamos de **função atípica:**

Poder Executivo

Função atípica de legislar e julgar;

Poder Legislativo

Função atípica de administrar e julgar;

Poder Judiciário

Função atípica de administrar e legislar.

Dessa forma, pode-se dizer que além da própria função, cada poder exerce de forma acessória a função do outro poder.

Uma pergunta sempre surge na cabeça dos candidatos: qual dos três poderes é mais importante?

A única resposta possível é a inexistência de poder mais importante. Cada poder possui sua própria função de forma que não se pode afirmar que exista hierarquia entre os poderes do Estado.

Eles são independentes e harmônicos entre si, e para se garantir essa harmonia, a doutrina norte-americana desenvolveu um sistema que mantém a igualdade entre os poderes: **Sistema de Freios e Contrapesos** (*checks and balances*).

O sistema de freios e contrapesos adotado pela nossa Constituição, revela-se nas inúmeras medidas previstas no texto constitucional que condicionam a competência de um poder à apreciação de outro poder de forma a garantir o equilíbrio entre os três poderes. Abaixo estão alguns exemplos delas:

Exs.:

A necessidade de sanção do Chefe do Poder Executivo para que um Projeto de Lei aprovado pelo Poder Legislativo possa entrar em vigor;

O **processo do Chefe do Poder Executivo** por crime de responsabilidade a ser realizado no Senado Federal, cuja sessão de julgamento é presidida pelo Presidente do STF;

A **necessidade de apreciação** pelo Poder Legislativo das Medidas Provisórias editadas pelo Chefe do Poder Executivo;

A **nomeação dos ministros** do STF é feita pelo Presidente da República depois de aprovada pelo Senado Federal.

Em todas as hipóteses acima apresentadas, faz-se necessária a participação de mais de um Poder para a consecução de um ato administrativo. Isso cria uma verdadeira relação de interdependência entre os poderes, o que garante o equilíbrio entre eles.

Por último, não se pode esquecer que a separação dos poderes é uma das cláusulas pétreas por força do Art. 60, § 4º, III, da Constituição Federal.

1 CANOTILHO, J. J. Gomes, e MOREIRA, Vital. Fundamentos da Constituição. In: SILVA, José Afonso da. Curso de Direito Constitucional Positivo. 33ª Ed. São Paulo: Malheiros, 2010. p. 94.

2 SILVA, José Afonso da. Curso de Direito Constitucional Positivo. 33ª Ed. São Paulo: Malheiros, 2010. p. 108.

Significa dizer que a separação dos poderes não pode ser abolida do texto constitucional por meio de emenda:

> ***Art. 60, § 4º.*** *Não será objeto de deliberação a proposta de emenda tendente a abolir:*
>
> ***III.*** *A separação dos Poderes.*

2.2 Princípio Federativo

Esse princípio apresenta a Forma de Estado adotada no Brasil: federação. A forma de Estado reflete o modo de exercício do poder político em função do território. É uma forma composta ou complexa3, visto que prevalece a pluralidade de poderes políticos internos. Está baseada na descentralização política do Estado, cuja representação se dá por meio de quatro entes federativos:

União;

Estados;

Distrito Federal;

Municípios.

Cada ente federativo possui sua **própria autonomia política**, o que **não** pode ser confundido com o atributo da soberania, pertencente ao Estado Federal.

A autonomia de cada ente confere-lhe a capacidade política de, inclusive, criar sua própria Constituição. Apesar de cada ente federativo possuir essa independência, não se pode esquecer que a existência do pacto federativo pressupõe a existência de uma Constituição Federal e da impossibilidade de separação (Princípio da Indissolubilidade do Vínculo Federativo). Havendo quebra do pacto federativo, a Constituição Federal prevê como instrumento de manutenção da forma de Estado a chamada Intervenção Federal, a qual será estudada em momento oportuno.

Não existe hierarquia entre os entes federativos. O que os distingue é a competência que cada um recebeu da Constituição Federal. Deve-se ressaltar que os estados e o Distrito Federal possuem direito de participação na formação da vontade nacional ao possuírem representantes no Senado Federal. Os municípios não possuem representantes no Senado Federal. Caracteriza-se, ainda, pela existência de um guardião da Constituição Federal, o Supremo Tribunal Federal. A doutrina tem apontado para algumas características da forma federativa brasileira:

Tricotômica

Federação constituída em três níveis: federal, estadual e municipal. O Distrito Federal não é considerado nessa classificação, haja vista possuir competência híbrida, ou seja, ora age como estado ora como município.

Centrífuga

Essa característica reflete a formação da federação brasileira. É a formação "de dentro para fora". O movimento é de centrifugadora. A força de criação do estado federal brasileiro surgiu a partir de um Estado Unitário para a criação de um estado federado, ou seja, o poder centralizado que se torna descentralizado. O poder político era concentrado nas mãos de um só ente e, depois, passa a fazer parte de vários entes federativos.

3 A doutrina classifica as formas de Estado em Compostas ou Unitárias. Os Estados Compostos ou Complexos possuem como base a descentralização política enquanto que os Estados Unitários ou simples possuem uma única entidade política a qual exerce de forma centralizada o poder político (CUNHA, 2011, p. 872). Estado Federal é espécie de Estado Composto, portanto, não se confunde com Estado Unitário.

Por Desagregação

Ocorre quando um estado unitário resolve se descentralizar politicamente, desagregando o poder central em favor de vários entes titulares de poder político.

Como última observação, não menos importante, a **Forma Federativa de Estado** também é uma cláusula **pétrea.**

Depois de estudar os Princípios da Tripartição dos Poderes e o Federativo, passa-se a ver como eles estão estruturados dentro da República Federativa do Brasil. Uma informação importante antes disso: a autonomia política existente em cada ente federativo pode ser percebida por meio de existência dos poderes em cada um.

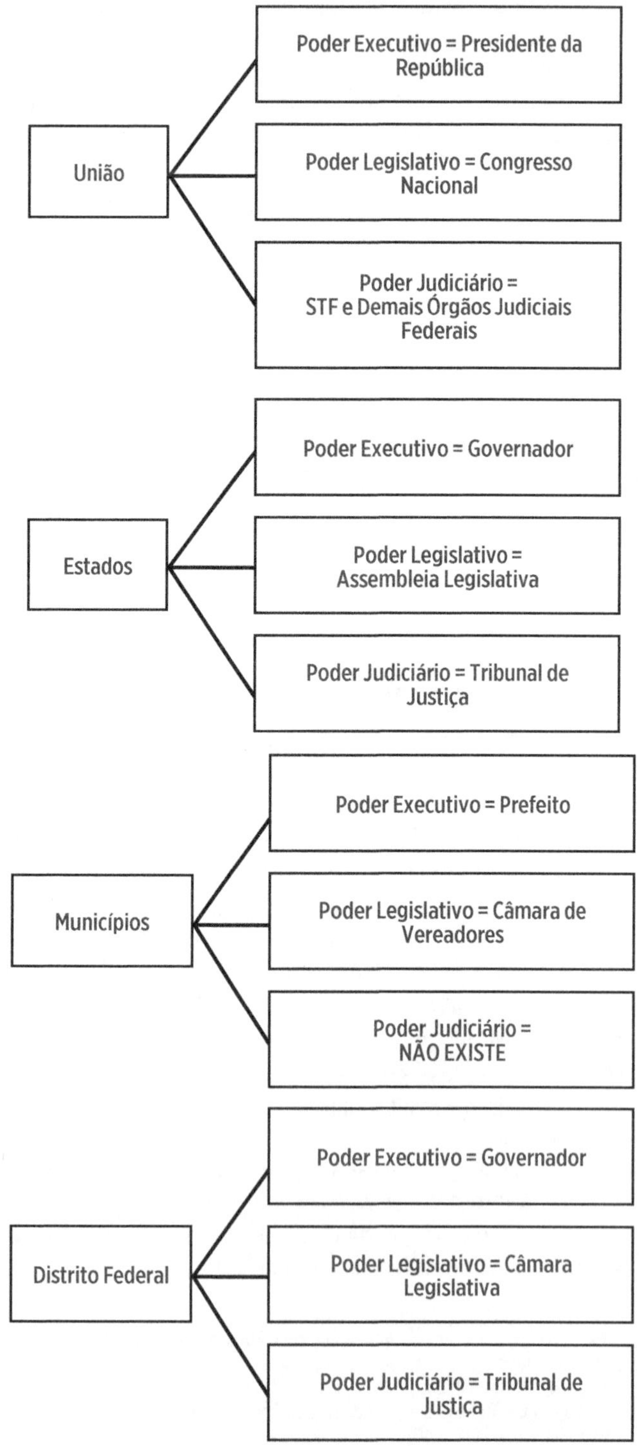

2.3 Princípio Republicano

O princípio Republicano representa a **Forma de Governo** adotada no Brasil. A forma de governo reflete o modo de aquisição e exercício do poder político, além de medir a relação existente entre o governante e o governado.

A melhor forma de entender esse instituto é conhecendo suas características. A primeira característica decorre da análise etimológica da expressão *res publica*. Essa expressão, que dá origem ao Princípio ora estudado, significa coisa pública, ou seja, em um Estado Republicano o governante cuida da coisa pública, governa para o povo.

Outra característica importante é a Temporariedade. Esse atributo revela o caráter temporário do exercício do poder político. Por causa desse princípio, em nosso Estado, o governante permanece no poder por tempo determinado.

Em uma República, o governante é escolhido pelo povo. Essa é a chamada Eletividade. O poder político é adquirido pelas eleições, sendo que a vontade popular se concretiza nas urnas.

Por fim, em um Estado Republicano o governante pode ser responsabilizado por seus atos.

A forma de governo republicana se contrapõe à monarquia, cujas características são opostas às estudadas aqui.

É importante destacar que o princípio republicano não é uma cláusula pétrea, pois esse princípio não se encontra listado no rol das cláusulas pétreas do Art. 60, § 4o, da Constituição Federal. Apesar disso, a Constituição o considerou como princípio sensível. Princípios sensíveis são aqueles que, se tocados, ensejarão a chamada Intervenção Federal, conforme previsto no Art. 34, VII, da Constituição:

> ***Art. 34.*** *A União não intervirá nos Estados nem no Distrito Federal, exceto para:*
>
> ***VII.*** *assegurar a observância dos seguintes princípios constitucionais:*
>
> ***a)*** *forma republicana, sistema representativo e regime democrático.*

2.4 Presidencialismo

O Presidencialismo é o sistema de governo adotado no Brasil. O sistema de governo rege a relação entre o Poder Executivo e o Legislativo medindo o grau de dependência entre eles. No Presidencialismo, prevalece a separação entre os Poderes Executivo e Legislativo, os quais são independentes e harmônicos entre si.

A Constituição declara, em seu Art. 76, que:

> *O Poder Executivo é exercido pelo Presidente da República, auxiliado pelos Ministros de Estado.*

O Presidencialismo possui uma característica muito importante, que é a concentração das funções executivas em uma só pessoa, o Presidente, o qual é eleito pelo povo, e exerce ao mesmo tempo três funções: Chefe de Estado, Chefe de Governo, e Chefe da Administração Pública.

A função de Chefe de Estado diz respeito a todas as atribuições do Presidente nas relações externas do País. Como Chefe de Governo, o Presidente possui inúmeras atribuições internas no que tange à governabilidade do país. Já como Chefe da Administração Pública, o Presidente exercerá as funções relacionadas com a chefia da Administração Pública Federal.

2.5 Democracia

Este princípio revela o Regime de Governo adotado no Brasil. Caracteriza-se pela existência do Estado Democrático de Direito e pela preservação da dignidade da pessoa humana.

A democracia significa o governo do povo, pelo povo e para o povo. É a chamada soberania popular. Sua fundamentação constitucional encontra-se no Art. 1º da CF:

> ***Art. 1º, Parágrafo único.*** *Todo o poder emana do povo, que o exerce por meio de representantes eleitos ou diretamente, nos termos desta Constituição.*

Esse princípio também é conhecido como princípio sensível e, no Brasil, caracteriza-se por seu exercício se dar de forma direta e indireta. Por esse motivo, a democracia brasileira é conhecida como semidireta ou participativa. Esse tema, porém, será abordado na seção sobre **Direitos Políticos**.

FORMA DE ESTADO →	FEDERATIVA
FORMA DE GOVERNO →	REPUBLICANA
SISTEMA DE ESTADO →	PRESIDENCIALISTA
REGIME DE ESTADO →	DEMOCRÁTICO

2.6 Fundamentos da República Federativa do Brasil

Entre os Princípios Constitucionais mais importantes, destacam-se os Fundamentos da República Federativa do Brasil, os quais estão elencados no Art. 1º da Constituição Federal:

> ***Art. 1º.*** *A República Federativa do Brasil, formada pela união indissolúvel dos Estados e Municípios e do Distrito Federal, constitui-se em Estado Democrático de Direito e tem como fundamentos:*
>
> ***I.*** *A soberania;*
>
> ***II.*** *A cidadania;*
>
> ***III.*** *A dignidade da pessoa humana;*
>
> ***IV.*** *Os valores sociais do trabalho e da livre iniciativa;*
>
> ***V.*** *O pluralismo político.*

A soberania é um fundamento que possui estreita relação com o Poder do Estado. É a capacidade que o Estado tem de impor sua vontade. Esse princípio possui uma dupla acepção: soberania interna e externa.

A soberania interna é a capacidade de impor o poder estatal no âmbito interno, perante os administrados, sem se sujeitar a qualquer outro poder.

A soberania externa é percebida pelo reconhecimento dos outros Estados soberanos de que o Estado Brasileiro possui sua própria autonomia no âmbito internacional.

A cidadania como princípio revela a condição jurídica de quem é titular de Direitos Políticos. Ela permite ao indivíduo que possui vínculo jurídico com o Estado participar de suas decisões e escolher seus representantes. O exercício da cidadania guarda estreita relação com a Democracia, pois essa autoriza a participação popular na formação da vontade estatal.

A dignidade da pessoa humana é considerada o princípio com maior hierarquia axiológica da Constituição. Sua importância se traduz na medida em que deve ser assegurada, primordialmente, pelo Estado, mas também deve ser observada nas relações particulares. Como fundamento, embasa toda a gama de direitos fundamentais, os quais estão ligados em sua origem a esse princípio. A dignidade da pessoa humana representa o núcleo mínimo de direitos e garantias que devem ser assegurados aos seres humanos.

O valor social do trabalho e da livre iniciativa revela a adoção de uma economia capitalista ao mesmo tempo em que elege o trabalho como elemento responsável pela valorização social. Ao mesmo tempo em que a Constituição garante uma liberdade econômica, protege o trabalho como elemento relacionado à dignidade do indivíduo como membro da sociedade.

O Pluralismo Político, ao contrário do que parece, não está relacionado apenas com a pluralidade de partidos políticos, devendo ser entendido sob um sentido mais amplo, pois revela uma sociedade em que pluralidade de ideias se torna um ideal a ser preservado. Liberdades, como de expressão, religiosa ou política estão entre as formas de manifestação desse princípio.

Geralmente, quando esse tema é cobrado em prova, costuma ser questionado apenas o texto constitucional.

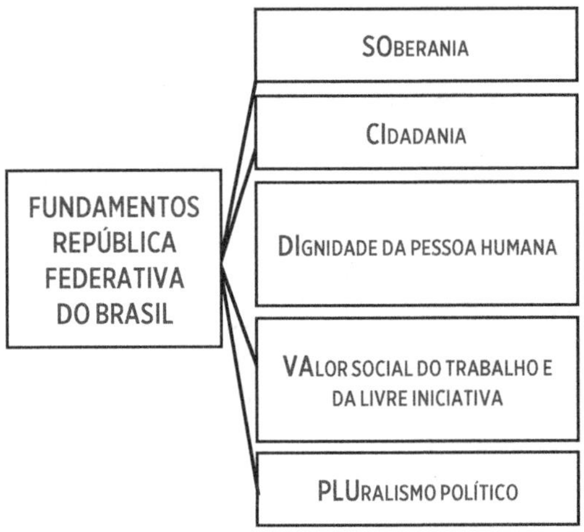

2.7 Objetivos Fundamentais da República Federativa do Brasil

Outro grupo de Princípios Constitucionais que costuma ser cobrado em prova é o dos Objetivos da República Federativa do Brasil, os quais estão previstos em um rol exemplificativo no Art. 3º da Constituição Federal:

> ***Art. 3º.*** *Constituem objetivos fundamentais da República Federativa do Brasil:*
>
> ***I.*** *Construir uma sociedade livre, justa e solidária;*
>
> ***II.*** *Garantir o desenvolvimento nacional;*
>
> ***III.*** *Erradicar a pobreza e a marginalização e reduzir as desigualdades sociais e regionais;*
>
> ***IV.*** *Promover o bem de todos, sem preconceitos de origem, raça, sexo, cor, idade e quaisquer outras formas de discriminação.*

Os objetivos são verdadeiras metas a serem perseguidas pelo Estado com o fim de garantir os ditames constitucionais. Deve-se ter muita atenção em relação a esses dispositivos, pois eles costumam ser cobrados em prova fazendo-se alterações dos termos constitucionais.

Outra característica que distingue os fundamentos dos objetivos é o fato de os fundamentos serem nominados com substantivos ao passo que os objetivos se iniciam com verbos. Essa diferença pode ajudar a perceber qual a resposta correta na prova.

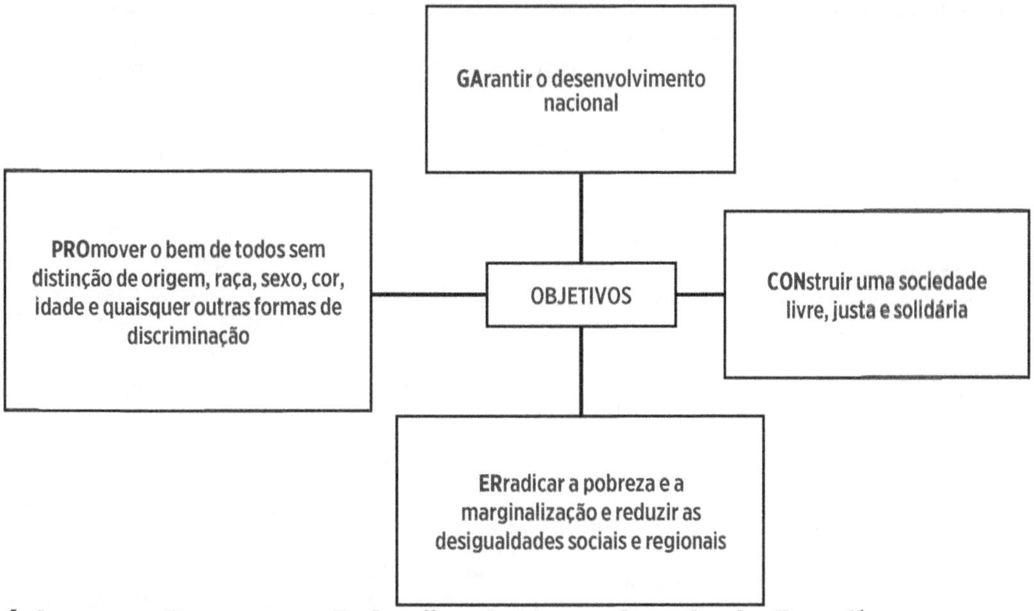

2.8 Princípios que Regem as Relações Internacionais do Brasil

E, por fim, têm-se os Princípios que regem as relações internacionais, os quais estão previstos no Art. 4º da CF:

> ***Art. 4º.*** *A República Federativa do Brasil rege-se nas suas relações internacionais pelos seguintes princípios:*
>
> ***I.*** *Independência nacional;*
>
> ***II.*** *Prevalência dos direitos humanos;*
>
> ***III.*** *Autodeterminação dos povos;*
>
> ***IV.*** *Não intervenção;*
>
> ***V.*** *Igualdade entre os Estados;*
>
> ***VI.*** *Defesa da paz;*
>
> ***VII.*** *Solução pacífica dos conflitos;*
>
> ***VIII.*** *Repúdio ao terrorismo e ao racismo;*
>
> ***IX.*** *Cooperação entre os povos para o progresso da humanidade;*
>
> ***X.*** *Concessão de asilo político.*
>
> ***Parágrafo único.*** *A República Federativa do Brasil buscará a integração econômica, política, social e cultural dos povos da América Latina, visando à formação de uma comunidade latino-americana de nações.*

Esses princípios revelam características muito interessantes do Brasil, ressaltando sua soberania e independência em relação aos outros Estados do mundo.

A independência nacional destaca, no âmbito da soberania externa, a relação do país com os demais estados, uma relação de igualdade, sem estar subjugado a outro Estado.

A prevalência dos direitos humanos vai ao encontro do fundamento da dignidade da pessoa humana, característica muito importante que se revela por meio do grande rol de direitos e garantias fundamentais previstos na Constituição Federal.

O Brasil **defende a autodeterminação dos povos.** Por esse princípio, respeitam-se as decisões e escolhas de cada povo. Entende-se que cada povo é capaz de escolher o seu próprio caminho político e de resolver suas crises internas sem necessidade de intervenção externa de outros países. Esse princípio se completa ao da **não intervenção** no mesmo sentido de preservação e respeito à soberania dos demais Estados.

Esses princípios se completam juntamente com o da **igualdade entre os Estados,** sendo que cada país é reconhecido como titular de soberania na mesma proporção que os demais, sem hierarquia entre eles.

Com uma ampla gama de garantias constitucionais, não poderia ficar de lado a **defesa da paz** como princípio fundamental, ao mesmo tempo que funciona como bandeira defendida pelo Brasil em suas relações internacionais. No mesmo sentido, **a solução pacífica dos conflitos** revela o lado conciliador do governo brasileiro, que por vezes intermedeia relações conturbadas entre outros chefes de estado.

O repúdio ao terrorismo e ao racismo é princípio decorrente da dignidade da pessoa humana; terrorismo e racismo são tomados como inaceitáveis em sociedades modernas.

O Estado Brasileiro tem-se destacado na **cooperação entre os povos para o progresso da humanidade**, envolvendo-se em pesquisas científicas para cura de doenças, bem como na defesa e preservação do meio ambiente, entre outros.

A concessão de asilo político como princípio constitucional fundamenta a decisão brasileira de amparar estrangeiros que estejam sendo perseguidos em seus países por questões políticas ou de opinião.

Destaca-se, entre os princípios que regem as relações internacionais, um mandamento para que a República Federativa do Brasil busque a integração econômica, política, social e cultural dos povos da América Latina, visando à formação de uma comunidade latino-americana de nações. Repare que o texto constitucional mencionou América Latina, não América do Sul. Parece não haver muita diferença, mas esse tema já foi cobrado em prova e a troca dos termos é considerada errada.

Questões

01. (FCC) Segundo a Constituição Federal, a República Federativa do Brasil é formada:

a) Pelos cidadãos dos quais emana o poder exercido por meio de representantes eleitos.

b) Pelo conjunto de cidadãos aos quais são garantidos os direitos fundamentais.

c) Pela união dos Poderes Executivo, Legislativo e Judiciário.

d) Pela integração econômica, política e social de todos os Estados.

e) Pela união indissolúvel dos Estados e Municípios e do Distrito Federal.

02. (FCC) A Constituição Federal, no capítulo reservado aos princípios fundamentais, estabelece que a República Federativa do Brasil rege-se nas suas relações internacionais, dentre outras hipóteses, pelo princípio da:

a) Não intervenção.

b) Dependência nacional condicionada.

c) Determinação dos povos quanto à dignidade da pessoa humana.

d) Solução bélica e não arbitral dos conflitos.

e) Vedação de asilo e de exílio político-partidário.

03. (FCC) No que concerne aos Princípios Fundamentais, considere:

I. A República Federativa do Brasil, formada pela união dissolúvel dos Estados e Municípios e do Distrito Federal, constitui-se em Estado Democrático de Direito.

II. Constitui objetivo fundamental da República Federativa do Brasil garantir o desenvolvimento nacional.

III. A República Federativa do Brasil rege-se, nas suas relações internacionais, além de outros, pelo princípio da concessão de asilo político.

IV. A República Federativa do Brasil buscará a integração econômica, política, social e cultural dos povos da América Latina, visando à formação de uma comunidade latino-americana de nações.

Está correto o que consta apenas em:

a) I, II e IV.

b) II, III e IV.

c) I, II e III.

d) II e III.

e) I e III.

04. (FCC) Não é considerada exceção ao princípio da separação de poderes no Estado brasileiro, entre outras, a:

a) Fiscalização contábil, financeira e orçamentária consistente no controle externo de natureza técnica ou numérico-legal exercido pelos Tribunais de Contas.

b) Permissão para que Deputados Federais e Senadores exerçam funções de Ministros de Estado.

c) Convocação de Ministros de Estado, perante o plenário das Casas do Congresso Nacional e de suas comissões.

d) Adoção pelo Presidente da República de medidas provisórias, com força de lei, em casos de relevância e urgência.

e) Autorização, na forma de resolução, de delegação de atribuições legislativas ao Presidente da República.

05. (CESPE) O Brasil caracteriza-se por ser um Estado unitário, o qual possui governo único, conduzido por uma única entidade política, que exerce, de forma centralizada, o poder político.

Certo ( ) Errado ( )

06. (CESPE) De acordo com a Constituição Federal de 1988 (CF), todo o poder emana do povo, que o exerce exclusivamente por meio de representantes eleitos diretamente.

Certo ( ) Errado ( )

Gabaritos

01	E	04	A
02	A	05	ERRADO
03	B	06	ERRADO

3. DIREITOS FUNDAMENTAIS - REGRAS GERAIS

Os direitos e garantias fundamentais estão entre os temas mais cobrados em provas. Além de questões envolvendo a literalidade do texto constitucional, encontramos aqui muitas discussões doutrinárias e jurisprudências que tornam essa matéria uma fonte inesgotável de questões.

Procura-se nas próximas páginas apresentar as principais questões levantadas na doutrina e nos tribunais, sempre privilegiando as posições adotadas pelas bancas organizadoras de concurso público.

Inicia-se o estudo pelas Regras Gerais aplicáveis aos direitos fundamentais, tema que tem sido priorizado pelas maiores organizadoras de concursos do país.

3.1 Conceito

Os direitos e garantias fundamentais são institutos jurídicos que foram criados no decorrer do desenvolvimento da humanidade e se constituem de normas protetivas que formam um núcleo mínimo de prerrogativas inerentes à condição humana.

3.2 Amplitude Horizontal e Vertical

Possuem como objetivo principal a proteção do indivíduo diante do poder do Estado. Mas não só do Estado. Os direitos e garantias fundamentais também constituem normas de proteção do indivíduo em relação aos outros indivíduos da sociedade.

E é exatamente nesse ponto que surgem os conceitos de **Amplitude Horizontal e Amplitude Vertical.** Amplitude vertical é o efeito protetor que as normas definidoras de direitos e garantias fundamentais produzem para um indivíduo diante do Estado. Já a amplitude horizontal é o efeito protetor que as normas definidoras de direitos e garantias fundamentais produzem para um indivíduo diante dos outros indivíduos.

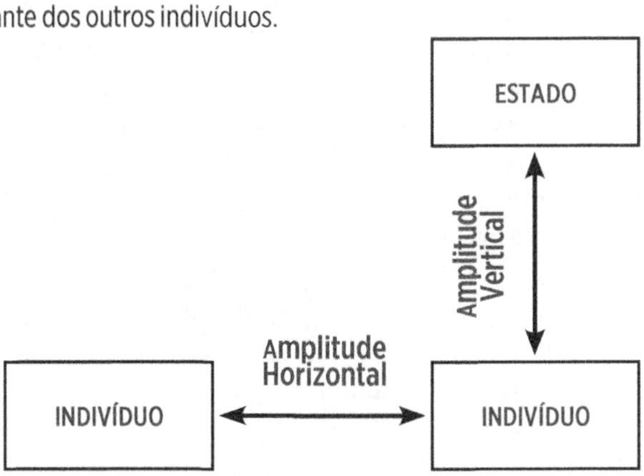

3.3 Classificação

A Constituição Federal, quando se refere aos direitos fundamentais, classifica-os em cinco grupos:

> Direitos e Deveres Individuais e Coletivos;
> Direitos Sociais;
> Direitos de Nacionalidade;
> Direitos Políticos;
> Partidos Políticos.

Essa classificação encontra-se distribuída entre os Arts. 5º e 17 do texto constitucional e é normalmente chamada pela doutrina de Conceito Formal dos Direitos Fundamentais. O Conceito Formal é o que a Constituição Federal resolveu classificar como sendo Direito Fundamental. É o rol de direitos fundamentais previstos expressamente no texto constitucional.

Costuma-se perguntar nas provas: "O rol de direitos fundamentais é um rol exaustivo? Ou melhor, taxativo?" O que se quer saber é se o rol de direitos fundamentais é só aquele que está expresso na Constituição ou não.

Responde-se a essa questão com o § 2º do Art. 5º, que diz:

> ***§ 2º** - Os direitos e garantias expressos nesta Constituição não excluem outros decorrentes do regime e dos princípios por ela adotados, ou dos tratados internacionais em que a República Federativa do Brasil seja parte.*

Isso significa que o rol não é taxativo, mas exemplificativo. A doutrina costuma chamar esse parágrafo de Cláusula de Abertura Material, que é exatamente a possibilidade de existirem outros direitos fundamentais, ainda que fora do texto constitucional. Esse seria o Conceito Material dos direitos fundamentais, ou seja, todos os direitos fundamentais que possuem a essência fundamental, ainda que não estejam expressos no texto constitucional.

3.4 Características

O elemento jurídico acima abordado, além de explicar a possibilidade de se inserirem novos direitos fundamentais no rol dos que já existem expressamente na Constituição Federal, também constitui uma das características que serão abordadas a seguir:

Historicidade

Essa característica revela que os Direitos Fundamentais são frutos da evolução histórica da humanidade. Significa que eles evoluem com o passar do tempo.

Inalienabilidade

Os direitos fundamentais não podem ser alienados, não podem ser negociados, não podem ser transigidos.

Irrenunciabilidade

Os direitos fundamentais não podem ser renunciados.

Imprescritibilidade

Os direitos fundamentais não se sujeitam aos prazos prescricionais. Não se perde um direito fundamental pelo decorrer do tempo.

Universalidade

Os direitos fundamentais pertencem a todas as pessoas, independentemente da sua condição.

Máxima Efetividade

Essa característica é mais uma imposição ao Estado, que está coagido a garantir a máxima efetividade dos direitos fundamentais. Esses direitos não podem ser ofertados de qualquer forma. É necessário que eles sejam garantidos da melhor forma possível.

Concorrência

Os direitos fundamentais podem ser utilizados em conjunto com outros direitos. Não é necessário abandonar um para usufruir outro direito.

Complementariedade

Um direito fundamental não pode ser interpretado sozinho. Cada direito deve ser analisado juntamente com outros direitos fundamentais, bem como com outros institutos jurídicos.

Proibição do Retrocesso

Essa característica proíbe que os direitos já conquistados sejam perdidos.

Limitabilidade

Não existe direito fundamental absoluto. São direitos relativos.

Não Taxatividade

Essa característica, já tratada anteriormente, diz que o rol de direitos fundamentais é apenas exemplificativo, tendo em vista a possibilidade de inserção de novos direitos.

Veja como esse tema costuma ser abordado em prova:

Os atos de improbidade administrativa estão taxativamente previstos em lei, não sendo possível compreender que sua enumeração seja meramente exemplificativa. ERRADO.

3.5 Dimensões dos Direitos Fundamentais

As dimensões, também conhecidas por Gerações de direitos fundamentais, são uma classificação adotada pela doutrina que leva em conta a ordem cronológica de reconhecimento desses direitos. São cinco as dimensões atualmente reconhecidas:

1ª Dimensão – foram os primeiros direitos conquistados pela humanidade. São direitos relacionados à liberdade, em todas as suas formas. Possuem um caráter negativo diante do Estado, tendo em vista ser utilizado como uma verdadeira limitação ao poder estatal, ou seja, o Estado, diante dos direitos de primeira dimensão, fica impedido de agir ou interferir na sociedade. São verdadeiros direitos de defesa com caráter individual. Estão entre estes direitos as liberdades públicas, civis e políticas.

2ª Dimensão – estes direitos surgem na tentativa de reduzirem as desigualdades sociais provocadas pela primeira dimensão. Por isso, são conhecidos como direitos de igualdade. Para reduzir as diferenças sociais, o Estado precisa interferir na sociedade: essa interferência reflete a conduta positiva adotada por meio de prestações sociais. São exemplos de direitos de segunda dimensão: os direitos sociais, econômicos e culturais.

3ª Dimensão – aqui estão os conhecidos direitos de fraternidade. São direitos que refletem um sentimento de solidariedade entre os povos na tentativa de preservarem os direitos de toda a coletividade. São de terceira geração o direito ao meio ambiente saudável, o direito ao progresso da humanidade, ao patrimônio comum, entre outros.

4ª Dimensão – esses direitos ainda não possuem um posicionamento pacífico na doutrina, mas costuma-se dizer que nesta dimensão ocorre a chamada globalização dos direitos fundamentais. São direitos que rompem com as fronteiras entre os Estados. São direitos de todos os seres humanos, independentemente de sua condição, como o direito à democracia, ao pluralismo político. São também considerados direitos de 4ª geração os direitos mais novos, que estão em construção, como o direito genético ou espacial.

5ª Dimensão – essa é a mais nova dimensão defendida por alguns doutrinadores. É formado basicamente pelo direito à paz. Esse seria o direito mais almejado pelo homem e que consubstancia a reunião de todos os outros direitos.

Deve-se ressaltar que esses direitos, à medida que foram sendo conquistados, complementavam os direitos anteriores, de forma que não se pode falar em substituição ou superação de uma geração sobre a outra, mas em cumulação, de forma que hoje podemos usufruir de todos os direitos pertencentes a todas as dimensões.

Para não se esquecer das três primeiras dimensões é só lembrar-se do Lema da Revolução Francesa: Liberdade, Igualdade e Fraternidade.

1ª DIMENSÃO	2ª DIMENSÃO	3ª DIMENSÃO
LIBERDADE	IGUALDADE	FRATERNIDADE

3.6 Titulares dos Direitos Fundamentais

Quem são os Titulares dos Direitos Fundamentais?

A própria Constituição Federal responde a essa pergunta quando diz no *caput* do Art. 5º que são titulares "os brasileiros e estrangeiros residentes no país". Mas será que é necessário residir no país para que o estrangeiro tenha direitos fundamentais?

Imaginemos um avião cheio de alemães que está fazendo uma escala no Aeroporto Municipal de Cascavel-PR.

Nenhum dos alemães reside no país. Seria possível entrar no avião e matar todas aquelas pessoas, haja vista não serem titulares de direitos fundamentais por não residirem no país? É claro que não. Para melhor se compreender o termo "residente", o STF o tem interpretado de forma mais ampla no sentido de abarcar todos aqueles que estão no país. Ou seja, todos os que estão no território brasileiro, independentemente de residirem no país, são titulares de direitos fundamentais.

Mas será que, para ser titular de direitos fundamentais, é necessário ter a condição humana? Ao contrário do que parece, não é necessário. Tem-se reconhecido como titulares de direitos fundamentais as pessoas jurídicas. Ressalta-se que não só as pessoas jurídicas de direito privado, mas também as pessoas jurídicas de direito público.

Os animais não são considerados titulares de direitos fundamentais, mas isso não

O STF já se pronunciou sobre a "briga de galo" e a "farra do boi", declarando-as inconstitucionais. Quanto à "vaquejada", o Supremo se manifestou acerca da admissibilidade parcial, desde que não figure flagelação do animal. Por fim, o tema de "rodeios" ainda não foi pleiteado.

significa que seja possível maltratá-los. Na prática, a CF/88 protege-os contra situações de maus-tratos. De outro lado, mortos podem ser titulares de direitos fundamentais, desde que o direito seja compatível (ex.: honra).

3.7 Cláusulas Pétreas e os Direitos Fundamentais

O Art. 60, § 4º da Constituição Federal, traz o rol das chamadas **Cláusulas Pétreas:**

> **§ 4º** - *Não será objeto de deliberação a proposta de emenda tendente a abolir:*
>
> ***I.*** *A forma federativa de Estado;*
>
> ***II.*** *O voto direto, secreto, universal e periódico;*
>
> ***III.*** *A separação dos Poderes;*
>
> ***IV.*** *Os direitos e garantias individuais.*

As Cláusulas Pétreas são núcleos temáticos formados por institutos jurídicos de grande importância, os quais não podem ser retirados da Constituição. Observe-se que o texto proíbe a abolição desses princípios, mas não impede que os mesmos sejam modificados, no caso, para melhor. Isso já foi cobrado em prova. É importante notar que o texto constitucional prevê no inciso IV como sendo Cláusulas Pétreas apenas os direitos e garantias individuais. Pela literalidade da Constituição, não são todos os direitos fundamentais que são protegidos por esse instituto, mas apenas os de caráter individual. Parte da doutrina e da jurisprudência entende que essa proteção deve ser ampliada, abrangendo os demais direitos fundamentais. Deve-se ter atenção com esse tema em prova, pois já foram cobrados os dois posicionamentos.

3.8 Eficácia dos Direitos Fundamentais

O § 1º do Art. 5º da Constituição Federal prevê que:

> **§ 1º** - *As normas definidoras dos direitos e garantias fundamentais têm aplicação imediata.*

Quando a Constituição Federal se refere à aplicação de uma norma, na verdade está falando da sua eficácia.

Esse tema é sempre cobrado em provas de concurso. Com o intuito de obter uma melhor compreensão, é necessário conceituar, classificar e diferenciar os vários níveis de eficácia das normas constitucionais.

Para que uma norma constitucional seja aplicada é indispensável que a ela possua eficácia, a qual é *a capacidade que uma norma jurídica tem de produzir efeitos.*

Se os efeitos produzidos se restringem ao âmbito normativo, tem-se a chamada **eficácia jurídica**, ao passo que, se os efeitos são concretos, reais, tem-se a chamada **eficácia social.** Eficácia jurídica, portanto, é a capacidade que uma norma constitucional tem de revogar todas as outras normas que com ela apresentem divergência. Já a eficácia social, também conhecida como efetividade, é a aplicabilidade na prática, concreta, da norma. Todas as normas constitucionais possuem eficácia jurídica, mas nem todas possuem eficácia social. Logo, é possível afirmar que todas as normas constitucionais possuem eficácia. O problema surge quando uma norma constitucional não pode ser aplicada na prática, ou seja, não possui eficácia social.

Para explicar esse fenômeno, foram desenvolvidas várias classificações acerca do grau de eficácia de uma norma constitucional. A classificação mais adotada pela doutrina e mais cobrada em prova é a adotada pelo professor José Afonso da Silva[1]. Para esse estudioso, a eficácia social se classifica em:

- **Eficácia Plena;**
- **Eficácia Contida;**
- **Eficácia Limitada.**

As normas de **eficácia plena** são aquelas **autoaplicáveis.** São normas que possuem aplicabilidade direta, imediata e integral. Seus efeitos práticos são plenos. É uma norma que não depende de complementação legislativa para produzir efeitos. Veja os exemplos:

> Art. 1º; Art. 5º, *caput* e incisos XXXV e XXXVI; Art. 19; Art. 21; Art. 53; Art. 60, § 1º e 4º; Art. 69; Art. 128, § 5º, I e II; Art. 145, § 2º; entre outros.

As normas de **eficácia contida** também são **autoaplicáveis**. Assim como as normas de eficácia plena, elas possuem **aplicabilidade direta e imediata**. Contudo, sua aplicação não é integral. É neste ponto que a eficácia contida se diferencia da eficácia plena. A norma de eficácia contida nasce plena, mas pode ser restringida por outra norma.

Daí a doutrina chamá-la de norma contível, restringível ou redutível. Essas espécies permitem que outra norma reduza a sua aplicabilidade. São normas que produzem efeitos imediatos, mas esses efeitos podem ser restringidos. Ex:

> Art. 5º, VII, XII, XIII, XV, XXVII, XXXIII; Art. 9º; Art. 37, I; Art. 170, parágrafo único; entre outros.

Já as normas de **eficácia limitada** são desprovidas de eficácia social. Diz-se que as normas de eficácia limitada não são autoaplicáveis, possuem aplicabilidade indireta, mediata e reduzida ou diferida.

São normas que dependem de outra para produzirem efeitos. O que as difere das normas de eficácia contida é a dependência de outra norma para que produza efeitos sociais. Enquanto as de eficácia contida produzem efeitos imediatos, os quais poderão ser restringidos posteriormente, as de eficácia limitada dependem de outra norma para produzirem efeitos. Deve-se ter cuidado para não pensar que essas espécies normativas não possuem eficácia. Como se afirmou anteriormente, elas possuem eficácia jurídica, mas não possuem eficácia social. As normas de eficácia limitada são classificadas, ainda, em:

- Normas de eficácia limitada de princípio institutivo (organizativo ou organizatório);
- Normas de eficácia limitada de princípio programático.

As normas de eficácia limitada de **princípio institutivo** são aquelas que dependem de outra norma para organizar ou instituir estruturas, entidades ou órgãos.

> Art. 18, § 2º; Art. 22, Parágrafo único; Art. 25, § 3º; Art. 33; Art. 88; Art. 90, §2º; Art. 102, §1º; Art. 107, §1º; Art. 113; Art. 121; Art. 125, §3º; 128, §5º; Art. 131; entre outros.

1 Silva, José Afonso da. "Curso de Direito Constitucional Positivo". 27ª edição. São Paulo: Malheiros, 2005.

As normas de eficácia limitada de **princípio programático** são aquelas que apresentam verdadeiros objetivos a serem perseguidos pelo Estado, programas a serem implementados. Em regra, possuem fins sociais.

Art. 7º, XI, XX, XXVII; Art. 173, §4º; Art. 196; Art. 205; Art. 215; Art. 218; Art. 227; entre outros.

O Supremo Tribunal Federal (STF) possui algumas decisões que conferiram o grau de eficácia limitada aos seguintes dispositivos:

Art. 5º, LI; Art. 37, I; Art. 37, VII; Art. 40, § 4º; Art. 18, §4º.

Feitas as considerações iniciais sobre esse tema, resta saber o que o § 1º do Art. 5º da CF quis dizer com "aplicação imediata". Para traduzir essa expressão, basta analisar a explicação apresentada anteriormente. Segundo a doutrina, as normas que possuem aplicação imediata ou são de eficácia plena ou contida. Ao que parece, o texto constitucional quis restringir a eficácia dos direitos fundamentais em plena ou contida, não existindo, em regra, normas definidoras de direitos fundamentais com eficácia limitada. Entretanto, pelos próprios exemplos aqui apresentados, não é essa a realidade do texto constitucional. Certamente, existem normas de eficácia limitada entre os direitos fundamentais (7º, XI, XX, XXVII). A dúvida que surge então é: como responder na prova?

A doutrina e o STF têm entendido que, apesar do texto expresso na Constituição Federal, existem normas definidoras de direitos fundamentais que não possuem aplicabilidade imediata, as quais são de eficácia limitada. Diante dessa contradição, a doutrina tem orientado no sentido de se conferir a maior eficácia possível aos direitos fundamentais. Em prova, pode ser cobrada tanto uma questão abordando o texto puro da Constituição Federal quanto o posicionamento da doutrina. Deve-se responder conforme for perguntado.

A Constituição previu dois instrumentos para garantir a efetividade das normas de eficácia limitada: **Ação Direta de Inconstitucionalidade** por omissão e o **Mandado de Injunção.**

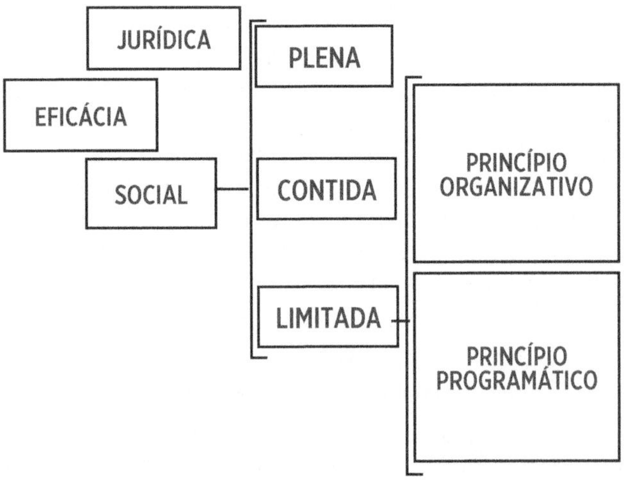

3.9 Força Normativa dos Tratados Internacionais

Uma regra muito importante para a prova é a que está prevista no § 3º do Art. 5º:

> ***§3º*** *- Os tratados e convenções internacionais sobre direitos humanos que forem aprovados, em cada Casa do Congresso Nacional, em dois turnos, por três quintos dos votos dos respectivos membros, serão equivalentes às emendas constitucionais.*

Esse dispositivo constitucional apresenta a chamada Força Normativa dos Tratados Internacionais.

Segundo o texto constitucional, é possível que um tratado internacional possua força normativa de emenda constitucional, desde que preencha os seguintes requisitos:

- Tem que falar de direitos humanos;
- Tem que ser aprovado nas duas casas legislativas do Congresso Nacional, ou seja, na Câmara dos Deputados e no Senado Federal;
- Tem que ser aprovado em dois turnos em cada casa;
- Tem que ser aprovado por 3/5 dos membros em cada turno de votação, em cada casa.

Preenchidos esses requisitos, o Tratado Internacional terá força normativa de **Emenda à Constituição.**

Mas surge a seguinte questão: e se o Tratado Internacional for de Direitos Humanos e não preencher os requisitos constitucionais previstos no § 3º do Art. 5º da Constituição? Qual será sua força normativa? Segundo o STF, caso o Tratado Internacional fale de direitos humanos, mas não preencha os requisitos do § 3º do Art. 5º da CF, ele terá força normativa de **Norma Supralegal.**

Ainda há os tratados internacionais que não falam de direitos humanos. São tratados que falam de outros temas, por exemplo, o comércio. Esses tratados possuem força normativa de **Lei Ordinária.**

Em suma, são três as forças normativas dos Tratados Internacionais:

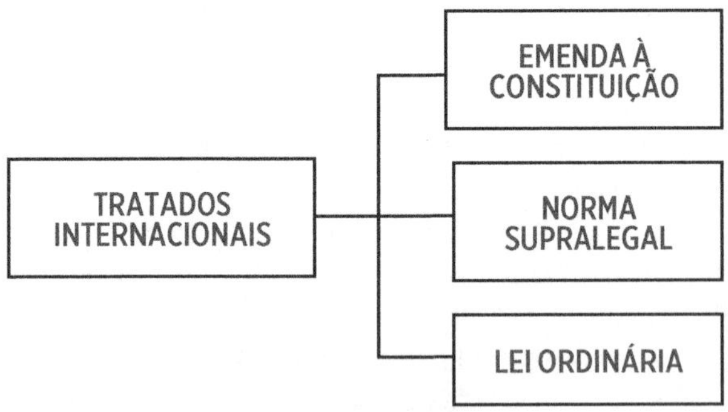

3.10 Tribunal Penal Internacional - TPI

Há outra regra muito interessante prevista no § 4º do Art. 5º da Constituição:

> ***§ 4º*** *- O Brasil se submete à jurisdição de Tribunal Penal Internacional a cuja criação tenha manifestado adesão.*

É o chamado **Tribunal Penal Internacional**. Mas o que é o Tribunal Penal Internacional? É uma corte permanente, localizada em Haia, na Holanda, com competência de julgamento dos crimes contra a humanidade.

É um Tribunal, pois tem função jurisdicional; é Penal porque só julga crimes; é Internacional, haja vista sua competência não estar restrita à fronteira de um só Estado.

Mas uma coisa deve ser esclarecida. O TPI não julga qualquer tipo de crime. Só os crimes que tenham repercussão para toda a humanidade. Geralmente, são crimes de guerra, agressão estrangeira, genocídio, dentre outros.

Apesar de ser um tribunal com atribuições jurisdicionais, o TPI não faz parte do Poder Judiciário brasileiro. Sua competência é complementar à jurisdição nacional, não ofendendo, portanto, a soberania do Estado brasileiro. Isso significa que o TPI só age quando a Justiça Brasileira se omite ou é ineficaz.

3.11 Direitos X Garantias

Muitos questionam se direitos e garantias são a mesma coisa, mas a melhor doutrina tem diferenciado esses dois institutos.

Os direitos são os próprios direitos previstos na Constituição Federal. São os bens jurídicos tutelados pela Constituição. Eles representam por si só esses bens.

As garantias são instrumentos de proteção dos direitos. São ferramentas disponibilizadas pela Constituição para a fruição dos direitos.

Apesar da diferença entre os dois institutos é possível afirmar que **toda garantia é um direito.**

Questões

01. (FCC) São direitos fundamentais classificados como de segunda geração:

a) Os direitos econômicos e culturais.

b) Os direitos de solidariedade e os direitos difusos.

c) As liberdades públicas.

d) Os direitos e garantias individuais clássicos.

e) O direito do consumidor e o direito ao meio ambiente equilibrado.

02. (FCC) Em conformidade com o art. 113 da Constituição Federal: A lei disporá sobre a constituição, investidura, jurisdição, competência, garantias e condições de exercício dos órgãos da Justiça do Trabalho. A presente hipótese trata de uma norma constitucional de eficácia:

a) Limitada, definidora de princípio institutivo ou organizativo.

b) Limitada, definidora de princípios programáticos.

c) Plena, mas de natureza facultativa ou permissiva.

d) Contida, em razão de restrições impostas por outras normas constitucionais.

e) Plena, mas de natureza obrigatória, de programas ou diretrizes.

03. (FCC) Nos termos da Constituição Federal, serão equivalentes às emendas constitucionais, os tratados e convenções internacionais sobre direitos humanos que forem aprovados,

a) Pelo Senado Federal, em único turno, por três quartos dos votos dos respectivos membros.

b) Pelo Congresso Nacional, em dois turnos, por dois terços dos votos dos respectivos membros.

c) Em cada Casa do Congresso Nacional, em dois turnos, por três quintos dos votos dos respectivos membros.

d) Pela Câmara dos Deputados, em único turno, por dois terços dos votos dos presentes à sessão.

e) Pelo Congresso Nacional, em único turno, por maioria absoluta dos presentes à sessão.

04. (CESPE) Os direitos e garantias fundamentais estão previstos de forma taxativa na CF.

Certo ( ) Errado ( )

05. (CESPE) As normas constitucionais de eficácia contida ou relativa restringível têm aplicabilidade plena e imediata, mas podem ter eficácia reduzida ou restringida nos casos e na forma que a lei estabelecer.

Certo ( ) Errado ( )

Gabaritos

01	A	04	ERRADO
02	A	05	CERTO
03	C	-	-

4. DIREITOS FUNDAMENTAIS - DIREITOS E DEVERES INDIVIDUAIS E COLETIVOS

A Constituição Federal, ao disciplinar os direitos individuais, os coloca basicamente no Art. 5º. Logo no *caput* desse artigo, já aparece uma classificação didática dos direitos ali previstos:

> ***Art. 5º.*** *Todos são iguais perante a lei, sem distinção de qualquer natureza, garantindo-se aos brasileiros e aos estrangeiros residentes no País a inviolabilidade do direito à vida, à liberdade, à igualdade, à segurança e à propriedade, nos termos seguintes:*

Para estudarmos os direitos individuais, utilizaremos os cinco grupos de direitos previstos no *caput* do Art. 5º:

- **Direito à vida;**
- **Direito à igualdade;**
- **Direito à liberdade;**
- **Direito à propriedade;**
- **Direito à segurança.**

Percebe-se que os 78 incisos do Art. 5º, de certa forma, decorrem de um desses direitos que podem ser chamados de **"direitos raízes"**. Utilizando essa divisão, a seguir serão abordados os incisos mais importantes desse artigo, tendo em vista a preparação para a prova. Logicamente, não conseguiremos abordar todos os incisos, o que não tira a responsabilidade de lê-los.

4.1 Direito à Vida

Ao falar desse direito, que é considerado pela doutrina como o **direito mais fundamental de todos**, por ser um pressuposto para o exercício dos demais direitos, enfrenta-se um primeiro dEsafio: esse direito é absoluto?

Assim como os demais direitos, o direito à vida não é absoluto. São várias as justificativas existentes para considerá-lo um direito passível de flexibilização:

Pena de morte

Uma que já apareceu em prova: existe pena de morte no Brasil?

A sua resposta tem que ser "SIM". A alínea "a" do inciso XLVII do Art. 5º traz essa previsão expressamente:

> ***XLVII.*** *Não haverá penas:*
>
> ***a)*** *de morte, salvo em caso de guerra declarada, nos termos do Art. 84, XIX;*

Todas as vezes que a Constituição traz uma negação acompanhada de uma exceção, estamos diante de uma possibilidade.

Aborto

A prática de aborto no Brasil é permitida? O Art. 128 do Código Penal Brasileiro apresenta duas possibilidades de prática de aborto que são verdadeiras excludentes de ilicitude:

> ***Art. 128.*** *Não se pune o aborto praticado por médico:*

Aborto necessário

> ***I.*** *Se não há outro meio de salvar a vida da gestante;*

Aborto sentimental

> ***II.*** *Se a gravidez resulta de estupro e o aborto é precedido de consentimento da gestante ou, quando incapaz, de seu representante legal.*

São os **abortos necessário** e **sentimental**. Aborto necessário é aquele praticado para salvar a vida da gestante e o aborto sentimental é utilizado nos casos de estupro. Essas duas exceções à prática do crime de aborto são hipóteses em que se permite a sua prática no direito brasileiro. Além dessas duas hipóteses previstas expressamente na legislação brasileira, o STF também reconhece a possibilidade da prática de aborto do feto anencéfalo (feto sem cérebro)[1]. Mais uma vez, o direito à vida encontra-se flexibilizado.

Legítima defesa e estado de necessidade

Esses dois institutos, também excludentes de ilicitude do crime, são outras possibilidades de limitação do direito a vida, conforme disposto no Art. 23 do Código Penal Brasileiro:

> ***Art. 23.*** *Não há crime quando o agente pratica o fato:*
>
> ***I.*** *Em estado de necessidade;*
>
> ***II.*** *Em legítima defesa;*

Em linhas gerais e de forma exemplificativa, o estado de necessidade permite que, diante de uma situação de perigo, uma pessoa possa, para salvar uma vida, tirar a vida de outra pessoa. Na legítima defesa, caso sua vida seja ameaçada por alguém, existe legitimidade em retirar a vida de quem o ameaçou.

Outro ponto que deve ser ressaltado é que o direito à vida não está adstrito apenas ao fato de se estar vivo. Quando a constituição protege o direito à vida, a faz em suas diversas acepções. Existem dispositivos constitucionais que protegem o direito à vida no que tange a sua preservação da integridade física e moral (Art. 5º, III, V, XLVII, XLIX; Art. 199, §4º. A Constituição também protege o direito à vida no que tange à garantia de uma vida com qualidade (Arts. 6º; 7º, IV; 196; 205; 215).

4.2 Direito à Igualdade

Igualdade formal x igualdade material

Possui como sinônimo o termo Isonomia. A doutrina classifica esse direito em:

Igualdade Formal

Traduz-se no termo "todos são iguais perante a lei, sem distinção de qualquer natureza". É o previsto no *caput* do Art. 5º. É uma igualdade jurídica, que não se preocupa com a realidade, mas apenas evita que alguém seja tratado de forma discriminatória.

Igualdade Material

Também chamada de igualdade efetiva ou substancial. É a igualdade que se preocupa com a realidade. Traduz-se na seguinte expressão: "tratar os iguais com igualdade e os desiguais com

1 O Tribunal, por maioria e nos termos do voto do Relator, julgou procedente a ação para declarar a inconstitucionalidade da interpretação segundo a qual a interrupção da gravidez de feto anencéfalo é conduta tipificada nos artigos 124, 126, 128, incisos I e II, todos do Código Penal, contra os votos dos Senhores Ministros Gilmar Mendes e Celso de Mello que, julgando-a procedente, acrescentavam condições de diagnóstico de anencefalia especificadas pelo Ministro Celso de Mello; e contra os votos dos Senhores Ministros Ricardo Lewandowski e Cezar Peluso (Presidente), que a julgavam improcedente. Impedido o Senhor Ministro Dias Toffoli. Plenário, 12.04.2012. ADPF 54 – Relator Min. Marco Aurélio.

desigualdade, na medida das suas desigualdades". Esse tipo de igualdade confere um tratamento com justiça para aqueles que não a possuem.

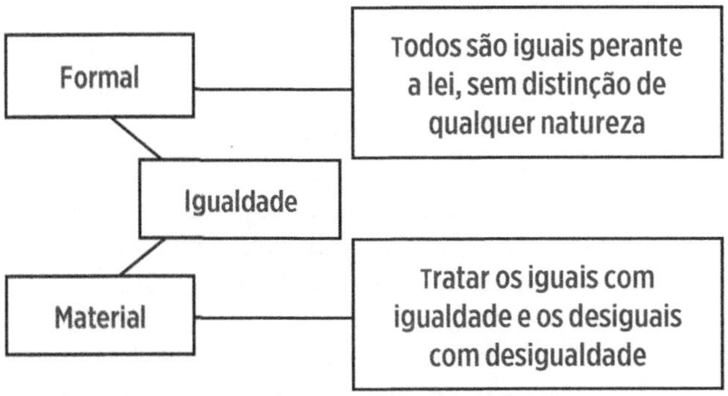

A igualdade formal é a regra utilizada pelo Estado para conferir um tratamento isonômico entre as pessoas. Contudo, por diversas vezes, um tratamento igualitário não consegue atender a todas as necessidades práticas. Faz-se necessária a utilização da igualdade em seu aspecto material para que se consiga produzir um verdadeiro tratamento isonômico.

Imaginemos as relações entre homens e mulheres. A regra é que homem e mulher são tratados da mesma forma conforme previsto no inciso I do Art. 5º:

> *I. Homens e mulheres são iguais em direitos e obrigações, nos termos desta Constituição;*

Contudo, em diversas situações, homens e mulheres serão tratados de forma diferente:

Licença-maternidade

Tem duração de 120 dias para a mulher. Para o homem, apenas 5 dias de licença-paternidade;

Aposentadoria

A mulher se aposenta 5 anos mais cedo que o homem;

Serviço Militar Obrigatório

Só o homem está obrigado.

Essas são algumas das situações em que são permitidos tratamentos desiguais entre as pessoas. As razões que justificam essa discriminação são as diferenças efetivas que existem entre os homens e as mulheres em cada uma das hipóteses. Exemplificando, a mulher tem mais tempo para se recuperar em razão da nítida distinção do desgaste feminino para o masculino no que tange ao parto. É indiscutível que, por mais desgastante que seja o nascimento de um filho para o pai, nada se compara ao sofrimento suportado pela mãe. Por essa razão, a licença-maternidade é maior que a licença-paternidade.

Igualdade nos concursos públicos

O tema diz respeito à igualdade nos concursos públicos. Seria possível restringir o acesso a um cargo público em razão do sexo de uma pessoa? Ou por causa de sua altura? Ou ainda, pela idade que possui?

Essas questões encontram a mesma resposta: sim! É possível, desde que os critérios discriminatórios preencham alguns requisitos:

Deve ser Fixado em Lei

Não basta que os critérios estejam previstos no edital, precisam estar previstos em lei, no seu sentido formal.

Deve ser Necessário ao Exercício do Cargo

O critério discriminatório deve ser necessário ao exercício do cargo. A título de exemplo: seria razoável exigir para um cargo de policial militar, altura mínima ou mesmo, idade máxima, que representam vigor físico, tendo em vista a natureza do cargo que exige tal condição. As mesmas condições não poderiam ser exigidas para um cargo de técnico judiciário, por não serem necessárias ao exercício do cargo.

Em suma, podem ser exigidos critérios discriminatórios desde que previstos em lei e que sejam necessários ao exercício do cargo, observados os critérios de proporcionalidade e razoabilidade.

Esse tema sempre tem sido alvo de questões em prova, principalmente sob o aspecto jurisprudencial. Veja este exemplo de questão:

No ato da posse o servidor apresentará, se entender necessário, declaração de bens e valores que constituem o seu patrimônio e, obrigatoriamente, declaração quanto ao exercício ou não de outro cargo, emprego ou função pública. ERRADO.

Ações afirmativas

Como formas de concretização da igualdade material foram desenvolvidas políticas públicas de compensação dirigidas às minorias sociais chamadas de **Ações Afirmativas ou Discriminações Positivas**. São verdadeiras ações de cunho social que visam a compensar possíveis perdas que determinados grupos sociais tiveram ao longo da história de suas vidas. Quem nunca ouviu falar nas "quotas para os pobres nas Universidades" ou ainda, "reserva de vagas para deficientes em concursos públicos"? Essas são algumas das espécies de ações afirmativas desenvolvidas no Brasil.

Mas por que reservar vagas para deficientes em concursos públicos? Ora, é óbvio que o deficiente, qualquer que seja sua deficiência, quando se prepara para um concurso público possui muito mais dificuldade que uma pessoa que tem a plenitude de seu vigor físico. Em razão dessa diferença, o Estado, na tentativa de reduzir a desigualdade existente entre os concorrentes, resolveu compensar a limitação de um portador de necessidades especiais reservando-lhe vagas especiais.

Perceba que, ao contrário do que parece, quando se reservam vagas num concurso público para deficientes estamos diante de um nítido tratamento discriminatório, que nesse caso é justificável pelas diferenças naturais entre o concorrente sadio e o concorrente deficiente. Lembre-se de que igualdade material é tratar iguais com igualdade e desiguais com desigualdade. O que se faz por meio dessas políticas de compensação é tratar os desiguais com desigualdade, na medida de suas desigualdades. Só dessa forma é possível alcançar um verdadeiro tratamento isonômico entre os candidatos.

Por fim, destaca-se o fato de o STF ter declarado constitucional a política de cotas étnico-raciais para seleção de estudantes em universidades públicas pacificando uma discussão antiga sobre esse tipo de ação afirmativa.

4.3 Direito à Liberdade

O direito à liberdade pertence à primeira geração de direitos fundamentais por expressarem os direitos mais ansiados pelos indivíduos como forma de defesa diante do Estado. O que se verá a seguir são algumas das acepções desse direito que podem ser cobradas em prova.

Liberdade de ação

O inciso II do Art. 5º apresenta aquilo que a doutrina chama de liberdade de ação:

> ***II.*** *Ninguém será obrigado a fazer ou deixar de fazer alguma coisa senão em virtude de lei;*

Essa é a liberdade por excelência. Segundo o texto constitucional, a liberdade só pode ser restringida por lei. Por isso, dizemos que esse inciso também apresenta o **Princípio da Legalidade.**

A liberdade pode ser entendida de duas formas, a depender do destinatário da mensagem:

Para o particular

Para o particular, liberdade significa "fazer tudo que não for proibido".

Para o agente público

Para o agente público, liberdade significa "poder fazer tudo o que for determinado ou permitido pela lei".

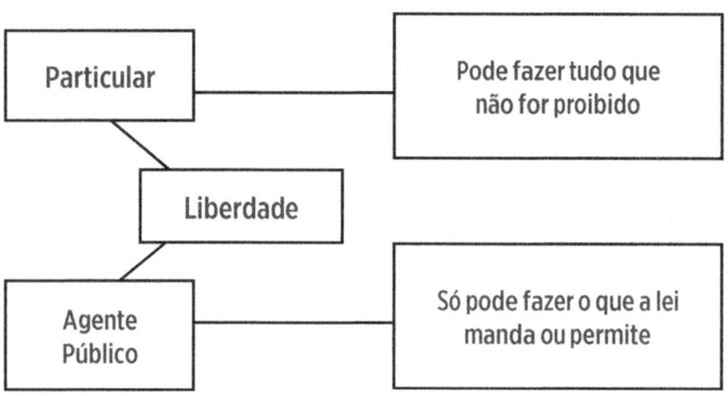

Liberdade de locomoção

Uma das liberdades mais almejadas pelos indivíduos durante as lutas sociais é o grande carro-chefe na limitação dos poderes do Estado. O inciso XV do Art. 5º já diz:

> ***XV.*** *É livre a locomoção no território nacional em tempo de paz, podendo qualquer pessoa, nos termos da lei, nele entrar, permanecer ou dele sair com seus bens;*

Perceba-se que o direito explanado nesse inciso não possui caráter absoluto, haja vista ter sido garantido em tempo de paz. Isso significa que em momentos sem paz seriam possíveis restrições às liberdades de locomoção. Destaca-se o Estado de Sítio que pode ser decretado nos casos previstos no Art. 137 da Constituição Federal. Nessas circunstâncias, seriam possíveis maiores restrições à chamada liberdade de locomoção por meio de medidas autorizadas pela própria Constituição Federal:

> ***Art. 137.*** *O Presidente da República pode, ouvidos o Conselho da República e o Conselho de Defesa Nacional, solicitar ao Congresso Nacional autorização para decretar o estado de sítio nos casos de:*
>
> ***I.*** *Comoção grave de repercussão nacional ou ocorrência de fatos que comprovem a ineficácia de medida tomada durante o estado de defesa;*
>
> ***II.*** *Declaração de estado de guerra ou resposta a agressão armada estrangeira.*
>
> ***Art. 139.*** *Na vigência do estado de sítio decretado com fundamento no Art. 137, I, só poderão ser tomadas contra as pessoas as seguintes medidas:*
>
> ***I.*** *Obrigação de permanência em localidade determinada;*
>
> ***II.*** *Detenção em edifício não destinado a acusados ou condenados por crimes comuns;*

Outro ponto interessante refere-se à possibilidade de qualquer pessoa entrar, permanecer ou sair do país com seus bens. Esse direito também não pode ser encarado de forma absoluta, haja vista a possibilidade de se exigir declaração de bens ou pagamento de imposto quando da entrada no país com bens. Nesse caso, liberdade de locomoção não se confunde com imunidade tributária.

Caso a liberdade de locomoção seja restringida por ilegalidade ou abuso de poder, a Constituição reservou um poderoso instrumento garantidor, o chamado ***Habeas Corpus.***

> ***Art. 5º****, LXVIII. conceder-se-á "Habeas Corpus" sempre que alguém sofrer ou se achar ameaçado de sofrer violência ou coação em sua liberdade de locomoção, por ilegalidade ou abuso de poder;*

Liberdade de pensamento

Essa liberdade serve de amparo para uma série de possibilidades no que tange ao pensamento. Assim como os demais direitos fundamentais, a manifestação do pensamento não possui caráter absoluto, sendo restringido pela própria Constituição Federal, que proíbe seu exercício de forma anônima:

> ***Art. 5º****, IV. É livre a manifestação do pensamento, sendo vedado o anonimato;*

A vedação ao anonimato, além de ser uma garantia ao exercício da manifestação do pensamento, possibilita o exercício do direito de resposta caso alguém seja ofendido.

Sobre Denúncia Anônima, é importante fazer uma observação. Diante da vedação constitucional ao anonimato, poder-se-ia imaginar que essa ferramenta de combate ao crime fosse considerada inconstitucional. Contudo, não tem sido esse o entendimento do STF. A denúncia anônima pode até ser utilizada como ferramenta de comunicação do crime, mas não pode servir como amparo para a instauração do Inquérito Policial, muito menos como fundamento para condenação de quem quer que seja.

Liberdade de consciência e crença religiosa

Uma primeira pergunta deve ser feita acerca da liberdade religiosa em nosso país: qual a religião oficial do Brasil? A única resposta possível: é nenhuma. A liberdade religiosa do Estado brasileiro é incompatível com a existência de uma religião oficial. É o que apresenta o inciso VI do Art. 5º:

> ***VI.*** *É inviolável a liberdade de consciência e de crença, sendo assegurado o livre exercício dos cultos religiosos e garantida, na forma da lei, a proteção aos locais de culto e a suas liturgias;*

Esse inciso marca a liberdade religiosa existente no Brasil. Por esse motivo, dizemos que o Brasil é um Estado laico, leigo ou não confessional. Isso significa, basicamente, que no Brasil existe uma relação de separação entre Estado e Igreja. Essa relação entre o Estado e a Igreja encontra, inclusive, vedação expressa no texto constitucional:

> ***Art. 19.*** *É vedado à União, aos Estados, ao Distrito Federal e aos Municípios:*
>
> ***I.*** *Estabelecer cultos religiosos ou igrejas, subvencioná-los, embaraçar-lhes o funcionamento ou manter com eles ou seus representantes relações de dependência ou aliança, ressalvada, na forma da lei, a colaboração de interesse público;*

Por causa da liberdade religiosa, é possível exercer qualquer tipo de crença no país. É possível ser católico, protestante, mulçumano, ateu ou satanista. Isso é liberdade de crença ou consciência. Liberdade de crer ou não crer. Perceba que o inciso VI, além de proteger as crenças e cultos, também protege as suas liturgias. Apesar do amparo constitucional, não se pode utilizar esse direito para praticar atos contrários às demais normas do direito brasileiro como, por exemplo, sacrificar seres humanos como forma de prestar culto a determinada divindade. Isso a liberdade religiosa não ampara.

Outro dispositivo importante é o previsto no inciso VII:

> ***VII.*** *É assegurada, nos termos da lei, a prestação de assistência religiosa nas entidades civis e militares de internação coletiva;*

Nese inciso, a Constituição Federal garantiu a assistência religiosa nas entidades de internação coletivas, sejam elas civis ou militares. Entidades de internação coletivas são quartéis, hospitais ou hospícios. Em razão dessa garantia constitucional, é comum encontrarmos nesses estabelecimentos capelas para que o direito seja exercido.

Apesar da importância dos dispositivos analisados anteriormente, nenhum é mais cobrado em prova que o inciso VIII:

> ***VIII.*** *Ninguém será privado de direitos por motivo de crença religiosa ou de convicção filosófica ou política, salvo se as invocar para eximir-se de obrigação legal a todos imposta e recusar-se a cumprir prestação alternativa, fixada em lei;*

Estamos diante do instituto da ***Escusa de Consciência.*** Esse direito permite a qualquer pessoa que, em razão de sua crença ou consciência, deixe de cumprir uma obrigação imposta sem que com isso sofra alguma consequência em seus direitos. Tal permissivo constitucional encontra uma limitação prevista expressamente no texto em análise. No caso de uma obrigação imposta a todos, se o indivíduo recusar-se ao seu cumprimento, ser-lhe-á oferecida uma prestação alternativa. Não a cumprindo também, a Constituição permite que direitos sejam restringidos. O Art. 15 prescreve que os direitos restringidos serão os direitos políticos:

> ***Art. 15.*** *É vedada a cassação de direitos políticos, cuja perda ou suspensão só se dará nos casos de:*
>
> ***IV.*** *Recusa de cumprir obrigação a todos imposta ou prestação alternativa, nos termos do Art. 5º, VIII;*

Liberdade de reunião

Acerca dessa liberdade, é importante ressaltar as condições estabelecidas pelo texto constitucional:

> ***XVI.*** *Todos podem reunir-se pacificamente, sem armas, em locais abertos ao público, independentemente de autorização, desde que não frustrem outra reunião anteriormente convocada para o mesmo local, sendo apenas exigido prévio aviso à autoridade competente;*

Enumerando-as, de forma a facilitar o estudo, tem-se que as condições estabelecidas para o exercício do direito à reunião são:

Reunião Pacífica

Não se legitima uma reunião que tenha fins não pacíficos;

Sem Armas

Para evitar a violência ou coação por meio de armas;

Locais Abertos ao Público

Encontra-se subentendida a reunião em local fechado;

Independente de Autorização

Não precisa de autorização;

Necessidade de Prévio Aviso

Precisa de prévio aviso;

Não Frustrar outra Reunião convocada Anteriormente para o Mesmo Local

Garantia de isonomia no exercício do direito prevalecendo o de quem exerceu primeiro.

Sobre o exercício da liberdade de reunião é importante saber que ele não depende de autorização, mas necessita de prévio aviso.

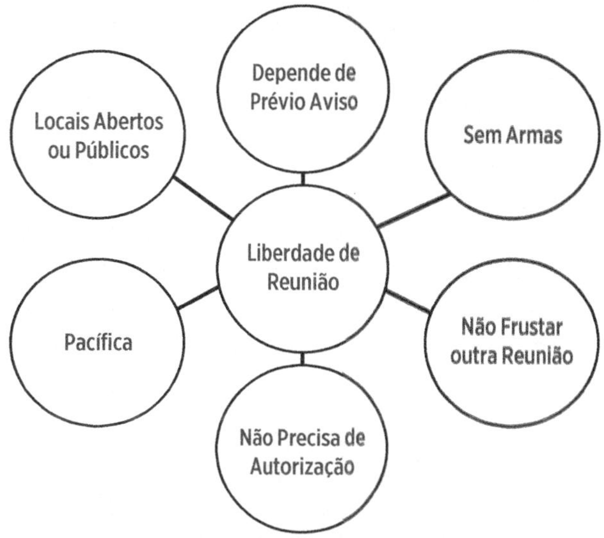

Outro ponto que já foi alvo de questão de prova é a possibilidade de restrição desse direito no Estado de Sítio e no Estado de Defesa. O problema está na distinção entre as limitações que podem ser adotadas em cada uma das medidas:

> ***Art. 136,*** *§ 1º - O decreto que instituir o estado de defesa determinará o tempo de sua duração, especificará as áreas a serem abrangidas e indicará, nos termos e limites da lei, as medidas coercitivas a vigorarem, dentre as seguintes:*
>
> ***I.*** *Restrições aos direitos de:*
>
> ***a)*** *reunião, ainda que exercida no seio das associações;*
>
> ***Art. 139.*** *Na vigência do estado de sítio decretado com fundamento no Art. 137, I, só poderão ser tomadas contra as pessoas as seguintes medidas:*
>
> ***IV.*** *Suspensão da liberdade de reunião;*

Ao passo que no Estado de Defesa ocorrerão restrições ao direito de reunião, no Estado de Sítio ocorrerá a suspensão desse direito.

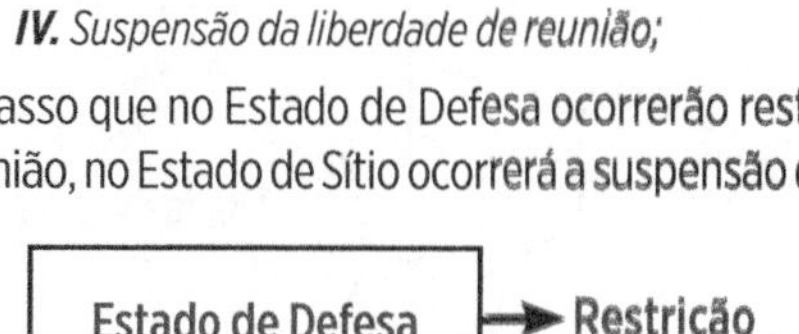

Liberdade de associação

São vários os dispositivos constitucionais que regulam a liberdade de associação:

> ***XVII.*** *É plena a liberdade de associação para fins lícitos, vedada a de caráter paramilitar;*
>
> ***XVIII.*** *A criação de associações e, na forma da lei, a de cooperativas independem de autorização, sendo vedada a interferência estatal em seu funcionamento;*
>
> ***XIX.*** *As associações só poderão ser compulsoriamente dissolvidas ou ter suas atividades suspensas por decisão judicial, exigindo-se, no primeiro caso, o trânsito em julgado;*
>
> ***XX.*** *Ninguém poderá ser compelido a associar-se ou a permanecer associado;*
>
> ***XXI.*** *As entidades associativas, quando expressamente autorizadas, têm legitimidade para representar seus filiados judicial ou extrajudicialmente;*

O primeiro ponto que dever ser lembrado é que a liberdade de associação só poderá ser usufruída para fins lícitos sendo proibida a criação de associação paramilitar.

Entende-se como associação de caráter paramilitar toda organização paralela ao Estado, sem legitimidade, com estrutura e organização tipicamente militar. São as facções criminosas, milícias ou qualquer outra organização que possua fins ilícitos e alheios aos do Estado.

Destaca-se, com a mesma importância para sua prova, a dispensa de autorização e interferência estatal no funcionamento e criação das associações.

Maior destaque deve ser dado ao inciso XIX, que condiciona qualquer limitação às atividades associativas a uma decisão judicial. As associações podem ter suas atividades suspensas ou dissolvidas. Em qualquer um dos casos deve haver decisão judicial. No caso da dissolução, por ser uma medida mais grave, não basta qualquer decisão judicial, tem que ser transitada em julgado. Isso significa uma decisão definitiva, à qual não caiba mais recurso.

O inciso XX tutela a chamada Liberdade Associativa, pela qual ninguém será obrigado a se associar ou mesmo a permanecer associado a qualquer entidade associativa.

Por fim, temos o inciso XXI, que permite às associações que representem seus associados tanto na esfera judicial quanto na administrativa desde que possuam expressa autorização. Expressa autorização significa por escrito, por meio de instrumento legal que comprove a autorização.

Vale destacar que, para suspender as atividades de uma associação, basta qualquer decisão judicial; para dissolver, tem que haver decisão judicial transitada em julgado.

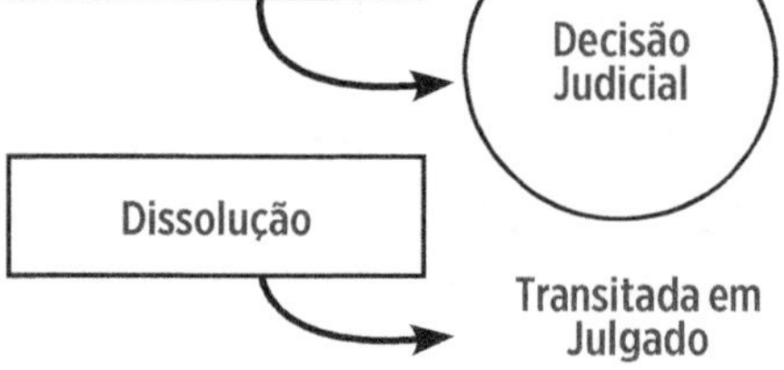

Questões

01. (FCC) No tocante aos Direitos e Deveres Individuais e Coletivos, é correto afirmar que:

a) É livre a expressão da atividade intelectual, artística, científica e de comunicação, independentemente de censura ou licença.

b) Constitui crime afiançável e prescritível a ação de grupos armados, civis ou militares, contra a ordem constitucional e o Estado Democrático.

c) A prisão de qualquer pessoa e o local onde se encontre serão comunicados ao juiz competente após cinco dias de sua prisão.

d) É proibida a prestação de assistência religiosa nas entidades militares de internação coletiva.

e) Ninguém será privado de direitos por motivo de crença religiosa ou de convicção filosófica ou política, sendo lícito invocá-las para eximir-se de obrigação legal a todos imposta.

02. (FCC) Dentre outros, a Constituição Federal estabelece como direito e dever individual e coletivo que:

a) A prática do racismo constitui crime afiançável e prescritível, sujeito à pena de detenção, nos termos da lei.

b) A expressão da atividade intelectual, científica e de comunicação depende, em qualquer hipótese, de censura ou licença da autoridade competente.

c) A criação de cooperativas depende de lei específica e o seu funcionamento, de autorização do poder executivo estadual.

d) As entidades associativas, quando expressamente autorizadas, têm legitimidade para representar seus filiados judicial ou extrajudicialmente.

e) É plena a liberdade de associação, inclusive de caráter religioso e paramilitar de segurança.

03. (FCC) No tocante aos Direitos e Deveres Individuais e Coletivos, considere as seguintes assertivas:

I. É plena a liberdade de associação para fins lícitos, permitida a de caráter paramilitar.

II. A criação de associações e, na forma da lei, a de cooperativas dependem de autorização.

III. As associações só poderão ser compulsoriamente dissolvidas por decisão administrativa.

IV. No caso de iminente perigo público, a autoridade competente poderá usar de propriedade particular, assegurada ao proprietário indenização ulterior, se houver dano.

V. São assegurados, nos termos da lei, a proteção às participações individuais em obras coletivas e à reprodução da imagem e voz humanas, inclusive nas atividades desportivas.

Está correto o que se afirma apenas em:

a) I e II.
b) I, II e III.
c) I, IV e V.
d) II, III e IV.
e) IV e V.

Gabaritos

01	A
02	D
03	E

5. DIREITOS FUNDAMENTAIS - DIREITOS E DEVERES INDIVIDUAIS E COLETIVOS

5.1 Direito à Propriedade

Quando se fala em direito à propriedade, alguns atributos que lhe são inerentes aparecem imediatamente. Propriedade é a faculdade que uma pessoa tem de usar, gozar dispor de um bem. O texto constitucional garante esse direito de forma expressa:

> ***Art. 5º**, XXII. É garantido o direito de propriedade.*

Apesar de esse direito aparentar possuir um caráter absoluto, quando se investiga mais a fundo esse tema, percebe-se que ele possui vários limitadores no próprio texto constitucional. E é isso que se passa a analisar agora.

Limitações

Dentre as limitações existentes na Constituição, estão:

Função social

A Constituição exige em seu Art. 5º que a propriedade atenda a sua função social:

> ***XXIII.** A propriedade atenderá a sua função social;*

Isso significa que a propriedade não é tão individual quanto pensamos. A necessidade de observância da função social demonstra que a propriedade é muito mais que uma titularidade privada. Esse direito possui reflexos em toda a sociedade. É só imaginar uma propriedade imóvel, um terreno urbano, que, apesar de possuir um proprietário, fica abandonado. Cresce o mato, as pessoas começam a jogar lixo naquele lugar, alguns criminosos começam a utilizar aquele ambiente para prática de atividades ilícitas. Veja quantas coisas podem acontecer numa propriedade e que importarão em consequências gravosas para o meio social mais próximo. É por isso que a propriedade tem que atender a sua função social.

Requisição administrativa

Consta no inciso XXV do Art. 5º:

> ***XXV.** No caso de iminente perigo público, a autoridade competente poderá usar de propriedade particular, assegurada ao proprietário indenização ulterior, se houver dano;*

Essa é a chamada Requisição Administrativa. Esse instituto permite que a propriedade seja limitada pela necessidade de se solucionar situação de perigo público. Não se trata de uma forma de desapropriação, pois o dono da propriedade requisitada não a perde, apenas a empresta para uso público, sendo garantido, posteriormente, havendo dano, direito a indenização. Esse instituto limita o caráter absoluto da propriedade.

Desapropriação

É a perda da propriedade. Esse é o limitador por excelência do direito, restringindo o caráter perpétuo da propriedade. A seguir, estão exemplificadas as três modalidades de desapropriação:

Desapropriação pelo Mero Interesse Público

Essa modalidade é utilizada pelo Estado quando o interesse social ou a utilidade pública prevalecem sobre o direito individual. Nesse tipo de desapropriação, destaca-se que o proprietário nada fez para merecê-la, contudo, o interesse público exige que determinada área seja desapropriada. É o caso de construção de uma rodovia que exige a desapropriação de várias propriedades para o asfaltamento da via. Conforme o texto da Constituição:

> ***XXIV.** A lei estabelecerá o procedimento para desapropriação por necessidade ou utilidade pública, ou por interesse social, mediante justa e prévia indenização em dinheiro, ressalvados os casos previstos nesta Constituição;*

Deve ser destacado que essa modalidade de desapropriação gera direito à indenização, que deve ser paga em dinheiro, previamente e com valor justo.

Desapropriação-Sanção

Nesta modalidade, o proprietário, por algum motivo, não observou a função social da propriedade. Por esse motivo, é chamada de Desapropriação-sanção, haja vista ser uma verdadeira punição. Segundo a CF, essa desapropriação gera direito à indenização, que deverá ser paga em títulos da dívida pública ou agrária. Segundo os Art. 182, § 4º, III e 184 da Constituição:

> ***Art. 182**, § 4º - É facultado ao Poder Público municipal, mediante lei específica para área incluída no plano diretor, exigir, nos termos da lei federal, do proprietário do solo urbano não edificado, subutilizado ou não utilizado, que promova seu adequado aproveitamento, sob pena, sucessivamente, de:*
>
> ***I.** Parcelamento ou edificação compulsórios;*
>
> ***II.** Imposto sobre a propriedade predial e territorial urbana progressivo no tempo;*
>
> ***III.** Desapropriação com pagamento mediante títulos da dívida pública de emissão previamente aprovada pelo Senado Federal, com prazo de resgate de até dez anos, em parcelas anuais, iguais e sucessivas, assegurados o valor real da indenização e os juros legais.*
>
> ***Art. 184.** Compete à União desapropriar por interesse social, para fins de reforma agrária, o imóvel rural que não esteja cumprindo sua função social, mediante prévia e justa indenização em títulos da dívida agrária, com cláusula de preservação do valor real, resgatáveis no prazo de até vinte anos, a partir do segundo ano de sua emissão, e cuja utilização será definida em lei.*

Desapropriação Confiscatória

Por último, tem-se essa modalidade prevista no Art. 243 da Constituição:

> ***Art. 243.** As propriedades rurais e urbanas de qualquer região do País onde forem localizadas culturas ilegais de plantas psicotrópicas ou a exploração de trabalho escravo na forma da lei serão expropriadas e destinadas à reforma agrária e a programas de habitação popular, sem qualquer indenização ao proprietário e sem prejuízo de outras sanções previstas em lei, observado, no que couber, o disposto no Art. 5º. (Redação dada pela Emenda Constitucional nº 81, de 2014)*
>
> ***Parágrafo único.** Todo e qualquer bem de valor econômico apreendido em decorrência do tráfico ilícito de entorpecentes e drogas afins e da exploração de trabalho escravo será confiscado e reverterá a fundo especial com destinação específica, na forma da lei. (Redação dada pela Emenda Constitucional nº 81, de 2014)*

É a desapropriação que ocorre com a propriedade utilizada para cultivo de plantas psicotrópicas. Nesse caso, não haverá indenização, mas o proprietário poderá ser processado pela prática de ilícito penal.

Desapropriação por Interesse Público	→ Indenizada em Dinheiro
Desapropriação-Sanção	Indenizada em títulos da Dívida Pública
Desapropriação Confiscatória	→ Não tem Direito à Indenização

Bem de família

A Constituição consagra uma forma de proteção às pequenas propriedades rurais chamada de Bem de Família:

> ***XXVI.*** *A pequena propriedade rural, assim definida em lei, desde que trabalhada pela família, não será objeto de penhora para pagamento de débitos decorrentes de sua atividade produtiva, dispondo a lei sobre os meios de financiar o seu desenvolvimento;*

O mais importante para prova é atentar para os requisitos estabelecidos no inciso, quais sejam:

Pequena Propriedade Rural

Não se trata de qualquer propriedade.

Definida em Lei

Não em outra espécie normativa.

Trabalhada pela Família

Não por qualquer pessoa.

Débitos Decorrentes da Atividade Produtiva

Não por qualquer débito.

Propriedade imaterial

Além das propriedades sobre bens materiais, a Constituição também consagra normas de proteção sobre a propriedade de bens imateriais. São duas as propriedades consagradas: autoral e industrial.

A propriedade autoral encontra-se protegida nos incisos XXVII e XXVIII do Art. 5º:

> ***XXVII.*** *Aos autores pertence o direito exclusivo de utilização, publicação ou reprodução de suas obras, transmissível aos herdeiros pelo tempo que a lei fixar;*
>
> ***XXVIII.*** *São assegurados, nos termos da lei:*
>
> ***a)*** *a proteção às participações individuais em obras coletivas e à reprodução da imagem e voz humanas, inclusive nas atividades desportivas;*
>
> ***b)*** *o direito de fiscalização do aproveitamento econômico das obras que criarem ou de que participarem aos criadores, aos intérpretes e às respectivas representações sindicais e associativas;*

Já a propriedade industrial encontra-se protegida no inciso XXIX:

> ***XXIX.*** *A lei assegurará aos autores de inventos industriais privilégio temporário para sua utilização, bem como proteção às criações industriais, à propriedade das marcas, aos nomes de empresas e a outros signos distintivos, tendo em vista o interesse social e o desenvolvimento tecnológico e econômico do País;*

Uma relação muito interessante entre a propriedade autoral e a industrial está no tempo de proteção previsto na Constituição. Observe-se que na propriedade autoral o direito do autor é vitalício, tendo em vista a previsão de possibilidade de transmissão desses direitos aos herdeiros. Contudo, quando nas mãos dos sucessores, a proteção será pelo tempo que a lei fixar, ou seja, temporário.

Já na propriedade industrial, a proteção do próprio autor já possui caráter temporário.

Autor	
Propriedade Industrial	Propriedade Autoral
Privilégio Temporário	Privilégio Vitalício

Direito à herança

De nada adiantaria tanta proteção à propriedade se esse bem jurídico não pudesse ser transmitido por meio da sucessão de bens aos herdeiros após a morte. O direito à herança, consagrado expressamente na Constituição, traduz-se no coroamento do direito de propriedade. É a grande força motriz desse direito. Só faz sentido ter direito à propriedade se esse direito possa ser transferido aos herdeiros.

> ***XXX.*** *É garantido o direito de herança;*
>
> ***XXXI.*** *A sucessão de bens de estrangeiros situados no País será regulada pela lei brasileira em benefício do cônjuge ou dos filhos brasileiros, sempre que não lhes seja mais favorável a lei pessoal do de cujus;*

Destaque especial deve ser dado ao inciso XXXI, que prevê a possibilidade de aplicação de lei estrangeira no país em casos de sucessão de bens de pessoa estrangeira desde que esses bens estejam situados no Brasil. A Constituição Federal permite que seja aplicada a legislação mais favorável aos herdeiros, quer seja a lei brasileira, quer seja a lei estrangeira.

5.2 Direito à Segurança

Ao se referir à segurança como direito individual, o Art. 5º pretende significar "segurança jurídica"que trata de normas de pacificação social e que produzem uma maior segurança nas relações sociais. Esse é o ponto alto dos direitos individuais. Sem dúvida, aqui está a maior quantidade de questões cobradas em prova.

Princípio da segurança nas relações jurídicas

Este princípio tem como objetivo garantir a estabilidade das relações jurídicas. Veja o que diz a Constituição:

> ***XXXVI.*** *A lei não prejudicará o direito adquirido, o ato jurídico perfeito e a coisa julgada;*

Os três institutos aqui protegidos encontram seu conceito formalizado na ***Lei de Introdução às normas do Direito Brasileiro.***

> ***Art. 6º****, § 1º - Reputa-se ato jurídico perfeito o já consumado segundo a lei vigente ao tempo em que se efetuou.*

§ 2º - Consideram-se adquiridos assim os direitos que o seu titular, ou alguém por ele, possa exercer, como aqueles cujo começo do exercício tenha termo pré-fixo, ou condição pré-estabelecida inalterável, a arbítrio de outrem.

§ 3º - Chama-se coisa julgada ou caso julgado a decisão judicial de que já não caiba recurso.

Em linhas gerais, pode-se assim conceituá-los:

Direito Adquirido

Direito já incorporado ao patrimônio do titular;

Ato Jurídico Perfeito

Ato jurídico que já atingiu seu fim. Ato jurídico acabado, aperfeiçoado, consumado;

Coisa Julgada

Sentença judicial transitada em julgado. Aquela sentença em relação à qual não cabe mais recurso.

De uma coisa não se pode esquecer: a proibição de retroatividade da lei nos casos aqui estudados não se aplica às leis mais benéficas, ou seja, uma lei mais benéfica poderá produzir efeitos em relação ao direito adquirido, ao ato jurídico perfeito e à coisa julgada.

Devido processo legal

O devido processo legal possui como objetivo principal limitar o poder do Estado. Esse princípio condiciona a restrição da liberdade ou dos bens de um indivíduo à existência de um procedimento estatal que respeite todos os direitos e garantias processuais previstos na lei. É o que diz o inciso LIV do Art. 5º:

LIV. Ninguém será privado da liberdade ou de seus bens sem o devido processo legal;

A exigência constitucional de existência de processo aplica-se tanto aos processos judiciais quanto aos procedimentos administrativos.

Desse princípio, surge a garantia constitucional à **proporcionalidade** e **razoabilidade.** Da mesma forma, é durante o devido processo legal que poderão ser exercidos os direitos ao contraditório e à ampla defesa, que serão analisados a seguir.

Contraditório e ampla defesa

Essas garantias constitucionais, conforme já salientado, decorrem do Devido Processo Legal. São utilizadas como ferramenta de defesa diante das acusações impostas pelo Estado ou por um particular nos processos judiciais e administrativos:

LV. Aos litigantes, em processo judicial ou administrativo, e aos acusados em geral são assegurados o contraditório e ampla defesa, com os meios e recursos a ela inerentes;

Mas o que significam o contraditório e a ampla defesa?

Contraditório é o direito de contradizer, contrariar, contraditar. Se alguém diz que você é ou fez alguma coisa, o contraditório lhe permite dizer que não é e que não fez o que lhe foi imputado. É simplesmente o direito de contrariar. Já a ampla defesa é a possibilidade de utilização de todos os meios admitidos em direito para se defender de uma acusação.

Em regra, o contraditório e a ampla defesa são garantidos em todos os processos judiciais ou administrativos, contudo, a legislação brasileira previu alguns procedimentos administrativos incompatíveis com o exercício desse direito:

- Inquérito Policial;
- Sindicância Investigativa;
- Inquérito Civil.

Em suma, nos procedimentos investigatórios que não possuem o condão de punir o investigado não serão garantidos o contraditório e a ampla defesa.

Observem-se as Súmulas Vinculantes do Supremo Tribunal Federal que versam sobre esse tema:

SV 3. *Nos processos perante o Tribunal de Contas da União asseguram-se o contraditório e a ampla defesa quando da decisão puder resultar anulação ou revogação de ato administrativo que beneficie o interessado, excetuada a apreciação da legalidade do ato de concessão inicial de aposentadoria, reforma e pensão.*

SV 5. *A falta de defesa técnica por advogado no processo administrativo disciplinar não ofende a Constituição.*

SV 14. *É direito do defensor, no interesse do representado, ter acesso amplo aos elementos de prova que, já documentados em procedimento investigatório realizado por órgão com competência de polícia judiciária, digam respeito ao exercício do direito de defesa.*

SV 21. *É inconstitucional a exigência de depósito ou arrolamento prévios de dinheiro ou bens para admissibilidade de recurso administrativo.*

Proporcionalidade e razoabilidade

Eis uma garantia fundamental que não está expressa no texto constitucional apesar de ser um dos institutos mais utilizados pelo Supremo em suas decisões atuais. Trata-se de um princípio implícito, cuja fonte é o Princípio do Devido Processo Legal. Esses dois institutos jurídicos são utilizados como parâmetro de ponderação quando adotadas medidas pelo Estado, principalmente no que tange à restrição de bens e direitos dos indivíduos. Duas palavras esclarecem o sentido dessas garantias: necessidade e adequação.

Para saber se um ato administrativo observou os critérios de proporcionalidade e razoabilidade, deve-se questionar se o ato foi necessário e se foi adequado à situação.

Para exemplificar, imaginemos que um determinado fiscal sanitário, ao inspecionar um supermercado, depara-se com um pote de iogurte com a data de validade vencida há um dia. Imediatamente, ele prende o dono do mercado, dá dois tiros para cima, realiza revista manual em todos os clientes e funcionários do mercado e aplica uma multa de dois bilhões de reais. Pergunta-se: será que a medida adotada pelo fiscal foi necessária? Foi adequada? Certamente que não. Logo, a medida não observou os princípios da razoabilidade e proporcionalidade.

É importante deixar claro que os princípios da proporcionalidade e da razoabilidade estão implícitos no texto constitucional, ou seja, não estão previstos expressamente.

Inadmissibilidade das provas ilícitas

Uma das garantias mais importantes do direito brasileiro é a inadmissibilidade das provas ilícitas. Encontra-se previsto expressamente no inciso LVI do Art. 5º:

LVI. *São inadmissíveis, no processo, as provas obtidas por meios ilícitos.*

Em razão dessa garantia, é proibida a produção de provas ilícitas num processo sob pena de nulidade processual. Em regra, a prova ilícita produz nulidade de tudo o que a ela estiver relacionado. Esse efeito decorre da chamada Teoria dos Frutos da Árvore Envenenada. Segundo a teoria, se a árvore está envenenada, os frutos também o serão. Se uma prova foi produzida de forma ilícita, as demais provas dela decorrentes também serão ilícitas (ilicitude por derivação). Contudo, deve-se ressaltar que essa teoria é aplicada de forma restrita no direito brasileiro, ou seja, encontrada uma prova ilícita num processo, não significa que todo o processo será anulado, mas apenas os atos e demais provas que decorreram direta ou indiretamente daquela produzida de forma ilícita.

Caso existam provas autônomas produzidas em conformidade com a lei, o processo deve prosseguir ainda que tenham sido encontradas e retiradas as provas ilícitas. Logo, é possível afirmar que a existência de uma prova ilícita no processo não anula de pronto todo o processo.

Deve-se destacar, ainda, a única possibilidade já admitida de prova ilícita nos tribunais brasileiros: a produzida em legítima defesa.

Inviolabilidade domiciliar

Essa garantia protege o indivíduo em seu recinto mais íntimo: a casa. A Constituição diz:

> ***XI.*** *A casa é asilo inviolável do indivíduo, ninguém nela podendo penetrar sem consentimento do morador, salvo em caso de flagrante delito ou desastre, ou para prestar socorro, ou, durante o dia, por determinação judicial.*

Como regra, só se pode entrar na casa de uma pessoa com o seu consentimento. Excepcionalmente, a Constituição Federal admite a entrada sem consentimento do morador nos casos de:

- Flagrante delito;
- Desastre;
- Prestar socorro ;
- Determinação Judicial – só durante o dia.

No caso de determinação judicial, a entrada se dará apenas durante o dia. Nos demais casos, a entrada será permitida a qualquer hora.

Alguns conceitos importantes: o que é casa? O que pode ser entendido como casa para efeito de inviolabilidade? A jurisprudência tem interpretado o conceito de casa de forma ampla, em consonância com o disposto nos Arts. 245 e 246 do Código de Processo Penal:

> ***Art. 245.*** *As buscas domiciliares serão executadas de dia, salvo se o morador consentir que se realizem à noite, e, antes de penetrarem na casa, os executores mostrarão e lerão o mandado ao morador, ou a quem o represente, intimando-o, em seguida, a abrir a porta.*
>
> ***Art. 246.*** *Aplicar-se-á também o disposto no artigo anterior, quando se tiver de proceder a busca em compartimento habitado ou em aposento ocupado de habitação coletiva ou em compartimento não aberto ao público, onde alguém exercer profissão ou atividade.*

O STF já considerou como casa, para efeitos de inviolabilidade, oficina mecânica, quarto de hotel ou escritório profissional.

Outra questão relevante é saber o que é dia? Dois são os posicionamentos adotados na doutrina:

Das 6h às 18h;

Da aurora ao crepúsculo.

Segundo a jurisprudência, isso deve ser resolvido no caso concreto, tendo em vista variação de fusos horários existentes em nosso país, bem como a ocorrência do "Horário de Verão". Na prática, é possível entrar na casa independentemente do horário, desde que seja durante o dia.

Veja esta questão da FCC sobre o tema:

A casa é asilo inviolável do indivíduo, podendo-se nela entrar, sem permissão do morador, EXCETO

A em caso de desastre.

B em caso de flagrante delito.

C para prestar socorro.

D por determinação judicial, a qualquer hora. Gabarito: D.

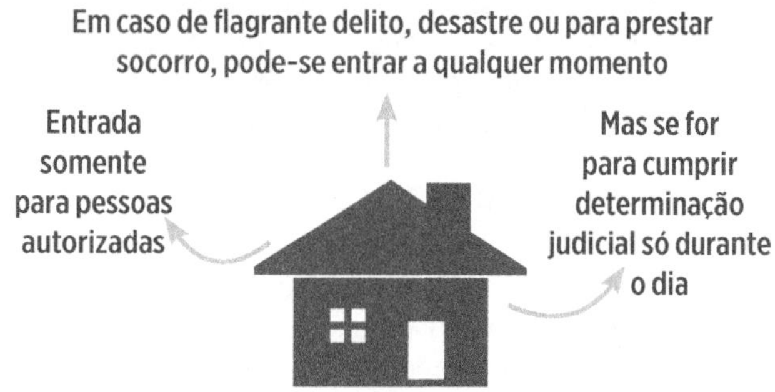

Casa – Asilo Inviolável

Princípio da inafastabilidade da jurisdição

Esse princípio, também conhecido como Princípio do Livre Acesso ao Poder Judiciário ou Direito de Ação, garante, nos casos de necessidade, o acesso direto ao poder judiciário. Também, decorre desse princípio a ideia de que não é necessário o esgotamento das vias administrativas para ingressar com uma demanda no Poder Judiciário. Assim prevê a Constituição Federal:

> ***XXXV.*** *A lei não excluirá da apreciação do Poder Judiciário lesão ou ameaça a direito;*

Perceba que a proteção possui sentido duplo: lesão ou ameaça à lesão. Significa dizer que a garantia pode ser utilizada tanto de forma preventiva como de forma repressiva. Tanto para prevenir a ofensa a direito como para reprimir a ofensa já cometida.

Quanto ao acesso ao Judiciário independentemente do esgotamento das vias administrativas, há algumas peculiaridades previstas na legislação brasileira:

Justiça Desportiva

A Constituição Federal prevê no Art. 217:

> ***Art. 217****, § 1º - O Poder Judiciário só admitirá ações relativas à disciplina e às competições desportivas após esgotarem-se as instâncias da justiça desportiva, regulada em lei.*

Ou seja, o acesso ao Poder Judiciário está condicionado ao esgotamento das vias administrativas.

Compromisso Arbitral

A Lei nº 9.307/96 prevê que as partes, quando em discussão patrimonial, poderão optar pela arbitragem como forma de resolução de conflito.

Não se trata de uma instância administrativa de curso forçado, mas de uma opção facultada às partes.

Habeas Data

O Art. 8º da Lei nº 9.507/97 exige, para impetração do Habeas Data, a comprovação da recusa ao acesso a informação. Parte da doutrina não considera isso como exigência de prévio esgotamento da via administrativa, mas condição da ação. Veja-se a súmula nº 2 do STJ:

> ***Súm. 2.*** *Não cabe "Habeas Data" se não houve recusa de informações por parte da autoridade administrativa.*

Reclamação Constitucional

O Art. 7º, § 1º da Lei nº 11.417/2006, que regula a edição de Súmulas Vinculantes, prevê que só será possível a Reclamação Constitucional nos casos de omissão ou ato da administração pública que contrarie ou negue vigência à Súmula Vinculante, após o esgotamento das vias administrativas.

Gratuidade das certidões de nascimento e de óbito

A Constituição traz expressamente que:

> ***LXXVI.*** *São gratuitos para os reconhecidamente pobres, na forma da lei:*
>
> ***a)*** *o registro civil de nascimento;*
>
> ***b)*** *a certidão de óbito;*

Observe-se que o texto Constitucional condiciona o benefício da gratuidade do registro de nascimento e da certidão de óbito apenas para os reconhecidamente pobres. Entretanto, a Lei nº 6.015/73 prevê que:

> ***Art. 30.*** *Não serão cobrados emolumentos pelo registro civil de nascimento e pelo assento de óbito, bem como pela primeira certidão respectiva.*
>
> ***§ 1º*** *- Os reconhecidamente pobres estão isentos de pagamento de emolumentos pelas demais certidões extraídas pelo cartório de registro civil.*

Perceba que essa lei amplia o benefício garantido na Constituição para todas as pessoas no que tange ao registro e à aquisição da primeira certidão de nascimento e de óbito. Quanto às demais vias, só serão garantidas aos reconhecidamente pobres. Deve-se ter cuidado com essa questão em prova, pois deve ser levado em conta se a pergunta tem como referência a Constituição ou não.

Celeridade processual

Traz o texto constitucional:

> ***LXXVIII.*** *A todos, no âmbito judicial e administrativo, são assegurados a razoável duração do processo e os meios que garantam a celeridade de sua tramitação.*

Essa é a garantia da celeridade processual. Decorre do Princípio da Eficiência que obriga o Estado a prestar assistência em tempo razoável. Celeridade quer dizer rapidez, mas uma rapidez com qualidade. Esse princípio é aplicável nos processos judiciais e administrativos, visa dar maior efetividade a prestação estatal. Deve-se garantir o direito antes que o seu beneficiário deixe de precisar. Após a inclusão desse dispositivo entre os direitos fundamentais, várias medidas para acelerar a prestação jurisdicional foram adotadas, dentre as quais destacam-se:

- Juizados Especiais;
- Súmula Vinculante;
- Realização de Inventários e Partilhas por Vias Administrativas;
- Informatização do Processo.

Essas são algumas das medidas que foram adotadas para trazer mais celeridade ao processo.

Erro judiciário

Dispositivo de grande utilidade social que funciona como limitador da arbitrariedade estatal. O Estado, no que tange à liberdade do indivíduo, não pode cometer erros sob pena de ter que indenizar o injustiçado. Isso é o que prevê o inciso LXXV do Art. 5º:

> ***LXXV.*** *O Estado indenizará o condenado por erro judiciário, assim como o que ficar preso além do tempo fixado na sentença;*

Publicidade dos atos processuais

Em regra, os atos processuais são públicos. Essa publicidade visa a garantir maior transparência aos atos administrativos bem como permite a fiscalização popular. Além disso, atos públicos possibilitam um exercício efetivo do contraditório e da ampla defesa. Entretanto, essa publicidade comporta algumas exceções:

> ***LX.*** *A lei só poderá restringir a publicidade dos atos processuais quando a defesa da intimidade ou o interesse social o exigirem;*

Nos casos em que a intimidade ou o interesse social exigirem, a publicidade poderá ser restringida apenas aos interessados. Imaginemos uma audiência em que estejam envolvidas crianças; nesse caso, como forma de preservação da intimidade, o juiz poderá restringir a participação na audiência apenas aos membros da família e demais interessados.

Sigilo das comunicações

Uma das normas mais importantes da Constituição Federal que versa sobre segurança jurídica é esta:

> ***XII.*** *É inviolável o sigilo da correspondência e das comunicações telegráficas, de dados e das comunicações telefônicas, salvo, no último caso, por ordem judicial, nas hipóteses e na forma que a lei estabelecer para fins de investigação criminal ou instrução processual penal;*

Esse dispositivo prevê quatro formas de comunicação que possuem proteção constitucional:

- Sigilo da Correspondência;
- Comunicação Telegráfica;
- Comunicação de Dados;
- Comunicações Telefônicas.

Dessas quatro formas de comunicação, apenas uma obteve autorização de violação do sigilo pelo texto constitucional: as comunicações telefônicas. Deve-se tomar cuidado com esse tema em prova. Segundo o texto expresso, só as comunicações telefônicas poderão ter o seu sigilo violado. E mais, só o juiz poderá fazê-lo, com fins definidos também pela Constituição, os quais são para investigação criminal e instrução processual penal.

Entretanto, considerando a inexistência de direito fundamental absoluto, a jurisprudência tem considerado a possibilidade de quebra dos demais sigilos, desde que seja determinada por ordem judicial.

No que tange ao sigilo dos dados bancários, fiscais, informáticos e telefônicos, a jurisprudência tem permitido sua quebra por determinação judicial, determinação de Comissão Parlamentar de Inquérito, requisição do Ministério Público, solicitação da autoridade fazendária.

Tribunal do júri

O Tribunal do Júri é uma instituição pertencente ao poder judiciário, que possui competência específica para julgar determinados tipos de crime. O Júri é formado pelo Conselho de Sentença, que é presidido por um Juiz Togado e por sete jurados que efetivamente farão o julgamento do acusado. A ideia do Tribunal do Júri é que o acusado seja julgado por seus pares.

A Constituição Federal apresenta alguns princípios que regem esse tribunal:

> ***Art. 5º**, XXXVIII. É reconhecida a instituição do júri, com a organização que lhe der a lei, assegurados:*
> ***a)** a plenitude de defesa;*
> ***b)** o sigilo das votações;*
> ***c)** a soberania dos veredictos;*
> ***d)** a competência para o julgamento dos crimes dolosos contra a vida.*

Segundo esse texto, o Tribunal do Júri é regido pelos seguintes princípios:

Plenitude de Defesa

Esse princípio permite que no júri sejam utilizadas todas as provas permitidas em direito. Aqui, o momento probatório é bastante explorado haja vista a necessidade de se convencer os jurados que são pessoas comuns da sociedade.

Sigilo das Votações

O voto é sigiloso. Durante o julgamento não é permitido que um jurado converse com o outro sobre o julgamento sob pena de nulidade;

Soberania dos Veredictos

O que for decidido pelos jurados será considerado soberano. Nem o Juiz presidente poderá modificar o julgamento. Aqui quem decide são os jurados;

Competência para Julgar os Crimes Dolosos Contra a Vida

O júri não julga qualquer tipo de crime, mas apenas os dolosos contra a vida. Crimes dolosos, em simples palavras, são aqueles praticados com intenção, com vontade. São diferentes dos crimes culposos, os quais são praticados sem intenção.

Princípio da anterioridade

O inciso XXXIX do Art. 5º da CF apresenta o chamado Princípio da Anterioridade Penal:

> ***XXXIX.** Não há crime sem lei anterior que o defina, nem pena sem prévia cominação legal.*

Esse princípio decorre na necessidade de se prever antes da aplicação da pena, a conduta que é considerada como crime e a pena que deverá ser cominada. Mais uma regra de segurança jurídica.

Princípio da irretroatividade

Esse princípio também possui sua importância ao prever que a lei penal não poderá retroagir, salvo se for para beneficiar o réu.

> ***Art. 5º**, XL. A lei penal não retroagirá, salvo para beneficiar o réu.*

Crimes imprescritíveis, inafiançáveis e insuscetíveis de graça e anistia

Os dispositivos a seguir estão entre os mais cobrados em prova. O ideal é que sejam memorizados na ordem proposta no quadro abaixo:

> ***Art. 5º**, XLII. A prática do racismo constitui crime inafiançável e imprescritível, sujeito à pena de reclusão, nos termos da lei;*
> ***Art. 5º**, XLIII. A lei considerará crimes inafiançáveis e insuscetíveis de graça ou anistia a prática da tortura, o tráfico ilícito de entorpecentes e drogas afins, o terrorismo e os definidos como crimes hediondos, por eles respondendo os mandantes, os executores e os que, podendo evitá-los, se omitirem;*
> ***Art. 5º**, XLIV. Constitui crime inafiançável e imprescritível a ação de grupos armados, civis ou militares, contra a ordem constitucional e o Estado Democrático.*

<table>
<tr><th>Crimes Imprescritíveis</th><th>Crimes Inafiançáveis</th><th>Crimes Insuscetíveis de Graça e Anistia</th></tr>
<tr><td>Racismo</td><td>Racismo</td><td>Tráfico</td></tr>
<tr><td rowspan="5">Ação de Grupos Armados</td><td>Ação de Grupos Armados</td><td>Terrorismo</td></tr>
<tr><td>Tráfico</td><td>Tortura</td></tr>
<tr><td>Terrorismo</td><td rowspan="3">Crimes Hediondos</td></tr>
<tr><td>Tortura</td></tr>
<tr><td>Crimes Hediondos</td></tr>
</table>

Os crimes inafiançáveis englobam todos os crimes previstos nos incisos XLII, XLIII e XLIV.

Os crimes que são insuscetíveis de graça e anistia não são imprescritíveis, e vice e versa. Dessa forma, nunca pode existir, na prova, uma questão que trabalhe com as duas classificações ao mesmo tempo.

Nunca, na prova, pode haver uma questão em que se apresentem as três classificações ao mesmo tempo.

Princípio da personalidade da pena

Assim diz o inciso XLV, do Art. 5º da CF:

> ***XLV.** Nenhuma pena passará da pessoa do condenado, podendo a obrigação de reparar o dano e a decretação do perdimento de bens ser, nos termos da lei, estendidas aos sucessores e contra eles executadas, até o limite do valor do patrimônio transferido.*

Esse inciso diz que a pena é pessoal, quem comete o crime responde pelo crime, de forma que não é possível que uma pessoa cometa um crime e outra responda pelo crime em seu lugar; pode até ocorrer, mas seria algum erro, não como regra, porque a pena é pessoal.

É necessário prestar atenção ao tema, pois já apareceu em prova tanto na forma de um problema quanto com a modificação do próprio texto constitucional. Esse princípio da personalidade da pena diz que a pena é pessoal, isto é, a pena não pode passar para outra pessoa, mas permite que a responsabilidade pelos danos civis possa passar para seus herdeiros. Para exemplificar, imaginemos que uma determinada pessoa assalta uma padaria e consegue roubar uns R$ 50.000,00.

Em seguida, a polícia prende o ladrão por ter roubado a padaria. Em regra, todo crime cometido gera uma responsabilidade penal prevista no Código Penal brasileiro. Ainda, deve-se ressarcir os danos causados à vítima. Se ele roubou R$50.000,00, tem que devolver, no mínimo, esse valor à vítima.

É muito difícil conseguir o montante voluntariamente, por isso, é necessário entrar com uma ação civil ex delicto para reaver o dinheiro referente ao crime cometido. O dono da padaria entra com a ação contra o bandido pedindo os R$50.000,00 acrescidos juros e danos morais. Enquanto ele cumpre a pena, a ação está tramitando. Ocorre que o preso se envolve numa confusão dentro da penitenciária e acaba morrendo.

O preso possui alguns filhos, os quais são seus herdeiros. Quando os bens passam aos herdeiros, chamamos isso de sucessão. Quando foram contabilizar os bens que o bandido tinha, perceberam que sobraram apenas R$30.000,00, valor que deve ser divido entre os herdeiros. Pergunta:

01. O homem que cometeu o crime estava cumprindo pena, mas ele morreu. Qual filho assume o lugar dele? O mais velho ou o mais novo?

Nenhum dos dois, porque a pena é personalíssima. Só cumpre a pena quem praticou o crime.

02. É possível que a responsabilidade de reparar os danos materiais exigidos pelo dono da padaria recaia sobre seus herdeiros?

Sim. A Constituição diz que os herdeiros respondem com o valor do montante recebido, até o limite da herança recebida.

03. O dono da padaria pediu R$50.000,00, mas só sobraram R$30.000,00. Os filhos terão que inteirar esse valor até completar os R$50.000,00?

Não, pois a Constituição diz que os sucessores respondem até o limite do patrimônio transferido. Ou seja, se só são transferidos R$30.000,00, então os herdeiros só vão responder pela indenização com esses R$30.000,00. E o os outros R$20.000,00, quem vai pagar? Ninguém. O dono da padaria fica com esse prejuízo.

Penas proibidas e permitidas

Vejamos agora dois incisos do Art. 5º da CF, que sempre caem em prova juntos: incisos XLVI e XLVII. Há no inciso XLVI as penas permitidas e no XLVII as penas proibidas. Mas como isso cai em prova? O examinador pega uma pena permitida e diz que é proibida ou pega uma proibida e diz que é permitida. Conforme os incisos:

> ***XLVI.*** *A lei regulará a individualização da pena e adotará, entre outras, as seguintes:*
>
> ***a)*** *privação ou restrição da liberdade;*
>
> ***b)*** *perda de bens;*
>
> ***c)*** *multa;*
>
> ***d)*** *prestação social alternativa;*
>
> ***e)*** *suspensão ou interdição de direitos.*

Aqui há o rol de penas permitidas. Memorize essa lista para lembrar quais são as penas permitidas. Atenção para uma pena que é pouco comum e que geralmente em prova é colocada como pena proibida, que é a pena de perda de bens.

Veja o próximo inciso com o rol de penas proibidas:

> ***XLVII.*** *Não haverá penas:*
>
> ***a)*** *de morte, salvo em caso de guerra declarada, nos termos do Art. 84, XIX;*
>
> ***b)*** *de caráter perpétuo;*
>
> ***c)*** *de trabalhos forçados;*
>
> ***d)*** *de banimento;*
>
> ***e)*** *cruéis.*

Essas são as penas que não podem ser aplicadas no Brasil. E, na prova, é cobrado da seguinte forma: existe pena de morte no Brasil? Deve-se ter muita atenção com esse tema, pois apesar de a Constituição ter dito que é proibida, existe uma exceção no caso de guerra declarada. Essa exceção é uma verdadeira possibilidade, de forma que deve-se afirmar que existe pena de morte no Brasil. Apesar de a regra ser a proibição, existe a possibilidade de sua aplicação. Só como curiosidade, a pena de morte no Brasil é regulada pelo Código Penal Militar, a qual será executada por meio de fuzilamento.

A próxima pena proibida é a de caráter perpétuo. Não existe esse tipo de pena no Brasil, pois as penas aqui são temporárias. No Brasil, uma pessoa só fica presa até, no máximo, 30 anos.

A outra pena é a de trabalhos forçados. É aquela pena em que o sujeito é obrigado a trabalhar de forma a denegrir a sua condição como ser humano. Esse tipo de pena não é permitida no Brasil.

Há ainda a pena de banimento, que é a expulsão do brasileiro, tanto nato como naturalizado.

Por fim, a Constituição veda a aplicação de penas cruéis. Pena cruel é aquela que denigre a condição humana, expõe o indivíduo a situações desumanas, vexatórias, que provoquem intenso sofrimento.

Princípio da individualização da pena

Nos termos do Art. 5º, inciso XLVIII, da CF:

> ***XLVIII.*** *A pena será cumprida em estabelecimentos distintos, de acordo com a natureza do delito, a idade e o sexo do apenado;*

Esse dispositivo traz uma regra muito interessante, o princípio da individualização da pena. Significa que a pessoa quando cumprir sua pena deve cumpri-la em estabelecimento e condições compatíveis com a sua situação. Se mulher, deve cumprir com mulheres; se homem, cumprirá com homens; se reincidente, com reincidentes; se réu primário, com réus primários; e assim por diante. O ideal é que cada situação possua um cumprimento de pena adequado que propicie um melhor acompanhamento do poder público e melhores condições para a ressocialização.

Regras sobre prisões

São vários os dispositivos constitucionais previstos no Art. 5º, da CF, que se referem às prisões:

> ***LXI.*** *Ninguém será preso senão em flagrante delito ou por ordem escrita e fundamentada de autoridade judiciária competente, salvo nos casos de transgressão militar ou crime propriamente militar, definidos em lei;*
>
> ***LXII.*** *A prisão de qualquer pessoa e o local onde se encontre serão comunicados imediatamente ao juiz competente e à família do preso ou à pessoa por ele indicada;*
>
> ***LXIII.*** *O preso será informado de seus direitos, entre os quais o de permanecer calado, sendo-lhe assegurada a assistência da família e de advogado;*
>
> ***LXIV.*** *O preso tem direito à identificação dos responsáveis por sua prisão ou por seu interrogatório policial;*
>
> ***LXV.*** *A prisão ilegal será imediatamente relaxada pela autoridade judiciária;*
>
> ***LXVI.*** *Ninguém será levado à prisão ou nela mantido, quando a lei admitir a liberdade provisória, com ou sem fiança;*
>
> ***LXVII.*** *Não haverá prisão civil por dívida, salvo a do responsável pelo inadimplemento voluntário e inescusável de obrigação alimentícia e a do depositário infiel.*

Como destaque para prova, é importante enfatizar o disposto no inciso LXVII, o qual prevê duas formas de prisão civil por dívida:

Devedor de Pensão Alimentícia;

Depositário Infiel.

Apesar de a Constituição Federal apresentar essas duas possibilidades de prisão civil por dívida, o STF tem entendido que só existe uma: a prisão do devedor de pensão alimentícia. Isso significa que o depositário infiel não poderá ser preso. Essa é a inteligência da Súmula Vinculante nº 25:

> *Súmula Vinculante 25. É ilícita a prisão civil de depositário infiel, qualquer que seja a modalidade do depósito.*

Em relação a esse assunto, deve-se ter muita atenção ao resolver a questão. Se a Banca perguntar conforme a Constituição Federal, responde-se segundo a Constituição Federal. Mas se perguntar à luz da jurisprudência, responde-se conforme o entendimento do STF. Vejamos como o Cespe abordou o tema utilizando o posicionamento jurisprudencial:

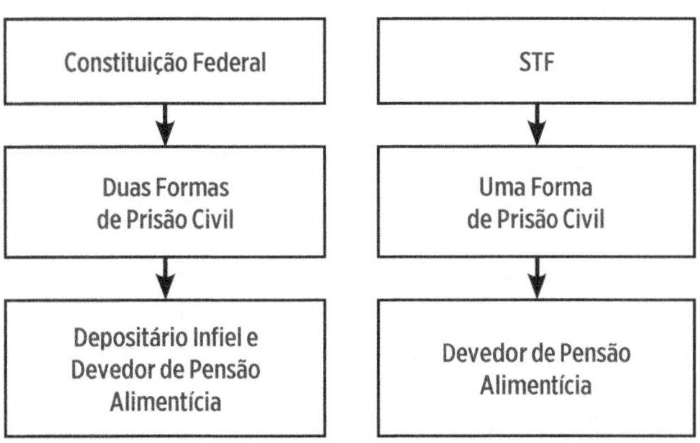

Extradição

Fruto de acordo internacional de cooperação, a extradição permite que determinada pessoa seja entregue a outro país para que seja responsabilizada pelo cometimento de algum crime. Existem duas formas de extradição:

Extradição Ativa

Quando o Brasil pede para outro país a extradição de alguém.

Extradição Passiva

Quando algum país pede para o Brasil a extradição de alguém.

A Constituição Federal preocupou-se em regular apenas a extradição passiva por meios dos incisos LI e LII do Art. 5º:

> ***LI.*** *Nenhum brasileiro será extraditado, salvo o naturalizado, em caso de crime comum, praticado antes da naturalização, ou de comprovado envolvimento em tráfico ilícito de entorpecentes e drogas afins, na forma da lei;*
>
> ***LII.*** *Não será concedida extradição de estrangeiro por crime político ou de opinião.*

De acordo com a inteligência desses dispositivos, três regras podem ser adotadas em relação à extradição passiva:

Brasileiro Nato

Nunca será extraditado.

Brasileiro Naturalizado

Será extraditado em duas hipóteses: crime comum cometido antes da naturalização comprovado envolvimento com o tráfico ilícito de drogas, antes ou depois da naturalização.

Estrangeiro

Poderá ser extraditado salvo em dois casos:

> **Crime Político;**

> **Crime de Opinião.**

E na extradição ativa, quem poderá ser extraditado?

Qualquer pessoa pode ser extraditada na extradição ativa, inclusive o brasileiro nato. Deve-se ter muito cuidado com essa questão em prova. Lembre-se que a extradição ativa ocorre quando o Brasil pede a extradição de um criminoso para outro país. Isso pode ser feito pedindo a extradição de qualquer pessoa que o Brasil queira punir.

Princípios que regem a extradição no país

Princípio da Reciprocidade

O Brasil só extradita ao país que extradita para o Brasil. Deve haver acordo ou tratado de extradição entre os país requerente e o Brasil.

Princípio da Especialidade

O extraditando só poderá ser processado e julgado pelo crime informado no pedido de extradição.

Comutação da Pena

O país requerente deverá firmar um compromisso de comutar a pena prevista em seu país quando a pena a ser aplicada for proibida no Brasil.

Dupla Tipicidade ou Dupla Incriminação

Só se extradita se a conduta praticada for considerada crime no Brasil e no país requerente.

Deve-se ter muito cuidado para não confundir extradição com entrega, deportação, expulsão ou banimento. A extradição, como se viu, é instituto de cooperação internacional entre países soberanos para a punição de criminosos.

Pela extradição, um país entrega o criminoso a outro país para que ele seja punido pelo crime praticado.

A entrega é o ato por meio do qual o país entrega uma pessoa para ser julgada no Tribunal Penal Internacional.

Deportação é a retirada do estrangeiro que tenha entrado de forma irregular no território nacional.

Expulsão é a retirada do estrangeiro que tenha praticado um ato ofensivo ao interesse nacional conforme as regras estabelecidas no Estatuto do Estrangeiro (Art. 65, Lei nº 6.815/80).

Banimento é uma das penas proibidas no direito brasileiro que consiste na expulsão de brasileiros para fora do território nacional.

Princípio da presunção da inocência

Também conhecido como princípio da não culpabilidade, essa regra de segurança jurídica garante que ninguém poderá ser condenado sem antes haver uma sentença penal condenatória transitada em julgado. Ou seja, uma sentença judicial condenatória definitiva:

> ***Art. 5º**, LVII. Ninguém será considerado culpado até o trânsito em julgado de sentença penal condenatória.*

Identificação criminal

> ***Art. 5º**, LVIII. O civilmente identificado não será submetido a identificação criminal, salvo nas hipóteses previstas em lei.*

A Constituição garante que não será identificado criminalmente quem possuir identificação pública capaz de identificá-lo. Contudo, a Lei 12.037/2009 prevê hipóteses nas quais será possível a identificação criminal mesmo de quem apresentar outra identificação:

> ***Art. 3º.** Embora apresentado documento de identificação, poderá ocorrer identificação criminal quando:*
>
> ***I.** O documento apresentar rasura ou tiver indício de falsificação;*
>
> ***II.** O documento apresentado for insuficiente para identificar cabalmente o indiciado;*
>
> ***III.** O indiciado portar documentos de identidade distintos, com informações conflitantes entre si;*
>
> ***IV.** A identificação criminal for essencial às investigações policiais, segundo despacho da autoridade judiciária competente, que decidirá de ofício ou mediante representação da autoridade policial, do Ministério Público ou da defesa;*
>
> ***V.** Constar de registros policiais o uso de outros nomes ou diferentes qualificações;*
>
> ***VI.** O estado de conservação ou a distância temporal ou da localidade da expedição do documento apresentado impossibilite a completa identificação dos caracteres essenciais.*

Ação penal privada subsidiária da pública

> ***Art. 5º** LIX. Será admitida ação privada nos crimes de ação pública, se esta não for intentada no prazo legal.*

Em regra, nos crimes de ação penal pública, o titular da ação penal é o Ministério Público. Contudo, havendo omissão ou mesmo desídia por parte do órgão ministerial, o ofendido poderá promover a chamada Ação Penal Privada Subsidiária da Pública. Esse tema encontra-se disciplinado no Art. 29 do Código de Processo Penal:

> ***Art. 29.** Será admitida ação privada nos crimes de ação pública, se esta não for intentada no prazo legal, cabendo ao Ministério Público aditar a queixa, repudiá-la e oferecer denúncia substitutiva, intervir em todos os termos do processo, fornecer elementos de prova, interpor recurso e, a todo tempo, no caso de negligência do querelante, retomar a ação como parte principal.*

5.3 Remédios Constitucionais

Inicia-se agora o estudo dos chamados Remédios Constitucionais, tema muito cobrado em prova de concurso. Os remédios constitucionais são espécies de garantias constitucionais que visam a proteger determinados direitos e até outras garantias fundamentais. São poderosas ações constitucionais que estão disciplinadas no texto da Constituição.

Habeas corpus

Sem dúvida, esse remédio constitucional é o mais importante para prova, haja vista a sua utilização para proteger um dos direitos mais ameaçados do indivíduo: a liberdade de locomoção. Vejamos o que diz o texto constitucional:

> ***Art. 5º LXVIII.** Conceder-se-á "Habeas Corpus" sempre que alguém sofrer ou se achar ameaçado de sofrer violência ou coação em sua liberdade de locomoção, por ilegalidade ou abuso de poder.*

É essencial, conhecer os elementos necessários para a utilização dessa ferramenta.

Deve-se compreender que o *Habeas Corpus* é utilizado para proteger a liberdade de locomoção. Em relação a isso, é preciso estar atento, pois ele não tutela qualquer liberdade, mas apenas a liberdade de locomoção.

Outro ponto fundamental é que ele poderá ser utilizado tanto de forma preventiva quanto de forma repressiva. *Habeas Corpus* preventivo é aquele utilizado para prevenir a violência ou coação à liberdade de locomoção. *Habeas Corpus* repressivo é utilizado para reprimir à violência ou coação a liberdade de locomoção, ou seja, é utilizado quando a restrição da liberdade de locomoção já ocorreu.

Percebe-se que não é a qualquer tipo de restrição à liberdade de locomoção que caberá o remédio, mas apenas àquelas cometidas com ilegalidade ou abuso de poder.

Nas relações processuais que envolvem a utilização do *Habeas Corpus*, é possível identificar a participação de três figurantes:

Impetrante

O impetrante é a pessoa que impetra a ação. Quem entra com a ação. A titularidade dessa ferramenta é Universal, pois qualquer pessoa pode impetrar o HC. Não precisa sequer de advogado. Sua possibilidade é tão ampla que não precisa possuir capacidade civil ou mesmo qualquer formalidade. Esse remédio é desprovido de condições que impeçam sua utilização da forma mais ampla possível. Poderá impetrar essa ação tanto uma pessoa física quanto jurídica.

Paciente

O paciente é quem teve a liberdade de locomoção restringida. Ele será o beneficiário do *Habeas Corpus*. Pessoa jurídica não pode ser paciente de Habeas Corpus, pois a liberdade de locomoção é um direito incompatível com sua natureza jurídica.

Autoridade coatora

É quem restringiu a liberdade de locomoção com ilegalidade ou abuso de poder. Poderá ser tanto uma autoridade privada quanto uma autoridade pública.

Outra questão interessante que está prevista na Constituição é a gratuidade dessa ação:

> ***Art. 5º*** *LXXVII. São gratuitas as ações de Habeas Corpus e Habeas Data, e, na forma da lei, os atos necessários ao exercício da cidadania.*

A Constituição proíbe a utilização desse remédio constitucional em relação às punições disciplinares militares. É o que prevê o Art. 142, § 2º:

> ***§ 2º*** *- Não caberá "Habeas Corpus" em relação a punições disciplinares militares.*

Contudo, o STF tem admitido o remédio quando impetrado por razões de ilegalidade da prisão militar. Quanto ao mérito da prisão, deve-se aceitar a vedação Constitucional, mas em relação às legalidade da prisão, prevalece o entendimento de que o remédio seria possível.

Também não cabe *Habeas Corpus* em relação às penas pecuniárias, multas, advertências ou, ainda, nos processos administrativos disciplinares e no processo de *Impeachment*. Nesses casos, o não cabimento deve-se ao fato de que as medidas não visam restringir a liberdade de locomoção.

Por outro lado, a jurisprudência tem admitido o cabimento para impugnar inserção de provas ilícitas no processo ou quando houver excesso de prazo na instrução processual penal.

Por último, cabe ressaltar que o magistrado poderá concedê-lo de ofício.

Habeas data

O *Habeas Data* cuja previsão está no inciso LXXII do Art. 5º tem como objetivo proteger a liberdade de informação:

> ***LXXII.*** *conceder-se-á "Habeas Data":*
>
> ***a)*** *para assegurar o conhecimento de informações relativas à pessoa do impetrante, constantes de registros ou bancos de dados de entidades governamentais ou de caráter público;*
>
> ***b)*** *para a retificação de dados, quando não se prefira fazê-lo por processo sigiloso, judicial ou administrativo.*

Duas são as formas previstas na Constituição para utilização desse remédio:

> **Para Conhecer a Informação.**

> **Para Retificar a Informação.**

É importante ressaltar que só caberá o remédio em relação às informações do próprio impetrante.

As informações precisam estar em um banco de dados governamental ou de caráter público, o que significa que seria possível entrar com um *Habeas Data* contra um banco de dados privado desde que tenha caráter público.

Da mesma forma que o *Habeas Corpus*, o *Habeas Data* também é gratuito:

> ***Art. 5º****, LXXVII. São gratuitas as ações de "Habeas Corpus" e "Habeas Data", e, na forma da lei, os atos necessários ao exercício da cidadania.*

Mandado de segurança

O mandado de segurança é um remédio muito cobrado em prova em razão dos seus requisitos:

> ***Art. 5º****, LXIX. Conceder-se-á mandado de segurança para proteger direito líquido e certo, não amparado por "Habeas Corpus" ou "Habeas Data", quando o responsável pela ilegalidade ou abuso de poder for autoridade pública ou agente de pessoa jurídica no exercício de atribuições do Poder Público.*

Como se pode ver, o mandado de segurança será cabível proteger direito líquido e certo desde que não amparado por Habeas Corpus ou Habeas Data. O que significa dizer que será cabível desde que não seja para proteger a liberdade de locomoção e a liberdade de informação. Esse é o chamado caráter subsidiário do mandado de segurança.

O texto constitucional exigiu também para a utilização dessa ferramenta a ilegalidade e o abuso de poder praticado por autoridade pública ou privada, desde que esteja no exercício de atribuições do poder público.

O mandado de segurança possui prazo decadencial para ser utilizado: 120 dias.

Existe também o mandado de segurança coletivo:

> ***Art. 5º****, LXX. O mandado de segurança coletivo pode ser impetrado por:*
>
> ***a)*** *partido político com representação no Congresso Nacional;*
>
> ***b)*** *organização sindical, entidade de classe ou associação legalmente constituída e em funcionamento há pelo menos um ano, em defesa dos interesses de seus membros ou associados.*

Observadas as regras do mandado de segurança individual, o mandado de segurança coletivo possui alguns requisitos que lhe são peculiares: os legitimados para propositura.

São legitimados para propor o mandado de segurança coletivo:

> **Partidos políticos com representação no Congresso Nacional.**

Para se ter representação no Congresso Nacional, basta um membro em qualquer uma das casas.

> **Organização Sindical.**

> **Entidade de Classe.**

> **Associação.**

Desde que legalmente constituída e em funcionamento há, pelo menos, um ano. Segundo o STF, a necessidade de estar constituída e em funcionamento há pelo menos um ano só se aplica às associações. A Banca FCC entende que esse requisito se aplica a todas as entidades.

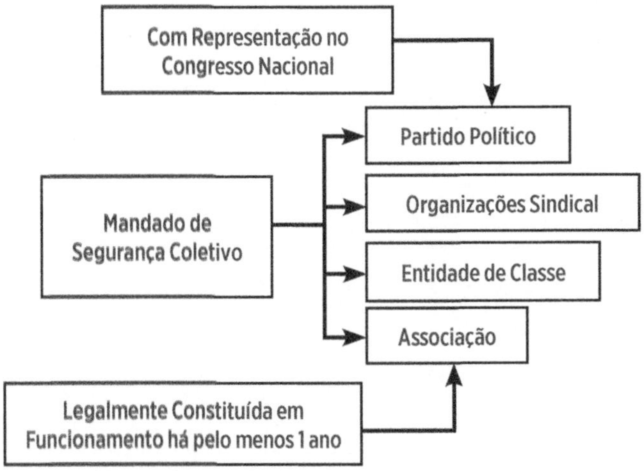

Mandado de injunção

O mandado de injunção é uma ferramenta mais complexa para se entender. Vejamos o que diz a Constituição:

> ***Art. 5º**, LXXI. Conceder-se-á mandado de injunção sempre que a falta de norma regulamentadora torne inviável o exercício dos direitos e liberdades constitucionais e das prerrogativas inerentes à nacionalidade, à soberania e à cidadania.*

O seu objetivo é suprir a omissão legislativa que impede o exercício de direitos fundamentais. Algumas normas constitucionais para que produzam efeitos dependem da edição de outras normas infraconstitucionais. Essas normas são conhecidas por sua eficácia como normas de eficácia limitada. O mandado de injunção visa a corrigir a ineficácia das normas com eficácia limitada.

Todas as vezes que um direito deixar de ser exercido pela ausência de norma regulamentadora, será cabível esse remédio.

No que tange à efetividade da decisão, deve-se esclarecer a possibilidade de adoção por parte do STF de duas correntes doutrinárias:

Teoria Concretista Geral

O Poder Judiciário concretiza o direito no caso concreto aplicando seu dispositivo com efeito *erga omnes*, para todos os casos iguais;

Teoria Concretista Individual

O Poder Judiciário concretiza o direito no caso concreto aplicando seu dispositivo com efeito inter partes, ou seja, apenas com efeito entre as partes.

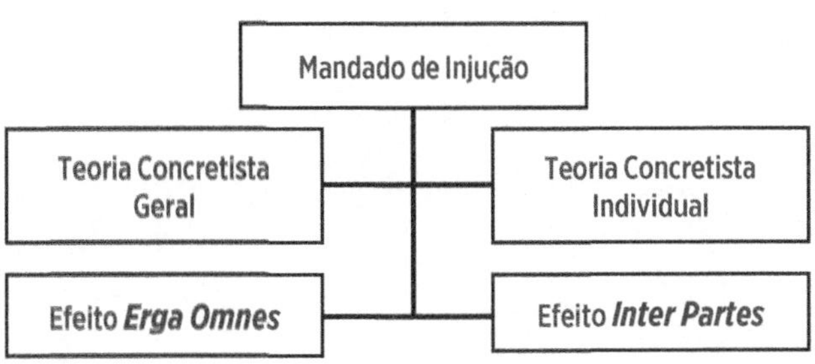

Ação popular

A ação popular é uma ferramenta fiscalizadora utilizada como espécie de exercício direto dos direitos políticos. Por isso, só poderá ser utilizada por cidadãos. Segundo o inciso LXXIII do Art. 5º:

> ***LXXIII.** Qualquer cidadão é parte legítima para propor ação popular que vise a anular ato lesivo ao patrimônio público ou de entidade de que o Estado participe, à moralidade administrativa, ao meio ambiente e ao patrimônio histórico e cultural, ficando o autor, salvo comprovada má-fé, isento de custas judiciais e do ônus da sucumbência.*

Além da previsão constitucional, essa ação encontra-se regulamentada pela Lei nº 4.717/65. Percebe-se que seu objetivo consiste em proteger o patrimônio público, a moralidade administrativa, o meio ambiente e o patrimônio histórico e cultural.

O autor não precisa pagar custas judiciais ou ônus da sucumbência, salvo se houver má-fé.

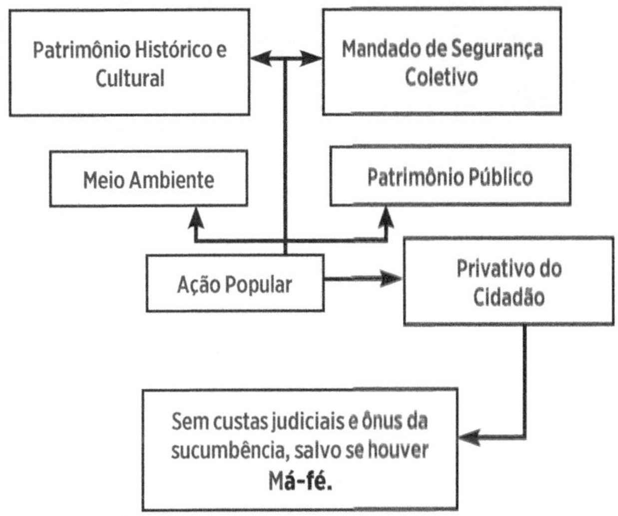

Questões

01. (FCC) No que diz respeito ao direito à inviolabilidade de domicílio, é correto afirmar que:

a) Ninguém pode violar a casa, à noite, mesmo que munido de autorização judicial.

b) A casa é asilo inviolável e em nenhuma hipótese se pode nela ingressar sem o consentimento do morador.

c) O conceito de casa é restrito e abrange, apenas, a residência com ânimo definitivo.

d) A casa, à noite, torna-se violável nas hipóteses de flagrante, desastre e prestação de socorro, porém é necessária autorização judicial.

e) A casa é violável no caso de flagrante, desastre ou para prestar socorro.

02. (FCC) De acordo com a Constituição Federal, é assegurado, nos processos de competência do Tribunal do Júri:

a) O processamento dos crimes patrimoniais dolosos.

b) O sigilo das votações.

c) A divulgação das votações, para garantia da plenitude de defesa.

d) A soberania da sentença sobre as votações.

e) O processamento dos crimes dolosos e culposos contra a vida.

03. (CESPE) O direito à duração razoável do processo, tanto no âmbito judicial quanto no âmbito administrativo, é um direito fundamental previsto expressamente na CF.

Certo ( ) Errado ( )

04. (CESPE) O ordenamento constitucional veda o envio compulsório de brasileiros ao exterior, que caracterizaria a pena de banimento, assim como proíbe a retirada coativa de estrangeiros do território nacional, que caracterizaria a pena de expulsão.

Certo ( ) Errado ( )

05. (CESPE - ADAPTADA) Inexiste pena de morte, no Brasil, em qualquer hipótese.

Certo ( ) Errado ( )

Gabaritos

01	E	04	ERRADO
02	B	05	ERRADO
03	CERTO	-	-

6. DIREITOS FUNDAMENTAIS - DIREITOS SOCIAIS E NACIONALIDADE

6.1 Direitos Sociais

Prestações positivas

Os direitos sociais encontram-se previstos a partir do Art. 6º até o Art. 11 da Constituição Federal. São normas que se concretizam por meio de prestações positivas por parte do Estado, haja vista objetivarem reduzir as desigualdades sociais.

Deve-se dar destaque para o Art. 6º, que foi alterado pela EC 64/2010 e que possivelmente será objeto de questionamento em concurso público:

> ***Art. 6º.*** *São direitos sociais a educação, a saúde, a alimentação, o trabalho, a moradia, o transporte, o lazer, a segurança, a previdência social, a proteção à maternidade e à infância, a assistência aos desamparados, na forma desta Constituição. (Redação dada pela Emenda Constitucional nº 90, de 2015)*

Boa parte dos direitos aqui previstos necessita de recursos financeiros para serem implementados, o que acaba por dificultar sua plena eficácia.

Mas, antes de avançar nessa parte do conteúdo, faz-se necessário dizer que costumam ser cobradas questões de provas que abordam apenas o texto puro da Constituição Federal. A principal orientação, portanto, é que se dedique tempo à leitura da Constituição Federal, mais precisamente, do Art. 7º, que possui vários dispositivos que podem ser trabalhados em prova.

Reserva do possível

Seria possível exigir do Estado a concessão de um direito social quando tal direito não fosse assegurado de forma condizente com sua previsão constitucional? A título de exemplo, veremos um dispositivo dos direitos sociais dos trabalhadores:

> ***IV.*** *Salário-mínimo, fixado em lei, nacionalmente unificado, capaz de atender a suas necessidades vitais básicas e às de sua família com moradia, alimentação, educação, saúde, lazer, vestuário, higiene, transporte e previdência social, com reajustes periódicos que lhe preservem o poder aquisitivo, sendo vedada sua vinculação para qualquer fim.*

Observe-se que a Constituição garante que o salário-mínimo deve atender às necessidades vitais básicas do trabalhador e de sua família com moradia, alimentação, educação, saúde, lazer, vestuário, higiene, transporte e previdência social. Entendendo que os direitos sociais são espécies de direitos fundamentais e, analisando-os sob o dispositivo previsto no § 1º do Art. 5º, segundo o qual "as normas definidoras de direitos e garantias fundamentais têm aplicação imediata", pergunta-se: seria possível entrar com uma ação visando a garantir o disposto no inciso IV, que está sendo analisado?

Certamente não. Para se garantir tudo o que está previsto no referido inciso, seria necessário que o salário-mínimo valesse, em média, por volta de R$ 3.000,00. Agora, imagine se algum trabalhador conseguisse esse benefício por meio de uma decisão judicial, o que não fariam todos os demais trabalhadores do país.

Se o Estado fosse obrigado a pagar esse valor para todos os trabalhadores, os cofres públicos rapidamente quebrariam. Para se garantir essa estabilidade, foi desenvolvida a teoria da **Reserva do Possível**, por meio da qual o Estado pode alegar essa impossibilidade financeira para atender algumas demandas, como o aumento do salário-mínimo. Quando o poder público for demandado para garantir algum benefício de ordem social, poderá ser alegada, previamente, a impossibilidade financeira para concretização do direito sob o argumento da reserva do possível.

Mínimo existencial

Por causa da Reserva do Possível, o Estado passou a se esconder atrás dessa teoria, eximindo-se da sua obrigação social de garantia dos direitos tutelados na Constituição Federal. Tudo o que era pedido para o Estado era negado sob o argumento de que "não era possível". Para trazer um pouco de equilíbrio a essa relação, foi desenvolvida outra teoria chamada de Mínimo Existencial. Essa teoria permite que os poderes públicos deixem de atender algumas demandas em razão da reserva do possível, mas exige que seja garantido o Mínimo Existencial.

Princípio da proibição ou retrocesso ou efeito cliquet

Uma regra que funciona com caráter de segurança jurídica é a Proibição do Retrocesso. Esse dispositivo proíbe que os direitos sociais já conquistados sejam esvaziados ou perdidos sob pena de desestruturação social do País.

Salário-mínimo

Feitas algumas considerações iniciais sobre a doutrina social, segue-se à análise de alguns dispositivos constitucionais que se encontram no Art. 7º:

> ***IV.*** *Salário-mínimo, fixado em lei, nacionalmente unificado, capaz de atender a suas necessidades vitais básicas e às de sua família com moradia, alimentação, educação, saúde, lazer, vestuário, higiene, transporte e previdência social, com reajustes periódicos que lhe preservem o poder aquisitivo, sendo vedada sua vinculação para qualquer fim.*

Vários pontos são relevantes nesse inciso. Primeiramente, é importante comentar o trecho "fixado em lei". Segundo o texto constitucional, o salário-mínimo só poderá ser fixado em Lei; entretanto, no dia 25 de fevereiro de 2011 foi publicada a Lei nº 12.382, que prevê a possibilidade de fixação do salário-mínimo por meio de Decreto do Poder Executivo. Questionado no STF[1], o guardião da Constituição considerou constitucional a fixação de salário-mínimo por meio de Decreto Presidencial.

Outro ponto interessante diz respeito ao salário-mínimo ser nacionalmente unificado. Muitos acham que alguns estados da federação fixam valores referentes ao salário-mínimo maiores do que o fixado nacionalmente. O STF já afirmou que os Estados não podem fixar salário-mínimo diferente do nacionalmente unificado. O que cada Estado pode fixar é o piso salarial da categoria de trabalhadores com valor maior que o salário-mínimo.

1 Ver no STF, ADI 4.568, Rel. Min. Cármen Lúcia, julgamento em 3-11-2011, Plenário, Informativo 646.

Temos ainda a proibição de vinculação do salário-mínimo para qualquer fim. Em fevereiro de 2011, esse tema foi enfrentado pelo STF, que determinou a desvinculação do salários dos técnicos em radiologia do salário-mínimo, como estava previsto na Lei nº 7.394/85.

Algumas Súmulas Vinculantes do STF são importantes, pois se referem ao salário-mínimo:

> **Súmula Vinculante 4:** *Salvo nos casos previstos na Constituição, o salário-mínimo não pode ser usado como indexador de base de cálculo de vantagem de servidor público ou de empregado, nem ser substituído por decisão judicial.*
>
> **Súmula Vinculante 6:** *Não viola a Constituição o estabelecimento de remuneração inferior ao salário-mínimo para as praças prestadoras de serviço militar inicial.*
>
> **Súmula Vinculante 15:** *O cálculo de gratificações e outras vantagens do servidor público não incide sobre o abono utilizado para se atingir o salário-mínimo.*
>
> **Súmula Vinculante 16:** *Os Arts. 7º, IV, e 39, § 3º (redação da EC 19/98) da Constituição referem-se ao total da remuneração percebida pelo servidor público.*

Prescrição trabalhista

Um dos dispositivos previstos no Art. 7º mais cobrados em prova é o inciso XXIX:

> ***XXIX.*** *Ação, quanto aos créditos resultantes das relações de trabalho, com prazo prescricional de cinco anos para os trabalhadores urbanos e rurais, até o limite de dois anos após a extinção do contrato de trabalho.*

Imaginemos, por exemplo, uma pessoa que tenha exercido sua função no período noturno, em uma empresa, durante 20 anos. Contudo, em todos esses anos de trabalho, ela não recebeu nenhum adicional noturno. Ora, ao ter seu contrato de trabalho rescindido, ela poderá ingressar em juízo pleiteando as verbas trabalhistas não pagas. Tendo em vista a existência de prazo prescricional para reaver seus direitos, o trabalhador terá o prazo de 2 anos para entrar com a ação, e só terá direito aos últimos 5 anos de adicional noturno.

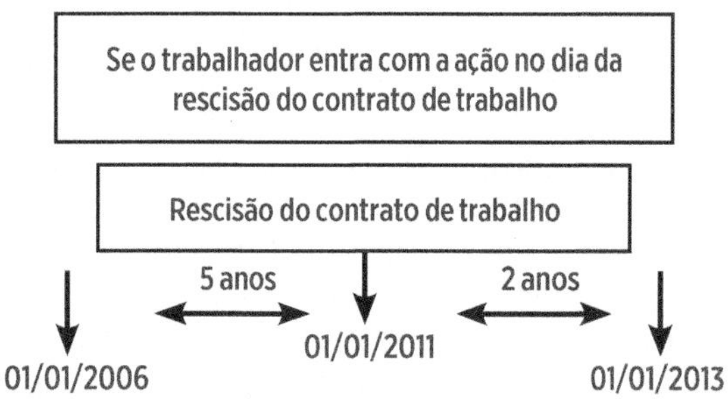

Ressalta-se que esses 5 anos contam-se a partir do dia em que entrou com a ação. Se ele entrar com a ação no último dia do prazo de 2 anos, só terá direito a 3 anos de adicional noturno.

Nesse exemplo, se o trabalhador entrar com a ação no dia 01/01/2011, receberá os últimos 5 anos de adicional noturno, ou seja, até o dia 01/01/2006. Mas se o trabalhador entrar com a ação no dia 01/01/2013, último dia do prazo prescricional de 2 anos, ele terá direito aos últimos 5 anos de adicional noturno a contar do dia em que entrou com a ação. Isso significa que se depare o adicional noturno até o dia 01/01/2008. Perceba que, se o trabalhador demorar a entrar com a ação, ele perde os direitos trabalhistas anteriores ao prazo dos últimos 5 anos.

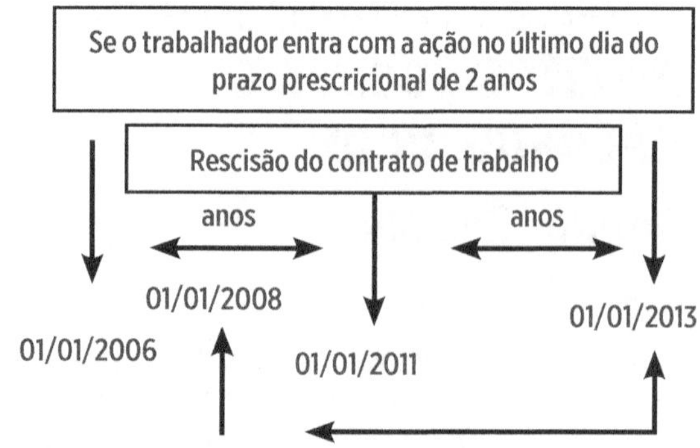

Proibição do trabalho noturno, perigoso e insalubre

Este inciso também é muito cotado para ser cobrado em prova. É importante lê-lo para que, em seguida, se possa responder a uma pergunta que fará entender o motivo de ele ser tão abordado em testes:

> ***Art. 7º***, *XXXIII. Proibição de trabalho noturno, perigoso ou insalubre a menores de dezoito e de qualquer trabalho a menores de dezesseis anos, salvo na condição de aprendiz, a partir de quatorze anos.*

A pergunta é muito simples: a partir de qual idade pode se trabalhar no Brasil? Você deve estar em dúvida: entre 16 e 14 anos. Isso é o que acontece com a maioria dos candidatos. Por isso, nunca esqueça: se temos uma regra e essa regra está acompanhada de uma exceção; temos, então, uma possibilidade.

Ora, se a Constituição diz que é proibido o trabalho para os menores de 16 e, em seguida, excepciona essa regra dizendo que é possível a partir dos 14, na condição de aprendiz, ela quis dizer que o trabalho no Brasil se inicia aos 14 anos. Esse entendimento se fortalece à luz do Art. 227, § 3º, I:

> ***Art. 227***, *§ 3º - O direito a proteção especial abrangerá os seguintes aspectos:*
>
> ***I.*** *Idade mínima de quatorze anos para admissão ao trabalho, observado o disposto no Art. 7º, XXXIII.*

Direitos dos empregados domésticos

O parágrafo único, do Art. 7º, da CF assegurava ao trabalhador doméstico um número reduzido de direitos, se comparado com os demais empregados, urbanos ou rurais.

Nos termos daquele dispositivo, seriam garantidos à categoria dos trabalhadores domésticos apenas os direitos previstos nos incisos IV, VI, VIII, XV, XVII, XVIII, XIX, XXI e XXIV, do Art. 7º, bem como a sua integração à previdência social.

Com a promulgação da EC nº 72, de 2 de abril de 2013, aquele parágrafo foi alterado para estender aos empregados domésticos praticamente todos os demais direitos constantes nos incisos, do Art. 7º, da CF.

A nova redação do parágrafo único, do Art. 7º, da CF dispõe:

> ***Art. 7º***, *Parágrafo único. São assegurados à categoria dos trabalhadores domésticos os direitos previstos nos incisos IV, VI, VII, VIII, X, XIII, XV, XVI, XVII, XVIII, XIX, XXI, XXII, XXIV, XXVI, XXX, XXXI e XXXIII e, atendidas as condições estabelecidas em lei e observada a simplificação do cumprimento das obrigações tributárias, principais e acessórias, decorrentes da relação de trabalho e suas peculiaridades, os previstos nos incisos I, II, III, IX, XII, XXV e XXVIII, bem como a sua integração à previdência social.*

Direitos coletivos dos trabalhadores

São basicamente os direitos relacionados à criação e organização das associações e sindicatos que estão previstos no Art. 8º.

Princípio da unicidade sindical

O primeiro direito coletivo refere-se ao princípio da unicidade sindical. Esse dispositivo proíbe a criação de mais de uma organização sindical, representativa de categoria profissional ou econômica, em uma mesma base territorial:

> ***II.*** *É vedada a criação de mais de uma organização sindical, em qualquer grau, representativa de categoria profissional ou econômica, na mesma base territorial, que será definida pelos trabalhadores ou empregadores interessados, não podendo ser inferior à área de um Município.*

Em cada base territorial (federal, estadual, municipal ou distrital) só pode existir um sindicato representante da mesma categoria, lembrando que a base territorial mínima refere-se à área de um município.

Exemplificando: só pode existir **um** sindicato municipal de pescadores no município de Cascavel. Só pode existir **um** sindicato estadual de pescadores no estado do Paraná. Só pode existir **um** sindicato federal de pescadores no Brasil. Contudo, é possível existirem vários sindicatos municipais de pescadores no Estado do Paraná.

Contribuição confederativa e sindical

Essa questão costuma enganar até mesmo os mais preparados. Vejamos o que diz a Constituição Federal no Art. 8º, IV:

> ***IV.*** *A assembleia geral fixará a contribuição que, em se tratando de categoria profissional, será descontada em folha, para custeio do sistema confederativo da representação sindical respectiva, independentemente da contribuição prevista em lei.*

A primeira coisa que se deve perceber é a existência de duas contribuições nesse inciso. Uma chamada de Contribuição Confederativa a outra de Contribuição Sindical.

A Contribuição Confederativa é a prevista nesse inciso, fixada pela assembleia geral, descontada em folha para custear o sistema confederativo. Essa contribuição é aquela paga às organizações sindicais e que só é obrigada aos filiados e aos sindicatos. Não possui natureza tributária, por isso obriga apenas as pessoas que voluntariamente se filiam a uma entidade sindical.

A Contribuição Sindical, que é a contribuição prevista em lei, mais precisamente na Consolidação das Leis Trabalhistas (Decreto-Lei nº 5.452/43), deve ser paga por todos os trabalhadores ainda que profissionais liberais. Sua natureza é tributária, não possuindo caráter facultativo.

Contribuição	
Confederativa	Sindical
Fixada pela Assembleia	Fixada pela CLT
Natureza não tributária	Natureza tributária
Obrigada apenas aos filiados a sindicatos	Obrigada a todos os trabalhadores

Liberdade de associação

Esse inciso costuma ser cobrado em prova devido às inúmeras possibilidades de se modificar o seu texto:

> ***V.*** *Ninguém será obrigado a filiar-se ou a manter-se filiado a sindicato.*

É a liberdade de associação que permite aos trabalhadores escolherem se desejam ou não se filiar a um determinado sindicato. Ninguém será obrigado a filiar-se ou a manter-se filiado.

Participação do aposentado no sindicato

Esse inciso também possui aplicação semelhante ao anterior, portanto deve haver uma leitura atenta aos detalhes que podem ser modificados em prova:

> ***VII.*** *O aposentado filiado tem direito a votar e ser votado nas organizações sindicais.*

Estabilidade sindical

A estabilidade sindical constitui norma de proteção aos dirigentes sindicais que possui grande utilidade ao evitar o cometimento de arbitrariedades por partes das empresas em retaliação aos representantes dos empregados:

> ***VIII.*** *É vedada a dispensa do empregado sindicalizado a partir do registro da candidatura a cargo de direção ou representação sindical e, se eleito, ainda que suplente, até um ano após o final do mandato, salvo se cometer falta grave nos termos da lei.*

O importante aqui é entender o período de proteção que a Constituição garantiu aos dirigentes sindicais. A estabilidade se inicia com o registro da candidatura e permanece, com o candidato eleito, até um ano após o término do seu mandato. Ressalte-se que essa proteção contra despedida arbitrária não prospera diante do cometimento de falta grave.

6.2 Direitos de Nacionalidade

A nacionalidade é um vínculo jurídico existente entre um indivíduo e um Estado. Esse vínculo jurídico é a ligação existente capaz de gerar direitos e obrigações entre a pessoa e o Estado.

A aquisição da nacionalidade decorre do nascimento ou da manifestação de vontade. Quando a nacionalidade é adquirida pelo nascimento, estamos diante da chamada **Nacionalidade Originária.** Mas, se for adquirida por meio da manifestação de vontade, estamos diante de uma **Nacionalidade Secundária.**

A Nacionalidade Originária, também chamada de aquisição de nacionalidade primária, é aquela involuntária. Decorre do nascimento desde que preenchidos os requisitos previstos na legislação. Um brasileiro que adquire nacionalidade originária é chamado de nato.

Dois critérios foram utilizados em nossa Constituição para se conferir a nacionalidade originária:

Jus Solis

Esse é critério do solo, critério territorial. Serão considerados brasileiros natos as pessoas que nascerem no território nacional. Esse é o critério adotado como regra no texto constitucional.

Jus Sanguinis

Esse é o critério do sangue. Serão considerados brasileiros natos os descendentes de brasileiros, ou seja, aqueles que possuem o sangue brasileiro.

A nacionalidade secundária ou adquirida é a aquisição que depende de uma manifestação de vontade. É voluntária e, quem a adquire, possui a qualificação de naturalizado.

Conflito de nacionalidade

Alguns países adotavam apenas o critério *jus sanguinis*, outros somente o critério *jus solis*, e isso gerou alguns problemas que a doutrina nominou de Conflito de Nacionalidade. O Conflito de Nacionalidade pode ser de duas formas:

Conflito Positivo

Ocorre quando o indivíduo adquire várias nacionalidades. Ele será chamado de polipátrida.

Conflito Negativo

Ocorre quando o indivíduo não adquire qualquer nacionalidade. Esse será chamado de apátrida (*heimatlos*).

Para evitar a ocorrência desses tipos de conflito, os países têm adotado critérios mistos de aquisição de nacionalidade originária, a exemplo do próprio Brasil.

A seguir, serão analisadas várias hipóteses previstas no Art. 12 da Constituição Federal de aquisição de nacionalidade tanto originária quanto secundária.

Nacionalidade originária

As hipóteses de aquisição da nacionalidade originária estão previstas no Art. 12, I da Constituição Federal, e são:

> ***Art. 12.*** *São brasileiros:*
>
> ***I.*** *Natos:*
>
> ***a)*** *os nascidos na República Federativa do Brasil, ainda que de pais estrangeiros, desde que estes não estejam a serviço de seu país;*
>
> ***b)*** *os nascidos no estrangeiro, de pai brasileiro ou mãe brasileira, desde que qualquer deles esteja a serviço da República Federativa do Brasil;*
>
> ***c)*** *os nascidos no estrangeiro de pai brasileiro ou de mãe brasileira, desde que sejam registrados em repartição brasileira competente ou venham a residir na República Federativa do Brasil e optem, em qualquer tempo, depois de atingida a maioridade, pela nacionalidade brasileira.*

A primeira hipótese, prevista na alínea "a", adotou para aquisição o critério *jus solis*, ou seja, serão considerados brasileiros natos aqueles que nascerem no país ainda que de pais estrangeiros, desde que, os pais não estejam a serviço do seu país. Para que os filhos de pais estrangeiros fiquem impedidos de adquirirem a nacionalidade brasileira, é preciso que ambos os pais sejam estrangeiros, mas basta que apenas um deles esteja a serviço do seu país. Se os pais estrangeiros estiverem a serviço de outro país, a doutrina tem entendido que não se aplicará a vedação.

Já a segunda hipótese, adotada na alínea "b", utilizou o critério *jus sanguinis* para fixação da nacionalidade originária. Serão brasileiros natos os nascidos fora do país, filho de pai ou mãe brasileira, desde que qualquer deles esteja a serviço da República Federativa do Brasil. Estar a serviço do país significa estar a serviço de qualquer ente federativo (União, Estados, Distrito Federal ou Município) incluídos os órgãos e entidades da administração indireta (fundações, autarquias, empresas públicas e sociedades de economia mista).

A terceira hipótese, prevista na alínea "c", apresenta, na verdade, duas possibilidades: uma depende do registro a outra depende da opção confirmativa.

Primeiro, temos a regra aplicada aos nascidos no estrangeiro, filho de pai brasileiro ou mãe brasileira, condicionada à aquisição da nacionalidade ao registro em repartição brasileira competente. Nessa hipótese, adota-se o critério *jus sanguinis* acompanhado do registro em repartição brasileira.

Em seguida, temos a segunda possibilidade destinada aos nascidos no estrangeiro de pai brasileiro ou de mãe brasileira, que venham a residir na República Federativa do Brasil e optem (opção confirmativa), em qualquer tempo, depois de atingida a maioridade, pela nacionalidade brasileira.

Essa é a chamada nacionalidade protestativa, pois depende da manifestação de vontade por parte do interessado. Deve-se ter cuidado com a condição para a manifestação da vontade que só poder ser exercida depois de atingida a maioridade, apesar de não existir tempo limite para o exercício desse direito.

Nacionalidade secundária

A seguir, serão apresentadas as hipóteses de aquisição de nacionalidade secundária:

> ***Art. 12**, II. Naturalizados:*
>
> ***a)*** *Os que, na forma da lei, adquiram a nacionalidade brasileira, exigidas aos originários de países de língua portuguesa apenas residência por um ano ininterrupto e idoneidade moral;*
>
> ***b)*** *os estrangeiros de qualquer nacionalidade, residentes na República Federativa do Brasil há mais de quinze anos ininterruptos e sem condenação penal, desde que requeiram a nacionalidade brasileira.*

A primeira hipótese de naturalização, prevista na alínea "a" do inciso II, é a chamada naturalização ordinária. Essa naturalização apresenta uma forma de aquisição prevista em lei. Esta Lei é a nº 6.815/80, que traz algumas regras para aquisição de nacionalidade, as quais não serão estudadas neste momento. O que interessa agora para a prova é a segunda parte da alínea, que confere um tratamento diferenciado para os originários de países de língua portuguesa, para quem será exigida apenas residência por um ano ininterrupto e idoneidade moral. Entende-se país de língua portuguesa qualquer país que possua a língua portuguesa como língua oficial (Angola, Portugal, Timor Leste, entre outros). Essa forma de naturalização não gera direito subjetivo ao estrangeiro, o que significa que ele poderá pleitear sua naturalização e essa poderá ser indeferida pelo Chefe do Poder Executivo, haja vista se tratar de um ato discricionário.

A alínea "b" do inciso II apresenta a chamada naturalização extraordinária ou quinzenária. Essa hipótese é destinada a qualquer estrangeiro e será exigida residência ininterrupta pelo prazo de 15 anos e não existência de condenação penal. Nessa espécie, não há discricionariedade em conceder a naturalização, pois ela gera direito subjetivo ao estrangeiro que tenha preenchido os requisitos.

O melhor é não esquecer que a ausência temporária da residência não quebra o vínculo ininterrupto exigido para a naturalização no país. Também deve ser ressaltado que não existe naturalização tácita ou automática, sendo exigido requerimento de quem desejar se naturalizar no Brasil.

Português equiparado

> ***Art. 12.*** *§ 1º. Aos portugueses com residência permanente no País, se houver reciprocidade em favor de brasileiros, serão atribuídos os direitos inerentes ao brasileiro, salvo os casos previstos nesta Constituição.*

Trata-se do chamado português equiparado ou quase nacional. Segundo o dispositivo, a Constituição assegura aos portugueses tratamento diferenciado, como se fossem brasileiros. Não se trata de uma hipótese de naturalização, nesse caso são atribuídos os mesmos direitos inerentes ao brasileiro.

Essa condição depende de reciprocidade por parte de Portugal. O Brasil possui um acordo internacional com Portugal por meio do Decreto nº 3.927/2001 que promulgou o Tratado de Cooperação, Amizade e Consulta Brasil/Portugal. Havendo o mesmo tratamento a um brasileiro quando estiver no país português, serão garantidos tratamentos diferenciados aos portugueses que aqui estiverem desde que manifestem interesse no recebimento desse tratamento diferenciado. Ressalta-se que para requerer esse tipo de tratamento será necessária, além do requerimento, a constituição de residência permanente no Brasil.

Por fim, não se pode esquecer de que o tratamento dado aos portugueses os equipara aos brasileiros naturalizados.

Tratamento diferenciado entre brasileiros

O § 2º do Art. 12 proíbe o tratamento diferençado entre brasileiros natos e naturalizados:

> ***§ 2º*** *- A lei não poderá estabelecer distinção entre brasileiros natos e naturalizados, salvo nos casos previstos nesta Constituição.*

O próprio dispositivo excepciona a regra permitindo que a Constituição Federal estabeleça tratamento diferenciado entre brasileiros natos e naturalizados. São quatro os tratamentos diferenciados estabelecidos pelo texto constitucional:

- **Cargos privativos de brasileiros natos;**
- **Funções privativas de brasileiros natos;**
- **Regras de extradição;**
- **Propriedade de empresas de jornalística ou de radiodifusão.**

O § 3º apresenta a primeira hipótese de distinção dentre brasileiros natos e naturalizados:

> ***§ 3º*** *- São privativos de brasileiro nato os cargos:*
> ***I.*** *De Presidente e Vice-Presidente da República;*
> ***II.*** *De Presidente da Câmara dos Deputados;*
> ***III.*** *De Presidente do Senado Federal;*
> ***IV.*** *De Ministro do Supremo Tribunal Federal;*
> ***V.*** *Da carreira diplomática;*
> ***VI.*** *de oficial das Forças Armadas;*
> ***VII.*** *De Ministro de Estado da Defesa.*

Os cargos privativos aos brasileiros natos são muito incidentes em provas. Por esse motivo, sugere-se que sejam memorizados. Dois critérios foram utilizados para escolha desses cargos. O primeiro está relacionado com os cargos que sucedem o Presidente da República (Presidente e Vice-Presidente da República, Presidente da Câmara dos Deputados, Presidente do Senado Federal e Ministro do Supremo Tribunal Federal). O segundo critério diz respeito à segurança nacional (carreira diplomática, oficial das forças armadas e Ministro do Estado da Defesa).

As funções privativas de brasileiros natos estão prevista no Art. 89, VII da Constituição:

> ***Art. 89.*** *O Conselho da República é órgão superior de consulta do Presidente da República, e dele participam:*
> ***I.*** *O Vice-Presidente da República;*
> ***II.*** *O Presidente da Câmara dos Deputados;*
> ***III.*** *O Presidente do Senado Federal;*
> ***IV.*** *Os líderes da maioria e da minoria na Câmara dos Deputados;*
> ***V.*** *Os líderes da maioria e da minoria no Senado Federal;*
> ***VI.*** *O Ministro da Justiça;*
> ***VII.*** *Seis cidadãos brasileiros natos, com mais de trinta e cinco anos de idade, sendo dois nomeados pelo Presidente da República, dois eleitos pelo Senado Federal e dois eleitos pela Câmara dos Deputados, todos com mandato de três anos, vedada a recondução.*

A terceira possibilidade de tratamento diferenciado diz respeito às regras de extradição previstas no inciso LI do Art. 5º:

> ***LI.*** *Nenhum brasileiro será extraditado, salvo o naturalizado, em caso de crime comum, praticado antes da naturalização, ou de comprovado envolvimento em tráfico ilícito de entorpecentes e drogas afins, na forma da lei.*

A quarta previsão está no Art. 222 da Constituição:

> ***Art. 222.*** *A propriedade de empresa jornalística e de radiodifusão sonora e de sons e imagens é privativa de brasileiros natos ou naturalizados há mais de dez anos, ou de pessoas jurídicas constituídas sob as leis brasileiras e que tenham sede no País.*

Perda da nacionalidade

A seguir serão trabalhadas as hipóteses de perda da nacionalidade. Uma pergunta: brasileiro nato pode perder a nacionalidade?

Vejamos o que diz a Constituição Federal:

> ***§ 4º*** *- Será declarada a perda da nacionalidade do brasileiro que:*
> ***I.*** *Tiver cancelada sua naturalização, por sentença judicial, em virtude de atividade nociva ao interesse nacional;*
> ***II.*** *Adquirir outra nacionalidade, salvo no casos:*
> ***a)*** *de reconhecimento de nacionalidade originária pela lei estrangeira;*
> ***b)*** *de imposição de naturalização, pela norma estrangeira, ao brasileiro residente em estado estrangeiro, como condição para permanência em seu território ou para o exercício de direitos civis.*

Ao se analisar o dispositivo do *caput* desse parágrafo, é possível concluir que as regras são para os brasileiros natos ou naturalizados.

Mas vale a pena verificar cada hipótese:

O inciso I deixa claro que é uma hipótese aplicada apenas aos brasileiros naturalizados (cancelamento de naturalização). Se o indivíduo tem seu vínculo com o Estado cancelado por decisão judicial, não há que se falar em permanência da nacionalidade brasileira;

O inciso II já não permite a mesma conclusão, haja vista ter considerado qualquer brasileiro. Logo, ao brasileiro, seja ele nato ou naturalizado, que adquirir outra nacionalidade, será declarada a perda da nacionalidade, pelo menos em regra. Essa regra possui duas exceções: nos casos de reconhecimento de nacionalidade originária estrangeira ou de imposição de naturalização, não será declarada a perda da nacionalidade brasileira. É nestas hipóteses que se encontram permitidas as situações de dupla nacionalidade que conhecemos.

Uma questão interessante surge: seria possível a reaquisição da nacionalidade brasileira?

Uma vez perdida a nacionalidade, tem-se entendido que é possível a sua reaquisição dependo da forma que foi perdida.

Se o indivíduo perde a nacionalidade com fundamento no inciso I, por cancelamento de naturalização, só seria possível a reaquisição por meio de ação rescisória.

Caso o indivíduo perca a nacionalidade por ter adquirido outra, que revela a hipótese do inciso II, também será possível a reaquisição por decreto presidencial (Art. 36, Lei nº 818/49).

Apesar da divergência doutrinária, prevalece o entendimento de que o brasileiro, após a reaquisição, volta à condição anterior, ou seja, se era brasileiro nato, volta a ser nato, se era naturalizado, volta como naturalizado.

Questões

01. (FCC) A Constituição Federal estabelece a proibição de trabalho noturno, perigoso ou insalubre a menores de:

a) Dezoito anos e de qualquer trabalho a menores de dezesseis anos, salvo na condição de aprendiz a partir de quatorze anos.

b) Vinte e um anos e de qualquer trabalho a menores de dezoito anos, salvo na condição de aprendiz a partir de dezesseis anos.

c) Dezessete anos e de qualquer trabalho a menores de quinze anos, salvo na condição de aprendiz a partir de treze anos.

d) Dezenove anos e de qualquer trabalho a menores de dezesseis anos, salvo na condição de aprendiz a partir de quinze anos.

e) Vinte anos e de qualquer trabalho a menores de dezenove anos, salvo na condição de aprendiz a partir de quinze anos.

02. (FCC) O filho nascido no Brasil de um casal de alemães que tenha vindo morar no Estado do Ceará em razão da aquisição de um estabelecimento hoteleiro (pousada), tem nacionalidade, nos termos da Constituição Federal Brasileira:

a) Alemã.

b) Brasileira.

c) Alemã, considerado naturalizado brasileiro.

d) Brasileira, considerado naturalizado.

e) Brasileira, considerado naturalizado alemão.

03. (FCC) É privativo de brasileiro nato o cargo de:

a) Presidente do Superior Tribunal de Justiça.

b) Presidente do Tribunal de Justiça.

c) Defensor Geral do Estado.

d) Presidente da Câmara dos Deputados.

e) Presidente do Tribunal de Contas da União.

04. (CESPE - ADAPTADA) A CF assegura ao trabalhador assistência gratuita aos seus filhos e dependentes desde o nascimento até seis anos de idade em creches e pré-escolas.

Certo ( ) Errado ( )

05. (CESPE) Um cidadão alemão que resida no Brasil há dez anos pode candidatar-se ao cargo de vereador do município onde reside.

Certo ( ) Errado ( )

Gabaritos

01	A	04	ERRADO
02	B	05	ERRADO
03	D	-	-

7. DA ORGANIZAÇÃO POLÍTICO-ADMINISTRATIVA

Para que se possa compreender a Organização Político-Administrativa do Estado Brasileiro, faz -se necessário, primeiramente, entender como se deu essa formação. Para isso, será abordado o Princípio Federativo.

7.1 Princípio Federativo

A Forma de Estado adotada no Brasil é a Federativa. Quando se afirma que o nosso Estado é uma Federação, quer-se dizer como se dá o exercício do poder político em função do território. Em um Estado Federal, existe pluralidade de poderes políticos internos, os quais se organizam de forma descentralizada. No Brasil, são quatro poderes políticos, também chamados de entes federativos:

União;

Estados;

Distrito Federal;

Municípios.

Essa organização é baseada na autonomia política de cada ente federativo. Deve-se estar atento a esse tema em prova, pois as bancas gostam de trocar autonomia por soberania. Cada ente possui sua própria autonomia, enquanto que o Estado Federal possui a soberania. A autonomia de cada ente federativo se dá no âmbito político, financeiro, orçamentário, administrativo e em qualquer outra área permitida pela Constituição Federal:

> ***Art. 18.*** *A organização político-administrativa da República Federativa do Brasil compreende a União, os Estados, o Distrito Federal e os Municípios, todos autônomos, nos termos desta Constituição.*

Deve-se destacar, inclusive, que o pacto federativo sobrevive em torno da Constituição Federal, que impede sua dissolução sob pena de se decretar Intervenção Federal:

> ***Art. 34.*** *A União não intervirá nos Estados nem no Distrito Federal, exceto para:*
>
> ***I.*** *Manter a integridade nacional.*

A proibição de secessão, que impede a separação de um ente federativo, também é conhecida como Princípio da Indissolubilidade.

Outro ponto muito cobrado em prova diz respeito à inexistência de hierarquia entre os entes federativos. O que distingue um ente federativo do outro não é a superioridade, mas a distribuição de competências feita pela própria Constituição Federal. Não se deve esquecer também que as Unidades da Federação possuem representação junto ao Poder Legislativo da União, mais precisamente, no Senado Federal.

Em razão dessa organização completamente diferenciada, a doutrina classifica a federação brasileira de várias formas:

Tricotômica

Federação constituída em três níveis: federal, estadual e municipal. O Distrito Federal não é considerado nessa classificação, haja vista possuir competência híbrida, agindo tanto como um Estado quanto como Município;

Centrífuga

Característica que reflete a formação da federação brasileira. É a formação "de dentro para fora". O movimento é de centrifugadora. A força de criação do estado federal brasileiro surgiu a partir de um Estado Unitário para a criação de um estado federado, ou seja, o poder centralizado que se torna descentralizado. O poder político era concentrado nas mãos de um só ente e depois passa a fazer parte de vários entes federativos;

Por Desagregação

Ocorre quando um Estado Unitário resolve se descentralizar politicamente, desagregando o poder central em favor de vários entes titulares de poder político.

Mais uma característica que não pode ser ignorada em prova: a Forma Federativa de Estado é uma cláusula pétrea, conforme dispõe o Art. 60, § 4º, I:

> ***Art. 60, § 4º*** *- Não será objeto de deliberação a proposta de emenda tendente a abolir:*
>
> ***I.*** *A forma federativa de Estado.*

Cumpre lembrar de que a Capital do Brasil é Brasília. Deve-se ter cuidado: há questão de prova que diz que a Capital é o Distrito Federal. O Distrito Federal é um ente federativo, ao passo que Brasília é uma Região Administrativa dentro do Distrito Federal:

> ***Art. 18, § 1º*** *- Brasília é a Capital Federal.*

Outra coisa com a qual se deve ter cuidado diz respeito aos Territórios Federais:

> ***§ 2º*** *- Os Territórios Federais integram a União, e sua criação, transformação em Estado ou reintegração ao Estado de origem serão reguladas em lei complementar.*

Esses não são entes federativos, pois não possuem autonomia política. São pessoas jurídicas de direito público que possuem apenas capacidade administrativa. Sua natureza jurídica é de autarquia federal e só podem ser criados por lei federal. Para sua criação se faz necessária a aprovação das populações diretamente envolvidas, por meio de plebiscito, parecer da Assembleia Legislativa e lei complementar federal. Os territórios são administrados por governadores escolhidos pelo Presidente da República e podem ser divididos em municípios. Cada território elegerá quatro deputados federais, mas não poderá eleger Senador da República. Seguem abaixo vários dispositivos constitucionais que regulamentam os Territórios:

> ***Art. 18, § 3º*** *- Os Estados podem incorporar-se entre si, subdividir-se ou desmembrar-se para se anexarem a outros, ou formarem novos Estados ou Territórios Federais, mediante aprovação da população diretamente interessada, através de plebiscito, e do Congresso Nacional, por lei complementar.*
>
> ***Art. 45, § 2º*** *- Cada Território elegerá quatro Deputados.*
>
> ***Art. 48.*** *Cabe ao Congresso Nacional, com a sanção do Presidente da República, não exigida esta para o especificado nos Arts. 49, 51 e 52, dispor sobre todas as matérias de competência da União, especialmente sobre:*
>
> ***VI.*** *Incorporação, subdivisão ou desmembramento de áreas de Territórios ou Estados, ouvidas as respectivas Assembleias Legislativas.*

Art. 84. *Compete privativamente ao Presidente da República:*

XIV. *Nomear, após aprovação pelo Senado Federal, os Ministros do Supremo Tribunal Federal e dos Tribunais Superiores, os Governadores de Territórios, o Procurador-Geral da República, o presidente e os diretores do banco central e outros servidores, quando determinado em lei.*

A Constituição Federal autoriza a divisão dos Territórios em Municípios. Os Territórios com mais de 100.000 habitantes possuirão Poder Judiciário próprio, bem como membros do Ministério Público e Defensores Públicos Federais. Poderão ainda eleger membros para Câmara Territorial:

Art. 33, § 1º *- Os Territórios poderão ser divididos em Municípios, aos quais se aplicará, no que couber, o disposto no Capítulo IV deste Título.*

§ 3º *- Nos Territórios Federais com mais de cem mil habitantes, além do Governador nomeado na forma desta Constituição, haverá órgãos judiciários de primeira e segunda instância, membros do Ministério Público e defensores públicos federais; a lei disporá sobre as eleições para a Câmara Territorial e sua competência deliberativa.*

7.2 Vedações Constitucionais

A Constituição Federal fez questão de estabelecer algumas vedações expressas aos entes federativos, as quais estão previstas no Art. 19:

Art. 19. *É vedado à União, aos Estados, ao Distrito Federal e aos Municípios:*

I. *Estabelecer cultos religiosos ou igrejas, subvencioná-los, embaraçar-lhes o funcionamento ou manter com eles ou seus representantes relações de dependência ou aliança, ressalvada, na forma da lei, a colaboração de interesse público;*

II. *Recusar fé aos documentos públicos;*

III. *Criar distinções entre brasileiros ou preferências entre si.*

A primeira vedação decorre da laicidade do Estado brasileiro, ou seja, não possuímos religião oficial no Brasil, em razão da situação de separação entre Estado e Igreja. A segunda vedação decorre da presunção de veracidade dos documentos públicos. E, por último, contemplando o Princípio da Isonomia, o qual será tratado em momento oportuno, fica vedado estabelecer distinções entre brasileiros ou preferências entre si. Atente-se a esta questão.

7.3 Características dos Entes Federativos

União

Muitos sentem dificuldade em visualizar a União, tendo em vista ser um ente meio abstrato. O que se precisa saber é que a União é uma pessoa jurídica de direito público interno ao mesmo tempo em que é pessoa jurídica de direito público externo. É o Poder Central responsável por assuntos de interesse geral do Estado e que representa os demais entes federativos. Apesar de não possuir o atributo Soberania, a União exerce essa soberania em nome do Estado Federal. É só pensar na representação internacional do Estado. Quem celebra tratados internacionais? É o Chefe do Executivo da União, o Presidente da República.

Um dos temas mais cobrados em prova são os Bens da União. Os Bens da União estão previstos no Art. 20 da Constituição Federal:

Art. 20. *São bens da União:*

I. *Os que atualmente lhe pertencem e os que lhe vierem a ser atribuídos;*

II. *As terras devolutas indispensáveis à defesa das fronteiras, das fortificações e construções militares, das vias federais de comunicação e à preservação ambiental, definidas em lei;*

III. *Os lagos, rios e quaisquer correntes de água em terrenos de seu domínio, ou que banhem mais de um Estado, sirvam de limites com outros países, ou se estendam a território estrangeiro ou dele provenham, bem como os terrenos marginais e as praias fluviais;*

IV. *As ilhas fluviais e lacustres nas zonas limítrofes com outros países; as praias marítimas; as ilhas oceânicas e as costeiras, excluídas, destas, as que contenham a sede de Municípios, exceto aquelas áreas afetadas ao serviço público e a unidade ambiental federal, e as referidas no art. 26, II;*

V. *Os recursos naturais da plataforma continental e da zona econômica exclusiva;*

VI. *O mar territorial;*

VII. *Os terrenos de marinha e seus acrescidos;*

VIII. *os potenciais de energia hidráulica;*

IX. *Os recursos minerais, inclusive os do subsolo;*

X. *As cavidades naturais subterrâneas e os sítios arqueológicos e pré-históricos;*

XI. *As terras tradicionalmente ocupadas pelos índios.*

§ 1º *É assegurada, nos termos da lei, à União, aos Estados, ao Distrito Federal e aos Municípios a participação no resultado da exploração de petróleo ou gás natural, de recursos hídricos para fins de geração de energia elétrica a e de outros recursos minerais no respectivo território, plataforma continental, mar territorial ou zona econômica exclusiva, ou compensação financeira por essa exploração.*

§ 2º *- A faixa de até cento e cinquenta quilômetros de largura, ao longo das fronteiras terrestres, designada como faixa de fronteira, é considerada fundamental para defesa do território nacional, e sua ocupação e utilização serão reguladas em lei.*

Esse artigo, quando cobrado em prova, costuma ser trabalhado apenas com o texto literal da Constituição. A dica de estudo é a memorização dos bens que são considerados da União. Contudo, alguns bens necessitam de uma explicação maior para que sejam compreendidos.

Terras Devolutas

O inciso II fala das chamadas terras devolutas, mas o que significa terras devolutas? São terras que estão sob o domínio da União sem qualquer destinação, nem pública nem privada. Serão da União apenas as terras devolutas indispensáveis à defesa das fronteiras, das fortificações e construções militares, das vias federais de comunicação e à preservação ambiental, conforme definição em lei. As demais terras devolutas serão de propriedade dos Estados Membros nos termos do Art. 26, IV:

> ***Art. 26.*** *Incluem-se entre os bens dos Estados:*
>
> ***IV.*** *As terras devolutas não compreendidas entre as da União.*

Mar Territorial, Plataforma Continental e Zona Econômica Exclusiva

Os incisos IV e V apresentam três bens que são muito interessantes e que se confundem nas cabeças dos alunos: mar territorial, plataforma continental e Zona Econômica Exclusiva. A Lei 8.617/93 esclarece as diferenças entre esses institutos.

O mar territorial é formado por uma faixa de água marítima ao longo da costa brasileira, com uma dimensão de 12 milhas marítimas, contadas a partir da linha base. A plataforma continental é o prolongamento natural do território terrestre, compreendidos o leito e o subsolo do mar até a distância de 200 milhas marítimas ou até o bordo exterior da margem continental.

A zona econômica exclusiva é a extensão situada além do mar territorial até o limite das 200 milhas marítimas.

Acerca desse tema sempre há confusão. O mar territorial é extensão do território nacional sobre qual o Estado exerce sua soberania. Já a plataforma continental e a zona econômica exclusiva são águas internacionais onde o direito à soberania do Estado se limita à exploração e ao aproveitamento, à conservação e a gestão dos recursos naturais, vivos ou não vivos, das águas sobrejacentes ao leito do mar, do leito do mar e seu subsolo, e no que se refere a outras atividades com vistas à exploração e ao aproveitamento da zona para fins econômicos.

Estados

Os Estados são pessoas jurídicas de direito público interno, entes federativos detentores de autonomia própria. Essa autonomia se percebe pela sua capacidade de auto-organização, autogoverno, autoadministração. Destaca-se, ainda, o seu poder de criação da própria Constituição Estadual, bem como das demais normas de sua competência:

> ***Art. 25.*** *Os Estados organizam-se e regem-se pelas Constituições e leis que adotarem, observados os princípios desta Constituição.*

Percebe-se, ainda, o seu autogoverno à medida que cada Estado organiza seus próprios Poderes: Poder Legislativo (Assembleia Legislativa), Poder Executivo (Governador) e Poder Judiciário (Tribunal de Justiça). Destacam-se também suas autonomias administrativa, tributária e financeira.

Segundo o Art. 18, § 3º:

> ***Art. 18, § 3º -*** *Os Estados podem incorporar-se entre si, subdividir-se ou desmembrar-se para se anexarem a outros, ou formarem novos Estados ou Territórios Federais, mediante aprovação da população diretamente interessada, através de plebiscito, e do Congresso Nacional, por lei complementar.*

O que se precisa lembrar para a prova é que, para se criar outro Estado, faz-se necessária a aprovação da população diretamente interessada por meio de plebiscito e que essa criação depende de lei complementar federal. A Constituição prevê ainda a oitiva das Assembleias Legislativas envolvidas na modificação:

> ***Art. 48.*** *Cabe ao Congresso Nacional, com a sanção do Presidente da República, não exigida esta para o especificado nos Arts. 49, 51 e 52, dispor sobre todas as matérias de competência da União, especialmente sobre:*
>
> ***IV.*** *Incorporação, subdivisão ou desmembramento de áreas de Territórios ou Estados, ouvidas as respectivas Assembleias Legislativas.*

Em razão de sua autonomia, a Constituição apresentou um rol de bens que pertencem aos Estados:

> ***Art. 26.*** *Incluem-se entre os bens dos Estados:*
>
> ***I.*** *As águas superficiais ou subterrâneas, fluentes, emergentes e em depósito, ressalvadas, neste caso, na forma da lei, as decorrentes de obras da União;*
>
> ***II.*** *As áreas, nas ilhas oceânicas e costeiras, que estiverem no seu domínio, excluídas aquelas sob domínio da União, Municípios ou terceiros;*
>
> ***III.*** *As ilhas fluviais e lacustres não pertencentes à União;*
>
> ***IV.*** *As terras devolutas não compreendidas entre as da União.*

Algumas regras em relação à Organização dos Poderes Legislativo e Executivo no âmbito dos Estados também aparecem na Constituição Federal. Quando cobradas em prova, a leitura e memorização dos artigos abaixo se tornam essenciais:

> ***Art. 27.*** *O número de Deputados à Assembleia Legislativa corresponderá ao triplo da representação do Estado na Câmara dos Deputados e, atingido o número de trinta e seis, será acrescido de tantos quantos forem os Deputados Federais acima de doze.*
>
> ***§ 1º*** *- Será de quatro anos o mandato dos Deputados Estaduais, aplicando-se-lhes as regras desta Constituição sobre sistema eleitoral, inviolabilidade, imunidades, remuneração, perda de mandato, licença, impedimentos e incorporação às Forças Armadas.*
>
> ***§ 2º*** *- O subsídio dos Deputados Estaduais será fixado por lei de iniciativa da Assembleia Legislativa, na razão de, no máximo, setenta e cinco por cento daquele estabelecido, em espécie, para os Deputados Federais, observado o que dispõem os Arts. 39, § 4º, 57, § 7º, 150, II, 153, III, e 153, § 2º, I.*
>
> ***§ 3º*** *- Compete às Assembleias Legislativas dispor sobre seu regimento interno, polícia e serviços administrativos de sua secretaria, e prover os respectivos cargos.*
>
> ***§ 4º*** *- A lei disporá sobre a iniciativa popular no processo legislativo estadual.*
>
> ***Art. 28.*** *A eleição do Governador e do Vice-Governador de Estado, para mandato de quatro anos, realizar-se-á no primeiro domingo de outubro, em primeiro turno, e no último domingo de outubro, em segundo turno, se houver, do ano anterior ao do término do mandato de seus antecessores, e a posse ocorrerá em primeiro de janeiro do ano subsequente, observado, quanto ao mais, o disposto no Art. 77.*
>
> ***§ 1º*** *- Perderá o mandato o Governador que assumir outro cargo ou função na administração pública direta ou indireta, ressalvada a posse em virtude de concurso público e observado o disposto no Art. 38, I, IV e V.*
>
> ***§ 2º*** *- Os subsídios do Governador, do Vice-Governador e dos Secretários de Estado serão fixados por lei de iniciativa da Assembleia Legislativa, observado o que dispõem os Arts. 37, XI, 39, § 4º, 150, II, 153, III, e 153, § 2º, I.*

Municípios

Os municípios são elencados pela Constituição Federal como entes federativos dotados de autonomia, a qual se percebe pela sua capacidade de auto-organização, autogoverno e autoadministração. São regidos por Lei Orgânica e possui Executivo e Legislativo próprio, os quais são representados, respectivamente, pela Prefeitura e pela Câmara Municipal e que são regulamentados pelos Arts. 29 e 29-A da Constituição. O examinador pode explorar, em prova de concurso público, questões que requeiram a memorização desses artigos. Para entender por que ele faria isso, recomenda-se a leitura:

> ***Art. 29.*** *O Município reger-se-á por lei orgânica, votada em dois turnos, com o interstício mínimo de dez dias, e aprovada por dois terços dos membros da Câmara Municipal, que a promulgará, atendidos os princípios estabelecidos nesta Constituição, na Constituição do respectivo Estado e os seguintes preceitos:*
>
> ***I.*** *Eleição do Prefeito, do Vice-Prefeito e dos Vereadores, para mandato de quatro anos, mediante pleito direto e simultâneo realizado em todo o País;*
>
> ***II.*** *Eleição do Prefeito e do Vice-Prefeito realizada no primeiro domingo de outubro do ano anterior ao término do mandato dos que devam suceder, aplicadas as regras do Art. 77, no caso de Municípios com mais de duzentos mil eleitores;*
>
> ***III.*** *Posse do Prefeito e do Vice-Prefeito no dia 1º de janeiro do ano subsequente ao da eleição;*
>
> ***IV.*** *Para a composição das Câmaras Municipais, será observado o limite máximo de:*
>
> ***a)*** *9 (nove) Vereadores, nos Municípios de até 15.000 (quinze mil) habitantes;*
>
> ***b)*** *11 (onze) Vereadores, nos Municípios de mais de 15.000 (quinze mil) habitantes e de até 30.000 (trinta mil) habitantes;*
>
> ***c)*** *13 (treze) Vereadores, nos Municípios com mais de 30.000 (trinta mil) habitantes e de até 50.000 (cinquenta mil) habitantes;*
>
> ***d)*** *15 (quinze) Vereadores, nos Municípios de mais de 50.000 (cinquenta mil) habitantes e de até 80.000 (oitenta mil) habitantes;*
>
> ***e)*** *17 (dezessete) Vereadores, nos Municípios de mais de 80.000 (oitenta mil) habitantes e de até 120.000 (cento e vinte mil) habitantes;*
>
> ***f)*** *19 (dezenove) Vereadores, nos Municípios de mais de 120.000 (cento e vinte mil) habitantes e de até 160.000 (cento sessenta mil) habitantes;*
>
> ***g)*** *21 (vinte e um) Vereadores, nos Municípios de mais de 160.000 (cento e sessenta mil) habitantes e de até 300.000 (trezentos mil) habitantes;*
>
> ***h)*** *23 (vinte e três) Vereadores, nos Municípios de mais de 300.000 (trezentos mil) habitantes e de até 450.000 (quatrocentos e cinquenta mil) habitantes;*
>
> ***i)*** *25 (vinte e cinco) Vereadores, nos Municípios de mais de 450.000 (quatrocentos e cinquenta mil) habitantes e de até 600.000 (seiscentos mil) habitantes;*
>
> ***j)*** *27 (vinte e sete) Vereadores, nos Municípios de mais de 600.000 (seiscentos mil) habitantes e de até 750.000 (setecentos cinquenta mil) habitantes;*
>
> ***k)*** *29 (vinte e nove) Vereadores, nos Municípios de mais de 750.000 (setecentos e cinquenta mil) habitantes e de até 900.000 (novecentos mil) habitantes;*
>
> ***l)*** *31 (trinta e um) Vereadores, nos Municípios de mais de 900.000 (novecentos mil) habitantes e de até 1.050.000 (um milhão e cinquenta mil) habitantes;*
>
> ***m)*** *33 (trinta e três) Vereadores, nos Municípios de mais de 1.050.000 (um milhão e cinquenta mil) habitantes e de até 1.200.000 (um milhão e duzentos mil) habitantes;*
>
> ***n)*** *35 (trinta e cinco) Vereadores, nos Municípios de mais de 1.200.000 (um milhão e duzentos mil) habitantes e de até 1.350.000 (um milhão e trezentos e cinquenta mil) habitantes;*
>
> ***o)*** *37 (trinta e sete) Vereadores, nos Municípios de 1.350.000 (um milhão e trezentos e cinquenta mil) habitantes e de até 1.500.000 (um milhão e quinhentos mil) habitantes;*
>
> ***p)*** *39 (trinta e nove) Vereadores, nos Municípios de mais de 1.500.000 (um milhão e quinhentos mil) habitantes e de até 1.800.000 (um milhão e oitocentos mil) habitantes;*
>
> ***q)*** *41 (quarenta e um) Vereadores, nos Municípios de mais de 1.800.000 (um milhão e oitocentos mil) habitantes e de até 2.400.000 (dois milhões e quatrocentos mil) habitantes;*
>
> ***r)*** *43 (quarenta e três) Vereadores, nos Municípios de mais de 2.400.000 (dois milhões e quatrocentos mil) habitantes e de até 3.000.000 (três milhões) de habitantes;*
>
> ***s)*** *45 (quarenta e cinco) Vereadores, nos Municípios de mais de 3.000.000 (três milhões) de habitantes e de até 4.000.000 (quatro milhões) de habitantes;*
>
> ***t)*** *47 (quarenta e sete) Vereadores, nos Municípios de mais de 4.000.000 (quatro milhões) de habitantes e de até 5.000.000 (cinco milhões) de habitantes;*
>
> ***u)*** *49 (quarenta e nove) Vereadores, nos Municípios de mais de 5.000.000 (cinco milhões) de habitantes e de até 6.000.000 (seis milhões) de habitantes;*
>
> ***v)*** *51 (cinquenta e um) Vereadores, nos Municípios de mais de 6.000.000 (seis milhões) de habitantes e de até 7.000.000 (sete milhões) de habitantes;*
>
> ***w)*** *53 (cinquenta e três) Vereadores, nos Municípios de mais de 7.000.000 (sete milhões) de habitantes e de até 8.000.000 (oito milhões) de habitantes; e*
>
> ***x)*** *55 (cinquenta e cinco) Vereadores, nos Municípios de mais de 8.000.000 (oito milhões) de habitantes;*
>
> ***V.*** *Subsídios do Prefeito, do Vice-Prefeito e dos Secretários Municipais fixados por lei de iniciativa da Câmara Municipal, observado o que dispõem os Arts. 37, XI, 39, § 4º, 150, II, 153, III, e 153, § 2º, I;*
>
> ***VI.*** *O subsídio dos Vereadores será fixado pelas respectivas Câmaras Municipais em cada legislatura para a subsequente, observado o que dispõe esta Constituição, observados os critérios estabelecidos na respectiva Lei Orgânica e os seguintes limites máximos:*
>
> ***a)*** *em Municípios de até dez mil habitantes, o subsídio máximo dos Vereadores corresponderá a vinte por cento do subsídio dos Deputados Estaduais;*
>
> ***b)*** *em Municípios de dez mil e um a cinquenta mil habitantes, o subsídio máximo dos Vereadores corresponderá a trinta por cento do subsídio dos Deputados Estaduais;*
>
> ***c)*** *em Municípios de cinquenta mil e um a cem mil habitantes, o subsídio máximo dos Vereadores corresponderá a quarenta por cento do subsídio dos Deputados Estaduais;*
>
> ***d)*** *em Municípios de cem mil e um a trezentos mil habitantes, o subsídio máximo dos Vereadores corresponderá a cinquenta por cento do subsídio dos Deputados Estaduais;*
>
> ***e)*** *em Municípios de trezentos mil e um a quinhentos mil habitantes, o subsídio máximo dos Vereadores corresponderá a sessenta por cento do subsídio dos Deputados Estaduais;*
>
> ***f)*** *em Municípios de mais de quinhentos mil habitantes, o subsídio máximo dos Vereadores corresponderá a setenta e cinco por cento do subsídio dos Deputados Estaduais;*

VII. O total da despesa com a remuneração dos Vereadores não poderá ultrapassar o montante de cinco por cento da receita do Município;

VIII. Inviolabilidade dos Vereadores por suas opiniões, palavras e votos no exercício do mandato e na circunscrição do Município;

IX. Proibições e incompatibilidades, no exercício da vereança, similares, no que couber, ao disposto nesta Constituição para os membros do Congresso Nacional e na Constituição do respectivo Estado para os membros da Assembleia Legislativa;

X. Julgamento do Prefeito perante o Tribunal de Justiça;

XI. Organização das funções legislativas e fiscalizadoras da Câmara Municipal;

XII. Cooperação das associações representativas no planejamento municipal;

XIII. Iniciativa popular de projetos de lei de interesse específico do Município, da cidade ou de bairros, através de manifestação de, pelo menos, cinco por cento do eleitorado;

XIV. Perda do mandato do Prefeito, nos termos do Art. 28, parágrafo único.

Art. 29-A. *O total da despesa do Poder Legislativo Municipal, incluídos os subsídios dos Vereadores e excluídos os gastos com inativos, não poderá ultrapassar os seguintes percentuais, relativos ao somatório da receita tributária e das transferências previstas no § 5º do Art. 153 e nos Arts. 158 e 159, efetivamente realizado no exercício anterior:*

IX. 7% (sete por cento) para Municípios com população de até 100.000 (cem mil) habitantes;

X. 6% (seis por cento) para Municípios com população entre 100.000 (cem mil) e 300.000 (trezentos mil) habitantes;

XI. 5% (cinco por cento) para Municípios com população entre 300.001 (trezentos mil e um) e 500.000 (quinhentos mil) habitantes;

XII. 4,5% (quatro inteiros e cinco décimos por cento) para Municípios com população entre 500.001 (quinhentos mil e um) e 3.000.000 (três milhões) de habitantes;

XIII. 4% (quatro por cento) para Municípios com população entre 3.000.001 (três milhões e um) e 8.000.000 (oito milhões) de habitantes;

XIV. 3,5% (três inteiros e cinco décimos por cento) para Municípios com população acima de 8.000.001 (oito milhões e um) habitantes.

§1º *- A Câmara Municipal não gastará mais de setenta por cento de sua receita com folha de pagamento, incluído o gasto com o subsídio de seus Vereadores.*

§2º *- Constitui crime de responsabilidade do Prefeito Municipal:*

I. Efetuar repasse que supere os limites definidos neste artigo;

II. Não enviar o repasse até o dia vinte de cada mês; ou

III. Enviá-lo a menor em relação à proporção fixada na Lei Orçamentária.

§3º *- Constitui crime de responsabilidade do Presidente da Câmara Municipal o desrespeito ao § 1º deste artigo.*

Mesmo sendo dotada de autonomia federativa, sua organização possui algumas limitações impostas pela própria Constituição. Entre essas limitações, deve-se destacar a ausência de Poder Judiciário no âmbito municipal, cuja função jurisdicional é exercida pelos órgãos do Judiciário Federal e Estadual. É importante lembrar que não existe representante municipal no Congresso Nacional.

A Constituição permite que sejam criados novos municípios, conforme as regras estabelecidas no Art. 18, § 4º:

Art. 18, *§ 4º - A criação, a incorporação, a fusão e o desmembramento de Municípios, far-se-ão por lei estadual, dentro do período determinado por Lei Complementar Federal, e dependerão de consulta prévia, mediante plebiscito, às populações dos Municípios envolvidos, após divulgação dos Estudos de Viabilidade Municipal, apresentados e publicados na forma da lei.*

Perceba que as regras são um pouco diferentes das necessárias para a criação de Estados. A primeira coisa que deve ser lembrada é que a criação será por Lei Ordinária Estadual, desde que haja autorização emanada de Lei Complementar Federal. As populações diretamente envolvidas na modificação devem ser consultadas por meio de plebiscito. E, por último, não se pode esquecer a exigência de Estudo de Viabilidade Municipal. Para prova, memorize essas condições.

Um fato curioso é que apesar de não existir ainda uma Lei Complementar Federal autorizando o período de criação de Municípios, vários Municípios foram criados na vigência de Constituição Federal, o que obrigou o Congresso Nacional a aprovar a Emenda Constitucional nº 57/2008, que acrescentou o Art. 96 ao Ato das Disposições Constitucionais Transitórias (ADCT), convalidando a criação dos Municípios até 31 de dezembro de 2006:

Art. 96. *Ficam convalidados os atos de criação, fusão, incorporação e desmembramento de Municípios, cuja lei tenha sido publicada até 31 de dezembro de 2006, atendidos os requisitos estabelecidos na legislação do respectivo Estado à época de sua criação.*

Distrito Federal

Se questionarem se o Distrito Federal é um Estado ou é um Município, a resposta será: "O Distrito Federal não é Estado nem Município, é Distrito Federal."

A Constituição Federal afirma que o Distrito Federal é ente federativo assim como a União, os Estados e os Municípios. Esse ente federativo é conhecido pela sua autonomia e por sua competência híbrida. Quando se fala em competência híbrida, quer-se dizer que o DF pode exercer competências tanto de Estado quanto de Município:

Art. 32, § 1º *- Ao Distrito Federal são atribuídas as competências legislativas reservadas aos Estados e Municípios.*

Caracteriza a sua autonomia o fato de poder criar a sua própria Lei Orgânica, bem como a existência do Poder Executivo (Governador), Legislativo (Câmara Legislativa) e Judiciário (Tribunal de Justiça do Distrito Federal e Territórios):

Art. 32. *O Distrito Federal, vedada sua divisão em Municípios, reger-se-á por lei orgânica, votada em dois turnos com interstício mínimo de dez dias, e aprovada por dois terços da Câmara Legislativa, que a promulgará, atendidos os princípios estabelecidos nesta Constituição.*

§ 2º *- A eleição do Governador e do Vice-Governador, observadas as regras do Art. 77, e dos Deputados Distritais coincidirá com a dos Governadores e Deputados Estaduais, para mandato de igual duração.*

§ 3º *- Aos Deputados Distritais e à Câmara Legislativa aplica-se o disposto no Art. 27.*

Como se pode depreender da leitura do artigo, a autonomia do DF possui algumas limitações, por exemplo, a vedação da sua divisão em Municípios. Nesse mesmo sentido, deve-se lembrar que o DF não possui competência para organizar e manter as Polícias Civil e Militar, o Corpo de Bombeiros Militar, o Poder Judiciário, o Ministério Público e a Defensoria Pública. Nesses casos, a competência foi conferida à União:

> ***Art. 32, § 4º*** *- Lei federal disporá sobre a utilização, pelo Governo do Distrito Federal, da polícia civil, da polícia penal, da polícia militar e do corpo de bombeiros militar.*
>
> ***Art. 21.*** *Compete à União:*
>
> ***XIII*** *- organizar e manter o Poder Judiciário, o Ministério Público do Distrito Federal e dos Territórios e a Defensoria Pública dos Territórios;*
>
> ***XIV*** *- organizar e manter a polícia civil, a polícia penal, a polícia militar e o corpo de bombeiros militar do Distrito Federal, bem como prestar assistência financeira ao Distrito Federal para a execução de serviços públicos, por meio de fundo próprio;*

Por fim, é importante lembrar que o Distrito Federal não se confunde com Brasília. Isso é facilmente percebido pela leitura do Art. 18:

> ***Art. 18.*** *A organização político-administrativa da República Federativa do Brasil compreende a União, os Estados, o Distrito Federal e os Municípios, todos autônomos, nos termos desta Constituição.*
>
> ***§ 1º*** *- Brasília é a Capital Federal.*

O Distrito Federal é ente federativo, ao passo que Brasília é a Capital Federal. Sob a ótica da organização administrativa do DF, pode-se afirmar que Brasília é uma das Regiões Administrativas do Distrito Federal, haja vista não poder o DF ser dividido em municípios.

7.4 Competências dos Entes Federativos

Como já foi visto, entre os entes federativos não existe hierarquia. Mas o que diferencia um ente federativo do outro? A diferença está na distribuição das competências pela Constituição. Cada ente federativo possui sua parcela de responsabilidades estabelecidas dentro da Constituição Federal.

Para a fixação dessas competências, a Constituição fez uso do Princípio da Predominância de Interesse. Esse princípio define a abrangência das competências de cada ente com base na predominância de interesse. Para a União, em regra, foram previstas competências de interesse geral, de toda a coletividade. Para os Estados, a Constituição reservou competências de interesse regional. Aos Municípios, competências de interesse local. E, por fim, ao Distrito Federal, foram reservadas competências de interesse local e regional, razão pela qual a doutrina chama de competência híbrida.

As competências são classificadas em dois tipos:

Competências Materiais ou Administrativas;

Competências Legislativas.

As competências materiais ou administrativas são aquelas que preveem ações a serem desempenhadas pelos entes federativos.

As competências legislativas estão relacionadas com a capacidade que um ente federativo possui de criar leis, inovar o ordenamento jurídico. Primeiramente, serão analisadas as competências administrativas de todos os entes federativos. De início, será abordada a União.

Competências Administrativas

A União possui duas formas de competências materiais: Exclusiva e Comum. As competências exclusivas estão previstas no Art. 21 da Constituição Federal:

> ***Art. 21.*** *Compete à União:*
>
> ***I.*** *Manter relações com Estados estrangeiros e participar de organizações internacionais;*
>
> ***II.*** *Declarar a guerra e celebrar a paz;*
>
> ***III.*** *Assegurar a defesa nacional;*
>
> ***IV.*** *Permitir, nos casos previstos em lei complementar, que forças estrangeiras transitem pelo território nacional ou nele permaneçam temporariamente;*
>
> ***V.*** *Decretar o estado de sítio, o estado de defesa e a intervenção federal;*
>
> ***VI.*** *Autorizar e fiscalizar a produção e o comércio de material bélico;*
>
> ***VII.*** *Emitir moeda;*
>
> ***VIII.*** *Administrar as reservas cambiais do País e fiscalizar as operações de natureza financeira, especialmente as de crédito, câmbio e capitalização, bem como as de seguros e de previdência privada;*
>
> ***IX.*** *Elaborar e executar planos nacionais e regionais de ordenação do território e de desenvolvimento econômico e social;*
>
> ***X.*** *Manter o serviço postal e o correio aéreo nacional;*
>
> ***XI.*** *Explorar, diretamente ou mediante autorização, concessão ou permissão, os serviços de telecomunicações, nos termos da lei, que disporá sobre a organização dos serviços, a criação de um órgão regulador e outros aspectos institucionais;*
>
> ***XII.*** *Explorar, diretamente ou mediante autorização, concessão ou permissão:*
>
> ***a)*** *os serviços de radiodifusão sonora, e de sons e imagens;*
>
> ***b)*** *os serviços e instalações de energia elétrica e o aproveitamento energético dos cursos de água, em articulação com os Estados onde se situam os potenciais hidroenergéticos;*
>
> ***c)*** *a navegação aérea, aeroespacial e a infraestrutura aeroportuária;*
>
> ***d)*** *os serviços de transporte ferroviário e aquaviário entre portos brasileiros e fronteiras nacionais, ou que transponham os limites de Estado ou Território;*
>
> ***e)*** *os serviços de transporte rodoviário interestadual e internacional de passageiros;*
>
> ***f)*** *os portos marítimos, fluviais e lacustres;*
>
> ***XIII.*** *organizar e manter o Poder Judiciário, o Ministério Público do Distrito Federal e dos Territórios e a Defensoria Pública dos Territórios;*
>
> ***XIV.*** *organizar e manter a polícia civil, a polícia penal, a polícia militar e o corpo de bombeiros militar do Distrito Federal, bem como prestar assistência financeira ao Distrito Federal para a execução de serviços públicos, por meio de fundo próprio;*

XV. Organizar e manter os serviços oficiais de estatística, geografia, geologia e cartografia de âmbito nacional;

XVI. Exercer a classificação, para efeito indicativo, de diversões públicas e de programas de rádio e televisão;

XVII. Conceder anistia;

XVIII. Planejar e promover a defesa permanente contra as calamidades públicas, especialmente as secas e as inundações;

XIX. Instituir sistema nacional de gerenciamento de recursos hídricos e definir critérios de outorga de direitos de seu uso;

XX. Instituir diretrizes para o desenvolvimento urbano, inclusive habitação, saneamento básico e transportes urbanos;

XXI. Estabelecer princípios e diretrizes para o sistema nacional de viação;

XXII. Executar os serviços de polícia marítima, aeroportuária e de fronteiras;

XXIII. Explorar os serviços e instalações nucleares de qualquer natureza e exercer monopólio estatal sobre a pesquisa, a lavra, o enriquecimento e reprocessamento, a industrialização e o comércio de minérios nucleares e seus derivados, atendidos os seguintes princípios e condições:

Essas competências são exclusivas, pois a União exclui a possibilidade de outro ente federativo realizá-la. Por isso, diz-se que são indelegáveis. Só a União pode fazer.

A outra competência material da União é a comum. Ela é comum a todos os entes federativos, União, Estados, Distrito Federal e Municípios. Vejamos o que diz o Art. 23:

Art. 23. *É competência comum da União, dos Estados, do Distrito Federal e dos Municípios:*

I. Zelar pela guarda da Constituição, das leis e das instituições democráticas e conservar o patrimônio público;

II. Cuidar da saúde e assistência pública, da proteção e garantia das pessoas portadoras de deficiência;

III. Proteger os documentos, as obras e outros bens de valor histórico, artístico e cultural, os monumentos, as paisagens naturais notáveis e os sítios arqueológicos;

IV. Impedir a evasão, a destruição e a descaracterização de obras de arte e de outros bens de valor histórico, artístico ou cultural;

V. Proporcionar os meios de acesso à cultura, à educação, à ciência, à tecnologia, à pesquisa e à inovação; (Redação dada pela Emenda Constitucional nº 85, de 2015)

VI. Proteger o meio ambiente e combater a poluição em qualquer de suas formas;

VII. Preservar as florestas, a fauna e a flora;

VIII. Fomentar a produção agropecuária e organizar o abastecimento alimentar;

IX. Promover programas de construção de moradias e a melhoria das condições habitacionais e de saneamento básico;

X. Combater as causas da pobreza e os fatores de marginalização, promovendo a integração social dos setores desfavorecidos;

XI. Registrar, acompanhar e fiscalizar as concessões de direitos de pesquisa e exploração de recursos hídricos e minerais em seus territórios;

XII. Estabelecer e implantar política de educação para a segurança do trânsito.

Parágrafo único. *Leis complementares fixarão normas para a cooperação entre a União e os Estados, o Distrito Federal e os Municípios, tendo em vista o equilíbrio do desenvolvimento e do bem-estar em âmbito nacional.*

Agora vejamos as competências materiais dos Estados. A primeira de que já se falou, é a competência comum prevista no Art. 23, analisada anteriormente.

Os Estados também possuem a chamada competência residual, reservada ou remanescente. Está prevista no Art. 25, § 1º, o qual cita que estão reservadas aos Estados as competências que não lhe sejam vedadas pela Constituição. Significa dizer que os Estados poderão fazer tudo aquilo que não for competência da União ou do Município:

Art. 25, § 1º - *São reservadas aos Estados as competências que não lhes sejam vedadas por esta Constituição.*

Em relação às competências administrativas dos Municípios, a Constituição previu duas espécies: Comum e Exclusiva. A competência comum está prevista no Art. 23 e já foi vista anteriormente. A competência exclusiva está no Art. 30, III a IX da Constituição:

Art. 30. *Compete aos Municípios:*

III. Instituir e arrecadar os tributos de sua competência, bem como aplicar suas rendas, sem prejuízo da obrigatoriedade de prestar contas e publicar balancetes nos prazos fixados em lei;

IV. Criar, organizar e suprimir distritos, observada a legislação estadual;

V. Organizar e prestar, diretamente ou sob regime de concessão ou permissão, os serviços públicos de interesse local, incluído o de transporte coletivo, que tem caráter essencial;

VI. Manter, com a cooperação técnica e financeira da União e do Estado, programas de educação infantil e de ensino fundamental;

VII. Prestar, com a cooperação técnica e financeira da União e do Estado, serviços de atendimento à saúde da população;

VIII. Promover, no que couber, adequado ordenamento territorial, mediante planejamento e controle do uso, do parcelamento e da ocupação do solo urbano;

IX. Promover a proteção do patrimônio histórico-cultural local, observada a legislação e a ação fiscalizadora federal e estadual.

No âmbito das competências administrativas, temos as competências do Distrito Federal que são chamadas de híbridas. O DF pode fazer tudo o que for de competência dos Estados ou dos Municípios.

Competências Legislativas

Vejamos agora as competências legislativas de cada ente federativo. Primeiramente, no que diz respeito às competências legislativas da União, elas podem ser privativas ou concorrentes.

As competências privativas da União estão previstas no Art. 22 da Constituição Federal e possuem como característica principal a possibilidade de delegação mediante Lei Complementar aos Estados:

Art. 22. *Compete privativamente à União legislar sobre:*

I. Direito civil, comercial, penal, processual, eleitoral, agrário, marítimo, aeronáutico, espacial e do trabalho;

II. Desapropriação;

III. Requisições civis e militares, em caso de iminente perigo e em tempo de guerra;

IV. Águas, energia, informática, telecomunicações e radiodifusão;

V. *Serviço postal;*

VI. *Sistema monetário e de medidas, títulos e garantias dos metais;*

VII. *Política de crédito, câmbio, seguros e transferência de valores;*

VIII. *Comércio exterior e interestadual;*

IX. *Diretrizes da política nacional de transportes;*

X. *Regime dos portos, navegação lacustre, fluvial, marítima, aérea e aeroespacial;*

XI. *Trânsito e transporte;*

XII. *Jazidas, minas, outros recursos minerais e metalurgia;*

XIII. *Nacionalidade, cidadania e naturalização;*

XIV. *Populações indígenas;*

XV. *Emigração e imigração, entrada, extradição e expulsão de estrangeiros;*

XVI. *Organização do sistema nacional de emprego e condições para o exercício de profissões;*

XVII. *Organização judiciária, do Ministério Público do Distrito Federal e dos Territórios e da Defensoria Pública dos Territórios, bem como organização administrativa destes;*

XVIII. *Sistema estatístico, sistema cartográfico e de geologia nacionais;*

XIX. *Sistemas de poupança, captação e garantia da poupança popular;*

XX. *Sistemas de consórcios e sorteios;*

XXI. *Normas gerais de organização, efetivos, material bélico, garantias, convocação e mobilização das polícias militares e corpos de bombeiros militares;*

XXII. *Competência da polícia federal e das polícias rodoviária e ferroviária federais;*

XXIII. *Seguridade social;*

XXIV. *Diretrizes e bases da educação nacional;*

XXV. *Registros públicos;*

XXVI. *Atividades nucleares de qualquer natureza;*

XXVII. *Normas gerais de licitação e contratação, em todas as modalidades, para as administrações públicas diretas, autárquicas e fundacionais da União, Estados, Distrito Federal e Municípios, obedecido o disposto no Art. 37, XXI, e para as empresas públicas e sociedades de economia mista, nos termos do Art. 173, § 1º, III;*

XXVIII. *Defesa territorial, defesa aeroespacial, defesa marítima, defesa civil e mobilização nacional;*

XXIX. *Propaganda comercial.*

Parágrafo único. *Lei complementar poderá autorizar os Estados a legislar sobre questões específicas das matérias relacionadas neste artigo.*

As competências concorrentes, previstas no Art. 24 da Constituição, podem ser exercidas de forma concorrentes pela União, pelos Estados e pelo Distrito Federal. Atenção: Município não possui competência concorrente. Vejamos o que diz o citado artigo:

Art. 24. *Compete à União, aos Estados e ao Distrito Federal legislar concorrentemente sobre:*

I. *Direito tributário, financeiro, penitenciário, econômico e urbanístico;*

II. *Orçamento;*

III. *Juntas comerciais;*

IV. *Custas dos serviços forenses;*

V. *Produção e consumo;*

VI. *Florestas, caça, pesca, fauna, conservação da natureza, defesa do solo e dos recursos naturais, proteção do meio ambiente e controle da poluição;*

VII. *Proteção ao patrimônio histórico, cultural, artístico, turístico e paisagístico;*

VIII. *Responsabilidade por dano ao meio ambiente, ao consumidor, a bens e direitos de valor artístico, estético, histórico, turístico e paisagístico;*

IX. *Educação, cultura, ensino, desporto, ciência, tecnologia, pesquisa, desenvolvimento e inovação; (Redação dada pela Emenda Constitucional nº 85, de 2015)*

X. *Criação, funcionamento e processo do juizado de pequenas causas;*

XI. *Procedimentos em matéria processual;*

XII. *Previdência social, proteção e defesa da saúde;*

XIII. *Assistência jurídica e Defensoria pública;*

XIV. *Proteção e integração social das pessoas portadoras de deficiência;*

XV. *Proteção à infância e à juventude;*

XVI. *Organização, garantias, direitos e deveres das polícias civis.*

§ 1º *- No âmbito da legislação concorrente, a competência da União limitar-se-á a estabelecer normas gerais.*

§ 2º *- A competência da União para legislar sobre normas gerais não exclui a competência suplementar dos Estados.*

§ 3º *- Inexistindo lei federal sobre normas gerais, os Estados exercerão a competência legislativa plena, para atender a suas peculiaridades.*

§ 4º *- A superveniência de lei federal sobre normas gerais suspende a eficácia da lei estadual, no que lhe for contrário.*

No âmbito das competências concorrentes, algumas regras são fundamentais para a prova. Aqui, a participação da União é no sentido de fixar normas gerais, ficando os Estados com a competência de suplementar a legislação federal. Caso a União não legisle sobre determinada matéria de competência concorrente, nasce para o Estado o direito de legislar de forma plena sobre a matéria. Contudo, resolvendo a União legislar sobre matéria já regulada pelo Estado, a lei estadual ficará com sua eficácia suspensa pela lei federal nos pontos discordantes. Deve-se ter cuidado com esse último ponto. Não ocorre revogação da lei estadual pela lei federal, haja vista não existir hierarquia entre leis de entes federativos distintos. O que ocorre, como bem explicitou a Constituição Federal, é a suspensão da eficácia.

Quanto às competências dos Estados, há as seguintes espécies: residual, por delegação da União, concorrente suplementar e expressa.

A competência residual dos Estados é também chamada de competência remanescente ou reservada. Está prevista no Art. 25, § 1º, o qual prevê que aos Estados serão reservadas todas as competências que não sejam previstas a União ou aos Municípios. Deve-se lembrar que esse dispositivo fundamenta tanto as competências materiais quanto as legislativas:

Art. 25, *§ 1º - São reservadas aos Estados as competências que não lhes sejam vedadas por esta Constituição.*

Outra competência dos Estados é a por delegação da União, que decorre da possibilidade de serem delegadas as competências privativas da União mediante Lei Complementar. Encontra-se prevista no Art. 22, parágrafo único:

> ***Art. 22**, Parágrafo único. Lei complementar poderá autorizar os Estados a legislar sobre questões específicas das matérias relacionadas neste artigo.*

Temos ainda as competências concorrentes suplementares previstas no Art. 24, § 2º da CF. Essas suplementam a competência legislativa da União no âmbito das competências concorrentes permitindo, inclusive, que os Estados legislem de forma plena quando não existir lei federal sobre o assunto:

> ***Art. 24, § 2º** - A competência da União para legislar sobre normas gerais não exclui a competência suplementar dos Estados.*
>
> ***§ 3º** - Inexistindo lei federal sobre normas gerais, os Estados exercerão a competência legislativa plena, para atender a suas peculiaridades.*

Há também as competências expressas dos Estados, as quais podem ser encontradas nos Art. 18, § 4º e 25, §§ 2º e 3º da Constituição Federal:

> ***Art. 18, § 4º** - A criação, a incorporação, a fusão e o desmembramento de Municípios, far-se-ão por lei estadual, dentro do período determinado por Lei Complementar Federal, e dependerão de consulta prévia, mediante plebiscito, às populações dos Municípios envolvidos, após divulgação dos Estudos de Viabilidade Municipal, apresentados e publicados na forma da lei.*
>
> ***Art. 25, § 2º** - Cabe aos Estados explorar diretamente, ou mediante concessão, os serviços locais de gás canalizado, na forma da lei, vedada a edição de medida provisória para a sua regulamentação.*
>
> ***§ 3º** - Os Estados poderão, mediante lei complementar, instituir regiões metropolitanas, aglomerações urbanas e microrregiões, constituídas por agrupamentos de municípios limítrofes, para integrar a organização, o planejamento e a execução de funções públicas de interesse comum.*

Para os Municípios, a Constituição previu dois tipos de competência legislativa: exclusiva e suplementar. A legislativa exclusiva dos Municípios está prevista no Art. 30, I, o qual menciona que os Municípios possuem competência para legislar sobre assuntos de interesse local:

> ***Art. 30.** Compete aos Municípios:*
>
> ***I.** Legislar sobre assuntos de interesse local.*

A competência legislativa suplementar está prevista no Art. 30, II, o qual permite aos Municípios legislar de forma suplementar a Legislação Federal e Estadual:

> ***Art. 30.** Compete aos Municípios:*
>
> ***II.** Suplementar a legislação federal e a estadual no que couber.*

Por fim, nós há a competência legislativa do Distrito Federal que, conforme já dito, é híbrida, permitindo ao DF legislar sobre as matérias de competência dos Estados e dos Municípios. Apesar dessa competência ampla, a Constituição resolveu estabelecer algumas limitações a sua autonomia legislativa excluindo algumas matérias de sua competência. Segundo o Art. 21, XIII e XIV da CF, o Distrito Federal não possui competência para organizar e legislar sobre alguns dos seus órgãos: Poder Judiciário, Polícia Militar, Corpo de Bombeiros Militar e Polícia Civil.

> ***Art. 21.** Compete à União:*
>
> ***XIII.** Organizar e manter o Poder Judiciário, o Ministério Público do Distrito Federal e dos Territórios e a Defensoria Pública dos Territórios.*
>
> ***XIV.** Organizar e manter a polícia civil, a polícia militar e o corpo de bombeiros militar do Distrito Federal, bem como prestar assistência financeira ao Distrito Federal para a execução de serviços públicos, por meio de fundo próprio;*

Diante deste estudo, algumas conclusões são muito úteis para a prova:

Não se deve confundir as competências exclusivas com as privativas da União. Competência exclusiva é administrativa e indelegável. Competência privativa é legislativa e delegável.

Não se deve confundir as competências comuns com as concorrentes. Competência comum é comum a todos os entes e é administrativa. Competência concorrente é só para União, Estados e o DF além de ser legislativa. Município tem competência comum, mas não tem concorrente.

Competências Administrativas (Materiais)
União
Exclusiva (Art. 21) Comum (Art. 23)
Estados
Comum (Art. 23) Residual, reservada, remanescente (Art. 25 § 1º)
Municípios
Comum (Art. 23) Exclusiva (Art. 30, III-IX)
Distrito Federal
Competência híbrida
Competências Legislativas
União
Privativa (Art. 22) Concorrente (Art. 24)
Estados
Concorrente suplementar (Art. 24) Residual, reservada, remanescente (Art. 25, § 1º) Por delegação da União (Art. 22, Parágrafo Único) Expressos (Art. 25, § 2º e 3º)
Municípios
Exclusiva (Art. 30, I) Suplementar ao Estado (Art. 30, II)
Distrito Federal
Competência híbrida (Estados e Municípios)

7.5 Intervenção

A Constituição Federal está assentada no princípio federativo como forma de Estado adotada no Brasil. O fato de sermos uma federação reflete inúmeras características, dentre as quais se destaca a autonomia de cada ente federativo. A autonomia é atributo inerente aos entes federativos que exclui a possibilidade de hierarquia entre os mesmos bem como a possibilidade de intervenção de um ente federativo no outro.

A regra constitucional é a da não intervenção. Contudo, excepcionalmente, a Constituição Federal previu hipóteses taxativas que permitem a um ente federativo intervir em outro ente em situações que visem à preservação da unidade do pacto federativo, a garantia da soberania nacional e de princípios fundamentais.

A União poderá intervir nos Estados e no Distrito Federal e os Estados poderão intervir em seus Municípios. A União não pode intervir em município, salvo se for um município pertencente a Território Federal. Destaca-se, novamente, que a possibilidade de intervenção é uma exceção e só poderá ocorrer nas hipóteses taxativamente elencadas na Constituição Federal.

Outra regra comum às intervenções é que a competência para decretá-las é exclusiva do Chefe do Poder Executivo. Se a intervenção é federal, a competência para decretar é do Presidente da República. Se a intervenção é estadual, a competência é do Governador de Estado.

A seguir serão abordados as espécies de intervenção.

Intervenção Federal

A intervenção federal é a intervenção da União nos Estados ou nos Municípios pertencentes aos Territórios Federais e será decretada pelo Presidente da República.

Como dito anteriormente, a possibilidade de intervenção federal constitui exceção prevista em rol taxativo, conforme disposto no Art. 34:

> ***Art. 34.*** *A União não intervirá nos Estados nem no Distrito Federal, exceto para:*
>
> ***I.*** *Manter a integridade nacional;*
>
> ***II.*** *Repelir invasão estrangeira ou de uma unidade da Federação em outra;*
>
> ***III.*** *Pôr termo a grave comprometimento da ordem pública;*
>
> ***IV.*** *Garantir o livre exercício de qualquer dos Poderes nas unidades da Federação;*
>
> ***V.*** *Reorganizar as finanças da unidade da Federação que:*
>
> ***a)*** *suspender o pagamento da dívida fundada por mais de dois anos consecutivos, salvo motivo de força maior;*
>
> ***b)*** *deixar de entregar aos Municípios receitas tributárias fixadas nesta Constituição, dentro dos prazos estabelecidos em lei;*
>
> ***VI.*** *Prover a execução de lei federal, ordem ou decisão judicial;*
>
> ***VII.*** *Assegurar a observância dos seguintes princípios constitucionais:*
>
> ***a)*** *forma republicana, sistema representativo e regime democrático;*
>
> ***b)*** *direitos da pessoa humana;*
>
> ***c)*** *autonomia municipal;*
>
> ***d)*** *prestação de contas da administração pública, direta e indireta;*
>
> ***e)*** *aplicação do mínimo exigido da receita resultante de impostos estaduais, compreendida a proveniente de transferências, na manutenção e desenvolvimento do ensino e nas ações e serviços públicos de saúde.*

A partir desse artigo, a doutrina classificou a intervenção federal em dois tipos:

Intervenção Federal Espontânea;

Intervenção Federal Provocada.

A intervenção Federal espontânea, ou de ofício, é aquela em que o Chefe do Poder Executivo, de forma discricionária, decreta a intervenção independentemente de provocação de outros órgãos. A decretação de ofício ocorrerá nas hipóteses previstas nos incisos I, II, III e do Art. 34:

> ***Art. 34.*** *A União não intervirá nos Estados nem no Distrito Federal, exceto para:*
>
> ***I.*** *Manter a integridade nacional;*
>
> ***II.*** *Repelir invasão estrangeira ou de uma unidade da Federação em outra;*
>
> ***III.*** *Pôr termo a grave comprometimento da ordem pública.*

A intervenção federal provocada é aquela que depende da provocação dos órgãos legitimados pela Constituição Federal, conforme o Art. 36:

> ***Art. 36.*** *A decretação da intervenção dependerá:*
>
> ***I.*** *No caso do Art. 34, IV, de solicitação do Poder Legislativo ou do Poder Executivo coacto ou impedido, ou de requisição do Supremo Tribunal Federal, se a coação for exercida contra o Poder Judiciário;*
>
> ***II.*** *No caso de desobediência a ordem ou decisão judiciária, de requisição do Supremo Tribunal Federal, do Superior Tribunal de Justiça ou do Tribunal Superior Eleitoral;*
>
> ***III.*** *De provimento, pelo Supremo Tribunal Federal, de representação do Procurador-Geral da República, na hipótese do Art. 34, VII, e no caso de recusa à execução de lei federal.*

A provocação se dá por meio de solicitação ou requisição. A solicitação não obriga o Presidente da República a decretar a medida, ao contrário da requisição, que está revestida de obrigatoriedade na qual caberá ao Presidente apenas executá-la.

A decretação de intervenção federal por solicitação ocorrerá na hipótese do Art. 34, IV, a qual compete ao Poder Executivo ou Legislativo das Unidades da Federação solicitar a execução da medida quando se acharem coagidos ou impedidos de executarem suas atribuições constitucionais.

A decretação de intervenção federal por requisição ocorrerá nas hipóteses previstas no Art. 34, IV, VI e VII. No inciso IV, a requisição caberá ao Supremo Tribunal Federal quando a coação for exercida contra o Poder Judiciário. No inciso VI, a requisição virá do STF, STJ ou do TSE quando houver desobediência de ordem judicial. E no inciso VI e VII a requisição será do Supremo quando houver representação interventiva feita pelo Procurador Geral da República nos casos de recusa de execução de lei federal ou ofensa aos princípios sensíveis.

O decreto interventivo especificará todas as condições em que ocorrerá a medida e terá eficácia imediata após a sua decretação pelo Presidente da República. Após sua decretação, a medida será submetida a apreciação do Congresso Nacional no prazo de 24 horas:

Art. 36, § 1º - O decreto de intervenção, que especificará a amplitude, o prazo e as condições de execução e que, se couber, nomeará o interventor, será submetido à apreciação do Congresso Nacional ou da Assembleia Legislativa do Estado, no prazo de vinte e quatro horas.

§ 2º - Se não estiver funcionando o Congresso Nacional ou a Assembleia Legislativa, far-se-á convocação extraordinária, no mesmo prazo de vinte e quatro horas.

Caberá ao Congresso Nacional aprovar ou suspender a execução da Intervenção:

***Art. 49.** É da competência exclusiva do Congresso Nacional:*

***IV.** Aprovar o estado de defesa e a intervenção federal, autorizar o estado de sítio, ou suspender qualquer uma dessas medidas.*

Nas hipóteses de intervenção decretada por requisição do Poder Judiciário previstas no Art. 34, VI e VII, a Constituição dispensou a necessidade e apreciação do Congresso Nacional, destacando que, nesses casos, o decreto limitar-se-á a suspensão do ato impugnado, caso essa medida seja suficiente para conter a crise. Se a mera suspensão do ato não restabelecer a normalidade, poderão ser adotadas outras medidas com o mesmo objetivo:

***Art. 36, § 3º** - Nos casos do Art. 34, VI e VII, ou do Art. 35, IV, dispensada a apreciação pelo Congresso Nacional ou pela Assembleia Legislativa, o decreto limitar-se-á a suspender a execução do ato impugnado, se essa medida bastar ao restabelecimento da normalidade.*

Não podemos esquecer que nos casos de intervenção espontânea ou provocada por solicitação, o Presidente deverá consultar, antes da decretação, o Conselho da República e o Conselho da Defesa Nacional que emitirão parecer opinativo sobre a situação:

***Art. 90.** Compete ao Conselho da República pronunciar-se sobre:*

***V.** Intervenção federal, estado de defesa e estado de sítio;*

***Art. 91,** § 1º - Compete ao Conselho de Defesa Nacional:*

***II.** Opinar sobre a decretação do estado de defesa, do estado de sítio e da intervenção federal.*

Cessando a crise, a ordem será restabelecida, inclusive com o retorno das autoridades públicas afastadas, caso não possuam outra incompatibilidade:

***§ 4º** - Cessados os motivos da intervenção, as autoridades afastadas de seus cargos a estes voltarão, salvo impedimento legal.*

Apesar de a Constituição Federal não mencionar sobre a possibilidade de controle judicial da Intervenção, seria possível que ocorresse este controle caso os limites constitucionais estabelecidos fossem desrespeitados. Ressalta-se que contra a Intervenção em si não cabe atuação do Poder Judiciário, considerando ser essa uma medida de natureza política.

Intervenção Estadual

A intervenção estadual poderá ocorrer nos Municípios localizados em seu território mediante decreto do Governador do Estado nas hipóteses previstas no Art. 35:

***Art. 35.** O Estado não intervirá em seus Municípios, nem a União nos Municípios localizados em Território Federal, exceto quando:*

***I.** Deixar de ser paga, sem motivo de força maior, por dois anos consecutivos, a dívida fundada;*

***II.** Não forem prestadas contas devidas, na forma da lei;*

***III.** Não tiver sido aplicado o mínimo exigido da receita municipal na manutenção e desenvolvimento do ensino e nas ações e serviços públicos de saúde;*

***IV.** O Tribunal de Justiça der provimento a representação para assegurar a observância de princípios indicados na Constituição Estadual, ou para prover a execução de lei, de ordem ou de decisão judicial.*

Devem ser atendidos os mesmos requisitos da Intervenção Federal: temporariedade, controle político pelo legislativo e decreto do Chefe do Executivo.

Na hipótese do inciso IV, a intervenção dependerá de representação interventiva do Procurador-Geral de Justiça, sendo dispensada a apreciação da Assembleia Legislativa. Segundo o STF, essa decisão do Tribunal de Justiça que autoriza a intervenção do Estado no Município possui natureza político-administrativa e tem caráter definitivo, sendo insuscetível de recurso extraordinário para o STF[1].

Questões

01. (CESPE) Considere que determinado estado da Federação tenha obtido aprovação tanto de sua população diretamente interessada, por meio de plebiscito, como do Congresso Nacional, por meio de lei complementar, para se desmembrar em dois estados distintos. Nesse caso, foi cumprida a exigência imposta pela Constituição para incorporação, subdivisão, desmembramento ou formação de novos estados ou territórios federais.

Certo ( ) Errado ( )

02. (FCC) Tendo em vista a organização do Estado, é certo que:

a) A União é pessoa jurídica de direito público interno e externo sendo o único ente formador do Estado Federal, uma vez que os demais entes são divisões administrativo-territoriais.

b) A República Federativa do Brasil representa o Estado Federal nos atos de Direito Internacional, porque quem pratica os atos desse Direito é a União Federal e os Estados federados.

c) A União, por ser soberana em todos os aspectos, pode ser considerada entidade federativa em relação aos Estados membros e Municípios.

d) Os entes integrantes da Federação, em determinadas situações, à exceção dos Territórios, têm competência para representar o Estado federal frente a outros Estados soberanos.

e) À União cabe exercer as prerrogativas de soberania do Estado brasileiro, quando representa a República Federativa do Brasil nas relações internacionais.

03. (CESPE) Compete à União explorar diretamente, na forma da lei, ou mediante concessão, os serviços de gás canalizado.

Certo ( ) Errado ( )

04. (CESPE) Assinale a opção correta a respeito da competência da União, do Distrito Federal (DF) e dos estados-membros.

a) Ao legislar sobre normas gerais, a União, no que diz respeito à sua competência, não deixa margem de atuação legislativa para os estados-membros, caso o assunto tenha sido esgotado.

b) A União, por ser soberana, poderá editar normas específicas aplicáveis aos estados-membros e ao DF que não serão passíveis de controle de constitucionalidade.

1 Súmula 637 do STF: não cabe recurso extraordinário contra acórdão de Tribunal de Justiça que defere pedido de intervenção estadual em Município.

c) Os estados-membros têm competência comum, não legislativa, e residual ou reservada. Neste último caso, aos estados-membros estarão reservadas todas as competências que não sejam vedadas a eles, ou seja, as que não forem de competência expressa dos outros entes. Uma das competências expressamente reservadas aos estados-membros pela CF é a de explorar os serviços locais de gás canalizado, mediante concessão, na forma da lei, vedada a regulamentação da referida matéria por medida provisória.

d) É competência exclusiva da União legislar sobre direito civil, comercial, penal, processual, eleitoral, agrário, marítimo, aeronáutico, espacial e do trabalho.

e) Os estados, autônomos que são, têm competência legislativa própria, e a CF, assim como fez com os outros entes federados, dedicou artigo para enumerar, taxativamente, as matérias de sua competência.

05. (ESAF) Sobre a organização do Estado brasileiro, julgue os itens a seguir e assinale a opção correta.

a) As terras devolutas localizadas no território brasileiro, são, por força de disposição constitucional, bens da União.

b) Nos termos da Constituição Federal, a fixação dos subsídios dos vereadores dependerá, tão somente, do número de habitantes do município e do valor do subsídio do Deputado Estadual.

c) A divisão dos Territórios em municípios depende de lei e poderá ser feita, apenas, nos Territórios cuja população seja superior ao limite mínimo estabelecido no texto constitucional.

d) A intervenção da União em um Estado, em razão de impedimento do livre exercício do Poder Judiciário estadual, depende de solicitação, ao presidente da República, do Poder Judiciário impedido, feita pelo presidente do Tribunal.

e) A administração fazendária e seus servidores fiscais terão, na forma da lei, dentro das suas áreas de competência e jurisdição, precedência sobre os demais setores administrativos

Gabaritos

01	CERTO	04	C
02	E	05	E
03	ERRADO	-	-

8. DEFESA DO ESTADO E DAS INSTITUIÇÕES DEMOCRÁTICAS

No título V, Arts. 136 a 144, a Constituição Federal apresenta instrumentos eficazes na proteção do Estado e de toda estrutura democrática. Os instrumentos disponibilizados são o Sistema Constitucional de Crises que compreende o Estado de Defesa e o Estado de Sítio, Forças Armadas e Segurança Pública, os quais serão analisados a partir de agora.

8.1 Sistema Constitucional de Crises

O Sistema Constitucional de Crises é um conjunto de medidas criadas pela Constituição Federal para restabelecer a ordem constitucional em momentos de crises político-institucionais. Antes de tratar das espécies em si, deve-se ressaltar algumas características essenciais desses institutos.

É necessário partir do pressuposto de que o **Estado de sítio é mais grave que o estado de defesa.** Essa compreensão permite entender que as medidas adotadas no Estado de Sítio serão mais gravosas que no Estado de Defesa.

Outro ponto interessante são os princípios que regem o Sistema Constitucional de Crises. As duas medidas devem observar os seguintes princípios:

Necessidade

Só podem ser decretadas em último caso.

Proporcionalidade

As medidas adotadas devem ser proporcionais aos problemas existentes.

Temporariedade

As medidas do Sistema Constitucional de Crises devem ser temporárias. Devem durar apenas o tempo necessário para resolver a crise.

Legalidade

As medidas devem guardar respeito à lei. E aqui é possível vislumbrar duas perspectivas acerca da legalidade:

Stricto sensu: As medidas devem respeitar os limites estabelecidos nos Decretos Presidenciais que autorizam a execução. É uma perspectiva mais restrita da legalidade;

Lato sensu: As medidas precisam respeitar a lei em sentido amplo, ou seja, toda a legislação brasileira, incluindo a Constituição Federal.

Trabalhados esses conceitos iniciais, agora será abordado cada um dos institutos do Sistema Constitucional de Crises em espécie. Inicia-se pelo Estado de Defesa.

Estado de defesa

O Estado de Defesa está regulamentado no Art. 136 da Constituição e o seu χαπυτ apresenta algumas informações importantíssimas:

> ***Art. 136.*** *O Presidente da República pode, ouvidos o Conselho da República e o Conselho de Defesa Nacional, decretar estado de defesa para preservar ou prontamente restabelecer, em locais restritos e determinados, a ordem pública ou a paz social ameaçadas por grave e iminente instabilidade institucional ou atingidas por calamidades de grandes proporções na natureza.*

Esse dispositivo enumera as **hipóteses de cabimento da medida ou quais são os seus objetivos**: preservar ou prontamente restabelecer a ordem pública ou a paz social ameaçadas por grave e iminente instabilidade institucional ou atingidas por calamidades de grandes proporções na natureza. Qualquer circunstância dessas autoriza a decretação de Estado de Defesa. Lembre-se de que esse rol é taxativo. Só essas situações podem autorizar a medida.

Um detalhe interessante e que pode funcionar como ponto de distinção entre o Estado de Sítio e de Defesa é a área abrangida. O texto constitucional apresentado determina que as áreas abrangidas pela medida sejam locais restritos e determinados.

Outro ponto importante e que é frequente cobrado em prova diz respeito ao tempo de duração do Estado de Defesa. Segundo Art. 136, § 2º, essa medida de contenção de crises poderá durar 30 dias, podendo prorrogar mais uma vez por igual período:

> ***§ 2º.*** *O tempo de duração do estado de defesa não será superior a trinta dias, podendo ser prorrogado uma vez, por igual período, se persistirem as razões que justificaram a sua decretação.*

Não se esqueça de que o prazo só poderá ser prorrogado uma única vez.

Como característica principal da execução do Estado de Defesa está a possibilidade de se restringirem alguns direitos, os quais estão previamente definidos nos §§ 1º a 3º do Art. 136:

> ***§ 1º.*** *O decreto que instituir o estado de defesa determinará o tempo de sua duração, especificará as áreas a serem abrangidas e indicará, nos termos e limites da lei, as medidas coercitivas a vigorarem, dentre as seguintes:*
>
> ***I.*** *restrições aos direitos de:*
>
> ***a)*** *reunião, ainda que exercida no seio das associações;*
>
> ***b)*** *sigilo de correspondência;*
>
> ***c)*** *sigilo de comunicação telegráfica e telefônica;*
>
> ***II.*** *ocupação e uso temporário de bens e serviços públicos, na hipótese de calamidade pública, respondendo a União pelos danos e custos decorrentes.*
>
> ***§ 3º.*** *Na vigência do estado de defesa:*
>
> ***I.*** *a prisão por crime contra o Estado, determinada pelo executor da medida, será por este comunicada imediatamente ao juiz competente, que a relaxará, se não for legal, facultado ao preso requerer exame de corpo de delito à autoridade policial;*
>
> ***II.*** *a comunicação será acompanhada de declaração, pela autoridade, do estado físico e mental do detido no momento de sua autuação;*
>
> ***III.*** *a prisão ou detenção de qualquer pessoa não poderá ser superior a dez dias, salvo quando autorizada pelo Poder Judiciário;*
>
> ***IV.*** *é vedada a incomunicabilidade do preso.*

Alguns pontos merecem um destaque especial. Devido à gravidade da situação e à excepcionalidade das medidas, a Constituição autoriza a restrição de vários direitos fundamentais, por exemplo, o direito de reunião, o sigilo das correspondências, das comunicações telegráficas e telefônicas.

Essas medidas restritivas dispensam autorização judicial, inclusive a decretação de prisão que será determinada pela própria autoridade executora do Estado de Defesa e poderá durar até dez dias. A prisão deverá ser comunicada imediatamente ao juiz o qual poderá prorrogá-la por período superior.

Não se deve esquecer que, mesmo em um momento de crise, como esse em que muitos direitos constitucionais são flexibilizados, é vedada pela Constituição Federal a incomunicabilidade do preso. A ele deverá ser garantido o direito de falar com seu familiar ou advogado, além do direito de ter preservada sua integridade.

Para que seja decretado o Estado de Defesa, a Constituição previu alguns procedimentos. Primeiramente, deve-se lembrar que a decretação é competência do Presidente da República. Antes de executar a medida, ele deverá consultar o Conselho de Defesa Nacional e o Conselho da República os quais emitirão um parecer acerca da situação. Apesar da obrigatoriedade em ouvir os Conselhos, o Presidente não está vinculado ao seus pareceres. Significa dizer que os pareceres emitidos pelos conselhos são meramente opinativos.

Ouvidos os Conselhos, o Presidente decreta a medida e imediatamente submete o decreto ao Congresso Nacional para aprovação. A decisão do Congresso Nacional é definitiva. Caso o decreto seja rejeitado, o Estado de Defesa cessa imediatamente.

> ***§ 4º.*** *Decretado o estado de defesa ou sua prorrogação, o Presidente da República, dentro de vinte e quatro horas, submeterá o ato com a respectiva justificação ao Congresso Nacional, que decidirá por maioria absoluta.*
>
> ***§ 5º.*** *Se o Congresso Nacional estiver em recesso, será convocado, extraordinariamente, no prazo de cinco dias.*
>
> ***§ 6º.*** *O Congresso Nacional apreciará o decreto dentro de dez dias contados de seu recebimento, devendo continuar funcionando enquanto vigorar o estado de defesa.*
>
> ***§ 7º.*** *Rejeitado o decreto, cessa imediatamente o estado de defesa.*

Apesar de ser caracterizado por medidas excepcionais, que restringem sobremaneira os direitos e garantias fundamentais, o Controle Constitucional de Crises não está imune à fiscalização por parte dos poderes públicos. Havendo excessos nas medidas adotadas, a Constituição prevê a possibilidade de responsabilização dos agentes por seus atos. A doutrina constitucional prevê duas formas de controle: Controle Político e Controle Jurisdicional.

O Controle Político é realizado basicamente pelo Congresso Nacional, que o efetuará de três formas:

Imediato: ocorre logo após a decretação da medida conforme o § 4º do Art. 136.

Concomitante: ocorre durante a execução do Estado de Defesa conforme § 6º do Art. 136 e Art. 140.

> ***Art. 140.*** *A Mesa do Congresso Nacional, ouvidos os líderes partidários, designará Comissão composta de cinco de seus membros para acompanhar e fiscalizar a execução das medidas referentes ao estado de defesa e ao estado de sítio.*

Sucessivo (posterior): ocorre após a execução da medida nos termos do Art. 141:

> ***Art. 141.*** *Cessado o estado de defesa ou o estado de sítio, cessarão também seus efeitos, sem prejuízo da responsabilidade pelos ilícitos cometidos por seus executores ou agentes.*
>
> ***Parágrafo único.*** *Logo que cesse o estado de defesa ou o estado de sítio, as medidas aplicadas em sua vigência serão relatadas pelo Presidente da República, em mensagem ao Congresso Nacional, com especificação e justificação das providências adotadas, com relação nominal dos atingidos e indicação das restrições aplicadas.*

O Controle Jurisdicional é o realizado pelo Poder Judiciário, e ocorrerá de duas formas:

Concomitante: durante a execução da medida. Veja-se o disposto no Art. 136, § 3º;

Sucessivo (Posterior): após a execução da medida nos termos do Art. 141.

Estado de sítio

O Estado de Sítio é mais gravoso que o Estado de Defesa. Por consequência, as medidas adotadas nesse caso terão maior efeito restritivo aos direitos fundamentais.

Primeiramente são abordadas às hipóteses de cabimento do Estado de Sítio, que estão previstas no Art. 137, I e II:

> ***I.*** *comoção grave de repercussão nacional ou ocorrência de fatos que comprovem a ineficácia de medida tomada durante o estado de defesa;*
>
> ***II.*** *declaração de estado de guerra ou resposta a agressão armada estrangeira.*

A doutrina faz uma distinção interessante entre os dois incisos, classificando-os em Repressivo e Defensivo. O Estado de Sítio Repressivo está previsto no inciso I, haja vista ser necessária a atuação dos poderes públicos para conter a situação de crise. Já o inciso II, é chamado de Estado de Sítio Defensivo, pois o poder público utiliza a medida como forma de se defender de agressões externas.

Um ponto distintivo entre o Estado de Defesa e o Estado de Sítio, muito cobrado em prova, refere-se à área abrangida. Segundo o inciso I do Art. 137, será decretada a medida quando a crise tiver repercussão nacional. Quando o candidato encontrar na prova o termo "repercussão nacional", deve associar com o Estado de Sítio. Diferentemente, se estiver escrito "local restrito e determinado", relacionar o dispositivo com Estado de Defesa.

Um tema muito cobrado em prova é o tempo de duração do Estado de Sítio. Vejamos o que diz o §1º do Art. 137:

> ***§ 1º.*** *O estado de sítio, no caso do Art. 137, I, não poderá ser decretado por mais de trinta dias, nem prorrogado, de cada vez, por prazo superior; no do inciso II, poderá ser decretado por todo o tempo que perdurar a guerra ou a agressão armada estrangeira.*

Qual o prazo de duração do Estado de Sítio? Depende da hipótese de cabimento.

Segundo o § 1º, se a hipótese for a do inciso I do Art. 137, o prazo será de 30 dias prorrogáveis por mais 30 dias enquanto for necessário para conter a situação. Cuidado com este prazo, pois a Constituição deixou transparecer que ele não pode ser prorrogado, contudo, o que ela quis dizer é que não pode ser prorrogado por mais de 30 dias todas as vezes que for prorrogado. Dessa forma, ele poderá ser prorrogado indefinidamente, enquanto for necessário.

Já no caso do inciso II, a Constituição regula o Estado de Sítio em caso de guerra ou agressão estrangeira e prevê que a medida durará enquanto for necessária para repelir a agressão estrangeira ou acabar com a guerra. Logo, o Estado de Sítio nestes casos não possuem prazo certo para terminar.

No que tange às medidas coercitivas que podem ser adotadas no Estado de Sítio, a Constituição prevê no Art. 139:

> ***Art. 139.*** *Na vigência do estado de sítio decretado com fundamento no Art. 137, I, só poderão ser tomadas contra as pessoas as seguintes medidas:*
>
> ***I.*** *obrigação de permanência em localidade determinada;*

II. detenção em edifício não destinado a acusados ou condenados por crimes comuns;

III. restrições relativas à inviolabilidade da correspondência, ao sigilo das comunicações, à prestação de informações e à liberdade de imprensa, radiodifusão e televisão, na forma da lei;

IV. suspensão da liberdade de reunião;

V. busca e apreensão em domicílio;

VI. intervenção nas empresas de serviços públicos;

VII. requisição de bens.

Parágrafo único. *Não se inclui nas restrições do inciso III a difusão de pronunciamentos de parlamentares efetuados em suas Casas Legislativas, desde que liberada pela respectiva Mesa.*

O dispositivo só regulamentou as restrições adotadas na hipótese do inciso I do Art. 137, qual seja: comoção grave de repercussão nacional ou ocorrência de fatos que comprovem a ineficácia de medida tomada durante o Estado de Defesa. Esse rol de medidas é taxativo, restringindo a atuação do poder público durante sua aplicação. No caso do Art. 137, II, a Constituição nada disse, o que levou a doutrina a concluir a possibilidade de adoção de qualquer medida necessária para conter a situação, desde que compatíveis com a Ordem Constitucional e com as leis brasileiras.

Como se pode perceber, as medidas aqui são mais gravosas que as adotadas no Estado de Defesa, e isso pode ser muito bem notado pela distinção feita entre o Estado de Defesa e de Sítio no que se refere à liberdade de reunião. Enquanto no Estado de Defesa a liberdade de reunião sofre restrições, aqui ela será suspensa.

Outro dispositivo importante é o previsto no parágrafo único, que isenta os pronunciamentos dos parlamentares efetuados em suas Casas das restrições impostas no inciso III do artigo em análise, desde que liberadas pelas respectivas Mesas. As demais restrições devem ser lidas e memorizadas, pois podem ser cobradas em prova.

Vejamos agora como é o procedimento de decretação do Estado de Sítio:

Art. 137. *O Presidente da República pode, ouvidos o Conselho da República e o Conselho de Defesa Nacional, solicitar ao Congresso Nacional autorização para decretar o estado de sítio nos casos de:*

Parágrafo único. *O Presidente da República, ao solicitar autorização para decretar o estado de sítio ou sua prorrogação, relatará os motivos determinantes do pedido, devendo o Congresso Nacional decidir por maioria absoluta.*

Art. 138. *O decreto do estado de sítio indicará sua duração, as normas necessárias a sua execução e as garantias constitucionais que ficarão suspensas, e, depois de publicado, o Presidente da República designará o executor das medidas específicas e as áreas abrangidas.*

§ 2º. *Solicitada autorização para decretar o estado de sítio durante o recesso parlamentar, o Presidente do Senado Federal, de imediato, convocará extraordinariamente o Congresso Nacional para se reunir dentro de cinco dias, a fim de apreciar o ato.*

§ 3º. *O Congresso Nacional permanecerá em funcionamento até o término das medidas coercitivas.*

Conforme estudado no Estado de Defesa, a decretação do Estado de Sítio fica a cargo do Presidente da República após ouvir o Conselho da República e o Conselho de Defesa Nacional. A consulta é obrigatória, mas os pareceres dos Conselhos não vinculam o Presidente. Apesar da similaridade de procedimentos, aqui o Presidente tem que solicitar autorização do Congresso Nacional antes de decretar o Estado de Sítio. Essa diferença é bastante cobrada em prova.

Ao passo que no Estado de Defesa o Presidente Decreta a medida e depois apresenta para o Congresso avaliar. No Estado de Sítio, antes de decretar, o Presidente deve sujeitar a medida à apreciação do Congresso Nacional.

Essa característica demonstra que, assim como no Estado de Defesa, a medida está sujeita a controle dos outros Poderes. Sendo assim, verifica-se que a fiscalização será feita tanto pelos órgãos políticos quanto pelos órgãos jurisdicionais.

Tem-se controle político quando realizado pelo Congresso Nacional, o qual se dará de forma:

Prévio: ocorre quando o Congresso Nacional autoriza a execução da medida;

Concomitante: ocorre durante a execução da medida;

Art. 140. *A Mesa do Congresso Nacional, ouvidos os líderes partidários, designará Comissão composta de cinco de seus membros para acompanhar e fiscalizar a execução das medidas referentes ao estado de defesa e ao estado de sítio.*

Sucessivo (posterior): ocorre após a execução da medida;

Art. 141. *Cessado o estado de defesa ou o estado de sítio, cessarão também seus efeitos, sem prejuízo da responsabilidade pelos ilícitos cometidos por seus executores ou agentes.*

Parágrafo único. *Logo que cesse o estado de defesa ou o estado de sítio, as medidas aplicadas em sua vigência serão relatadas pelo Presidente da República, em mensagem ao Congresso Nacional, com especificação e justificação das providências adotadas, com relação nominal dos atingidos e indicação das restrições aplicadas.*

Também existe o controle Jurisdicional executado pelos órgãos do Poder Judiciário, o qual se dará de forma:

Concomitante: durante a execução da medida. Apesar de não haver previsão constitucional expressa, qualquer lesão ou ameaça a direito poderá ser apreciada pelo Poder Judiciário;

Sucessivo (Posterior): após a execução da medida nos termos do Art. 141.

8.2 Forças Armadas

Instituições

As Forças Armadas são formadas por instituições que compõem a estrutura de defesa do Estado, a Marinha, o Exército e a Aeronáutica. Possuem como funções principais a defesa da pátria, a garantia dos poderes constitucionais, da lei e da ordem. Apesar de sua vinculação à União, suas atribuições têm caráter nacional e podem ser exercidas em todo o território brasileiro:

Art. 142. *As Forças Armadas, constituídas pela Marinha, pelo Exército e pela Aeronáutica, são instituições nacionais permanentes e regulares, organizadas com base na hierarquia e na disciplina, sob a autoridade suprema do Presidente da República, e destinam-se à defesa da Pátria, à garantia dos poderes constitucionais e, por iniciativa de qualquer destes, da lei e da ordem.*

Segundo o χαπυτ do Art. 142, são classificadas como instituições permanentes e regulares. Estão sempre prontas para agir. São regulares, pois desempenham funções sistemáticas e dependem de um efetivo de servidores para realizá-las.

Ainda, destaca-se a base de sua organização na hierarquia e na disciplina. Esses atributos típicos da Administração Pública são ressaltados nessas instituições devido ao caráter militar que possuem. As Forças Armadas valorizam demasiadamente essa estrutura hierárquica, com regulamentos que garantem uma distribuição do efetivo em diversos níveis de escalonamento, cujo comando supremo está nas mãos do Presidente da República.

Em linhas gerais, a Constituição previu algumas regras para o funcionamento das instituições militares:

> ***§ 1º**. Lei complementar estabelecerá as normas gerais a serem adotadas na organização, no preparo e no emprego das Forças Armadas.*
>
> ***§ 3º**. Os membros das Forças Armadas são denominados militares, aplicando-se-lhes, além das que vierem a ser fixadas em lei, as seguintes disposições:*
>
> ***I.** as patentes, com prerrogativas, direitos e deveres a elas inerentes, são conferidas pelo Presidente da República e asseguradas em plenitude aos oficiais da ativa, da reserva ou reformados, sendo-lhes privativos os títulos e postos militares e, juntamente com os demais membros, o uso dos uniformes das Forças Armadas;*
>
> ***II.** o militar em atividade que tomar posse em cargo ou emprego público civil permanente, ressalvada a hipótese prevista no Art. 37, inciso XVI, alínea "c", será transferido para a reserva, nos termos da lei; (Redação dada pela Emenda Constitucional nº 77, de 2014)*
>
> ***III.** o militar da ativa que, de acordo com a lei, tomar posse em cargo, emprego ou função pública civil temporária, não eletiva, ainda que da administração indireta, ressalvada a hipótese prevista no art. 37, inciso XVI, alínea "c", ficará agregado ao respectivo quadro e somente poderá, enquanto permanecer nessa situação, ser promovido por antiguidade, contando-se-lhe o tempo de serviço apenas para aquela promoção e transferência para a reserva, sendo depois de dois anos de afastamento, contínuos ou não, transferido para a reserva, nos termos da lei; (Redação dada pela Emenda Constitucional nº 77, de 2014);*
>
> ***IV.** ao militar são proibidas a sindicalização e a greve;*
>
> ***V.** o militar, enquanto em serviço ativo, não pode estar filiado a partidos políticos;*
>
> ***VI.** o oficial só perderá o posto e a patente se for julgado indigno do oficialato ou com ele incompatível, por decisão de tribunal militar de caráter permanente, em tempo de paz, ou de tribunal especial, em tempo de guerra;*
>
> ***VII.** o oficial condenado na justiça comum ou militar a pena privativa de liberdade superior a dois anos, por sentença transitada em julgado, será submetido ao julgamento previsto no inciso anterior;*
>
> ***VIII.** aplica-se aos militares o disposto no art. 7º, incisos VIII, XII, XVII, XVIII, XIX e XXV, e no Art. 37, incisos XI, XIII, XIV e XV, bem como, na forma da lei e com prevalência da atividade militar, no Art. 37, inciso XVI, alínea "c"; (Redação dada pela Emenda Constitucional nº 77, de 2014)*
>
> ***IX.** (Revogado pela Emenda Constitucional nº 41, de 19.12.2003).*
>
> ***X.** a lei disporá sobre o ingresso nas Forças Armadas, os limites de idade, a estabilidade e outras condições de transferência do militar para a inatividade, os direitos, os deveres, a remuneração, as prerrogativas e outras situações especiais dos militares, consideradas as peculiaridades de suas atividades, inclusive aquelas cumpridas por força de compromissos internacionais e de guerra.*

Habeas corpus

A Constituição declarou expressamente o não cabimento de *Habeas Corpus* nas punições disciplinares militares:

> ***§ 2º**. Não caberá Habeas Corpus em relação a punições disciplinares militares.*

Essa vedação decorre do regime constritivo rigoroso existente nas instituições castrenses, o qual permite como sanção administrativa a prisão. Deve-se ter muito cuidado com isso em prova. Segundo o STF, se o *Habeas Corpus* versar sobre a ilegalidade da prisão, ele será admitido, ficando a vedação adstrita apenas ao seu mérito.

Vedações

Como foi dito anteriormente, o regime militar é bem rigoroso e a Constituição apresentou algumas vedações que sempre caem em prova:

> ***IV.** ao militar são proibidas a sindicalização e a greve;*
>
> ***V.** o militar, enquanto em serviço ativo, não pode estar filiado a partidos políticos;*

A sindicalização e a greve são medidas que dificultam o trabalho do militar, pois o influencia a questionar as ordens recebidas de seus superiores. As atribuições dos militares dependem de uma obediência irrestrita, por essa razão a Constituição os impediu de se organizarem em sindicatos e de realizarem movimentos paredistas.

Quanto à vedação de filiação a partido político, deve-se destacar que o militar, para que desenvolva suas atividades com eficiência, não pode se sujeitar às correntes político-partidárias. O militar deve obedecer apenas à Constituição Federal e executar suas atividades com determinação. Essa vedação não o impede de se candidatar a cargo eletivo, desde que não seja conscrito. Aqui cabe citar o Art. 14, § 8º da CF:

> ***§ 8º**. O militar alistável é elegível, atendidas as seguintes condições:*
>
> ***I.** se contar menos de dez anos de serviço, deverá afastar-se da atividade;*
>
> ***II.** se contar mais de dez anos de serviço, será agregado pela autoridade superior e, se eleito, passará automaticamente, no ato da diplomação, para a inatividade.*

Serviço militar obrigatório

Outro tema importante acerca das Forças Armadas é a existência do serviço militar obrigatório, previsto no Art. 143:

> ***Art. 143.** O serviço militar é obrigatório nos termos da lei.*
>
> ***§ 1º**. Às Forças Armadas compete, na forma da lei, atribuir serviço alternativo aos que, em tempo de paz, após alistados, alegarem imperativo de consciência, entendendo-se como tal o decorrente de crença religiosa e de convicção filosófica ou política, para se eximirem de atividades de caráter essencialmente militar.*
>
> ***§ 2º**. as mulheres e os eclesiásticos ficam isentos do serviço militar obrigatório em tempo de paz, sujeitos, porém, a outros encargos que a lei lhes atribuir.*

A Lei que regula o serviço militar obrigatório é a 4.375/64, a qual obriga todos os brasileiros a se alistarem. Destaca-se que essa obrigatoriedade não se aplica aos eclesiásticos (líderes religiosos) e às mulheres, em tempos de paz, o que nos conduz à conclusão de que eles poderiam ser convocados em momentos de guerra ou mobilização nacional.

O § 1º apresenta um tema que já foi cobrado em prova: a dispensa do serviço obrigatório pela escusa de consciência. Isso ocorre quando o indivíduo se recusa a cumprir a obrigação essencialmente militar que é imposta pela Constituição Federal em razão da sua convicção filosófica, religiosa ou política. O referido parágrafo, em consonância com o inciso VIII do Art. 5º, permite que nesses casos o interessado tenha respeitado o seu direito de escolha e de livre consciência desde que cumpra a prestação alternativa regulamentada na Lei 8.239/91, a qual consiste no desempenho de atribuições de caráter administrativo, assistencial, filantrópico ou produtivo, em substituição às atividades de caráter essencialmente militar. Não havendo o cumprimento da atividade obrigatória ou da prestação alternativa fixada em lei, o Art. 15 prevê como consequência a restrição dos direitos políticos:

> ***Art. 15.*** *É vedada a cassação de direitos políticos, cuja perda ou suspensão só se dará nos casos de:*
>
> ***IV.*** *recusa de cumprir obrigação a todos imposta ou prestação alternativa, nos termos do Art. 5º, VIII.*

Acerca desse tema, um problema surge na doutrina. A Constituição não estabelece de forma clara qual consequência deverá ser aplicada ao indivíduo que se recusa a cumprir a obrigação ou a prestação alternativa. A Lei 8.239/91, que regula a prestação alternativa ao serviço militar obrigatório, prevê que será declarada a suspensão dos direitos políticos de quem se recusar a cumprir a obrigação e a prestação alternativa. A doutrina tem se dividido entre as duas possibilidades: perda ou suspensão dos direitos políticos.

Em tese, esse tema não deveria ser cobrado em prova de concurso, considerando sua divergência doutrinária; entretanto, recentemente, para o concurso de juiz do TRF da 5ª região, a banca CESPE trouxe essa questão e sustentou em seu gabarito definitivo a posição de perda dos direitos políticos. Diante desse último posicionamento da CESPE, caso o candidato faça alguma prova desta banca, em que seja cobrada esse conteúdo, deve-se responder perda. O mesmo se aplica para FCC, que também entende que ocorre perda dos direitos políticos.

8.3 Segurança Pública

Órgãos

Conforme prescrito no χαπυτ do Art. 144, a Segurança Pública é dever do Estado e tem como objetivo a preservação da ordem pública e da incolumidade das pessoas e do patrimônio. Esse tema é certo em concursos públicos da área de Segurança Pública e deve ser estudado com o foco na memorização de todo o artigo. Um dos pontos mais importantes está na definição de quais órgãos compõem a chamada segurança pública, os quais estão listados de forma taxativa no Art. 144:

> ***Art. 144.*** *A segurança pública, dever do Estado, direito e responsabilidade de todos, é exercida para a preservação da ordem pública e da incolumidade das pessoas e do patrimônio, através dos seguintes órgãos:*
>
> ***I.*** *polícia federal;*
>
> ***II.*** *polícia rodoviária federal;*
>
> ***III.*** *polícia ferroviária federal;*
>
> ***IV.*** *polícias civis;*
>
> ***V.*** *polícias militares e corpos de bombeiros militares.*
>
> ***VI.*** *polícias penais federal, estaduais e distrital.*

O STF já decidiu que esse rol é taxativo e que os demais entes federativos estão vinculados à classificação proposta pela Constituição. Diante disso, conclui-se que os Estados, Distrito Federal e Municípios estão proibidos de criar outros órgãos de segurança pública diferentes dos estabelecidos na Constituição Federal. Vejamos esta questão de prova:

Ainda, como fruto dessa taxatividade, deve-se afirmar que nenhum outro órgão além dos estabelecidos nesse artigo poderá ser considerado como sendo de Segurança Pública. Isso se aplica às Guardas Municipais, aos Agentes Penitenciários, aos Agentes de Trânsito e aos Seguranças Privados.

Há ainda a chamada Força Nacional de Segurança, instituição criada como fruto de um acordo de cooperação entre os Estados e o Distrito Federal que possui o objetivo de apoiar ações de segurança pública nesses locais. Apesar de ser formado por membros dos órgãos de segurança pública de todo o país, não se pode afirmar, principalmente numa prova de concurso, que essa instituição faça parte dos Órgãos de Segurança Pública.

Não se pode esquecer das Polícias Legislativas criadas no âmbito da Câmara dos Deputados e do Senado Federal, previstas nos Arts. 51, IV e 52, XIII. Também não entram na classificação de Órgãos de Segurança Pública para a prova, pois não estão no rol do Art. 144:

> ***Art. 51.*** *Compete privativamente à Câmara dos Deputados:*
>
> ***IV.*** *dispor sobre sua organização, funcionamento, polícia, criação, transformação ou extinção dos cargos, empregos e funções de seus serviços, e a iniciativa de lei para fixação da respectiva remuneração, observados os parâmetros estabelecidos na lei de diretrizes orçamentárias.*
>
> ***Art. 52.*** *Compete privativamente ao Senado Federal:*
>
> ***XIII.*** *dispor sobre sua organização, funcionamento, polícia, criação, transformação ou extinção dos cargos, empregos e funções de seus serviços, e a iniciativa de lei para fixação da respectiva remuneração, observados os parâmetros estabelecidos na lei de diretrizes orçamentárias.*

Cada um dos órgãos será organizado em estatuto próprio, conforme preleciona o § 7º do Art. 144:

> ***§ 7º.*** *A lei disciplinará a organização e o funcionamento dos órgãos responsáveis pela segurança pública, de maneira a garantir a eficiência de suas atividades.*

Polícia administrativa x polícia judiciária

Antes de iniciar uma análise mais detida do artigo em questão, uma importante distinção doutrinária deve ser feita em relação às polícias de segurança pública: Polícia Administrativa e Polícia Judiciária.

Polícia Administrativa é a polícia preventiva. Sua atividade ocorre antes do cometimento da infração penal com o intuito de impedir a sua ocorrência. Sua atuação é ostensiva, ou seja, visível pelos membros da sociedade. É aquela polícia a que recorremos quando temos um problema. Uma característica marcante das polícias ostensivas é o seu uniforme. É a vestimenta que identifica um policial ostensivo. O maior exemplo de polícia administrativa é a Polícia Militar. Também são consideradas como polícia preventiva: Polícia Federal (em situações específicas), Polícia Rodoviária Federal, Polícia Ferroviária Federal e Corpo de Bombeiros Militar.

Polícia Judiciária é a polícia repressiva. Sua atividade ocorre após o cometimento da infração penal, quando a atuação da polícia preventiva não surtiu efeito. Sua atividade é investigativa com o fim de encontrar os elementos comprobatórios do ilícito penal cometido. O resultado do trabalho das polícias judiciárias é utilizado posteriormente pelo Ministério Público para subsidiar sua atuação junto ao Poder Judiciário. Daí a razão do nome ser Polícia Judiciária. O resultado de seu trabalho é utilizado pelo Poder Judiciário em seus julgamentos. Atente-se para a seguinte diferença, pois já caiu em prova de concurso: a Polícia Judiciária não faz parte do Poder Judiciário, mas do Poder Executivo. São consideradas como Polícia Judiciária a Polícia Civil e a Polícia Federal. A Polícia Militar também possui atribuições repressivas quando atua na investigação de crimes cometidos por policiais militares.

Além dessa classificação, pode-se distinguir os órgãos do Art. 144 em federais e estaduais, a depender da sua vinculação federativa:

Federais

Polícia Federal, Polícia Rodoviária Federal e Polícia Ferroviária Federal;

Estaduais

Polícia Civil, Polícia Militar e Corpo de Bombeiro Militar.

Feitas essas considerações iniciais, prossegue-se agora com a análise de cada um dos órgãos de segurança pública do Art. 144.

Polícia federal

A Polícia Federal é o órgão de segurança pública com maior quantidade de atribuições previstas na Constituição Federal, razão pela qual é a mais cobrada em prova:

> ***§ 1º.*** *A polícia federal, instituída por lei como órgão permanente, organizado e mantido pela União e estruturado em carreira, destina-se a:*
>
> ***I.*** *apurar infrações penais contra a ordem política e social ou em detrimento de bens, serviços e interesses da União ou de suas entidades autárquicas e empresas públicas, assim como outras infrações cuja prática tenha repercussão interestadual ou internacional e exija repressão uniforme, segundo se dispuser em lei;*
>
> ***II.*** *prevenir e reprimir o tráfico ilícito de entorpecentes e drogas afins, o contrabando e o descaminho, sem prejuízo da ação fazendária e de outros órgãos públicos nas respectivas áreas de competência;*
>
> ***III.*** *exercer as funções de polícia marítima, aeroportuária e de fronteiras;*
>
> ***IV.*** *exercer, com exclusividade, as funções de polícia judiciária da União.*

Deve-se destacar, como característica principal, a sua atuação como Polícia Judiciária exclusiva da União. É ela quem atuará na repressão dos crimes cometidos contra a União e suas entidades autárquicas e empresas públicas. Apesar de mencionar algumas entidades da administração indireta, não se mencionou as Sociedades de Economia Mista. Isso força uma conclusão de que a Polícia Federal não tem atribuição nos crimes que envolvam interesses de Sociedades de Economia Mista.

As demais atribuições serão exercidas concomitantemente com outros órgãos, limitando a exclusividade de sua atuação apenas à função investigativa no âmbito da União.

Polícia rodoviária federal

A Polícia Rodoviária Federal é órgão da União responsável pelo patrulhamento das rodovias federais:

> ***§ 2º.*** *A polícia rodoviária federal, órgão permanente, organizado e mantido pela União e estruturado em carreira, destina-se, na forma da lei, ao patrulhamento ostensivo das rodovias federais.*

Eventualmente, sua atuação se estenderá às rodovias estaduais ou distritais mediante convênio firmado entre os entes federativos. Não havendo esse convênio, o patrulhamento das rodovias estaduais e distritais fica a cargo das Polícias Militares. É comum no âmbito das Polícias Militares a criação de batalhões ou companhias com essa atribuição específica, as chamadas Polícias Rodoviárias.

Polícia ferroviária federal

A Polícia Ferroviária Federal é o órgão da União responsável pelo patrulhamento das ferrovias federais:

> ***§ 3º.*** *A polícia ferroviária federal, órgão permanente, organizado e mantido pela União e estruturado em carreira, destina-se, na forma da lei, ao patrulhamento ostensivo das ferrovias federais.*

Diante da pouca relevância das ferrovias no Brasil, esse órgão ficou no esquecimento durante vários anos. No dia 5 agosto de 2011, a Presidente Dilma sancionou a Lei 12.462, que cria no âmbito do Ministério da Justiça a Polícia Ferroviária Federal. O efetivo que comporá essa nova estrutura se originará das instituições que anteriormente cuidavam das ferrovias:

> ***Art. 48.*** *A Lei nº 10.683, de 28 de maio de 2003, passa a vigorar com as seguintes alterações:*
>
> ***Art. 29****, XIV. Do Ministério da Justiça: o Conselho Nacional de Política Criminal e Penitenciária, o Conselho Nacional de Segurança Pública, o Conselho Federal Gestor do Fundo de Defesa dos Direitos Difusos, o Conselho Nacional de Combate à Pirataria e Delitos contra a Propriedade Intelectual, o Conselho Nacional de Arquivos, o Conselho Nacional de Políticas sobre Drogas, o Departamento de Polícia Federal, o Departamento de Polícia Rodoviária Federal, o Departamento de Polícia Ferroviária Federal, a Defensoria Pública da União, o Arquivo Nacional e até 6 (seis) Secretarias;*
>
> ***§ 8º.*** *Os profissionais da Segurança Pública Ferroviária oriundos do grupo Rede, Rede Ferroviária Federal (RFFSA), da Companhia Brasileira de Trens Urbanos (CBTU) e da Empresa de Trens Urbanos de Porto Alegre (Trensurb) que estavam em exercício em 11 de dezembro de 1990, passam a integrar o Departamento de Polícia Ferroviária Federal do Ministério da Justiça (NR).*

Polícia civil

Essa é a Polícia Judiciária no âmbito dos Estados e do Distrito Federal. É dirigida por delegados de polícia de carreira e possui atribuição subsidiária à da Polícia Federal e à da Polícia Militar. Significa dizer que o que não for atribuição da Polícia Federal ou da Polícia Militar será da Polícia Civil:

> ***§ 4º*** *- às polícias civis, dirigidas por delegados de polícia de carreira, incumbem, ressalvada a competência da União, as funções de polícia judiciária e a apuração de infrações penais, exceto as militares.*

Polícia militar e corpo de bombeiros militar

Essas duas instituições possuem caráter essencialmente ostensivo dentro das atribuições próprias. A Polícia Militar é responsável pelo policiamento ostensivo e preservação da ordem pública.

É a PM quem exerce a função principal de prevenção do crime. Quando se pensa em polícia, certamente é a primeira que vem à mente, pois é vista pela sociedade. Já o Corpo de Bombeiros Militar, apesar de não ser órgão policial, possui atribuição de segurança pública à medida que executa atividades de defesa civil. São responsáveis por uma atuação voltada para a proteção da sociedade, prestação de socorro, atuação em incêndios e acidentes. Destaca-se pela agilidade no atendimento, o que muitas vezes acaba por coibir maiores tragédias:

> ***§ 5º.*** *às polícias militares cabem a polícia ostensiva e a preservação da ordem pública; aos corpos de bombeiros militares, além das atribuições definidas em lei, incumbe a execução de atividades de defesa civil.*
>
> ***§ 6º.*** *As polícias militares e corpos de bombeiros militares, forças auxiliares e reserva do Exército, subordinam-se, juntamente com as polícias civis, aos Governadores dos Estados, do Distrito Federal e dos Territórios.*

Por serem corporações militares, a eles se aplicam as mesmas regras que são aplicadas às Forças Armadas, como a proibição de greve, filiação partidária e sindicalização.

São ainda consideradas forças auxiliares e reserva do Exército. Significa que num momento de necessidade de efetivo seria possível a convocação de Policiais e Bombeiros Militares como força reserva e de apoio.

Estão subordinados aos Governadores dos Estados, a Distrito Federal e dos Territórios a quem compete a gestão da Segurança Pública em cada ente federativo.

No que tange à Polícia Militar, ao Corpo de Bombeiros Militares e à Polícia Civil do Distrito Federal, há um detalhe que não pode ser esquecido, pois já foi cobrado em prova. Apesar da subordinação destas forças ao Governador do Distrito Federal, a competência para legislar e manter estas corporações é da União.

Aqui há uma exceção na autonomia federativa do Distrito Federal, que está prevista expressamente na Constituição no Art. 21, XIV:

> ***Art. 21.*** *Compete à União:*
>
> ***XIV.*** *organizar e manter a polícia civil, a polícia militar e o corpo de bombeiros militar do Distrito Federal, bem como prestar assistência financeira ao Distrito Federal para a execução de serviços públicos, por meio de fundo próprio.*

Polícias penais

A Emenda Constitucional 104/2019 introduziu no rol de entidades de segurança pública as chamadas penais.

De acordo com o art. 144, §5º-A da Constituição, cabe às polícias penais, vinculadas ao órgão administrador do sistema penal da unidade federativa a que pertencem, a segurança dos estabelecimentos penais.

Questões

01. (CESPE) Segundo o STF, não há subordinação dos organismos policiais civis, que integram a estrutura do Estado, ao chefe do Poder Executivo, razão pela qual considera constitucional lei estadual que estabeleça autonomia administrativa, funcional e financeira à polícia civil.

Certo ( ) Errado ( )

02. (CESPE) Sendo a segurança um dever estatal, direito e responsabilidade de todos, os municípios, em momentos de instabilidade social podem constituir guardas municipais destinadas a policiamento ostensivo e à preservação da ordem pública.

Certo ( ) Errado ( )

03. (PCDF) Quanto à defesa do Estado e das instituições democráticas, assinale a alternativa correta.

- **a)** Aos policiais civis e militares são vedadas a sindicalização e a greve.
- **b)** Compõem a Polícia da União a Polícia Federal e a Polícia Rodoviária Federal.
- **c)** Os policiais civis, militares e do corpo de bombeiros do Distrito Federal têm sua remuneração sob a forma de subsídio, e é da União a competência para editá-la.
- **d)** O porte de arma é vedado, sem exceções, às guardas municipais.
- **e)** Para a decretação do estado de defesa, faz-se necessário que o presidente da República realize prévia solicitação ao Congresso Nacional, que se manifestará por maioria absoluta de seus membros.

04. (CESPE) As corporações consideradas forças auxiliares e reserva do Exército subordinam-se aos governadores dos estados, do Distrito Federal e dos territórios.

Certo ( ) Errado ( )

05. (CESPE) Segundo entendimento do Supremo Tribunal Federal, os aspectos relativos à legalidade da imposição de punição constritiva da liberdade, em procedimento administrativo castrense, podem ser discutidos por meio de habeas corpus.

Certo ( ) Errado ( )

06. (CESPE) É permitido a um estado da Federação criar instituto geral de perícias estadual e inseri-lo no rol constitucional dos órgãos encarregados do exercício da segurança pública.

Certo ( ) Errado ( )

07. (CESPE) O oficial condenado, na justiça comum ou militar, por sentença transitada em julgado, a pena privativa de liberdade superior a dois anos deve ser submetido a julgamento para que seja decidido se é indigno do oficialato ou com ele incompatível, podendo perder o posto e a patente.

Certo ( ) Errado ( )

08. (CESPE) A ABIN destina-se a exercer as funções de polícia judiciária da União.

Certo ( ) Errado ( )

09. (CESPE) Em caso de roubo a agência do Banco do Brasil, o inquérito policial deve ser aberto por delegado da Polícia Civil, e não, da Polícia Federal.

Certo ( ) Errado ( )

10. (ACAFE) Sobre Segurança Pública é correto afirmar, exceto:

- **a)** Aos corpos de bombeiros militares incumbe a execução de atividades de defesa civil.
- **b)** As polícias militares cabem a polícia ostensiva e a preservação da ordem pública.
- **c)** A polícia incumbe a função de polícia judiciária e a apuração de infrações penais.
- **d)** A polícia rodoviária federal destina-se, na forma da lei, ao patrulhamento ostensivo das rodovias federais.

11. (CESPE) A Polícia Federal tem competência constitucional para prevenir e reprimir, com exclusividade, o tráfico ilícito de entorpecentes e drogas afins, o contrabando e o descaminho.

Certo ( ) Errado ( )

12. (NCUFPR) De acordo com o disposto no artigo 144 da Constituição da República Federativa do Brasil de 1988, a segurança pública, dever do Estado, direito e responsabilidade de todos, é exercida para a preservação da ordem pública e da incolumidade das pessoas e do patrimônio, através dos seguintes órgãos:

a) Secretaria de Estado da Segurança Pública, Polícia Federal, Polícia Civil, Polícia Militar e Guarda Municipal.
b) Polícias Federais, Polícias Civis, Corpo de Bombeiros, Guarda Municipal, Polícia de Trânsito e Exército.
c) Secretaria de Estado da Segurança Pública, Ministério Público Estadual e Federal, Polícia Federal e Polícia Civil.
d) Polícia Federal, Polícia Rodoviária Federal, Polícia Ferroviária Federal, Polícias Civis, Polícias Militares e Corpos de Bombeiros Militares.
e) Secretaria de Estado da Segurança Pública, Ministério Público Estadual e Federal, Polícia Federal, Polícia Militar e Polícia Civil.

13. (FUNRIO) Com relação ao estado de defesa, no que se refere às medidas coercitivas, pode-se afirmar:

I. Restrições aos direitos de reunião, ainda que exercida no seio das associações;
II. O tempo de duração do estado de defesa não será superior a trinta dias, podendo ser prorrogado duas vezes, por igual período;
III. Na vigência do estado de defesa a prisão ou detenção de qualquer pessoa não poderá ser superior a vinte dias, salvo quando autorizada pelo Poder Judiciário;
IV. Na vigência do estado de defesa a prisão por crime contra o Estado, determinada pelo executor da medida, será por este comunicada imediatamente ao juiz competente, que a relaxará, se não for legal, facultado ao preso requerer exame de corpo de delito à autoridade policial;
V. Na vigência do estado de defesa poderá ser o preso mantido sob incomunicabilidade por um período de 180 (cento e oitenta) dias.

Estão corretas apenas as opções:

a) II e V.
b) III e IV.
c) I e IV.
d) I e II.
e) III e V.

14. (UEG) São atribuições da Polícia Federal:

a) Apurar infrações penais contra a ordem pública e social ou em detrimento de bens, serviços e interesses da União ou de suas entidades autárquicas e empresas públicas, assim como outras infrações cuja prática tenha repercussão regional ou interestadual e exija repressão uniforme, segundo se dispuser em lei.
b) Prevenir e reprimir o tráfico ilícito de entorpecentes e drogas afins, o contrabando e o descaminho, sem prejuízo da ação fazendária e de outros órgãos públicos nas respectivas áreas de competência.
c) Exercer, concorrentemente com as polícias civis e militares, as funções de polícia judiciária da União.
d) Exercer as funções de polícia marítima, fluvial, aeroportuária e de fronteiras.

15. (UEG) Sobre a vigência do estado de defesa, é correto afirmar:

a) É permitida a incomunicabilidade do preso.
b) A prisão ou detenção de qualquer pessoa não poderá ser superior a quinze dias, salvo quando autorizada pelo Poder Judiciário.
c) A comunicação da prisão será acompanhada de declaração, pela autoridade, do estado físico e mental do detido no momento de sua autuação.
d) A prisão por crime contra o Estado, determinada pelo executor da medida, será por este comunicada imediatamente ao juiz competente, que a relaxará, se não for legal, facultado ao preso requerer exame de corpo de delito à autoridade judiciária.

16. (FCC) Face a comoção grave de repercussão nacional, sendo decretado o estado de sítio, Alberto, brasileiro maior e capaz e domiciliado no Estado de Roraima, resolveu se mudar para o Estado do Rio Grande do Sul, porém ao chegar no aeroporto, Otávio, agente da Polícia Federal, legalmente e no exercício de atribuições do Poder Público, proibiu a sua locomoção para outro Estado, mantendo-o contra sua vontade no Estado de Roraima. Segundo a Constituição Federal, Alberto, na vigência do estado de sítio:

a) Poderá viajar desde que impetre habeas corpus ao Superior Tribunal de Justiça, cuja competência é originária.
b) Tem direito líquido e certo e, assim, impetrará habeas corpus ao Presidente do Tribunal de Justiça do Estado de Roraima, que permitirá sua viagem.
c) Não terá que se sujeitar a ordem da autoridade desde que impetre habeas corpus ao Supremo Tribunal Federal, cuja competência é originária.
d) Não terá que se sujeitar a ordem da autoridade desde que impetre habeas corpus ao Juiz do Tribunal Militar, que requisitará informações à Policia Federal.
e) Em regra, terá que se sujeitar a ordem da autoridade e deverá permanecer no Estado de Roraima.

17. (FCC) Gustavo, Presidente da República, após ouvidos o Conselho da República e o Conselho de Defesa Nacional, decretou estado de defesa para preservar, em local restrito e determinado, a ordem pública ameaçada por grave e iminente instabilidade institucional, indicando no decreto, segundo a Constituição Federal, nos termos e limites da lei, as medidas coercitivas a vigorarem, podendo restringir os direitos de:

a) Ir e vir, sujeito à pena de banimento, apenas.
b) Ir e vir, sujeito à prisão perpetua e multa.
c) Imagem e de propriedade intelectual.
d) Reunião, ainda que exercida no seio das associações, sigilo de correspondência e sigilo de comunicação telegráfica e telefônica.
e) Livre manifestação do pensamento e de propriedade imóvel.

18. (FCC) No caso de pedido de autorização para a decretação de estado de sítio, a convocação extraordinária do Congresso Nacional far-se-á pelo:

a) Ministro das Forças Armadas.
b) Presidente da Câmara dos Deputados.
c) Presidente do Senado Federal.
d) Ministro Chefe da Casa Civil.
e) Ministro da Justiça.

19. (CESPE) Assinale a opção correta quanto à defesa do Estado e das instituições democráticas.

a) A natureza discricionária do ato do presidente da República que decreta o estado de sítio não viabiliza o controle judicial, razão pela qual há, sobre tal ato, a incidência do controle exclusivamente político, exercido pelo Congresso Nacional.

b) Não se admite, no estado de defesa e no estado de sítio, a suspensão das denominadas imunidades parlamentares.

c) Os estados-membros podem, a seu critério, inserir os seus respectivos departamentos de trânsito entre os órgãos incumbidos do exercício da segurança pública.

d) A punição disciplinar militar imposta sem que haja previsão legal é passível de impugnação via habeas corpus.

e) Para a prorrogação do prazo de duração do estado de defesa é dispensável a aprovação do Congresso Nacional.

Gabaritos

01	ERRADO	11	ERRADO
02	ERRADO	12	D
03	C	13	C
04	CERTO	14	B
05	CERTO	15	C
06	ERRADO	16	E
07	CERTO	17	D
08	ERRADO	18	C
09	CERTO	19	D
10	C	-	-

NOÇÕES DE DIREITO PENAL

1. DOS CRIMES CONTRA A PESSOA

Os direitos e garantias individuais não têm caráter absoluto, por esse motivo, o direito à vida é relativo.

Ex.: Pena de morte em caso de guerra externa. (art. 5º, XLVII, "a", CF/88). O crime de homicídio, capitulado nos crimes contra a vida, está descrito no art. 121 do Código Penal, e versa sobre a eliminação da vida humana extrauterina.

Vejamos no quadro abaixo quais são os crimes dolosos contra a vida, e suas principais peculiaridades:

Crimes Contra a Vida	
Homicídio (art. 121, CP)	São todos crimes processados mediante ação penal pública incondicionada. São Julgados pelo tribunal do Júri. **Obs.:** O homicídio culposo é julgado pelo juízo singular (vara criminal).
Participação em Suicídio (art. 122, CP)	
Infanticídio (art. 123, CP)	
Aborto (Arts. 124 a 126, CP)	

Dos crimes culposos contra a vida, só há o homicídio. Os demais não comportam a modalidade culposa, o aborto culposo pode ser resultado qualificado, mas crime autônomo ele não é. Não há infanticídio culposo também. Só o homicídio admite a forma culposa.

1.1 Dos Crimes Contra a Vida

Homicídio

***Art. 121.** Matar alguém:*

***Pena** - reclusão, de seis a vinte anos*

Caso de diminuição de pena

***§ 1º** Se o agente comete o crime impelido por motivo de relevante valor social ou moral, ou sob o domínio de violenta emoção, logo em seguida a injusta provocação da vítima, o juiz pode reduzir a pena de um sexto a um terço.*

Homicídio qualificado

***§ 2º** Se o homicídio é cometido:*

***I.** mediante paga ou promessa de recompensa, ou por outro motivo torpe;*

***II.** por motivo futil;*

***III.** com emprego de veneno, fogo, explosivo, asfixia, tortura ou outro meio insidioso ou cruel, ou de que possa resultar perigo comum;*

***IV.** à traição, de emboscada, ou mediante dissimulação ou outro recurso que dificulte ou torne impossivel a defesa do ofendido;*

***V.** para assegurar a execução, a ocultação, a impunidade ou vantagem de outro crime:*

***Pena** - reclusão, de doze a trinta anos.*

Feminicídio (Incluído pela Lei nº 13.104, de 2015)

***VI.** contra a mulher por razões da condição de sexo feminino: (Incluído pela Lei nº 13.104, de 2015)*

***VII.** contra autoridade ou agente descrito nos arts. 142 e 144 da Constituição Federal, integrantes do sistema prisional e da Força Nacional de Segurança Pública, no exercício da função ou em decorrência dela, ou contra seu cônjuge, companheiro ou parente consanguíneo até terceiro grau, em razão dessa condição: (Incluído pela Lei nº 13.142, de 2015)*

***VIII.** com emprego de arma de fogo de uso restrito ou proibido: (Incluído pela Lei nº 13.964, de 2019).*

***Pena** - reclusão, de doze a trinta anos.*

***§ 2º-A** Considera-se que há razões de condição de sexo feminino quando o crime envolve: (Incluído pela Lei nº 13.104, de 2015)*

***I.** violência doméstica e familiar; (Incluído pela Lei nº 13.104, de 2015)*

***II.** menosprezo ou discriminação à condição de mulher. (Incluído pela Lei nº 13.104, de 2015)*

Homicídio culposo

***§ 3º** Se o homicídio é culposo: (Vide Lei nº 4.611, de 1965)*

***Pena** - detenção, de um a três anos.*

Aumento de pena

***§ 4º** No homicídio culposo, a pena é aumentada de 1/3 (um terço), se o crime resulta de inobservância de regra técnica de profissão, arte ou ofício, ou se o agente deixa de prestar imediato socorro à vítima, não procura diminuir as conseqüências do seu ato, ou foge para evitar prisão em flagrante. Sendo doloso o homicídio, a pena é aumentada de 1/3 (um terço) se o crime é praticado contra pessoa menor de 14 (quatorze) ou maior de 60 (sessenta) anos. (Redação dada pela Lei nº 10.741, de 2003)*

***§ 5º** Na hipótese de homicídio culposo, o juiz poderá deixar de aplicar a pena, se as conseqüências da infração atingirem o próprio agente de forma tão grave que a sanção penal se torne desnecessária. (Incluído pela Lei nº 6.416, de 24.5.1977)*

***§ 6º** A pena é aumentada de 1/3 (um terço) até a metade se o crime for praticado por milícia privada, sob o pretexto de prestação de serviço de segurança, ou por grupo de extermínio. (Incluído pela Lei nº 12.720, de 2012)*

***§ 7º** A pena do feminicídio é aumentada de 1/3 (um terço) até a metade se o crime for praticado: (Incluído pela Lei nº 13.104, de 2015)*

***I.** durante a gestação ou nos 3 (três) meses posteriores ao parto; (Incluído pela Lei nº 13.104, de 2015)*

***II.** contra pessoa menor de 14 (catorze) anos, maior de 60 (sessenta) anos, com deficiência ou portadora de doenças degenerativas que acarretem condição limitante ou de vulnerabilidade física ou mental; (Redação dada pela Lei nº 13.771, de 2018)*

***III.** na presença física ou virtual de descendente ou de ascendente da vítima; (Redação dada pela Lei nº 13.771, de 2018)*

***IV.** em descumprimento das medidas protetivas de urgência previstas nos incisos I, II e III do caput do art. 22 da Lei nº 11.340, de 7 de agosto de 2006. (Incluído pela Lei nº 13.771, de 2018)*

Homicídio Simples

***Art. 121.** Matar alguém:*

***Pena** - reclusão, de seis a vinte anos.*

Caso de Diminuição de Pena

***§ 1º** Se o agente comete o crime impelido por motivo de relevante valor social ou moral, ou sob o domínio de violenta emoção, logo em seguida a injusta provocação da vítima, ou juiz pode reduzir a pena de um sexto a um terço.*

Homicídio Qualificado

***§ 2º** Se o homicídio é cometido:*

***I.** Mediante paga ou promessa de recompensa, ou por outro motivo torpe;*

***II.** Por motivo fútil;*

***III.** Com emprego de veneno, fogo, explosivo, asfixia, tortura ou outro meio insidioso ou cruel, ou de que possa resultar perigo comum;*

***IV.** À traição, de emboscada, ou mediante dissimulação ou outro recurso que dificulte ou torne impossível a defesa do ofendido;*

***V.** Para assegurar a execução, a ocultação, a impunidade ou vantagem de outro crime:*

***Pena** - reclusão, de doze a trinta anos.*

Homicídio Culposo

***§ 3º**. Se o homicídio é culposo:*

***Pena** - detenção, de um a três anos.*

Aumento de pena

***§ 4º**. No homicídio culposo, a pena é aumentada de 1/3 (um terço), se o crime resulta de inobservância de regra técnica de profissão, arte ou ofício, ou se o agente deixa de prestar imediato socorro à vítima, não procura diminuir as consequências do seu ato, ou foge para evitar prisão em flagrante. Sendo doloso o homicídio, a pena é aumentada de 1/3 (um terço) se o crime é praticado contra pessoa menor de 14 (quatorze) ou maior de 60 (sessenta) anos.*

***§ 5º**. Na hipótese de homicídio culposo, o juiz poderá deixar de aplicar a pena, se as consequências da infração atingirem o próprio agente de forma tão grave que a sanção penal se torne desnecessária.*

O homicídio é a morte injusta de uma pessoa praticada por outrem. De acordo com Nelson Hungria é o crime por excelência.

No art. 121, *caput* tem-se o chamado Homicídio Doloso Simples. No art. 121, §1º, tem-se o chamado Homicídio Doloso Privilegiado (causa de diminuição de pena). O art. 121, §2º, traz o Homicídio Doloso qualificado. O Art.121, §3º, prevê o Homicídio Culposo. O art. 121, §4º, do CP estabelece hipóteses de causa de aumento (majorantes) de pena no homicídio culposo. o §5º traz o Perdão Judicial.

E o homicídio preterdoloso? Está previsto no art. 129, §3º do CP: é a lesão corporal seguida de morte.

Homicídio não é genocídio, são dois crimes distintos. Nem todo homicídio em massa será considerado genocídio. Para ser genocídio , a conduta deve se enquadrar na Lei nº 2.889/1956, o agente deve ter a vontade/propósito de exterminar total ou parcialmente um grupo étnico, social ou religioso. Se o objetivo não for esse, não há se falar em genocídio. Pode ser genocídio segregando membros de um grupo, impedindo o nascimento no seio de um grupo. Foi o que Saddam Hussein fez com os Curdos no Iraque, por exemplo.

Homicídio simples

***Art. 121.** Matar alguém:*

Sujeito Ativo: é crime comum, pode ser praticado por qualquer pessoa.

Sujeito Passivo: da mesma forma, pode ser qualquer pessoa. Magalhães Noronha entende que o Estado também figura como vítima do homicídio, justificando existir um interesse do ente político na conservação da vida humana, sua condição de existência.

Alguns autores apontam que, quando a vítima for o Presidente da República, do Senado Federal ou da Câmara dos Deputados, o crime pode ser contra a Segurança Nacional. A conduta pode ser tipificada no art. 121 do CP ou no art. 29 da Lei nº 7.170/83, consistindo em matar alguém com motivação política. Caso isso ocorra, tem-se a aplicação do Princípio da Especialidade.

Conduta punida

A conduta punível nesse tipo penal nada mais é que tirar a vida de alguém. Atente-se para a diferença:

> **Vida intrauterina**: abortamento – aborto.
> **Vida extrauterina**: homicídio ou infanticídio.

Quanto ao início do parto, existem três correntes:

> 1ª Corrente: dá-se com o completo e total desprendimento do feto das entranhas maternas;
> 2ª Corrente: ocorre desde as dores do parto;
> 3ª Corrente: ocorre com a dilatação do colo do útero.

Forma de execução: trata-se de delito de execução livre, podendo ser praticado por ação ou omissão, meios de execução diretos ou indiretos.

Tipo Subjetivo: o art. 121, *caput* é punido a título de dolo direto ou dolo eventual.

Verifica-se o dolo eventual quando o agente assumiu o risco de praticar a conduta delituosa. Atualmente os tribunais entendem que quando o agente, embriagado, pratica homicídio de trânsito, pode ser condenado pelo homicídio do art. 121 do CP, tendo em vista que, ao ingerir bebida alcoólica e tomar a direção de um veículo, assumiu o risco de produzir o evento danoso.

A finalidade do agente pode servir como privilégio ou como qualificadora.

Consumação e tentativa

Trata-se de delito material ou de resultado, ou seja, o delito consuma-se com a morte. A morte dá-se com a cessação da atividade encefálica. Cessando a atividade encefálica, o agente será considerado morto, conforme se extrai da Lei nº 9.434/97 – Lei de Transplantes. A tentativa é possível, considerando que o homicídio se trata de crime plurissubsistente, permitindo-se o fracionamento da execução.

O homicídio simples pode ser considerado crime hediondo quando praticado em atividade típica de grupo de extermínio, conforme prevê o art. 1º da Lei nº8.072/1990 (Lei dos Crimes Hediondos). É o chamado homicídio condicionado. O homicídio também pode ser praticado através de relações sexuais ou atos libidinosos.

Ex.: "A", portador do vírus HIV (AIDS) e sabedor desta condição, com a intenção de matar, tem relação sexual com "B", com o fim de transmitir voluntária e dolosamente o vírus a este último. Nesta situação, após a transmissão, enquanto "B" não morrer, "A" responderá por tentativa de homicídio, após a morte de "B", "A" responderá por homicídio consumado.

Homicídio privilegiado

***Art. 121**, § 1º. Se o agente comete o crime impelido por motivo de relevante valor social ou moral, ou sob o domínio de violenta emoção, logo em seguida a injusta provocação da vítima, ou juiz pode reduzir a pena de um sexto a um terço.*

O Homicídio Privilegiado é causa de diminuição de pena, havendo a redução de 1/6 a 1/3. Essa diminuição de pena é direito subjetivo do réu, sendo que, presentes os requisitos, o juiz deve reduzir a pena.

Hipóteses privilegiadoras

Se o agente comete o crime por motivo de relevante valor social

No valor social, o agente mata para atender os interesses de toda coletividade.

Ex.: Matar estuprador do bairro; matar um assassino que aterroriza a cidade.

Se o agente comete o crime por relevante valor moral: o agente mata para atender interesses particulares, diferente do valor social

Esses interesses morais são ligados aos sentimentos de compaixão, misericórdia ou piedade.

Ex.: Eutanásia; A mata B porque este matou seu filho.

Alguns autores salientam que o entendimento doutrinário mais recente, é no sentido de que a ortotanásia não seja crime, mas essa questão, indagada em concurso do MP de SC, foi considerada tão crime como a eutanásia.

Se o agente comete o crime sob o domínio de violenta emoção, logo em seguida a injusta provocação da vítima - Homicídio Emocional

Atente-se que domínio não se confunde com mera influência. A mera influência é uma atenuante de pena prevista no art. 65 do CP.

É necessário observar que o homicídio deve ocorrer logo após a injusta provocação da vítima, ou seja, deve haver imediatidade da reação (reação sem intervalo temporal). Entende a jurisprudência que, enquanto perdurar o domínio da violenta emoção, a reação será considerada imediata.

Observa-se ainda que a provocação da vítima deve ser injusta, e isso não traduz, necessariamente, um fato típico. Pode haver injusta provocação sem configurar fato típico, mas serve para configurar o homicídio emocional.

Ex.: Adultério.

Se for injusta a agressão da vítima, será caso de legitima defesa.

O privilégio é sempre circunstância do crime. Sendo que as circunstâncias subjetivas são incomunicáveis, nos termos do art. 30 do CP. Já as circunstâncias objetivas são comunicáveis, nos termos do art. 30, in fine.

Circunstâncias Subjetivas	Circunstâncias Objetivas
Não se comunicam.	Comunicam-se.
Ligam-se ao motivo ou estado anímico do agente	Ligam-se ao meio / modo de execução
Como as privilegiadoras aqui citadas são subjetivas, não haverá comunicabilidade em relação aos demais autores do crime, logo não se aplica ao **coautor** se não restarem comprovados os mesmos requisitos.	

Homicídio qualificado

Posição Majoritária – 6ª Turma do STJ (HC 78.643/PR), Nelson Hungria, Raúl Eugênio Zaffaroni e Alexandre Araripe Marinho – As qualificadoras não são, a rigor, circunstâncias, mas sim elementares do Tipo Derivado, porque dão pena abstrata nova, ou seja, podem ser identificadas antes mesmo da fixação da pena-base. Então sempre se comunicam.

O homicídio qualificado é sempre crime hediondo.

Homicídio Qualificado
§ 2º. *Se o homicídio é cometido:*
I. *Mediante paga ou promessa de recompensa, ou por outro motivo torpe;*
II. *Por motivo fútil;*
III. *Com emprego de veneno, fogo, explosivo, asfixia, tortura ou outro meio insidioso ou cruel, ou de que possa resultar perigo comum;*
IV. *À traição, de emboscada, ou mediante dissimulação ou outro recurso que dificulte ou torne impossível a defesa do ofendido;*
V. *Para assegurar a execução, a ocultação, a impunidade ou vantagem de outro crime:*
Pena *- reclusão, de doze a trinta anos.*

Motivo torpe

É o motivo abjeto, ignóbil, vil, espelhando ganância.

É indagado se a qualificadora da torpeza se aplica também ao mandante, ou apenas para o executor.

Alguns autores dizem que a resposta depende se a qualificadora for compreendida como elementar ou circunstância. Entendendo que se trata de circunstância, somente o executor responde pelo homicídio qualificado já que a circunstância subjetiva não se comunica. Por outro lado, entendendo-se que se trata de elementar subjetiva do crime, haverá comunicabilidade, estendendo-se a qualificadora ao mandante (ambos respondem pela qualificadora – mandante e executor).

Atualmente, prevalece a segunda hipótese, ou seja, que se trata de elementar subjetiva do crime, respondendo o mandante e o executor pelo crime qualificado.

Mediante paga ou promessa de recompensa

No caso de o agente matar mediante paga ou promessa de recompensa de natureza diversa da econômica, por exemplo, sexual, continua se tratando de motivo torpe, pois não deixa de se ajustar ao encerramento genérico, somente não configurando o exemplo dado no início do inciso. É o chamado homicídio mercenário.

O homicídio mercenário que nada mais é que um exemplo de torpeza. O executor é chamado de matador de aluguel.

O crime, mediante paga ou promessa, é crime de concurso necessário (plurisubsistente – plurilateral – plurisubjetivo), exigindo-se pelo menos duas pessoas (mandante e executor).

Neste caso, necessariamente a natureza é econômica, logo se a vantagem era promessa sexual, entre outras, não incidirá a qualificadora.

No inciso I o legislador encerrou de forma genérica, o que permite a interpretação analógica, ou seja, permite ao juiz a análise de outras situações que aqui podem se enquadrar.

CIÚME não é considerado motivo torpe.
AUSÊNCIA de motivo não é considerado motivo fútil.
Um motivo não pode ser FÚTIL e TORPE ao mesmo tempo, pois um exclui o outro.

Por motivo fútil

Segundo alguns autores é aquele que ocorre quando o móvel apresenta real desproporção entre o delito e a sua causa moral. Tem-se a pequeneza do motivo (matar por pouca coisa).

Ex.: Briga de trânsito.

Tem caráter SUBJETIVO, pois se refere à motivação do agente para cometer o crime.

É um motivo insignificante, de pouca importância, completamente desproporcional à natureza do crime praticado.

Atente-se que, motivo fútil não se confunde com motivo injusto, uma vez que a injustiça é característica de todo e qualquer crime - injusto penal.

Se não há motivo comprovado nos autos, poderá ser denunciado por homicídio qualificado pelo motivo fútil? Aqui há duas correntes:

1ª Corrente: a ausência de motivos equipara-se ao motivo fútil, pois seria um contrassenso conceber que o legislador punisse com pena mais grave quem mata por futilidade, permitindo que o que age sem qualquer motivo receba sanção mais branda. (MAJORITÁRIA)

2ª Corrente: a ausência de motivos não pode ser equiparada ao motivo fútil, sob pena de se ofender o princípio da reserva legal. É o que entende Cezar Roberto Bitencourt – para ele o legislador que deve incluir a ausência de motivo no rol das qualificadoras.

Com emprego de veneno, fogo, explosivo, asfixia, tortura ou outro meio insidioso ou cruel, ou de que possa resultar perigo comum

No inciso III, novamente é possível a interpretação analógica, tendo como exemplos o emprego de veneno, fogo, explosivo, asfixia ou tortura.

Tem caráter objetivo, pois se refere aos meios empregados pelo agente para o cometimento do homicídio.

No caso do emprego de veneno, é imprescindível que a vítima desconheça estar ingerindo a substância letal.

No caso de tortura, o agente emprega crueldade na conduta, provocando na vítima sofrimento desnecessário antes da morte.

Homicídio qualificado pela tortura (art. 121, § 2º, III, CP)	Tortura com resultado morte (art. 1º, § 3º, Lei nº 9.455/97)
Morte DOLOSA.	Morte PRETERDOLOSA.
O agente utiliza a tortura para provocar a morte da vítima.	O agente tem o dolo de torturar a vítima, e da tortura resulta culposamente sua morte.
Competência do Tribunal do Júri.	Competência do Juízo Singular (vara criminal).
A tortura foi o meio utilizado para a morte.	A tortura foi o fim desejado, mas a morte foi culposa.

A traição, de emboscada, ou mediante dissimulação ou outro recurso que dificulte ou torne impossível a defesa do ofendido

No inciso IV legislador prevê como exemplos a traição, emboscada ou dissimulação, finalizando de maneira genérica o que também permite a interpretação analógica.

Tem caráter objetivo (modo de execução do crime).

Traição: ataque desleal, quebra de confiança.

Emboscada: aquele que ataca a vítima com surpresa. Ele se oculta para surpreender a vítima.

Dissimulação: significa fingimento, disfarçando o agente a sua intenção hostil.

Ex.: Aquele que convida para ir à casa de outrem e, lá chegando, mata o convidado.

Para assegurar a execução, ocultação, a impunidade ou vantagem de outro crime

O inciso V possui caráter subjetivo (refere-se aos motivos do crime). Trata das hipóteses de conexão teleológica e consequencial.

→ Quando se comete o crime para assegurar a execução, classifica-se o homicídio como qualificado teleológico.

Ex.: "A" pretendendo cometer um crime de extorsão mediante sequestro contra uma pessoa muito importante e para assegurar a execução mata o segurança do empresário.

→ Já no homicídio consequencial são as seguintes hipóteses:

Conexão Consequencial	
Ocultação	Quer evitar a descoberta do crime cometido pelo agente. **Ex.:** Ocultar o cadáver após o homicídio.
Impunidade	O criminoso procura evitar que se descubra que ele foi o autor do crime. **Ex.:** Matar a testemunha ocular de um crime.
Vantagem	O agente quer usufruir a vantagem decorrente da prática de outro crime. **Ex.:** Um ladrão mata o outro para ficar com todo o dinheiro do roubo praticado por ambos.

O STF tem admitido a coexistência do privilégio (caráter subjetivo) com as qualificadoras de caráter objetivo (chamado homicídio privilegiado-qualificado).

Ex.: "A" matou "B" envenenado porque este estuprou a filha daquele.

O homicídio privilegiado-qualificado não é considerado hediondo (pois a existência do privilégio afasta a hediondez do homicídio qualificado).

Matar por ocasião de outro crime, sem vínculo finalístico, não qualifica o crime.

O crime futuro deve ocorrer para gerar a conexão teleológica? O crime futuro não precisa ocorrer para gerar esta qualificadora, bastando matar para essa finalidade.

Matar para assegurar uma contravenção penal não qualifica o crime nesta modalidade, mas pode qualificá-lo pelo motivo fútil.

Há possibilidades do homicídio qualificado ser privilegiado? Sim. Há essa possibilidade, quando as qualificadoras são objetivas.

Ou seja, uma das privilegiadoras, e uma das qualificadoras do meio cruel ou da torpeza (objetivas).

Para a maioria da doutrina, o homicídio qualificado quando também for privilegiado não será hediondo, uma vez que o privilégio é preponderante.

Feminicídio

VI. Contra a mulher por razões da condição de sexo feminino:

***Pena** - reclusão, de doze a trinta anos.*

***§ 2º-A.** Considera-se que há razões de condição de sexo feminino quando o crime envolve:*

***I.** Violência doméstica e familiar;*

***II.** Menosprezo ou discriminação à condição de mulher.*

§ 7º A Pena do feminicídio é aumentada de 1/3 (um terço) até a metade se o crime for praticado:

I. Durante a gestação ou nos 3 (três) meses posteriores ao parto;

II. Contra pessoa menor de 14 (catorze) anos, maior de 60 (sessenta) anos ou com deficiência;

III. Na presença de descendente ou de ascendente da vítima.

***Pena** - reclusão, de doze a trinta anos.*

A Lei nº 13.104/2015 introduziu no Código penal uma nova figura típica: o feminicídio. A pena para o homicídio qualificado é de 12 a 30 anos de prisão, e será aumentada em um terço se o crime acontecer durante a gestação ou nos três meses posteriores ao parto; se for contra adolescente menor de 14 anos ou adulto acima de 60 anos ou ainda pessoa com deficiência. Também se o assassinato for cometido na presença de descendente ou ascendente da vítima.

Pode-se definir como uma qualificadora do crime de homicídio motivada pelo ódio contra as mulheres, tendo como motivador as circunstâncias específicas em que o pertencimento da mulher ao sexo feminino é central na prática do delito. Entre essas circunstâncias estão incluídos: os assassinatos em contexto de violência doméstica ou familiar e o menosprezo ou discriminação à condição de mulher.

O feminicídio é qualificadora conhecida como crime fétido.

Razões de Gênero

A qualificadora do feminicídio não poderá ser provada por um laudo pericial ou exame cadavérico, porque nem sempre um assassinado de uma mulher será considerado "feminicídio". Assim, para ser configurada a qualificadora do feminicídio, a acusação tem que provar que o crime foi cometido contra a mulher por razões da condição de sexo feminino.

O § 2º-A foi acrescentado como norma explicativa, para esclarecer as situações em que a morte da mulher ocorreu em razão da condição de sexo feminino, podendo se dar em duas situações:

- Violência doméstica e familiar;
- Menosprezo ou discriminação à condição de mulher;

O § 7º do art. 121 do CP estabelece causas de aumento de pena para o crime de feminicídio.

A pena será aumentada de 1/3 até a metade se for praticado:

- Durante a gravidez ou nos 3 meses posteriores ao parto;
- Contra pessoa menor de 14 anos, maior de 60 anos ou com deficiência;
- Na presença de ascendente ou descendente da vítima.

***Art. 1º.** São considerados hediondos os seguintes crimes, todos tipificados no Decreto-Lei nº 2.848, de 7 de dezembro de 1940 - Código Penal, consumados ou tentados:*

I. homicídio (art. 121), quando praticado em atividade típica de grupo de extermínio, ainda que cometido por um só agente, e homicídio qualificado (art. 121, § 2º, incisos I, II, III, IV, V, VI e VII e VIII);

Como todo homicídio qualificado, o feminicídio também é considerado hediondo de acordo com o art. 1º da Lei nº 8.072/90 (Lei de Crimes Hediondos).

Homicídio funcional

Essa qualificadora foi inserida pela Lei nº 13.142/2015, que acrescentou objetivamente essa conduta no rol dos crimes hediondos (art. 1º, I e I-A, da Lei nº 8.072/1990) e também aumentou a pena de 1/3 a 2/3 no art. 129, § 12 (lesão corporal).

VII. Contra autoridade ou agente descrito nos Arts. 142 e 144 da Constituição Federal, integrantes do sistema prisional e da Força Nacional de Segurança Pública, no exercício da função ou em decorrência dela, ou contra seu cônjuge, companheiro ou parente consanguíneo até terceiro grau, em razão dessa condição:

São autoridades previstas no art. 142 da CF/88

***Art. 142.** As Forças Armadas, constituídas pela Marinha, pelo Exército e pela Aeronáutica, são instituições nacionais permanentes e regulares, organizadas com base na hierarquia e na disciplina, sob a autoridade suprema do Presidente da República, e destinam-se à defesa da Pátria, à garantia dos poderes constitucionais e, por iniciativa de qualquer destes, da lei e da ordem.*

São autoridades do art. 144 da CF/88:

***Art. 144.** A segurança pública, dever do Estado, direito e responsabilidade de todos, é exercida para a preservação da ordem pública e da incolumidade das pessoas e do patrimônio, através dos seguintes órgãos:*

I. Polícia federal;

II. Polícia rodoviária federal;

III. Polícia ferroviária federal;

IV. Polícias civis;

V. Polícias militares e corpos de bombeiros militares.

VI. polícias penais federal, estaduais e distrital (EC nº 104/20190).

A qualificadora do inciso VII objetiva prevenir ou reduzir crimes contra pessoas que atuam na área de segurança pública, no combate à criminalidade. É norma penal em branco, pois precisa ser complementada pelos arts. 142 e 144 da CF, acima mencionados.

Homicídio com emprego de arma de fogo de uso restrito ou proibido.

O inciso VII foi acrescentado pela Lei nº13.964/2019 – Pacote Antricrime. Foi objeto de veto pelo Presidente da República, mas em 19/04/2021 foi afastado pelo Congresso Nacional (em vigência).

Trata-se de qualificadora objetiva, ou seja, refere-se ao meio de execução utilizado pelo agente (arma de fogo de uso restrito/proibido).

É norma penal em branco ao quadrado: necessita de complemento normativo, a fim de definir quais armas são de uso restrito/proibido. No caso, a definição é extraída do art. 3°, parágrafo único, do Anexo I do Decreto nº10.030/2019.

Trata-se de qualificadora com natureza de crime hediondo, por força do art. 1°, I, da Lei nº 8.072/1990.

Homicídio culposo

§ 3º. Se o homicídio é culposo:

***Pena** - detenção, de um a três anos.*

Ocorre o homicídio culposo quando o agente realiza uma conduta voluntária, com violação de dever objetivo de cuidado imposto a todos, por negligência, imprudência ou imperícia, produzindo, por consequência, um resultado (morte) involuntário, não previsto e nem querido, mas objetivamente previsível, que podia ter sido evitado caso observasse a devida atenção.

NÃO incide aumento quando o agente foge em razão de sérias ameaças de linchamento.

Modalidades de Culpa	
Negligência	Culpa negativa. O agente deixa de fazer aquilo que a cautela manda. **Ex.:** Viajar de carro com os freios danificados.
Imprudência	Culpa positiva. O agente pratica um ato perigoso. **Ex.:** Trafegar com veículo no centro da cidade a 180 km/h.
Imperícia	Culpa profissional. É a falta de aptidão para o exercício de arte, profissão ou ofício para a qual o agente, apesar de autorizado a exercê-la, não possui conhecimentos teóricos ou práticos para tanto. **Ex.:** Médico ginecologista que começa a realizar cirurgias plásticas sem especialização para tanto.

Por se tratar de infração de médio potencial ofensivo (já que a pena mínima é de um ano) há possibilidade de suspensão condicional do processo.

Já quando ocorre o delito previsto no art. 302 do CTB – homicídio culposo na condução de veículo automotor – a pena é detenção de dois a quatro anos + a suspensão ou proibição da permissão de conduzir veículo.

Art. 121, §3º, CP	Art. 302, CTB
Norma geral	Norma especial: na direção de veículo automotor.
Pena varia de 01 a 03 anos – infração penal de médio potencial ofensivo.	A pena é de 02 a quatro anos à infração penal de grande potencial ofensivo.
Admite a suspensão do processo.	Não admite suspensão condicional do processo.

Aumento de pena

§ 4º. No homicídio culposo, a pena é aumentada de 1/3 (um terço), se o crime resulta de inobservância de regra técnica de profissão, arte ou ofício, ou se o agente deixa de prestar imediato socorro à vítima, não procura diminuir as consequências do seu ato, ou foge para evitar prisão em flagrante. Sendo doloso o homicídio, a pena é aumentada de 1/3 (um terço) se o crime é praticado contra pessoa menor de 14 (quatorze) ou maior de 60 (sessenta) anos.

Aqui se tem o rol das majorantes do homicídio doloso e o rol das majorantes do homicídio culposo.

Aumento de pena de 1/3

Se o crime resulta de inobservância de regra técnica de profissão, arte ou ofício: neste caso, apesar do agente dominar a técnica, não observa o caso concreto. É diferente da imperícia, pois nessa hipótese, o agente não domina a técnica.

Se o agente deixa de prestar imediato socorro à vítima: neste caso, é necessário para a incidência da majorante que o socorro seja possível, e que o agente não tenha risco pessoal na conduta.

Não incide aumento quando terceiros prestarem socorro ou morte instantânea incontestável.

Neste caso, não incide também o art. 135 do CP (omissão de socorro), para evitar o *bis in idem*.

De acordo com o STF, se o autor do crime, apesar de reunir condições de socorrer a vítima não o faz, concluindo pela inutilidade da ajuda em face da gravidade da lesão, sofre a majorante do art. 121, §4º, do CP:

Se não procura diminuir as consequências do seu ato;

Se foge para evitar prisão em flagrante: para a maioria da doutrina esta majorante é aplicável, pois o agente demonstra, ao fugir do flagrante, ausência de escrúpulo e diminuta responsabilidade moral, lembrando que prejudica as investigações.

Para a doutrina moderna, essa majorante não deveria incidir, pois a pessoa estaria obrigada, nessa hipótese, a produzir prova contra si mesma, o que vai de encontro ao instituto de liberdade, e já que a fuga sem violência não é crime e daí que não poderia também incidir essa majorante. (Defensoria Pública).

No homicídio doloso a pena é aumentada de 1/3 se o crime é praticado contra:

- Menor de 14 anos;
- Maior de 60 anos (não abrange aquele que tem idade igual a 60 anos).

A idade da vítima deve ser conhecida pelo agente.

E se, quando do disparo de arma de fogo, a vítima tenha menos de 14 anos, e quando falece já é maior de 14, incide a majorante? SIM, neste caso analisa-se se na ocasião da ação a vítima era menor de 14 anos (teoria da atividade).

Perdão Judicial

§ 5º. Na hipótese de homicídio culposo, o juiz poderá deixar de aplicar a pena, se as consequências da infração atingirem o próprio agente de forma tão grave que a sanção penal se torne desnecessária.

Conceito: segundo alguns autores, perdão judicial é o instituto pelo qual o Juiz, não obstante a prática de um fato típico e ilícito, por um agente comprovadamente culpado, deixa de lhe aplicar, nas hipóteses taxativamente previstas em lei, o preceito sancionador cabível, levando em consideração determinadas circunstâncias que concorrem para o evento.

O perdão judicial somente é concedido após a sentença.

O perdão judicial é uma causa extintiva da punibilidade. E caso seja indagado pelo examinador acerca da diferença do perdão judicial para o perdão do ofendido, é necessário observar que:

Perdão Judicial	Perdão do Ofendido
É ato unilateral (não precisa ser aceito pelo agente).	É ato bilateral (precisa ser aceito pelo agente).
Homicídio culposo ou lesão corporal culposa.	Somente na ação penal privada.

O perdão judicial somente ocorre no homicídio culposo, se as circunstâncias da infração atingirem o agente de forma tão grave que a sanção penal se torne desnecessária.

Ex.: Pai culposamente atropela filho na garagem de casa.

Natureza jurídica da sentença concessiva de perdão judicial: De acordo com a Súmula 18 do STJ: A sentença concessiva do perdão judicial é declaratória da extinção da punibilidade, não subsistindo qualquer efeito condenatório.

Perdão Judicial e Código de Trânsito Brasileiro: O perdão judicial no CTB estava previsto no art. 300, mas este foi vetado.

O art. 120 do CP, prevê que a sentença que conceder perdão judicial não será considerada para efeitos de reincidência.

Causa Específica de Aumento de Pena

***§ 6º**. A pena é aumentada de 1/3 (um terço) até a metade se o crime for praticado por milícia privada, sob o pretexto de prestação de serviço de segurança, ou por grupo de extermínio.*

Esse parágrafo foi introduzido no Código Penal pela Lei nº 12.720 de 27 de setembro de 2012, juntamente com a mudança no §7º do crime de lesão corporal (art. 129 do CP) e o novo crime de constituição de milícia privada (art. 288-A do CP).

É uma majorante de concurso necessário, visto que um grupo não pode ser constituído por uma ou duas pessoas.

O legislador omitiu qual o número mínimo exigido para a configuração desses grupos de extermínio ou milícias, mas a interpretação que predomina é de no mínimo 03 pessoas.

Para que ocorra essa causa especial de aumento de pena, se faz necessário um especial fim de agir do grupo de milícia privada (pretexto de prestação de serviço de segurança). Essa majorante também é aplicada se for cometida por somente um integrante do grupo, somente se o referido homicídio já teria sido planejado pela milícia anteriormente.

Ex.: O que ocorre nas favelas do Rio de Janeiro.

Induzimento, instigação ou auxílio ao suicídio

Induzimento, instigação ou auxílio a suicídio ou a automutilação

***Art. 122.** Induzir ou instigar alguém a suicidar-se ou a praticar automutilação ou prestar-lhe auxílio material para que o faça: (Redação dada pela Lei nº 13.968, de 2019)*

***Pena** - reclusão, de 6 (seis) meses a 2 (dois) anos. (Redação dada pela Lei nº 13.968, de 2019)*

***§ 1º** Se da automutilação ou da tentativa de suicídio resulta lesão corporal de natureza grave ou gravíssima, nos termos dos §§ 1º e 2º do art. 129 deste Código: (Incluído pela Lei nº 13.968, de 2019)*

***Pena** - reclusão, de 1 (um) a 3 (três) anos. (Incluído pela Lei nº 13.968, de 2019)*

***§ 2º** Se o suicídio se consuma ou se da automutilação resulta morte: (Incluído pela Lei nº 13.968, de 2019)*

***Pena** - reclusão, de 2 (dois) a 6 (seis) anos. (Incluído pela Lei nº 13.968, de 2019)*

***§ 3º** A pena é duplicada: (Incluído pela Lei nº 13.968, de 2019)*

***I.** se o crime é praticado por motivo egoístico, torpe ou fútil; (Incluído pela Lei nº 13.968, de 2019)*

***II.** se a vítima é menor ou tem diminuída, por qualquer causa, a capacidade de resistência. (Incluído pela Lei nº 13.968, de 2019)*

***§ 4º** A pena é aumentada até o dobro se a conduta é realizada por meio da rede de computadores, de rede social ou transmitida em tempo real. (Incluído pela Lei nº 13.968, de 2019)*

***§ 5º** Aumenta-se a pena em metade se o agente é líder ou coordenador de grupo ou de rede virtual. (Incluído pela Lei nº 13.968, de 2019)*

***§ 6º** Se o crime de que trata o § 1º deste artigo resulta em lesão corporal de natureza gravíssima e é cometido contra menor de 14 (quatorze) anos ou contra quem, por enfermidade ou deficiência mental, não tem o necessário discernimento para a prática do ato, ou que, por qualquer outra causa, não pode oferecer resistência, responde o agente pelo crime descrito no § 2º do art. 129 deste Código. (Incluído pela Lei nº 13.968, de 2019)*

***§ 7º** Se o crime de que trata o § 2º deste artigo é cometido contra menor de 14 (quatorze) anos ou contra quem não tem o necessário discernimento para a prática do ato, ou que, por qualquer outra causa, não pode oferecer resistência, responde o agente pelo crime de homicídio, nos termos do art. 121 deste Código. (Incluído pela Lei nº 13.968, de 2019)*

Para o Direito Penal Brasileiro, não é passível de punição a conduta do agente que tem como objetivo o extermínio da sua própria vida, ou seja, aquele que comete o suicídio (autocídio/autoquíria), bem como a possível lesão que o sujeito venha a sofrer caso sua tentativa não obtenha sucesso, devido à falta de previsão legal para tal conduta.

Contudo, o objetivo da norma penal ao tipificar essa conduta é punir o agente que participa na ocorrência do crime, auxiliando, induzindo ou instigando alguém a cometer o suicídio.

Classificação

É crime simples, comum, e formal, pois sua consumação independe de resultado resultado. É crime de forma livre. Pode ser praticado por ação ou por omissão IMPRÓPRIA, quando presente o dever de agir. (art. 13, § 2º, CP)

Condutas acessórias à prática do suicídio:

- Induzir: Implantar a ideia.
- Instigar: Reforçar a ideia preexistente.
- Auxiliar: Intromissão no processo físico de causação.

Sujeitos

Sujeito Ativo: crime comum, pode ser praticado por qualquer um.

Sujeito Passivo: alguém que tenha capacidade para agir, pois caso contrário será crime de homicídio. Se ela tiver relativa capacidade (de 14 até fazer 18 anos – art. 224, "a" e 217-A, CP), incorrerá na pena do art. 122, § 3º, II, CP.

O crime previsto no art. 122, CP é um crime condicionado ao resultado (morte ou lesão), pois se não se consumar, não terá relevância penal alguma e, portanto, não admite tentativa.

Natureza Jurídica do art. 122, CP: Nelson Hungria, Luiz Regis Prado, Aníbal Bruno e Rogério Greco – Condição Objetiva de Punibilidade, porque o crime se perfaz quando se instiga, induz ou auxilia. Entretanto, cabe destacar que a nova redação do art. 122 não mais condiciona a existência do crime ao resultado lesão grave ou morte. Assim, a prática de umas condutas de induzir, instigar ou auxiliar o suicídio ou à automutilação já é suficiente para configurar o crime, com ou sem resultado.

> ***Art. 13**, § 2º, CP. A omissão é penalmente relevante quando o omitente devia e podia agir para evitar o resultado. O dever de agir incumbe a quem:*
>
> ***a)** Tenha por lei obrigação de cuidado, proteção ou vigilância;*
>
> ***b)** De outra forma, assumiu a responsabilidade de impedir o resultado;*
>
> ***c)** Com seu comportamento anterior, criou o risco da ocorrência do resultado.*

A conduta só é punida na forma dolosa (o agente que participa), NÃO existindo previsão para modalidade culposa.

Descrição do crime: é conhecido também como o crime de participação em suicídio. Ademais, a participação deve dirigir-se a pessoa(as) determinada (as), pois NÃO é punível a participação genérica (um filme, livro, que estimule o pensamento suicida).

Sendo a conduta criminosa composta de vários verbos (induzir, instigar, auxiliar), ainda que o agente realize as três condutas, o crime será único, respondendo desta forma, apenas pelo art. 122 do CP.

Na participação material, o auxílio deve ser acessório, pois, caso seja direto e imediato, o crime será o de homicídio, visto que o sujeito não pode, em hipótese alguma, realizar uma conduta apta a eliminar a vida da vítima.

Ex.: "A" empresta sua arma de fogo para "B", contudo, "B" solicita para que esse ("A") efetue o disparo em sua cabeça.

O auxílio deve ser eficaz, ou seja, precisa contribuir efetivamente para o suicídio. Desse modo, se "A" empresta uma arma de fogo para "B" se matar, mas este acabe utilizando uma corda (enforcamento), nesse caso, a conduta de "A" será atípica.

Exige-se que o agente imprima seriedade em sua conduta, querendo que a vítima efetivamente se suicide (dolo).

Não há crime se o agente fala, por brincadeira, para a vítima se matar e esta realmente se mata.

Não caracteriza constrangimento ilegal a coação (força) exercida para impedir o suicídio (art. 146, §3º, II, CP).

Ex.: "A" induz "B" a suicidar-se e "C" empresta a arma de fogo. "B" se mata. "A" e "C" responderão como autores do crime previsto no art. 122, CP.

Pacto de Morte ou Suicídio a Dois

Duas pessoas resolvem se suicidar conjuntamente. Ex.: câmara de gás. Podem ocorrer as seguintes situações:		
"A" e "B" sobreviveram e não ocorreu lesão corporal grave (ou gravíssima).	Os dois abriram a torneira de gás.	Os dois responderão por tentativa de homicídio.
"A" e "B" sobreviveram e não ocorreu lesão corporal grave (ou gravíssima).	"A" abriu a torneira.	"A" responderá por tentativa de homicídio e "B" não responderá por nada (Fato Atípico).
"A" e "B" sobreviveram, mas "B" ficou com lesão corporal grave (ou gravíssima).	"A" abriu a torneira.	"A" responderá por tentativa de homicídio e "B" responderá por participação em suicídio (art. 122).
"A" morreu e "B" sobreviveu.	"A" abriu a torneira.	"B" responderá por participação em suicídio (art. 122).
"A" morreu e "B" sobreviveu.	"B" abriu a torneira.	"B" responderá por homicídio.

Roleta-Russa e Duelo Americano

Os Sobreviventes Responderão pelo Crime:	
Roleta-russa	A arma de fogo (revólver) é municiada com um único projétil, sendo o gatilho acionado por ambos os participantes – conforme sua ordem – girando o "tambor" da arma a cada nova tentativa. "A" gira o tambor, mira em sua cabeça, e aciona o gatilho.
Duelo-Americano	Existem duas armas, sendo que apenas uma está municiada, cada um escolhe a sua e efetiva o disparo contra si mesmo, desconhecendo qual efetivamente está carregada.

Formas qualificadas

Portanto verificar o aluno que com as modificações introduzidas no referido crime, tem-se agora as qualificadoras de lesão grave ou gravíssima (que antes tornava atípico o crime) e morte, em que ambas eram apenas consideradas como condição para a tipificação do crime:

a) Se da automutilação ou da tentativa de suicídio resulta lesão corporal de natureza grave ou gravíssima, nos termos dos §§ 1º e 2º do art. 129 deste Código – pena de 1 a 3 anos

b) Se o suicídio se consuma ou se da automutilação resulta morte – pena de 2 a 6 anos

Formas majoradas

a) A pena é duplicada (aqui o aumento será aplicado em dobro, o que não é até o dobro, mas sim em dobro)

> se o crime é praticado por motivo egoístico, torpe ou fútil;

> se a vítima é menor ou tem diminuída, por qualquer causa, a capacidade de resistência.

b) A pena é aumentada até o dobro se a conduta é realizada por meio da rede de computadores, de rede social ou transmitida em tempo real.

Portanto, perceba que não havia essa previsão na redação anterior. Através da evolução comportamental da sociedade, uma maior punição agora se impõe aos que, através dos novos meios de comunicação em massa – internet e redes sociais.

c) Aumenta-se a pena em metade se o agente é líder ou coordenador de grupo ou de rede virtual

O que antes também não era previsto, agora se tem uma maior punição dos líderes/administradores/fundadores de grupos de comunicação, devido ao seu imenso poder de persuasão sobre seus "seguidores".

Infanticídio

> ***Art. 123.*** *Matar, sob a influência do estado puerperal, o próprio filho, durante o parto ou logo após:*
>
> ***Pena*** *- detenção, de dois a seis anos.*

O art. 123 do CP é um homicídio especial, dotado de especializastes, possuindo pena menor, o que implica o fato de ser considerado Homicídio Privilegiado.

Requisitos

> Praticado pela própria mãe contra seu filho;
> Durante ou logo após o parto;
> Contra recém-nascido (neonato);
> Sob influência de estado puerpério (lapso temporal até que a mulher volte ao ciclo menstrual normal).

Trata-se de crime próprio (praticado pela própria mãe).

É um crime comissivo (ação) ou omissivo (omissão imprópria), sendo também um crime material, consuma-se, efetivamente, com a morte da vítima.

Sujeitos

Sujeito Ativo: o sujeito ativo aqui é a mãe, sob influência do estado puerperal.

Indaga-se se o crime em questão admite concurso de pessoas (coautoria e participação)?

Sobre essa pergunta existem duas correntes:

1ª Corrente: o estado puerperal é condição personalíssima incomunicável, logo, não admite concurso de pessoas. Mas atente-se que o CP não reconhece essa condição personalíssima – não tem previsão do art. 30 do CP.

2ª Corrente: o estado puerperal é condição pessoal comunicável, pelo que é admitido o concurso de agentes. (Majoritária)

→ Alguns autores dividem dessa forma:

1ª Situação: parturiente e médico matam o nascente ou neonato. Parturiente responde pelo art. 123 e o médico também responde pelo art. 123 em coautoria.

2ª Situação: parturiente, auxiliada pelo médico, mata nascente ou neonato. A parturiente responde pelo art. 123 e o médico também, como partícipe.

3ª Situação: médico, auxiliado pela parturiente, mata nascente ou neonato. O médico responderá pelo crime de homicídio e a parturiente, também responderia pelo art. 121 do CP na qualidade de partícipe. Mas aqui surgem duas correntes em face da injustiça existente:

Corrente Majoritária: o médico responde pelo art. 121 do CP e a parturiente responde pelo art. 123 para sanar a injustiça existente.

Sujeito Passivo: é o próprio filho, ou seja, somente aquele que é o nascente (durante o parto) ou neonato (logo após o parto).

Diante da especialidade, tanto do sujeito ativo como do sujeito passivo, o crime é considerado bipróprio.

Supondo que a mãe mate aquele que supõe ser seu filho, mas na verdade é filho de outrem. Nesse caso continuará respondendo pelo crime de infanticídio, diante da aplicação do art. 20, § 3°, do CP (erro quanto à pessoa) que determina a consideração das qualidades da vítima virtual.

Conduta

A conduta punível é tirar a vida extrauterina do próprio filho, durante ou logo após o parto.

→ Tem-se o matar + as seguintes especializantes:

Elemento temporal constitutivo do tipo: durante ou logo após o parto. Se for antes do parto, o crime é de aborto. Se, após o parto, o crime é de homicídio.

Influência do estado puerperal: a doutrina afirma que, o logo após perdura enquanto presente a influência do estado puerperal. Enquanto a gestante estiver sob a influência do estado puerperal, o elemento temporal constitutivo estará presente. Estado puerperal é um desequilíbrio fisio-psíquico.

Estado puerperal: Conforme Sanches, é o estado que envolve a parturiente durante a expulsão da criança do ventre materno, produzindo profundas alterações psíquicas e físicas.

Puerpério é o período que se estende do início do parto até a volta da mulher às condições pré-gravidez.

É preciso, também, que haja uma relação de causa e efeito entre o estado puerperal e o crime, pois nem sempre ele produz perturbações psíquicas na parturiente. Esse alerta se encontra na exposição de motivos do CP.

Dependendo do grau do estado puerperal é possível que a parturiente seja tratada como inimputável ou semi-imputável? Sim. Dependendo do grau de desequilíbrio fisio-psíquico, a parturiente pode sofrer o mesmo tratamento do inimputável ou semi-imputável. Essa é a posição de Mirabete.

Tipo subjetivo

O crime descrito no art. 123 é punido a título de dolo, não havendo possibilidade de punição na modalidade culposa.

Consumação e tentativa:

O crime se consuma com a morte, sendo perfeitamente possível a tentativa.

Aborto provocado pela gestante ou com seu consentimento

Art. 124. *Provocar aborto em si mesma ou consentir que outrem lhe provoque:*

Pena *- detenção, de um a três anos.*

O crime de aborto ocorre quando há a interrupção da gravidez, ocasionando a morte do produto da geração, procriação, concepção, ou seja, é a eliminação da vida intrauterina.

Sob o aspecto jurídico, a gravidez tem início com a nidação (implantação do óvulo fecundado no útero – parede uterina).

Portanto, não há crime de aborto quando da utilização de meios que inibem a fixação do ovo na parede uterina. É o que ocorre com o DIU (diafragma intrauterino).

Espécies de Aborto

Criminoso	Interrupção dolosa da gravidez (Arts. 124 a 127, CP).
Legal ou Permitido	Não há crime por expressa previsão legal. art. 128, CP: I) Quando não há outro meio para salvar a vida da gestante (aborto necessário ou terapêutico); II) Quando a gravidez resulta de estupro (aborto sentimental ou humanitário).
Natural	Interrupção espontânea da gravidez. Não há crime.
Acidental	A gestante sofre um acidente qualquer e perde o bebê. Não é crime, por ausência de dolo.
Eugênico ou Eugenésico	Interrupção da gravidez quando há anomalia ou algum defeito genético. É crime, exceto o aborto de anencéfalo.
Econômico ou Social	Interrupção da gravidez para não agravar a situação de miséria enfrentada pela mãe ou por sua família. É crime.

Objetividade jurídica

Vida humana. No aborto provocado por terceiro SEM o consentimento da gestante (art. 125), protege-se também a integridade física e psíquica da gestante.

Objeto material

O produto da concepção (óvulo fecundado, embrião ou feto).

Deve haver prova da gravidez, pois se a mulher não está grávida, ou se o feto já havia morrido por outro motivo qualquer, será crime impossível por absoluta impropriedade do objeto (art. 17, CP).

O feto deve estar alojado no útero materno. Desse modo, se ocorrer a destruição de um tubo de ensaio que contém um óvulo fertilizado *in vitro* não haverá aborto.

O feto não necessita ter viabilidade. Basta que esteja vivo antes do crime.

Sujeitos do crime

Sujeito Ativo: Os crimes do art. 124, CP são de mão própria, pois somente a gestante pode provocar aborto em si mesma ou consentir que um terceiro lhe provoque. Não admitem coautoria, mas admite participação. É crime comum nos demais casos.

Sujeito Passivo: é o feto. No aborto provocado por terceiro SEM o consentimento da gestante (art. 125) as vítimas são o feto e a gestante.

É crime de forma livre. Pode ser praticado de forma comissiva ou omissiva (Ex.: deixar dolosamente de ingerir medicamentos necessários para a preservação da gravidez). Se, contudo, o meio de execução for absolutamente ineficaz será crime impossível (Ex.: despachos, rezas e simpatias).

Elemento subjetivo

É o dolo, direto ou eventual.

Não existe o crime de aborto culposo

Se a própria gestante agir culposamente e ensejar o aborto, o fato será atípico. Já o terceiro que provoca aborto por culpa responde por lesão corporal culposa contra a gestante.

Consumação e tentativa

Ocorre com a morte do feto. É dispensável a expulsão do produto da concepção.

É admitida a tentativa.

Ex.: Realizou manobras abortivas e o feto foi expulso com vida: tentativa de aborto.

O agente quer ferir a gestante e realiza manobras abortivas e o feto é expulso com vida: lesão corporal grave (aceleração de parto – art. 129, § 1º, IV, CP).

Realizou manobras abortivas e o feto foi expulso com vida. Logo em seguida o agente mata o feto: tentativa de aborto e homicídio em concurso material.

Realizou manobras abortivas e o feto foi expulso com vida, mas morreu alguns dias depois em razão da manobra realizada: aborto consumado.

Classificação doutrinária

O aborto é crime: material, próprio e de mão própria ou comum, instantâneo, comissivo ou omissivo, de dano, unissubjetivo, unilateral ou de concurso eventual, plurissubjetivo ou de concurso necessário, plurissubsistente, de forma livre, progressivo.

O art. 20 da LCP diz que constitui contravenção penal a conduta de anunciar processo, substância ou objeto destinado a provocar aborto.

Análise do tipo penal

1ª parte: provocar aborto em si.

É o autoaborto, um crime próprio e de mão própria.

Admite participação:

Ex.: Mulher gestante ingere medicamento abortivo que lhe foi dado por seu namorado e provoca o aborto. Nesta situação a gestante é autora de autoaborto e seu namorado é partícipe (induzir, instigar ou auxiliar) deste crime. Todavia, se o namorado tivesse executado qualquer ato de provocação do aborto seria autor do crime previsto no art. 126, CP (aborto com o consentimento da gestante).

O partícipe do autoaborto, além de responder por este crime, pratica ainda homicídio culposo ou lesão corporal culposa se ocorrer morte ou lesão corporal grave em relação à gestante, pois o disposto no art. 127 não se aplica ao crime do art. 124.

Quanto à gestante que provoca aborto em si mesma, o aborto legal ou permitido, duas situações podem ocorrer:

- Se for aborto necessário ou terapêutico: não há crime (estado de necessidade);
- Se for aborto sentimental ou humanitário: há crime, pois nesta modalidade somente é autorizado no aborto praticado pelo médico.

2ª parte: consentir para que 3º lhe provoque o aborto.

O legislador criou uma exceção à teoria monista ou unitária no concurso de pessoas (art. 29, *Caput*, CP) e criou crimes distintos: a gestante responde pelo art. 124, 2ª parte, CP e o terceiro que provoca o aborto responde pelo art. 126, CP.

Esse crime é de mão própria, pois somente a gestante pode prestar o consentimento. Não admite coautoria, mas admite participação.

A gestante dever ter capacidade e discernimento para consentir (ser maior de 14 anos e ter integridade mental). E o consentimento deve ser válido (isento de fraude e não tenha sido obtido por meio de violência ou grave ameaça).

Aborto provocado por terceiro

> ***Art. 125.*** *Provocar aborto, sem o consentimento da gestante:*
> ***Pena*** *- reclusão, de três a dez anos.*

Sujeito ativo: qualquer pessoa

Sujeito passivo: produto da concepção feto e a gestante.

Trata-se da forma mais grave do crime de aborto, pois é cometido sem o consentimento da gestante.

De acordo com a jurisprudência, aquele que desfere chute no ventre de mulher, sabendo de sua gravidez, responde pelo crime de aborto (art. 127, CP).

> ***Art. 126.*** *Provocar aborto com o consentimento da gestante:*
> ***Pena*** *- reclusão, de um a quatro anos.*
> ***Parágrafo único.*** *Aplica-se a pena do artigo anterior, se a gestante não é maior de quatorze anos, ou é alienada ou débil mental, ou se o consentimento é obtido mediante fraude, grave ameaça ou violência.*

Considerações

É crime de concurso necessário.

O legislador criou uma exceção à teoria monista ou unitária no concurso de pessoas (art. 29, *Caput*, CP) e criou crimes distintos: a gestante responde pelo art. 124, 2ª parte, CP e o terceiro que provoca o aborto responde pelo art. 126, CP.

O consentimento da gestante (expresso ou tácito) deve subsistir até a consumação do aborto. Se durante a prática do crime ela se arrepender e solicitar ao terceiro a paralisação das manobras letais, mas não for obedecida, para ela o fato será atípico, e o terceiro responderá pelo crime do art. 125, CP.

Se três ou mais pessoas associarem-se para o fim de praticarem abortos, responderão pelo crime de Associação Criminosa (art. 288, CP) em concurso material com os abortos efetivamente realizados.

Se não tiver o consentimento da gestante responde pelo art. 125 do CP.

Caso a gestante consentir, mas seu consentimento não seja válido, por se enquadrar em alguma das hipóteses do parágrafo único do art. 126 (gestante não maior de 14 anos ou alienada mental ou consentimento obtido através de fraude, grave ameaça ou violência), os agentes responderão pelo crime do art. 125 do CP.

Forma qualificada

> ***Art. 127.*** *As penas cominadas nos dois artigos anteriores são aumentadas de um terço, se, em consequência do aborto ou dos meios empregados para provocá-lo, a gestante sofre lesão corporal de natureza grave; e são duplicadas, se, por qualquer dessas causas, lhe sobrevém a morte.*

Esses resultados são preterdolosos advindos da prática abortiva, ou seja, são resultados que só poderão ser imputados a título de culpa. Se houver dolo em relação a esses resultados haverá concurso.

O aborto de feto anencefálico é uma espécie de aborto eugênico.

Aborto necessário

> ***Art. 128.*** *Não se pune o aborto praticado por médico:*

Se não há outro meio de salvar a vida da gestante;

Depende de dois requisitos:

- Que a vida da gestante corra perigo em razão da gravidez;
- Que não exista outro meio de salvar sua vida. (Desse modo, há crime de aborto quando interrompida a gravidez para preservar a saúde da gestante).

O risco para a vida da gestante não precisa ser atual. Basta que exista, isto é, que no futuro possa colocar em perigo a vida da mulher.

Não necessita do consentimento da gestante e não haverá crime quando a gestante se recusa a fazê-lo e o médico provoca o aborto necessário.

Se o aborto necessário for realizado por ENFERMEIRA, ou por qualquer pessoa que não o médico, duas situações podem ocorrer:

- Há perigo atual para a gestante: estado de necessidade (art. 24, CP);
- Não há perigo atual: há crime de aborto.

Aborto no caso de gravidez resultante de estupro

> ***II.*** *Se a gravidez resulta de estupro e o aborto é precedido de consentimento da gestante ou quando incapaz, de seu representante legal.*

Necessita de três requisitos:

- Ser praticado por médico;
- Consentimento válido da gestante ou de seu representante legal (se for incapaz);
- Gravidez resultante de estupro.

Nesta hipótese, como não há perigo atual para a vida da gestante, haverá o crime de aborto se praticado por qualquer pessoa que não seja o médico.

O aborto será permitido mesmo que a gravidez resulte de ato libidinoso diverso da conjunção carnal (Ex.: sexo anal, estupro de vulnerável) em razão da mobilidade dos espermatozoides. É considerada uma hipótese de analogia *in bonam partem*.

Não se exige autorização judicial para a realização desta espécie de aborto permitido.

São causas especiais de exclusão da ilicitude. Embora o aborto praticado em tais situações seja fato típico, não há crime pelo fato de serem hipóteses admitidas pelo ordenamento jurídico.

Ambos devem ser praticados por médico (este não precisa de autorização judicial para realizar estas espécies de aborto).

Aborto sentimental também é autorizado quando a gravidez decorrer de estupro de vulnerável (analogia *in bonam partem*).

Aborto Econômico: não está previsto no ordenamento jurídico. Se praticado será crime de aborto.

De acordo com o Código Penal, existem apenas duas modalidades permissivas de aborto previstas no art. 128 do CP (aborto necessário e aborto sentimental).

No entanto, em abril de 2012, o STF no julgamento da ADPF 54 passou a admitir uma terceira modalidade: o aborto de feto anencefálico (malformação fetal que leva à ausência de cérebro e à impossibilidade de vida).

Para tanto, não há necessidade de autorização judicial. Basta um laudo formal do médico atestando a anencefalia e a inviabilidade de vida.

1.2 Das Lesões Corporais

Art. 129. *Ofender a integridade corporal ou a saúde de outrem:*

Pena *- detenção, de três meses a um ano.*

Lesão Corporal de Natureza Grave

§ 1º. *Se resulta:*

I. *Incapacidade para as ocupações habituais, por mais de trinta dias;*

II. *Perigo de vida;*

III. *Debilidade permanente de membro, sentido ou função;*

IV. *Aceleração de parto:*

Pena *- reclusão, de um a cinco anos.*

§ 2º. *Se resulta:*

I. *Incapacidade permanente para o trabalho;*

II. *Enfermidade incurável;*

III. *Perda ou inutilização do membro, sentido ou função;*

IV. *Deformidade permanente;*

V. *Aborto:*

Pena - reclusão, de dois a oito anos.

Lesão Corporal Seguida de Morte

§ 3º. *Se resulta morte e as circunstâncias evidenciam que o agente não quis o resultado, nem assumiu o risco de produzi-lo:*

Pena *- reclusão, de quatro a doze anos.*

Diminuição de Pena:

§ 4º. *Se o agente comete o crime impelido por motivo de relevante valor social ou moral ou sob o domínio de violenta emoção, logo em seguida a injusta provocação da vítima, o juiz pode reduzir a pena de um sexto a um terço.*

Substituição da Pena:

§ 5º. *O juiz, não sendo graves as lesões, pode ainda substituir a pena de detenção pela de multa, de duzentos mil réis a dois contos de réis:*

I. *Se ocorre qualquer das hipóteses do parágrafo anterior;*

II. *Se as lesões são recíprocas.*

Lesão Corporal Culposa

§ 6º. *Se a lesão é culposa:*

Pena *- detenção, de dois meses a um ano.*

Aumento de Pena

§ 7º. *Aumenta-se a pena de 1/3 (um terço) se ocorrer qualquer das hipóteses dos §§ 4º e 6º do art. 121 deste Código.*

§ 8º. *Aplica-se à lesão culposa o disposto no § 5º do art. 121.*

Violência Doméstica

§ 9º. *Se a lesão for praticada contra ascendente, descendente, irmão, cônjuge ou companheiro, ou com quem conviva ou tenha convivido, ou, ainda, prevalecendo-se o agente das relações domésticas, de coabitação ou de hospitalidade.*

Pena *- detenção, de 3 (três) meses a 3 (três) anos.*

§ 10. *Nos casos previstos nos §§ 1º a 3º deste artigo, se as circunstâncias são as indicadas no § 9º deste artigo, aumenta-se a pena em 1/3 (um terço).*

§ 11. *Na hipótese do § 9º deste artigo, a pena será aumentada de um terço se o crime for cometido contra pessoa portadora de deficiência.*

§ 12. *Se a lesão for praticada contra autoridade ou agente descrito nos Arts. 142 e 144 da Constituição Federal, integrantes do sistema prisional e da Força Nacional de Segurança Pública, no exercício da função ou em decorrência dela, ou contra seu cônjuge, companheiro ou parente consanguíneo até terceiro grau, em razão dessa condição, a pena é aumentada de um a dois terços.*

Essa qualificadora foi inserida pela Lei nº 13.142/2015.

São autoridades previstas no art. 142 da CF/88:

Art. 142. *As Forças Armadas, constituídas pela Marinha, pelo Exército e pela Aeronáutica, são instituições nacionais permanentes e regulares, organizadas com base na hierarquia e na disciplina, sob a autoridade suprema do Presidente da República, e destinam-se à defesa da Pátria, à garantia dos poderes constitucionais e, por iniciativa de qualquer destes, da lei e da ordem.*

São autoridades do art. 144 da CF/88:

Art. 144. *A segurança pública, dever do Estado, direito e responsabilidade de todos, é exercida para a preservação da ordem pública e da incolumidade das pessoas e do patrimônio, através dos seguintes órgãos:*

I. *Polícia federal;*

II. *Polícia rodoviária federal;*

III. *Polícia ferroviária federal;*

IV. *Polícias civis;*

V. *Polícias militares e corpos de bombeiros militares;*

VI *- polícias penais federal, estaduais e distrital. (EC nº 104/2019).*

§8º. *Guardas municipais.*

§ 13. *Se a lesão for praticada contra a mulher, por razões da condição do sexo feminino, nos termos do § 2º-A do art. 121 deste Código:* ***(Incluído pela Lei nº 14.188, de 2021)***

Pena *- reclusão, de 1 (um) a 4 (quatro anos). (Incluído pela Lei nº 14.188, de 2021)*

Lesão corporal é a ofensa humana direcionada à integridade corporal ou à saúde de outra pessoa, quer do ponto de vista anatômico, quer do ponto de vista fisiológico ou mental. A dor, por si só, não caracteriza lesão corporal.

No crime de lesão corporal, protege-se a incolumidade física em sentido amplo: Saúde física ou corporal; Saúde fisiológica (correto funcionamento do organismo) e Saúde mental (psicológica).

Topografia do art. 129	
Art. 129, *caput*	Lesão dolosa leve.

Art. 129, §1º	Lesão dolosa grave - Atenção! O § 1º não traz somente a lesão dolosa grave. Ele também tem lesão preterdolosa grave.
Art. 129, §2º	Lesão dolosa gravíssima - também no § 2º tem preterdolo.
Art. 129, §3º	Lesão seguida de morte (está genuinamente preterdolosa).
Art. 129, §4º	Lesão dolosa privilegiada.
Art. 129, §5º	Lesão culposa.
Art. 129, §6º	Majorantes.
Art. 129, §7º	Perdão judicial.
Art. 129, §§ 9, 10 e 11	Violência doméstica e familiar (aqui não é só contra mulher).
Art. 129, § 12	Praticada contra autoridade policial.

Classificação

Pode ser praticado por ação ou omissão, quando presente o dever de agir para evitar o resultado, art. 13, §2º, CP.

Ex.: A mãe que deixa o filho pequeno sozinho na cama, desejando que ele caísse e se machucasse.

É crime de forma livre. Pode ser praticado por ação ou omissão. Pratica lesão quem cria ferimento ou quem agrava o ferimento que já existe.

Elemento subjetivo é o dolo (direto ou eventual) conhecido como *animus laedendi*, mas há também a culpa no §6º (lesão corporal culposa) e o preterdolo no §3º (lesão corporal seguida de morte).

Qual crime é praticado, pelo policial militar que agride uma pessoa? Abuso de autoridade e lesão corporal.

Sujeitos do crime

Sujeito Ativo: é crime comum, podendo ser praticado por qualquer pessoa.

Sujeito Passivo: em regra, qualquer pessoa.

Exceções: art. 129, §1º, IV (aceleração de parto) e art. 129, §2º, V (lesão que resulta aborto). Nestas duas hipóteses as vítimas são, necessariamente, gestantes. Também na lesão qualificada pela violência doméstica a vítima precisa ser ascendente, descendente, irmã, cônjuge ou companheira do agressor. No § 13 (Lei nº14.188/2021) a vítima, necessariamente, é mulher.

Exceções:

- Art. 129, §1º, IV (aceleração de parto).
- Art. 129, §2º, V (lesão que resulta aborto).

Nestas duas hipóteses as vitimas são, necessariamente, gestantes.

- Contra ascendente, descendente, irmã, cônjuge ou companheira do agressor.
- Agentes de Segurança descritos no art. 129, §12º, assim com parente consanguíneo até terceiro grau.
- Contra mulher, por razões da condição de sexo feminino.

Consumação e tentativa

Por ser crime material se consuma com a efetiva lesão da vítima. A pluralidade de lesões contra a mesma vítima e no mesmo contexto temporal caracteriza crime único, mas deve influenciar na dosimetria da pena-base (art. 59, CP).

A tentativa só é cabível nas modalidades dolosas. Não cabe tentativa na lesão culposa e na lesão corporal seguida de morte.

Lesão corporal (art. 29, CP)	Contravenção penal de vias de fato (art. 21, LCP)
Lesionar a vítima.	Agredir a vítima, sem lesioná-la Ex.: empurrão, puxão de cabelo.

Lesão corporal leve

A ação penal é pública condicionada à representação da vítima, de competência dos Juizados Especiais Criminais (art. 88 da Lei nº 9.099/95).

O conceito de Lesão Leve é considerado por exclusão: será de natureza leve se não for a lesão de natureza grave ou gravíssima.

Há jurisprudência admitindo o princípio da insignificância na lesão corporal, quanto às lesões levíssimas. Na doutrina, esse posicionamento é adotado por José Henrique Pierangeli

Lesão corporal de natureza grave

***§ 1º.** Se resulta*

***I.** Incapacidade para as ocupações habituais, por mais de trinta dias;*

***II.** Perigo de vida;*

***III.** Debilidade permanente de membro, sentido ou função;*

***IV.** Aceleração de parto:*

***Pena** - reclusão, de um a cinco anos.*

Trata-se de infração de médio potencial ofensivo, considerando que a pena mínima é de um ano.

A ação penal é pública incondicionada.

Incapacidade para as ocupações habituais por mais de trinta dias.

As ocupações habituais são aquelas rotineiras, física ou mental, do cotidiano do ofendido e não apenas seu trabalho. É suficiente tratar-se de ocupação concreta, pouco importando se lucrativa ou não.

A atividade deve ser lícita, sendo indiferente se moral ou imoral.

Prostituta pode. Ladrão não pode.

Um bebê de tenra idade pode ser vítima dessa lesão? A resposta é afirmativa e há jurisprudência nesse sentido, trazendo como exemplo a hipótese em que o bebê, em razão da agressão não pode ser alimentado, pelo prazo de 30 dias.

É irrelevante a idade da vítima (pode ser idosa ou criança).

São exigidos dois exames periciais: um inicial realizado logo após o crime; e um exame complementar realizado logo que decorra o prazo de 30 dias da data do crime.

Supondo que a vítima sofra uma lesão ficando com um hematoma no olho, e, por vergonha não saiu de casa pelo prazo superior a trinta dias, nessa hipótese, restou configurado o delito de lesões corporais graves? Ensina a doutrina, seguida pela jurisprudência, que a relutância por vergonha de praticar as ocupações habituais não agrava o crime. É a lesão que deve incapacitar o agente e não a vergonha da lesão.

Perigo de vida

Perigo de vida é a possibilidade grave, concreta e imediata de a vítima morrer em consequência das lesões sofridas. Trata-se de perigo concreto, comprovado por perícia médica, que deve indicar, de modo preciso e fundamentado, no que consistiu o perigo de vida proporcionado à vítima.

Nesta hipótese, é crime tipicamente PRETERDOLOSO, pois o resultado agravador deve resultar de culpa do agente.

Se o agente, ao praticar a lesão, quis o resultado ou assumiu o risco de produzi-lo, responderá por tentativa de homicídio.

O crime preterdoloso não está apenas na lesão corporal seguida de morte. O perigo de vida é um resultado necessariamente preterdoloso. O inciso II ora discutido nada mais é que um crime preterdoloso, isto é, dolo na lesão e culpa no perigo de vida. Está-se, pois, diante de um crime necessariamente preterdoloso.

Debilidade permanente de membro, sentido ou função.

Debilidade é a diminuição ou o enfraquecimento da capacidade funcional. Há de ser permanente, isto é, duradoura e de recuperação incerta. Não se exige perpetuidade.

Ex.: O agente não fica cego, mas tem reduzida a capacidade visual.

Membros	São os braços, pernas, mãos e pés.
Sentidos	São os mecanismos sensoriais por meio dos quais percebemos o mundo externo: visão, audição, tato, olfato e paladar.
Função	É a atividade inerente a um órgão ou aparelho do corpo humano: respiratória, circulatória, digestiva etc.

A perda ou inutilização de membro sentido ou função é lesão corporal gravíssima (art. 129, §2º, III, CP).

Órgãos duplos: (Ex.: Rins, olhos, pulmões) a perda de um deles caracteriza lesão grave pela debilidade permanente. Já a perda de ambos configura lesão corporal gravíssima pela perda ou inutilização.

A recuperação do membro, sentido ou função por meio cirúrgico ou ortopédico não exclui a qualificadora, pois a vítima não é obrigada a submeter-se a tais procedimentos.

Aceleração de parto

É a antecipação do parto, o parto prematuro. A criança nasce com vida e continua a viver.

Para incidir essa qualificadora do inciso IV, é imprescindível que o agente saiba ou pudesse saber que a vítima da lesão era gestante, sob pena de restar caracterizada a responsabilidade penal objetiva, vedada pelo ordenamento jurídico. É necessário observar ainda que, em nenhuma dessas hipóteses o agente aceita ou quer o abortamento.

Se em consequência da lesão o feto for expulso morto do ventre materno, o crime será de lesão corporal gravíssima em razão do aborto (art. 129, §2º, V, CP).

Lesão corporal dolosa gravíssima

§ 2º. Se resulta

I. Incapacidade permanente para o trabalho;

II. Enfermidade incurável;

III. Perda ou inutilização do membro, sentido ou função;

IV. Deformidade permanente;

V. Aborto:

***Pena** - reclusão, de dois a oito anos.*

Em concurso, restou indagado se a expressão gravíssima era criação da lei, doutrina ou jurisprudência. Referida expressão é criação da doutrina que foi seguida pela jurisprudência.

A Lei nº 9.455/97, que é a lei de tortura, adotou a expressão doutrinária gravíssima. Na lei de tortura, no art. 1º, §3º, há expressa menção à lesão grave ou gravíssima.

Incapacidade permanente para o trabalho

Deve tratar-se de incapacidade genérica para o trabalho, ou seja, a vítima fica impossibilitada de exercer qualquer tipo de atividade laborativa remunerada.

A incapacidade não significa perpetuidade, basta que seja uma incapacidade duradoura, dilatada no tempo.

Enfermidade incurável.

É a alteração prejudicial da saúde por processo patológico, físico ou psíquico, que não pode ser eficazmente combatida com os recursos da medicina à época do crime. Deve ser provada por exame pericial.

Também é considerada incurável a enfermidade que somente pode ser enfrentada por procedimento cirúrgico complexo ou mediante tratamentos experimentais ou penosos, pois a vítima não pode ser obrigada a enfrentar tais situações.

A transmissão intencional do vírus da AIDS no Brasil é tida como de natureza letal, pelo que é considerada tentativa de homicídio. O certo seria a criação de tipo penal específico sobre a transmissão intencional do vírus da AIDS.

Em recente julgado o STF afastou essa ideia. Entendeu a Corte Suprema, recentemente, que não se trata de tentativa de homicídio a transmissão intencional do vírus da AIDS.

Perda ou inutilização de membro, sentido ou função

Perda: é a amputação, a destruição ou privação de membro (ex.: arrancar um braço), sentido (ex.: perda da audição), função (ex.: ablação do pênis que extingue a função reprodutora). Pode concretizar-se por meio de mutilação (o membro, sentido ou função é eliminado diretamente pela conduta do agressor) ou amputação (resulta da intervenção médico-cirúrgica realizada para salvar a vida do ofendido).

Inutilização: falta de aptidão do órgão para desempenhar sua função específica. O membro ou órgão continua ligado ao corpo da vítima, mas incapacitado para desempenhar as atividades que lhe são próprias.

Ex.: A vítima ficou paraplégica.

A correção corporal da vítima por meios ortopédicos ou próteses não afasta a qualificadora, ao contrário do reimplante realizado com êxito.

A perda de parte do movimento de um membro (braço, perna, mão ou pé) configura lesão grave pela debilidade permanente. Todavia, a perda de todo o movimento caracteriza lesão corporal gravíssima pela inutilização.

Deformidade permanente

Segundo doutrina a jurisprudência majoritária, esta qualificadora está intimamente relacionada a questões estéticas. Desse modo, precisa ser visível, mas não necessariamente na face, e capaz de causar impressão vexatória em quem olha a vítima.

A vítima não é obrigada a se submeter a intervenção cirúrgica para a reparação da deformidade. Caso, no entanto, se submeta, e a deformidade seja corrigida, desaparecerá a qualificadora, sendo cabível, inclusive, a revisão criminal. A correção da deformidade com o uso de prótese (ex.: olho de vidro, orelha de borracha ou aparelho ortopédico) não exclui a qualificadora.

Aborto.

Essa qualificadora é necessariamente preterdolosa. Há dolo na lesão e culpa no aborto. Se o agente quer, ou assume o risco do aborto haverá concurso de crimes.

A interrupção da gravidez, com a consequente morte do produto da concepção, deve ter sido provocada culposamente, pois se trata de crime preterdoloso.

Se a morte do feto foi proposital, o sujeito responderá por dois crimes: lesão corporal em concurso formal impróprio com aborto sem o consentimento da gestante (art. 125). É obrigatório o conhecimento da gravidez por parte do agressor.

Lesão corporal seguida de morte

> ***§ 3º**. Se resulta morte e as circunstâncias evidenciam que o agente não quis o resultado, nem assumiu o risco de produzi-lo.*
> ***Pena** - reclusão, de quatro a doze anos.*

É crime exclusivamente preterdoloso (dolo no antecedente - lesão - e culpa no consequente - morte). Esse crime não vai a júri, considerando que não há dolo na morte.

A morte foi ocasionada a título culposo - temos o típico caso de crime preterdoloso (dolo na conduta antecedente e culpa na posterior).

Se presente o dolo direto ou dolo eventual quanto ao resultado morte, o sujeito responderá por homicídio doloso.

Essa modalidade de lesão corporal não admite tentativa.

Lesão corporal privilegiada

> *Diminuição de Pena*
> ***§ 4º**. Se o agente comete o crime impelido por motivo de relevante valor social ou moral ou sob o domínio de violenta emoção, logo em seguida a injusta provocação da vítima, o juiz pode reduzir a pena de um sexto a um terço.*

Esse privilégio se aplica a todos os tipos de lesão dolosa, contudo, é incabível nas lesões culposas.

Mesmas características do homicídio privilegiado (art. 121, §1º, do CP).

> *Substituição da Pena*
> ***§ 5º**. O juiz, não sendo graves as lesões, pode ainda substituir a pena de detenção pela de multa:*
> ***I.** Se ocorre qualquer das hipóteses do parágrafo anterior;*
> ***II.** Se as lesões são recíprocas.*

A situação da substituição de penas somente se aplica ao *caput*, considerando que exige que as lesões corporais não sejam graves. A possibilidade de substituição, assim, somente se dá com a hipótese de lesões leves.

Quando a Lesão Corporal Leve for Privilegiada

Desse modo, caso as lesões sejam leves, o juiz terá duas opções: reduzir a pena de 1/6 a 1/3 (§4º) ou substituí-la por multa (§5º).

Se as Lesões Leves Forem Recíprocas

Uma pessoa agride outra e, cessada essa primeira agressão, ocorrer uma outra lesão pela primeira vítima.

Lesão corporal culposa

> ***§ 6º**. Se a lesão é culposa:*
> ***Pena** - detenção, de dois meses a um ano.*

Ocorre lesão corporal culposa quando o agente faltou com seu dever de cuidado objetivo por meio de imprudência, negligência ou imperícia. Desse modo, as consequências, embora previsíveis, não foram previstas pelo agente, ou se foram, ele não assumiu o risco de produzir o resultado.

Essa espécie de lesão depende de representação da vítima ou de seu representante legal (art. 88, Lei nº 9.099/95), pois é crime de ação penal pública condicionada a representação e infração penal de menor potencial ofensivo (pena máxima menor que dois anos).

Diferentemente do que ocorre com as lesões dolosas (que podem ser leves, graves ou gravíssimas) o CP não fez distinção com relação às lesões culposas. Desse modo, qualquer que seja a intensidade da lesão, o agente responderá por lesão corporal CULPOSA. A gravidade da lesão será levada em consideração na fixação da pena-base (art. 59).

Aumento de pena

> ***§ 7º**. Aumenta-se a pena de um terço, se ocorrer qualquer das hipóteses do art. 121, §§ 4º e 6º.*
>
> ***Art. 121**, §4º, CP. No homicídio culposo, a pena é aumentada de 1/3 (um terço), se o crime resulta de inobservância de regra técnica de profissão, arte ou ofício, ou se o agente deixa de prestar imediato socorro à vítima, não procura diminuir as consequências do seu ato, ou foge para evitar prisão em flagrante. Sendo DOLOSO o homicídio, a pena é aumentada de 1/3 (um terço) se o crime é praticado contra pessoa menor de 14 (quatorze) ou maior de 60 (sessenta) anos.*
>
> ***Art. 121**, §4º, CP. A pena é aumentada de 1/3 (um terço) até a metade se o crime for praticado por milícia privada, sob o pretexto de prestação de serviço de segurança, ou por grupo de extermínio.*
>
> ***§ 8º**. Aplica-se à lesão culposa o disposto no § 5º do art. 121.*

> ***Art. 121**, § 5º, CP. Na hipótese de homicídio CULPOSO, o juiz poderá deixar de aplicar a pena, se as consequências da infração atingirem o próprio agente de forma tão grave que a sanção penal se torne desnecessária.*
>
> *Violência Doméstica*
>
> ***§ 9º**. Se a lesão for praticada contra ascendente, descendente, irmão, cônjuge ou companheiro, ou com quem conviva ou tenha convivido, ou, ainda, prevalecendo-se o agente das relações domésticas, de coabitação ou de hospitalidade:*
>
> ***Pena** - detenção, de 3 (três) meses a 3 (três) anos.*
>
> ***§ 10**. Nos casos previstos nos §§ 1º a 3º deste artigo, se as circunstâncias são as indicadas no § 9º deste artigo, aumenta-se a pena em 1/3 (um terço).*
>
> ***§ 11**. Na hipótese do § 9º deste artigo, a pena será aumentada de um terço se o crime for cometido contra pessoa portadora de deficiência.*

A forma qualificada do §9º só se aplica à lesão corporal LEVE.

> ***§ 13**. Se a lesão for praticada contra a mulher, por razões da condição do sexo feminino, nos termos do § 2º-A do art. 121 deste Código:*
>
> ***Pena** - reclusão, de 1 (um) a 4 (quatro anos).*
>
> *A Lei nº 14.188 de 2021 acrescentou o § 13 ao artigo 129. Trata-se de nova qualificadora para a lesão corporal simples (leve) cometida contra a mulher por razões da condição do sexo feminino.*
>
> *Assim, se a lesão for praticada contra a mulher, por razões da condição do sexo feminino, a conduta se enquadra no § 13 do artigo129.*
>
> *Nos demais casos (ex: vítima homem) a conduta continua sendo tipificada no § 9º do art. 129 do CP.*
>
> *Se a lesão for grave, gravíssima ou seguida de morte, aplica-se o § 1º (grave), § 2º (gravíssima) ou o § 3º (lesão seguida de morte) cumulada com a causa de aumento de pena do § 10.*

Pode ser causa supralegal de exclusão da ilicitude (somente na lesão corporal leve), desde que presentes os seguintes requisitos, cumulativos:

- Deve ser expresso;
- Livre (não pode ter sido concedido em razão de coação ou ameaça);
- Ser moral e respeitar os bons costumes;
- Deve ser prévio à consumação da lesão;
- O ofendido deve ser capaz para consentir (maior de 18 anos e mentalmente capaz).

Durante a relação sexual, a mulher pede ao seu parceiro que a bata com força.

É irrelevante o consentimento do ofendido nos crimes de lesão corporal grave, gravíssima e seguida de morte, pois o bem jurídico protegido nestas hipóteses é indisponível.

Autolesão: em razão do princípio da alteridade, não se pune a autolesão. Todavia, pode caracterizar o crime descrito no art. 171, §2º, V, CP (Fraude para recebimento de indenização ou valor de seguro).

Ex.: Jogador de golfe quebra o próprio braço para receber o valor do seguro.

Lesões em atividades esportivas: há a exclusão da ilicitude em razão do exercício regular do direito.

Cirurgias emergenciais: se há risco de morte do paciente, o médico que atua sem o consentimento do operado estará amparado pelo estado de necessidade de terceiro. Se não há risco de morte, a cirurgia depende de consentimento da vítima ou de seu representante legal para afastar o crime pelo exercício regular do direito.

Cirurgia de mudança de sexo: não há crime de lesão corporal gravíssima por ausência de dolo de lesionar a integridade corporal ou a saúde do paciente. Atualmente é permitida a realização dessa cirurgia – redesignação sexual – inclusive na rede pública de saúde (Portaria do Ministério da Saúde nº 1.707 de 19/08/08). Desse modo, o médico que realiza este procedimento não comete crime por estar acobertado pelo exercício regular de direito.

Cirurgia de esterilização sexual: não há crime na conduta do médico que realiza esta cirurgia (vasectomia, ligadura de trompas etc.) com a autorização do paciente, apesar da eliminação da função reprodutora. Exercício regular de direito.

1.3 Da Periclitação da Vida e da Saúde

Perigo de contágio venéreo

> ***Art. 130.** Expor alguém, por meio de relações sexuais ou qualquer ato libidinoso, a contágio de moléstia venérea, de que sabe ou deve saber que está contaminado:*
>
> ***Pena** - detenção, de três meses a um ano, ou multa.*
>
> ***§ 1º**. Se é intenção do agente transmitir a moléstia:*
>
> ***Pena** - reclusão, de um a quatro anos, e multa.*
>
> ***§ 2º**. Somente se procede mediante representação.*

Esse crime configura-se quando o agente transmite ou expõe a perigo de contágio de uma doença venérea (sífilis, gonorreia etc.), bem como, caso ele a desconheça, venha a infectar uma possível vítima.

A forma de transmitir a doença pode ser por meio de relações sexuais (conjunção carnal), ou por qualquer outro ato libidinoso (ação que satisfaça a libido do agente, beijo lascivo, sexo oral, sexo anal, masturbação, etc.).

> A AIDS não é considerada uma moléstia venérea, visto que pode ser contraída ou transmitida de diversas formas, além do contato sexual.

Se a intenção do agente é transmitir a doença, por tratar-se de crime formal, não é necessário o contágio.

O §1º traz a forma qualificada do crime, ou seja, quando o agente tem a intenção (dolo) de transmitir a doença.

Perigo de contágio de moléstia grave

> ***Art. 131.** Praticar, com o fim de transmitir a outrem moléstia grave de que está contaminado, ato capaz de produzir o contágio:*
>
> ***Pena** - reclusão, de um a quatro anos, e multa.*

Trata-se de crime de dano (caso exponha a perigo sem querer ou assumir o risco será hipótese do art. 132, CP), Formal (não precisa transmitir) e de Forma Livre.

Nesse delito, o agente tem o fim especial de agir, ou seja, pratica um ato (diverso do contato sexual) com a intenção de transmitir uma moléstia grave (qualquer doença que acarrete em prejuízo a saúde da vítima – não sendo venérea), por exemplo, sarampo, tuberculose etc.

Ademais, em relação à AIDS, visto seu grau letal, é considerado como tentativa de homicídio (art. 121 do CP), não há possibilidade alguma de enquadrá-la como moléstia grave.

Perigo para vida ou saúde de outrem

__Art. 132.__ Expor a vida ou a saúde de outrem a perigo direto e iminente:

__Pena__ - detenção, de três meses a um ano, se o fato não constitui crime mais grave.

__Parágrafo único.__ A pena é aumentada de um sexto a um terço se a exposição da vida ou da saúde de outrem a perigo decorre do transporte de pessoas para a prestação de serviços em estabelecimentos de qualquer natureza, em desacordo com as normas legais.

Estará configurado o crime quando o agente, de qualquer forma, expõe ao perigo a vida de uma pessoa determinada. Tal ação pode ser praticada de forma livre, ou seja, não exige uma conduta específica.

Soltar uma pedra do alto de um viaduto sobre um carro que passa pela rodovia com intenção de causar um acidente.

Caso a conduta do agente não seja contra uma pessoa determinada, restará configurado crime diverso que será avaliado de acordo com a situação (Arts. 250 a 259 do CP).

Abandono de incapaz

__Art. 133.__ Abandonar pessoa que está sob seu cuidado, guarda, vigilância ou autoridade, e, por qualquer motivo, incapaz de defender-se dos riscos resultantes do abandono:

__Pena__ - detenção, de seis meses a três anos.

__§ 1º__. Se do abandono resulta lesão corporal de natureza grave:

__Pena__ - reclusão, de um a cinco anos.

__§ 2º__. Se resulta a morte:

__Pena__ - reclusão, de quatro a doze anos.

Aumento de Pena

__§ 3º__. As penas cominadas neste artigo aumentam-se de um terço:

__I.__ Se o abandono ocorre em lugar ermo;

__II.__ Se o agente é ascendente ou descendente, cônjuge, irmão, tutor ou curador da vítima.

__III.__ Se a vítima é maior de 60 (sessenta) anos.

Trata-se crime próprio. O tipo penal incrimina a conduta do agente, que tendo o dever de cuidado, guarda, vigilância ou autoridade abandona, desampara, deixa de prestar o devido cuidado com aquele que seja incapaz de se proteger (defender). O agente possui a condição de garantidor – dever de agir.

Ex.: A mãe deixa o filho em um parque central enquanto percorre lojas realizando compras, ou então, deixa-o dentro do veículo enquanto está no interior de um supermercado. Uma babá, que deixa a criança sozinha dentro de casa enquanto vai à feira.

O incapaz não precisa ser necessariamente uma criança. Por exemplo, uma instrutora de escola de natação que deixa os alunos sozinhos na piscina enquanto vai ao banheiro.

Se o abandono se dá em uma situação em que não há risco, não haverá crime. Para a existência do delito deve haver o dolo de perigo.

Ademais, os parágrafos primeiro e segundo qualificam o crime quando do abandono resultar lesão corporal de natureza grave, ou a morte do incapaz. Por conseguinte, a pena será aumentada (majorante) quando o abandono ocorrer em local ermo, se o incapaz for ascendente, descendente, cônjuge, irmão, tutor, curador, ou se a vítima for maior de 60 anos, conforme o § 3° do referido artigo.

Exposição ou abandono de recém-nascido

__Art. 134.__ Expor ou abandonar recém-nascido, para ocultar desonra própria:

__Pena__ - detenção, de seis meses a dois anos.

__§ 1º__. Se do fato resulta lesão corporal de natureza grave:

__Pena__ - detenção, de um a três anos.

__§ 2º__. Se resulta a morte:

__Pena__ - detenção, de dois a seis anos.

Esse delito é considerado uma forma privilegiada do crime de abandono de incapaz, artigo anterior, no entanto, nesse caso, a vítima é determinada – o recém-nascido – ademais, tal conduta visa a proteção da honra do agente.

Pode-se citar o exemplo de uma jovem de 18 anos, mãe solteira, que abandona seu filho recém-nascido para preservar sua imagem perante a família.

Por conseguinte, também existe a forma qualificada do crime, expressa nos parágrafos primeiro e segundo, no caso de a ação resultar em lesão corporal de natureza grave ou a morte do recém-nascido.

Omissão de socorro

__Art. 135.__ Deixar de prestar assistência, quando possível fazê-lo sem risco pessoal, à criança abandonada ou extraviada, ou à pessoa inválida ou ferida, ao desamparo ou em grave e iminente perigo; ou não pedir, nesses casos, o socorro da autoridade pública:

__Pena__ - detenção, de um a seis meses, ou multa.

__Parágrafo único.__ A pena é aumentada de metade, se da omissão resulta lesão corporal de natureza grave, e triplicada, se resulta a morte.

Essa norma penal tipifica a conduta omissa do agente que não presta auxílio – desde que tal prestação não incorra em risco pessoal – ou, quando não puder fazê-lo, deixa de pedir o socorro da autoridade pública.

Classificação

É considerado um crime COMUM, visto que pode ser praticado por qualquer pessoa.

É um crime OMISSIVO PRÓPRIO ou PURO, pois a conduta omissiva está prevista no artigo análise, ocorrendo quando o agente deixa de fazer o que lhe é imposto por lei – prestar socorro.

Comumente é praticado apenas por uma pessoa, sendo que é perfeitamente possível que haja o concurso de agentes, art. 29 do CP.

Sujeitos do crime

Sendo crime comum, o sujeito ativo pode ser qualquer pessoa, enquanto o sujeito passivo são as pessoas elencadas no *caput* do próprio artigo: criança abandonada ou extraviada (perigo abstrato). Pessoa ferida ou inválida com sérias dificuldades de movimentação (perigo abstrato). Ao desamparo ou em grave e eminente perigo (perigo concreto).

Consumação e tentativa

O crime se consuma no momento da omissão. Ademais, não configura-se o crime quando a vítima ofereça resistência que torne impossível a prestação de auxílio, ou então, caso ela esteja manifestamente em óbito.

Não admite tentativa.

Descrição do crime

O crime pode ser cometido de duas formas distintas:

Falta de assistência imediata: o agente pode prestar socorro, sem risco pessoal, mas deliberadamente não o faz.

Falta de assistência mediata: o agente não pode prestar pessoalmente o socorro, mas também não solicita o auxílio da autoridade pública.

A simples condição de médico não o coloca como garantidor.

Pessoa inválida e pessoa ferida: é imprescindível que se encontrem ao desamparo no momento da omissão.

Se apenas uma pessoa presta o socorro, quando diversas poderiam tê-lo feito sem risco pessoal, não há crime para ninguém.

Omissão de socorro a pessoa idosa (igual ou superior a 60 anos), responde conforme o art. 97, da Lei nº 10.741/03 – Estatuto do Idoso (princípio da especialidade).

> ***Parágrafo único.*** *A pena é aumentada de metade, se da omissão resulta lesão corporal de natureza grave, e triplicada, se resulta a morte.*

A causa de aumento de pena é exclusivamente preterdolosa, o agente tem o dolo de se omitir (não presta o socorro) e disto, acaba resultando uma consequência não desejada pelo omitente.

Condicionamento de atendimento médico-hospitalar emergencial

> ***Art. 135-A.*** *Exigir cheque-caução, nota promissória ou qualquer garantia, bem como o preenchimento prévio de formulários administrativos, como condição para o atendimento médico-hospitalar emergencial:*
>
> ***Pena*** *- detenção, de 3 (três) meses a 1 (um) ano, e multa.*
>
> ***Parágrafo único.*** *A pena é aumentada até o dobro se da negativa de atendimento resulta lesão corporal de natureza grave, e até o triplo se resulta a morte.*

Esse delito tipifica a conduta do estabelecimento que presta atendimento médico-hospitalar emergencial e venha a exigir cheque, nota promissória ou qualquer garantia, como também, que sejam preenchidos formulários como condição necessária para que o socorro – atendimento médico seja prestado.

Existe ainda o aumento de pena, tratado no parágrafo único, que incide quando a conduta negativa resulta em lesão corporal grave ou morte.

Inserido no Código Penal pela Lei nº 12.653/12, a fim de coibir uma prática que era comum em estabelecimentos médico-hospitalares particulares.

Maus-tratos

> ***Art. 136.*** *Expor a perigo a vida ou a saúde de pessoa sob sua autoridade, guarda ou vigilância, para fim de educação, ensino, tratamento ou custódia, quer privando-a de alimentação ou cuidados indispensáveis, quer sujeitando-a a trabalho excessivo ou inadequado, quer abusando de meios de correção ou disciplina:*
>
> ***Pena*** *- detenção, de dois meses a um ano, ou multa.*
>
> ***§ 1º.*** *Se do fato resulta lesão corporal de natureza grave:*
>
> ***Pena*** *- reclusão, de um a quatro anos.*
>
> ***§ 2º.*** *Se resulta a morte:*
>
> ***Pena*** *- reclusão, de quatro a doze anos.*
>
> ***§ 3º.*** *Aumenta-se a pena de um terço, se o crime é praticado contra pessoa menor de 14 (catorze) anos.*

Esse artigo tipifica a conduta do agente que pratica, sob a pessoa que esteja subordinada à sua autoridade, guarda ou vigilância, atos não condizentes como forma ou a pretexto de educá-la, ensiná-la, tratá-la ou reprimi-la.

Classificação

Trata-se de crime PRÓPRIO, ou seja, o sujeito ativo deve ser superior hierárquico do sujeito passivo.

É um crime comissivo ou omissivo, porém suas condutas são vinculadas, ou seja, o artigo traz, expressamente, a forma como a conduta do agente deve ocorrer.

Haverá crime único desde que as condutas sejam praticadas contra a mesma vítima e no mesmo contexto fático.

Sujeitos do crime

Sujeito Ativo: é um crime próprio, ou seja, somente aquele que tem o sujeito passivo sob sua autoridade, guarda ou vigilância, para fins de educação, ensino, tratamento ou custódia.

Sujeito Passivo: é aquele que se encontra sob a autoridade, guarda ou vigilância de outra pessoa, para fins de educação, ensino, tratamento ou custódia.

Consumação e tentativa

O crime consuma-se com a exposição da vítima ao perigo. Não se exige o dano efetivo.

A conduta de privação de alimentos ou cuidados indispensáveis (modalidade omissiva) não admite tentativa. Contudo, as demais condutas admitem a tentativa.

Descrição do crime

Apenas pode ser executado pelos meios/condutas indicados no tipo penal, sendo as seguintes:

- Privar a vítima de alimentos ou cuidados indispensáveis: caso a intenção do agente, ao privar a vitima de alimentos, seja matá-la, responderá pelo crime de homicídio (tentado ou consumado);
- Sujeitar a vítima a trabalhos excessivos ou inadequados;
- Abusar dos meios de disciplina ou correção.

As formas qualificadas do crime de maus-tratos (lesão corporal de natureza grave e morte) são exclusivamente preterdolosas – conduta dolosa no antecedente e culpa no consequente.

Aumenta-se a pena de 1/3 se o crime é praticado contra pessoa menor de 14 anos.

A esposa não pode ser vítima de maus-tratos pelo marido, visto que não se encontra sob sua autoridade, guarda ou vigilância. Desse modo, o marido poderá responder pelo crime de lesão corporal (art. 129 do CP).

Tratando-se de criança ou adolescente sujeita à autoridade, guarda ou vigilância de alguém e submetida a vexame ou constrangimento, aplica-se o art. 232 da Lei nº 8.069/90 (ECA): submeter criança ou adolescente sob sua autoridade, guarda ou vigilância a vexame ou a constrangimento: pena – detenção de seis meses a dois anos.

A diferença entre o crime de maus-tratos e o crime de Tortura (Lei nº 9.455/97), reside no fato de que nesta a vítima é submetida a intenso sofrimento físico ou mental como forma de aplicar castigo pessoal ou medida de caráter preventivo (art. 1º, II, Lei nº 9.455/97).

Caso a vítima seja idosa, incide o crime previsto no art. 99 da Lei nº 10.741/2003 - Estatuto do Idoso.

1.4 Da Rixa

> ***Art. 137.*** *Participar de rixa, salvo para separar os contendores:*
> ***Pena*** *- detenção, de quinze dias a dois meses, ou multa.*
> ***Parágrafo único.*** *Se ocorre morte ou lesão corporal de natureza grave, aplica-se, pelo fato da participação na rixa, a pena de detenção, de seis meses a dois anos.*

A rixa é um conflito tumultuoso que ocorre entre três ou mais pessoas, acompanhada de vias de fato (luta, briga), em que os participantes desferem violências recíprocas, não sendo possível identificar dois grupos distintos.

Trata-se de crime comum, pois pode ser praticado por qualquer pessoa.

Ainda, enquadra-se em um delito plurissubjetivo, plurilateral ou de concurso necessário, visto que, para configurar o crime, devem existir no mínimo três pessoas. Por conseguinte, basta que apenas um dos participantes seja imputável (dois menores e um maior de 18 anos).

Também é considerado um crime de condutas contrapostas, ou seja, todos os participantes trocam agressões entre si, ora apanha, ora bate.

Sujeitos do crime

No crime de rixa, ao mesmo tempo em que o agente é sujeito ativo, ele também é sujeito passivo, pois assim como agride também sofre agressão - reciprocidade.

Consumação e tentativa

A consumação ocorre no momento em que os participantes iniciam as vias de fato ou ainda as violências recíprocas.

Admite a tentativa, quando ocorre, por exemplo, a intervenção policial no momento em que iriam se iniciar as agressões.

Descrição do crime

Os três ou mais rixosos devem combater entre si, pois participa da rixa quem nela pratica, agressivamente, atos de violência material.

Não há rixa quando lutam entre si dois ou mais grupos contrários, perfeitamente definidos. Nesse caso, os membros de cada grupo devem ser responsabilizados pelos ferimentos produzidos nos membros do grupo contrário.

O crime pode ser praticado de forma comissiva (o agente participa efetivamente da rixa), ou omissiva (quando o omitente podia e devia agir para evitar o resultado).

Ex.: O policial que assiste a três pessoas brigando entre si e nada faz para impedir o resultado.

Não há crime na conduta de quem ingressou no tumulto somente para separar os contendores.

Sendo considerado um crime de perigo abstrato, para que se configure o delito não há necessidade de que os participantes sofram lesões, o simples fato de participar da rixa já configura o em crime.

O contato físico é dispensável, sendo perfeitamente possível a rixa a distância com o arremesso de objetos, tiros, etc.

Na possibilidade em que ocorrer lesão corporal de natureza leve em algum dos participantes e o agente que a causou possa ser identificado, nessa hipótese, ele responderá pelo crime de rixa em concurso material com o crime de lesão, se resulta em lesão corporal grave/gravíssima ou a morte, estará configurado o crime de rixa qualificada.

A briga entre torcidas não configura rixa, mas sim o tipo penal descrito no art. 41-B da Lei nº 10.671/2003 – Estatuto do Torcedor. Trata-se de um tipo penal específico incluído pela Lei nº 12.299/2010.

Rixa qualificada – também é conhecida como rixa complexa.

> ***Parágrafo único.*** *Se ocorre morte ou lesão corporal de natureza grave, aplica-se, pelo fato da participação na rixa, a pena de detenção, de seis meses a dois anos.*

Trata-se de um dos últimos resíduos da responsabilidade penal objetiva - antigamente adotada pelo ordenamento jurídico brasileiro - pois, nesta hipótese, independe qual dos rixosos foi o responsável pela produção do resultado agravador – lesão corporal grave ou morte - todos aqueles que participaram responderão na modalidade qualificada.

Ainda, não importa se a morte ou a lesão corporal grave seja produzida em um dos rixosos ou então em uma terceira pessoa, alheia à rixa (apaziguador ou mero transeunte).

Há aqui três sistemas de punição:

Sistema da solidariedade absoluta: se da rixa resultar lesão grave ou morte, todos os participantes respondem pelo evento (lesão grave ou homicídio), independentemente de se apurar quem foi o seu real autor.

Sistema da cumplicidade correspectiva: havendo lesão grave ou morte, e não sendo apurado seu autor, todos os participantes respondem por esse resultado, sofrendo, entretanto, sanção intermediária à de um autor e de um partícipe.

Sistema da autonomia: a rixa é punida por si mesma, independentemente do resultado morte ou lesão grave, o qual, se ocorrer, somente qualificará o delito. Apenas o causador da lesão grave ou morte, se identificado, é que responderá também pelos delitos dos Arts. 121 e 129 do CP.

O CP adotou o princípio ou sistema da autonomia, nos termos do art. 137, parágrafo único:

Parágrafo único. *Se ocorre morte ou lesão corporal de natureza grave, aplica-se, pelo fato da participação na rixa, a pena de detenção, de seis meses a dois anos.*

Até mesmo o rixoso que sofreu lesão corporal grave responde pela rixa qualificada (todos os que se envolvem no tumulto, daí sobrevindo lesão corporal grave ou morte respondem pela rixa qualificada).

O resultado agravador (lesão corporal grave ou a morte) pode ser doloso ou culposo, não se tratando de crime essencialmente preterdoloso.

Caso o resultado seja lesões leves ou ocorra uma tentativa de homicídio, não é capaz de qualificar a rixa.

Ex.: "A" participou da rixa, mas abandonou ANTES da produção do resultado agravador (lesão corporal grave ou morte): "A" responde por rixa qualificada, pois concorreu com o seu comportamento anterior para a produção do resultado.

"A" ingressou na rixa DEPOIS da produção do resultado agravador (lesão corporal grave ou morte): "A" responde por rixa simples.

RIXA versus LEGÍTIMA DEFESA – Durante uma rixa um dos participantes, "A", empunha uma arma para matar "B", este, em sua defesa, consegue defender-se, toma a arma de "A" e o mata. Nessa situação, caso "A" conseguisse matar "B", deveria responder pelo crime de rixa qualificada (resultando morte de um dos participantes) em concurso material com o crime de homicídio. Contudo, como "B" conseguiu reagir, em relação ao crime de homicídio que "A" tentara contra ele, caberá à exclusão de ilicitude – legítima defesa – em relação ao crime de homicídio (morte de "A"), porém, ainda assim, "B" e "C" responderão por rixa qualificada, pois a legítima defesa não é relevante para excluir a qualificação do crime de rixa.

1.5 Dos Crimes Contra Honra

Crime	Conduta	Honra ofendida
Calúnia: art. 138, CP	Imputar fato criminoso sabidamente falso.	Há ofensa da honra objetiva. Ofende-se a reputação, diz respeito ao conceito perante terceiros.
Difamação: art. 139, CP	Imputar fato desonroso, em regra não importando se verdadeiro ou falso.	Ofende-se a honra objetiva.
Injúria: Art. 140, CP	É a atribuição de qualidade negativa.	Ofende-se a honra subjetiva, a autoestima, ou seja, o que a vítima pensa dela mesma.

Calúnia

Art. 138. *Caluniar alguém, imputando-lhe falsamente fato definido como crime:*

Pena *- detenção, de seis meses a dois anos, e multa.*

§ 1º. *Na mesma pena incorre quem, sabendo falsa a imputação, a propala ou divulga.*

§ 2º. *É punível a calúnia contra os mortos.*

Exceção da Verdade

§ 3º. *Admite-se a prova da verdade, salvo:*

I. *Se, constituindo o fato imputado crime de ação privada, o ofendido não foi condenado por sentença irrecorrível;*

II. *Se o fato é imputado a qualquer das pessoas indicadas no nº I do art. 141;*

III. *Se do crime imputado, embora de ação pública, o ofendido foi absolvido por sentença irrecorrível.*

Honra objetiva (o que os outros pensam do indivíduo).

Sujeitos do crime

Sujeito Ativo/Passivo: qualquer pessoa (crime comum).

Os mortos também podem ser caluniados, mas seus parentes é que serão os sujeitos passivos do crime. Não há regra semelhante no tocante aos demais crimes contra a honra.

Podem, ainda, ser vítimas os menores e os loucos.

A pessoa jurídica também pode ser sujeito passivo do crime de calúnia, pois pode cometer crimes ambientais (Lei nº 9.605/98).

Mas, observe-se que não podem praticar tal crime pessoas que desfrutam de inviolabilidade funcional.

Ex.: Parlamentares.

Aqui se indaga se advogados são imunes à prática do crime de calúnia. A resposta é que os causídicos não possuem imunidade profissional na calúnia, possuindo a imunidade somente no que tange à difamação e à injúria.

Objeto material

É a pessoa que tem sua honra objetiva ofendida.

Núcleo do tipo

A conduta típica consiste em caluniar alguém (imputar falsamente um fato definido como crime).

A imputação de fato definido como Contravenção Penal (Decreto-Lei nº 3.688/41) não constitui calúnia, pois não é crime, mas poderá caracterizar difamação.

Atribuir falsamente a alguém a prática de um fato atípico não constitui crime de calúnia, mas poderá configurar outro crime contra a honra.

Ex.: dano culposo.

Fato determinado

É imprescindível a imputação da prática de um fato determinado, ou seja, de uma situação concreta, contendo autor, objeto e suas circunstâncias.

Pessoa certa e determinada

A ofensa deve se dirigir a pessoa certa e determinada.

Ex.: Dizer que no dia 25 de dezembro, por volta de 20h00min, Roberto se fantasiou de papai noel e praticou um furto na casa de Pedro, o qual reside no centro da cidade de Cascavel/PR.

Falsidade da imputação

Deve ser falsa a imputação do fato definido como crime. Essa falsidade pode recair sobre o fato (o crime imputado à vitima não ocorreu) ou sobre o envolvimento no fato (o crime ocorreu, mas a vítima não praticou tal delito).

Quando o ofensor, agindo de boa-fé, supõe erroneamente ser verdadeira a afirmação, incidirá em Erro de Tipo. Desse modo, o fato será atípico, pois excluirá o dolo do fato típico.

Consumação

O crime de calúnia se consuma quando terceira pessoa toma conhecimento do fato imputado. Não é necessário que a vítima tome conhecimento da ofensa.

Calúnia X Denunciação Caluniosa

Calúnia (art. 138, CP)	Denunciação Caluniosa (art. 339, CP)
Caluniar alguém, imputando-lhe falsamente fato definido como crime.	Dar causa à instauração de inquérito policial, de procedimento investigatório criminal, de processo judicial, de processo administrativo disciplinar, de inquérito civil ou de ação de improbidade administrativa contra alguém, imputando-lhe crime, infração ético-disciplinar ou ato ímprobo de que o sabe inocente.
É crime contra honra.	É crime contra a Administração da Justiça.
Regra: Ação Penal Privada.	Ação Penal Pública Incondicionada.
Não admite a imputação falsa de contravenção.	Admite (é circunstância que importa na diminuição da pena pela metade (art. 339 §2º, CP).

***§ 1º**. Na mesma pena incorre quem, sabendo falsa a imputação, a propala ou divulga.*

- Propalar: relatar verbalmente.
- Divulgar: relatar por qualquer outro meio (panfletos, outdoors, gestos etc).

Observa-se que também é punível a conduta daquele que propaga e divulga a calúnia criada por outrem.

Responde pelo *caput* quem cria a falsidade e responde pelo §1º do CP a pessoa que divulga (diversa da pessoa que criou – se for a mesma pessoa, o §1º configura *post factum* impunível).

Exclui-se o crime quando o agente age:

- Com *animus jocandi*: intenção de brincar.
- Com *animus consulendi*: intenção de aconselhar.
- Com *animus narrandi*: intenção de narrar (é o animus da testemunha).
- Com *animus corrigendi*: intenção de corrigir.
- Com *animus defendendi*: intenção de defender direito

Exceção da verdade

***§ 3º**. Admite-se a prova da verdade, salvo:*

***I.** Se, constituindo o fato imputado crime de ação privada, o ofendido não foi condenado por sentença irrecorrível;*

***II.** Se o fato é imputado a qualquer das pessoas indicadas no nº I do art. 141;*

***III.** Se do crime imputado, embora de ação pública, o ofendido foi absolvido por sentença irrecorrível.*

Trata-se de incidente processual, forma de defesa indireta, por meio da qual o acusado de ter praticado a calúnia pretende provar a veracidade do que alegou.

Somente haverá o crime de calúnia quando o fato for falso. Desse modo, se a imputação é verdadeira o fato é atípico.

A exceção da verdade é o instrumento adequado para se provar a veracidade do fato imputado a outrem.

A regra é a admissibilidade da exceção da verdade. Todavia, em três situações previstas pelo CP não será admitida a sua utilização:

***I.** Se, constituindo o fato imputado crime de ação privada, o ofendido não foi condenado por sentença irrecorrível;*

***II.** Se o fato é imputado a qualquer das pessoas indicadas no inciso I do art. 141;*

(Presidente da República ou chefe de governo estrangeiro).

***III.** Se do crime imputado, embora de ação pública, o ofendido foi absolvido por sentença irrecorrível.*

Difamação

***Art. 139.** Difamar alguém, imputando-lhe fato ofensivo à sua reputação:*

***Pena** - detenção, de três meses a um ano, e multa.*

Difamar é imputar a alguém um fato ofensivo à sua reputação.

Subsiste o crime de difamação ainda que seja verdadeira a imputação (salvo quando o ofendido é funcionário público e a ofensa é relativa ao exercício de suas funções), desde que dirigida a ofender a honra alheia.

Objetividade jurídica

Honra objetiva (o que os outros pensam do indivíduo).

O fato pode ser: Verdadeiro ou Falso / Criminoso ou não criminoso / Contravenção penal;

O fato deve ser Determinado.

Objeto material

É a pessoa que tem sua honra objetiva ofendida.

Espécie de honra ofendida

A difamação ofende a honra objetiva.

Consumação e tentativa

Se consuma no momento em que um terceiro toma conhecimento da ofensa.

Morto não pode ser vítima de difamação.

Tendo em vista que pessoa jurídica tem reputação, então pode ser vítima de difamação.

O crime é punido a título de dolo, sendo imprescindível a vontade de ofender a reputação, a intenção de ofender a honra.

Em regra, admite tentativa. No caso de difamação verbal, não se admite a tentativa.

Exceção da verdade

> ***Parágrafo único.*** *A exceção da verdade somente se admite se o ofendido é funcionário público e a ofensa é relativa ao exercício de suas funções.*

Na difamação, a exceção da verdade somente é admitida se o ofendido é funcionário público e a ofensa é relativa ao exercício de suas funções. É indispensável a relação de causalidade entre a imputação e o exercício da função pública.

Na difamação, a consequência da exceção da verdade, ao contrário da calúnia, atinge a ilicitude, e não a atipicidade da conduta, pois é uma hipótese especial de exercício regular do direito.

A procedência da exceção da verdade na difamação gera a absolvição, sendo uma forma especial de exercício regular de direito.

Art. 138	Art. 139
Admite prova da verdade.	A regra é não admitir a prova da verdade.
Exceções: art. 138, § 3º I, II e III.	Exceção: art. 139, Parágrafo único. Ofendido funcionário público mais ofensa funcional.
Procedência gera a absolvição sob o fundamento da atipicidade.	Procedência gera a absolvição, pois se trata de hipótese de exercício regular de direito. Descriminante especial.
Admite exceção de notoriedade.	Também.

Injúria

> ***Art. 140.*** *Injuriar alguém, ofendendo-lhe a dignidade ou o decoro:*
>
> ***Pena*** *- detenção, de um a seis meses, ou multa.*
>
> ***§ 1º.*** *O juiz pode deixar de aplicar a pena:*
>
> ***I.*** *Quando o ofendido, de forma reprovável, provocou diretamente a injúria;*
>
> ***II.*** *No caso de retorsão imediata, que consista em outra injúria.*
>
> ***§ 2º.*** *Se a injúria consiste em violência ou vias de fato, que, por sua natureza ou pelo meio empregado, se considerem aviltantes:*
>
> ***Pena*** *- detenção, de três meses a um ano, e multa, além da pena correspondente à violência.*
>
> ***§ 3º.*** *Se a injúria consiste na utilização de elementos referentes a raça, cor, etnia, religião, origem ou a condição de pessoa idosa ou portadora de deficiência:*
>
> ***Pena*** *- reclusão de um a três anos e multa.*

Injuriar é atribuir qualidade negativa à alguém.

Espécie de honra ofendida

Ofende a honra subjetiva da pessoa (o que a pessoa acha de si própria). A consumação ocorre quando a ofensa chega ao conhecimento da vítima.

Ofende a dignidade ou o decoro da vítima:

Na injúria, é irrelevante o fato de a qualidade negativa atribuída à vítima ser ou não verdadeira. Desse modo, se o agente chama uma pessoa de gorda, com a intenção de injuriar, estará configurado o crime de injúria, mesmo que a vítima seja mesmo gorda ou obesa.

> Dignidade: ofende as qualidades morais da pessoa.

Ex.: Chamar alguém de vagabundo.

> Decoro: ofende as qualidades físicas.

Exs.: Chamar alguém de monstro, retardado ou idiota.

Queixa-crime ou denúncia

A queixa-crime ou denúncia oferecida pelo crime de injúria deve descrever, minuciosamente sob pena de inépcia, quais foram as ofensas proferidas contra a vítima, por mais baixas e repudiáveis que possam ser.

Formas de execução

Pode ser praticado por ação ou omissão.

Ex.: "A" estende a mão para cumprimentar "B" e este recusa o cumprimento.

Consumação e tentativa

É crime de execução livre: pode ser praticado por meio de palavras, gestos, escritos etc. Aliás, pode ser praticado por ação ou omissão (o único exemplo dado pela doutrina de injúria por omissão é ignorar ou não retribuir um cumprimento, como forma de humilhar a pessoa na frente de outras).

Como a injúria protege a honra subjetiva, o crime se consuma quando a vítima toma conhecimento da injúria, dispensando-se o efetivo dano à sua honra (é crime formal). Consuma no momento em que o fato chega ao conhecimento da vítima, dispensando efetivo dano a sua dignidade ou decoro.

A tentativa é possível somente na forma escrita. A injúria realizada verbalmente não admite tentativa.

Exceção da verdade: a injúria não admite exceção da verdade, pois o ofensor atribui uma qualidade negativa à vítima e não um fato.

Elemento subjetivo

É o dolo (direto ou eventual). Não admite a modalidade culposa de injúria.

Injúria Contra Funcionário Público X Desacato

Injúria contra funcionário público	Desacato (art. 331, CP)
Atribuir qualidade negativa ao funcionário público durante sua ausência.	A ofensa é realizada na presença do funcionário público no exercício da função ou em razão dela.
É crime contra a honra.	É crime contra a Administração Pública.
Ação Penal Privada (Regra).	Ação Penal Pública Incondicionada.
Ex.: "A" Fala a seus vizinhos que o Promotor da cidade é bandido.	Ex.: "A" Durante uma audiência judicial chama o Juiz de corrupto.

Atenção às imunidades! Quem detém imunidade por palavras, opiniões e votos não pratica calúnia, injúria ou difamação. São eles: senadores, deputados federais, deputados estaduais/distritais, vereadores no limite da vereança, advogado (que tem imunidade profissional na injúria - art. 7º, §2º, do EOAB - a calúnia foi afastada pelo STF).

Pessoa jurídica pode ser vítima de injúria? Não, vez que não possui honra subjetiva, não tem dignidade, decoro. Quanto a isso não há divergência.

Mirabete entende que pessoa jurídica não pode ser vítima de nenhum crime contra a honra, pois esse capítulo se aplicaria apenas às pessoas físicas.

Perdão judicial

> ***§ 1º****. O juiz pode deixar de aplicar a pena:*
>
> ***I.*** *Quando o ofendido, de forma reprovável, provocou diretamente a injúria;*
>
> ***II.*** *No caso de retorsão imediata, que consista em outra injúria.*

O perdão judicial é causa de extinção da punibilidade (art. 107, IX, CP). A sentença que concede o perdão judicial é declaratória da extinção da punibilidade (Súmula 18, STJ).

Só o perdão do ofendido tem que ser aceito, o perdão do juiz não é oferecido, mas sim imposto.

Trata-se de um direito subjetivo do acusado, e não uma faculdade do juiz. Preenchidos os requisitos, o juiz deve perdoar.

- Quando o ofendido, de forma reprovável, provocou diretamente a injúria;

A provocação tem que ser reprovável e direta.

- No caso de retorsão imediata, que consista em outra injúria.

Retorsão é o revide. Deve ser imediata. É modalidade anômala de legítima defesa. Não há retorsão contra ofensa passada. Existe apenas retorsão imediata no crime de injúria.

Injúria real

> ***§ 2º****. Se a injúria consiste em violência ou vias de fato, que, por sua natureza ou pelo meio empregado, se considerem aviltantes:*
>
> ***Pena*** *- detenção, de três meses a um ano, e multa, além da pena correspondente à violência.*

É a injúria praticada com meio de execução especial: mediante violência ou vias de fato. Aqui a violência ou as vias de fato são o meio e a injúria é o fim. O agente usa da violência para injuriar.

Jogar ovos em um cantor, cuspir na cara, dar tapa no rosto.

Aviltantes: humilhantes.

O meio de execução é a violência ou então as vias de fato. Se a injúria real for praticada com vias de fato, esta é absorvida.

A lei impõe o concurso material obrigatório entre as penas de injúria real e do resultado da violência (homicídio, lesão corporal etc.).

> Não pode-se confundir a injúria preconceito (art. 140, §3º, CP) com o crime de racismo (Lei nº 7.716/89). Na injúria, ocorre a atribuição de qualidade negativa. Já no racismo, ocorre a segregação da vítima do convívio social.

Injúria qualificada

> ***§ 3º****. Se a injúria consiste na utilização de elementos referentes a raça, cor, etnia, religião, origem ou a condição de pessoa idosa ou portadora de deficiência:*
>
> ***Pena*** *- reclusão de um a três anos e multa.*

Assim como nos demais crimes contra a honra, a ofensa deve ser dirigida a pessoa ou pessoas determinadas.

Injúria Qualificada X Crime de Racismo

Injúria Qualificada (art. 140, § 3º, CP)	Crime de Racismo (Lei nº 7.716/89)
É crime afiançável.	É crime inafiançável.
Ação Penal Pública Condicionada a Representação.	Ação Pública Incondicionada.
Prescritível.	Imprescritível.
Atribuir a alguém qualidade negativa.	Manifestações preconceituosas generalizadas ou segregação racial.
Ex.: Chamar uma pessoa negra de macaco.	Ex.: Hotel que proíbe a hospedagem de pessoas negras. Ex.: Empresa que não contrata pessoas da religião evangélica.

Prevalece na doutrina, que a injúria preconceito não admite o perdão judicial do art. 140, § 1º, tratando-se de violação mais séria à honra da vítima, ferindo uma das fundamentos do Estado Democrático de Direito, qual seja, a dignidade da pessoa humana.

Disposições comuns

> ***Art. 141*** *- As penas cominadas neste Capítulo aumentam-se de um terço, se qualquer dos crimes é cometido:*
>
> ***I.*** *contra o Presidente da República, ou contra chefe de governo estrangeiro;*
>
> ***II.*** *contra funcionário público, em razão de suas funções;*
>
> ***III.*** *na presença de várias pessoas, ou por meio que facilite a divulgação da calúnia, da difamação ou da injúria.*
>
> ***IV.*** *contra pessoa maior de 60 (sessenta) anos ou portadora de deficiência, exceto no caso de injúria. (Incluído pela Lei nº 10.741, de 2003)*
>
> ***§ 1º*** *- Se o crime é cometido mediante paga ou promessa de recompensa, aplica-se a pena em dobro. (Redação dada pela Lei nº 13.964, de 2019)* ***Vigência***
>
> ***§ 2º*** *- Se o crime é cometido ou divulgado em quaisquer modalidades das redes sociais da rede mundial de computadores, aplica-se em triplo a pena. (Incluído pela Lei nº 13.964, de 2019)*

Este artigo não traz qualificadoras, mas sim causas de aumento de pena, majorantes (a serem consideradas pelo juiz na terceira fase de aplicação da pena).

É uma majorante aplicada a todos os crimes do capítulo – injúria, difamação e calúnia. Nenhum desses crimes escapa do aumento quando preenchidos os requisitos.

Aumentam-se de um terço, se qualquer dos crimes é cometido:

> ***I.*** *Contra o Presidente da República, ou contra chefe de governo estrangeiro;*

A pena é aumentada de 1/3, em razão da importância das funções desempenhadas pelo Presidente da República e pelo chefe de governo estrangeiro. A conduta criminosa, além de atentar contra a honra de uma pessoa, ofende também os interesses de toda a nação que ela representa.

> ***II.*** *Contra funcionário público, em razão de suas funções.*

Esse aumento de pena não se aplica quando a conduta se refere à vida privada do funcionário público.

É necessário o nexo de causalidade entre a ofensa e o exercício da função pública.

> ***III.*** *Na presença de várias pessoas, ou por meio que facilite a divulgação da calúnia, da difamação ou da injúria.*

A expressão "várias pessoas" se refere a no mínimo três pessoas. Não se incluindo neste número o ofensor, a vítima e eventuais coautores e partícipes.

O STF, após o julgamento da ADPF nº 130-7/DF decidiu que a Lei de Imprensa (Lei nº 5.250/67) não foi recepcionada pela CF/88. Desse modo, aos crimes contra a honra praticados por meio da imprensa (oral ou escrita) serão aplicadas as disposições do Código Penal (Arts. 138 a 145).

> ***IV.*** *Contra pessoa maior de 60 (sessenta) anos ou portadora de deficiência, exceto no caso de injúria.*

Esse inciso foi inserido no CP pela Lei nº 10.741/03 (Estatuto do Idoso). O ofensor tem que ter conhecimento da idade da vítima no momento do crime.

Não se aplica este inciso no caso de injúria, pois neste crime já existe a figura da injúria qualificada (art. 140, §3º, CP) razão pela qual evita-se o bis in idem desta forma.

> ***§ 1º.*** *Se o crime é cometido mediante paga ou promessa de recompensa, aplica-se a pena em dobro.*

Hipótese de crime plurissubjetivo ou de concurso necessário. O pagamento, em ambos os casos, pode ser em dinheiro ou qualquer outro bem e a vantagem não precisa ser necessariamente econômica.

Ex.: Promessa de emprego, de casamento, de favores sexuais.

Essa majorante não se aplica ao mandante, apenas ao executor.

> ***§ 2º*** *Se o crime é cometido ou divulgado em quaisquer modalidades das redes sociais da rede mundial de computadores, aplica-se em triplo a pena.*

A majorante havia sido vetada pelo Presidente da República, contudo, em abril de 2021 o veto foi derrubado pelo Congresso Nacional. Assim, o crime contra honra cometido por meio das redes sociais – Facebook, Twitter, Instagram, YouTube, LinkedIn, etc... – terá a incidência da referida causa de aumento.

Exclusão do crime

> ***Art. 142.*** *Não constituem injúria ou difamação punível:*
>
> ***I.*** *A ofensa irrogada em juízo, na discussão da causa, pela parte ou por seu procurador;*
>
> ***II.*** *A opinião desfavorável da crítica literária, artística ou científica, salvo quando inequívoca a intenção de injuriar ou difamar;*
>
> ***III.*** *O conceito desfavorável emitido por funcionário público, em apreciação ou informação que preste no cumprimento de dever do ofício.*
>
> ***Parágrafo único.*** *Nos casos dos ns. I e III, responde pela injúria ou pela difamação quem lhe dá publicidade.*

Esse dispositivo não se aplica ao crime de calúnia, pois há neste crime o interesse do Estado e da sociedade em realizar a sua apuração.

Ex: advogado diz que o promotor foi subornado pelo réu para pedir sua absolvição.

A imunidade é relativa: para a maioria, a ressalva exarada pela expressão salvo quando se tem intenção de injuriar ou difamar se aplica não apenas ao inciso II, como também aos incisos I e III. Esse é o entendimento da maioria.

Nas hipóteses dos incisos I e III responde pela injúria ou difamação aquele que dá publicidade ao fato. É imprescindível, para tanto, o *animus* em ofender a vítima.

> ***I.*** *A ofensa irrogada em juízo, na discussão da causa, pela parte ou por seu procurador;*

Esta excludente de ilicitude não se aplica quando a ofensa é dirigida ao juiz (magistrado), pois este não é parte na causa.

Para o advogado, de acordo com o art. 7º, §2º, da Lei nº 8.906/94 (Estatuto da OAB): O advogado tem imunidade profissional, não constituindo injúria, difamação ou desacato puníveis em qualquer manifestação de sua parte, no exercício de sua atividade, em juízo ou fora dele, sem prejuízo das sanções disciplinares perante a OAB, pelos excessos que cometer.

A expressão desacato foi declarada inconstitucional pelo STF, nos autos da ADIN 1.127-8. Desse modo, o advogado pode praticar o crime de desacato.

> ***II.*** *A opinião desfavorável da crítica literária, artística ou científica, salvo quando inequívoca a intenção de injuriar ou difamar;*
>
> ***III.*** *O conceito desfavorável emitido por funcionário público, em apreciação ou informação que preste no cumprimento de dever do ofício.*

Cuida-se de modalidade especial de estrito cumprimento do dever legal.

Ex.: Delegado de Polícia que, ao relatar o inquérito policial, refere-se ao indiciado como pessoa de alta periculosidade, covarde e impiedoso.

Retratação

> ***Art. 143.*** *O querelado que, antes da sentença, se retrata cabalmente da calúnia ou da difamação, fica isento de pena.*
>
> ***Parágrafo único.*** *Nos casos em que o querelado tenha praticado a calúnia ou a difamação utilizando-se de meios de comunicação, a retratação dar-se-á, se assim desejar o ofendido, pelos mesmos meios em que se praticou a ofensa.*

É necessário observar que, retratação não se confunde com confissão da calúnia ou da difamação. Retratar-se é escusar-se, retirar o que disse, trazer a verdade novamente à tona. Trata-se de causa extintiva da punibilidade.

Se o querelado se retrata, há exclusão do crime, mas isso não importa em exclusão de indenização na seara cível.

Atente-se que, somente em relação a calúnia e a difamação há possibilidade de retratação, não abrangendo a injúria. Atente-se que, na lei de imprensa, havia previsão relativa a injúria, mas esta não foi recepcionada pela CF, nos termos de decisão proferida pelo STF.

Na retratação não se exige a concordância do ofendido.

> É possível retratação extintiva da punibilidade no crime contra a honra de funcionário público no exercício da função? Em regra, não, pois não haverá querelado (a ação penal é pública).

A retratação deve ser total e incondicional. Deve ainda, abranger tudo o que foi dito pelo ofensor.

Pedido de explicações

Art. 144. *Se, de referências, alusões ou frases, se infere calúnia, difamação ou injúria, quem se julga ofendido pode pedir explicações em juízo. Aquele que se recusa a dá-las ou, a critério do juiz, não as dá satisfatórias, responde pela ofensa.*

Possui as seguintes características:

> É medida facultativa, pois a vítima não precisa dele se valer para o oferecimento da ação penal.

> Somente pode ser utilizado antes do ajuizamento da ação penal.

> Não possui procedimento específico.

> Não interrompe ou suspende o prazo decadencial.

O requerido não pode ser compelido a prestar as informações solicitadas. Desse modo, caso se omita, não poderá sofrer qualquer espécie de sanção.

Ação penal

Art. 145. *Nos crimes previstos neste Capítulo somente se procede mediante queixa, salvo quando, no caso do art. 140, § 2º, da violência resulta lesão corporal.*

Parágrafo único. *Procede-se mediante requisição do Ministro da Justiça, no caso do inciso I do caput do art. 141 deste Código, e mediante representação do ofendido, no caso do inciso II do mesmo artigo, bem como no caso do § 3º do art. 140 deste Código. (Redação dada pela Lei nº 12.033. de 2009).*

Espécies de ação penal

A regra geral é que os crimes contra a honra (Calúnia/Difamação/Injúria) são de Ação Penal privada.

→ Todavia, há três exceções:

> Pública Condicionada a requisição do Ministro da Justiça (crime contra o Presidente da República ou chefe de governo estrangeiro);

> Pública Condicionada a representação do ofendido (crime contra funcionário público em razão de suas funções ou crime de injúria qualificada – discriminação);

> Pública incondicionada: injúria real se resulta lesão corporal.

Crime contra a honra de funcionário público: Tratando-se de ofensa em razão da função, a ação penal é pública condicionada a representação.

Tratando-se de ofensa sem vínculo com a função pública, a ação penal é privada.

Súm. 714, STF. É concorrente a legitimidade do ofendido mediante queixa e do MP condicionada a representação do ofendido, para a ação penal por crime contra a honra de servidor público em razão do exercício de suas funções.

Caso a injúria preconceito tenha sido praticada antes da Lei nº 12.033/09 quando tal crime dependia de queixa e ao ingressar com a inicial já está em vigor tal lei. Será cabível queixa ou deverá ser oferecida representação para que o MP denuncie? Essa é uma alteração irretroativa pela qual a ação penal continuará sendo privada, nessa hipótese.

1.6 Dos Crimes contra Liberdade Individual

Dos crimes contra a liberdade pessoal

Constrangimento ilegal

Art. 146. *Constranger alguém, mediante violência ou grave ameaça, ou depois de lhe haver reduzido, por qualquer outro meio, a capacidade de resistência, a não fazer o que a lei permite, ou a fazer o que ela não manda:*

Pena *- detenção, de três meses a um ano, ou multa.*

Aumento de Pena

§ 1º. *As penas aplicam-se cumulativamente e em dobro, quando, para a execução do crime, se reúnem mais de três pessoas, ou há emprego de armas.*

§ 2º. *Além das penas cominadas, aplicam-se as correspondentes à violência.*

§ 3º. *Não se compreendem na disposição deste artigo:*

I. *A intervenção médica ou cirúrgica, sem o consentimento do paciente ou de seu representante legal, se justificada por iminente perigo de vida;*

II. *A coação exercida para impedir suicídio.*

Ameaça

Art. 147. *Ameaçar alguém, por palavra, escrito ou gesto, ou qualquer outro meio simbólico, de causar-lhe mal injusto e grave:*

Pena *- detenção, de um a seis meses, ou multa.*

Parágrafo único. *Somente se procede mediante representação.*

Perseguição

Art. 147-A. *Perseguir alguém, reiteradamente e por qualquer meio, ameaçando-lhe a integridade física ou psicológica, restringindo-lhe a capacidade de locomoção ou, de qualquer forma, invadindo ou perturbando sua esfera de liberdade ou privacidade. (Incluído pela Lei nº 14.132, de 2021)*

Pena *– reclusão, de 6 (seis) meses a 2 (dois) anos, e multa. (Incluído pela Lei nº 14.132, de 2021)*

§ 1º. *A pena é aumentada de metade se o crime é cometido:*

I – contra criança, adolescente ou idoso;

II – contra mulher por razões da condição de sexo feminino, nos termos do § 2º-A do art. 121 deste Código;

III – mediante concurso de 2 (duas) ou mais pessoas ou com o emprego de arma.

§ 2º. *As penas deste artigo são aplicáveis sem prejuízo das correspondentes à violência.*

§ 3º. *Somente se procede mediante representação.*

A Lei nº 14.132/2021 acrescentou o art. 147-A ao CP, para tipificar o crime de perseguição, também chamado de "stalking".

A perseguição ou stalking é uma forma de violência na qual o agente invade a esfera de privacidade da vítima, praticando reiteradamente a mesma ação por maneiras e atos variados. O sujeito utiliza-se de chamadas por telefone, mensagens amorosas, telegramas, ramalhetes de flores, presentes não solicitados, mensagens em faixas afixadas na rua, permanência na saída do trabalho, frequência no mesmo local de lazer da vítima, etc.

O novo tipo objetiva coibir e punir a conduta de pessoas que praticam esse tipo de perseguição - stalking, conduta bastante comum.

Sujeito ativo: pode ser qualquer pessoa (crime comum).

Sujeito passivo: é qualquer pessoa que (homem ou mulher).

O § 1º prevê as circunstâncias que aumentam a pena (majorantes): quando o crime é praticado contra criança, adolescente ou idoso ou mulher por razões da condição de sexo feminino.

Trata-se de crime de ação penal pública condicionada. A consumação do delito exige a perseguição reiterada. Trata-se de crime habitual. Não se exige produção de resultado naturalístico. É crime formal.

> ***Violência psicológica contra a mulher***
>
> ***Art. 147-B.*** *Causar dano emocional à mulher que a prejudique e perturbe seu pleno desenvolvimento ou que vise a degradar ou a controlar suas ações, comportamentos, crenças e decisões, mediante ameaça, constrangimento, humilhação, manipulação, isolamento, chantagem, ridicularização, limitação do direito de ir e vir ou qualquer outro meio que cause prejuízo à sua saúde psicológica e autodeterminação: (Incluído pela Lei nº 14.188, de 2021)*
>
> ***Pena*** *- reclusão, de 6 (seis) meses a 2 (dois) anos, e multa, se a conduta não constitui crime mais grave.*

A Lei Maria da Penha – Lei nº 11.340/2006, prevê que a violência doméstica também pode ser violência psicológica. Contudo, não havia um tipo penal específico para punir o agente que cometesse violência psicológica contra a mulher.

Assim, o art. 147-B foi acrescentado para suprir essa lacuna, pois até então, isso gerava uma proteção deficiente para a mulher.

A violência psicológica pode ser praticada, por exemplo, por meio de: ameaça; constrangimento; humilhação; manipulação; isolamento; chantagem; ridicularização; limitação do direito de ir e vir; etc...

Sujeito ativo: trata-se de crime comum, pode ser praticado por qualquer pessoa (homem ou mulher).

Sujeito passivo: é crime próprio, pois a vítima deve ser mulher (criança, adulta, idosa, desde que do sexo feminino).

O crime é punido a título de dolo, não prevê a modalidade culposa. O delito se consuma com a provocação do dano emocional à vítima. Admite tentativa.

É processado mediante ação penal pública incondicionada.

> ***Sequestro e Cárcere Privado***
>
> ***Art. 148.*** *Privar alguém de sua liberdade, mediante sequestro ou cárcere privado:*
>
> ***Pena*** *- reclusão, de um a três anos.*
>
> ***§ 1º.*** *A pena é de reclusão, de dois a cinco anos:*
>
> ***I.*** *Se a vítima é ascendente, descendente, cônjuge ou companheiro do agente ou maior de 60 (sessenta) anos;*
>
> ***II.*** *Se o crime é praticado mediante internação da vítima em casa de saúde ou hospital;*
>
> ***III.*** *Se a privação da liberdade dura mais de quinze dias.*
>
> ***IV.*** *Se o crime é praticado contra menor de 18 (dezoito) anos;*
>
> ***V.*** *Se o crime é praticado com fins libidinosos.*
>
> ***§ 2º.*** *Se resulta à vítima, em razão de maus-tratos ou da natureza da detenção, grave sofrimento físico ou moral:*
>
> ***Pena*** *- reclusão, de dois a oito anos.*

Trata-se de infração de médio potencial ofensivo, admitindo-se a suspensão condicional do processo.

As pessoas que são impossibilitadas de se locomover podem ser vítimas do delito? A liberdade de movimento não deixa de existir quando se exerce à custa de aparelhos ou com o auxílio de outrem.

Essa é a posição que prevalece no Brasil. Há doutrinadores estrangeiros que afirmam que não seria esse o delito, mas sim o de constrangimento ilegal em se tratando de pessoas que não podem se locomover.

Caso a vítima seja Presidente da República, do SF, CD e STF, e, havendo motivação política, o delito pode ser considerado crime contra a Segurança Nacional (art. 28 da Lei nº 7.170/83).

→ Conduta: é a privação da liberdade. Pode ser executada mediante:

> Sequestro: é privação da liberdade sem confinamento.

Ex.: Sítio, casa.

> Cárcere Privado: é a privação da liberdade com confinamento.

Ex.: Porão.

Quando o crime for praticado mediante cárcere privado, deve fixar esse meio mais gravoso na fixação da pena.

O crime pode ser praticado por ação ou omissão.

Médico que não concede alta para paciente já curado.

→ Tipo subjetivo: O dolo é a finalidade especial do crime.

Se a finalidade for obter vantagem econômica, o delito será o previsto no art. 159 do CP. Se o fim for satisfazer pretensão, deixa de ser o delito do art. 148 e passa a ser o delito previsto no art. 345 (exercício arbitrário das próprias razões). Ex.: médico que não concede alta para paciente com a finalidade de satisfazer pretensão tida como legítima – pagamento do tratamento – o delito será de exercício arbitrário das próprias razões.

Na hipótese em que a finalidade é causar sofrimento físico ou mental, o delito será o de tortura.

→ Consumação e tentativa: Trata-se de delito permanente, e sua consumação se protrai no tempo. Consuma-se com a efetiva privação da liberdade ou locomoção da vítima.

A tentativa é perfeitamente difícil já que a privação da liberdade pode ser antecedida de violência e se o agente age de forma violenta, mas não consegue privar sua liberdade por circunstâncias alheias a sua vontade, terá havido tentativa.

→ Qualificadoras: art. 148, §1º:

> ***I.*** *Ascendente, descendente, cônjuge ou companheiro do agente ou maior de 60 anos.*

Neste caso, para qualificar não abrange o parentesco colateral, por afinidade, padrasto, ou madrasta do agente.

O idoso deve ter MAIS de 60 anos quando de sua libertação, não importando se quando da privação da liberdade tinha menos de 60 anos.

> ***II.*** *Se o crime é praticado mediante internação da vítima em casa de saúde ou hospital: Neste caso, tem que ser internação simulada ou fraudulenta.*
>
> ***III.*** *Se a privação da liberdade dura mais de quinze dias: Este prazo inicia-se no momento da privação da vítima, até sua libertação.*
>
> ***IV.*** *Crime praticado contra menor de 18 anos: neste inciso basta que a vítima seja maior de 18 anos ao final do sequestro, pouco importando se tinha menos que 18 anos no inicio do cárcere.*

V. Se praticado com fins libidinosos: trata-se de ação penal pública incondicionada (e não ação privada, como era anterior a 2005).

Redução a Condição Análoga à de Escravo

Art. 149. Reduzir alguém a condição análoga à de escravo, quer submetendo-o a trabalhos forçados ou a jornada exaustiva, quer sujeitando-o a condições degradantes de trabalho, quer restringindo, por qualquer meio, sua locomoção em razão de dívida contraída com o empregador ou preposto:

Pena - reclusão, de dois a oito anos, e multa, além da pena correspondente à violência.

§ 1º. Nas mesmas penas incorre quem:

I. Cerceia o uso de qualquer meio de transporte por parte do trabalhador, com o fim de retê-lo no local de trabalho;

II. Mantém vigilância ostensiva no local de trabalho ou se apodera de documentos ou objetos pessoais do trabalhador, com o fim de retê-lo no local de trabalho.

§ 2º. A pena é aumentada de metade, se o crime é cometido:

I. Contra criança ou adolescente;

II. Por motivo de preconceito de raça, cor, etnia, religião ou origem.

Tráfico de Pessoas

Art. 149-A. Agenciar, aliciar, recrutar, transportar, transferir, comprar, alojar ou acolher pessoa, mediante grave ameaça, violência, coação, fraude ou abuso, com a finalidade de: (Incluído pela Lei nº 13.344, de 2016)

I. remover-lhe órgãos, tecidos ou partes do corpo; (Incluído pela Lei nº 13.344, de 2016)

II. submetê-la a trabalho em condições análogas à de escravo; (Incluído pela Lei nº 13.344, de 2016)

III. submetê-la a qualquer tipo de servidão; (Incluído pela Lei nº 13.344, de 2016)

IV. adoção ilegal; ou (Incluído pela Lei nº 13.344, de 2016)

V. exploração sexual. (Incluído pela Lei nº 13.344, de 2016)

Pena. reclusão, de 4 (quatro) a 8 (oito) anos, e multa. (Incluído pela Lei nº 13.344, de 2016)

§ 1º. A pena é aumentada de um terço até a metade se: (Incluído pela Lei nº 13.344, de 2016)

I. o crime for cometido por funcionário público no exercício de suas funções ou a pretexto de exercê-las; (Incluído pela Lei nº 13.344, de 2016)

II. o crime for cometido contra criança, adolescente ou pessoa idosa ou com deficiência; (Incluído pela Lei nº 13.344, de 2016)

III. o agente se prevalecer de relações de parentesco, domésticas, de coabitação, de hospitalidade, de dependência econômica, de autoridade ou de superioridade hierárquica inerente ao exercício de emprego, cargo ou função; ou (Incluído pela Lei nº 13.344, de 2016)

IV. a vítima do tráfico de pessoas for retirada do território nacional. (Incluído pela Lei nº 13.344, de 2016)

§ 2º. A pena é reduzida de um a dois terços se o agente for primário e não integrar organização criminosa. (Incluído pela Lei nº 13.344, de 2016)

Dos crimes contra a inviolabilidade do domicílio

Violação de Domicílio

Art. 150 - Entrar ou permanecer, clandestina ou astuciosamente, ou contra a vontade expressa ou tácita de quem de direito, em casa alheia ou em suas dependências:

Pena - detenção, de um a três meses, ou multa.

§ 1º - Se o crime é cometido durante a noite, ou em lugar ermo, ou com o emprego de violência ou de arma, ou por duas ou mais pessoas:

Pena - detenção, de seis meses a dois anos, além da pena correspondente à violência.

§ 2º - (Revogado pela Lei nº 13.869, de 2019)

§ 3º - Não constitui crime a entrada ou permanência em casa alheia ou em suas dependências:

I. durante o dia, com observância das formalidades legais, para efetuar prisão ou outra diligência;

II. a qualquer hora do dia ou da noite, quando algum crime está sendo ali praticado ou na iminência de o ser.

§ 4º - A expressão "casa" compreende:

I. qualquer compartimento habitado;

II. aposento ocupado de habitação coletiva;

III. compartimento não aberto ao público, onde alguém exerce profissão ou atividade.

§ 5º - Não se compreendem na expressão "casa":

I. hospedaria, estalagem ou qualquer outra habitação coletiva, enquanto aberta, salvo a restrição do n.º II do parágrafo anterior;

II. taverna, casa de jogo e outras do mesmo gênero

Dos crimes contra a inviolabilidade de correspondência

Violação de Correspondência

Art. 151. Devassar indevidamente o conteúdo de correspondência fechada, dirigida a outrem:

Pena - detenção, de um a seis meses, ou multa.

Sonegação ou Destruição de Correspondência

§ 1º. Na mesma pena incorre:

I. Quem se apossa indevidamente de correspondência alheia, embora não fechada e, no todo ou em parte, a sonega ou destrói;

Violação de Comunicação Telegráfica, Radioelétrica ou Telefônica

II. Quem indevidamente divulga, transmite a outrem ou utiliza abusivamente comunicação telegráfica ou radioelétrica dirigida a terceiro, ou conversação telefônica entre outras pessoas;

III. Quem impede a comunicação ou a conversação referidas no número anterior;

IV. Quem instala ou utiliza estação ou aparelho radioelétrico, sem observância de disposição legal.

§ 2º. As penas aumentam-se de metade, se há dano para outrem.

§ 3º. Se o agente comete o crime, com abuso de função em serviço postal, telegráfico, radioelétrico ou telefônico:

Pena - detenção, de um a três anos.

§ 4º. Somente se procede mediante representação, salvo nos casos do § 1º, IV, e do § 3º.

Correspondência Comercial

Art. 152. Abusar da condição de sócio ou empregado de estabelecimento comercial ou industrial para, no todo ou em parte, desviar, sonegar, subtrair ou suprimir correspondência, ou revelar a estranho seu conteúdo:

Pena - detenção, de três meses a dois anos.

Parágrafo único. Somente se procede mediante representação.

Dos Crimes contra a Inviolabilidade dos Segredos

Divulgação de Segredo

Art. 153. Divulgar alguém, sem justa causa, conteúdo de documento particular ou de correspondência confidencial, de que é destinatário ou detentor, e cuja divulgação possa produzir dano a outrem:

Pena - detenção, de um a seis meses, ou multa.

***§ 1º**. Somente se procede mediante representação.*

***§ 1º-A**. Divulgar, sem justa causa, informações sigilosas ou reservadas, assim definidas em lei, contidas ou não nos sistemas de informações ou banco de dados da Administração Pública:*

***Pena** - detenção, de 1 (um) a 4 (quatro) anos, e multa.*

***§ 2º**. Quando resultar prejuízo para a Administração Pública, a ação penal será incondicionada.*

Violação do Segredo Profissional

***Art. 154.** Revelar alguém, sem justa causa, segredo, de que tem ciência em razão de função, ministério, ofício ou profissão, e cuja revelação possa produzir dano a outrem:*

***Pena** - detenção, de três meses a um ano, ou multa.*

***Parágrafo único.** Somente se procede mediante representação.*

Invasão de dispositivo informático

***Art. 154-A.** Invadir dispositivo informático de uso alheio, conectado ou não à rede de computadores, com o fim de obter, adulterar ou destruir dados ou informações sem autorização expressa ou tácita do usuário do dispositivo ou de instalar vulnerabilidades para obter vantagem ilícita: (Redação dada pela Lei nº 14.155, de 2021)*

***Pena** – reclusão, de 1 (um) a 4 (quatro) anos, e multa*

***§ 1º** Na mesma pena incorre quem produz, oferece, distribui, vende ou difunde dispositivo ou programa de computador com o intuito de permitir a prática da conduta definida no caput. (Incluído pela Lei nº 12.737, de 2012)*

***§ 2º**. Aumenta-se a pena de 1/3 (um terço) a 2/3 (dois terços) se da invasão resulta prejuízo econômico. (Redação dada pela Lei nº 14.155, de 2021)*

***§ 3º** Se da invasão resultar a obtenção de conteúdo de comunicações eletrônicas privadas, segredos comerciais ou industriais, informações sigilosas, assim definidas em lei, ou o controle remoto não autorizado do dispositivo invadido: (Incluído pela Lei nº 12.737, de 2012)*

***Pena** - reclusão, de 2 (dois) a 5 (cinco) anos, e multa. (Redação dada pela Lei nº 14.155, de 2021)*

***§ 4º** Na hipótese do § 3o, aumenta-se a pena de um a dois terços se houver divulgação, comercialização ou transmissão a terceiro, a qualquer título, dos dados ou informações obtidos. (Incluído pela Lei nº 12.737, de 2012)*

***§ 5º** Aumenta-se a pena de um terço à metade se o crime for praticado contra: (Incluído pela Lei nº 12.737, de 2012)*

- ***I.** Presidente da República, governadores e prefeitos; (Incluído pela Lei nº 12.737, de 2012)*
- ***II.** Presidente do Supremo Tribunal Federal; (Incluído pela Lei nº 12.737, de 2012)*
- ***III.** Presidente da Câmara dos Deputados, do Senado Federal, de Assembleia Legislativa de Estado, da Câmara Legislativa do Distrito Federal ou de Câmara Municipal; ou (Incluído pela Lei nº 12.737, de 2012)*
- ***IV.** dirigente máximo da administração direta e indireta federal, estadual, municipal ou do Distrito Federal. (Incluído pela Lei nº 12.737, de 2012)*

Ação penal

(Incluído pela Lei nº 12.737, de 2012)

***Art. 154-B.** Nos crimes definidos no art. 154-A, somente se procede mediante representação, salvo se o crime é cometido contra a administração pública direta ou indireta de qualquer dos Poderes da União, Estados, Distrito Federal ou Municípios ou contra empresas concessionárias de serviços públicos. (Incluído pela Lei nº 12.737, de 2012)*

Questões

01. (CESPE) O homicídio praticado mediante paga ou promessa de recompensa classifica-se doutrinariamente como crime bilateral.

Certo ( ) Errado ( )

02. (CESPE) A natureza jurídica do homicídio privilegiado é de circunstância atenuante especial.

Certo ( ) Errado ( )

03. (CESPE) Um médico praticou aborto de gravidez decorrente de estupro, sem autorização judicial, mas com consentimento da gestante. Nessa situação, o médico deverá responder por crime, já que provocar aborto sem autorização judicial é sempre punível, segundo o CP.

Certo ( ) Errado ( )

04. (CESPE) Acerca do homicídio privilegiado, estando o agente em uma das situações que ensejem o seu reconhecimento, o juiz é obrigado a reduzir a pena, mas a lei não determina o patamar de redução.

Certo ( ) Errado ( )

05. (CESPE) Acerca do homicídio privilegiado, a violenta emoção, para ensejar o privilégio, deve ser dominante da conduta do agente e ocorrer logo após injusta provocação da vítima.

Certo ( ) Errado ( )

06. (CESPE) É inadmissível a ocorrência de homicídio privilegiado-qualificado, ainda que a qualificadora seja de natureza objetiva.

Certo ( ) Errado ( )

07. (CESPE) No delito de infanticídio incide a agravante prevista na parte geral do CP consistente no fato de a vítima ser descendente da parturiente.

Certo ( ) Errado ( )

08. (CESPE) A premeditação, apesar de não ser considerada qualificadora do delito de homicídio, pode ser levada em consideração para agravar a pena, funcionando como circunstância judicial.

Certo ( ) Errado ( )

09. (CESPE) Independentemente das consequências do crime de rixa, a punição aos contendores é sempre aplicável.

Certo ( ) Errado ( )

10. (CESPE) A lesão corporal grave, da qual resulta incapacidade por mais de trinta dias, somente pode ser reconhecida com base nas declarações da vítima ou na confissão do réu, sem que haja necessidade de exame pericial complementar.

Certo ( ) Errado ( )

Gabaritos

01	CERTO	06	ERRADO
02	ERRADO	07	ERRADO
03	ERRADO	08	CERTO
04	ERRADO	09	CERTO
05	CERTO	10	ERRADO

2. DOS CRIMES CONTRA O PATRIMÔNIO

2.1 Do Furto

Art. 155 *- Subtrair, para si ou para outrem, coisa alheia móvel:*

Pena *- reclusão, de um a quatro anos, e multa.*

§ 1º *- A pena aumenta-se de um terço, se o crime é praticado durante o repouso noturno.*

§ 2º *- Se o criminoso é primário, e é de pequeno valor a coisa furtada, o juiz pode substituir a pena de reclusão pela de detenção, diminuí-la de um a dois terços, ou aplicar somente a pena de multa.*

§ 3º *- Equipara-se à coisa móvel a energia elétrica ou qualquer outra que tenha valor econômico.*

Furto qualificado

§ 4º *- A pena é de reclusão de dois a oito anos, e multa, se o crime é cometido:*

I. *com destruição ou rompimento de obstáculo à subtração da coisa;*

II. *com abuso de confiança, ou mediante fraude, escalada ou destreza;*

III. *com emprego de chave falsa;*

IV. *mediante concurso de duas ou mais pessoas.*

§ 4º*-A A pena é de reclusão de 4 (quatro) a 10 (dez) anos e multa, se houver emprego de explosivo ou de artefato análogo que cause perigo comum. (Incluído pela Lei nº 13.654, de 2018)*

§ 4º*-B. A pena é de reclusão, de 4 (quatro) a 8 (oito) anos, e multa, se o furto mediante fraude é cometido por meio de dispositivo eletrônico ou informático, conectado ou não à rede de computadores, com ou sem a violação de mecanismo de segurança ou a utilização de programa malicioso, ou por qualquer outro meio fraudulento análogo. (Incluído pela Lei nº 14.155, de 2021)*

§ 4º*-C. A pena prevista no § 4º-B deste artigo, considerada a relevância do resultado gravoso: (Incluído pela Lei nº 14.155, de 2021)*

I – aumenta-se de 1/3 (um terço) a 2/3 (dois terços), se o crime é praticado mediante a utilização de servidor mantido fora do território nacional;

II – aumenta-se de 1/3 (um terço) ao dobro, se o crime é praticado contra idoso ou vulnerável.

§ 5º *- A pena é de reclusão de três a oito anos, se a subtração for de veículo automotor que venha a ser transportado para outro Estado ou para o exterior. (Incluído pela Lei nº 9.426, de 1996)*

§ 6º *A pena é de reclusão de 2 (dois) a 5 (cinco) anos se a subtração for de semovente domesticável de produção, ainda que abatido ou dividido em partes no local da subtração. (Incluído pela Lei nº 13.330, de 2016)*

§ 7º *A pena é de reclusão de 4 (quatro) a 10 (dez) anos e multa, se a subtração for de substâncias explosivas ou de acessórios que, conjunta ou isoladamente, possibilitem sua fabricação, montagem ou emprego. (Incluído pela Lei nº 13.654, de 2018)*

O crime de furto está descrito no rol dos crimes contra o patrimônio, mais precisamente, no Título II do Código Penal. Furto é se apropriar de algo alheio para si ou para outra pessoa.

Existem várias modalidades de furto, dentre as quais se destacam: o furto de coisa comum, furto privilegiado e o furto qualificado. Há que se distinguir furto de roubo: a principal diferença entre os dois é que no roubo há emprego de violência e no furto não há.

Bem jurídico tutelado

Tutela-se o patrimônio, a posse e a detenção, desde que legítimas.

Classificação

É considerado um crime COMUM (praticado por qualquer pessoa) e MATERIAL (para sua consumação exige um resultado naturalístico).

É um crime doloso (ânimo de assenhoramento definitivo da coisa. Vontade de se tornar dono / proprietário do bem).

Sujeitos do crime

Sujeito Ativo: qualquer pessoa (exceto o proprietário).

Sujeito Passivo: qualquer pessoa (proprietário, possuidor ou detentor do bem). Pode ser pessoa física ou jurídica.

Consumação e tentativa

De acordo com a teoria da inversão da posse, ocorre a consumação do furto no momento em que o bem sai da esfera de disponibilidade da vítima e passa para a do autor do delito.

E de acordo com o STJ não se exige a posse mansa e pacífica do bem para a sua consumação, bastando que o agente obtenha a simples posse do bem, ainda que por um curto período de tempo.

Precedentes do STJ e STF considera-se consumado o crime de furto com a simples posse, ainda que breve, do bem subtraído, não sendo necessária que a mesma se dê de forma mansa e pacífica, bastando que cesse a clandestinidade, ainda que por curto espaço de tempo.

Furto Consumado

Há perda dos bens subtraídos;

APF (auto de Prisão em Flagrante) de apenas um dos agentes e fuga dos comparsas;

Subtração e posse de apenas parte dos bens;

APF (auto de Prisão em Flagrante) no caso de flagrante presumido.

Por circunstâncias alheias à vontade do agente, este não consegue consumar o furto. É admitida a tentativa, pois se trata de crime material (exige resultado).

01. Pungista (vulgarmente conhecido como batedor de carteira) coloca a mão no bolso da vítima, mas a carteira está no outro bolso: tentativa de furto.

02. Pungista coloca a mão no bolso da vítima, mas a carteira está em casa: crime impossível (Art. 17, CP).

Tipo subjetivo

O delito é punido a título de dolo. Mas, atente-se que é necessária a vontade de apoderamento definitivo, ou seja, a intenção de não mais devolver a coisa à vítima.

O furto de uso é fato atípico. Mas para ser caracterizado o furto de uso são necessários três requisitos: a intenção desde o início de uso momentâneo da coisa, ser coisa não consumível (infungível) e a restituição seja imediata e integral à vítima.

Qual crime pratica o proprietário que subtrai coisa sua na legítima posse de terceiro? Há prática do delito de exercício arbitrário das próprias razões. E, aqui, pode se enquadrar no Art. 345 ou 346 do CP, a depender da qualidade da posse do agente.

E a coisa pública de uso comum, pode ser objeto material de furto?

A coisa pública, de uso comum, a todos pertence, não podendo ser subtraída e configurar furto. Sucede que, dependendo da situação, há possibilidade da prática de crime ambiental, do delito de usurpação de águas e do crime de dano.

Ex.: Furto de parte de estátua.

A vigilância física ou eletrônica em estabelecimentos comerciais torna o crime impossível? Primeiramente, deve-se analisar a natureza do equipamento. Se, por exemplo, há um equipamento que impede por si só a saída do estabelecimento com o bem, seria configurado o crime impossível. O fato de haver câmeras ou seguranças apenas dificulta a consumação.

Furto noturno

> ***Art. 155, § 1º, CP.*** *A pena aumenta-se de um terço, se o crime é praticado durante o repouso noturno.*

O repouso noturno só era aplicado ao furto simples (*caput*). Porém, atualmente a jurisprudência admite a previsão do aumento de pena tanto para o furto simples (*caput*) quanto para o furto qualificado (§§ 4º, 5º)

Aplica-se esta causa de aumento de pena, desde que o fato seja praticado durante o repouso noturno.

Não importa se a casa estava ou não habitada, ou o seu morador estava ou não dormindo (divergência).

Aplica-se esta majorante, também, aos furtos cometidos durante o repouso noturno em veículos estacionados em vias públicas, bem como em estabelecimentos comerciais (Divergência jurisprudencial).

Repouso Noturno	Noite
Período em que as pessoas se recolhem em suas casas para descansarem (dormirem). Varia conforme a região: grandes metrópoles ou pequenas cidades do interior.	Ausência de luz solar. Período que vai da aurora ou crepúsculo.

Furto privilegiado

> ***§ 2º.*** *Se o criminoso é primário, e é de pequeno valor a coisa furtada, o juiz pode substituir a pena de reclusão pela de detenção, diminuí-la de um a dois terços, ou aplicar somente a pena de multa.*

Aplica-se apenas ao furto simples (*caput*) e ao furto noturno. Não se aplica ao furto qualificado (§§ 4º e 5º).

Criminoso primário: aquele que não é reincidente. Não precisa ser portador de bons antecedentes. Se já transcorrido o prazo de 5 anos entre a data de cumprimento ou extinção da pena e a infração penal posterior, o agente readquire a sua condição de primário (Art. 64, I, CP).

Coisa subtraída de pequeno valor: bem cujo valor seja de até um salário mínimo na data do fato.

"Coisa de pequeno valor" não se confunde com "coisa de valor insignificante". A primeira, se também presente a primariedade do agente, enseja a incidência do privilégio; a segunda conduz à atipicidade do fato, em decorrência do princípio da insignificância (criminalidade de bagatela).

Presentes estes dois requisitos legais, o juiz é obrigado a aplicar o privilégio ao criminoso (direito subjetivo do acusado).

Furto qualificado-privilegiado

O STF aceita a possibilidade de se aplicar o privilégio (Art. 155, §2º, CP) às figuras qualificadas (Art. 155, §§ 4º e 5º, CP) desde que não haja imposição isolada de pena de multa em decorrência do privilégio.

O STF entendeu que no furto qualificado pelo concurso de agentes, não há óbice ao reconhecimento do privilégio, desde que estejam presentes os requisitos ensejadores de sua aplicação, quais sejam, a primariedade do agente e o pequeno valor da coisa furtada.

> ***§ 3º.*** *Equipara-se à coisa móvel a energia elétrica ou qualquer outra que tenha valor econômico.*

Trata-se de norma penal interpretativa. Entende por qualquer outra energia térmica, mecânica, radioatividade e genética (sêmen de animal).

Furto de sinal de tv a cabo

1ª Corrente: não é crime. A energia se consome, se esgota e pode, inclusive, terminar, ao passo que sinal de TV não se consome, não diminui. É adotada por Bittencourt.

2ª Corrente: o furto de sinal de TV se encaixa no §3º do Art. 155, pois é uma forma de energia. É uma corrente adotada pelo STJ.

Furto de Energia X estelionato no Consumo de Energia

Furto de Energia Elétrica	Estelionato no Consumo de Energia
No furto de energia elétrica, o agente **não está autorizado via contrato, consumir energia**.	Nesse caso o agente está autorizado, via contrato, a consumir energia.
O agente, mediante artifício, por exemplo, ligação clandestina, subtrai a energia.	O agente, mediante fraude, altera o medidor de consumo da energia, indicando valor menor que o efetivamente consumido.

Furto qualificado

> ***§ 4º.*** *A pena é de reclusão de dois a oito anos, e multa, se o crime é cometido:*
>
> ***I.*** *Com destruição ou rompimento de obstáculo à subtração da coisa;*

Ex.: arrombamento de fechaduras, janelas, portas, cadeados, cofres, trincos.

Se o obstáculo destruído for inerente à própria coisa não incidirá esta forma qualificada.

Ex.: quebrar o vidro da porta de um carro com o objetivo de furtar o veículo (furto simples).

Todavia, caso o agente quebre o vidro apenas para viabilizar o furto do CD-Player, ou de qualquer outro objeto que se encontra em seu interior, responderá por furto qualificado.

Se o agente, apenas desliga o alarme não incidirá a qualificadora, pois não houve destruição ou rompimento de obstáculo.

Caso a violência seja empregada após a consumação do furto, o agente responderá por furto em concurso com o crime de dano (Art. 163).

De acordo com Fernando Capez, o furto da bolsa para obter o que está em seu interior não qualifica o delito, pois a bolsa não é obstáculo e sim forma de transportar as coisas. O obstáculo seria um cadeado.

Há decisões que entendem pela aplicabilidade da qualificadora quando há ligação direta no veículo.

II. Com abuso de confiança, ou mediante fraude, escalada ou destreza;

> Confiança é circunstância subjetiva incomunicável no concurso de pessoas (Art. 30, CP).

Ex.: Famulato (furto praticado por empregado doméstico contra o patrão).

Essa qualificadora pressupõe dois requisitos:

> A vítima tem que depositar, por qualquer motivo (amizade, parentesco, relações profissionais etc.), uma especial confiança no agente;
> O agente deve se aproveitar de alguma facilidade decorrente da confiança nele depositada para cometer o crime.

A vítima tem que depositar, por qualquer motivo (amizade, parentesco, relações profissionais etc.), uma especial confiança no agente;

O agente deve se aproveitar de alguma facilidade decorrente da confiança nele depositada para cometer o crime.

Furto Mediante Abuso de Confiança	Apropriação Indébita
O agente tem mero contato com a coisa. O agente pode até ter posse, mas essa é uma posse precária vigiada.	O agente exerce a posse em nome de outrem. O agente tem posse desvigiada
O dolo está presente desde o início da posse.	O dolo é superveniente à posse.

Fraude é o artifício (emprego de algum objeto, instrumento ou vestimenta para enganar o titular do bem) ou ardil (conversa enganosa), isto é, o meio enganoso empregado pelo agente para diminuir a vigilância da vítima ou de terceiro sobre um bem móvel, permitindo ou facilitando sua subtração.

> A fraude como qualificadora há de ser empregada antes ou durante a subtração da coisa, ou seja, antecede a consumação do crime.
> Um ponto muito relevante é a diferenciação entre furto mediante fraude e estelionato.

Destreza: trata-se de peculiar habilidade física ou manual permitindo ao agente despojar a vítima sem que esta perceba.

Ex.: Batedores de carteira ou punguistas.

FRAUDE	Furto Mediante Fraude	Estelionato (Art. 171, CP)
	É qualificadora do crime.	É elementar do crime.
	Deve ser empregada antes ou durante a subtração do bem.	Antecede o apossamento da coisa.
	É utilizada para **diminuir a vigilância** da vítima sobre o bem, permitindo ou facilitando a substrução.	É utilizada para induzir a vítima em erro, mediante uma falsa percepção da realidade.
	Há a subtração do bem sem que a vítima perceba.	Ocorre a entrega espontânea (embora viciada) do bem pela vítima ao agente.
	Ex.: "A" e "B", bandidos, se disfarçam de técnicos de TV a cabo e pedem para consertar a TV de "C". Enquanto "C" permanece em seu quarto "A" e "B" aproveitam sua distração para furtar objetos na sala de estar.	**Ex.:** "A" se disfarça de manobrista e fica parado em frente a um restaurante. "B" entrega seu veículo para que o falso manobrista o estacione. "A" desaparece com o carro.

III. Com emprego de chave falsa;

Segundo alguns autores, chave falsa é todo o instrumento, com ou sem forma de chave, destinado a abrir fechaduras

Ex.: Grampos, arames, estiletes, micha etc.

A chave verdadeira, obtida fraudulentamente, não gera a qualificadora do inciso III.

IV. Mediante concurso de duas ou mais pessoas.

Responderá por furto qualificado mesmo se um dos integrantes for menor de 18 anos.

§ 4º-A A pena é de reclusão de 4 (quatro) a 10 (dez) anos e multa, se houver emprego de explosivo ou de artefato análogo que cause perigo comum.

A Lei 13.645, de 2018, inseriu uma nova qualificadora ao crime de furto, com o intuito de criminalizar mais gravemente a conduta relacionada à subtração com o emprego de explosivo ou artefato análogo, como o que acontece com os caixas de banco.

§ 4º-B. A pena é de reclusão, de 4 (quatro) a 8 (oito) anos, e multa, se o furto mediante fraude é cometido por meio de dispositivo eletrônico ou informático, conectado ou não à rede de computadores, com ou sem a violação de mecanismo de segurança ou a utilização de programa malicioso, ou por qualquer outro meio fraudulento análogo. (Incluído pela Lei nº 14.155, de 2021)

§ 4º-C. A pena prevista no § 4º-B deste artigo, considerada a relevância do resultado gravoso:

I – aumenta-se de 1/3 (um terço) a 2/3 (dois terços), se o crime é praticado mediante a utilização de servidor mantido fora do território nacional; (Incluído pela Lei nº 14.155, de 2021)

II – aumenta-se de 1/3 (um terço) ao dobro, se o crime é praticado contra idoso ou vulnerável.

A recente Lei nº 14.155/2021 alterou as disposições do artigo 155 e inseriu o § 4°-B, prevendo nova qualificadora ao delito de furto quando cometido mediante fraude por meio de dispostivio eletrônico ou informático.

Também acrescentou o § 4°-C, passando a prever duas causas de aumento para a conduta do § 4°-B, quando o delito de furto mediante fraude em dispositivo eletrônico for cometido por meio de servidor localizado fora do território brasileiro ou contra idoso ou pessoa vulnerável.

A fim de incidência da nova qualificadora, pode-se citar a conduta do agente que invade computador de terceiro e nele instala programa malicioso (malware), e então, descobre senhas bancárias e subtrai valores da conta bancária da vítima, por exemplo.

§ 5º. A pena é de reclusão de 3 (três) a 8 (oito) anos, se a subtração for de veículo automotor que venha a ser transportado para outro Estado ou para o exterior.

§ 6º A pena é de reclusão de 2 (dois) a 5 (cinco) anos se a subtração for de semovente domesticável de produção, ainda que abatido ou dividido em partes no local da subtração.

§ 7º A pena é de reclusão de 4 (quatro) a 10 (dez) anos e multa, se a subtração for de substâncias explosivas ou de acessórios que, conjunta ou isoladamente, possibilitem sua fabricação, montagem ou emprego.

Ademais, outra modificação feita pela Lei 13.654 de 2018 foi a inserção do § 7º no Art. 155 do CP. Essa alteração pune mais gravemente a subtração de explosivos ou acessórios para a fabricação, montagem ou emprego.

Bens imóveis e energia elétrica

Os bens considerados imóveis pela legislação civil e que puderem ser deslocados de um local para outro podem ser objeto de furto.

Ex.: Navios, prédios, terrenos, carro, moto, animal de estimação, celular.

A energia elétrica ou qualquer outra que possua valor econômico é equiparada a coisa móvel (Art. 155, §3º, CP).

Ex.: Energia genética, energia nuclear, energia mecânica. Desse modo, a ligação clandestina de energia elétrica "gato" é crime de furto.

Modalidades de furto

Abigeato: furto de gado.

Famulato: furto praticado pelo empregado doméstico contra o patrão. Não precisa ser realizado na residência do patrão, pode ser em qualquer lugar.

Furto famélico: hipótese em que o agente subtrai alimentos para saciar sua fome ou de sua família, pois se encontra em situação de extrema miséria e pobreza.

O furto famélico configura estado de necessidade, preenchidos os seguintes requisitos:

- Fato praticado para mitigar a fome;
- Que haja subtração de coisa capaz de contornar imediatamente e diretamente a emergência (fome).
- Inevitabilidade do comportamento lesivo.
- Impossibilidade de trabalho ou insuficiência dos recursos auferidos.

Somente pode ser aplicado o furto famélico àquele que está desempregado? Não. Caso os recursos obtidos sejam insuficientes, pode ser reconhecido o furto famélico.

O consentimento do ofendido, antes ou durante a subtração, torna o fato atípico (bem disponível), mas após a subtração, o fato será típico.

Não existe furto culposo.

É possível o furto privilegiado + repouso noturno.

É possível o furto privilegiado + furto qualificado desde que não haja imposição isolada da pena de multa em decorrência do privilégio.

Princípio da Insignificância no Furto

O princípio da insignificância é causa supralegal de exclusão da tipicidade (o fato não será crime).

Exige a presença dos seguintes requisitos

Requisitos objetivos: mínima ofensividade da conduta; ausência de periculosidade social; reduzido grau de reprovabilidade do comportamento; e inexpressividade da lesão jurídica.

Requisitos subjetivos: importância do objeto material para a vítima (situação econômica + valor sentimental do bem); e circunstâncias e resultado do crime.

O princípio da insignificância, desde que presentes seus requisitos objetivos e subjetivos, é em tese aplicável tanto ao furto simples como ao furto qualificado.

Ex.: Duas pessoas, em concurso de agentes, furtam uma penca de bananas.

Subtração de cartão bancário ou de crédito: não há crime de furto (princípio da insignificância). Eventual utilização do cartão, para saques em dinheiro ou compras em geral, caracteriza o crime de estelionato (art. 171, CP).

Furtos x outros crimes semelhantes

Principais diferenças entre os crimes que mais são confundidos em provas de concurso:

Furto x apropriação indébita

O furto é diferente da apropriação indébita (art. 168, CP), pois no primeiro a posse é vigiada e a subtração reside exatamente na retirada do bem desta esfera de vigilância. Já no segundo, a vítima entrega ao agente a posse desvigiada de um bem.

Furto x peculato

O funcionário público que subtrai ou concorre para que seja subtraído bem público ou particular, que se encontra sob a guarda ou custódia da Administração Pública, valendo-se da facilidade que seu cargo lhe proporciona, pratica o crime de peculato furto (art. 312, §1º, CP), também conhecido como peculato impróprio.

Furto x exercício arbitrário das próprias razões

Se um credor subtrai bens do devedor para se ressarcir de dívida não paga, o crime não será de furto, mas de exercício arbitrário das próprias razões (Art. 345, CP).

É pacífico o entendimento de que a coisa abandonada (*res derelicta*), a coisa de ninguém (*res nullius*) não podem ser objeto do crime de furto, como também a coisa perdida (*res desperdita*), porém a coisa perdida constitui o crime de apropriação de coisa achada, Art.169, II, do CP.

O ser humano não pode ser objeto de furto, salvo se forem partes definidas e com valor econômico.

Ex.: Cabelo.

Cadáver pode ser objeto de furto, desde que possua dono.

Ex.: Cadáver de faculdade de medicina.

§ 5º. A pena é de reclusão de três a oito anos, se a subtração for de VEÍCULO AUTOMOTOR que venha a ser transportado para outro Estado ou para o exterior. (Incluído pela Lei nº 9.426, de 1996)

Esta qualificadora só incide quando o furto for de veículo automotor, não abrangendo embarcação nem aeronave, além disso, o veículo automotor deve ser levado para outro Estado ou País. O legislador esqueceu-se de colocar o DF na qualificadora, porém a doutrina entende que o DF está abrangido também, pois a norma ao utilizar a expressão Estado considerou os entes da federação, dentre eles o DF.

Não basta a mera intenção de ultrapassar os limites do Estado ou do País, é necessário a transposição de fronteiras seja consumado.

Furto de coisa comum

Art. 156. *Subtrair o condômino, coerdeiro ou sócio, para si ou para outrem, a quem legitimamente a detém, a coisa comum:*

Pena *- detenção, de seis meses a dois anos, ou multa.*

§ 1º. *Somente se procede mediante representação.*

§ 2º. *Não é punível a subtração de coisa comum fungível, cujo valor não excede a quota a que tem direito o agente.*

2.2 Do Roubo e da Extorsão

Roubo

Art. 157 *- Subtrair coisa móvel alheia, para si ou para outrem, mediante grave ameaça ou violência a pessoa, ou depois de havê-la, por qualquer meio, reduzido à impossibilidade de resistência:*

Pena *- reclusão, de quatro a dez anos, e multa.*

§ 1º *- Na mesma pena incorre quem, logo depois de subtraída a coisa, emprega violência contra pessoa ou grave ameaça, a fim de assegurar a impunidade do crime ou a detenção da coisa para si ou para terceiro.*

§ 2º *A pena aumenta-se de 1/3 (um terço) até metade: (Redação dada pela Lei nº 13.654, de 2018)*

I. *(revogado); (Redação dada pela Lei nº 13.654, de 2018)*

II. *se há o concurso de duas ou mais pessoas;*

III. *se a vítima está em serviço de transporte de valores e o agente conhece tal circunstância.*

IV. *se a subtração for de veículo automotor que venha a ser transportado para outro Estado ou para o exterior; (Incluído pela Lei nº 9.426, de 1996)*

V. *se o agente mantém a vítima em seu poder, restringindo sua liberdade. (Incluído pela Lei nº 9.426, de 1996)*

VI. *se a subtração for de substâncias explosivas ou de acessórios que, conjunta ou isoladamente, possibilitem sua fabricação, montagem ou emprego. (Incluído pela Lei nº 13.654, de 2018)*

VII. *se a violência ou grave ameaça é exercida com emprego de arma branca; (Incluído pela Lei nº 13.964, de 2019) -* ***PACOTE ANTICRIME***

§ 2º-A *A pena aumenta-se de 2/3 (dois terços): (Incluído pela Lei nº 13.654, de 2018)*

I. *se a violência ou ameaça é exercida com emprego de arma de fogo; (Incluído pela Lei nº 13.654, de 2018)*

II. *se há destruição ou rompimento de obstáculo mediante o emprego de explosivo ou de artefato análogo que cause perigo comum. (Incluído pela Lei nº 13.654, de 2018)*

§ 2º-B. *Se a violência ou grave ameaça é exercida com emprego de arma de fogo de uso restrito ou proibido, aplica-se em dobro a pena prevista no caput deste artigo. (Incluído pela Lei nº 13.964, de 2019) -* ***PACOTE ANTICRIME***

§ 3º *Se da violência resulta: (Redação dada pela Lei nº 13.654, de 2018)*

I. *lesão corporal grave, a pena é de reclusão de 7 (sete) a 18 (dezoito) anos, e multa; (Incluído pela Lei nº 13.654, de 2018)*

II. *morte, a pena é de reclusão de 20 (vinte) a 30 (trinta) anos, e multa. (Incluído pela Lei nº 13.654, de 2018)*

O crime de roubo está tipificado no rol dos crimes contra o patrimônio. Esse crime assemelha-se muito ao crime de furto, contudo possui elementos que, agregados à conduta "subtrair", formam um novo crime.

No roubo há a subtração de coisa móvel alheia, porém com o emprego de violência ou grave ameaça contra a pessoa, elementos esses que empregados, fazem com que a vítima entregue a coisa móvel, funcionando como circunstâncias especiais que relevam a distinção para o crime furto.

Classificação

É crime comum / formal (STJ e STF) / instantâneo / plurissubsistente / de dano / de concurso eventual.

Ofende o patrimônio, a integridade física e a liberdade individual da vítima (Crime COMPLEXO).

É crime de forma livre: admite qualquer meio de execução.

Emprego de Grave Ameaça

Também denominada de violência moral ou vis compulsiva (consiste na promessa de mal grave, iminente e passível de realização).

Emprego de Violência

Também denominada de violência própria, violência física ou vis absoluta (consiste no emprego de força física sobre a vítima, mediante lesão corporal ou vias de fato, para facilitar a subtração do bem.

Qualquer Outro Meio que Reduza a Vítima à Impossibilidade de Resistência

Também conhecida como **violência imprópria ou violência indireta**. Abrange todos os outros meios (diferentes da violência ou grave ameaça) que impossibilitam a resistência da vítima no momento da execução do roubo.

Ex.: Drogar ou embriagar a vítima, usar soníferos (o famoso "Boa noite Cinderela") ou hipnose etc.

Não admite o princípio da insignificância, pois o desvalor da conduta é elevado, o que justifica a rigorosa atuação do direito penal.

O elemento subjetivo é o dolo e exige-se o fim de assenhoramento definitivo da coisa (*animus rem sibi habendi*). Não é admitida a modalidade culposa.

O crime de roubo admite arrependimento posterior? Para a maioria da doutrina o roubo próprio admite arrependimento posterior quando praticado mediante violência imprópria (Ex.: uso de psicotrópicos). Para a minoria, violência imprópria não admite arrependimento posterior, pois não deixa de ser espécie de violência.

Sujeitos do crime

Sujeito Ativo: qualquer pessoa (crime comum), exceto o proprietário da coisa alheia móvel.

Sujeito Passivo: o proprietário, possuidor ou detentor da coisa alheia móvel, assim como qualquer outra pessoa que seja atingida pela violência ou grave ameaça. Pessoa Jurídica também pode ser sujeito passivo.

Consumação e tentativa

Consuma-se o crime de roubo, no momento em que o agente se torna possuidor do bem subtraído mediante grave ameaça ou violência. Para que o agente se torne possuidor, é desnecessário que a coisa saia da esfera de vigilância da vítima, bastando que cesse a clandestinidade ou a violência. (Para esta corrente, o crime de Roubo é Formal).

A tentativa é plenamente admitida, haja vista o caráter plurissubsistente do crime de roubo.

Situações nas quais o roubo é considerado consumado:

> Destruição ou perda do bem subtraído;

> Prisão em flagrante de um dos ladrões e fuga do(s) comparsa(s) com o bem subtraído.

Roubo impróprio

§ 1º. Na mesma pena incorre quem, logo depois de subtraída a coisa, emprega violência contra pessoa ou grave ameaça, a fim de assegurar a impunidade do crime ou a detenção da coisa para si ou para terceiro.

	Roubo Próprio (*caput*)	Roubo Impróprio (§ 1º)
Meios de Execução	Violência ou Grave ameaça ou qualquer outro meio que reduza a vítima à impossibilidade de resistência (violência imprópria).	Violência ou Grave Ameaça.
Momento de Emprego do meio de execução	Antes ou Durante a subtração do bem.	Logo depois de subtrair a coisa, mas antes da consumação do furto.
Finalidade do meio de execução	Permitir a subtração do bem.	Assegurar a impunidade do crime ou a detenção da coisa (o bem já foi subtraído).

O roubo impróprio não admite a violência imprópria (qualquer outro meio que reduza a vítima à impossibilidade de resistência).

Para se falar em roubo impróprio é imprescindível o prévio apoderamento da coisa.

O roubo impróprio consuma-se no momento em que o sujeito utiliza a violência à pessoa ou grave ameaça, ainda que não tenha êxito em sua finalidade de assegurar a impunidade do crime ou a detenção da coisa subtraída para si ou para terceiro (**é Crime Formal**).

Causas de aumento de pena

§ 2º. A pena aumenta-se de um terço até metade:

I. (Revogado)

II. Se há o concurso de duas ou mais pessoas;

III. Se a vítima está em serviço de transporte de valores e o agente conhece tal circunstância.

IV. Se a subtração for de veículo automotor que venha a ser transportado para outro Estado ou para o exterior;

V. Se o agente mantém a vítima em seu poder, restringindo sua liberdade.

Se o crime é cometido em concurso de agentes e somente um deles utiliza a arma, a causa de aumento de pena se estende a todos os envolvidos no roubo, independentemente de serem coautores ou partícipes.

Arma de fogo	Efetivo uso: incide a causa de aumento. Porte ostensivo: Incide a causa de aumento. Porte simulado de arma: não incide a causa de aumento, mas caracteriza o roubo simples (grave ameaça).
Arma com defeito	Absoluta ineficácia de arma: não incide a causa de aumento, mas caracteriza o roubo simples (grave ameaça). Relativa ineficácia de arma: incide a causa do aumento.
Arma desmuniciada	Não incide a causa de aumento, mas caracteriza o roubo simples (grave ameaça). Conforme entendimento do STF, a arma desmuniciada ou sem possibilidade de pronto municiamento não configura o crime tipificado no Art. 14 da Lei 10.826/03 (Estatuto do Desarmamento).
Arma de brinquedo	Não incide a causa de aumento, mas caracteriza o roubo simples (grave ameaça).

Se há o concurso de duas ou mais pessoas

Incide esta qualificadora ainda que um dos envolvidos seja inimputável (ex.: Menor de 18 anos) ou não possa ser identificado.

Essa qualificadora incide ainda que apenas um dos envolvidos no roubo pratique atos executórios ou esteja presente no local do crime. Desse modo, aplica-se tanto aos coautores quanto aos partícipes.

Se a vítima está em serviço de transporte de valores e o agente conhece tal circunstância

Tem por finalidade conceder maior proteção às pessoas que prestam serviços relacionados ao transporte de valores, excluindo-se o proprietário dos bens.

Ex.: Carros-fortes, office-boys, estagiários, funcionários de bancos, etc.

Exige-se que o agente tenha conhecimento desta circunstância.

Se a subtração for de veículo automotor que venha a ser transportado para outro Estado ou para o exterior

Fundamenta-se na maior dificuldade de recuperação do bem pela vítima, quando ocorre a transposição de fronteiras estaduais ou internacionais.

Não incide esta causa de aumento de pena na hipótese de transporte de componentes isolados (peças) do veículo automotor para outro Estado ou para o exterior.

Esta majorante só incide quando o roubo for de veículo automotor, não abrangendo embarcação nem aeronave. Além disso, a causa de aumento de pena somente terá incidência quando o veículo automotor efetivamente for transportado para outro Estado ou para o Exterior.

De acordo com Cleber Masson, a majorante é compatível com a forma tentada em uma única hipótese: quando o agente é perseguido logo após a subtração e foge em direção a fronteira de outro País ou Estado, mas acaba sendo preso antes que transponha a fronteira. Nesse caso basta a intenção do agente de transpor a fronteira para a aplicação do aumento de pena.

Ex.: Um veículo foi roubado e desmanchado em Cascavel/PR e suas peças foram encaminhadas para São Paulo ou para o Paraguai.

Se o agente mantém a vítima em seu poder, restringindo sua liberdade

Na hipótese desta qualificadora, a vítima deve ter restringida sua liberdade por tempo juridicamente relevante.

Ex.: Pedro, mediante grave ameaça, subtrai o carro de Rafael, e com ele permanece até abandoná-lo em um local distante, evitando, dessa forma, o pedido de socorro às autoridades.

Se a subtração for de substâncias explosivas ou de acessórios que, conjunta ou isoladamente, possibilitem sua fabricação, montagem ou emprego

Trata-se de mais uma alteração marcada pela Lei nº 13.654/2018. Nesse caso, vale a pena destacar o objeto material do roubo. Em se tratando de explosivos ou acessórios para fabricação, montagem ou emprego, haverá aumento de pena.

> Em se tratando de simulacro, permanece o entendimento de que ainda é roubo (pois tem capacidade de constranger), mas é descaracterizado do aumento de pena!

Se a violência ou ameaça é exercida com emprego de arma de fogo

Aqui incide o aumento apenas com o uso da arma de fogo (arma PRÓPRIA) e desde que não seja de uso restrito ou proibido (já que com a alteração do pacote **ANTICRIME**, agora há a previsão do §2º-B com aumento de pena até o DOBRO).

E uma outra inovação do mesmo pacote legislativo, foi a "ressurreição" do uso de arma branca (ou arma IMPRÓPRIA) no §2º em seu novel inciso VII (aumento de 1/3 a ½).

> ***§ 2º**-A A pena aumenta-se de 2/3 (DOIS TERÇOS):*
>
> ***I.** se a violência ou ameaça é exercida com emprego de arma de fogo.*

A Lei nº 13.654 de 2018 inseriu o parágrafo 2º - A, restringindo o aumento de pena no crime de furto. Agora, será considerado aumento de pena apenas em se tratando de arma própria (fogo), não abrangendo mais a arma imprópria. Além disso, entende o STF que é desnecessária a perícia na arma e a apreensão (desde que haja outros meios de prova) para o enquadramento do aumento. Cabe à parte comprovar a ineficácia do meio.

> ***II.** se há **destruição ou rompimento de obstáculo** mediante o emprego de **EXPLOSIVO** ou de **ARTEFATO** análogo que cause **PERIGO COMUM**. (grifo nosso)*

Perceba aqui a única diferença com furto (art. 155), já que lá, no furto, há a previsão de qualificadora para rompimento ou destruição de obstáculo em qualquer modalidade de ruptura ou destruição. Ao contrário aqui, no roubo (art. 157), não se trata de qualificadora, mas sim de majorante (ou causa de aumento) onde apenas incidirá tal majoração caso de rompimento ou destruição com explosivos ou artefato análogo.

Se a violência ou grave ameaça é exercida com emprego de arma de fogo de uso restrito ou proibido

A inovação do pacote ANTICRIME, consistiu no aumento em dobro para tal utilização de arma de uso proibido como fruto da violência ou ameaça empregada pelo agente, além de também ter inserido tal previsão no rol dos crimes HEDIONDOS.

Roubo qualificado

> ***§ 3º** Se da violência resulta: (Redação dada pela Lei nº 13.654, de 2018)*
>
> ***I.** lesão corporal grave, a pena é de reclusão de 7 (sete) a 18 (dezoito) anos, e multa; (Incluído pela Lei nº 13.654, de 2018)*
>
> ***II.** morte, a pena é de reclusão de 20 (vinte) a 30 (trinta) anos, e multa. (Incluído pela Lei nº 13.654, de 2018)*

Assim, existem duas qualificadoras do crime de roubo: a qualificação por lesão grave e ou pela morte, fato conhecido como latrocínio.

De acordo com o texto legal, somente é possível a incidência das qualificadoras quando o resultado agravador resultar de violência. Desse modo, se resultar de grave ameaça não incidirá esta qualificadora.

Imagine a seguinte situação hipotética: "A" apontou uma arma de fogo para "B", senhora de 80 anos, e anunciou o assalto. "B", com o susto da situação, sofreu um infarto fulminante e morreu em razão da grave ameaça empregada, momento em que "A" subtrai a bolsa da vítima. Nesta situação, "A" responderá por roubo consumado em concurso formal com homicídio culposo.

Segundo o Art. 1º, II, alínea "c" da Lei nº 8.072/90, o latrocínio, consumado ou tentado, **é crime hediondo**.

De acordo com a **Súmula 603 do STF** a competência para o processo e julgamento do latrocínio é do **Juiz Singular** e não do Tribunal do Júri. Isso ocorre porque o latrocínio é crime contra o patrimônio e o Tribunal do Júri só é competente para julgar os crimes dolosos contra a vida.

O resultado agravador (morte) pode ter sido causado de forma **dolosa ou culposa**. Percebe-se, então, que o latrocínio não é crime exclusivamente preterdoloso (dolo no antecedente e culpa no consequente). Admite-se a tentativa se o resultado agravador, morte, ocorrer de forma dolosa.

Qual crime pratica o assaltante que, duas semanas após o delito, mata gerente que o reconheceu como um dos criminosos? Não pode ser o Art. 157, § 3º, uma vez que exige o fator tempo e o fator nexo. O crime será de roubo em concurso material com homicídio qualificado pela conexão consequencial.

De acordo com a Súmula 610 do STF: há crime de latrocínio, quando o homicídio se consuma, ainda que não realize o agente a subtração de bens da vítima. Atenção para as seguintes situações:

Subtração do Bem	Morte da Vítima	Latrocínio
Consumado	Consumado	Consumado
Tentada	Consumado	Consumado
Tentada	Tentada	Tentada
Consumado	Tentada	Tentada

Extorsão

Art. 158. *Constranger alguém, mediante violência ou grave ameaça, e com o intuito de obter para si ou para outrem indevida vantagem econômica, a fazer, tolerar que se faça ou deixar fazer alguma coisa:*

Pena - *reclusão, de quatro a dez anos, e multa.*

§ 1º. *Se o crime é cometido por duas ou mais pessoas, ou com emprego de arma, aumenta-se a pena de um terço até metade.*

§ 2º. *Aplica-se à extorsão praticada mediante violência o disposto no § 3º do artigo anterior.*

§ 3º. *Se o crime é cometido mediante a restrição da liberdade da vítima, e essa condição é necessária para a obtenção da vantagem econômica, a pena é de reclusão, de 6 (seis) a 12 (doze) anos, além da multa; se resulta lesão corporal grave ou morte, aplicam-se as penas previstas no Art. 159, §§ 2º e 3º, respectivamente.*

A extorsão, ao contrário do roubo, não pode ser praticada mediante violência imprópria (qualquer outro meio que reduza a vítima à impossibilidade de resistência).

Segundo Nelson Hungria, uma das formas mais frequentes de extorsão é a famosa "chantagem" (praticada mediante ameaça de revelação de fatos escandalosos ou difamatórios, para coagir o ameaçado a "comprar" o silêncio do ameaçador). Trata-se de crime de ação penal pública incondicionada.

Classificação

Extorsão é crime comum / de forma livre / formal / instantâneo / plurissubsistente / de dano / doloso (não admite a modalidade culposa) / de concurso eventual.

É considerado um crime complexo, pois protege vários bens jurídicos. (patrimônio, integridade física e liberdade individual).

É crime formal / de consumação antecipada. A obtenção da indevida vantagem econômica pelo agente é exaurimento do crime que será levado em consideração na dosimetria da pena-base (Art. 59, CP).

Sujeitos do crime

Por ser um crime comum, não se exige uma qualidade especial do sujeito ativo ou passivo, portanto pode ser cometido/ sofrido por qualquer pessoa.

Consumação e tentativa

Súmula 96, STJ. *O crime de extorsão consuma-se independentemente da obtenção da vantagem indevida.*

A tentativa é admitida.

Causa de aumento de pena

> Se o crime é COMETIDO por duas ou mais pessoas;

> Se o crime é cometido com emprego de arma;

Extorsão (Art. 158, §1º, primeira parte, CP)	Roubo (Art. 157, §2º, II, CP)
Crime COMETIDO por duas ou mais pessoas.	Se há o CONCURSO de duas ou mais pessoas.
Admite coautoria, mas não admite participação.	Admite coautoria e participação.

Extorsão qualificada

Art. 158, § 2º, CP. *Aplica-se à extorsão praticada mediante violência o disposto no § 3º do artigo anterior.*

Se, da **violência** resulta lesão corporal grave (7 a 18 anos), se resulta morte (20 a 30 anos).

Se, o resultado agravador (lesão corporal grave ou morte) ocorrer em razão da grave ameaça empregada, o agente responderá pelo crime de extorsão simples (*caput*).

A extorsão qualificada pela morte, consumada ou tentada é **crime hediondo** (Art. 1º, III, Lei nº 8.072/90).

Extorsão mediante restrição da liberdade da vítima

§ 3º. *Se o crime é cometido mediante a restrição da liberdade da vítima, e essa condição é necessária para a obtenção da vantagem econômica, a pena é de reclusão, de 6 (seis) a 12 (doze) anos, além da multa; se resulta lesão corporal grave ou morte, aplicam-se as penas previstas no art. 159, §§ 2º e 3º, respectivamente.*

Popularmente conhecido como o crime de "sequestro relâmpago".

Este delito, além de atentar contra o patrimônio da vítima, viola também sua liberdade de locomoção.

Ex.: "A", mediante uso de arma de fogo, ameaça de morte "B", o qual estava saindo de sua residência, e o constrange a dirigir seu veículo até um caixa eletrônico para que "B" saque dinheiro para entregar a "A".

Diferencia-se do Roubo (Art. 157, §2º, V, CP), pois é imprescindível um comportamento de "B" (digitar a senha do cartão do banco) para a consumação do crime de extorsão.

Diferenças entre o "sequestro relâmpago" com a extorsão mediante sequestro

Sequestro Relâmpago (Art. 158, §3º, CP)	Extorsão Mediante Sequestro (Art. 159, CP)
Restrição da liberdade.	Privação da liberdade.
Não há encarceramento da vítima.	A vítima é colocada no cárcere.
Finalidade de se obter indevida vantagem econômica.	Finalidade de se obter qualquer vantagem, como condição ou preço do resgate.

Se a vantagem é devida (legítima), verdadeira ou supostamente, o agente responderá pelo crime de exercício arbitrário das próprias razões (Art. 345, CP).

A vantagem indevida deve ser econômica, pois se não o for, estará afastado o crime de extorsão.

Ex.: "A", mediante violência ou grave ameaça, coage "B" a assumir a autoria de um crime de difamação praticado contra "C".

Diferenças entre o crime de extorsão e roubo:

Roubo	Extorsão
O ladrão subtrai.	O extorsionário faz com que a vítima lhe entregue.
O agente busca vantagem imediata.	O agente busca vantagem mediata (futura).
Não admite bens imóveis.	Admite bens imóveis também.
Admite violência imprópria.	Não admite violência imprópria.
A colaboração da vítima é dispensável.	A colaboração da vítima é indispensável.

Diferenças entre o crime de Extorsão e Constrangimento ilegal

A **extorsão** se distingue do crime de constrangimento ilegal (Art. 146, CP), pois, no primeiro há a presença de um elemento subjetivo do tipo (especial fim de agir do agente) representado pela vontade de **obter indevida vantagem econômica, para si ou para outrem**.

Diferenças entre o crime de Extorsão e Concussão

Extorsão (Art. 158)	Concussão (Art. 316)
Crime Contra o Patrimônio.	Crime contra a Administração Pública.
Há emprego de violência ou grave ameaça.	Não há emprego de violência ou grave ameaça.
Em regra é praticado por particular, mas funcionário público pode praticar caso empregue violência ou grave ameaça.	Em regra é praticado por funcionário público, mas particular pode ser coautor ou partícipe.

É possível concurso de crimes de roubo e extorsão, por exemplo o agente, após roubar o carro da vítima, a obriga a entregar o cartão bancário com a senha, conforme STJ.

Extorsão mediante sequestro

Art. 159. *Sequestrar pessoa com o fim de obter, para si ou para outrem, qualquer vantagem, como condição ou preço do resgate:*

Pena *- reclusão, de oito a quinze anos.*

§ 1º. *Se o sequestro dura mais de 24 (vinte e quatro) horas, se o sequestrado é menor de 18 (dezoito) ou maior de 60 (sessenta) anos, ou se o crime é cometido por bando ou quadrilha:*

Pena *- reclusão, de doze a vinte anos.*

§ 2º. *Se do fato resulta lesão corporal de natureza grave:*

Pena *- reclusão, de dezesseis a vinte e quatro anos.*

§ 3º. *Se resulta a morte:*

Pena *- reclusão, de vinte e quatro a trinta anos.*

§ 4º. *Se o crime é cometido em concurso, o concorrente que o denunciar à autoridade, facilitando a libertação do sequestrado, terá sua pena reduzida de um a dois terços.*

Objetividade jurídica

Patrimônio e liberdade individual. Integridade física e vida humana (§2º e §3º).

→ **É crime complexo.**

Resulta da fusão da extorsão (Art. 158) e sequestro (Art. 148).

Objeto material

A pessoa privada de sua liberdade e também aquela lesada em seu patrimônio.

É crime hediondo em todas as suas modalidades (tentados ou consumados). (Art. 1º, IV, Lei nº 8.072/90).

Núcleo do tipo

"Sequestrar": privar uma pessoa de sua liberdade de locomoção por tempo juridicamente relevante.

Sujeitos do crime

Sujeito Ativo: qualquer pessoa (crime comum). Se o sujeito ativo for funcionário público e cometer o crime no exercício de suas funções, responderá também pelo crime de abuso de autoridade (Lei nº 13.869/2019).

Pessoa que simula o próprio sequestro para extorquir seus pais, mediante o auxílio de terceiros, responde por extorsão (Art. 158).

Sujeito Passivo: pessoa que sofre a lesão patrimonial e pessoa privada de sua liberdade.

A vítima deve ser necessariamente uma pessoa humana. Desse modo, a privação da liberdade de um animal (de extinção ou raça) configura o crime de extorsão (Art. 158, CP).

Se a vítima for menor de 18 anos ou maior de 60 anos o crime será qualificado (§1º).

Supondo que haja subtração de animal de outrem e informa que somente será devolvido caso seja pago resgate. Há prática do crime de extorsão mediante sequestro? Não haverá tal crime já que o tipo penal se remete à pessoa. Nessa hipótese, será configurado o delito de extorsão.

Elemento subjetivo

Dolo + (especial fim de agir) com o fim de obter, para si ou para outrem, qualquer vantagem, como condição ou preço do resgate. Não se admite a modalidade culposa.

Espécie da vantagem

A maioria da doutrina entende que a vantagem deve ser econômica e indevida.

Se a vantagem for devida, o agente responderá pelos crimes de sequestro (Art. 148) e exercício arbitrário das próprias razões (Art. 345) em concurso formal.

Consumação e tentativa

Consuma-se com a privação da liberdade da vítima, independente da obtenção da vantagem pelo agente. É crime formal. A tentativa é possível.

Juízo competente

O Juízo Competente para julgamento é o do local em que ocorreu o sequestro da vítima, e não o da entrega do eventual resgate.

Se os parentes da vítima realizarem o pagamento do resgate, ocorrerá o exaurimento do crime.

Crime permanente

É Crime Permanente (a consumação se prolonga no tempo e dura todo o período em que a vítima estiver privada de sua liberdade).

Por ser crime permanente, é cabível a prisão em flagrante a qualquer tempo, enquanto durar a permanência.

A privação da liberdade do sequestrado há de ser mantida por tempo juridicamente relevante.

Classificação doutrinária

Crime comum / de forma livre/ FORMAL / PERMANENTE / plurissubsistente / de dano / de concurso eventual.

Ação penal

A Ação Penal é pública incondicionada em todas as espécies do crime.

Figuras qualificadas

> ***§ 1º.*** *Se o sequestro dura mais de 24 (vinte e quatro) horas, se o sequestrado é menor de 18 (dezoito) ou maior de 60 (sessenta) anos, ou se o crime é cometido por bando ou quadrilha. Pena - reclusão de 12 a 20 anos.*

Incide a qualificadora quando na data do sequestro a vítima possuía, por exemplo, 59 anos e 11 meses e na data da libertação possuía mais de 60 anos, pois o crime de extorsão mediante sequestro é crime permanente (a consumação prolonga-se no tempo por vontade do agente).

E se o crime se deu em exatas 24 horas, incide a qualificadora? Não. Tem que ser mais de 24 horas.

Se o crime é cometido por associação criminosa e esta for usada para qualificar o delito, não pode haver a punição pelo Art. 288 do CP, sob pena de ocorrência do *bis in idem*.

> ***§ 2º.*** *Se do fato resulta lesão corporal de natureza grave:*
> *Pena - reclusão de 16 a 24 anos.*
> ***§ 3º.*** *Se resulta a morte:*
> *Pena - reclusão de 24 a 30 anos.*

No roubo e na extorsão só existe a qualificadora quando a lesão corporal de natureza grave ou a morte resultam da "violência", ao passo que nesta hipótese o crime será qualificado quando do FATO resultar lesão corporal de natureza grave ou morte. Portanto o resultado agravador pode ser provocado por violência própria, violência imprópria ou GRAVE AMEAÇA.

Não incidirá esta qualificadora se o resultado agravador for produzido por força maior, caso fortuito ou culpa de terceiro.

Ex.: cai um raio no barraco onde a vítima era mantida em cativeiro e esta morre.

A morte ou lesão corporal grave podem ter sido provocadas dolosa ou culposamente. Não é crime exclusivamente preterdoloso (dolo no antecedente e culpa no consequente).

A pena da extorsão mediante sequestro qualificada pela morte (24 a 30 anos) é a maior do Código Penal.

Delação premiada

> ***§ 4º.*** *Se o crime é cometido em concurso, o concorrente que o denunciar à autoridade,* ***facilitando a libertação do sequestrado****, terá sua pena reduzida de um a dois terços.*

É causa especial de diminuição da pena que somente pode ser aplicada pelo Juiz (Delegados e Promotores não podem).

Requisitos para a incidência deste parágrafo:

- Prática do crime em concurso de pessoas: não é exigível Associação Criminosa, basta o concurso de pessoas;
- Esclarecimento por parte de um dos criminosos a autoridade sobre o crime;
- Facilitação da libertação do sequestrado, ou seja, que a delação seja eficaz.

De acordo com a jurisprudência, deve ser aplicada a delação premiada quando a vítima é libertada diretamente por um dos sequestradores.

A redução de pena é proporcional conforme a maior ou menor colaboração do agente. Quanto mais auxiliar, maior a redução.

A delação deve ser EFICAZ, ou seja, deve ter contribuído decisivamente para a libertação da vítima. Desse modo, a pena não será diminuída se o refém foi solto por outro motivo qualquer, diverso da informação prestada pelo sequestrador.

Presentes os requisitos legais, o juiz é obrigado a reduzir a pena do criminoso (é direito subjetivo do réu).

A redução da pena da delação premiada não se comunica aos demais coautores ou partícipes que não denunciaram o fato à autoridade (circunstância pessoal), pois não facilitaram a libertação do refém.

Extorsão indireta

> ***Art. 160.*** *Exigir ou receber, como garantia de dívida, abusando da situação de alguém, documento que pode dar causa a procedimento criminal contra a vítima ou contra terceiro:*
> ***Pena -*** *reclusão, de um a três anos, e multa.*

O crime de extorsão se consuma no momento em que é realizada a conduta de constrangimento mediante o uso de violência ou grave ameaça, portanto considerado crime formal. A obtenção da vantagem indevida configura mero exaurimento do crime.

2.3 Da Usurpação

Alteração de limites

> ***Art. 161.*** *Suprimir ou deslocar tapume, marco, ou qualquer outro sinal indicativo de linha divisória, para apropriar-se, no todo ou em parte, de coisa imóvel alheia:*
> ***Pena -*** *detenção, de um a seis meses, e multa.*
> ***§ 1º.*** *Na mesma pena incorre quem:*

Usurpação de águas

> ***I.*** *Desvia ou represa, em proveito próprio ou de outrem, águas alheias;*

Esbulho possessório

> ***II.*** *Invade, com violência a pessoa ou grave ameaça, ou mediante concurso de mais de duas pessoas, terreno ou edifício alheio, para o fim de esbulho possessório.*
>
> ***§ 2º.*** *Se o agente usa de violência, incorre também na pena a esta cominada.*
> ***§ 3º.*** *Se a propriedade é particular, e não há emprego de violência, somente se procede mediante queixa.*

Supressão ou alteração de marca em animais

***Art. 162.** Suprimir ou alterar, indevidamente, em gado ou rebanho alheio, marca ou sinal indicativo de propriedade:*

***Pena** - detenção, de seis meses a três anos, e multa.*

2.4 Do Dano

***Art. 163.** Destruir, inutilizar ou deteriorar coisa alheia:*

***Pena** - detenção, de um a seis meses, ou multa.*

Dano Qualificado

***Parágrafo único.** Se o crime é cometido:*

***I.** Com violência à pessoa ou grave ameaça;*

***II.** Com emprego de substância inflamável ou explosiva, se o fato não constitui crime mais grave;*

***III.** contra o patrimônio da União, de Estado, do Distrito Federal, de Município ou de autarquia, fundação pública, empresa pública, sociedade de economia mista ou empresa concessionária de serviços públicos; (Redação dada pela Lei nº 13.531, de 2017)*

***IV.** Por motivo egoístico ou com prejuízo considerável para a vítima:*

***Pena** - detenção, de seis meses a três anos, e multa, além da pena correspondente à violência.*

Objetividade jurídica

Patrimônio das pessoas físicas ou jurídicas.

Não há crime de dano quando a conduta do agente recair sobre *res derelicta* (coisa abandonada) ou *res nullius* (coisa de ninguém). Todavia se a conduta recair sobre *res despedita* (coisa perdida) haverá crime, pois se trata de coisa alheia.

Objeto material

Coisa alheia, móvel ou imóvel, sobre a qual incide a conduta do agente.

Dano em documentos (públicos ou privados)

Se o agente danificou para impedir utilização do documento como prova de algum fato juridicamente relevante, responderá pelo crime de supressão de documento (Art. 305, CP). Todavia, se a conduta foi praticada unicamente com o objetivo de prejudicar o patrimônio da vítima, responderá o agente pelo crime de dano (Art. 163, CP).

Tipo misto alternativo, crime de ação múltipla ou de conteúdo variado

Haverá crime único na prática de várias condutas com objeto material no mesmo contexto fático.

É Crime de Forma Livre = Admite qualquer meio de execução.

Pode ser praticado por omissão, desde que presente o dever jurídico de agir (Art. 13, §2º, CP).

Empregada doméstica deixa, dolosamente, de fechar as janelas da casa da patroa durante uma chuva para que sejam danificados os objetos eletrônicos da casa.

O agente que pratica a conduta de pichar, grafitar ou por qualquer outro meio conspurcar (poluir) edificação ou monumento urbano responderá pelo crime previsto no Art. 65 da Lei nº 9.605/98 (Lei dos Crimes Ambientais).

Núcleos do tipo

Destruir: extinguir a coisa (dano físico total).

Ex.: Quebrar totalmente um espelho; queimar um telefone celular.

Inutilizar: tornar uma coisa imprestável aos fins a que se destina.

Retirar a bateria de um carro.

Deteriorar: estragar parcialmente um bem, diminuindo-lhe o valor ou a utilidade (dano físico parcial).

Ex.: Riscar a lataria de um veículo.

Conduta de fazer DESAPARECER coisa alheia não é crime de dano.

Exs.: Pedro faz sumir o celular de Rafael, seu desafeto. Nesta situação Pedro responderá civilmente por sua conduta. Não responderá pelo crime de dano (Art. 163, CP).

"A" abre a porteira da fazenda de "B", seu desafeto, para que desapareça o cavalo de propriedade deste último. "A" responderá civilmente por sua conduta.

Sujeitos do crime

Sujeito Ativo: é crime comum, pode ser praticado por qualquer pessoa, exceto o proprietário da coisa.

Se o proprietário danificar coisa própria, que se acha em poder de terceiro por determinação judicial ou convenção, responderá pelo previsto no Art. 346, CP.

Sujeito Passivo: qualquer pessoa (proprietário ou possuidor legítimo da coisa).

Elemento subjetivo

É o Dolo. A finalidade do agente deve ser unicamente destruir, inutilizar ou deteriorar coisa alheia.

Importante: não existe o crime de dano culposo.

Se o dano constituir-se em meio para a prática de outro crime, ou então como qualificadora de outro crime, será por este absorvido. Ex.: Furto qualificado pela destruição ou rompimento de obstáculo (Art. 155, §4º, I, CP): o dano, crime-meio, será absorvido pelo furto, crime-fim.

Consumação e tentativa

É crime material. Desse modo, ele se consuma quando o agente efetivamente destrói, inutiliza ou deteriora a coisa alheia. A tentativa é plenamente possível.

Dano simples

O crime de dano simples (*caput*) é IMPO, Infração de Menor Potencial Ofensivo, de competência do Juizado Especial e de ação penal privada (Art. 167, CP).

Classificação doutrinária

Crime comum / material / doloso / de forma livre / instantâneo / plurissubjetivo / de concurso eventual e não transeunte (deixa vestígios materiais).

Dano qualificado

> ***Parágrafo único.*** *Se o crime é cometido:*
>
> ***I.*** *Com violência à pessoa ou grave ameaça;*
>
> ***II.*** *Com emprego de substância inflamável ou explosiva, se o fato não constitui crime mais grave;*
>
> ***III.*** *contra o patrimônio da União, de Estado, do Distrito Federal, de Município ou de autarquia, fundação pública, empresa pública, sociedade de economia mista ou empresa concessionária de serviços públicos; (Redação dada pela Lei nº 13.531, de 2017)*
>
> ***IV.*** *Por motivo egoístico ou com prejuízo considerável para a vítima:*
>
> ***Pena*** *- detenção, de seis meses a três anos, e multa, além da pena correspondente à violência.*

Com violência à pessoa ou grave ameaça

A vítima da violência ou grave ameaça pode ser pessoa diversa da vítima do dano.

Ex.: Ameaçar a empregada doméstica de seu vizinho para quebrar a vidraça de sua janela.

A violência ou grave ameaça deve ocorrer antes ou durante a prática do crime de dano, pois, se ocorrer depois, o agente responderá pelo crime de dano simples em concurso material com o crime de lesão corporal (Art. 129) ou ameaça (Art. 147).

De acordo com o Art. 167, CP, nesta hipótese de dano a ação penal será pública incondicionada.

Com emprego de substância inflamável ou explosiva, se o fato não constitui crime mais grave

A expressão "**se o fato não constitui crime mais grave**" informa que esta qualificadora é expressamente subsidiária, ou seja, somente incidirá o dano qualificado quando a lesão ao patrimônio alheio não caracterizar um crime mais grave, nem funcionar como meio de execução de um delito mais grave.

Ex.: "A" explode o carro de "B" que estava no estacionamento: "A" responderá pelo crime de dano qualificado. Todavia se "A" explodiu o carro de "B" com a intenção de matá-lo, e efetivamente alcançou este resultado responderá pelo crime de homicídio qualificado (Art. 121, §2º, III, CP).

De acordo com o Art. 167 do CP, nesta hipótese de dano, **a ação penal será pública incondicionada**.

Contra o patrimônio da união, de estado, do distrito federal, de município ou de autarquia, fundação pública, empresa pública, sociedade de economia mista ou empresa concessionária de serviços públicos;

A Lei nº 13.531, de 2017, adicionou ao crime de dano qualificado todos os entes da Administração direta mais os concessionários de serviços públicos, o que de fato foi bem aplicado ao que acontece no dia a dia.

De acordo com o entendimento do STJ, o preso que danifica (destrói, deteriora ou inutiliza) as paredes e grades da cela dos presídios ou delegacias, com o objetivo de fuga não responde pelo crime de dano. Vejamos uma jurisprudência sobre o tema:

> *Conforme entendimento, há muito fixado nesta Corte Superior (STF), para a configuração do crime de dano, previsto no Art. 163 do CPB, é necessário que a vontade seja voltada para causar prejuízo patrimonial ao dono da coisa (animus nocendi).* **Dessa forma, o preso que destrói ou inutiliza as grades da cela onde se encontra, com o intuito exclusivo de empreender fuga, não comete crime de dano.** *2. Parecer do MPF pela concessão da ordem. 3. Ordem concedida, para absolver o paciente do crime de dano contra o patrimônio público (Art. 163, Parágrafo Único, III, do CPB).*

De acordo com o Art. 167 do CP, nesta hipótese de dano **a ação penal será pública incondicionada**.

Por motivo egoístico ou com prejuízo considerável para a vítima

Motivo egoístico é aquele ligado à obtenção de um futuro benefício, de ordem moral ou econômica. Ex.: "A" e "B" foram aprovados na segunda fase do concurso de Delegado de Polícia Civil de um Estado qualquer. Então, no dia da prova oral, "A" sabota o carro de "B" para que este não consiga chegar a tempo para realizar o exame e seja eliminado do concurso.

> Aquele que destrói cadáver ou parte dele responde pelo crime previsto no Art. 211 do CP.

De acordo com o Art. 167 do CP, nesta hipótese de dano **a ação penal é privada**.

Introdução ou abandono de animais em propriedade alheia

> ***Art. 164.*** *Introduzir ou deixar animais em propriedade alheia, sem consentimento de quem de direito, desde que o fato resulte prejuízo:*
>
> ***Pena*** *- detenção, de quinze dias a seis meses, ou multa.*

Dano em coisa de valor artístico, arqueológico ou histórico

> ***Art. 165.*** *Destruir, inutilizar ou deteriorar coisa tombada pela autoridade competente em virtude de valor artístico, arqueológico ou histórico:*
>
> ***Pena*** *- detenção, de seis meses a dois anos, e multa.*

Alteração de local especialmente protegido

> ***Art. 166.*** *Alterar, sem licença da autoridade competente, o aspecto de local especialmente protegido por lei:*
>
> ***Pena*** *- detenção, de um mês a um ano, ou multa.*

Ação penal

> ***Art. 167.*** *Nos casos do art. 163, do inciso IV do seu parágrafo e do Art. 164, somente se procede mediante queixa.*

2.5 Da Apropriação Indébita

> *Apropriação indébita*
>
> ***Art. 168.*** *Apropriar-se de coisa alheia móvel, de que tem a posse ou a detenção:*
>
> ***Pena*** *- reclusão, de um a quatro anos, e multa.*

Aumento de Pena

***§ 1º.** A pena é aumentada de um terço, quando o agente recebeu a coisa:*

***I.** Em depósito necessário;*

***II.** Na qualidade de tutor, curador, síndico, liquidatário, inventariante, testamenteiro ou depositário judicial;*

***III.** Em razão de ofício, emprego ou profissão.*

A principal característica do crime de apropriação indébita é a existência de uma situação de **quebra de confiança**, pois a vítima entrega, voluntariamente, uma coisa móvel ao agente, e este, logo após, inverte seu ânimo no tocante ao bem, passando a comportar-se como seu dono.

Objetividade jurídica

Patrimônio.

Objeto material

Coisa alheia móvel sobre a qual recai a conduta criminosa (imóveis não).

Para o STJ é possível a prática do crime de apropriação indébita de coisas fungíveis (móveis que podem substituir-se por outros da mesma espécie, qualidade e quantidade).

Ex.: Dinheiro.

Núcleo do tipo

É o verbo "apropriar" que significa tomar para si, fazer sua coisa alheia.

Posse/detenção legítima e desvigiada

A posse ou a detenção do bem deve ser LEGÍTIMA e também desvigiada. Desse modo, o crime de apropriação indébita deve preencher os seguintes requisitos:

A vítima entrega o bem voluntariamente: se houver fraude para a entrega o crime será de estelionato, se houver violência ou grave ameaça à pessoa o crime será de roubo ou de extorsão.

O agente tem a posse ou detenção desvigiada do bem: se a posse ou detenção for vigiada e o bem for retirado da vítima sem sua autorização o crime será de furto.

O agente recebe o bem de boa-fé: se ao receber o bem o agente já tinha a intenção de apropriar-se dele, o crime será de estelionato. Obs.: a boa-fé é presumida.

Modificação posterior no comportamento do agente: após entrar licitamente (de boa-fé) na posse ou detenção da coisa, o agente passa a se comportar como se fosse dono. Momento em que apresenta seu ânimo de assenhoramento definitivo (*animus rem sibi habendi*). Essa alteração no comportamento do agente ocorre de duas formas:

a) **Prática de algum ato de disposição** (venda, doação, locação, troca etc.). Também conhecida como apropriação indébita própria.

b) **Recusa na restituição** (a vítima solicita a devolução do bem e o agente expressamente se recusa a devolver). Também denominada **negativa de restituição**.

Sujeitos do crime

Ex.: Se o agente é funcionário público e apropria-se de dinheiro, valor ou qualquer outro bem móvel, público ou particular (sob a guarda ou custódia da Administração Pública), de que tem a posse em razão do cargo, responderá pelo crime de peculato-apropriação (Art. 312, *caput*, 1ª parte, CP). Em regra, a prova desse delito depende da prática de algum ato incompatível com a vontade de restituir.

Sujeito Ativo: qualquer pessoa, desde que tenha a posse ou detenção lícita da coisa alheia móvel. Sempre pessoa diversa do proprietário.

Sujeito Passivo: proprietário ou possuidor (pessoa física ou jurídica) do bem.

Elemento subjetivo

Dolo. Doutrina e jurisprudência defendem a necessidade do ânimo de assenhoramento definitivo da coisa. Desse modo, não responderá por este crime aquele que simplesmente se esquece de devolver o bem na data previamente combinada. Não se admite a modalidade culposa.

Apropriação indébita "de uso"

Não se pune a apropriação indébita "de uso": situação em que a pessoa usa momentaneamente a coisa alheia, para em seguida restituí-la integralmente ao seu proprietário.

Apropriação Indébita X Estelionato

Apropriação indébita (Art. 168, CP)	Estelionato (Art. 171, CP)
O dolo é posterior ou subsequente.	O dolo é anterior ou antecedente.
A pessoa recebe a posse ou detenção de coisa de maneira legítima, surgindo a vontade de se apropriar posteriormente.	O agente já possuía a intenção de se apropriar do bem antes de alcançar a sua posse ou detenção.
Ex.: Pessoa vai a uma locadora de veículos, aluga um veículo, gosta dele e decide não devolver.	**Ex.:** Pessoa vai a uma locadora de veículos, já com a intenção de alugar o veículo e não devolvê-lo.

Consumação

Ocorre no momento em que o agente inverte seu ânimo em relação a coisa alheia móvel, ou seja, ele passa a se comportar como dono do bem. Pode se dar de duas maneiras:

Apropriação indébita própria	Se consuma com a prática de algum ato de disposição do bem, incompatível com a condição de possuidor ou detentor. **Ex.:** vender, doar, permutar, emprestar o bem.
Negativa de restituição	Se consuma no momento em que o agente se recusar expressamente a devolver o bem ao seu proprietário.

Tentativa

A apropriação indébita própria admite tentativa.

Ex.: "A" é preso em flagrante no momento em que doava os DVDs de "B", do qual tinha a posse legítima e desvigiada.

A apropriação indébita negativa de restituição não admite tentativa (conatus), pois é crime unissubsistente: ou o sujeito recusa a devolver o bem, e o crime estará consumado, ou o devolve ao dono, e o fato será atípico.

Ação penal

A Ação Penal é pública incondicionada.

Competência

Local em que o agente se apropria da coisa alheia móvel, dela dispondo ou negando-se a restituí-la ao seu titular. (Art. 70, *caput*, CPP).

Quando o crime de apropriação indébita for praticado por algum representante (comercial ou não) da vítima, a competência será do local em que o agente deveria ter prestado contas dos valores recebidos.

Classificação doutrinária

Crime comum / material / de forma livre / de concurso eventual / doloso / em regra plurissubsistente, ou unissubsistente (negativa de restituição) / instantâneo.

Ex.:

01. O Art. 102 do Estatuto do Idoso (Lei nº 10.741/2003) prevê uma modalidade especial de apropriação indébita, quando praticada contra idoso:

Art. 102. Apropriar-se de ou desviar bens, proventos, pensão ou qualquer outro rendimento do idoso, dando-lhes aplicação diversa da de sua finalidade:

Pena - reclusão de 1 a 4 anos.

02. O Art. 5º, "*caput*", da Lei dos Crimes Contra o Sistema Financeiro Nacional (Lei nº 7.492/86) também contém uma modalidade especial de apropriação indébita:

Art. 5º. Apropriar-se, quaisquer das pessoas mencionadas no Art. 25 desta lei, de dinheiro, título, valor ou qualquer outro bem móvel de que tem a posse, ou desviá-lo em proveito próprio ou alheio:

Pena - reclusão de 2 a 6 anos e multa.

Trata-se de crime próprio, pois somente pode ser praticado pelo controlador e pelos administradores de instituição financeira (diretores e gerentes).

Aumento de pena

§ 1º. A pena é aumentada de um terço, quando o agente recebeu a coisa:

I. Em depósito necessário;

II. Na qualidade de tutor, curador, síndico, liquidatário, inventariante, testamenteiro ou depositário judicial;

III. Em razão de ofício, emprego ou profissão.

A pena será aumentada de um terço quando o agente recebeu a coisa:

Em depósito necessário

De acordo com a doutrina majoritária, esta causa de aumento de pena incide apenas no **depósito necessário miserável, previsto no Art. 647, II, CC** (é o que se efetua por ocasião de alguma calamidade, como inundação, incêndio, saque ou naufrágio).

Na qualidade de tutor, curador, síndico, liquidatário, inventariante, testamenteiro ou depositário judicial

> A palavra "síndico" deve ser substituída pela expressão "administrador judicial", em razão da alteração ocorrida pela Lei nº 11.101/2005 (Lei de Falência e Recuperação Judicial do Empresário e da Sociedade Empresária).

O fundamento do tratamento penal mais rigoroso repousa na relevância das funções exercidas pelas pessoas indicadas neste inciso, as quais recebem coisas alheias para guardar consigo, necessariamente, até o momento da devolução.

Em razão de ofício, emprego ou profissão

Não necessita de relação de confiança entre o agente e a vítima.

Emprego	Prestação de serviço em subordinação e dependência. **Ex.:** Dono de um supermercado e seus funcionários.
Ofício	Ocupação mecânica ou manual, que necessita de um determinado grau de habilidade, e que seja útil ou necessário às pessoas em geral. **Ex.:** Mecânico, sapateiro etc.
Profissão	Atividade em que não há hierarquia e necessita de conhecimentos específicos (técnico e intelectual). **Ex.:** Advogado, dentista, médico, arquiteto, contador etc.

Apropriação indébita privilegiada

O Art. 170 do Código Penal dispõe o seguinte:

Nos crimes previstos neste Capítulo, aplica-se o disposto no Art. 155, § 2º.

Art. 155, §2º, CP. Se o criminoso é primário, e é de pequeno valor a coisa furtada, o juiz pode substituir a pena de reclusão pela de detenção, diminuí-la de um a dois terços, ou aplicar somente a pena de multa.

Portanto, é possível a caracterização da apropriação indébita privilegiada, em qualquer de suas espécies.

Apropriação indébita previdenciária

Art. 168-A. Deixar de repassar à previdência social as contribuições recolhidas dos contribuintes, no prazo e forma legal ou convencional:

Pena - reclusão, de 2 (dois) a 5 (cinco) anos, e multa.

§ 1º. Nas mesmas penas incorre quem deixar de:

I. Recolher, no prazo legal, contribuição ou outra importância destinada à previdência social que tenha sido descontada de pagamento efetuado a segurados, a terceiros ou arrecadada do público;

> *II. Recolher contribuições devidas à previdência social que tenham integrado despesas contábeis ou custos relativos à venda de produtos ou à prestação de serviços;*
>
> *III. Pagar benefício devido a segurado, quando as respectivas cotas ou valores já tiverem sido reembolsados à empresa pela previdência social.*
>
> ***§ 2º.** É extinta a punibilidade se o agente, espontaneamente, declara, confessa e efetua o pagamento das contribuições, importâncias ou valores e presta as informações devidas à previdência social, na forma definida em lei ou regulamento, antes do início da ação fiscal.*
>
> ***§ 3º.** É facultado ao juiz deixar de aplicar a pena ou aplicar somente a de multa se o agente for primário e de bons antecedentes, desde que:*
>
> *I. Tenha promovido, após o início da ação fiscal e antes de oferecida a denúncia, o pagamento da contribuição social previdenciária, inclusive acessórios; ou*
>
> *II. O valor das contribuições devidas, inclusive acessórios, seja igual ou inferior àquele estabelecido pela previdência social, administrativamente, como sendo o mínimo para o ajuizamento de suas execuções fiscais.*
>
> ***§ 4º** A faculdade prevista no § 3º deste artigo não se aplica aos casos de parcelamento de contribuições cujo valor, inclusive dos acessórios, seja superior àquele estabelecido, administrativamente, como sendo o mínimo para o ajuizamento de suas execuções fiscais.*

Objetividade jurídica

Seguridade social (saúde, previdência e assistência social - Art. 194, CF/88). Não se trata de crime contra o patrimônio.

Objeto material

Contribuição previdenciária arrecadada e não recolhida.

Núcleo do tipo

Deixar de repassar, significa **deixar de recolher**. (Recolher é depositar a quantia recebida - descontada ou cobrada).

É crime omissivo próprio ou puro (não admite tentativa).

Lei penal em branco homogênea

Deve ser complementada pela legislação previdenciária em relação aos prazos de recolhimento.

Sujeitos do crime

Sujeito Ativo: qualquer pessoa, crime comum (admite coautoria e participação).

Sujeito Passivo: União Federal.

> Pessoa Jurídica não pode ser sujeito ativo.

Competência

Sendo o sujeito ativo União Federal, a competência será da Justiça Federal (crime praticado em detrimento dos interesses da União).

Elemento subjetivo

É o dolo.

É dispensável (prescindível) o fim de assenhoramento definitivo (animus rem sibi habendi), pois o núcleo do tipo é "deixar de repassar", e não "apropriar-se" como no crime de apropriação indébita.

Não se admite a forma culposa.

Consumação

Para a maioria da doutrina é crime formal. Para o STF é crime material, pois deve haver a efetiva lesão aos cofres da União.

Se a conduta for praticada mediante fraude, o crime será de sonegação de contribuição previdenciária, previsto no Art. 337-A, CP.

É crime unissubsistente

A conduta se exterioriza em um único ato, suficiente para a consumação.

Ação penal

Ação penal pública incondicionada.

Hipótese de dificuldades financeiras

Firmou-se o entendimento de que há inexigibilidade de conduta diversa (causa supralegal de exclusão da culpabilidade).

O STJ já decidiu que o fato é atípico em face da ausência de dolo.

> Para o Cespe o fato se enquadra em estado de necessidade (excludente de ilicitude). Veja a questão:
>
> (Cespe) Em razão de sérias dificuldades de ordem financeira, causadas pelos desajustes da economia nacional, o proprietário de determinada empresa se viu obrigado a não recolher aos cofres previdenciários os recursos relativos às contribuições arrecadadas de seus empregados. Nessa situação, comprovadas as dificuldades insuperáveis que motivaram a conduta do empresário e, em consequência, o estado de necessidade, não terá havido qualquer ilicitude a legitimar a persecução penal.
>
> A questão está correta.

Extinção da punibilidade

> ***§ 2º.** É extinta a punibilidade se o agente, espontaneamente, declara, confessa e efetua o pagamento das contribuições, importâncias ou valores e presta as informações devidas à previdência social, na forma definida em lei ou regulamento, antes do início da ação fiscal.*

A ação fiscal tem início com a lavratura do Termo de Início da Ação Fiscal (TIAF).

Para que ocorra a extinção da punibilidade, devem-se preencher, cumulativamente, três requisitos:

- Espontânea declaração e confissão do débito;
- Prestação de informações à Previdência Social;
- Pagamento integral do débito previdenciário ANTES do início da Ação Fiscal.

Perdão judicial e aplicação isolada de pena de multa

§ 3º. É facultado ao juiz deixar de aplicar a pena ou aplicar somente a de multa se o agente for primário e de bons antecedentes, desde que:

I. Tenha promovido, após o início da ação fiscal e antes de oferecida a denúncia, o pagamento da contribuição social previdenciária, inclusive acessórios; ou

Para o STJ o pagamento integral do débito previdenciário, ANTES ou DEPOIS do recebimento da denúncia, é causa de extinção da punibilidade (Art. 9º, §2º, Lei nº 10.684/03). HC 63.168/SC.

A hipótese do inciso I não se aplica mais, em razão regra contida no Art. 9, §2º, Lei nº 10.684/03 e do entendimento do STJ sobre o assunto.

II. O valor das contribuições devidas, inclusive acessórios, seja igual ou inferior àquele estabelecido pela previdência social, administrativamente, como sendo o mínimo para o ajuizamento de suas execuções fiscais.

Perdão judicial e parcelamento

§ 4º A faculdade prevista no § 3º deste artigo não se aplica aos casos de parcelamento de contribuições cujo valor, inclusive dos acessórios, seja superior àquele estabelecido, administrativamente, como sendo o mínimo para o ajuizamento de suas execuções fiscais.

Justa causa e prévio esgotamento da via administrativa

Lei nº 9.430/96. Dispõe sobre a legislação tributária federal, as contribuições para a seguridade social, o processo administrativo de consulta; e dá outras providências:

***Art. 83.** A representação fiscal para fins penais relativa aos crimes contra a ordem tributária previstos nos Arts. 1º e 2º da Lei no 8.137, de 27 de dezembro de 1990, e aos crimes contra a Previdência Social, previstos nos Arts. 168-A e 337-A do Decreto-Lei no 2.848, de 7 de dezembro de 1940 (Código Penal), será encaminhada ao Ministério Público depois de proferida a decisão final, na esfera administrativa, sobre a exigência fiscal do crédito tributário correspondente. (Redação dada pela Lei nº 12.350, de 2010).*

***§ 1º.** Na hipótese de concessão de parcelamento do crédito tributário, a representação fiscal para fins penais somente será encaminhada ao Ministério Público após a exclusão da pessoa física ou jurídica do parcelamento. (Incluído pela Lei nº 12.382, de 2011).*

***§ 2º.** É suspensa a pretensão punitiva do Estado referente aos crimes previstos no caput, durante o período em que a pessoa física ou a pessoa jurídica relacionada com o agente dos aludidos crimes estiver incluída no parcelamento, desde que o pedido de parcelamento tenha sido formalizado antes do recebimento da denúncia criminal. (Incluído pela Lei nº 12.382, de 2011).*

***§ 3º.** A prescrição criminal não corre durante o período de suspensão da pretensão punitiva. (Incluído pela Lei nº 12.382, de 2011).*

***§ 4º.** Extingue-se a punibilidade dos crimes referidos no caput quando a pessoa física ou a pessoa jurídica relacionada com o agente efetuar o pagamento integral dos débitos oriundos de tributos, inclusive acessórios, que tiverem sido objeto de concessão de parcelamento. (Incluído pela Lei nº 12.382, de 2011).*

Princípio da insignificância

Para o STF, é possível a aplicação do princípio da insignificância (causa supralegal de exclusão da tipicidade - o fato não será crime) quando o valor do débito previdenciário não ultrapassar R$10.000,00 (dez mil reais). O fundamento está no Art. 20 da Lei nº 10.522/02, que determina o arquivamento das execuções fiscais, sem cancelamento na distribuição, quando os débitos inscritos como dívida ativa da União não excedam este valor.

Forma privilegiada

Nos termos do Art. 170 do CP aplica-se o Art. 155, §2º, para este crime (forma privilegiada).

Apropriação de coisa havida por erro, caso fortuito ou força da natureza

***Art. 169.** Apropriar-se alguém de coisa alheia vinda ao seu poder por erro, caso fortuito ou força da natureza:*

***Pena** - detenção, de um mês a um ano, ou multa.*

***Parágrafo único.** Na mesma pena incorre:*

Apropriação de Tesouro

***I.** Quem acha tesouro em prédio alheio e se apropria, no todo ou em parte, da quota a que tem direito o proprietário do prédio;*

Apropriação de Coisa Achada

***II.** Quem acha coisa alheia perdida e dela se apropria, total ou parcialmente, deixando de restituí-la ao dono ou legítimo possuidor ou de entregá-la à autoridade competente, dentro no prazo de quinze dias.*

***Art. 170.** Nos crimes previstos neste Capítulo, aplica-se o disposto no Art. 155, § 2º.*

2.6 Do Estelionato e outras Fraudes

Estelionato

***Art. 171** - Obter, para si ou para outrem, vantagem ilícita, em prejuízo alheio, induzindo ou mantendo alguém em erro, mediante artifício, ardil, ou qualquer outro meio fraudulento:*

***Pena** - reclusão, de um a cinco anos, e multa, de quinhentos mil réis a dez contos de réis. (Vide Lei nº 7.209, de 1984)*

***§ 1º** - Se o criminoso é primário, e é de pequeno valor o prejuízo, o juiz pode aplicar a pena conforme o disposto no art. 155, § 2º.*

***§ 2º** - Nas mesmas penas incorre quem:*

Disposição de coisa alheia como própria

***I.** vende, permuta, dá em pagamento, em locação ou em garantia coisa alheia como própria;*

Alienação ou oneração fraudulenta de coisa própria

***II.** vende, permuta, dá em pagamento ou em garantia coisa própria inalienável, gravada de ônus ou litigiosa, ou imóvel que prometeu vender a terceiro, mediante pagamento em prestações, silenciando sobre qualquer dessas circunstâncias;*

Defraudação de penhor

***III.** defrauda, mediante alienação não consentida pelo credor ou por outro modo, a garantia pignoratícia, quando tem a posse do objeto empenhado;*

Fraude na entrega de coisa

__IV.__ defrauda substância, qualidade ou quantidade de coisa que deve entregar a alguém;

Fraude para recebimento de indenização ou valor de seguro

__V.__ destrói, total ou parcialmente, ou oculta coisa própria, ou lesa o próprio corpo ou a saúde, ou agrava as conseqüências da lesão ou doença, com o intuito de haver indenização ou valor de seguro;

Fraude no pagamento por meio de cheque

__VI.__ emite cheque, sem suficiente provisão de fundos em poder do sacado, ou lhe frustra o pagamento.

Fraude eletrônica

__§ 2º-A.__ A pena é de reclusão, de 4 (quatro) a 8 (oito) anos, e multa, se a fraude é cometida com a utilização de informações fornecidas pela vítima ou por terceiro induzido a erro por meio de redes sociais, contatos telefônicos ou envio de correio eletrônico fraudulento, ou por qualquer outro meio fraudulento análogo. (Incluído pela Lei nº 14.155, de 2021)

__§ 2º-B.__ A pena prevista no § 2º-A deste artigo, considerada a relevância do resultado gravoso, aumenta-se de 1/3 (um terço) a 2/3 (dois terços), se o crime é praticado mediante a utilização de servidor mantido fora do território nacional. (Incluído pela Lei nº 14.155, de 2021)

__§ 3º__ - A pena aumenta-se de um terço, se o crime é cometido em detrimento de entidade de direito público ou de instituto de economia popular, assistência social ou beneficência.

Estelionato contra idoso

__§ 4º__ A pena aumenta-se de 1/3 (um terço) ao dobro, se o crime é cometido contra idoso ou vulnerável, considerada a relevância do resultado gravoso. (Redação dada pela Lei nº 14.155, de 2021)

__§ 5º__ Somente se procede mediante representação, salvo se a vítima for: (Incluído pela Lei nº 13.964, de 2019)

__I.__ a Administração Pública, direta ou indireta; (Incluído pela Lei nº 13.964, de 2019) __ANTICRIME__

__II.__ criança ou adolescente; (Incluído pela Lei nº 13.964, de 2019)

__III.__ pessoa com deficiência mental; ou (Incluído pela Lei nº 13.964, de 2019) __ANTICRIME__

__IV.__ maior de 70 (setenta) anos de idade ou incapaz. (Incluído pela Lei nº 13.964, de 2019) __ANTICRIME__

Esse crime tem o objetivo de punir a conduta do agente que, utilizando-se de **fraude**, induz ou mantém alguém em erro, no intuito de obter uma vantagem ilícita sobre a vítima.

Classificação

Trata-se de COMUM, ou seja, pode ser praticado por qualquer pessoa.

É um crime instantâneo - consuma-se no momento da prática do ato - com efeitos permanentes.

Admite a modalidade comissiva (pratica a conduta do estelionato) ou omissiva (mantém a vítima em erro).

Sujeitos do crime

Sujeito Ativo: sendo um crime comum, admite qualquer pessoa.

Sujeito Passivo: qualquer pessoa - física ou jurídica - que seja mantida em erro, desde que seja determinada, NÃO se admite uma vítima incerta.

O crime de estelionato **exige** VÍTIMA CERTA E DETERMINADA, logo, se a vítima for incerta ou indeterminada, trata-se de crime contra a economia popular – Art. 2º, XI, Lei nº 1.521/51.

Ex.: Adulteração de balança, de bomba de combustível, de taxímetro.

Se a vítima for incapaz ou alienada, o crime será o do Art. 173 do CP: abuso de incapazes - *Abusar, em proveito próprio ou alheio, de necessidade, paixão ou inexperiência de menor, ou da alienação ou debilidade mental de outrem, induzindo qualquer deles à prática de ato suscetível de produzir efeito jurídico, em prejuízo próprio ou de terceiro.*

Consumação e tentativa

ADMITE tentativa, ademais a fraude deve ser idônea a ludibriar a vítima, pois, do contrário, será **crime impossível** em face da ineficácia absoluta do meio de execução (Art. 17 do CP).

Consuma-se com a obtenção da vantagem ilícita causando o prejuízo à vitima, passando pelos momentos de:

- Emprego de fraude pelo agente;
- Situação de erro na qual a vítima é colocada ou mantida;
- Obtenção de vantagem ilícita pelo agente;
- Prejuízo sofrido pela vítima.

Descrição

A vantagem **ilícita** deve ser de natureza econômica (patrimonial): se a vantagem for **lícita**, estará configurado o crime de exercício arbitrário das próprias razões, Art. 345 do CP: *fazer justiça pelas próprias mãos, para satisfazer pretensão, __embora legítima__, salvo quando a lei o permite.*

- Daí que o STF entendeu que o ponto eletrônico, ou a cola eletrônica são fatos atípicos em face da inexistência de vantagem econômica. Esse foi o entendimento prevalecente, apesar de haver minoria do STF que afirma tratar-se de fato típico.
- O silêncio pode ser usado como meio fraudulento para a prática de estelionato, bem como a mentira (tem que ser fraudulenta).
- A fraude bilateral não exclui o crime.

Formas de execução

Ardil - caracteriza-se pela fraude de forma intelectual, fraude moral, representada pela conversa enganosa. É a lábia.

Ex.: "A", alegando ser especialista em manutenção de computadores, convence "B" a entregar-lhe seu notebook para conserto.

Artifício - caracteriza-se pela fraude de forma material. O agente utiliza algum instrumento ou objeto para enganar a vítima.

Ex.: "A" se disfarça de manobrista e fica parado na porta de um restaurante para que "B" voluntariamente lhe entregue seu carro. Ou ainda, aquele que utiliza o bilhete premiado ou um documento falso.

Qualquer Outro Meio Fraudulento - é uma situação de interpretação analógica.

O silêncio. "A" comerciante entrega a "B", cliente, troco além do devido, mas este nada fala e nada faz, ficando com o dinheiro para si.

Estelionato e Crime Impossível - Qualquer que seja o meio de execução (artifício, ardil ou outro meio fraudulento) empregado na prática da conduta, somente haverá a tentativa quando apresentar idoneidade para enganar a vítima. A idoneidade leva em conta as condições pessoais do ofendido.

Se o meio fraudulento for capaz de enganar a vítima, estará caracterizado o conatus. Caso não tenha intenção de iludir a vítima ou apresente-se grosseiro será crime impossível, pois há impropriedade absoluta do meio de execução. (Art. 17 do CP).

Estelionato e Reparação do Dano: a reparação do dano não apaga o crime de estelionato, porém, dependendo do momento que ocorrer a indenização à vítima, podem ocorrer as seguintes situações:

> Se ANTERIOR ao RECEBIMENTO da DENÚNCIA ou QUEIXA, é possível o reconhecimento do arrependimento posterior, isso irá diminuir a pena de um a dois terços, nos termos do Art. 16 CP.

> Se ANTES da SENTENÇA, pode ser aplicada a atenuante genérica de acordo com o Art. 65, III, b, parte final, do CP.

> Se POSTERIOR à SENTENÇA, não surte efeito algum.

Pratica estelionato em sua modalidade fundamental (Art. 171, *caput*, do CP):

Exs.: "A" portando folha de cheque de "B" chega ao comércio e, se passando por "B", emite a cártula e obtém vantagem em prejuízo alheio.

"A" se apodera (furto, roubo...) de folha de cheque de "B" e a preenche indevidamente utilizando-a como meio fraudulento para induzir ou manter alguém em erro, e, por consequência, obtém vantagem ilícita em prejuízo alheio.

"A" está com sua conta bancária encerrada, mas continua comprando objetos e pagando com as folhas de cheques que ainda possui;

"A" cria uma conta bancária com documentos falsos e, posteriormente, emite cheques sem suficiente provisão de fundos para comprar objetos.

Estelionato privilegiado

*§1º. Se o criminoso é primário, e é de p**equeno valor o prejuízo**, o juiz pode aplicar a pena conforme o disposto no Art. 155, § 2º.*

O prejuízo de "pequeno valor" deve ser dano igual ou inferior a um salário mínimo vigente à época do fato.

Absorção do crimes de falso

***Súm. 17, STJ.** Quando o falso se exaure no estelionato, sem mais potencialidade lesiva, é por este absorvido.*

Empregando a fraude, sem a intenção de se enriquecer e só com a intenção de prejudicar alguém, não se trata de estelionato. É necessário buscar a obtenção de indevida vantagem econômica.

Quando o agente, mediante fraude, consegue obter da vítima um título de crédito, o delito está consumado? Não, enquanto o título não é convertido em valor material, não há efetivo proveito do agente, podendo ser impedido de realizar a conversão por circunstâncias alheias a sua vontade. Assim, o crime ainda está na fase de execução. (**MAJORITÁRIA**).

Figuras equiparadas

***§ 2º.** Nas mesmas penas incorre quem:*

Disposição de coisa alheia como própria

***I.** Vende, permuta, dá em pagamento, em locação ou em garantia coisa alheia como própria;*

Nessa situação, admite-se que o bem seja móvel ou imóvel. É quando o agente, na posse do bem de um terceiro, utiliza-o como se fosse próprio.

Ex.: O inquilino de um imóvel, que aluga para uma terceira pessoa por um valor superior, na intenção de obter lucro, sem o consentimento ou ciência do proprietário real do imóvel.

Alienação ou oneração fraudulenta de coisa própria

***II.** Vende, permuta, dá em pagamento ou em garantia coisa própria inalienável, gravada de ônus ou litigiosa, ou imóvel que prometeu vender a terceiro, mediante pagamento em prestações, silenciando sobre qualquer dessas circunstâncias;*

Nessa situação, o bem é da própria pessoa, podendo também ser imóvel ou móvel.

Ex.: O agente vende veículo para três pessoas ao mesmo tempo, no entanto, tal bem se encontra em busca e apreensão por falta de pagamento, existe um ônus judicial sobre o patrimônio.

Trata-se de crime de duplo resultado: vantagem + prejuízo, punindo-se aquele que pratica um dos núcleos do tipo, silenciando sobre a circunstância.

Defraudação de penhor

***III.** Defrauda, mediante alienação não consentida pelo credor ou por outro modo, a garantia pignoratícia, quando tem a posse do objeto empenhado;*

Seria a hipótese em que, um devedor, recebendo algo como penhor (garantia) de um credor, pratica ato de posse do bem, sem o consentimento dele (credor).

Ex.: Um empresário resolve penhorar seu veículo para levantar fundos para o investimento na sua empresa, entretanto a empresa que penhorou o veículo decide alugá-lo para que possa obter lucro.

Fraude na entrega de coisa

***IV.** Defrauda substância, qualidade ou quantidade de coisa que deve entregar a alguém;*

Pode ocorrer tanto em bens móveis quanto imóveis.

Ex.: Uma construtora vende imóveis na planta com dimensão de 200m^2, contudo, ao cabo das obras, na entrega da chave aos proprietários, esses constatam que os imóveis só possuem 170m^2.

Caso a qualidade, quantidade do objeto seja superior, não existe o crime (se o imóvel tivesse 230m^2, por exemplo).

Deve-se ter em mente que, na hipótese de RELAÇÃO COMERCIAL, pode-se estar diante do Art. 175 do CP.

Fraude para recebimento de indenização ou valor de seguro

> ***V.*** *Destrói, total ou parcialmente, ou oculta coisa própria, ou lesa o próprio corpo ou a saúde, ou agrava as consequências da lesão ou doença, com o intuito de haver indenização ou valor de seguro;*

É pressuposto fundamental deste crime, a prévia existência de um contrato de seguro em vigor. Caso não exista seguro, será crime impossível, diante da impropriedade absoluta do objeto material (Art. 17 do CP). Nessa situação o sujeito passivo deste crime será necessariamente a seguradora, sendo também admissível a hipótese de tentativa.

Por conseguinte, é um crime FORMAL, ou seja, consuma-se com a prática da conduta típica (destruir, ocultar, autolesionar e agravar), ainda que o sujeito NÃO consiga alcançar a indevida vantagem econômica pretendida.

Somente existe o crime, quando provado que, desde o início, EXISTE a má-fé do agente, ou seja, desde o momento em que colocou o cheque em circulação ele já não tinha intenção de honrar seu pagamento; seja pela ausência de suficiência de provisão de fundos, seja pela frustração de seu pagamento. Sendo assim, deve haver a finalidade específica que é a intenção de fraudar / enganar a vítima.

Cuidado para não confundir esta hipótese de estelionato com o crime de incêndio doloso qualificado (Art. 250, §1º, I, CP).

Ex.: Pedro ateou fogo em sua loja de tecidos, com a finalidade de obter o respectivo seguro, colocando em risco os imóveis vizinhos. Em razão dessa conduta, Pedro responderá por crime de incêndio doloso qualificado pelo intuito de obter vantagem econômica em proveito próprio.

Na hipótese em que a fraude é perpetrada por terceiro, sem o conhecimento do segurado, sabendo que esse será o beneficiário do valor da apólice, o delito será o previsto no Art. 171, *caput*, do CP.

Fraude no pagamento por meio de cheque

> ***VI.*** *Emite cheque, sem suficiente provisão de fundos em poder do sacado, ou lhe frustra o pagamento.*

Sujeito Ativo: é um crime próprio (o titular da conta bancária), ademais, ADMITE coautoria e participação.

Sujeito Passivo: a pessoa física ou jurídica que suporta prejuízo patrimonial.

> ***Súm. 246, STF.*** *Comprovado NÃO ter havido fraude, não se configura crime de emissão de cheque sem fundos.*

"A" compra um produto na loja de "B", no momento da compra não possui dinheiro na conta. Ocorre que pretendia realizar o depósito na conta antes que "B" apresentasse a folha de cheque ao banco. Todavia acaba se esquecendo de realizar o depósito. Desse modo o cheque é devolvido por falta de fundos. NÃO É CRIME, pois o inciso VI do Art. 171 do CP, NÃO admite a forma culposa.

Essa modalidade de estelionato se consuma no instante em que o banco se nega a efetuar o pagamento do cheque, quer pela ausência de fundos, quer pelo recebimento de contraordem (sustação) expedida pelo correntista, daí resulta o prejuízo patrimonial do ofendido. É crime material.

A falsidade ideológica é *ante factum* impunível, pois quem assina o cheque é o responsável pela fraude e não outra pessoa.

O crime do inciso VI do Art. 171, pode ser praticado de DUAS formas:

- O agente coloca o cheque em circulação sem ter dinheiro suficiente na conta;
- O agente possui fundos quando da emissão do cheque, no entanto, antes do beneficiário apresentar o título, o agente retira todo o numerário depositado ou apresenta uma contraordem de pagamento (sustação).

Fraude do cheque ocorre pelo agente que tem a conta encerrada, não é este estelionato do inciso VI, é estelionato simples do *caput*.

Competência até o recebimento da denúncia

A nova Lei nº14.155/2021 realizou importante alteração na competência para o julgamento do crime de estelionato, sobretudo a fraude no pagamento por meio de cheque.

Até então, as Súmulas 521 do STF e 244 do STJ, previam que o foro do local onde se deu a recusa do pagamento pelo sacado era competente para o processo e julgamento dos crimes de estelionato.

Não obstante, a Lei nº14.155/2021, inseriu o § 4° ao artigo 70 do CPP, prevendo o seguinte:

> ***§ 4º*** *Nos crimes previstos no art. 171 do Código Penal, quando praticados mediante depósito, mediante emissão de cheques sem suficiente provisão de fundos em poder do sacado ou com o pagamento frustrado ou mediante transferência de valores, a competência será definida pelo local do domicílio da vítima, e, em caso de pluralidade de vítimas, a competência firmar-se-á pela prevenção.*

Como se observa, agora a regra é que o Juízo competente é do local do domicílio da vítima, independentemente de onde se deu a recusa do cheque, ou no caso de transferência de valores, o local onde o autor obteve a vantagem.

Assim, restam superadas as Súmulas 521 do STF e 244 do STJ.

Desse modo, entende-se que o pagamento de cheque sem previsão de fundos, ATÉ o RECEBIMENTO da DENÚNCIA, impede o prosseguimento da ação penal, ou seja, é causa extintiva de punibilidade.

Na hipótese do inciso VI do Art. 171, a tentativa é possível, por exemplo: o correntista dolosamente emite um cheque sem suficiente provisão de fundos, mas seu pai, agindo sem seu conhecimento, deposita montante superior em sua conta corrente antes da apresentação da folha de cheque.

Segundo STJ, a emissão de cheques como garantia de dívida (pós-datado), e não como ordem de pagamento à vista, não constitui crime de estelionato, na modalidade prevista no art. 171, §2º, VI, CP. Entretanto, é possível a responsabilização do agente pelo estelionato na modalidade fundamental, se demonstrado seu dolo em obter vantagem ilícita em prejuízo alheio no momento da emissão fraudulenta do cheque.

Mas atente-se que, se o agente pós-datar o cheque sabendo da inexistência de fundos, há má-fé e configurará o Art. 171, *caput*, do CP. Assim, se emissão do cheque é fraudulenta - presente a má-fé - caracteriza o Art. 171, *caput*.

NÃO é crime de estelionato a emissão de cheque sem fundos para pagamento de:

A. Dívida anteriormente existente;

Nessa hipótese a razão do prejuízo da vítima é diferente da fraude no pagamento por meio de cheque.

Ex.: "A" compra algumas roupas fiado na loja de "B" e não efetua o pagamento na data combinada. Seis meses após a compra, após insistentes cobranças de "B", "A" emite um cheque sem fundos para quitar a dívida.

B. Dívidas de jogos ilícitos.

Ex.: Apostas ilegais ou jogo do bicho.

C. Programas sexuais com prostitutas ou garotos de programa.

Cheque

> Emitir cheque, encerrando, logo após, a conta: tem-se o Art. 171, §2º, VI, aplicando-se as Súmulas 521 do STF e 224 do STJ.

> Emitir cheque de conta encerrada: aplica-se o Art. 171, *caput*, sem aplicação das súmulas.

> Frustrar pagamento de cheque para não pagamento de dívida de jogo é crime? Nos termos do Art. 814 do CC, as dívidas de jogo não obrigam a pagamento, mas não se pode recobrar dívida dessa natureza então paga.

Causas de aumento de pena

§ 2º - A. *A pena é de reclusão, de 4 (quatro) a 8 (oito) anos, e multa, se a fraude é cometida com a utilização de informações fornecidas pela vítima ou por terceiro induzido a erro por meio de redes sociais, contatos telefônicos ou envio de correio eletrônico fraudulento, ou por qualquer outro meio fraudulento análogo.*

A Lei nº 14.155/2021 inseriu o § 2º-A, que prevê a qualificadora do estelionato mediante fraude eletrônica. Nesse caso, o agente obtém vantagem ilícita com a utilização de informações fornecidas pela vítima ou por terceiro induzido a erro por meio de redes sociais(Facebook/Instagran), contatos telefônicos ou e-mail fraudulento.

> Súm. 73, STJ. A utilização de papel-moeda GROSSEIRAMENTE falsificado configura, em tese, o crime de estelionato, de competência da Justiça Estadual.

A título de exemplo, tem-se a situação típica em que o agente insere anúncio falso em página clonada na internet, e a vítima, confiando na idoneidade da oferta e do produto, realiza o pagamento, mas não recebe o bem ofertado.

§ 2º - B. *A pena prevista no § 2º-A deste artigo, considerada a relevância do resultado gravoso, aumenta-se de 1/3 (um terço) a 2/3 (dois terços), se o crime é praticado mediante a utilização de servidor mantido fora do território nacional.*

A Lei nº14.155/2021 também inseriu causa de aumento nos casos em que a conduta prevista no § 2°-A ocorra mediante servidor localizado no exterior, sendo a pena majorada de 1/3 a 2/3. Art. 171, § 3º, CP. A pena aumenta-se de um terço, se o crime é cometido em detrimento de entidade de direito público ou de instituto de economia popular, assistência social ou beneficência.

Fundamenta-se na maior extensão dos danos produzidos, pois com a lesão ao patrimônio público e ao interesse social toda coletividade é prejudicada.

Súm. 24, STJ. *Aplica-se ao crime de estelionato, em que figure como vítima entidade autárquica da Previdência Social, a qualificadora do § 3º do Art. 171, CP.*

Não se aplica o §3º no caso de estelionato contra o Banco do Brasil, considerando que esta não é entidade de Direito Público.

Jogos de Azar: há o crime de estelionato caso seja empregado meio fraudulento visando eliminar totalmente a possibilidade de vitória por parte dos jogadores.

Adulteração de máquina de caça-níquel para que os apostadores nunca vençam.

Falsidade Documental: o sujeito que falsifica documento (público ou particular) e, posteriormente, dele se vale para enganar alguém, obtendo vantagem ilícita em prejuízo alheio responderia, EM TESE, por dois crimes: estelionato e falsidade documental (Art. 171, *caput*, e Art. 297 - documento público ou 298 - documento particular), contudo, nessa situação, o crime de estelionato absorve o crime de falsidade documental. É esse o teor da súmula do STJ:

Súm. 17, STJ. *Quando o falso se exaure no estelionato, sem mais potencialidade lesiva, é por este absorvido.*

Ocorre o "Princípio da Consumação", que é quando o crime-fim (estelionato) absorve o crime-meio (falsidade documental). Isso desde que a fé pública, o patrimônio ou outro bem jurídico qualquer não possam mais ser atacados pelo documento falsificado e utilizado por alguém como meio fraudulento para obtenção de vantagem ilícita em prejuízo alheio.

§ 4º *A pena aumenta-se de 1/3 (um terço) ao dobro, se o crime é cometido contra idoso ou vulnerável, considerada a relevância do resultado gravoso.*

Por fim, a Lei n° 14.155/2021 também alterou o § 4° do art. 171 do CP. Anteriormente, nos casos em que o crime era cometido contra idoso, a pena era aplicada em dobro.

Contudo, a nova previsão determina que a pena pode ser majorada de 1/3 até o dobro. Assim, trata-se de novatio legis in mellius (mais benéfica).

Competência

O Art. 70 do CPP prevê que a competência será, em regra, determinada pelo **lugar em que se consumar a infração**. Verifica-se nesta regra que no estelionato o juízo competente será o do local em que o sujeito obteve a vantagem ilícita em prejuízo alheio. Contudo, cumpre destacar que nos casos da prática de estelionato mediante depósito, mediante emissão de cheques sem suficiente provisão de fundos em poder do sacado ou com o pagamento frustrado ou mediante transferência de valores, a competência será definida pelo local do domicílio da vítima, nos termos do artigo 70, § 4°, do CPP (Lei n°14.155/2021).

*Súm. 107, STJ. Compete à justiça comum estadual processar e julgar crime de estelionato praticado mediante falsificação das guias de recolhimento das contribuições previdenciárias, **quando não ocorre lesão à autarquia federal.***

É crime de competência da Justiça Estadual. No entanto, será de competência da Justiça Federal quando for praticado em detrimento de bens, serviços ou interesses da União ou suas entidades autárquicas ou empresas públicas. (Art. 109, inciso IV, CF).

Súm. 48, STJ. Compete ao juízo do local da obtenção da vantagem ilícita processar e julgar crime de estelionato cometido mediante falsificação de cheque. Esta súmula está relacionada ao crime definido pelo estelionato em sua modalidade fundamental (caput).

Ação penal

Perceba mais uma alteração do pacote ANTICRIME, estabelecendo o § 5°, agora expressamente, que a ação penal será CONDICIONADA à representação, salvo quando a vítima for:

- a Administração Pública, direta ou indireta
- criança ou adolescente
- pessoa com deficiência mental
- maior de 70 (setenta) anos de idade ou incapaz.

Duplicata simulada

Art. 172. *Emitir fatura, duplicata ou nota de venda que não corresponda à mercadoria vendida, em quantidade ou qualidade, ou ao serviço prestado.*

Pena *- detenção, de 2 (dois) a 4 (quatro) anos, e multa.*

Parágrafo único. *Nas mesmas penas incorrerá aquele que falsificar ou adulterar a escrituração do Livro de Registro de Duplicatas.*

Abuso de incapazes

Art. 173. *Abusar, em proveito próprio ou alheio, de necessidade, paixão ou inexperiência de menor, ou da alienação ou debilidade mental de outrem, induzindo qualquer deles à prática de ato suscetível de produzir efeito jurídico, em prejuízo próprio ou de terceiro:*

Pena *- reclusão, de dois a seis anos, e multa.*

Induzimento à especulação

Art. 174. *Abusar, em proveito próprio ou alheio, da inexperiência ou da simplicidade ou inferioridade mental de outrem, induzindo-o à prática de jogo ou aposta, ou à especulação com títulos ou mercadorias, sabendo ou devendo saber que a operação é ruinosa:*

Pena *- reclusão, de um a três anos, e multa.*

Fraude no comércio

Art. 175. *Enganar, no exercício de atividade comercial, o adquirente ou consumidor:*

I. *Vendendo, como verdadeira ou perfeita, mercadoria falsificada ou deteriorada;*

II. *Entregando uma mercadoria por outra:*

Pena *- detenção, de seis meses a dois anos, ou multa.*

§ 1º. *Alterar em obra que lhe é encomendada a qualidade ou o peso de metal ou substituir, no mesmo caso, pedra verdadeira por falsa ou por outra de menor valor; vender pedra falsa por verdadeira; vender, como precioso, metal de outra qualidade:*

Pena *- reclusão, de um a cinco anos, e multa.*

§ 2º. *É aplicável o disposto no Art. 155, § 2º.*

Outras fraudes

Art. 176. *Tomar refeição em restaurante, alojar-se em hotel ou utilizar-se de meio de transporte sem dispor de recursos para efetuar o pagamento:*

Pena *- detenção, de quinze dias a dois meses, ou multa.*

Parágrafo único. *Somente se procede mediante representação, e o juiz pode, conforme as circunstâncias, deixar de aplicar a pena.*

Fraudes e abusos na fundação ou administração de sociedade por ações

Art. 177. *Promover a fundação de sociedade por ações, fazendo, em prospecto ou em comunicação ao público ou à assembleia, afirmação falsa sobre a constituição da sociedade, ou ocultando fraudulentamente fato a ela relativo:*

Pena *- reclusão, de um a quatro anos, e multa, se o fato não constitui crime contra a economia popular.*

§ 1º. *Incorrem na mesma pena, se o fato não constitui crime contra a economia popular:*

I. *O diretor, o gerente ou o fiscal de sociedade por ações, que, em prospecto, relatório, parecer, balanço ou comunicação ao público ou à assembleia, faz afirmação falsa sobre as condições econômicas da sociedade, ou oculta fraudulentamente, no todo ou em parte, fato a elas relativo;*

II. *O diretor, o gerente ou o fiscal que promove, por qualquer artifício, falsa cotação das ações ou de outros títulos da sociedade;*

III. *O diretor ou o gerente que toma empréstimo à sociedade ou usa, em proveito próprio ou de terceiro, dos bens ou haveres sociais, sem prévia autorização da assembleia geral;*

IV. *O diretor ou o gerente que compra ou vende, por conta da sociedade, ações por ela emitidas, salvo quando a lei o permite;*

V. *O diretor ou o gerente que, como garantia de crédito social, aceita em penhor ou em caução ações da própria sociedade;*

VI. *O diretor ou o gerente que, na falta de balanço, em desacordo com este, ou mediante balanço falso, distribui lucros ou dividendos fictícios;*

VII. *O diretor, o gerente ou o fiscal que, por interposta pessoa, ou conluiado com acionista, consegue a aprovação de conta ou parecer;*

VIII. *O liquidante, nos casos dos nºs I, II, III, IV, V e VII;*

IX. *O representante da sociedade anônima estrangeira, autorizada a funcionar no País, que pratica os atos mencionados nos nºs I e II, ou dá falsa informação ao Governo.*

§ 2º. *Incorre na pena de detenção, de seis meses a dois anos, e multa, o acionista que, a fim de obter vantagem para si ou para outrem, negocia o voto nas deliberações de assembleia geral.*

Emissão irregular de conhecimento de depósito ou "warrant"

Art. 178. *Emitir conhecimento de depósito ou warrant, em desacordo com disposição legal:*

Pena *- reclusão, de um a quatro anos, e multa.*

Fraude à execução

Art. 179. *Fraudar execução, alienando, desviando, destruindo ou danificando bens, ou simulando dívidas:*

Pena *- detenção, de seis meses a dois anos, ou multa.*

Parágrafo único. *Somente se procede mediante queixa.*

2.7 Da Receptação

Art. 180. *Adquirir, receber, transportar, conduzir ou ocultar, em proveito próprio ou alheio, coisa que sabe ser produto de crime, ou influir para que terceiro, de boa-fé, a adquira, receba ou oculte:*

Pena *- reclusão, de um a quatro anos, e multa.*

Receptação Qualificada

§ 1º. *Adquirir, receber, transportar, conduzir, ocultar, ter em depósito, desmontar, montar, remontar, vender, expor à venda, ou de qualquer forma utilizar, em proveito próprio ou alheio, no exercício de atividade comercial ou industrial, coisa que deve saber ser produto de crime:*

Pena *- reclusão, de três a oito anos, e multa.*

§ 2º. *Equipara-se à atividade comercial, para efeito do parágrafo anterior, qualquer forma de comércio irregular ou clandestino, inclusive o exercício em residência.*

§ 3º. *Adquirir ou receber coisa que, por sua natureza ou pela desproporção entre o valor e o preço, ou pela condição de quem a oferece, deve presumir-se obtida por meio criminoso:*

Pena *- detenção, de um mês a um ano, ou multa, ou ambas as penas.*

§ 4º. *A receptação é punível, ainda que desconhecido ou isento de pena o autor do crime de que proveio a coisa.*

§ 5º. *Na hipótese do § 3º, se o criminoso é primário, pode o juiz, tendo em consideração as circunstâncias, deixar de aplicar a pena. Na receptação dolosa aplica-se o disposto no § 2º do Art. 155.*

§ 6º. *Tratando-se de bens e instalações do patrimônio da União, Estado, Município, empresa concessionária de serviços públicos ou sociedade de economia mista, a pena prevista no caput deste artigo aplica-se em dobro.*

Receptação de Animal

Art. 180-A. *Adquirir, receber, transportar, conduzir, ocultar, ter em depósito ou vender, com a finalidade de produção ou de comercialização, semovente domesticável de produção, ainda que abatido ou dividido em partes, que deve saber ser produto de crime: (Incluído pela Lei nº 13.330, de 2016)*

Pena *- reclusão, de 2 (dois) a 5 (cinco) anos, e multa. (Incluído pela Lei nº 13.330, de 2016)*

O artigo 180 do CP tipifica a conduta do agente que adquire, recebe, transporta, conduz, dentre outras condutas, com intuito de obter vantagem, produto de crime (furto, roubo, extorsão, estelionato etc.). É considerado como delito, a conduta de adquirir (receptação própria), como a de influenciar para que uma terceira pessoa adquira esses produtos (receptação imprópria).

Classificação

A conduta do *caput* é considera como um crime comum, pois pode ser praticada por qualquer agente. Ademais, no § 1º, considera-se crime PRÓPRIO, pois exige uma qualidade específica do agente, devendo ele ser comerciante ou industrial, mesmo que ele exerça de forma clandestina ou ilegal.

Ex.: Um ferro velho que vende peças de veículos furtados.

A receptação é crime acessório, pois depende da existência do crime anterior. Não é necessário que o crime anterior seja contra o patrimônio.

Ex.: Receptar bem oriundo do crime de corrupção passiva.

É um crime de ação múltipla e conteúdo variado, ou seja, a prática de várias condutas contra o mesmo bem, caracteriza crime único (adquire e vende).

O bem imóvel não pode ser objeto material do crime de receptação, somente bens móveis.

Sujeitos do crime

Sujeito Ativo (*caput***)**: pode ser qualquer pessoa, exceto quem seja autor ou coautor do crime antecedente (furto, extorsão, roubo).

Sujeito Ativo (da receptação qualificada §1º): é um crime próprio, somente aquela pessoa que desempenha atividade comercial ou industrial.

Dono de ferro velho de carros e peças usadas.

- > Admite a participação.
- > A atividade deve ser habitual ou contínua.

Sujeito Passivo: é a vítima do crime anterior, ou seja, donde veio o produto do furto.

Consumação e tentativa

Receptação Própria (*caput*): Adquirir, receber - crime material/instantâneo - transportar, conduzir ou ocultar - crime permanente - ambos **admitem** a tentativa.

Receptação Imprópria (2ª parte do *caput*): INFLUIR - crime FORMAL e UNISSUBSISTENTE - **NÃO** admite tentativa.

Receptação própria x imprópria

Própria: adquirir, receber, transportar, conduzir ou ocultar, em proveito próprio ou alheio, coisa que SABE ser produto de crime.

Imprópria: ou **Influir** para que terceiro, de boa-fé, a adquira, receba ou oculte:

Na receptação **imprópria**, caso o agente influenciador seja o autor do crime antecedente, responderá **APENAS** por este delito, e não pela receptação. Trata-se de *post factum impunível* (Ex.: "A" coautor do furto de um computador, influi para que "B", de boa-fé, o compre).

A expressão "coisa que sabe" é indicativa de dolo direto e implicitamente abrange o dolo eventual? Prevalece que, a expressão coisa que sabe indica apenas dolo direto. Assim, o *caput* do artigo não pune o dolo eventual.

Imaginando que Rogério venda um carro à Vânia. Após uma semana que vendeu o carro, Vânia fica sabendo que o carro é produto de crime, mas permanece com ele. Houve prática de receptação? Nesse caso, não se pode esquecer que se trata de dolo superveniente, e esse não configura o crime. Assim, o dolo superveniente não configura o crime. A má-fé deve ser contemporânea a qualquer das condutas previstas no tipo.

Receptação culposa

§ 3º. *Adquirir ou receber coisa que, por sua natureza ou pela desproporção entre o valor e o preço, ou pela condição de quem a oferece, deve presumir-se obtida por meio criminoso: (Alterado pela Lei nº 9.426, de 1996):*

Pena - detenção, de 1 (um) mês a 1 (um) ano, ou multa, ou ambas as penas.

É necessário observar três circunstâncias que indicam ser o bem produto de crime:

- Sua natureza;
- Desproporção entre valor e preço;
- Condição de quem a oferece.

No crime de receptação simples (*caput*) é necessário que o agente tenha certeza de que o bem é produto de crime, pois, em caso de dúvida (culpa ou dolo eventual), o agente responderá pelo crime de receptação culposa (§3º).

Norma penal explicativa

§ 4º. *A receptação é punível, ainda que desconhecido ou isento de pena o autor do crime de que proveio a coisa.*

Ainda que ocorra a extinção da punibilidade do crime antecedente, haverá o crime de receptação (Art. 180 do CP).

Ex.: A morte do agente do crime anterior, prescrição etc.

Esse parágrafo dá certa autonomia ao crime de receptação em relação ao crime antecedente.

Ex.: Ricardo, menor de idade, subtrai o DVD de um veículo e o vende a Pedro, o qual conhece a origem criminosa do bem. Nesta situação, mesmo sendo Ricardo inimputável, Pedro responderá pelo crime de receptação.

Segundo alguns autores, a receptação é crime acessório e pressupõe outro crime para que exista. Sucede que não há submissão à punição do crime principal para que seja punido, ou seja, sua punição é independente.

Se o crime pressuposto está prescrito ou teve extinta a punibilidade, não desaparece a receptação.

Receptação privilegiada

§ 5º. *Na hipótese do § 3º. Receptação CULPOSA. se o criminoso é primário, pode o juiz, tendo em consideração as circunstâncias, deixar de aplicar a pena.*

Na receptação dolosa aplica-se o disposto no § 2º do Art. 155:

Art. 155, § 2º. *Se o criminoso é primário, e é de pequeno valor a coisa furtada, o juiz pode substituir a pena de reclusão pela de detenção, diminuí-la de um a dois terços, ou aplicar somente a pena de multa.*

A receptação privilegiada (2ª parte do §5º) somente se aplica à receptação dolosa (própria ou imprópria); culposa e qualificada NÃO!

Receptação Culposa (§3º) + Criminoso primário + Tendo em consideração as circunstâncias = Perdão Judicial (Juiz deixa de aplicar a pena)	Receptação dolosa (*caput*) + Criminoso primário + Coisa de pequeno valor = Art. 155, §2º, CP: Substituir a pena de reclusão pena de detenção; Diminuí-la de um a dois terços ou aplicar somente a pena de multa.

Causa de aumento de pena

§6º. *Tratando-se de bens e instalações do patrimônio da União, Estado, Município, empresa concessionária de serviços públicos ou sociedade de economia mista, a pena prevista no caput deste artigo APLICA-SE EM DOBRO.*

Caso o bem seja produto de contravenção penal, NÃO existirá o crime de receptação. O fato será atípico, pois este delito somente existe em caso de bem produto de CRIME.

Aplicável somente para a receptação **SIMPLES** (*caput*). Não se aplica à receptação qualificada nem à culposa.

É possível a **receptação da receptação**, por exemplo, "A" adquire um relógio produto de furto e o vende a "B", este vende o mesmo bem a "C" ciente de sua origem criminosa.

Art. 180-A. *Adquirir, receber, transportar, conduzir, ocultar, ter em depósito ou vender, com a finalidade de produção ou de comercialização, semovente domesticável de produção, ainda que abatido ou dividido em partes, que deve saber ser produto de crime:*

Pena *- reclusão, de 2 (dois) a 5 (cinco) anos, e multa.*

2.8 Disposições Gerais

Imunidades penais absolutas ou escusas absolutórias

Art. 181. *É isento de pena quem comete qualquer dos crimes previstos neste título, em prejuízo:*

I. *Do cônjuge, na constância da sociedade conjugal;*

II. *De ascendente ou descendente, seja o parentesco legítimo ou ilegítimo, seja civil ou natural.*

Trata-se de causa de extinção da punibilidade.

No caso do inciso I, abrange-se também a união estável, os separados de fato e ainda as uniões homoafetivas.

Não importa o regime de comunhão de bens do casamento.

Ex.: Separação total de bens.

No caso do inciso II, não se aplica esta escusa na hipótese de parentesco por afinidade (sogra, genro, cunhado...). Outrossim, verifica-se que não há abrangência aos colaterais e afins.

Imunidade patrimonial relativa

Art. 182. *Somente se procede mediante representação, se o crime previsto neste título é cometido em prejuízo:*

I. *Do cônjuge desquitado ou judicialmente separado;*

II. *De irmão, legítimo ou ilegítimo;*

III. *De tio ou sobrinho, com quem o agente coabita.*

Após a entrada em vigor da Lei nº 6.515/77, o desquite não existe mais no ordenamento jurídico brasileiro.

Aos ex-cônjuges divorciados não se aplica essa imunidade.

No caso dos incisos II e III, é necessária efetiva coabitação, para incidência desta imunidade.

Este é um dos artigos do Código Penal que mais caem em concurso. Portanto, é muito importante decorá-lo!

Inaplicabilidade das imunidades

Art. 183. *Não se aplica o disposto nos dois artigos anteriores:*

I. *Se o crime é de roubo ou de extorsão, ou, em geral, quando haja emprego de grave ameaça ou violência à pessoa;*

II. *Ao estranho que participa do crime;*

III. *Se o crime é praticado contra pessoa com idade igual ou superior a 60 (sessenta) anos.*

Este inciso foi incluído pelo Estatuto do Idoso (Lei nº 10.741/03). **Preste muita atenção,** pois este é um dos dispositivos deste assunto que mais cai em concurso público.

É aplicada a imunidade na violência doméstica e familiar contra a mulher no ambiente familiar?

1ª Corrente: para Maria Berenice Dias, jurista brasileira, não se admite imunidade patrimonial na violência doméstica e familiar contra a mulher, benefício afastado pelo Art. 7º, IV, da Lei nº 11.340/06.

2ª Corrente: diz que a Lei Maria da Penha não vedou, expressamente, qualquer imunidade, diferente do Estatuto do Idoso que vedou a imunidade para o idoso.

Tem prevalecido a 2ª Corrente.

Questões

01. (CESPE) De acordo com o STJ, é possível aplicar ao delito de furto qualificado pelo concurso de agente aumento idêntico ao previsto para o roubo majorado pelo concurso de agentes, visto que mais benéfico.

Certo ( ) Errado ( )

02. (CESPE) A presença de sistema eletrônico de vigilância em estabelecimento comercial, torna crime impossível a tentativa de furto de um produto desse estabelecimento, por absoluta ineficácia do meio, conforme entendimento consolidado no STJ.

Certo ( ) Errado ( )

03. (CESPE) Para que o crime de extorsão seja consumado é necessário que o autor do delito obtenha a vantagem indevida.

Certo ( ) Errado ( )

04. (CESPE) O indivíduo que fizer uso de violência, após subtrair o veículo de outro, cometerá o denominado roubo próprio.

Certo ( ) Errado ( )

05. (CESPE) O crime de dano não admite a tentativa.

Certo ( ) Errado ( )

06. (CESPE) Diferenciam-se os crimes de extorsão e estelionato, entre outros aspectos, porque, no estelionato, a vítima quer entregar o objeto, pois foi induzida ou mantida em erro pelo agente mediante o emprego de fraude; enquanto, na extorsão, a vítima despoja-se de seu patrimônio contra a sua vontade, fazendo-o por ter sofrido violência ou grave ameaça.

Certo ( ) Errado ( )

07. (CESPE) O crime de apropriação indébita de contribuição previdenciária é delito material, exigindo-se, para a consumação, o fim específico de apropriar-se da coisa para si (*animus rem sibi habendi*).

Certo ( ) Errado ( )

08. (CESPE) O furto de coisa comum submete-se à ação penal pública incondicionada.

Certo ( ) Errado ( )

09. (CESPE) No crime de extorsão, mediante sequestro, praticado em concurso de agentes, o concorrente que o denunciar à autoridade terá sua pena reduzida, ainda que a delação não facilite a libertação do sequestrado.

Certo ( ) Errado ( )

10. (CESPE) A fraude eletrônica para transferir valores de conta Bancária por meio do *Internet banking* constitui crime de estelionato.

Certo ( ) Errado ( )

Gabaritos

01	ERRADO	06	ERRADO
02	ERRADO	07	ERRADO
03	ERRADO	08	ERRADO
04	ERRADO	09	ERRADO
05	ERRADO	10	ERRADO

3. DOS CRIMES CONTRA ADMINISTRAÇÃO PÚBLICA

3.1 Dos Crimes Praticados por Funcionário Público Contra a Administração em Geral

Peculato

> ***Art. 312****. Apropriar-se o funcionário público de dinheiro, valor ou qualquer outro bem móvel, público ou particular, de que tem a posse em razão do cargo, ou desviá-lo, em proveito próprio ou alheio:*
>
> ***Pena** - reclusão, de dois a doze anos, e multa.*
>
> ***§ 1º****. Aplica-se a mesma pena, se o funcionário público, embora não tendo a posse do dinheiro, valor ou bem, o subtrai, ou concorre para que seja subtraído, em proveito próprio ou alheio, valendo-se de facilidade que lhe proporciona a qualidade de funcionário.*
>
> ***Peculato Culposo***
>
> ***§ 2º****. Se o funcionário concorre culposamente para o crime de outrem:*
>
> ***Pena** - detenção, de três meses a um ano.*
>
> ***§ 3º****. No caso do parágrafo anterior, a reparação do dano, se precede à sentença irrecorrível, extingue a punibilidade; se lhe é posterior, reduz de metade a pena imposta.*

Esse artigo tem por objetivo tipificar a conduta do funcionário público que, aproveitando do cargo que ocupa, apropria-se de bem público ou particular. É necessário que o agente utilize das facilidades do seu cargo, pois, se não o fizer, responderá normalmente, a depender do caso concreto, nos crimes elencados no Titulo II. Dos Crimes Contra O Patrimônio, do Código Penal, por exemplo, o furto. (Art. 155 do CP).

Peculato apropriação

> ***Art. 312.*** **apropriar-se** *o funcionário público de dinheiro, valor ou qualquer outro bem* **móvel, público ou particular**, *de que tem a posse em razão do cargo.(...)*

Nessa situação o funcionário público já possui a posse ou detenção lícita do bem (em razão do cargo que ocupa), porém passa a se comportar como se fosse o dono (pratica atos de disposição da coisa, venda, troca, doação etc.), não mais devolvendo ou restituindo o bem à Administração Pública.

Peculato-desvio

> ***Art. 312.*** *(...) ou desviá-lo, em proveito próprio ou alheio.*

Também chamado de **peculato próprio**, valendo-se do cargo, o agente desvia, em proveito próprio ou de outrem; dinheiro, valor ou qualquer outro bem móvel, público ou particular.

Peculato furto

Também chamado de **peculato impróprio**. Só haverá este crime se o funcionário público valer-se dessa qualidade para subtrair o bem. Caso contrário, o crime será o de furto (Art. 155 do CP). Caso o particular não tenha conhecimento da qualidade de funcionário público, responderá por furto, enquanto esse último, responderá por peculato.

Exs.: "A" funcionário público, valendo-se do cargo, subtrai bem móvel da administração com auxílio de "B", o qual conhecia sua função. Ambos respondem por peculato, Art. 312 do CP.

"A" funcionário público, valendo-se do cargo, subtrai bem móvel da administração com auxílio de "B", o qual desconhecia a função de "A". "A" responderá por peculato (Art. 312 do CP), e "B" por furto (Art. 155 do CP).

"A" funcionário público, sem aproveitar do cargo que ocupa, com auxilio de "B", subtrai bem móvel da repartição em que "A" trabalha. Ambos respondem por furto (Art. 155 do CP).

São considerados crimes próprios, pois exigem a qualidade de funcionário público para sua classificação.

A conduta é sempre dolosa (apropriar-se, desviar, subtrair). Existe, no entanto, previsão para modalidade culposa (vide § 2º, peculato culposo).

É um crime comissivo, por conseguinte, pode incorrer em omissão imprópria, quando o agente, como garantidor, podendo evitar, nada faz para que o crime não seja consumado (Art. 13, §2°, do CP).

Sujeitos do crime

Sujeito Ativo: o funcionário público (crime próprio), mas admite-se coautoria e participação de particulares, desde que tenham conhecimento da qualidade de funcionário público do agente.

Se, comprovado que o particular desconhecia a qualidade funcional do agente, responde por apropriação indébita.

Sujeito Passivo: o Estado e secundariamente o particular, pessoa física ou jurídica, diretamente lesada em seu patrimônio.

Consumação e tentativa

Admite tentativa, salvo o peculato culposo, pois os crimes culposos não admitem a modalidade culposa.

Tratando-se do peculato apropriação, e peculato furto, são crimes materiais, pois estarão consumados com a efetiva posse do bem móvel. No caso do peculato desvio, é um crime formal, pois se consuma no momento em que ocorre o desvio do destino da verba.

Figura culposa

> ***§ 2º****. Se o funcionário concorre culposamente para o crime de outrem:*

Essa situação é quando o funcionário público, por imprudência, imperícia ou negligência, diante de sua conduta, permite que um terceiro pratique um crime contra a Administração Pública.

Caso o agente não seja funcionário público, ou sendo, não se utilize das facilidades que o cargo lhe proporciona para a subtração, incorrerá no crime de furto.

É importante considerar que:

> É o único crime culposo da espécie dos delitos funcionais.

> É o único crime de menor potencial ofensivo entre os delitos funcionais.

O funcionário público só responderá por este crime se o crime doloso de outrem (terceiro) chegar a se consumar.

Qual crime de outrem? Qualquer crime de outrem? Ou apenas algumas modalidades de crime?

O § 2º merece uma interpretação topográfica. Então, esse crime de outrem só pode ser o do §1º. Só pode ser o do *caput*. Desse modo, só existe o crime de peculato culposo quando o funcionário público concorre culposamente para um peculato-furto ou peculato próprio (apropriação ou desvio), de outrem. Prevalece essa corrente, que é a restritiva.

No que tange ao diretor de sindicato que se apropria de quantia, ele não irá praticar peculato, pois não é funcionário público, sequer por equiparação. Não é o diretor de sindicato funcionário público típico ou atípico.

> ***§ 3º.*** *No caso do parágrafo anterior, a reparação do dano, se precede à sentença irrecorrível, extingue a punibilidade; se lhe é posterior, reduz de metade a pena imposta.*

No crime de peculato culposo, a reparação do DANO, se precede (é anterior) à sentença irrecorrível , extingue a punibilidade; se lhe é posterior, reduz de metade a pena imposta. Somente para o peculato culposo. No Peculato Doloso não é possível aplicação do § 3°.

Sentença irrecorrível

Antes da sentença irrecorrível, extingue a punibilidade.

A reparação do dano após a sentença irrecorrível, há redução de metade da pena imposta. E, isso é feito pelo juiz da execução penal.

Peculato x roubo

Se a posse do bem (peculato apropriação ou desvio) decorre de violência ou grave ameaça, há crime de roubo (Art. 157) ou extorsão (Art. 158 do CP).

Peculato	
Peculato Doloso	Peculato apropriação (*caput* 1ª parte); Peculato desvio (peculato próprio) (*caput* 2ª parte); Peculato mediante erro de outrem (peculato estelionato) (Art. 313).
Peculato Culposo	(§2)

O Peculato de Uso não é crime, mas pode caracterizar ato de improbidade administrativa (Art. 9º, Lei nº 8.429/92). É o fato em que, por exemplo, um funcionário público apropria-se temporariamente de veículo público, no intuito de realizar diligências de caráter pessoal, restituindo o veículo ao pátio da repartição logo após o uso.

Se há desvio da verba em proveito da própria Administração, com utilização diversa da prevista em sua destinação, configura-se o crime do Art. 315 do CP.

Princípio da insignificância

O princípio da insignificância é causa supralegal de exclusão da tipicidade, ou seja, o fato não será considerado crime. Sendo assim, há duas posições sobre o assunto:

- STJ: **não** admite a incidência do princípio da insignificância nos crimes contra a Administração Pública, pois a norma penal busca resguardar não somente o aspecto patrimonial, mas a moral administrativa (Súmula 599).
- STF: **admite** a aplicação do princípio da insignificância nos crimes contra a administração pública. (HC 107370/SP, rel. Min. Gilmar Mendes, 26.4.2011).

Peculato mediante erro de outrem

> ***Art. 313.*** *Apropriar-se de dinheiro ou qualquer utilidade que, no exercício do cargo, recebeu por erro de outrem:*
> ***Pena*** *- reclusão, de um a quatro anos, e multa.*

Conduta

Pune-se a conduta do agente que inverter, no exercício do seu cargo, a posse de valores recebidos por erro de terceiro. O bem apoderado, ao contrário do que ocorre no peculato apropriação, não está naturalmente na posse do agente, derivando de erro alheio.

O erro do ofendido deve ser espontâneo, pois, se provocado pelo funcionário, poderá configurar o crime de estelionato.

Classificação

É considerado crime próprio, pois exige a qualidade de funcionário público para sua classificação.

A conduta é sempre dolosa (apropriar-se). Não existe, no entanto, a forma culposa.

É um crime comissivo, por conseguinte, pode incorrer em omissão imprópria, quando o agente, como garantidor, podendo evitar, nada faz para que o crime não seja consumado (Art. 13, §2º do CP).

Sujeitos do crime

Sujeito Ativo: o funcionário público (crime próprio), mas admite-se coautoria e participação de particulares, desde que tenham conhecimento da qualidade de funcionário público do agente.

Sujeito Passivo: o Estado e secundariamente o particular, pessoa física ou jurídica, diretamente lesada em seu patrimônio.

Consumação e tentativa

ADMITE Tentativa

Sendo esse um crime material, consuma-se com a efetiva apropriação. Neste caso há divergência, alguns autores sustentam que a consumação se dará somente no momento em que o agente percebe o erro de terceiro e não o desfaz, ou seja, a consumação não se dá no momento do recebimento da coisa, mas sim no instante em que o agente se apropria da coisa recebida por erro, agindo como se dono fosse.

Descrição

O funcionário público que, no exercício do cargo, recebeu de terceiro, o qual estava em erro, dinheiro ou qualquer outra utilidade, e não prossegue com a efetiva destinação correta do recurso.

Apropriação coisa havida por erro

Se o funcionário público se apropriou de dinheiro ou qualquer utilidade que recebeu fora do exercício do cargo, responderá pelo crime de: apropriação de coisa havida por erro, caso fortuito ou força da natureza.

> ***Art. 169****, CP. Apropriar-se alguém de coisa alheia vinda ao seu poder por erro, caso fortuito ou força da natureza.*

Se o particular, por engano quanto à pessoa, coisa ou obrigação, entrega objeto a funcionário público, em razão do cargo deste, e se ele se apropria do bem, há crime de peculato mediante erro de outrem (Art. 313, CP).

Inserção de dados falsos em sistema de informações

Art. 313-A. Inserir ou facilitar, o funcionário autorizado, a inserção de dados falsos, alterar ou excluir indevidamente dados corretos nos sistemas informatizados ou bancos de dados da Administração Pública com o fim de obter vantagem indevida para si ou para outrem ou para causar dano:

***Pena** - reclusão, de 2 (dois) a 12 (doze) anos, e multa.*

Pune-se a conduta do funcionário público autorizado que insere ou facilita inserção de dados falsos, altera ou exclui indevidamente dados nos sistema de informação da Administração Pública com o objetivo de receber vantagem indevida, tal crime é também conhecido como **peculato eletrônico**.

Classificação

Trata-se de crime de mão própria, pois exige a qualidade de funcionário público autorizado para sua classificação, ou seja, não é qualquer funcionário público, mas sim aquele autorizado a inserir, alterar ou excluir dados nos sistemas informatizados ou banco de dados.

A conduta é sempre dolosa (inserir, alterar ou excluir). Não existe, no entanto, a possibilidade da forma culposa.

É um crime comissivo, por conseguinte, pode incorrer em omissão imprópria, quando o agente, como garantidor, podendo evitar, nada faz para que o crime não seja consumado (Art. 13, §2º, CP).

Sujeitos do crime

Sujeito Ativo: o funcionário público autorizado (crime de mão própria), sendo possível a coautoria e participação do particular que tenha consciência da função pública do agente.

Sujeito Passivo: o Estado e secundariamente o particular, pessoa física ou jurídica, diretamente lesada em seu patrimônio.

Consumação e tentativa

ADMITE Tentativa

Sendo um crime formal, consuma-se com a devida inserção, alteração ou exclusão, não sendo necessário o efetivo recebimento da vantagem indevida, considerada apenas mero exaurimento do crime.

Descrição

Visa punir o funcionário autorizado, o qual detém acesso aos sistemas de informação da Administração Pública, e, aproveitando-se dessa situação, realiza condutas indevidas causando prejuízo para Administração, bem como, aos particulares.

Erro de tipo

É possível a ocorrência do erro do tipo, escusável ou inescusável, do agente que acredita estar agindo corretamente e acaba inserindo, excluindo ou alterando de forma equivocada, dados verdadeiros.

Mesmo sendo um crime de mão própria, é possível a figura da participação e coautoria, seja ela material ou moral.

Modificação ou alteração não autorizada de sistema de informações

Art. 313-B. Modificar ou alterar, o funcionário, sistema de informações ou programa de informática sem autorização ou solicitação de autoridade competente:

***Pena** - detenção, de 3 (três) meses a 2 (dois) anos, e multa.*

***Parágrafo único.** As penas são aumentadas de um terço até a metade se da modificação ou alteração resulta dano para a Administração Pública ou para o administrado.*

Consiste em punir a conduta do funcionário público que modifica ou altera, sem autorização, os sistemas de informações da Administração Pública.

Classificação

É considerado crime próprio, pois exigem a qualidade de funcionário público para sua Classificação.

A conduta é sempre dolosa (modificar, alterar). NÃO existe, no entanto, a possibilidade da forma culposa.

É um crime comissivo, por conseguinte pode incorrer em omissão imprópria, quando o agente, como garantidor, podendo evitar, nada faz para que o crime não seja consumado (Art. 13, §2º, CP).

Sujeitos do crime

Sujeito Ativo: o funcionário público (crime próprio), não exige a qualidade de ser funcionário autorizado, ademais é possível a coautoria e participação do particular que tenha consciência da função pública do agente.

Sujeito Passivo: o Estado e secundariamente o particular, pessoa física ou jurídica, diretamente prejudicada.

Consumação e tentativa

ADMITE Tentativa

O crime se consuma no momento da efetiva modificação ou alteração do sistema de informação, sendo que, se resultar em dano, é causa de aumento de pena conforme parágrafo único desse artigo.

Descrição

Para configuração do crime em tela é necessário que a modificação ou alteração ocorra sem autorização, pois tal conduta resume-se ao dolo do agente, à vontade livre de provocar as modificações.

Os crimes previstos nos Arts. 313-A e 313-B, ambos do CP, são conhecidos como peculato eletrônico.

Extravio, sonegação ou inutilização de livro ou documento

Art. 314. Extraviar livro oficial ou qualquer documento, de que tem a guarda em razão do cargo; sonegá-lo ou inutilizá-lo, total ou parcialmente:

***Pena** - reclusão, de um a quatro anos, se o fato não constitui crime mais grave.*

Para a configuração deste crime, é indispensável que o funcionário público tenha a posse do livro ou documento em razão do cargo que ocupa. É considerado como sendo um **crime subsidiário**, pois comumente sendo aplicado, caso o resultado não constitua crime mais grave.

Classificação

É considerado crime próprio, pois exige a qualidade de funcionário público para sua classificação.

A conduta é sempre dolosa (extravio, inutilização, sonegação). Não existe, no entanto, a possibilidade da forma culposa.

É um crime comissivo, por conseguinte, pode incorrer em omissão imprópria, quando o agente, como garantidor, podendo evitar, nada faz para que o crime não seja consumado (Art. 13, §2º, CP).

Sujeitos do crime

Sujeito Ativo: somente funcionário público (crime próprio), ademais é possível a coautoria e participação do particular que tenha consciência da função pública do agente.

Sendo o sujeito ativo servidor em exercício junto a repartição fiscal ou tributária, o extravio de livre oficial, processo fiscal, ou qualquer documento por ele causado, configura crime especial previsto no Art. 3°, I, da Lei nº 8.137/90.

Sujeito Passivo: o Estado e, por conseguinte, o particular, pessoa física ou jurídica prejudicada.

Consumação e tentativa

ADMITE Tentativa

O crime se consuma no momento do efetivo extravio ou inutilização, mesmo que seja de forma parcial, bem como, com a sonegação.

Descrição

Por ser um crime subsidiário, a depender do resultado naturalístico que ocasionar, o crime será absorvido de acordo com sua especificidade (princípio da consunção), conforme em alguns dos casos expostos abaixo.

> Quando há o dolo específico de agir, responde pelo Art. 305 do CP.

> Caso o funcionário não seja o responsável pela guarda do livro ou do documento, responderá pelo Art. 337 do CP.

> Se praticado por advogado ou procurador, responderá pelo Art. 356 do CP.

O crime tipificado no Art. 314, além de ser próprio, é subsidiário em relação ao delito previsto no Art. 305, que exige dolo específico. Veja as diferenças:

	Art. 305. Supressão de documento público.	Art. 314. Extravio, sonegação ou inutilização de livro ou documento.
Objetividade Jurídica	Crime contra a fé pública.	Crime contra a administração pública.
Sujeito Ativo	Qualquer pessoa (crime comum).	Funcionário público (crime próprio).
Conduta	Destruir, suprimir ou ocultar documento público ou particular verdadeiro.	Extraviar, sonegar ou inutilizar livro oficial ou qualquer documento de que tem guarda em razão do cargo.
Tipo Subjetivo	Há finalidade específica de tirar proveito próprio ou de outrem, ou visando causar prejuízo alheio.	Não se exige qualquer finalidade específica.
Pena	Reclusão, de 2 a 6 anos, e multa, se o documento é público, e reclusão, de 1 a 5 anos, e multa, se o documento é particular.	Reclusão de 1 a 4 anos, se o fato não constitui crime mais grave.

Emprego irregular de verbas ou rendas públicas

Art. 315. *Dar às verbas ou rendas públicas aplicação diversa da estabelecida em lei:*

Pena *- detenção, de um a três meses, ou multa.*

Este tipo penal visa penalizar o administrador público que destina a verba pública para projetos, despesas ou gastos que não foram previstos no Orçamento Público, ou então, que não foram autorizados pela Lei Orçamentária Anual.

Classificação

São considerados crimes próprios, pois exigem a qualidade específica do funcionário público dotado de competência para utilizar e destinar as verbas públicas.

A conduta é sempre dolosa (destinar a verba para outra situação a qual não era prevista). Não existe possibilidade para modalidade culposa.

É um crime comissivo, por conseguinte, pode incorrer em omissão imprópria, quando o agente, como garantidor, podendo evitar, nada faz para que o crime não seja consumado (Art. 13, §2°, CP).

Sujeitos do crime

Sujeito Ativo: é crime próprio, pois o sujeito ativo será somente aquele funcionário público que tenha o poder de administração de verbas ou rendas pública (ex.: Presidente da República, Ministros, Governadores etc.), ademais, é possível a coautoria e participação do particular que tenha consciência da função pública do agente.

Tratando-se de Prefeito Municipal, há crime próprio, prevalecendo pelo principio da especialidade o disposto no Art. 1º, III, do Decreto-Lei nº 201/67.

Sujeito Passivo: o Estado e secundariamente o particular, pessoa física ou jurídica, diretamente prejudicada.

Consumação e tentativa

ADMITE Tentativa

O crime se consuma no momento da efetiva destinação ou aplicação das verbas ou rendas públicas.

A simples destinação, sem posterior aplicação, constitui tentativa, gerando perigo para a regularidade administrativa.

Descrição

Caso o agente público seja o Presidente da República, ele responderá pela lei de improbidade administrativa, Art. 11, Lei nº 1.079/50. Por conseguinte, sendo prefeito, responderá pelo Art. 1º, III, do Decreto-Lei nº 201/67.

Entendimento stf

Segundo o STF

RT 617/396. Se o orçamento for aprovado por decreto do próprio Poder Executivo, e não por lei, não há o que se falar neste crime.

RT 883/462. Para que caracterize esse crime, é necessário que a lei que destina as verbas ou rendas públicas, seja em sentido formal e material.

Concussão

Art. 316. *Exigir, para si ou para outrem, direta ou indiretamente, ainda que fora da função ou antes de assumi-la, mas em razão dela, vantagem indevida:*

Pena *- reclusão, de 2 (dois) a 12 (doze) anos, e multa. (Redação dada pela Lei nº 13.964, de 2019) -* ***ANTICRIME***

§ 1º. *Se o funcionário exige tributo ou contribuição social que sabe ou deveria saber indevido, ou, quando devido, emprega na cobrança meio vexatório ou gravoso, que a lei não autoriza:*

Pena *- reclusão, de três a oito anos, e multa.*

§ 2º. *Se o funcionário desvia, em proveito próprio ou de outrem, o que recebeu indevidamente para recolher aos cofres públicos:*

Pena *- reclusão, de dois a doze anos, e multa.*

No crime de concussão, o funcionário público exige uma vantagem indevida e a vítima, temendo represálias, cede a essa exigência.

Trata-se de uma forma especial de extorsão, executada por funcionário público.

Classificação

São considerados crimes próprios, pois exigem uma qualidade específica, ser funcionário público.

A conduta é sempre dolosa (**exigir**). Não existe possibilidade para modalidade culposa.

É um crime comissivo, por conseguinte pode incorrer em omissão imprópria, quando o agente, como garantidor, podendo evitar, nada faz para que o crime não seja consumado (Art. 13, §2º, do CP).

Sujeitos do crime

Sujeito ativo: somente funcionário público (crime próprio), ademais, é possível a coautoria e participação do particular que tenha consciência da função pública do agente.

Sujeito passivo: o Estado e, por conseguinte, o particular, pessoa física ou jurídica prejudicada.

Consumação e tentativa

ADMITE Tentativa

O crime é formal, sendo assim, está consumado no momento da exigência.

Descrição

É atípica a conduta do particular (vítima) que efetivamente entregou o dinheiro exigido pelo funcionário público, pois ele agiu assim por medo de represálias.

Sendo um crime formal, e a consumação ocorrendo com a mera exigência da vantagem indevida. Pouco importa se o funcionário público recebe ou não. Porém, caso receba, haverá o exaurimento do crime.

Vantagem devida

Se a vantagem for devida, o agente funcionário público responderá pelo crime de abuso de autoridade, Lei nº 13.869/2019.

Caso a vantagem seja **para a própria Administração Pública**, poderá haver o crime de excesso de exação (Art. 316, §1º, CP).

O particular que se disfarça de policial e exige dinheiro (vantagem indevida) para não efetuar a prisão de alguém, responderá pelo crime de extorsão (Art. 158, CP).

Mesmo que seja funcionário público, mas que não tenha a competência para a prática do mal prometido, não responde por este crime, mas por extorsão.

No crime de concussão, o agente exige a vantagem indevida. Ademais, no crime de corrupção passiva, Art. 317 do CP, o agente solicita, recebe ou aceita promessa de vantagem indevida.

Excesso de exação

Art. 316, §1º. *Se o funcionário exige tributo ou contribuição social que sabe ou deveria saber indevido, ou, quando devido, emprega na cobrança meio vexatório ou gravoso, que a lei não autoriza:*

Pena *- reclusão, de três a oito anos, e multa.*

Art. 316, §2º. *Se o funcionário desvia, em proveito próprio ou de outrem, o que recebeu indevidamente para recolher aos cofres públicos:*

Pena *- reclusão, de dois a doze anos, e multa.*

Trata-se da cobrança integral e pontual de tributos, em que o funcionário público exige ilegalmente tributo ou contribuição social em benefício da Administração Pública.

Classificação

É considerado crime próprio, pois exige uma qualidade específica, ser funcionário público.

A conduta é sempre dolosa (**exigir tributo ou contribuição social ou desviar o recebimento indevido**). NÃO existe possibilidade para modalidade culposa.

É um crime comissivo, por conseguinte, pode incorrer em omissão imprópria, quando o agente, como garantidor, podendo evitar, nada faz para que o crime não seja consumado (Art. 13, §2º, CP).

Sujeitos do crime

Sujeito Ativo: somente funcionário público (crime próprio), ademais, é possível a coautoria e participação do particular que tenha consciência da função pública do agente.

Sujeito Passivo: o Estado e, por conseguinte, o particular, pessoa física ou jurídica prejudicada.

Consumação e tentativa

ADMITE Tentativa

O §1º diz que o crime é formal, sendo assim, está consumado no momento da exigência do tributo ou contribuição social por meio vexatório e gravoso, mesmo que a vítima não realize o pagamento.

O § 2º refere-se ao crime material, sendo consumado no momento que ocorre o desvio em proveito próprio ou de outrem, tendo recebido indevidamente.

Descrição

§ 1º do Excesso de Exação

Exigir um tributo ou contribuição social que **sabe ou deveria saber indevido**.

Ex.: Tributo que já foi pago pelo contribuinte; ou a quantia cobrada é superior à fixada em lei.

Exigir um tributo ou contribuição social devido, porém **empregando meio vexatório ou gravoso, que a lei não autoriza**.

Ex.: Meio vexatório: humilhar, causar vergonha ou constrangimento na vítima. Meio gravoso: causar maiores despesas ao contribuinte.

§ 2º da Qualificadora

O **desvio** do tributo ou contribuição social **indevido** ocorre antes de sua incorporação aos cofres públicos, pois, caso ocorra depois, o funcionário público responderá pelo crime de peculato desvio (art. 312, *caput*, 2ª parte do CP).

Tributos

De acordo com o STF, existem cinco espécies de tributos: **impostos, taxas, contribuições de melhoria, empréstimos compulsórios e contribuições sociais.**

Segundo o STJ, **a custa e emolumentos concernentes aos serviços notariais e registrais possuem natureza tributária**, qualificando-se como taxas remuneratórias de serviços públicos. Desse modo, comete o crime de excesso de exação aquele que exige custas ou emolumentos que sabe ou deveria saber indevido.

Prevalece que a expressão "deveria saber" configura dolo eventual, entretanto há doutrina no sentido de que se trata de modalidade culposa do tipo.

Corrupção passiva

> ***Art. 317.*** *Solicitar ou receber, para si ou para outrem, direta ou indiretamente, ainda que fora da função ou antes de assumi-la, mas em razão dela, vantagem indevida, ou aceitar promessa de tal vantagem:*
>
> ***Pena*** *- reclusão, de 2 (dois) a 12 (doze) anos, e multa.*
>
> ***§ 1º.*** *A pena é aumentada de um terço, se, em consequência da vantagem ou promessa, o funcionário retarda ou deixa de praticar qualquer ato de ofício ou o pratica infringindo dever funcional.*
>
> ***§ 2º.*** *Se o funcionário pratica, deixa de praticar ou retarda ato de ofício, com infração de dever funcional, cedendo a pedido ou influência de outrem:*
>
> ***Pena*** *- detenção, de três meses a um ano, ou multa.*

Apesar de possuir certas semelhanças com o delito de concussão, nesse delito pode-se dizer que é menos constrangedor para a vítima, pois não há a coação moral da exigência, a honra da imagem do emprego vexatório, ocorre simplesmente a solicitação, o recebimento ou a simples promessa de recebimento.

Classificação

É considerado crime próprio, pois exigem uma qualidade específica, ser funcionário público.

A conduta é sempre dolosa (**solicita, recebe ou aceita promessa**). Não existe possibilidade para modalidade culposa.

É um crime comissivo, por conseguinte, pode incorrer em omissão imprópria, quando o agente, como garantidor, podendo evitar, nada faz para que o crime não seja consumado (Art. 13, §2º, do CP).

Sujeitos do crime

Sujeito Ativo: é o funcionário público no exercício da função, aquele fora da função, mas em razão dela, ou o particular que está na iminência de assumir, e atue criminosamente em razão dela. Pode ter a participação do particular que tenha consciência da função pública do agente.

Sujeito Passivo: o Estado e, por conseguinte, o particular, pessoa física ou jurídica prejudicada.

O particular só será vítima se a corrupção partir do funcionário corrupto.

Consumação e tentativa

Admite tentativa somente na modalidade solicitar, quando formulada por meio escrito (carta interceptada).

O crime é formal, sendo assim, nesse delito, existem três momentos em que o crime pode se consumar. No momento da **solicitação**, no momento do **recebimento**, ou então no instante em que o agente aceita a **promessa** de **recebimento**, independe do efetivo pagamento ou recebimento para o crime estar consumado, caso ocorra, será mero exaurimento do crime.

Descrição

Solicitar: a conduta parte do funcionário público que pede a vantagem indevida. Nesta situação, o funcionário público responde por corrupção passiva e **o particular, caso entregue a vantagem indevida, não responderá por crime algum (fato atípico).**

Receber: a conduta parte do particular que oferece a vantagem indevida e o funcionário público recebe. Nesta situação, o funcionário público responde por corrupção passiva e o particular por corrupção ativa.

Aceitar promessa de tal vantagem: a conduta parte do particular que promete vantagem indevida ao funcionário público e este aceita a promessa. Nesta situação, o funcionário público responde por corrupção passiva e o particular por corrupção ativa. OBS.: não é necessário que o funcionário público efetivamente receba a vantagem prometida, pois o crime estará consumado com a mera aceitação de promessa.

Espécies de Corrupção Passiva

Corrupção Passiva Própria	Corrupção Passiva Imprópria
O funcionário público negocia um ato ILÍCITO. **Ex.:** PRF solicita R$ 100,00 para não multar motorista sem carteira de habilitação.	O funcionário público negocia um ato LÍCITO. **Ex.:** Juiz de Direito recebe dinheiro de autor de ação judicial para agilizar os trâmites do processo.

Mesmo que a propina seja para a prática de ato LEGAL, ocorrerá o crime em estudo.

Ex.: Comerciantes dão dinheiro para que policiais militares realizem rondas diárias no bairro onde os comerciantes trabalham. É crime, pois os servidores públicos já são remunerados pelo Estado para realizarem estas atividades.

Promessa vantagem indevida

Particular que oferece ou promete vantagem indevida: O particular que oferece ou promete vantagem indevida ao funcionário público, responde pelo crime de corrupção ativa, Art. 333, do CP.

Exceção à teoria unitária ou monista no concurso de pessoas:

***Art. 29**, CP. Quem, de qualquer modo, concorre para o crime incide nas penas a este cominadas, na medida de sua culpabilidade.*

Portanto, a regra é que todos aqueles que concorrem para a prática de um crime responderão pelo mesmo crime. Como se trata de **exceção**, o funcionário público que recebe ou aceita promessa de vantagem indevida responde por corrupção passiva, Art. 317, enquanto o particular que oferece ou promete vantagem indevida responde por corrupção ativa, Art. 333.

Não configura o crime de corrupção passiva o recebimento, pelo funcionário público, de gratificações usuais de pequeno valor por serviços extraordinários (desde que não se trate de ato contrário à lei), ou pequenas doações ocasionais, geralmente no Natal ou no Ano Novo.

Caso a vantagem recebida seja revertida em favor da própria Administração Pública não haverá o crime de corrupção passiva. Todavia, o funcionário público estará sujeito à prática de ato de improbidade administrativa (Lei nº 8.429/92).

Causa de aumento de pena

***§ 1º**. A pena é aumentada de um terço, se, em consequência da vantagem ou promessa, o funcionário retarda ou deixa de praticar qualquer ato de ofício ou o pratica infringindo dever funcional.*

O que seria o exaurimento do crime funciona como causa de aumento de pena para o funcionário público. A pena será aumentada em 1/3.

Se a violação praticada pelo agente público constitui, por si só, um novo crime, haverá concurso formal ou material entre a corrupção e a infração dela resultante. Todavia, nessa hipótese, a corrupção deixa de ser qualificada, pois do contrário incidirá no *bis in idem*, considerando-se o mesmo fato duas vezes em prejuízo do funcionário réu.

Corrupção passiva privilegiada

***§ 2º**. Se o funcionário pratica, deixa de praticar ou retarda ato de ofício, com infração de dever funcional, cedendo a pedido ou influência de outrem:*

***Pena** - detenção, de três meses a um ano, ou multa.*

Punem-se, nesse dispositivo, os famigerados favores administrativos.

Nesta hipótese, o particular não oferece ou promete vantagem indevida ao funcionário público. Ele apenas **pede** para que esse DÊ UM JEITINHO de praticar, deixar de praticar ou retardar ato de ofício, com infração de dever funcional.

Ex.: Pedro é abordado numa Blitz e seu veículo está com o IPVA atrasado. Diante disso, ele pede ao policial rodoviário que não aplique a devida multa ou apreenda o veículo. O policial atende ao pedido. Nesta situação, o policial praticou o crime de corrupção passiva privilegiada e Pedro é partícipe deste crime.

O § 2º tem grande incidência em concursos. É o famoso Dar um jeitinho.

Diferenças Importantes

Corrupção Passiva Privilegiada (Art. 317, §2º, CP)	Prevaricação (Art. 319, CP)
Se o funcionário pratica, deixa de praticar ou retarda ato de ofício, com infração de dever funcional, CEDENDO A PEDIDO OU INFLUÊNCIA DE OUTREM.	Retardar ou deixar de praticar, indevidamente, ato de ofício, ou praticá-lo contra disposição expressa de lei, PARA SATISFAZER INTERESSE OU SENTIMENTO PESSOAL. **Obs.:** Não há intervenção alheia nesse crime.

Facilitação de contrabando ou descaminho

***Art. 318.** Facilitar, com infração de dever funcional, a prática de contrabando ou descaminho (Art. 334):*

***Pena** - reclusão, de 3 (três) a 8 (oito) anos, e multa.*

Conduta: a conduta criminosa consiste em facilitar, por ação ou omissão, o contrabando ou o descaminho.

Sujeitos do crime

Sujeito Ativo: é crime próprio, somente o funcionário público incumbido de impedir a prática do contrabando ou descaminho poderá intentá-lo. Caso não ostente essa atribuição funcional, responderá pelo delito de contrabando ou descaminho, na condição de partícipe.

Sujeito Passivo: O Estado.

Exceção à teoria unitária ou monista no concurso de pessoas (Art. 29, CP)

O funcionário público que facilita, com infração de dever funcional, a prática de contrabando ou descaminho, responde pelo crime do Art. 318. Já o particular que realiza o contrabando ou descaminho responde pelo crime do elo crime do Art. 334 ou Art. 334 - A.

Conceito

Contrabando: é a importação ou exportação de mercadoria cuja entrada ou saída é proibida no Brasil. Ex.: máquinas caça-níquel, cigarros, quando em desacordo com autorização legal.

Descaminho: a importação ou exportação é permitida, porém o agente frauda o pagamento do tributo devido.

> Se a mercadoria importada ou exportada for arma de fogo, acessório ou munição, sem autorização da autoridade competente, o agente responderá pelo crime previsto no Art. 18 da Lei nº 10.826/03 (Estatuto do Desarmamento). Tráfico internacional de arma de fogo.

Consumação

Ocorre no momento em que o funcionário público efetivamente facilita o contrabando ou descaminho. **É crime formal ou de consumação antecipada**.

Não é necessário que a outra pessoa (autor do crime de contrabando ou descaminho - Art. 334) tenha sucesso em sua empreitada criminosa. Desse modo, mesmo que esta outra pessoa não obtenha êxito na realização do crime do Art. 334, o crime de contrabando e descaminho estará consumado, pois é crime formal.

Tentativa

Admitida somente na forma comissiva (ação). **A forma omissiva não admite o *conatus***.

Elemento subjetivo

Dolo. Não se admite a modalidade culposa.

> Súm. 151, STJ. A competência para o processo e julgamento por crime de contrabando e descaminho define-se pela prevenção do Juízo Federal do lugar da apreensão dos bens.

Competência

Os crimes de contrabando e descaminho é da competência da **Justiça Federal**, pois ofende interesse da União (Art. 109, IV, CF/88).

Prevenir e reprimir o contrabando e o descaminho são atribuições da Polícia Federal (Art. 144, §1º, II, CF/88).

Prevaricação

***Art. 319.** Retardar ou deixar de praticar, indevidamente, ato de ofício, ou praticá-lo contra disposição expressa de lei, para satisfazer interesse ou sentimento pessoal:*

***Pena** - detenção, de três meses a um ano, e multa.*

Para que configure o delito de prevaricação, faz-se necessário que a ação ou omissão seja praticada de forma indevida, infrinja o dever funcional do agente público.

Classificação

É considerado crime de mão própria, pois exige uma qualidade específica, ser funcionário público e possuir determinado dever funcional.

Assim, é imprescindível que o funcionário tenha a atribuição para a prática do ato, pois, do contrário, não se pode considerar violação ao dever funcional.

A conduta é sempre dolosa, a qual se divide em três tipos: 1) Retardar indevidamente ato de ofício; 2) Deixar de praticar ato de ofício; 3) Praticar contra disposição expressa em lei.

NÃO admite a forma culposa.

Sujeitos do crime

Sujeito Ativo: somente funcionário público (crime próprio).

Sujeito Passivo: o Estado e, por conseguinte, o particular, pessoa física ou jurídica prejudicada.

Consumação e tentativa

Consuma-se o crime com o retardamento, a omissão ou a prática do ato, sendo dispensável a satisfação do interesse visado pelo servidor.

A tentativa não é admitida nas condutas retardar deixar de praticar, pois é crime omissivo próprio ou puro. Já a conduta praticá-lo contra disposição expressa de lei admite a tentativa por ser crime comissivo, ou seja, que exige uma ação.

É um crime formal. Para a consumação basta a intenção do funcionário público de satisfazer interesse ou sentimento pessoal, mesmo que não consiga êxito na concretização deste resultado.

Descrição

Crime de ação múltipla ou de conteúdo variado: Retardar, deixar de praticar ou praticá-lo. A realização de mais de um destes verbos, no mesmo contexto fático, caracteriza crime único. Todavia, tal fato será levado em conta pelo juiz no momento de fixação da pena-base (Art. 59 do CP).

Considerações

Retardar (atrasar / adiar): o funcionário público não realiza o ato de ofício dentro do prazo legal. Deixar de praticar (abster-se de praticar): não praticar o ato de ofício.

+

Indevidamente: (injustificavelmente / ilegalmente)

=

Prevaricação

Nessas duas hipóteses a prevaricação é crime omissivo próprio ou puro (condutas omissivas). Não admite tentativa (*conatus*).

NÃO há crime quando o funcionário público deixa de agir em razão de caso fortuito ou força maior.

Ex.: A falta de efetivo (pessoal) na repartição, incêndio, inundação etc.

Praticar (realizar um ato)

+

Contra Disposição Expressa de Lei

=

Prevaricação

Nesta hipótese a prevaricação é crime comissivo. Admite tentativa (*conatus*).

Pessoalidade

Interesse Pessoal: é qualquer vantagem ou proveito de caráter moral ou patrimonial. Caso o funcionário público exija ou receba uma vantagem indevida a pretexto de praticar, retardar ou omitir a prática de um ato de ofício, o crime será de concussão (Art. 316 do CP) ou corrupção passiva (Art. 317 do CP).

Sentimento Pessoal: vingança, ódio, amizade, inimizade, inveja, amor.

Ex.: Promotor de Justiça solicita o arquivamento de inquérito policial o qual investiga crime que supostamente foi praticado por seu amigo de infância.

No caso concreto, se ausente o interesse de satisfazer interesse ou sentimento pessoal e o funcionário público receber uma ordem que deveria cumprir e não cumpri-la, não estará configurado o crime de prevaricação. Todavia, poderá caracterizar ato de improbidade administrativa (Art. 11, II, Lei nº 8.429/92).

A desídia (preguiça), negligência ou comodismo (sem o fim de satisfazer interesse ou sentimento pessoal): não há crime de prevaricação. Todavia, o funcionário público poderá incorrer em ato de improbidade administrativa.

Diferenças Importantes

Prevaricação (Art. 319, CP)	Condescendência Criminosa (Art. 320, CP)
Retardar ou DEIXAR de PRATICAR, indevidamente, ATO DE OFÍCIO, ou praticá-lo contra disposição expressa de lei, para SATISFAZER INTERESSE OU SENTIMENTO PESSOA.	DEIXAR o funcionário, POR INDULGÊNCIA, DE RESPONSABILIDADE subordinado que cometeu infração no exercício do cargo ou, quando lhe falte competência, não levar o fato ao conhecimento da autoridade competente.

Prevaricação imprópria

Art. 319-A. *Deixar o Diretor de Penitenciária e/ou agente público de cumprir seu dever de vedar ao preso o acesso a aparelho telefônico, de rádio ou similar, que permita a comunicação com outros presos ou com o ambiente externo:*

Pena *- detenção, de 3 (três) meses a 1 (um) ano.*

Esse crime foi introduzido pela Lei nº 11.466/07 e recebe várias denominações por parte da doutrina, prevaricação imprópria, prevaricação em presídios, omissão do dever de vedar ao preso o acesso a aparelhos de comunicação. Todas essas classificações são aceitáveis, haja vista o legislador não conferir, na elaboração do tipo, o *nomem iuris* da conduta, deixando para que a doutrina o fizesse.

Classificação

É um crime doloso, não exigindo qualquer fim específico da conduta. Não é admitida a culpa.

É um crime simples, pois ofende um único bem jurídico e é um crime próprio, ou seja, podendo ser cometido somente por agente público que tenha o dever funcional de impedir a entrada de aparelhos de comunicação ou Diretor de Penitenciária.

Sujeitos do crime

Sujeito Ativo: por ser um crime próprio, pode ser cometido por agente público que deve ser interpretado de forma restrita, pois o agente deve ser incumbido de evitar a conduta descrita no tipo, para exemplificar podemos citar os agentes penitenciários, carcereiros e até mesmo pelos policiais responsáveis pela escolta.

O preso que for encontrado na posse de aparelho de comunicação não comete este crime, contudo incide em falta grave. Já o particular que fornece o aparelho para o preso comete o crime do art. 349-A do CP.

Consumação e tentativa

Por ser um crime formal, dá-se a consumação no momento em que o agente público ou Diretor de Penitenciária não faz nada para impedir a entrada de aparelho de comunicação ao preso, contudo devendo saber que tal situação é ilícita. É dispensável o efetivo acesso do preso ao aparelho de comunicação.

Não é possível a tentativa, haja vista ser este um crime omissivo próprio.

Descrição do crime

A finalidade deste crime é impedir que o preso tenha acesso a qualquer tipo de aparelho de comunicação que possa se comunicar com qualquer pessoa (familiares, advogados, outros presos).

Os aparelhos eletrônicos podem ser, telefones (fixos ou móveis) *walkie-talkies* ou até mesmo uma *webcam*.

O fato é atípico quando o aparelho não tem nenhuma capacidade de comunicação ou, de qualquer forma, impossibilitado de funcionar. O mesmo acontece para cópias falsas de aparelhos.

Telefones celulares sem crédito tipificam a conduta, pois se verifica a possibilidade da obtenção de créditos de formas ilícitas, por exemplo, extorsões baseadas em falsos sequestros. Caracteriza-se a conduta, até mesmo quando o aparelho não tiver bateria, visto que existem meios alternativos para a sua ativação.

Condescendência criminosa

Art. 320. *Deixar o funcionário, por indulgência, de responsabilizar subordinado que cometeu infração no exercício do cargo ou, quando lhe falte competência, não levar o fato ao conhecimento da autoridade competente:*

Pena *- detenção, de quinze dias a um mês, ou multa.*

Esse tipo penal tem por objetivo punir o superior hierárquico que por indulgência (clemência) deixa de punir seu subordinado, bem como aquele que, sem competência para responsabilização, tendo conhecimento de alguma infração, não leva a informação aquém de competência para punir o agente público.

Tem como base o poder disciplinar da Administração Pública.

Classificação

É considerado um crime próprio: omissivo próprio: sendo que ato está na inação (deixar de agir).

O dolo está na conduta de se OMITIR, sendo assim, não admite a forma culposa.

Sujeitos do crime

Sujeito Ativo: somente funcionário público hierarquicamente superior ao servidor infrator.

Sujeito Passivo: o Estado e, por conseguinte, o particular, pessoa física ou jurídica prejudicada.

Consumação e tentativa

Não admite tentativa

É um crime formal e omissivo próprio ou PURO. Consuma-se no momento em que o funcionário superior, depois de tomar conhecimento da infração, suplanta prazo legalmente previsto para a tomada de providências contra o subordinado infrator.

Descrição do crime

Se o funcionário público superior hierárquico se omite para atender sentimento ou interesse pessoal, responderá pelo crime de prevaricação.

Se o superior hierárquico se omite com o objetivo de receber alguma vantagem indevida do funcionário público infrator, responderá pelo crime de corrupção passiva (Art. 317 do CP).

Não configura o crime em tela, eventuais irregularidades praticadas pelo subordinado "extra officio" (fora do cargo) e toleradas pelo superior hierárquico.

O **crime** ocorre com a mera omissão do funcionário público que, ao tomar conhecimento da infração (administrativa ou penal) cometida pelo subordinado no exercício do cargo, deixa de tomar qualquer providência para responsabilizá-lo, ou, quando lhe faltar competência para tanto, não levar o fato ao conhecimento da autoridade competente. Não necessita da efetiva impunidade do infrator.

O fato será atípico quando o superior hierárquico, por negligência, não tomar conhecimento da infração cometida pelo funcionário público subalterno no exercício do cargo.

Nexo funcional

Deve haver o nexo funcional, ou seja, a infração deve ter sido praticada no exercício do cargo público ocupado pelo funcionário público.

Ex.: Policial civil pratica peculato e o Delegado, após tomar conhecimento do caso, por indulgência (tolerância) nada faz.

Indulgência: é sinônimo de tolerância, perdão, clemência.

Advocacia administrativa

> ***Art. 321.*** *Patrocinar, direta ou indiretamente, interesse privado perante a administração pública, valendo-se da qualidade de funcionário:*
>
> ***Pena*** *- detenção, de um a três meses, ou multa.*
>
> ***Parágrafo único.*** *Se o interesse é ilegítimo:*
>
> ***Pena*** *- detenção, de três meses a um ano, além da multa.*

Esse delito visa tipificar a conduta do agente que tem por objetivo defender, apadrinhar, advogar, interesse alheio perante a Administração Pública.

Classificação

É considerado crime próprio, pois exige uma qualidade específica, ser funcionário público.

A conduta é sempre dolosa. que pode ser praticada pela ação ou omissão. Não existe possibilidade para modalidade culposa.

É um crime comissivo, por conseguinte pode incorrer em omissão imprópria, quando o agente, como garantidor, podendo evitar, nada faz para que o crime não seja consumado (art. 13, §2º, CP).

Sujeitos do crime

Sujeito Ativo: somente funcionário público (crime próprio). Não necessariamente advogado, como diversas questões afirmam.

Admite-se o concurso de terceiro não qualificado, na modalidade de coautoria ou participação, desde que conhecedor da condição funcional do agente público.

Sujeito Passivo: o Estado e, por conseguinte, o particular, pessoa física ou jurídica prejudicada.

Consumação e tentativa

ADMITE Tentativa

Consuma-se com a prática de ato revelador do patrocínio, que ofenda a moralidade administrativa, independente de obtenção de vantagem.

Descrição do crime

Utilizando da qualidade de funcionário, o agente público defende interesse alheio de forma direta: pelo próprio funcionário, ou então, de forma indireta: participação de uma terceira pessoa.

Necessidade de patrocínio

A advocacia administrativa exige mais do que um mero ato de encaminhamento ou protocolado de papéis. É necessário que se verifique o efetivo patrocínio de uma causa, complexa ou não, perante a administração.

Figura qualificadora

> ***Parágrafo único.*** *Se o interesse é ilegítimo:*

Para ensejar na qualificadora, o agente que pratica o ato de patrocínio deve ter conhecimento de que o pleito é ilegítimo.

Responsabilidade

Caso o patrocínio seja referente à instauração de processo licitatório ou a celebração de contrato junto à Administração Pública, cuja invalidação seja decretada pelo Judiciário, o agente responderá pelo delito do art. 337-G do CP.

Violência arbitrária

> ***Art. 322.*** *Praticar violência, no exercício de função ou a pretexto de exercê-la:*
>
> ***Pena*** *- detenção, de seis meses a três anos, além da pena correspondente à violência.*

Esse delito tem por objetivo tipificar a conduta do agente público que atua com violência no exercício da sua função ou a pretexto dela.

A Lei nº 13.869/2019 (abuso de autoridade) deve revitalizar a aplicação, ainda que subsidiária, do delito de violência arbitrária, visto que parcela doutrina entendia que ter ocorrido a sua revogação tácita pela revogada Lei 4.898/65.

Classificação

A conduta é sempre dolosa: que pode ser praticada pela ação ou omissão. Não existe possibilidade para modalidade culposa.

É um crime comissivo, por conseguinte, pode incorrer em omissão imprópria, quando o agente, como garantidor, podendo evitar, nada faz para que o crime não seja consumado (Art. 13, §2º, CP).

Sujeitos do crime

Sujeito Ativo: somente funcionário público (crime próprio), não exige a qualidade específica de ser um policial, ademais, é possível a coautoria e participação do particular que tenha consciência da função pública do agente.

Sujeito Passivo: o Estado e, por conseguinte, o particular, pessoa física ou jurídica prejudicada.

Consumação e tentativa

ADMITE Tentativa

Consuma-se no momento da prática do ato de violência (ação), com a lesão provocada.

Descrição do crime

Conforme já mencionado, não é condição necessária que para incidir em violência arbitrária ou abuso de autoridade a condição específica de policial.

> **Ex.:** Um fiscal sanitário que, no gozo de suas atribuições, ao encontrar uma bandeja de iogurte vencida, decide por lacrar o estabelecimento pelo prazo de noventa dias, além da aplicação da multa de R$ 100.000,00. Nessa hipótese, é claro observar que o agente abusou da atribuição do seu cargo prejudicando um particular. Pois, sua decisão, não foi proporcional ao agravo.

Figura qualificadora especial

Caso o agente seja ocupante de cargo em comissão, função de direção ou assessoramento, Art. 327,§2º, CP.

O simples emprego de intimidação moral, formada por ameaças, não é suficiente para caracterizar o crime desse artigo.

A pena do crime de violência arbitrária será somada à pena correspondente à violência.

Abandono de função

> ***Art. 323.*** *Abandonar cargo público, fora dos casos permitidos em lei:*
>
> ***Pena*** *- detenção, de quinze dias a um mês, ou multa.*
>
> ***§ 1º.*** *Se do fato resulta prejuízo público:*
>
> ***Pena*** *- detenção, de três meses a um ano, e multa.*
>
> ***§ 2º.*** *Se o fato ocorre em lugar compreendido na faixa de fronteira:*
>
> ***Pena*** *- detenção, de um a três anos, e multa.*

Tutela-se o regular desenvolvimento das atividades administrativas, punindo-se a interrupção do trabalho do servidor público que abandona suas atividades, fora dos casos permitidos em lei.

Classificação

Trata-se de um crime de mão própria, ou seja, que só pode ser cometido pelo próprio agente.

É um crime omissivo próprio, cometido por um funcionário específico, no momento em que não cumpre com suas funções.

Pune-se somente na modalidade dolosa.

Sujeitos do crime

Sujeito Ativo: embora o dispositivo diga abandono de função, entende a doutrina que somente o funcionário ocupante de cargo público pode cometer o crime, logo não prevalece a regra do Art. 327, CP.

Sujeito Passivo: A Administração Pública.

Consumação e tentativa

NÃO Admite Tentativa

É consumado após um tempo relevante, sendo previsto uma probabilidade de dano à Administração, porém sem necessidade que esse realmente ocorra para a efetiva consumação do crime.

Há doutrinadores que dizem que só haverá o crime de abandono após 31 dias ou mais de ausência injustificada no trabalho.

Descrição do crime

Forma qualificada pelo prejuízo

> ***§ 1º.*** *Se do fato resulta prejuízo público:*
>
> ***Pena*** *- detenção, de três meses a um ano, e multa.*

Nessa hipótese, compreende duas espécies de prejuízo, sendo o prejuízo social ou coleto, bem como aquele que afeta os serviços públicos e o interesse da coletividade.

Forma qualificada pelo lugar de fronteira

> ***§ 2º.*** *Se o fato ocorre em lugar compreendido na faixa de fronteira:*
>
> ***Pena*** *- detenção, de um a três anos, e multa.*

Considera-se fronteira a faixa situada até 150 Km de largura, ao longo das fronteiras terrestres.

Exercício funcional ilegalmente antecipado ou prolongado

__Art. 324.__ Entrar, no exercício de função pública antes de satisfeitas as exigências legais, ou continuar a exercê-la, sem autorização, depois de saber oficialmente que foi exonerado, removido, substituído ou suspenso:

__Pena__ - detenção, de quinze dias a um mês, ou multa.

O exercício ilegal de função pública afeta toda uma estrutura organizacional da Administração Pública, influindo diretamente na prestação de serviço público e no seu normal funcionamento. O referido crime tem por finalidade punir quem entra, exerce ou continua no serviço público de forma ilegal. É um crime de ação penal pública incondicionada.

Classificação

É um crime simples, de mão própria e formal.

É um crime doloso, não existindo a modalidade culposa.

Sujeitos do crime

Sujeito Ativo: é o funcionário público já nomeado que ainda não cumpriu todas as exigências para entrar no cargo ou que deixou de ser funcionário por ter sido exonerado, suspenso, removido etc.

Se for pessoa inteiramente alheia à função pública, o crime é o previsto no Art. 328 do CP.

Sujeito Passivo: é o Estado.

Consumação e tentativa

Por ser um crime formal, o delito se consuma com o primeiro ato realizado pelo funcionário público em alguma das condições do tipo penal, não necessitando que a Administração Pública sofra um efetivo dano ou prejuízo. A tentativa é possível, haja vista o caráter plurissubsistente do crime.

Descrição do crime

A primeira parte do *caput* versa uma norma penal em branco homogênea, pois necessita de complementação por legislação específica para saber quais são as exigências legais.

A segunda parte do *caput* descreve um elemento normativo específico, sendo necessário que o agente tenha o efetivo conhecimento de sua situação perante a Administração Pública.

Aquele que ingressa no exercício da função pública, antes de apresentar sua declaração de bens, incide no crime em tela se praticar algum ato inerente ao cargo.

Violação de sigilo funcional

__Art. 325.__ Revelar fato de que tem ciência em razão do cargo e que deva permanecer em segredo, ou facilitar-lhe a revelação:

__Pena__ - detenção de seis meses a dois anos, ou multa, se o fato não constitui crime mais grave.

__§1º.__ Nas mesmas penas deste artigo incorre quem:

__I.__ Permite ou facilita, mediante atribuição, fornecimento e empréstimo de senha ou qualquer outra forma, o acesso de pessoas não autorizadas a sistemas de informações ou banco de dados da Administração Pública;

__II.__ Se utiliza, indevidamente, do acesso restrito.

__§2º.__ Se da ação ou omissão resulta dano á Administração Pública ou a outrem:

__Pena__ - reclusão, de dois a seis anos, e multa.

Certos assuntos da Administração Pública possuem caráter sigiloso e são imprescindíveis à segurança da sociedade e do Estado. Esse artigo tem por finalidade preservar os interesses públicos, privados e coletivos do sigilo das informações necessárias ao normal funcionamento da máquina pública. É um crime de ação penal pública incondicionada.

Classificação

É um crime simples, de mão própria (somente pode ser cometido por funcionário público que tenha o dever de assegurar o sigilo) e formal.

É considerado um crime doloso não tendo especificado em seu tipo penal um especial fim de agir. Não admite a modalidade culposa.

Sujeitos do crime

Sujeito Ativo: por ser um crime de mão própria, exige-se uma qualidade especial do sujeito ativo do crime, podendo ser tanto o funcionário público em efetivo exercício, quanto o aposentado, afastado ou em disponibilidade, podendo o particular ser partícipe do crime (Art. 325 do CP) se concorreu de qualquer modo com a revelação da informação.

Sujeito Passivo: é o ente público que teve o seu segredo revelado e, eventualmente, o particular lesado pela revelação do segredo.

Consumação e tentativa

O delito passa a ser consumado no momento em que a informação sigilosa é revelada a terceira pessoa, não exigindo que tal informação seja de conhecimento geral do público.

A tentativa somente é aceita se for uma conduta por escrito e, por circunstâncias alheias à vontade do agente, a carta não chega ao destino.

Descrição do crime

Figuras Equiparadas do §1º

Inciso I, exemplo: "A", um analista da Receita Federal, revela a senha do banco de dados do cadastro dos contribuintes, para que sua amiga encontre o endereço de seu ex-namorado.

Inciso II, exemplo: "A", analista da Receita Federal, utiliza a senha restrita do banco de dados dos servidores para descobrir informações fiscais de seus colegas de repartição.

Qualificadora §2º

Nessa figura, existe a lesão à Administração Pública ou a algum particular, ou seja, é considerado um crime de dano.

Aplicando-se o princípio da especialidade, a violação de sigilo funcional envolvendo certames de interesse público não caracteriza o crime do Art. 325, mas sim o do Art. 311-A do CP.

Violação de sigilo de proposta de concorrência

Art. 326. *Devassar o sigilo de proposta de concorrência pública, ou proporcionar a terceiro o ensejo de devassá-lo:*
Pena *- detenção, de três meses a um ano, e multa.*

> Revogado tacitamente pelo novo artigo 337-J do Código Penal, pois trata-se de norma contemporânea, que incrimina a prática do delito não só em concorrência, mas em qualquer modalidade de licitação.

Funcionário público

Art. 327. *Considera-se funcionário público, para os efeitos penais, quem, embora transitoriamente ou sem remuneração, exerce cargo, emprego ou função pública.*
§ 1º. *Equipara-se a funcionário público: quem exerce cargo, emprego ou função em entidade paraestatal, e quem trabalha para empresa prestadora de serviço contratada ou conveniada para a execução de atividade típica da Administração Pública.*
§ 2º. *A pena será aumentada da terça parte quando os autores dos crimes previstos neste Capítulo forem ocupantes de cargos em comissão ou de função de direção ou assessoramento de órgão da administração direta, sociedade de economia mista, empresa pública ou fundação instituída pelo poder público.*

São funcionários públicos não só aqueles que desempenham cargos criados por lei, regularmente investidos e nomeados, remunerados pelo cofres públicos, como também os que exercem emprego público (contratados, mensalistas, diaristas, tarefeiros, nomeados a título precário) e, ainda, todos que, de qualquer forma, exercem função pública.

> Para fins penais, considera-se funcionário público aquele que trabalha para uma empresa particular que mantém convênio com o Poder Público, e para este presta serviço.

3.2 Dos Crimes Praticados por Particular contra a Administração em Geral

Usurpação de função pública

Art. 328. *Usurpar o exercício de função pública:*
Pena *- detenção, de três meses a dois anos, e multa.*
Parágrafo único. *se do fato o agente aufere vantagem:*
Pena *- reclusão, de dois a cinco anos, e multa.*

Introdução

Esse crime foi criado com o intuito de punir aquele que exerce função pública sem possuir legitimidade para tanto, pois o Estado tem interesse em preservação da função das pessoas realmente investidas ao exercício das funções públicas. É um crime de ação penal pública incondicionada.

Classificação

É um crime simples, comum e formal.

É considerado um crime doloso, não dependendo de nenhuma finalidade. Não é admitida a culpa.

Sujeitos do crime

Sujeito Ativo: Por ser um crime comum, pode ser praticado por qualquer pessoa, inclusive por funcionário público. **Ex.:** um escrivão que atue exercendo tarefas exclusivas de um Delegado de Polícia.

Sujeito Passivo: Imediatamente é a Administração Pública e secundariamente a pessoa física ou jurídica à qual recaiu a conduta criminosa.

Consumação e tentativa

Trata-se de crime formal. Consuma-se o delito com a prática de ato exclusivo, que só pode ser praticado por pessoa legalmente investida no ofício usurpado.

A tentativa é plenamente possível. No caso do agente ser impedido de executar ato de ofício por circunstâncias alheias a sua vontade.

Descrição do crime

A figura qualificada (Art. 328, parágrafo único) se refere a um crime material, visto que o agente aufere vantagem do delito, sendo a vantagem de qualquer natureza.

Resistência

Art. 329. *Opor-se à execução de ato legal, mediante violência ou ameaça a funcionário competente para executá-lo ou a quem lhe esteja prestando auxílio:*
Pena *- detenção, de dois meses a dois anos.*
§ 1º. *Se o ato, em razão da resistência, não se executa:*
Pena *- reclusão, de um a três anos.*
§ 2º. *As penas deste artigo são aplicáveis sem prejuízo das correspondentes à violência.*

Introdução

Esse crime visa proteger a Administração Pública e, também, a atuação do funcionário público na realização de atos legais e a integridade física e moral do particular que lhe presta auxílio. É um crime de ação penal pública incondicionada.

Classificação

É um crime **pluriofensivo** (atinge mais de um bem jurídico), comum e formal.

É um crime doloso e mais a intenção de impedir a execução de ato legal (especial fim de agir). Não se admite a modalidade culposa.

Sujeitos do crime

Sujeito Ativo: pode ser praticado por qualquer pessoa (crime comum).

O funcionário público pode ser sujeito ativo deste crime nas situações em que age como particular.

O sujeito ativo (autor) pode ser pessoa alheia à execução do ato legal. Ex.: Filho que procura resistir à prisão legítima do pai mediante violência ou grave ameaça.

É indispensável que o particular esteja efetivamente acompanhado do funcionário público competente para a execução do ato para que se caracterize o crime de resistência, pois caso o particular esteja sozinho o agente responderá por outro crime (lesão corporal, ameaça, tentativa de homicídio etc.).

Sujeito Passivo: primariamente o Estado e, secundariamente, o funcionário público agredido ou ameaçado pela resistência.

Consumação e tentativa

É crime formal. Não importa se o agente consegue ou não impedir a execução do ato legal, o crime estará consumado.

Em regra admite tentativa, com exceção de ameaça verbal.

Descrição do crime

Opor-se: impedir a execução do ato legal. O ato legal deve ser específico e concreto, isto é, apto a gerar efeitos imediatos e dirigido a pessoa(s) determinada(s).

Espécies de resistência

Resistência ATIVA: é o crime de resistência do Art. 329, *caput*, do Código Penal.

Resistência PASSIVA: o agente, sem o emprego de violência ou ameaça a funcionário público competente ou a quem lhe presta auxilio, se opõe à execução de ato legal.

Ex.: "A", policial civil, vai cumprir um mandado de prisão preventiva expedido em face de "B", este se agarra a um poste para não ser preso.

Nesta hipótese, (Resistência Passiva) não se configura o crime de Resistência. Todavia, o agente responderá pelo crime de Desobediência (Art. 330, CP).

Violência:

A violência deve ser dirigida contra pessoa, pois se for dirigida contra coisa o agente responderá pelo crime de dano qualificado (Art. 163, parágrafo único, III, CP).

A violência deve ser empregada durante a execução do ato legal, pois se for empregada antes ou depois o agente responderá pelo crime de ameaça (Art. 147, CP) ou lesão corporal (Art. 129, CP).

A violência deve ser empregada para impedir o cumprimento da ordem, se for outra a causa, o crime será outro.

Figura qualificada (Art. 329, §1º, CP): O que seria o exaurimento do crime funciona como uma qualificadora. Nesta hipótese o crime é material.

Legalidade do ato

Legalidade do Ato: o ato deve ser legal, mesmo que injusto.

Ex.: O juiz decretou a prisão preventiva de "A" pois ele é o principal suspeito de ter estuprado oito mulheres numa pequena cidade do interior. No momento da realização da prisão, "A" agrediu os policiais militares, pois jurava que era inocente. Uma semana após a prisão, "B" o verdadeiro estuprador fez duas novas vítimas e foi preso em flagrante. O juiz mandou soltar "A", mas este responderá pelo crime de resistência, pois o ato, apesar de injusto, era legal.

Desobediência

> ***Art. 330.*** *Desobedecer a ordem legal de funcionário público:*
> ***Pena*** *- detenção, de quinze dias a seis meses, e multa.*

O crime de desobediência, também conhecido como "resistência passiva", apresenta pontos em comum com o crime de resistência (Art. 329 do CP), porém se diferencia pela ausência de violência ou grave ameaça ao funcionário público ou a pessoa que está auxiliando o funcionário. É um crime de ação penal pública incondicionada.

Classificação

É um crime simples, comum e formal.

Dolo. O agente deve ter consciência da legalidade da ordem e da competência do funcionário público, sob pena de atipicidade do fato (o fato não será crime). Não se admite a modalidade culposa.

Pode ser praticado por ação ou por omissão.

Sujeitos do crime

Sujeito Ativo: qualquer pessoa, desde que vinculada ao cumprimento da ordem legal imposta pela autoridade pública.

Se o agente devia cumprir a ordem, por dever de ofício, tipifica-se, em tese, o delito de prevaricação.

Sujeito Passivo: é o Estado de forma imediata e mediatamente é o funcionário público o qual teve a ordem descumprida injustificadamente.

Consumação e tentativa

→ **A consumação depende do tipo de ordem:**

Se for uma **omissão** do agente: no momento em que o agente atuar, violando, assim, a ordem de abster-se;

Se for uma **ação** do agente: no momento em que transcorrer o prazo para que o agente realize determinado ato e este não cumpra a ordem dada.

Admite-se a tentativa na modalidade comissiva (ação). Não é cabível na modalidade omissiva.

Conduta

Desobedecer (Recusar cumprimento / Desatender / Descumprir) ordem legal de funcionário público competente para emiti-la. Necessita da presença de dois requisitos:

Existência de uma ordem legal: não se trata de uma mera solicitação ou pedido.

Ordem emanada de funcionário público competente: o funcionário deve possuir competência funcional para emitir a ordem.

Legalidade

Segundo a Jurisprudência, pratica o crime de desobediência o indivíduo que se recusa a identificar-se criminalmente nos casos previstos em lei. Assim, como o indiciado que se recusa a identificar-se civilmente.

Pratica o crime previsto no Art. 307 da Lei nº 9.503/97 (Código de Trânsito Brasileiro), o indivíduo que viola a suspensão ou proibição de se obter a permissão ou a habilitação para dirigir veículo automotor.

Desobediência X Resistência

Desobediência (Art. 330, CP)	Resistência (Art. 329, CP)
Não há emprego de violência ou ameaça.	Há emprego de violência ou ameaça.

Apontamentos

→ Não é crime de desobediência a conduta do agente que se recusa a realizar:

> Teste de bafômetro;

> Exame de sangue (hematológico);

> Exame de DNA;

> Dosagem alcoólica;

> Exame grafotécnico.

Lembre-se de que ninguém é obrigado a produzir prova contra si mesmo, pois trata-se de desdobramento lógico da garantia constitucional ao silêncio.

Desacato

***Art. 331.** Desacatar funcionário público no exercício da função ou em razão dela:*

***Pena** - detenção, de seis meses a dois anos, ou multa.*

Todo funcionário público representa o Estado e age em seu nome a todo o momento em que exerce sua função. O crime de desacato (Art. 332 do CP) foi criado com o intuito de proteger o agente público e o prestígio da função exercida pelo funcionário público. É um crime de ação penal pública incondicionada.

Classificação

Crime de forma livre, admitindo qualquer meio de execução.

Dolo. Vontade livre e consciente de agir com a finalidade de desprestigiar a função pública do ofendido. Não se admite a modalidade culposa.

É um crime formal. Independe, para sua consumação, de um resultado naturalístico.

Sujeitos do crime

Sujeito Ativo: crime comum (pode ser praticado por qualquer pessoa).

É possível que o funcionário público seja autor do crime de desacato, pois, ao cometer este delito, ele se despe de sua qualidade de funcionário público e passa a atuar como um particular. Nesta situação não importa se o agente é ou não superior hierárquico do funcionário público ofendido.

O advogado pode praticar (ser sujeito ativo) o crime de desacato caso ofenda funcionário público no exercício da função ou em razão dela.

Sujeito Passivo: o Estado, primariamente, e o funcionário público ofendido, secundariamente.

Será vítima somente o funcionário público assim definido no *caput* do Art. 327 do CP, não abrangendo o equiparado.

Não há crime de desacato na hipótese em que o ofendido, no momento da conduta, não possui mais a condição de funcionário público (Ex.: aposentado, demitido etc). Todavia, poderá haver crime contra a honra (calúnia/difamação/injúria), pois neste caso há lesão contra um particular e não contra a Administração Pública.

Consumação e tentativa

É crime Formal. Ocorre no momento em que o funcionário público é ofendido. Não importa se sente ou não ofendido com os atos praticados. Não é necessário que outras pessoas presenciem a ofensa proferida.

Admite-se a tentativa, salvo quando a ofensa é praticada verbalmente.

Descrição do crime

O autor deste crime deve ter ciência de que o ofendido é funcionário público e se encontra no exercício da função pública ou que a ofensa é proferida em razão dela. Deve ter ainda o propósito de desprestigiar a função pública do funcionário público (especial fim de agir).

Não é necessário que o funcionário público se encontre no interior da repartição pública. Basta que esteja no exercício da função pública.

Ex.: Pedro encontra o Juiz de Direito no supermercado e o chama de corrupto.

Haverá crime único de desacato caso o agente ofenda vários funcionários públicos no mesmo contexto fático, pois o sujeito passivo é a Administração Pública.

Considerações

Não haverá o crime de desacato caso a ofensa diga respeito à vida particular do funcionário público. Todavia, poderá caracterizar crime contra a honra.

Ex.: Afirmar que o Promotor de Justiça foi visto saindo de um prostíbulo.

Vejamos as diferenças entre os crimes de injúria (Art. 140 do CP) e desacato (Art. 331 do CP).

Desacato (Art. 331, CP)	Injúria (Art. 140, CP)
A ofensa é proferida na PRESENÇA do funcionário público.	A ofensa é proferida na AUSÊNCIA do funcionário público.
Crime contra a Administração Pública.	Crime contra a honra.
Ação Penal Pública Incondicionada.	Regra: Ação Penal iniciativa privada.

Tráfico de influência

> ***Art. 332.*** *Solicitar, exigir, cobrar ou obter, para si ou para outrem, vantagem ou promessa de vantagem, a pretexto de influir em ato praticado por funcionário público no exercício da função:*
>
> ***Pena*** *- reclusão, de 2 (dois) a 5 (cinco) anos, e multa*
>
> ***Parágrafo único.*** *a pena é aumentada da metade, se o agente alega ou insinua que a vantagem é também destinada ao funcionário.*

O crime de tráfico de influência foi criado pela Lei nº 9.127/95, porém antes de sua criação, o delito era chamado de exploração de prestígio (Art. 357 do CP), sendo esse um crime contra a Administração da justiça e o tráfico de influência (Art. 332 do CP) contra a Administração Pública. O crime em apreço é de ação penal pública incondicionada.

Classificação

É classificado como crime simples, comum e FORMAL.

É um crime doloso e com um especial fim de agir (vantagem para si ou para outrem). Não é admitida a modalidade culposa.

Sujeitos do crime

Sujeito Ativo: por ser um crime comum, pode ser praticado por qualquer pessoa.

Sujeito Passivo: de maneira imediata é o Estado e mediatamente, o comprador da influência (pessoa que paga ou promete vantagem), com o fim de obter benefício do funcionário público.

Consumação e tentativa

É um crime de consumação antecipada ou formal, caracterizando-se pela realização da conduta descrita no tipo penal, independentemente da obtenção da vantagem. Observação: com o núcleo do tipo "obter", o crime é material, consumando o delito no momento da obtenção da vantagem.

Tentativa é possível em determinados casos, do contrário não será admitida, pois se a conduta for realizada verbalmente não há que se falar em tentativa.

Descrição do crime

Por haver vários núcleos do tipo (exigir, solicitar, obter, cobrar), o crime de tráfico de influência é classificado como crime de ação múltipla ou de conteúdo variado, respondendo o agente se praticado no mesmo contexto fático, por crime único, mesmo se realizar mais de um núcleo do tipo.

Segundo STJ é dispensável para a caracterização do delito que o agente efetivamente influa em ato praticado por funcionário público, basta que o mesmo alegue ter condições para tanto.

Ex.: "A", dizendo ser amigo de um Delegado de Polícia, sem realmente sê-lo, solicita a "B" que entregue certo valor a pretexto de convencer (influir) o Delegado a não instaurar uma investigação contra o filho de "A".

Influência

Caso a aludida influência seja real, poderá haver outro crime (corrupção).

Causa de aumento de pena, parágrafo único

Caso o agente, além de toda a fraude empregada, alega que a vantagem também se destina ao funcionário público, será aquele merecedor de pena majorada, visto que o bem jurídico tutelado no tipo é mais gravemente afetado, qual seja, o prestígio da Administração Pública.

Corrupção ativa

> ***Art. 333.*** *Oferecer ou prometer vantagem indevida a funcionário público, para determiná-lo a praticar, omitir ou retardar ato de ofício:*
>
> ***Pena*** *- reclusão, de 2 (dois) a 12 (doze) anos, e multa.*
>
> ***Parágrafo único.*** *A pena é aumentada de um terço, se, em razão da vantagem ou promessa, o funcionário retarda ou omite ato de ofício, ou o pratica infringindo dever funcional.*

O crime de corrupção ativa está tipificado no Art. 333 do Código Penal e faz parte dos crimes cometidos por particular contra a Administração Pública. Isso não quer dizer que não possa ser cometido por funcionário público que, se praticá-lo, estará se despindo de sua função pública e agindo como um particular.

É um crime de ação penal pública incondicionada.

Classificação

É considerado um crime formal, que para sua consumação não se exige um resultado.

Classificado como plurissubsistente, podendo sua conduta ser fracionada em diversos atos.

É um crime doloso, acrescido de um especial fim de agir (determinar o funcionário público a praticar, omitir ou retardar ato de ofício).

Sujeitos do crime

Sujeito Ativo: crime comum (qualquer pessoa).

Funcionário público também pode ser sujeito ativo deste crime, desde que realize a conduta sem aproveitar-se das facilidades inerentes à sua condição funcional.

Ex.: Pedro, analista judiciário do TRF, oferece dinheiro a um Delegado de Polícia para que este não o prenda em flagrante pela prática do crime de porte ilegal de arma de fogo.

O particular só responderá por corrupção ativa se este oferecer ou prometer vantagem indevida. A simples entrega de vantagem ilícita solicitada por funcionário público não configura crime nestes casos, o particular será vítima secundária de corrupção passiva (Art. 317 do CP).

Sujeito Passivo: o Estado e, secundariamente, a pessoa física ou jurídica prejudicada pela conduta criminosa.

Consumação e tentativa

É crime formal. Ocorre a consumação com a oferta ou promessa de vantagem indevida ao funcionário público, independentemente da sua aceitação. Ofereceu ou prometeu, o crime já está consumado.

Também não é necessária a prática, omissão ou retardamento do ato de ofício. Desse modo, se o agente oferece ou promete a vantagem indevida ao funcionário público, o crime estará consumado.

A tentativa é possível, salvo quando o crime é praticado verbalmente.

Descrição do crime

Vantagem Indevida: não precisa ser necessariamente patrimonial/econômica. Pode ter qualquer natureza: patrimonial, sexual, moral etc.

Meios de Execução: o delito de corrupção ativa pode ser praticado de duas formas:

Oferecer vantagem indevida: nesta hipótese, a conduta parte do particular que põe à disposição a vantagem indevida ao funcionário público e este a recebe. Desse modo, o particular praticou o crime de corrupção ativa (Art. 333 do CP) e o funcionário público o crime de corrupção passiva (Art. 317 do CP).

PROMETE vantagem indevida: nesta hipótese, a conduta parte do particular que promete a vantagem indevida ao funcionário público e este a aceita. Desse modo, o particular praticou o crime de corrupção ativa (Art. 333 do CP) e o funcionário público o crime de corrupção passiva (Art. 317 do CP). Não é necessário que o particular efetivamente cumpra sua promessa para que ocorra a consumação do delito, basta a simples promessa.

Não se configura a infração penal quando a oferta ou promessa tem o fim de impedir ou retardar ato ilegal.

Causa de aumento de pena

> ***Parágrafo único.*** *A pena é aumentada de um terço, se, em razão da vantagem ou promessa, o funcionário retarda ou omite ato de ofício, ou o pratica infringindo dever funcional.*

A corrupção ativa é um crime formal. Desse modo, o que seria o exaurimento do crime (retardar ou omitir ato de ofício, ou o praticar infringindo dever funcional) funciona como uma causa de aumento de pena.

Considerações

O crime de corrupção ativa é uma exceção à Teoria Unitária ou Monista do concurso de pessoas (Art. 29 do CP), pois o particular que oferece ou promete vantagem indevida responde pelo crime de corrupção ativa (Art. 333 do CP), já o funcionário público que recebe ou aceita promessa de vantagem indevida responde pelo crime de corrupção passiva (Art. 317 do CP).

Corrupção Ativa (Art. 333, CP)	Corrupção Passiva (Art. 317, CP)
Sujeito Ativo: Particular	Sujeito Ativo: Funcionário Público
Fato Atípico ←	Solicitar
Oferecer →	Receber
Prometer →	Aceitar Promessa

É possível que ocorra o crime de corrupção ativa sem que ocorra corrupção passiva.

Ex.: Pedro oferece ou promete dinheiro, vantagem indevida, para que João (Delegado de Polícia) não o prenda em flagrante, mas João não recebe ou aceita a promessa.

Também é possível que ocorra o crime de corrupção passiva sem que ocorra corrupção ativa.

Ex.: Ronaldo (auditor fiscal) solicita vantagem indevida a André (empresário) para não aplicar uma multa milionária na empresa deste último.

Duas situações podem ocorrer: André realiza a entrega da vantagem indevida, ou não. Nas duas hipóteses, apenas Ronaldo praticou crime, pois a conduta de André é atípica.

Apontamentos

Na hipótese em que o particular pede para o funcionário público dar um jeitinho não responderá pelo crime de corrupção ativa, pois o agente não ofereceu nem prometeu vantagem indevida. Nessa hipótese, duas situações podem ocorrer:

- O funcionário público Dá o jeitinho. Responderá por corrupção passiva privilegiada (Art. 317, §2º, CP) e o particular será partícipe deste crime;
- O funcionário público Não dá o jeitinho. O fato é atípico para ambos.

Contrabando e descaminho

Descaminho - art. 334

Antes da publicação da Lei nº 13.008/14, o Art. 334 do Código Penal tipificava a prática dos crimes de contrabando e descaminho como crime único, atribuindo pena de reclusão de um a quatro anos. Com a nova redação ocorre a separação dos crimes de contrabando e descaminho, tornando-os crimes autônomos.

> ***Art. 334.*** *Iludir, no todo ou em parte, o pagamento de direito ou imposto devido pela entrada, pela saída ou pelo consumo de mercadoria*
>
> ***Pena*** *- reclusão, de 1 (um) a 4 (quatro) anos.*
>
> ***§ 1º.*** *Incorre na mesma pena quem:*
>
> ***I.*** *pratica navegação de cabotagem, fora dos casos permitidos em lei;*
>
> ***II.*** *pratica fato assimilado, em lei especial, a descaminho;*
>
> ***III.*** *vende, expõe à venda, mantém em depósito ou, de qualquer forma, utiliza em proveito próprio ou alheio, no exercício de atividade comercial ou industrial, mercadoria de procedência estrangeira que introduziu clandestinamente no País ou importou fraudulentamente ou que sabe ser produto de introdução clandestina no território nacional ou de importação fraudulenta por parte de outrem;*
>
> ***IV.*** *adquire, recebe ou oculta, em proveito próprio ou alheio, no exercício de atividade comercial ou industrial, mercadoria de procedência estrangeira, desacompanhada de documentação legal ou acompanhada de documentos que sabe serem falsos.*

§ 2º. Equipara-se às atividades comerciais, para os efeitos deste artigo, qualquer forma de comércio irregular ou clandestino de mercadorias estrangeiras, inclusive o exercido em residências.

§ 3º. A pena aplica-se em dobro se o crime de descaminho é praticado em transporte aéreo, marítimo ou fluvial.

No Descaminho, as mercadorias apreendidas são legais no território brasileiro, porém não há o devido pagamento de tributos pela entrada e saída de mercadorias.

Descrição do crime

> Objeto Material: tributos não recolhidos.

> Núcleo do Tipo: iludir, ou seja, ludibriar, frustrar o pagamento do tributo.

> Sujeito Ativo: crime comum (qualquer pessoa) por ser um crime comum, pode ser praticado por qualquer pessoa, até mesmo um funcionário público, desde que o funcionário não tenha o dever funcional de impedir a prática do crime de contrabando e descaminho.

Apesar de existir divergência entre o STF e o STJ é cabível o princípio da insignificância no crime de Descaminho. Para a aplicação desse princípio o STJ estipula o valor de R$ 10.000,00, enquanto o STF entende que o valor é de R$ 20.000,00. Diante disso é de suma importância atentar-se para o comando da questão e observar qual dos posicionamentos a banca irá abordar.

> Sujeito Passivo: o Estado

Ex.: Tício, policial civil, auxilia Caio a contrabandear caixas de cigarro para o outro lado da fronteira. Tício não tem um especial dever funcional de evitar tal conduta, portanto responderá pelo crime de descaminho ou contrabando capitulados, respectivamente, nos Art. 334 e 334-A do CP, como partícipe ou coautor, a depender do contexto fático.

Contrabando - art. 334-a

***Art. 334-A.** Importar ou exportar mercadoria proibida:*

***Pena** - reclusão, de 2 (dois) a 5 (cinco) anos.*

§ 1º. Incorre na mesma pena quem:

***I.** pratica fato assimilado, em lei especial, a contrabando;*

***II.** importa ou exporta clandestinamente mercadoria que dependa de registro, análise ou autorização de órgão público competente;*

***III.** reinsere no território nacional mercadoria brasileira destinada à exportação;*

***IV.** vende, expõe à venda, mantém em depósito ou, de qualquer forma, utiliza em proveito próprio ou alheio, no exercício de atividade comercial ou industrial, mercadoria proibida pela lei brasileira;*

***V.** adquire, recebe ou oculta, em proveito próprio ou alheio, no exercício de atividade comercial ou industrial, mercadoria proibida pela lei brasileira.*

§ 2º. Equipara-se às atividades comerciais, para os efeitos deste artigo, qualquer forma de comércio irregular ou clandestino de mercadorias estrangeiras, inclusive o exercido em residências.

§ 3º. A pena aplica-se em dobro se o crime de contrabando é praticado em transporte aéreo, marítimo ou fluvial.

Diferentemente do que ocorre no Descaminho, no crime de Contrabando as mercadorias são proibidas no território brasileiro. Dessa forma, NÃO é possível a aplicação do princípio da insignificância.

Descrição do crime:

> Objeto Material: mercadoria contrabandeada.

> Núcleos do Tipo: importar, exportar mercadoria contrabandeada.

> Sujeito Ativo: crime comum (qualquer pessoa).

> Sujeito Passivo: o Estado.

Importante

A importação de bebidas é legal, porém a legislação traz uma restrição quanto à quantidade. Caso ocorra o excesso da quantidade permitida incidirá o Contrabando, Art. 334-A. Diferentemente ocorre no caso do crime de Descaminho, Art. 334, no qual ocorre a sonegação do tributo devido.

A redação anterior do Código Penal considerava que a pena seria aplicada em dobro mediante transporte aéreo. De acordo com o §3º dos Arts. 334 e 334-A, a nova redação passou a considerar esta previsão também para os transportes marítimos e fluviais.

É mais uma exceção à teoria monista ou unitária no concurso de pessoas (Art. 29, *caput*, CP). Haja vista ser a conduta do funcionário público que facilita o contrabando ou descaminho (Art. 318 do CP) ser mais reprovável em razão de sua natureza funcional perante a administração pública, as condutas foram separadas e com penas distintas, porém, ambos os crimes tipificam o mesmo resultado, qual seja, o descaminho ou o contrabando.

O funcionário público que:

Não possui o dever funcional de impedir o contrabando ou descaminho. Será coautor ou partícipe do crime de contrabando ou descaminho (Art. 334, CP).

Possui o dever funcional de impedir a prática do contrabando ou descaminho e concorre para a realização de qualquer destes crimes. Responderá pelo crime de facilitação de contrabando ou descaminho (Art. 318, CP).

> Trata-se de mais uma exceção à Teoria Unitária ou Monista do concurso de pessoas (Art. 29, CP).

São crimes materiais (consumam-se com a produção de um resultado)	
Contrabando	O agente importa ou exporta a mercadoria proibida pelas vias ordinárias (caminhos normais), ou seja, pela fiscalização alfandegária: o crime estará consumado no instante em que a mercadoria é liberada pela autoridade alfandegária.
	O agente se vale dos meios clandestinos para importar ou exportar a mercadoria proibida. O crime estará consumado no momento da entrada ou saída da mercadoria do território nacional.
Descaminho	Se consuma com a liberação da mercadoria (permitida) sem o pagamento de tributo devido pela sua entrada ou saída do Brasil.

No crime de contrabando a mercadoria não precisa ser necessariamente estrangeira (produzida no exterior). Desse modo é possível a fabricação da mercadoria em território nacional desde que seja destinada exclusivamente à exportação.

Ex.: Empresa fabrica explosivos no Brasil e os exporta para a Coreia do Norte. Posteriormente, um norte coreano ingressa com estes explosivos em território brasileiro.

Crimes específicos: por ter natureza genérica ou residual, o crime de contrabando e descaminho somente será aplicado quando a conduta de descaminho ou contrabando de mercadoria não configurar algum crime específico.

Ex.: O indivíduo que importar ou exportar drogas, sem autorização ou em desacordo com determinação legal, responderá pelo crime de tráfico internacional de drogas (Art. 33, Lei nº 11.343/06. Lei de Drogas).

O indivíduo que importar ou exportar arma de fogo, acessório ou munição, sem autorização da autoridade competente, responderá pelo crime de tráfico internacional de arma de fogo (Art. 18, Lei nº 10.826/03. Estatuto do Desarmamento).

Súm. 151, STJ: A competência para o processo e julgamento por crime de contrabando ou descaminho define-se pela prevenção do Juízo Federal do lugar da apreensão dos bens.

Competência para julgamento: Justiça federal, pois ofendem interesses da União (Art. 109, IV, CF/88).

Impedimento, perturbação ou fraude de concorrência

> ***Art. 335.*** *Impedir, perturbar ou fraudar concorrência pública ou venda em hasta pública, promovida pela administração federal, estadual ou municipal, ou por entidade paraestatal; afastar ou procurar afastar concorrente ou licitante, por meio de violência, grave ameaça, fraude ou oferecimento de vantagem:*
>
> ***Pena*** *- detenção, de seis meses a dois anos, ou multa, além da pena correspondente à violência.*
>
> ***Parágrafo único.*** *Incorre na mesma pena quem se abstém de concorrer ou licitar, em razão da vantagem oferecida.*

Revogado tacitamente pelos pelo artigo 337-I do Código Penal, visto que o novo tipo penal possui maior abrangência.

Inutilização de edital ou de sinal

> ***Art. 336.*** *Rasgar ou, de qualquer forma, inutilizar ou conspurcar edital afixado por ordem de funcionário público; violar ou inutilizar selo ou sinal, empregado por determinação legal ou por ordem de funcionário público, para identificar ou cerrar qualquer objeto:*
>
> ***Pena*** *- detenção, de um mês a um ano, ou multa.*

O que é protegido nesse crime é a Administração Pública, pois acarreta complicação ao interesse público e o normal desenvolvimento de suas atividades.

Classificação

É considerado um crime simples, pois ofende um único bem jurídico e também material, pois para sua consumação gera um resultado naturalístico.

É um crime doloso, não possuindo um especial fim de agir. Não é admitida a modalidade culposa.

Sujeitos do crime

Sujeito Ativo: por ser um crime comum, pode ser praticado por qualquer pessoa, até mesmo funcionário público.

Sujeito Passivo: o Estado.

Consumação e tentativa

É exigido para sua consumação um resultado naturalístico, não sendo suficiente para a consumação a conduta descrita no tipo.

É possível que haja o fracionamento do *iter criminis*, portanto é admitida a tentativa.

Descrição do crime

Edital: tem natureza administrativa (licitação) ou judicial (citação).

Selo ou sinal: qualquer tipo de marca feita por determinação legal (lacre de interdição da vigilância sanitária).

Núcleos do tipo: rasgar, inutilizar, conspurcar (sujar) e violar.

Não haverá o crime se os objetos materiais referidos no tipo perderam utilidade, como na hipótese do edital com prazo vencido.

Não pratica o crime aquele que reage, moderadamente, contra ato abusivo (ilegal) de funcionário público, rasgando, por exemplo, tira de papel afixada por oficial de justiça na porta de sua moradia, anunciando seu despejo.

Subtração ou inutilização de livro ou documento

> ***Art.337.*** *Subtrair, ou inutilizar, total ou parcialmente, livro oficial, processo ou documento confiado à custódia de funcionário, em razão de ofício, ou de particular em serviço público:*
>
> ***Pena*** *- reclusão, de dois a cinco anos, se o fato não constitui crime mais grave.*

Essa conduta de subtração, inutilização de livro oficial, processo ou documento é prevista em vários tipos do Código Penal. As leituras dos arts. 305, 314, 337 e 356 são relativamente semelhantes, porém cada crime possui uma especificação diferente que os caracteriza. Esse crime é de ação penal pública incondicionada.

Classificação

Considerado um crime simples, pois ofende um único bem jurídico e comum, podendo ser praticado por qualquer pessoa.

É um crime doloso, e não depende de nenhuma finalidade específica. Não admite a modalidade culposa.

Sujeitos do crime

Sujeito Ativo: por ser um crime comum, pode ser cometido por qualquer pessoa, desde que não seja pelo funcionário público responsável pela custódia dos documentos.

Caso o agente seja funcionário público, incumbido ratione officci da guarda dos objetos materiais, a conduta será enquadrada no Art. 314 do CP. Se o agente for advogado ou procurador que, nessa qualidade, tiver retirado o processo ou documentos, o crime será o do Art. 356 do CP.

Sujeito Passivo: primeiramente é o Estado, e secundariamente a pessoa jurídica ou física que foi prejudicada pela ação criminosa.

Consumação e tentativa

Consuma-se o crime no momento da subtração de livro oficial, processo ou documento, mediante apoderamento do agente ou no momento da inutilização total ou parcial da coisa.

A tentativa é possível devido o crime ser de caráter plurissubsistente.

Descrição do crime

Subtrair e inutilizar são os núcleos do tipo. Subtrair é retirar um dos elementos do tipo (livro oficial, processo ou documento) da custódia do funcionário público, se apoderando do item.

Sonegação de contribuição previdenciária

Art. 337-A. *Suprimir ou reduzir contribuição social previdenciária e qualquer acessório, mediante as seguintes condutas:*

I. *Omitir de folha de pagamento da empresa ou de documento de informações previsto pela legislação previdenciária segurados, empregado, empresário, trabalhador avulso ou trabalhador autônomo ou a este equiparado que lhe prestem serviços;*

II. *Deixar de lançar mensalmente nos títulos próprios da contabilidade da empresa as quantias descontadas dos segurados ou as devidas pelo empregador ou pelo tomador de serviços;*

III. *Omitir, total ou parcialmente, receitas ou lucros auferidos, remunerações pagas ou creditadas e demais fatos geradores de contribuições sociais previdenciárias:*

Pena *- reclusão, de 2 (dois) a 5 (cinco) anos, e multa.*

§ 1º. *É extinta a punibilidade se o agente, espontaneamente, declara e confessa as contribuições, importâncias ou valores e presta as informações devidas à previdência social, na forma definida em lei ou regulamento, antes do início da ação fiscal.*

§ 2º. *É facultado ao juiz deixar de aplicar a pena ou aplicar somente a de multa se o agente for primário e de bons antecedentes, desde que:*

II. *O valor das contribuições devidas, inclusive acessórios, seja igual ou inferior àquele estabelecido pela previdência social, administrativamente, como sendo o mínimo para o ajuizamento de suas execuções fiscais.*

§ 3º. *Se o empregador não é pessoa jurídica e sua folha de pagamento mensal não ultrapassa R$ 1.510,00 (um mil, quinhentos e dez reais), o juiz poderá reduzir a pena de um terço até a metade ou aplicar apenas a de multa.*

§ 4º. *O valor a que se refere o parágrafo anterior será reajustado nas mesmas datas e nos mesmos índices do reajuste dos benefícios da previdência social.*

No caso do §1º, preenchidos os requisitos para a concessão, é dever do juiz conceder o perdão ou aplicar a pena de multa. Trata-se de direito público subjetivo do réu.

3.3 Dos Crimes Praticados por Particular contra a Administração Pública Estrangeira

Corrupção ativa em transação comercial internacional

Art. 337-B. *Prometer, oferecer ou dar, direta ou indiretamente, vantagem indevida a funcionário público estrangeiro, ou a terceira pessoa, para determiná-lo a praticar, omitir ou retardar ato de ofício relacionado à transação comercial internacional:*

Pena *- reclusão, de 1 (um) a 8 (oito) anos, e multa.*

Parágrafo único. *A pena é aumentada de 1/3 (um terço), se, em razão da vantagem ou promessa, o funcionário público estrangeiro retarda ou omite o ato de ofício, ou o pratica infringindo dever funcional.*

Tráfico de influência em transação comercial internacional

Art. 337-C. *Solicitar, exigir, cobrar ou obter, para si ou para outrem, direta ou indiretamente, vantagem ou promessa de vantagem a pretexto de influir em ato praticado por funcionário público estrangeiro no exercício de suas funções, relacionado a transação comercial internacional:)*

Pena *- reclusão, de 2 (dois) a 5 (cinco) anos, e multa.*

Parágrafo único. *A pena é aumentada da metade, se o agente alega ou insinua que a vantagem é também destinada a funcionário estrangeiro.*

Dos crimes em licitações e contratos administrativos – (incluído pela Lei nº 14.133/2021)

A nova Lei de Licitações – nº 14.133/2021 que revogou e alterou dispositivos da Lei 8.666/93, sobretudo no que se refere aos crimes em licitações e contratos administrativos, incluiu no Código Penal doze novos tipos penais entre os artigos 337-E e 337-P, objetivando reprimir as condutas ilícitas que fraudam os processos licitatórios no Brasil.

Apesar de a lei 8.666/93 ainda continuar aplicável aos contratos iniciados antes da vigência da nova lei, os crimes previstos na antiga legislação foram revogados pela Lei nº14.133/21 e passaram a ter previsão no Código Penal.

Contratação direta ilegal

Art. 337-E. *Admitir, possibilitar ou dar causa à contratação direta fora das hipóteses previstas em lei: (Incluído pela Lei nº 14.133, de 2021)*

Pena - *reclusão, de 4 (quatro) a 8 (oito) anos, e multa. (Incluído pela Lei nº 14.133, de 2021)*

O novo art. 337-E do CP pune aquele que "admite, possibilita ou dá causa à contratação direta fora das hipóteses previstas em lei". A previsão legal concentra num mesmo tipo penal a punição tanto do agente público contratante, quanto do particular contratado sem o devido processo licitatório.

O tipo penal buscar punir aquele que admite, possibilita ou da causa à contratação direta pelo ente administrativo de forma ilegal, ou seja, fora das hipóteses previstas em lei.

Cumpre destacar que o delito de dispensa de licitação, anteriormente previsto na Lei nº 8.666/93, teve a a pena mínima e máxima aumentadas. Antes, a punição era de 03 a 05 anos, agora, a pena é de 04 a 08 anos.

A nova previsão impede, inclusive, a celebração de acordo de não persecução penal – previsto no art. 28-A do CPP.

Ademais, o tipo penal é norma penal em branco, pois requer o complemento de lei diversa, que atualmente, pode ser a Lei nº 14.133/2021 ou a Lei nº8.666/93, no que se refere às hipóteses de dispensa de licitação.

Quanto ao elemento subjetivo especial do tipo, ainda que não previsto expressamente na anterior previsão da Lei nº8.666/93, o entendimento do STF e do STJ manifesta a necessidade de dolo específico do agente para a consumação do delito.

Trata-se de crime doloso, não admitindo culpa. Admite a tentativa. É unissubjetivo ou de concurso eventual. É processado mediante ação penal pública incondicionada.

Frustração do caráter competitivo de licitação

Art. 337-F. *Frustrar ou fraudar, com o intuito de obter para si ou para outrem vantagem decorrente da adjudicação do objeto da licitação, o caráter competitivo do processo licitatório:*

Pena - *reclusão, de 4 (quatro) anos a 8 (oito) anos, e multa.*

Os núcleos do tipo penal "frustrar ou fraudar" objetivam tipificar a conduta do indivíduo que busca impedir, atrapalhar, iludir ou burlar o caráter competitivo da licitação, impossibilitando que a Administração Pública obtenha a proposta mais vantajosa.

Dessa forma, comete o crime do artigo 337-F aquele que, com o intuito de obter para si ou para outrem vantagem decorrente da adjudicação do objeto da licitação, frustrar ou fraudar o caráter competitivo do processo licitatório.

Para a sua consumação exige conduta dolosa e a presença da finalidade específica de agir, ou seja, o objetivo de obter para si ou para outrem vantagem decorrente da adjudicação do objeto da licitação. Não admite a modalidade culposa.

Trata-se de crime formal, pois não é necessário que o agente obtenha a vantagem prevista no tipo penal.

É crime comum, podendo ser cometido por qualquer indivíduo. Não se exige qualidade específica do sujeito ativo.

Patrocínio de contratação indevida

Art. 337-G. *Patrocinar, direta ou indiretamente, interesse privado perante a Administração Pública, dando causa à instauração de licitação ou à celebração de contrato cuja invalidação vier a ser decretada pelo Poder Judiciário:*

Pena - *reclusão, de 6 (seis) meses a 3 (três) anos, e multa.*

Trata-se de modalidade especial do crime de advocacia administrativa (art. 321, CP). É crime próprio, pois há a exigência de que o sujeito ativa seja funcionário público – crime funcional.

O tipo penal pune a conduta do agente que, se valendo da função pública, favorece, ampara, patrocina interesse privado.

É crime material, pois exige a ocorrência de resultado naturalístico, ou seja, o patrocínio de interesse privado deve dar causa à instauração de licitação ou à celebração de contrato.

Por fim, prevê uma condição objetiva de punibilidade, ou seja, a licitação ou contrato deve ser invalidado pelo Poder Judiciário.

Funcionário público estrangeiro

Art. 337-D. *Considera-se funcionário público estrangeiro, para os efeitos penais, quem, ainda que transitoriamente ou sem remuneração, exerce cargo, emprego ou função pública em entidades estatais ou em representações diplomáticas de país estrangeiro.*

Parágrafo único. *Equipara-se a funcionário público estrangeiro quem exerce cargo, emprego ou função em empresas controladas, diretamente ou indiretamente, pelo Poder Público de país estrangeiro ou em organizações públicas internacionais.*

Modificação ou pagamento irregular em contrato administrativo

Art. 337-H. *Admitir, possibilitar ou dar causa a qualquer modificação ou vantagem, inclusive prorrogação contratual, em favor do contratado, durante a execução dos contratos celebrados com a Administração Pública, sem autorização em lei, no edital da licitação ou nos respectivos instrumentos contratuais, ou, ainda, pagar fatura com preterição da ordem cronológica de sua exigibilidade:*

Pena - *reclusão, de 4 (quatro) anos a 8 (oito) anos, e multa.*

O delito deste se dá na fase posterior à própria licitação, já durante a fase de execução do contrato.

É crime material, pois a consumação ocorre somente com o efetivo favorecimento do contratado.

A conduta de modificação irregular em contrato administrativo, prevista na primeira parte do tipo penal, exige o elemento normativo do tipo, ou seja, requer a a ausência de autorização da conduta em lei, no edital da licitação ou nos respectivos instrumentos contratuais. Caso a modificação seja permitida por lei, pelo edital ou pelo contrato, será penalmente atípica.

Já a segunda parte do artigo trata da do pagamento irregular em contrato administrativo, ou seja, a conduta incriminada é pagar fatura com preterição da ordem cronológica de sua exigibilidade, a fim de favorecer determinado contratado pela Administração, violando o princípio da impessoalidade.

Ademais, quanto ao verbos núcleo do tipo "possibilitar" ou "dar causa a", tem-se o entendimento de que o delito é crime comum, mesmo que o verbo "admitir" refira-se ao funcionário público. Já em relação à conduta do pagamento irregular, o crime é próprio.

Por fim, o tipo penal do art. 337-H é crime doloso, sem previsão da modalidade culpa e sem exigência de elemento subjetivo especial do tipo.

Perturbação de processo licitatório

Art. 337-I. *Impedir, perturbar ou fraudar a realização de qualquer ato de processo licitatório:*

Pena - *detenção, de 6 (seis) meses a 3 (três) anos, e multa.*

O artigo em análise busca punir o agente que atua para impedir, perturbar ou fraudar qualquer ato de um processo licitatório.

Trata-se de crime material, a consumação ocorre com o efetivo impedimento ou fraude de qualquer ato do processo licitatório. Admite a tentativa.

Violação de sigilo em licitação

É crime comum, pode ser praticado por qualquer indivíduo. Não há exigência de qualidade específica do sujeito ativo.

Art. 337-J. *Devassar o sigilo de proposta apresentada em processo licitatório ou proporcionar a terceiro o ensejo de devassá-lo:*

Pena - *detenção, de 2 (dois) anos a 3 (três) anos, e multa.*

O tipo penal em análise tutela a inviolabilidade do sigilo das propostas da licitação.

A conduta incriminada neste artigo é o ato de quebrar o sigilo da prosposta ou propiciar que um terceiro o viole.

Devassar é fazer conhecer, corromper, enquanto que o verbo "proporcionar", é dar a oportunidade de, propiciar, oferecer.

Trata-se de crime comum, pode ser praticado por qualquer pessoa, funcionário público ou não.

É crime formal, a consumação se dá com a violação da informação sigilosa, independente de prejuízo. É crime doloso, não há modalidade culposa.

Afastamento de licitante

> **Art. 337-K.** *Afastar ou tentar afastar licitante por meio de violência, grave ameaça, fraude ou oferecimento de vantagem de qualquer tipo:*
>
> **Pena** - *reclusão, de 3 (três) anos a 5 (cinco) anos, e multa, além da pena correspondente à violência.*
>
> **Parágrafo único.** *Incorre na mesma pena quem se abstém ou desiste de licitar em razão de vantagem oferecida.*

Esse artigo trata de hipótese do chamado crime de atentado ou de mero empreendimento, pois o tipo penal equiparou a forma consumada com forma tentada, em razão dos verbos núcleos "afastar" e "tentar afastar".

Afastar significa remover, impedir a participação de licitante. A conduta deve se dar com violência, grave ameaça, fraude ou oferecimento de vantagem de qualquer tipo.

O parágrafo único prevê uma modalidade equiparada ao *caput*, ou seja, aquele que se abstém (se afasta) de participar da licitação em razão de vantagem recebida incorre na mesma pena.

Trata-se de crime formal, não é necessário que haja o efetivo afastamento do licitante (comprovação do prejuízo).

É crime comum, pode ser cometido por qualquer pessoa, funcionário público ou não.

Fraude em licitação ou contrato

> **Art. 337-L.** *Fraudar, em prejuízo da Administração Pública, licitação ou contrato dela decorrente, mediante:*
>
> **I** - *entrega de mercadoria ou prestação de serviços com qualidade ou em quantidade diversas das previstas no edital ou nos instrumentos contratuais;*
>
> **II** - *fornecimento, como verdadeira ou perfeita, de mercadoria falsificada, deteriorada, inservível para consumo ou com prazo de validade vencido;*
>
> **III** - *entrega de uma mercadoria por outra;*
>
> **IV** - *alteração da substância, qualidade ou quantidade da mercadoria ou do serviço fornecido;*
>
> **V** - *qualquer meio fraudulento que torne injustamente mais onerosa para a Administração Pública a proposta ou a execução do contrato:*
>
> **Pena** - *reclusão, de 4 (quatro) anos a 8 (oito) anos, e multa.*

O tipo penal busca tutelar a garantia da respeitabilidade, probidade, da integridade e moralidade do certame licitatório, especialmente no que tange à preservação do patrimônio da Administração Pública.

Trata-se de crime comum, pode ser praticado por qualquer pessoa, funcionário público ou não. É crime doloso, sem previsão de modalidade culposa e sem exigência de elemento subjetivo especial do tipo.

Os incisos I a V preveem as condutas que podem ser empregadas para fraudar a licitação ou o contrato administrativo. Não se trata de rol taxativo, pois inciso V menciona a expressão "qualquer meio fraudulento", assim o rol é exemplificativo, podendo ser utilizadas diversas outras condutas que tornem injustamente mais onerosa para a Administração Pública a proposta ou a execução do contrato.

Contratação inidônea

> **Art. 337-M.** *Admitir à licitação empresa ou profissional declarado inidôneo:*
>
> **Pena** - *reclusão, de 1 (um) ano a 3 (três) anos, e multa.*
>
> **§ 1º** *Celebrar contrato com empresa ou profissional declarado inidôneo:*
>
> **Pena** - *reclusão, de 3 (três) anos a 6 (seis) anos, e multa.*
>
> **§ 2º** *Incide na mesma pena do caput deste artigo aquele que, declarado inidôneo, venha a participar de licitação e, na mesma pena do § 1º deste artigo, aquele que, declarado inidôneo, venha a contratar com a Administração Pública.*

O tipo penal em análise objetive portanto, visa proteger a integridade do certame licitatório, a fim de impedir que empresas ou profissionais inidôneos licitem e contratem com o Poder Público.

Assim, aquele que admite a participação em processo licitatório ou celebra contrato com empresa ou profissional declarado inidôneo, comete o crime do art. 337-M.

Trata-se de crime comum, pode ser cometido por qualquer pessoa. É crime formal, a consumação se dá com a mera admissão à licitação ou contratação. Não há a necessidade de comprovar prejuízo. É crime doloso, não há previsão da modalidade culposa.

Impedimento indevido

> **Art. 337-N.** *Obstar, impedir ou dificultar injustamente a inscrição de qualquer interessado nos registros cadastrais ou promover indevidamente a alteração, a suspensão ou o cancelamento de registro do inscrito:*
>
> **Pena** - *reclusão, de 6 (seis) meses a 2 (dois) anos, e multa.*

Da análise do tipo penal, na primeira parte, a conduta do agente deve consistir em "obstar, impedir ou dificultar injustamente a inscrição de qualquer interessado nos registros cadastrais". Vê-se que o termo "injustamente" é elemento normativo, pois, se o impedimento tiver fundamento legal, o fato é atípico. Já segunda parte do tipo penal, o agente deve "promover indevidamente a alteração, a suspensão ou o cancelamento de registro do inscrito. O elemento normativo é o termo "indevidamente", pois se houver fundamento idôneo para a alteração, suspensão ou cancelamento do registro, o fato é atípico.

Trata-se de crime próprio, só pode ser praticado por funcionário público. Exige conduta dolosa, não havendo previsão da modalidade culposa.

Omissão grave de dado ou de informação por projetista

> **Art. 337-O.** *Omitir, modificar ou entregar à Administração Pública levantamento cadastral ou condição de contorno em relevante dissonância com a realidade, em frustração ao caráter competitivo da licitação ou em detrimento da seleção da proposta mais vantajosa para a Administração Pública, em contratação para a elaboração de projeto básico, projeto executivo ou anteprojeto, em diálogo competitivo ou em procedimento de manifestação de interesse:*
>
> **Pena** - *reclusão, de 6 (seis) meses a 3 (três) anos, e multa.*
>
> **§ 1º** *Consideram-se condição de contorno as informações e os levantamentos suficientes e necessários para a definição da solução de projeto e dos respectivos preços pelo licitante, incluídos sondagens, topografia, estudos de demanda, condições ambientais e demais elementos ambientais impactantes, considerados requisitos mínimos ou obrigatórios em normas técnicas que orientam a elaboração de projetos.*
>
> **§ 2º** *Se o crime é praticado com o fim de obter benefício, direto ou indireto, próprio ou de outrem, aplica-se em dobro a pena prevista no caput deste artigo.*

O tipo penal objetiva coibir a omissão, modificação ou entrega à Administração Pública de informações relevantes ao procedimento licitatório, no que se refere ao levantamento cadastral ou condição de contorno, que estejam em dissonância com a realidade. Para que o delito se configure, a conduta deve frustrar o caráter competitivo da licitação e afastar a proposta mais vantajosa para a Administração Pública.

O § 2° prevê causa de aumento de pena, no caso de o crime ser praticado "com o fim de obter benefício, direto ou indireto, próprio ou de outrem" será aplicada a pena prevista em dobro.

Trata-se de crime formal, visto que não exige dano ao erário. É crime comum, podendo ser praticado por qualquer pessoa, em razão do verbo núcleo "entregar". É crime doloso, não admite a modalidade culposa.

Art. 337-P. A pena de multa cominada aos crimes previstos neste Capítulo seguirá a metodologia de cálculo prevista neste Código e não poderá ser inferior a 2% (dois por cento) do valor do contrato licitado ou celebrado com contratação direta.

O artigo prevê a aplicação da multa de acordo com o critério trifásico adotado pelo 49, caput, do Código Penal.

O artigo 337-P prevê maior rigor no cálculo dos percentuais da pena de multa, pois antes com a previsão do art. 99 da Lei n° 8.666/93, o valor da multa era limitado em 5% do valor contrato, o que inocorre na nova previsão. Assim, a pena de multa pode atingir valores maiores.

3.4 Dos Crimes Contra a Administração da Justiça

Reingresso de estrangeiro expulso

> ***Art. 338.*** *Reingressar no território nacional o estrangeiro que dele foi expulso:*
>
> ***Pena*** *- reclusão, de um a quatro anos, sem prejuízo de nova expulsão após o cumprimento da pena.*

A expulsão do estrangeiro está regulada na Lei nº 13.445/2017. Estatuto do Estrangeiro. Ocorrendo qualquer das hipóteses elencadas no art. 54 desta lei, caberá ao Presidente da República, por meio de decreto, analisar o cabimento e conveniência da expulsão (ato discricionário administrativo).

Para tipificar a conduta, é indispensável, após a edição do decreto de expulsão, que o agente tenha efetivamente saído do país, retornando em seguida. Desta forma, não configura o crime a recusa do estrangeiro expulso em deixar o país.

Denunciação caluniosa

> ***Art. 339.*** *Dar causa à instauração de inquérito policial, de procedimento investigatório criminal, de processo judicial, de processo administrativo disciplinar, de inquérito civil ou de ação de improbidade administrativa contra alguém, imputando-lhe crime, infração ético-disciplinar ou ato ímprobo de que o sabe inocente: (Redação dada pela Lei nº 14.110, de 2020)*
>
> ***Pena*** *- reclusão, de dois a oito anos, e multa.*
>
> ***§ 1º.*** *A pena é aumentada de sexta parte, se o agente se serve de anonimato ou de nome suposto.*
>
> ***§ 2º.*** *A pena é diminuída de metade, se a imputação é de prática de contravenção.*

O crime de denunciação caluniosa está capitulado no Art. 339 do Código Penal e versa sobre dar causa à instauração de algum procedimento de investigação contra alguém, imputando-lhe falsamente crime, sabendo que esse não o cometeu. O crime de denunciação caluniosa é de ação penal pública incondicionada.

Tal crime é também chamado calúnia qualificada.

Classificação

É considerado um crime pluriofensivo, ou seja, ofende mais de um bem jurídico como estudaremos no tópico **Sujeitos do Crime**, desse mesmo artigo.

É um crime comum, podendo ser praticado por qualquer pessoa e unissubjetivo, praticado por um só agente, mas admite concurso de pessoas.

O elemento subjetivo é o dolo direto, pois é indispensável que o agente tenha o conhecimento da inocência da pessoa a quem imputou falsamente o crime, segundo STJ.

Sujeitos do crime

Sujeito Ativo: qualquer pessoa (crime comum).

Sujeito Passivo: o Estado e a pessoa acusada falsamente de crime.

Consumação e tentativa

Por ser um crime material, consuma-se no momento em que se tem a efetiva instauração da investigação policial, de processo judicial, instauração de investigação administrativa, inquérito civil ou ação de improbidade administrativa contra alguém que o sabe ser inocente.

É admitida a tentativa.

> **Ex.:** "A" vai à Delegacia e de forma dolosa, imputa "B" a prática de um crime de roubo, de que o sabia não ter cometido, com o fim de instaurar inquérito policial contra "B". O Delegado, contudo, já havia encerrado o referido caso e prendido o verdadeiro responsável pelo crime. Constatando a manobra de "A", o Delegado o prendeu em flagrante.

É necessário observar que não se faz necessário que seja a informação formalizada no inquérito policial. Basta que a conduta criminosa desencadeie atos preliminares de investigação. Aqui já se encontra consumado o crime e esse é o entendimento que prevalece.

Descrição do crime

A falsa imputação deve estar relacionada com crime, se for contravenção, estará caracterizada a forma privilegiada de denunciação caluniosa (art. 339, §2º, do CP).

A expressão "contra alguém" versa que deve ser dada a falsa imputação de pessoa determinada, indicando nome e atributos pessoais.

Considerações

Diferença entre o crime de calúnia e denunciação caluniosa.

CALÚNIA (Art. 138, CP)	DENUNCIAÇÃO CALUNIOSA (Art. 339, CP)
Caluniar alguém, imputando-lhe falsamente fato definido como crime.	Dar causa à instauração de investigação policial, de processo judicial, instauração de investigação administrativa, inquérito civil ou ação de improbidade administrativa contra alguém, imputando-lhe crime de que o sabe inocente.
É crime contra a honra.	É crime contra a Administração da Justiça.
Regra: Ação Penal Privada.	Ação Penal Pública Incondicionada.
Não admite a imputação falsa de Contravenção Penal.	Admite (é circunstância que importa na diminuição da pena pela metade (Art. 339, §22, CP).

Pode ser praticado o crime de denunciação caluniosa até mesmo pelo Promotor de Justiça que denuncia alguém sabendo ser inocente. Essa denúncia criminosa do Promotor de Justiça é denominada denúncia temerária ou abusiva.

Ex.: José assaltou o Banco do Brasil → Calúnia.

José assaltou o Banco do Brasil: eu afirmo isso para o Delegado, querendo a instauração de procedimento inútil e criminoso → denunciação caluniosa.

O advogado não tem imunidade penal na calúnia e, nem tampouco, na denunciação caluniosa.

Denunciação caluniosa privilegiada

***§2º. A** pena é diminuída de metade, se a imputação é de prática de contravenção.*

A pena é reduzida de metade se a imputação é de contravenção penal. Passa-se a ter infração de menor potencial ofensivo, admitindo-se a suspensão condicional do processo.

Comunicação falsa de crime ou contravenção

***Art. 340.** Provocar a ação de autoridade, comunicando-lhe a ocorrência de crime ou contravenção que sabe não se ter verificado:*

***Pena** - detenção, de um a seis meses, ou multa.*

Introdução

Em que pese ser muito semelhante o *caput* ao crime de denunciação caluniosa, veremos que suas diferenças são facilmente perceptíveis.

Classificação

É considerado um crime SIMPLES por ofender um único bem jurídico e COMUM, podendo ser cometido por qualquer pessoa.

É um crime CAUSAL ou MATERIAL, sendo que a consumação depende de alguma medida tomada pela autoridade.

O elemento subjetivo do agente é o DOLO direto, portanto se a pessoa tem DÚVIDA sobre a existência da infração o fato é atípico.

Ex.: "A" não tem certeza se seu relógio foi furtado ou se foi perdido, e mesmo assim comunica à autoridade), não tendo previsão da modalidade culposa.

Sujeitos do crime

Sujeito Ativo: por ser um crime comum ou geral, pode ser cometido por qualquer pessoa.

Sujeito Passivo: o Estado.

Consumação e tentativa

Por ser um crime material, a mera comunicação falsa não é suficiente para a consumação do delito, exigindo a provocação da ação da autoridade para fazer algo (conduta positiva). Consuma-se no momento em que a autoridade toma providência para apurar a ocorrência do crime, ou contravenção, comunicado falsamente.

A tentativa é possível. Vejamos como exemplo um indivíduo que comunica à autoridade um crime ou contravenção que sabe inexistente e, por circunstâncias alheias a sua vontade, a autoridade não toma nenhuma providência, tem-se o crime tentado.

Descrição do crime

O delito é comunicação falsa de crime ou contravenção (Art. 340 do CP). O agente não acusa nenhuma pessoa, mas a ocorrência de um crime inexistente. Se o agente vier a individualizar o autor, o STF já decidiu: responde por denunciação caluniosa (Art. 339 do CP).

O núcleo do tipo provocar significa dar causa à ação da autoridade, podendo ocorrer de várias formas, uma delas é que o crime ou contravenção penal comunicado não existiu ou houve o fato, mas foi absolutamente diverso do comunicado para a autoridade. Por isso é considerado um crime de forma livre.

Considerações

Caracteriza uma figura equiparada de estelionato (Art. 171, §2º, V, do CP) quando a comunicação falsa de crime ou contravenção é um meio fraudulento para que o agente obtenha o valor do seguro. O delito (Art. 340 do CP) se torna um antefactum impunível. Aplica-se o princípio da consunção.

Ex.: "A" esconde seu automóvel que é amparado por contrato de seguro e comunica à autoridade que sofreu um furto, já com a intenção de receber o dinheiro do seguro.

Atentem-se às diferenças:

Na denunciada caluniosa, o agente imputa a infração penal imaginária a pessoa certa e determinada.

Na comunicação falsa de crime, apenas comunica a fantasiosa infração, não a imputando a ninguém ou, imputando, aponta personagem fictício.

Autoacusação falsa

***Art. 341.** Acusar-se, perante a autoridade, de crime inexistente ou praticado por outrem:*

***Pena** - detenção, de três meses a dois anos, ou multa.*

O que leva uma pessoa a se autoacusar falsamente tem fundamento em vários motivos, por exemplo, alguém que recebe certa vantagem para assumir um crime praticado por outra pessoa ou o próprio pai diz ter sido o autor de um delito para que o filho não seja preso.

Para evitar esse comportamento, o crime de autoacusação falsa está tipificado no Art. 341 do Código Penal. Crime de ação penal pública incondicionada.

Classificação

Considerado um crime simples por ofender um único bem jurídico que é a Administração da justiça. Comum, podendo ser cometido por qualquer pessoa.

É um crime doloso, não tendo previsão para crime culposo.

Crime formal, não exigindo para sua consumação um resultado naturalístico, sendo possível então a tentativa.

Sujeitos do crime

Sujeito Ativo: por ser um crime comum, pode ser praticado por qualquer pessoa, porém se ocorreu realmente o crime, não pode ser sujeito ativo o próprio autor, coautor ou partícipe do crime ocorrido.

Sujeito Passivo: é o Estado.

Consumação e tentativa

É um crime formal, consumando-se no momento em que o sujeito efetua a autoacusação perante a autoridade, independentemente se a autoridade tomou alguma providência.

A tentativa só é possível quando a autoacusação é cometida por meio escrito, não se admitindo quando praticado verbalmente.

Descrição do crime

Não há que se falar em autoacusação falsa quando essa conduta for de CONTRAVENÇÃO PENAL.

O agente que se autoacusa não pode ser autor, coautor ou partícipe do delito anterior.

A autoridade que recebe essa notícia de crime legalmente deve ter poderes de investigar a prática de delitos.

Não configura o crime quando o réu chama para si a exclusiva responsabilidade de ilícito penal de que deve ser considerado concorrente (RT 371/160).

Considerações

Para facilitar o entendimento do crime, exemplos:

Vantagem Pecuniária:

Ex.: "A" recebe dinheiro do verdadeiro autor do crime para autoacusar-se.

Sacrifício:

Ex.: Mãe se autoacusa para livrar o filho que cometeu um crime.

Exibicionismo:

Ex.: Criminoso se autoacusa para que tenha reputação entre a bandidagem de sua comunidade.

Álibi:

Ex.: "A" imputa a si próprio crime menos grave para se livrar de crime mais grave, alegando ser no mesmo horário, porém em lugar diferente.

Supondo que João assuma autoria de crime praticado por outrem, e não só assume a autoria, mas também imputa a coautoria a outrem, que não o autor do delito.

Nessa situação, Fernando Capez[1] diz que o agente irá responder pelos Art. 341 e 339, em concurso formal imperfeito, soma das penas.

Falso testemunho ou falsa perícia

> ***Art. 342.*** *Fazer afirmação falsa, ou negar ou calar a verdade como testemunha, perito, contador, tradutor ou intérprete em processo judicial, ou administrativo, inquérito policial, ou em juízo arbitral:*
>
> ***Pena*** *- reclusão, de um a três anos, e multa.*
>
> ***§ 1º.*** *As penas aumentam-se de um sexto a um terço se o crime é praticado mediante suborno ou se cometido com o fim de obter prova destinada a produzir efeito em processo penal, ou em processo civil em que for parte entidade da administração pública direta ou indireta.*
>
> ***§ 2º.*** *O fato deixa de ser punível se, antes da sentença no processo em que ocorreu o ilícito, o agente se retrata ou declara a verdade.*

Muitas vezes o testemunho é o único meio probatório para a autoridade competente louvar-se da decisão. A testemunha que mente, nega ou cala a verdade não sacrifica apenas interesses individuais, mas atinge o Estado, responsável por assegurar a eficácia da justiça.

O Código Penal, visando preservar a busca pela verdade, versa em seu Art. 342 o crime de falso testemunho ou falsa perícia, sendo esse um crime de ação penal pública incondicionada.

Classificação

É um crime de ação múltipla ou de conteúdo variado, pois a prática de várias condutas típicas no tocante ao mesmo objeto material acarreta crime único.

Trata-se de crime de médio potencial ofensivo, admitindo-se a suspensão condicional do processo.

É um crime doloso, não exigindo qualquer finalidade específica.

Crime de mão própria, comissivo ou omissivo e instantâneo.

Sujeitos do crime

Sujeito Ativo: crime de mão própria, somente podendo ser praticado pela testemunha, perito, contador, tradutor ou intérprete.

Crime de mão própria. Em que pese o STF já ter admitido a coautoria quando o advogado instrui a testemunha, são frequentes as decisões de nossos Tribunais afirmando a incompatibilidade do instituto com o delito de falso testemunho, face a sua característica de mão própria. Desta forma, deve se tratar de mera participação.

Toda testemunha pratica o delito, ou apenas aquela que presta compromisso? A corrente majoritária entende que se a lei não submete a testemunha informante ao compromisso de dizer a verdade, não pode cometer o ilícito do Art. 342 do CP. Entretanto, já teve julgados no STF dizendo ser crime.

1 - Fernando Capez é um professor, jurista e político brasileiro.

A vítima, por não ser testemunha (sequer equiparada), não pratica o crime do Art. 322, podendo ser autora de outro delito, como por exemplo, denunciação caluniosa. Art. 339 do CP.

Sujeito Passivo: é o Estado e, secundariamente, a pessoa prejudicada pelo falso testemunho ou pela falsa perícia.

Consumação e tentativa

Consumação ocorre no momento em que o depoimento é encerrado ou que o laudo pericial, os cálculos, a tradução ou interpretação são entregues concluídos. Sendo admitida a tentativa.

É fato atípico a conduta de mentir para evitar sua própria incriminação, pois ninguém é obrigado a produzir prova contra si mesmo.

Descrição do crime

Testemunha: aquela pessoa chamada para depor no processo, sob o compromisso de dizer a verdade fática. Perito: quem fornece laudos técnicos de conhecimentos específicos, que escapam da ciência do Juiz. Contador: especialista em assuntos contábeis. Pessoa que apresenta os cálculos a serem eventualmente efetuados. Tradutor: tem a função de adaptar textos em língua estrangeira para o vernáculo (idioma pátrio). Intérprete: responsável pela comunicação daquele que não conhece o idioma nacional.

> Para o STJ não é exigido para a consumação do crime de fraude processual que o Juiz ou o perito sejam realmente induzidos a erro, basta que a inovação seja apta para produzir o resultado, mesmo que a pessoa não tenha interesse no processo. (STJ. HC 137.206/SP).

O crime em tela possui três núcleos:

→ **Fazer Afirmação Falsa:**

> Falsidade positiva;

> Mentir para a autoridade.

Pedro mente para o juiz, dizendo que na data do crime estava viajando com Ronaldo (acusado) para Florianópolis.

→ **Negar a Verdade:**

> Falsidade negativa;

> Recusar-se a confirmar a veracidade de um fato.

Ex.: "A" nega que presenciou o latrocínio praticado por "B" contra "C".

→ **Calar a Verdade:**

> Reticência;

> Permanecer em silêncio sobre a verdade de determinado fato.

O juiz, durante a oitiva da testemunha formula várias perguntas a esta, mas ela nada responde.

O agente deve saber que falta com a verdade. Não há crime quando a testemunha ou perito é acometido por erro indesejado, pelo esquecimento dos fatos ou mesmo pela deformação inconsciente da lembrança em razão da passagem do tempo.

É imprescindível que a falsidade verse sobre fato juridicamente relevante (apto a influir de algum modo na decisão final da causa). Desse modo, exige-se que a falsidade tenha potencialidade lesiva, de modo a influir no futuro julgamento da causa.

Considerações

Falso Testemunho e Carta Precatória: na hipótese de falso testemunho prestado através de carta precatória, o foro competente para processar e julgar este crime é do juízo deprecado (comarca onde o falso testemunho foi prestado e onde o delito se consumou).

Falso Testemunho em CPI: responde pelo crime previsto no Art. 4º, II da Lei nº 1.579/52 a pessoa que presta falso testemunho perante CPI (Comissão Parlamentar de Inquérito).

> O depoimento falso, prestado perante autoridade incompetente, não exclui o crime.
> O depoimento falso, prestado em processo nulo, exclui o crime.
> O compromisso de dizer a verdade (Art. 203, CPP) representa mera formalidade relacionada ao procedimento para a oitiva do juiz. Desse modo, tal ato é dispensável para a caracterização do crime.

Apontamentos

Teoria Subjetiva: O crime em estudo adotou a teoria subjetiva: só há crime quando o depoente (testemunha) tem consciência da divergência entre sua versão e o fato presenciado. Desse modo, é possível que haja o crime de falso testemunho ainda que o fato seja verdadeiro. Nesta hipótese, é necessário que a testemunha narre um fato que realmente ocorreu, mas não foi presenciado por ela.

Se o falso testemunho ou falsa perícia se der perante a justiça do trabalho, o seu processo e julgamento estarão afetos ao juízo criminal federal, por ser atingido interesse da União.

> É perfeitamente possível o falso testemunho sobre fato verdadeiro, como no caso do agente que detalha minuciosamente episódios verdadeiros/ocorridos, que jamais presenciou.

Aumento de pena

§1º. As penas aumentam-se de um sexto a um terço, se o crime é praticado mediante suborno ou se cometido com o fim de obter prova destinada a produzir efeito em processo penal, ou em processo civil em que for parte entidade da administração pública direta ou indireta.

→ **São três as causas de aumento de pena:**

> Mediante suborno;

> Com o fim de obter prova destinada a produzir efeito em processo penal;
> Com o fim de obter prova destinada a produzir efeito em processo civil em que for parte entidade da administração pública direta ou indireta.

Retratação: Art. 342, §2º. O fato deixa de ser punível se, antes da sentença, no processo em que ocorreu o ilícito, o agente se retrata ou declara a verdade. Trata-se de causa de extinção da punibilidade (Art. 107, VI, do CP).

A retratação formulada pelo autor deve comunicar-se aos partícipes do delito.

Em processo de competência do Tribunal do Júri, é possível a retratação extintiva da punibilidade, mesmo após a decisão de pronúncia, desde que anterior à sentença de mérito.

Se o perito, contador, tradutor ou intérprete solicitar, receber ou aceitar promessa de vantagem indevida a fim de fazer afirmação falsa, negar ou calar a verdade, mas não o faz, incorrerá no crime de corrupção ativa, pois o crime em estudo depende da efetiva afirmação falsa, negação ou omissão da verdade.

Corrupção ativa de testemunha ou perito

Art. 343. *Dar, oferecer ou prometer dinheiro ou qualquer outra vantagem a testemunha, perito, contador, tradutor ou intérprete, para fazer afirmação falsa, negar ou calar a verdade em depoimento, perícia, cálculos, tradução ou interpretação: (Redação dada pela Lei nº 10.268, de 28.8.2001)*

Pena *- reclusão, de três a quatro anos, e multa.(Redação dada pela Lei nº 10.268, de 28.8.2001)*

Parágrafo único. *As penas aumentam-se de um sexto a um terço, se o crime é cometido com o fim de obter prova destinada a produzir efeito em processo penal ou em processo civil em que for parte entidade da administração pública direta ou indireta.*

O tipo pode ser executado de forma livre (palavras, escritos, gestos etc). Entretanto, se o agente se utilizar de violência ou grave ameaça, o crime será o de coação no curso do processo. Art. 344 CP.

Conduta: trata-se de modalidade especial de corrupção ativa, abrangendo o mesmo comportamento criminoso, acrescido do núcleo dar.

Para configurar o delito em tela é necessário que haja algum procedimento oficial em andamento.

Consumação: trata-se de crime formal, logo se consuma com a simples realização de uma das condutas previstas no *caput*, sendo desnecessária a prática de qualquer ato pelos possíveis corrompidos.

Coação no curso do processo

Art. 344. *Usar de violência ou grave ameaça, com o fim de favorecer interesse próprio ou alheio, contra autoridade, parte, ou qualquer outra pessoa que funciona ou é chamada a intervir em processo judicial, policial ou administrativo, ou em juízo arbitral:*

Pena *- reclusão, de um a quatro anos, e multa, além da pena correspondente à violência.*

A razão pela qual existe esse crime é para impedir que frustrem a eficiência da Administração da justiça com violência ou ameaças e para garantir o regular andamento dos processos ou em juízo arbitral. Crime esse de ação penal pública incondicionada.

Classificação

É um crime **pluriofensivo**, pois atinge mais de um bem jurídico, primeiramente a Administração da justiça, e secundariamente a integridade física ou a liberdade individual.

Doloso e com um especial fim de agir, apresentado no tipo com o fim de favorecer interesse próprio ou alheio. Não admite a modalidade culposa.

Considerado um crime comum, instantâneo, de concurso eventual, e em regra comissivo.

Sujeitos do crime

Sujeito Ativo: por ser um crime comum, pode ser cometido por qualquer pessoa, não sendo necessário que o agente tenha interesse no próprio processo.

Sujeito Passivo: é o Estado e de forma mediata, e secundariamente, figurará no polo passivo o indivíduo que sofreu a coação.

Magistrado, delegado, réu, testemunha, jurado etc.

Consumação e tentativa

Ocorre a consumação no momento do emprego da violência ou grave ameaça do agente.

A tentativa é possível, visto que o crime tem caráter plurissubsistente.

Ex.: "A" manda uma carta ameaçadora para uma testemunha de um processo judicial, mas por circunstâncias alheias a sua vontade, a carta se extravia nos Correios.

Segundo STJ, o crime de coação no curso do processo, por ser um crime formal, se consuma tão só com o emprego da grave ameaça ou violência contra qualquer das pessoas referidas no art. 344 do CP, independentemente do efetivo resultado pretendido ou de a vítima ter ficado intimidada. (STJ, REsp 819.763/PR)

Descrição do crime

Se a conduta descrita no tipo penal for realizada no curso de processo de uma CPI, o agente incidirá no crime previsto no Art. 4º, I, da Lei nº 1.579/52 que versa sobre as Comissões Parlamentares de Inquérito.

Não basta para a configuração do delito que a violência ou grave ameaça seja proferida às pessoas do Art. 344. É necessário que se faça tal injusto com o interesse de favorecimento próprio ou alheio.

Ex.: "A" amigo do réu, ameaça a testemunha a depor em favor do amigo. / "B" réu em processo judicial, intimida o perito a não revelar o verdadeiro resultado do laudo pericial.

Considerações

Se da conduta criminosa resulta violência, restarão caracterizados dois crimes, incidindo em concurso material obrigatório, somando as penas da coação no curso do processo mais o crime de violência (lesão corporal ou homicídio).

Exercício arbitrário das próprias razões

> ***Art. 345.*** *Fazer justiça pelas próprias mãos, para satisfazer pretensão, embora legítima, salvo quando a lei o permite:*
>
> ***Pena*** *- detenção, de quinze dias a um mês, ou multa, além da pena correspondente à violência.*
>
> ***Parágrafo único.*** *Se não há emprego de violência, somente se procede mediante queixa.*

Como disposto no Art. 345 do Código Penal, não é aceita a justiça entre particulares e a ninguém é dado o direito de versar sobre a justiça privada se não o próprio poder judiciário, que tem a competência para resolver as divergências existentes entre os indivíduos. Em regra, esse crime é de ação penal privada, contudo será de ação penal pública incondicionada se estiver presente a violência.

Classificação

Crime simples, pois atinge um único bem jurídico. Comum, cometido por qualquer pessoa.

É um crime doloso, acompanhado com um elemento subjetivo específico "para satisfazer pretensão, embora legítima". Não sendo admitida a modalidade culposa.

Em regra é comissivo e instantâneo, consumando-se em um momento determinado.

A ação penal será pública incondicionada quando o crime é praticado em detrimento do patrimônio ou interesse da União, Estado ou Município.

Sujeitos do crime

Sujeito Ativo: pode ser cometido por qualquer pessoa, mas se o agente for funcionário público e comete o delito prevalecendo-se de sua condição, serão imputados dois crimes: exercício arbitrário das próprias razões + abuso de autoridade (Lei nº 4.898/65).

Ex.: "A" policial, proprietário de uma casa, encosta a viatura na frente de seu imóvel, entra na residência e, de arma em punho, expulsa "B", que não pagara o aluguel do mês anterior.

Sujeito Passivo: primeiramente é o Estado, e secundariamente a pessoa física ou jurídica prejudicada pela conduta criminosa.

Consumação e tentativa

Não é regra que, sendo funcionário responda por abuso de autoridade, somente se ele se prevalecer das condições de seu cargo.

Existe divergência entre os doutrinadores, mas majoritariamente foi classificado como um crime formal, consumando-se mesmo que a pretensão não seja atingida.

É plenamente aceitável a tentativa, visto o caráter plurissubsistente (ação composta por vários atos) do crime.

Descrição do crime

O núcleo do tipo fazer justiça pelas próprias mãos, tem sentido de satisfazer pretensão pessoal. Essa pretensão pode ser de qualquer natureza, ligada ou não à propriedade, mas exigindo-se ao menos uma aparência de direito legítimo.

Ex.: Marido indignado com a traição da esposa, a expulsa da casa que construíram juntos.

A pretensão deve ser legítima, pois do contrário, a conduta acarretará na incidência de outros crimes, tais como o furto, roubo, estelionato, apropriação indébita, entre outros.

Ex.: "A", indignado com a traição de sua esposa, vai até a casa de "B" que é o homem que se deitou com ela e, para fazer justiça com as próprias mãos, obriga a mulher de "B" a manter relações sexuais com "A".

3.5 Subtração ou Dano de Coisa Própria em Poder de Terceiro

> ***Art. 346.*** *Tirar, suprimir, destruir ou danificar coisa própria, que se acha em poder de terceiro por determinação judicial ou convenção:*
>
> ***Pena*** *- detenção, de seis meses a dois anos, e multa.*

Sujeitos do crime

Sujeito Ativo: somente pode ser executado pelo proprietário da coisa (crime próprio). Sendo que o concurso de pessoas é plenamente possível.

Sujeito Passivo: será o estado, e secundariamente o indivíduo possuidor da coisa ou aquele contra quem foi empregada violência.

Fraude processual

> ***Art. 347.*** *Inovar artificiosamente, na pendência de processo civil ou administrativo, o estado de lugar, de coisa ou de pessoa, com o fim de induzir a erro o juiz ou o perito:*
>
> ***Pena*** *- detenção, de três meses a dois anos, e multa.*
>
> ***Parágrafo único.*** *Se a inovação se destina a produzir efeito em processo penal, ainda que não iniciado, as penas aplicam-se em dobro.*

O crime de fraude processual é um crime tacitamente subsidiário, somente sendo aplicável quando o fato não constituir crime mais grave. Delito esse de ação penal pública incondicionada.

Classificação

Considera-se um crime **simples**, pois ofende um único bem jurídico que é a Administração da justiça.

O crime de fraude processual também é considerado um crime **formal** ou de consumação antecipada, pois independe do resultado naturalístico.

Em regra é comissivo, considerado também um crime de dano, pois causa lesão à Administração da justiça.

Crime de concurso eventual, normalmente praticado por um só agente, mas o concurso é plenamente possível.

Sujeitos do crime

Sujeito Ativo: considerado um crime comum, logo, é passível de ser cometido por qualquer pessoa. (vítima, acusado ou mesmo advogado)

Foge do alcance do tipo o perito, uma vez que, se inovar o estado de coisa, pessoa ou lugar no decorrer dos exames periciais, incorrerá no crime previsto no Art. 342 do CPl.

Sujeito Passivo: de forma imediata é o Estado, e de forma mediata é a pessoa prejudicada no processo administrativo, penal ou civil.

Consumação e tentativa

Consuma-se no momento em que o agente utiliza o meio fraudulento para a inovação na pendência do processo.

A tentativa, entretanto, deve apresentar potencialidade real para enganar o juiz ou o perito. Se o artifício (fraude) for grosseiro ou perceptível é crime impossível (Art. 17 do CP) por ineficácia absoluta do meio.

Para o STJ não é exigido para a consumação do crime de fraude processual que o Juiz ou o perito sejam realmente induzidos a erro, basta que a inovação seja apta para produzir o resultado, mesmo que a pessoa não tenha interesse no processo. (STJ. HC 137.206/SP).

Descrição do crime

É um crime doloso e também necessita de um elemento subjetivo específico que é a intenção de induzir a erro o juiz ou perito, não sendo admitida a modalidade culposa.

Estado de lugar, de coisa ou de pessoa é onde deve recair a conduta artificiosa, para enganar o juiz ou perito.

Ex.: Limpar as manchas de sangue onde ocorreu o crime / Colocar uma arma de fogo na mão de uma pessoa assassinada para simular um suicídio.

Nem toda a inovação caracteriza o surgimento do crime de fraude processual, pois esse elemento normativo do tipo deve ser empregado de forma artificiosa (ardil, fraude).

O parágrafo único aparentemente versa **uma causa especial de aumento de pena** sendo um tipo penal autônomo, pois a conduta de inovar artificiosamente foi cometida em processo penal que ainda não foi iniciado.

> Trata-se de infração subsidiária, logo absorvida quando a finalidade constituir crime mais grave.

STJ pronunciou que o direito à não autoincriminação (nemo tenetur se detegere), não abrange a possibilidade dos acusados de mudarem a cena do crime de forma artificiosa, com o fim de induzir a erro Juiz ou perito. (STJ. HC 137.206/SP)

Conduta: os objetos materiais do crime são taxativos, e desta forma, descabida qualquer integração analógica em relação às inovações que poderão ser praticadas pelo agente.

Pressupõe-se a existência de processo - civil ou administrativo - em andamento.

Em atenção ao princípio da inexigibilidade de conduta diversa, já se entendeu que não ocorre o ilícito quando o autor de um crime de homicídio nega a autoria e dá sumiço à arma, atuando no direito natural de autodefesa (RT 258/356).

Favorecimento pessoal

Art. 348. *Auxiliar a subtrair-se à ação de autoridade pública autor de crime a que é cominada pena de reclusão:*

Pena *- detenção, de um a seis meses, e multa.*

§ 1º. *Se ao crime não é cominada pena de reclusão:*

Pena *- detenção, de quinze dias a três meses, e multa.*

§ 2º. *Se quem presta o auxílio é ascendente, descendente, cônjuge ou irmão do criminoso, fica isento de pena.*

O crime de favorecimento pessoal basicamente consiste em prestar auxílio ao agente condenado com pena de reclusão para que escape da ação da autoridade pública. É um crime de ação penal pública incondicionada.

Classificação

Em análise ao Art. 348 do CP pode ser verificado que se trata de um crime acessório, pois depende da prática anterior de um crime com pena de reclusão (contravenção não).

Somente pode ser praticado de forma comissiva (ação), não havendo possibilidade de auxílio à subtração de autor de crime mediante uma conduta omissiva.

Sujeitos do crime

Sujeito Ativo: não é exigida qualquer qualidade específica do agente.

A vítima do crime anterior pode ser sujeito ativo do crime de favorecimento pessoal (Art. 348 do CP). Ex.: uma vítima de roubo (Art. 157 do CP), logo após a ocorrência do crime, engana os policiais, prestando-lhes falsas informações do paradeiro do criminoso para que tenha êxito em sua fuga.

Consumação e tentativa

Por ser um crime material, o crime se consuma com o efetivo auxílio, ainda que seja por curto período de tempo. Caso o criminoso tenha sido pego, o agente responderá pelo crime da mesma forma, já que a conduta de auxiliar o criminoso teve êxito, mesmo que breve.

É plenamente possível a tentativa.

O agente que deixa de comunicar à autoridade pública o local onde está escondido o autor do crime, mesmo que esta circunstância seja de conhecimento do agente, não comete crime algum.

Descrição do crime

Não é necessário que o autor do crime esteja em perseguição, fuga ou esteja sendo procurado pela autoridade pública no momento em que recebe o auxílio. Basta que, de forma idônea, o agente auxilie o criminoso a escapar da ação da autoridade pública.

Não esqueça, se quem presta o auxílio é cônjuge, ascendente, descendente ou irmão do criminoso, fica isento de pena. É a chamada escusa absolutória, presente no §2º do Art. 348 do CP.

Não existe o crime de favorecimento pessoal (Art. 348 do CP) quando a conduta de auxiliar a subtrair-se à ação de autoridade pública for referente a um crime cometido por um agente menor de idade ou qualquer outro inimputável, já que estes inimputáveis não cometem crimes, mas atos infracionais que acabarão sofrendo medidas de proteção ou medidas socioeducativas no caso dos menores de idade ou medidas de segurança quando forem doentes mentais ou tiverem desenvolvimento mental incompleto ou retardado.

Não há crime quando o agente estiver em escusa absolutória (cônjuge, ascendente, descendente ou irmão), quando o agente que cometeu o crime anterior estiver acobertado por uma excludente de ilicitude ou causa excludente de culpabilidade. E se o agente for absolvido pelo crime anterior, estará excluído o crime de favorecimento pessoal.

O favorecimento deve ocorrer APÓS o cometimento do crime e nunca para o cometimento do crime. Se o favorecimento for ajustado previamente, antes da consumação do crime, incidirá o agente como partícipe segundo o art. 29 do Código Penal: *Quem de qualquer modo concorre para o crime, incide nas penas a este cominadas, na medida de sua culpabilidade*.

O agente que presta o auxílio deve ter ciência da atual situação do criminoso, se não, tem-se excluído o dolo.

Ex.: Tício de forma voluntária, empresta seu carro a Mévio para que este faça uma viajem de negócios, quando na verdade, Mévio, que acabara de cometer um crime, pretendia fugir da polícia. Desta forma Tício não responde pelo crime.

Favorecimento real

> ***Art. 349.*** *Prestar a criminoso, fora dos casos de coautoria ou de receptação, auxílio destinado a tornar seguro o proveito do crime:*
>
> ***Pena*** *- detenção, de um a seis meses, e multa.*

O Código Penal prevê mais uma espécie de favorecimento, demonstrando ser este um crime acessório, pois necessita de algum crime já praticado anteriormente não alcançando as contravenções penais.

Classificação

É um crime de forma livre, ou seja, o favorecimento pode acontecer de diversas formas, como esconder o bem subtraído, aplicar no banco os valores provenientes de um estelionato, deixar um cofre aberto para que o agente que cometeu o crime guarde os documentos roubados no assalto.

É um crime doloso com um elemento subjetivo específico, no qual a finalidade do agente é tornar seguro o proveito do crime, porquanto o agente deve ter a ciência de que seu comportamento será efetivo para auxiliar o criminoso, não se admitindo portanto a modalidade culposa.

Sujeitos do crime

Sujeito Ativo: o crime de favorecimento real é comum, podendo ser praticado por qualquer pessoa, salvo coautor ou partícipe do crime que antecede o favorecimento.

Ex.: Tício, conhecido de Mévio, se dispõe a auxiliar Mévio a esconder o dinheiro que será roubado de uma casa lotérica. Se efetivamente vier a ocorrer o roubo, Tício será partícipe do crime, por auxiliar Mévio. O intuito de auxiliar deve vir de forma posterior ao cometimento do crime.

Sujeito Passivo: é o Estado e secundariamente, a vítima do delito anterior.

Consumação e tentativa

É considerado um crime formal ou de consumação antecipada, ou seja, o crime se consuma no instante em que o agente presta devido auxílio ao criminoso no intuito de tornar seguro o proveito do crime, mesmo que não venha a ocorrer efetivamente essa finalidade. A tentativa é plenamente aceitável em face do caráter plurissubsistente do delito.

Descrição do crime

O auxílio deve ser destinado a tornar seguro o proveito do crime.

Favorecimento Pessoal. Art. 348 CP:

- **Objeto material:** autor de crime anterior; Se busca a fuga do criminoso.
- **Quanto ao resultado:** crime material (prevalece).
- **Escusa absolutória:** possui hipótese de escusa absolutória, se quem presta o auxílio é cônjuge, ascendente, descendente ou irmão do criminoso, fica isento de pena. É a chamada escusa absolutória, presente no §2º do Art. 348 do CP.

Favorecimento Real. Art. 349 CP:

- **Objeto material:** proveito de crime anterior; Presta-se auxílio não ao criminoso em si, mas indiretamente, assegurando para ele a ocultação da coisa, proveito do crime (real).
- **Quanto ao resultado:** crime formal.
- **Escusa absolutória:** não tem previsão de escusa absolutória.

Para que possa ocorrer o crime do Art. 349, é necessário que o crime anterior tenha alcançado a consumação e se no crime não houve qualquer tipo de proveito, também não haverá o crime de favorecimento real.

Considerações

Quem estuda de maneira superficial o crime de favorecimento real, certamente poderia interpretar de forma errônea as diferenças entre os crimes de receptação própria (CP, Art. 180, *caput*, 1ª parte) na modalidade "ocultar" e favorecimento real (CP, Art. 349). Vamos observar as diferenças:

Receptação própria "ocultar" (Art. 180, *caput*, 1ª parte, CP)	Favorecimento real (Art. 349, CP)
Crime Contra o Patrimônio.	Crime contra a Administração da Justiça.
Quem se beneficia é qualquer outra pessoa que não seja o autor do crime anteriormente praticado.	O próprio autor do crime anteriormente cometido é o beneficiado pela conduta.
Exige-se que o proveito seja econômico.	O proveito pode ser tanto econômico quando de outra natureza.

Favorecimento real impróprio

> ***Art. 349-A.*** *Ingressar, promover, intermediar, auxiliar ou facilitar a entrada de aparelho telefônico de comunicação móvel, de rádio ou similar, sem autorização legal, em estabelecimento prisional.*
>
> ***Pena*** *- detenção, de 3 (três) meses a 1 (um) ano.*

Esse crime foi introduzido pela Lei nº 12.012/2009 e o legislador não atribuiu denominação alguma para esse crime, transferindo essa tarefa à jurisprudência e à doutrina.

Classificação

É um crime de ação múltipla ou de conteúdo variado, ou seja, se o agente vier a cometer mais de um núcleo do tipo no mesmo contexto fático, configurará crime único.

É um crime de forma livre, admitindo qualquer meio de execução.

Ex.: A esposa de um detento que oculta um aparelho celular em suas partes íntimas e leva ao interno no dia de visita ou joga o aparelho por cima dos muros da cadeia e até mesmo coloca os aparelhos no interior de alimentos (bolo, torta).

Sujeitos do crime

Sujeito Ativo: é um crime comum, podendo ser praticado por qualquer pessoa, vale ressaltar que até mesmo um preso pode ser sujeito ativo do crime tipificado no Art. 349-A, somente se este estiver em alguma permissão de saída ou saída temporária e também pode ser partícipe, por exemplo, o preso que induz sua esposa a levar a ele o aparelho de comunicação.

Sujeito Passivo: é o Estado.

Consumação e tentativa

É considerado crime de mera conduta, ou seja, a lei sequer prevê qualquer resultado naturalístico. Consuma-se o crime quando é praticada qualquer das condutas descritas no tipo (ingressar, promover, intermediar, auxiliar ou facilitar a entrada de aparelho de comunicação ou similar em estabelecimento prisional).

A tentativa é plenamente possível.

Ex.: Tício, em horário de visita, ao tentar ingressar no presídio onde seu primo está preso, esconde em sua blusa um aparelho celular e acaba sendo preso em flagrante durante a revista pessoal.

Descrição do crime

O objeto material do crime pode ser qualquer instrumento que tenha potencial de comunicação. (aparelho telefônico, *walkie-talkie*, *webcam*).

Não é exigido qualquer fim específico, basta o dolo, por parte do agente, de levar ao poder do preso o aparelho de comunicação.

Exercício arbitrário ou abuso de poder

Art. 350. *Ordenar ou executar medida privativa de liberdade individual, sem as formalidades legais ou com abuso de poder:*

Pena *- detenção, de um mês a um ano.*

Parágrafo único. Na mesma pena incorre o funcionário que:

I. *Ilegalmente recebe e recolhe alguém a prisão, ou a estabelecimento destinado a execução de pena privativa de liberdade ou de medida de segurança;*

II. *Prolonga e execução de pena ou de medida de segurança, deixando de expedir em tempo oportuno ou de executar imediatamente a ordem de liberdade;*

III. *Submete pessoa que está sob sua guarda ou custódia a vexame ou a constrangimento não autorizado em lei;*

IV. *Efetua, com abuso de poder, qualquer diligência.*

Os crimes de exercício arbitrário e abuso de poder, tanto o *caput* como as figuras equiparadas do parágrafo único foram revogados pela Lei nº 13.869/2019 – Abuso de autoridade.

Fuga de pessoa presa ou submetida a medida de segurança

Art. 351. *Promover ou facilitar a fuga de pessoa legalmente presa ou submetida a medida de segurança detentiva:*

Pena *- detenção, de seis meses a dois anos.*

§ 1º. *Se o crime é praticado à mão armada, ou por mais de uma pessoa, ou mediante arrombamento, a pena é de reclusão, de dois a seis anos.*

§ 2º. *Se há emprego de violência contra pessoa, aplica-se também a pena correspondente à violência.*

§ 3º. *A pena é de reclusão, de um a quatro anos, se o crime é praticado por pessoa sob cuja custódia ou guarda está o preso ou o internado.*

Súmula 75 do STJ. Compete à justiça comum estadual processar e julgar o policial militar por crime de promover ou facilitar a fuga de preso de estabelecimento penal.

§ 4º. *No caso de culpa do funcionário incumbido da custódia ou guarda, aplica-se a pena de detenção, de três meses a um ano, ou multa.*

Evasão mediante violência contra a pessoa

Art. 352. *Evadir-se ou tentar evadir-se o preso ou o indivíduo submetido a medida de segurança detentiva, usando de violência contra a pessoa:*

Pena *- detenção, de três meses a um ano, além da pena correspondente à violência*

Arrebatamento de preso

Art. 353. *Arrebatar preso, a fim de maltratá-lo, do poder de quem o tenha sob custódia ou guarda:*

Pena *- reclusão, de um a quatro anos, além da pena correspondente à violência.*

Conduta

Somente uma conduta é prevista para a prática do crime, consubstanciada no núcleo arrebatar preso, com o fim de maltratá-lo (linchamento). Arrebatar significa arrancar, levar, retirar com violência.

Se não tiver o fim de maltratá-lo, não configurará este crime, mas poderá incorrer no Art. 351 do CP. promover ou facilitar fuga de pessoa presa.

O arrebatamento de pessoa submetida à medida de segurança (ou adolescente apreendido) com a finalidade de maltratá-la não configurará o crime do Art. 353 do CP. Nesses casos a retirada do internado da custódia da autoridade será atípica, respondendo o agente somente por eventual conduta posterior praticada contra o arrebatado (morte, lesões corporais etc).

Motim de presos

Art. 354. *Amotinarem-se presos, perturbando a ordem ou disciplina da prisão:*

Pena *- detenção, de seis meses a dois anos, além da pena correspondente à violência.*

Considerações

No tipo penal não há descrição de quantos presos são necessários para configurar o motim. Para alguns autores, três presos são suficientes. Já Mirabete exige no mínimo quatro. Todavia, nenhum entendimento está consolidado, sendo essencial que constitua um ajuntamento tumultuário de aprisionados.

Patrocínio infiel

Art. 355. *Trair, na qualidade de advogado ou procurador, o dever profissional, prejudicando interesse, cujo patrocínio, em juízo, lhe é confiado:*

Pena *- detenção, de seis meses a três anos, e multa.*

Patrocínio simultâneo ou tergiversação

Parágrafo único. Incorre na pena deste artigo o advogado ou procurador judicial que defende na mesma causa, simultânea ou sucessivamente, partes contrárias.

Sujeitos

Sujeito Ativo: o crime em tela somente poderá ser praticado por advogado ou procurador judicial devidamente inscrito nos quadros da OAB. Não estão incluídos no dispositivo os promotores e procuradores de justiça.

Sujeito Passivo: é o Estado e, possivelmente, o outorgante do mandato que foi prejudicado.

Conduta

Pode se dar por ação (Ex.: Manifesta-se no processo de forma contrária aos interesses da parte defendida), ou por omissão (Ex.: Deixa de recorrer).

Conforme alguns autores, o patrocínio infiel deve ser empreendido em causa judicial, pouco importando a natureza ou espécie. Desta forma, a atuação extrajudicial do profissional, como em inquérito policial, sindicância etc. não caracteriza o crime em estudo, sendo o agente passível, apenas, de punição disciplinar.

Consumação e tentativa

Não é necessário que o patrocínio se dê no mesmo processo, bastando ser a mesma causa.

Consuma-se com a ocorrência do efetivo prejuízo ao patrocinado, ainda que a situação possa ser revertida.

A tentativa é possível apenas na forma comissiva.

O dispositivo traz duas formas de infidelidade profissional:

Patrocínio simultâneo: consiste na conduta do advogado ou procurador que, concomitantemente, zela (ainda que por interposta pessoa) os interesses de partes contrárias.

Patrocínio sucessivo ou tergiversação: consiste na conduta do advogado que renuncia ao mandato de uma parte (ou por ela é dispensado) e passa, em seguida, a representar a outra.

No parágrafo único é dispensável a comprovação de efetivo prejuízo ao patrocinado traído - delito formal.

Sonegação de papel ou objeto de valor probatório

Art. 356. *Inutilizar, total ou parcialmente, ou deixar de restituir autos, documento ou objeto de valor probatório, que recebeu na qualidade de advogado ou procurador:*

Pena *- detenção, de seis meses a três anos, e multa.*

Exploração de prestígio

Art. 357. *Solicitar ou receber dinheiro ou qualquer outra utilidade, a pretexto de INFLUIR em juiz, jurado, órgão do Ministério Público, funcionário de justiça, perito, tradutor, intérprete ou testemunha:*

Pena *- reclusão, de um a cinco anos, e multa.*

Parágrafo único. *As penas aumentam-se de um terço, se o agente alega ou insinua que o dinheiro ou utilidade também se destina a qualquer das pessoas referidas neste artigo.*

Introdução

Versa de forma similar ao crime de tráfico de influência Art. 332 do CP. Com a edição da Lei nº 9.127/95, esses dois crimes foram diferenciados e o Art. 332 passou a ser o crime de tráfico de influência. Esse delito é de ação penal pública incondicionada.

Classificação

É um crime simples, pois ofende um único bem jurídico que é a administração da justiça.

Considerado um crime comum, podendo ser praticado por qualquer pessoa.

É um crime formal quando o agente (SOLICITAR) ou material (RECEBER).

É conhecido como um crime de ação múltipla ou de conteúdo variado, mesmo o agente praticando mais de um verbo do tipo no mesmo contexto, responderá por um único crime.

Sujeitos do crime

Sujeito Ativo: por ser considerado um crime comum, pode ser cometido por qualquer pessoa, pois a própria Descrição do Crime não exige qualquer qualidade do agente.

Sujeito Passivo: o Estado, e também o servidor utilizado na fraude, bem como a pessoa ludibriada pelo agente.

Consumação e tentativa

A consumação dependerá da conduta praticada:

Se a conduta do agente for solicitar, o crime se consuma com o simples pedido, independentemente do aceite da vítima enganada (crime formal).

A TENTATIVA é possível, porém dependerá de como será praticado o delito.

STF diz que, para a configuração do delito de exploração de prestígio, não é necessário que o agente influa na atuação das pessoas do tipo (juiz, jurado, perito etc.), bastando que o pedido da vantagem seja a PRETEXTO de influir. (STF. RHC 75.128/RJ)

Ex.: "A", alegando conhecer um jurado, sem realmente conhecê-lo, solicita a "B" uma determinada vantagem para supostamente convencer o jurado a absolver seu irmão, réu em determinada ação penal.

Descrição do crime

Exige-se um especial fim de agir por parte do agente, portanto só caracteriza o crime na forma dolosa, não admitindo a forma culposa.

Causa de aumento de pena

Parágrafo único. As penas aumentam-se de um terço, se o agente alega ou insinua que o dinheiro ou utilidade também se destina a qualquer das pessoas referidas no artigo.

Não é exigida a afirmação explícita de qualquer das pessoas indicadas no *caput* desse artigo, basta a insinuação.

Se restar provado que o destinatário da vantagem é uma das pessoas indicadas no tipo penal, restará a este a corrupção passiva (Art. 317 do CP) e ao particular e ao intermediador o crime de corrupção ativa (Art. 333 do CP).

Considerações

Exploração de prestígio (Art. 357 do CP)	Tráfico de influência (Art. 332 do CP)
Solicitar ou receber.	Solicitar, exigir, cobrar ou obter.
Ato de disposição específica relativa aos órgão ou funcionários da administração da justiça.	Ato praticado por funcionário público no exercício da função.

Violência ou fraude em arrematação judicial

Art. 358. *Impedir, perturbar ou fraudar arrematação judicial; afastar ou procurar afastar concorrente ou licitante, por meio de violência, grave ameaça, fraude ou oferecimento de vantagem:*

Pena *- detenção, de dois meses a um ano, ou multa, além da pena correspondente à violência.*

Desobediência a decisão judicial sobre perda ou suspensão de direito

Art. 359. *Exercer função, atividade, direito, autoridade ou múnus, de que foi suspenso ou privado por decisão judicial:*

Pena *- detenção, de três meses a dois anos, ou multa.*

3.6 Dos Crimes Contra as Finanças Públicas

Contração de operação de crédito

Art. 359-A. *Ordenar, autorizar ou realizar operação de crédito, interno ou externo, sem prévia autorização legislativa:*

Pena *- reclusão, de 1 (um) a 2 (dois) anos.*

Parágrafo único. *Incide na mesma pena quem ordena, autoriza ou realiza operação de crédito, interno ou externo:*

I. *Com inobservância de limite, condição ou montante estabelecido em lei ou em resolução do Senado Federal;*

II. *Quando o montante da dívida consolidada ultrapassa o limite máximo autorizado por lei.*

Inscrição de despesas não empenhadas em restos a pagar

Art. 359-B. *Ordenar ou autorizar a inscrição em restos a pagar, de despesa que não tenha sido previamente empenhada ou que exceda limite estabelecido em lei:*

Pena *- detenção, de 6 (seis) meses a 2 (dois) anos.*

Assunção de obrigação no último ano do mandato ou legislatura

Art. 359-C. *Ordenar ou autorizar a assunção de obrigação, nos dois últimos quadrimestres do último ano do mandato ou legislatura, cuja despesa não possa ser paga no mesmo exercício financeiro ou, caso reste parcela a ser paga no exercício seguinte, que não tenha contrapartida suficiente de disponibilidade de caixa:*

Pena *- reclusão, de 1 (um) a 4 (quatro) anos.*

Ordenação de despesa não autorizada

Art. 359-D. *Ordenar despesa não autorizada por lei:*

Pena *- reclusão, de 1 (um) a 4 (quatro) anos.*

Prestação de garantia graciosa

Art. 359-E. *Prestar garantia em operação de crédito sem que tenha sido constituída contragarantia em valor igual ou superior ao valor da garantia prestada, na forma da lei:*

Pena *- detenção, de 3 (três) meses a 1 (um) ano.*

Não cancelamento de restos a pagar

Art. 359-F. *Deixar de ordenar, de autorizar ou de promover o cancelamento do montante de restos a pagar inscrito em valor superior ao permitido em lei:*

Pena *- detenção, de 6 (seis) meses a 2 (dois) anos.*

Aumento de despesa total com pessoal no último ano do mandato ou legislatura

Art. 359-G. *Ordenar, autorizar ou executar ato que acarrete aumento de despesa total com pessoal, nos cento e oitenta dias anteriores ao final do mandato ou da legislatura:*

Pena *- reclusão, de 1 (um) a 4 (quatro) anos.*

Oferta pública ou colocação de títulos no mercado

Art. 359-H. *Ordenar, autorizar ou promover a oferta pública ou a colocação no mercado financeiro de títulos da dívida pública sem que tenham sido criados por lei ou sem que estejam registrados em sistema centralizado de liquidação e de custódia:*

Pena *- reclusão, de 1 (um) a 4 (quatro) anos.*

Questões

01. (CESPE) Um servidor da administração direta da União, violando dever funcional, apropriou-se de bens públicos de que tinha posse em razão do cargo e vendeu-os a terceiros, auferindo assim proveito financeiro. Nessa hipótese, o agente deverá responder pelo delito de peculato, sem prejuízo das sanções administrativas correspondentes.
Certo ( ) Errado ( )

02. (CESPE) Não haverá o crime de condescendência criminosa, quando faltar ao funcionário público competência para responsabilizar o subordinado que cometeu a infração no exercício do cargo.
Certo ( ) Errado ( )

03. (CESPE) No crime de prevaricação, a satisfação de interesse ou sentimento pessoal é mero exaurimento do crime, não sendo obrigatória a sua presença para a configuração do delito.

Certo ( ) Errado ( )

04. (CESPE) A ocorrência de prejuízo público como resultado do fato, não influencia a pena do crime de abandono de função.

Certo ( ) Errado ( )

05. (CESPE) O agente público que, mediante ameaças e lesão corporal, exige vantagem pecuniária indevida comete o crime de concussão.

Certo ( ) Errado ( )

06. (CESPE) É inadmissível a aplicação do princípio da insignificância aos delitos praticados contra a administração pública.

Certo ( ) Errado ( )

07. (CESPE) A autoridade administrativa que se nega a cumprir ordem judicial para satisfazer sentimento pessoal pratica o delito de desobediência.

Certo ( ) Errado ( )

08. (CONSULPLAN) Considere a seguinte situação hipotética: "Tício", funcionário público municipal concursado, exige, para si, diretamente em razão da função, vantagem indevida. Em tal hipótese, o referido funcionário estará cometendo o crime de

a) Peculato.

b) Concussão.

c) Prevaricação.

d) Corrupção ativa.

09. (CESPE) Policial civil que ingressa no depósito de veículos e subtrai uma motocicleta apreendida, comete o crime de peculato desvio.

Certo ( ) Errado ( )

10. (CESPE) Se um gerente do Banco do Brasil, entidade paraestatal, apropriar-se de dinheiro particular de que tem a posse em razão do cargo, o crime por ele cometido será o de apropriação indébita, uma vez que ele não pode ser considerado funcionário público para fins penais.

Certo ( ) Errado ( )

Gabaritos

01	CERTO	06	ERRADO
02	ERRADO	07	ERRADO
03	ERRADO	08	B
04	ERRADO	09	ERRADO
05	ERRADO	10	ERRADO

LEGISLAÇÃO MUNICIPAL

1. LEI Nº 6.794/1990 - ESTATUTO DOS SERVIDORES DE FORTALEZA

Princípios gerais

OBJETIVO DA LEI: esta Lei regula o regime jurídico dos servidores municipais de Fortaleza, tendo em vista o disposto no art. 39, da Constituição da República Federativa do Brasil e na Lei Complementar nº 2, de 17de setembro de 1990.

SERVIDOR PÚBLICO MUNICIPAL: para fins deste Estatuto, é a pessoa legalmente investida em cargo público de provimento efetivo, de carreira ou isolado, ou de provimento em comissão, que receba remuneração dos cofres públicos e cujas atribuições correspondam a atividades caracteristicamente estatais da Administração Pública Municipal.

CARGO PÚBLICO: é o lugar, inserido no Sistema Administrativo do Município, caracterizando-se, cada um, por determinado conjunto de atribuições e responsabilidades de natureza permanente, com denominação própria, número certo e pagamento pelo Erário Municipal e criação por Lei.

SISTEMA ADMINISTRATIVO: o complexo de órgãos dos Poderes Legislativo e Executivo e suas entidades autárquicas e fundacionais.

SERVIDORES MUNICIPAIS: abrangidos por esta Lei serão integrados em Plano de Carreira específico, conforme dispuser lei própria, distribuindo-se em Quadro de Cargos Efetivos e Quadro de Cargos Comissionados.

DIREITOS: assegurados aos servidores municipais da administração pública direta, autárquica e funcional: política de recursos humanos; acesso a cargos, obedecidas às condições e requisitos fixados em Lei; irredutibilidade de vencimentos; vencimento base não inferior ao salário mínimo nacional; 13ª remuneração; remuneração do trabalho noturno superior à do diurno; remuneração do trabalho extraordinário superior, no mínimo em 50% à da hora normal de trabalho; salário-família: auxílios pecuniários, adicionais e gratificações na forma estabelecida nesta Lei: licenças; gozo de férias anuais remuneradas, com acréscimo de pelo menos 1/3 da remuneração normal; amparo de normas técnicas de saúde, higiene e segurança do trabalho, sem prejuízo de adicionais remuneratórios por serviços penosos, insalubres ou perigosos: aposentadoria; participação em órgãos colegiados municipais que tenham atribuições para discussão e deliberação de assuntos de interesse profissional dos servidores; proteção ao trabalho da mulher, mediante incentivos específicos, na forma da Lei; proibição de diferenças remuneratórias, de exercício de cargos e de critérios de admissão, por motivo de cor, idade, sexo ou estado civil; inexistência de limite de idade para o servidor público, em atividade, na participação em concursos; proteção ao trabalho do portador de deficiência, na forma constitucional; o adicional de 1% por anuência de tempo de serviço; promoção por merecimento e antiguidade, conforme critérios estabelecidos em Lei; pensão especial à família, na forma da lei, se falecer em consequência de acidente de serviço ou de moléstia dele decorrente; proteção ao mercado de trabalho das diversas categorias profissionais, mediante exigência de habilitação específica declarada pelos respectivos órgãos regionais fiscalizadores; percepção de todos os direitos e vantagens, inclusive promoções, quando à disposição dos demais poderes e órgãos ou entidade do município, para exercer cargos em comissão; direito de greve, nos termos da Lei; ao servidor público municipal é livre a associação profissional ou sindical, nos termos da Legislação em vigor.

DEVERES DOS SERVIDORES MUNICIPAIS: cumprir jornada de trabalho de 8 horas diárias e 40 semanais: desempenhar suas atribuições em dia e de acordo com as rotinas estabelecidas ou as determinações recebidas de seus superiores: justificar, em cada caso e de imediato, o não cumprimento do serviço cometido ou de parte dele: observar todas as normas legais e regulamentares em vigor; cumprir as ordens de seus superiores, salvo quando manifestamente impraticáveis, abusivas ou ilegais: atender com presteza e precisão ao público externo e interno: responder direta e permanentemente pelo uso de material de consumo e bens patrimoniais, sob sua guarda ou responsabilidade: levar à autoridade superior as irregularidades que vier a conhecer, quando do exercício de suas funções; guardar sigilo profissional: ser assíduo e pontual ao serviço; observar conduta funcional e pessoal compatível com a moralidade administrativa e profissional: representar à instancia superior contra ilegalidade ou abuso de poder: abster-se de anonimato: atender às notificações para depor ou realizar perícias ou vistorias nos procedimentos disciplinares; atender, nos prazos da lei ou regulamento, as requisições para defesa da Fazenda Pública; atender, nos prazos da lei ou regulamento, os requerimentos de certidões para defesa de direitos ou esclarecimentos de situações: ser parcimonioso e cauteloso no uso dos recursos públicos, buscando sempre o menor custo e o maior lucro social no seu emprego.

1.1 Provimento dos Cargos

Disposições preliminares

CARGOS: dispõem-se em padrões horizontais e classes verticais, formados das categorias funcionais de cada grupo, nos níveis básicos, médio e superior, a serem providos de acordo com os requisitos constitucionais. Cargos, padrões, classes, categorias funcionais, grupos ocupacionais e referências integrarão o Plano Municipal de Cargos e Carreiras.

PROVIMENTO DOS CARGOS: far-se-á por ato do prefeito ou do presidente da Câmara Municipal de Fortaleza e do Dirigente de autarquias ou de fundação pública, conforme o caso.

FORMAS DE PROVIMENTO DOS CARGOS:

I - nomeação:

↓

II - promoção:

↓

III - transferência:

↓

IV - readaptação:

↓

V - reversão;

↓

VI - reintegração;

↓

VII - recondução;

↓

VIII - aproveitamento.

CARGOS: são de provimento efetivo ou comissionado, devendo ser considerados como requisitos básicos para a sua investidura: ser brasileiro; estar em gozo dos direitos políticos; nível de escolaridade para o exercício do cargo; aptidão física e mental.

CARGOS COMISSIONADOS: são de livre provimento e exoneração, respeitados a especificação e os pré-requisitos exigidos para o seu exercício, 50% deles, devendo ser providos por servidores municipais, a estes reservados os de símbolo DNI.

RESERVAS FEITAS: não se aplicam aos cargos de secretário municipal, chefe de Gabinete do prefeito, procurador geral do município, presidente ou superintendente de autarquia, fundação, empresa pública e de sociedade mista e ainda aqueles que integram a rede ambulatorial e hospitalar do Sistema Único de Saúde (SUS), gerido pela Secretaria de Saúde do Município.

Concurso público

CONCURSO: será de caráter competitivo, eliminatório e classificatório e poderá ser realizado em 2 etapas, quando a natureza do cargo o exigir.

PRIMEIRA ETAPA: de caráter eliminatório, constituir-se-á de provas escritas.

SEGUNDA ETAPA: de caráter classificatório, constará de cômputo de títulos e/ou de treinamento, cujo tipo e duração serão indicados no edital do respectivo concurso.

CONCURSO: terá validade de até 2 anos, podendo ser prorrogado uma única vez, por igual período.

PRAZO DE VALIDADE DO CONCURSO e as condições de sua realização serão fixados em edital, que serão publicados no Diário Oficial do Município (DOM) e em jornal diário de grande circulação, não se abrindo novo concurso enquanto houver candidato aprovado em concurso anterior e cujo prazo não tenha expirado.

1.2 Nomeação, Posse e Exercício

Nomeação

HAVERÁ NOMEAÇÃO: para provimento de cargos efetivos de classe inicial de carreira; para provimentos de cargos comissionados.

NOMEAÇÃO PARA CARGO EFETIVO INICIAL DE CARREIRA: depende de aprovação em concurso público, observada a ordem de classificação e dentro do prazo de sua validade.

CONCURSO: observará as disposições constitucionais e as condições fixadas em edital específico.

SERVIDOR NOMEADO: em virtude de concurso público tem direito à posse.

Posse

POSSE: é a investidura no cargo, com aceitação expressa das atribuições, condições e responsabilidades a ele inerentes, formalizada em assinatura do termo respectivo pela autoridade competente e pelo empossado.

OCORRÊNCIA: posse ocorrerá no prazo de 30 dias, contado da publicação do ato de nomeação, prorrogável por mais de 30 dias, a requerimento do interessado ou por quem o represente legalmente.

PROCURAÇÃO: a posse poderá dar-se mediante procuração específica.

SERVIDOR EM LICENÇA OU EM QUALQUER OUTRO TIPO DE AFASTAMENTO LEGAL: o prazo será contado do término do afastamento.

Atenção!

A posse ocorrerá em virtude de nomeação para cargos de provimento efetivo e em comissão.

ATO DA POSSE: o servidor apresentará, obrigatoriamente, declaração dos bens e valores que constituem seu patrimônio e declaração sobre exercício de outro cargo, emprego ou função pública.

INSPEÇÃO MÉDICA: a posse dependerá de prévia inspeção médica, pela Junta Médica Municipal, para comprovar que o candidato se encontra apto para o desempenho das atribuições do cargo.

1.3 Exercício

Disposições preliminares

EXERCÍCIO: é o efetivo desempenho das atribuições do cargo.

PRAZO: é de 30 dias improrrogáveis o prazo para o servidor entrar em exercício, contados da data da posse.

REVOGAÇÃO: será revogado o ato de nomeação, se não ocorrerem a posse e o exercício nos prazos previstos nesta Lei.

AUTORIDADE DIRIGENTE do órgão ou entidade para onde for designado o servidor compete dar-lhe exercício.

INÍCIO, INTERRUPÇÃO E REINÍCIO DO EXERCÍCIO: serão registrados no cadastro funcional do servidor.

EXERCÍCIO DE CARGO COMISSIONADO: exigirá de seu ocupante integral dedicação ao serviço, podendo ser convocado sempre que houver interesse da Administração.

Estágio probatório

SERVIDOR NOMEADO PARA CARGO DE PROVIMENTO: ao entrar em exercício, o servidor nomeado para cargo de provimento efetivo ficará sujeito a estágio probatório por período de 2 anos, durante o qual sua aptidão e capacidade para o desempenho do cargo serão avaliados trimestralmente, por critérios próprios, fixados em regulamento, observados especialmente os seguinte requisitos: idoneidade moral; assiduidade; pontualidade; disciplina; eficiência.

CHEFE IMEDIATO DO SERVIDOR: sujeito a estágio probatório, 60 dias antes do término deste, informará ao órgão de pessoal sobre o servidor.

VISTA DE INFORMAÇÃO DA CHEFIA IMEDIATA DO SERVIDOR: o órgão de pessoal emitirá parecer escrito, concluindo a favor ou contra a confirmação do estagiário. Desse parecer, se contrário à confirmação, dar-se-á vista ao estagiário, pelo prazo de 10 dias, para oferecer defesa.

ÓRGÃO DE ADMINISTRAÇÃO GERAL: julgados o parecer e a defesa, o órgão de administração geral, se considerar aconselhável a exoneração do servidor estagiário, encaminhará ao chefe do Poder competente o respectivo decreto com exposição de motivos sobre o assunto. Se o despacho do órgão de pessoal for favorável à permanência do servidor estagiário, fica automaticamente ratificado o ato de nomeação.

APURAÇÃO DOS REQUISITOS EXIGIDOS NO ESTÁGIO PROBATÓRIO: deverá processar-se de modo que a exoneração do servidor estagiário possa ser feita antes de findar o período do estágio.

ÓRGÃO DE PESSOAL: diligenciará junto às chefias que supervisionam servidor em estágio probatório, de forma a evitar que se dê por mero transcurso de prazo.

Lotação, da relotação e da remoção

LOTAÇÃO: entende-se por lotação o número de cargos existentes em cada órgão da Administração Direta, que constituem o Quadro Único de Pessoal, e o número de cargos constantes nos Quadros de Pessoal das Entidades da Administração Indireta e Fundacional do Poder Executivo Municipal.

RELOTAÇÃO: é o deslocamento do servidor, com o respectivo cargo, de um para outro órgão do mesmo Poder, observado sempre o interesse da Administração. A relotação dependerá da existência de vaga e será processada por ato do chefe do Poder Executivo.

REMOÇÃO: é o deslocamento do servidor de um para outro órgão de unidade administrativa e processar-se-á ***ex-officio*** ou a pedido do servidor, respeitada a lotação de cada Secretaria ou entidade.

Ascensão funcional

DESENVOLVIMENTO DO SERVIDOR MUNICIPAL NA CARREIRA: ocorrerá mediante ascensão funcional em suas modalidades: progressão, promoção, readaptação e transformação.

Progressão, promoção, readaptação e transformação

PROGRESSÃO: é a passagem do servidor de uma referência para a seguinte, dentro da mesma classe, obedecidos os critérios de merecimento ou antiguidade.

PROMOÇÃO: é a passagem do servidor de uma classe para a imediatamente superior, dentro da mesma carreira, obedecidos os critérios de merecimento ou antiguidade.

READAPTAÇÃO: é a passagem do servidor de uma carreira para outra carreira diferente, de referência de igual valor salarial, mais compatível com sua capacidade funcional, podendo ser de ofício ou a pedido e dependerá, cumulativamente, de: inspeção da Junta Médica Municipal que comprove sua incapacidade para a carreira ou classe que ocupa e capacidade para a nova carreira ou classe; possuir habilitação legal para o ingresso na nova carreira ou classe; existência de vaga.

TRANSFORMAÇÃO: é a passagem do servidor de qualquer classe de nível básico para a inicial de nível médio ou superior, ou de qualquer classe de nível médio para a primeira de nível superior, obedecidos os critérios exigidos para o ingresso nas respectivas carreiras. A transformação depende de habilitação em seleção interna de caráter competitivo, eliminatório e classificatório que poderá ser realizada em duas etapas, a seguir definidas: a) a primeira etapa, de caráter eliminatório, constituir-se-á de provas escritas; b) a segunda etapa, de caráter classificatório, constará de cômputo de títulos e/ou treinamento, cujo tipo e duração serão indicados no edital da respectiva seleção.

VAGAS RESERVADAS PARA TRANSFORMAÇÃO: não poderão ultrapassar o limite de 50% dos cargos não preenchidos.

Transferência

TRANSFERÊNCIA: é a passagem do servidor de cargo de carreira para outro de igual denominação, classe e referência, pertencentes a Quadro de Pessoal diverso. A transferência ocorrerá de ofício ou a pedido do servidor, atendido o interesse do serviço mediante o preenchimento de vaga.

Reversão

REVERSÃO: é o reingresso do aposentado no serviço público municipal, após verificado, em processo, que não subsistem os motivos determinantes da aposentadoria. A reversão far-se-á a pedido do servidor. A reversão depende de exame médico, pela Junta Médica Municipal, em que fique comprovada a capacidade para o exercício da função.

Atenção!

Será tornada sem efeito a reversão e cassada a aposentadoria do servidor que não tomar posse ou não entrar em exercício nos prazos previstos. Não ocorrerá reversão nas hipóteses de servidor aposentado voluntariamente.

PREFERÊNCIA: a reversão dar-se-á, de preferência, no mesmo cargo anteriormente ocupado.

AUSÊNCIA DE DIREITO: a reversão não dará direito, para nova aposentadoria e disponibilidade, à contagem do tempo em que o servidor esteve aposentado.

Recondução

RECONDUÇÃO: é o retorno do servidor ao cargo anteriormente ocupado. A recondução decorrerá de reintegração do anterior ocupante.

Reintegração

REINTEGRAÇÃO: é a reinvestidura do servidor no cargo anteriormente ocupado, ou no cargo resultante de sua transformação, quando invalidada sua demissão ou readaptação, por decisão administrativa ou judicial, com ressarcimento de todas as vantagens. Encontrando-se provido o cargo, o seu ocupante será reconduzido ao cargo de origem, ou aproveitado em outro cargo, ou, ainda, posto em disponibilidade com remuneração integral.

MÁ-FÉ: comprovada a má fé por parte de que deu causa à demissão invalidada, responderá este, civil, penal e administrativamente.

SERVIDOR REINTEGRADO: será submetido à inspeção médica, pela Junta Médica Municipal, e aposentado, se julgado incapaz.

1.4 Vacância e Substituição

Vacância

VACÂNCIA DO CARGO PÚBLICO: decorrerá de:

I - exoneração;

↓

II - demissão;

↓

III - promoção ou readaptação;

↓

IV - aposentadoria;

↓

V - falecimento;

↓

VI - transferência.

EXONERAÇÃO DE CARGO DE CARREIRA: dar-se-á a pedido do servidor ou de ofício.

EXONERAÇÃO DE OFÍCIO: será aplicada: a) quando não satisfeitas as condições do estágio probatório; b) quando o servidor não entrar em exercício no prazo estabelecido Lei.

EXONERAÇÃO DE CARGO EM COMISSÃO: dar-se-á por juízo da autoridade competente ou a pedido do próprio servidor.

VAGA OCORRERÁ NA DATA: da vigência do ato administrativo que lhe der causa; da morte do ocupante do cargo: da vigência do ato que criar e conceder dotação para seu provimento ou de que determinar esta última medida, se o cargo já estiver criado; da vigência do ato que extinguir cargo e autorizar que sua dotação permita o preenchimento de cargo vago. Verificada a vaga, serão consideradas abertas, na mesma data, todas as que decorrerem de seu preenchimento.

Substituição

OCUPANTES DE CARGOS EM COMISSÃO: terão substitutos indicados no regulamento ou estatuto do órgão ou entidade ou, em caso de omissão, previamente designados pela autoridade competente.

SUBSTITUTO: assumirá automaticamente o exercício do cargo nos afastamentos ou impedimentos do titular e fará jus à remuneração pelo seu exercício, paga na proporção dos dias de efetiva substituição, facultada a opção, na hipótese de o servidor exercer outro cargo em comissão.

1.5 Direitos e Vantagens

Tempo de serviço

APURAÇÃO DO TEMPO DE SERVIÇO: será feita em dias que serão convertidos em anos, considerado o ano de 365 dias.

EFETIVO EXERCÍCIO: serão considerados de efetivo exercício os afastamentos em virtude de: férias; casamento, até 8 dias corridos; luto até 5 dias corridos, por falecimento do cônjuge, companheiro, pais, madrasta, padrasto, filhos, enteados, irmãos, genros, noras, avós, sogro e sogra; nascimento de filho, até 5 dias corridos; exercício de cargo em comissão ou equivalente em órgãos ou entidades dos Poderes da União, estados, municípios ou Distrito Federal, quando legalmente autorizado; convocação para o Serviço Militar; júri e outros serviços obrigatórios por Lei; estudo em outro município, estado ou país, quando legalmente autorizado; licença: a) à maternidade, à adotante e à paternidade; b) para tratamento de saúde; c) por motivo de doença em pessoa da família; d) para o desempenho de mandato eletivo; e) prêmio.

VEDAÇÃO: é vedada a contagem cumulativa de tempo de serviço prestado concomitantemente em mais de um cargo ou função de órgão ou entidade dos Poderes da União, estado, Distrito Federal e município, autarquia, fundação pública, sociedade de economia mista e empresa pública.

CONTAGEM: contar-se-á apenas para efeito de aposentadoria, disponibilidade e promoção por antiguidade:

I - o tempo de serviço público prestado à União, Estado ou outro Município;

↓

II - a licença para mandato eletivo;

↓

III - o tempo de serviço em atividade privada, vinculada à Previdência Social.

TEMPO DE SERVIÇO: prestado às Forças Armadas, em operações de guerra, será contado em dobro.

1.6 Férias Anuais

Direito à férias e a da sua duração

SERVIDOR: faz jus, anualmente, a 30 dias consecutivos de férias, que podem ser acumuladas até o máximo de 2 períodos, no caso de necessidade do serviço. Para cada período aquisitivo serão exigidos 12 meses de exercício.

VEDAÇÃO: é vedado levar à conta de férias qualquer falta ao serviço.

FÉRIAS: poderão ser interrompidas por motivo de calamidade pública, comoção interna, convocação para o júri, serviço militar ou eleitoral ou necessidade comprovada de retorno inadiável ao trabalho.

Concessão e da época das férias

CONCESSÃO: as férias serão concedidas por ato do Dirigente da Unidade Administrativa, em um só período, nos 12 meses subsequentes a data em que o servidor tiver adquirido o direito. Somente em casos excepcionais serão as férias concedidas em 2 períodos, um dos quais não poderá ser inferior a 10 dias corridos.

CONCESSÃO DAS FÉRIAS: será participada, por escrito, ao servidor, com antecedência de no mínimo 15 dias, cabendo a este assinar a respectiva notificação.

PERÍODO DE FÉRIAS NÃO GOZADAS: durante a vida funcional, por necessidade de serviço, será contado em dobro para efeito de aposentadoria e disponibilidade.

ÉPOCA DA CONCESSÃO DAS FÉRIAS: será a que melhor consulte os interesses do Serviço Público, obedecidas as respectivas escalas, elaboradas, dentro do possível, atendendo aos interesses do servidor.

Remuneração e abono de férias

REMUNERAÇÃO: o servidor perceberá, antes do início do gozo de suas férias, a remuneração que lhe for devida na data da respectiva concessão, acrescida de pelo menos 1/3.

Efeitos da exoneração ou demissão

EXONERAÇÃO OU DEMISSÃO DE CARGO EFETIVO: concretizada a exoneração ou demissão de cargo efetivo, será devida ao servidor a remuneração correspondente ao período de férias cujo direito tenha adquirido.

SERVIDOR EXONERADO: terá direito a remuneração relativa ao período incompleto de férias, na proporção de 1/12 por mês de serviço ou fração igual ou superior a 15 dias.

1.7 Licenças

Disposições preliminares

LICENÇA: conceder-se-á ao servidor licença; para tratamento de saúde; por motivo de doença em pessoa da família; maternidade/paternidade; para serviço militar obrigatório; para acompanhar o cônjuge ou companheiro; para desempenho de mandato eletivo; prêmio.

LICENÇA PARA TRATAMENTO DE SAÚDE: depende de inspeção médica, pela Junta Médica Municipal, e terá a duração que for indicada no respectivo laudo. Terminado o prazo, o servidor será submetido à nova inspeção médica, devendo o laudo concluir pela volta do servidor ao exercício, pela prorrogação da licença ou, se for o caso, pela aposentadoria. Terminada a licença o servidor reassumirá imediatamente o exercício.

PRORROGAÇÃO OU TÉRMINO: a licença poderá ser terminada ou prorrogada de ofício ou a pedido.

PEDIDO DE PRORROGAÇÃO: deverá ser apresentado antes de finda a licença e, se indeferido, contar-se-á como licença o período compreendido entre a data do término e a do conhecimento oficial do despacho.

LICENÇAS CONCEDIDAS DENTRO DE 60 DIAS: contados do término da anterior, serão consideradas em prorrogação. Somente serão levadas em consideração as licenças da mesma espécie, com o mesmo objetivo.

CONCESSÃO: todas as licenças serão concedidas pelo prefeito, presidente da Câmara Municipal ou dirigente da entidade ou por delegação destes a pessoa credenciada.

Licença para tratamento de saúde

LICENÇA PARA TRATAMENTO DE SAÚDE: será ***ex-officio*** ou a pedido do servidor ou de seu legítimo representante, quando aquele não poder fazê-lo.

SERVIDOR LICENCIADO: para tratamento de saúde, não poderá dedicar-se a qualquer atividade remunerada, sob pena de ser cassada a licença.

EXAME: para concessão de licença para tratamento de saúde será feito pela Junta Médica Municipal, salvo se fora do município.

ATESTADO OU LAUDO PASSADO POR MÉDICO OU JUNTA MÉDICA PARTICULAR: só produzirá efeitos depois de homologado pela Junta Médica Municipal.

PUNIÇÃO: será punido disciplinarmente, com suspensão de 30 dias, o servidor que recusar a submeter-se a exame médico, cessando o efeito da penalidade, logo que se verifique o exame.

APTO: considerado apto, em exame médico, o servidor reassumirá, sob pena de se apurarem, como faltas injustificadas, os dias de ausência.

CURSO DA LICENÇA: poderá o servidor requerer exame médico, caso se julgue em condições de reassumir o exercício.

LICENÇA A SERVIDOR ATACADO de tuberculose ativa, alienação mental, neoplasia maligna, cegueira ou redução de vista que lhe seja praticamente equivalente, hanseníase, espondilartrose anquilosante, epilepsia vera, nefropatia grave, estados avançados de Paget (osteíte deformante) ou de outra moléstia que, a juízo de Junta Médica Municipal, ocasionar incapacidade total e definitiva, será concedida quando o exame médico não concluir pela concessão imediata da aposentadoria.

REMUNERAÇÃO DO SERVIDOR: será integral a remuneração do servidor licenciado para tratamento de saúde.

Licença por motivo de doença em pessoa da família

CONCESSÃO: será concedida licença ao servidor, por motivo de doença do cônjuge ou companheiro, padrasto ou madrasta, ascendentes, descendentes, enteado e colateral consanguíneo ou afim até o segundo grau civil, mediante comprovação médica.

LICENÇA: somente será deferida se a assistência direta do servidor for indispensável e não puder ser prestado simultaneamente com o exercício do cargo, o que deverá ser apurado através de acompanhamento social.

CONCESSÃO: a licença será concedida sem prejuízo de remuneração integral.

Licença-maternidade

SERVIDORA GESTANTE: mediante inspeção médica, será licenciada por 120 dias corridos com remuneração integral. Aplica-se à servidora adotante.

PRESCRIÇÃO MÉDICA: determinará a data de início da licença a ser concedida à gestante.

Licença-paternidade

LICENÇA-PATERNIDADE ao servidor que, por ocasião do nascimento de filho ou adoção, apresentar registro civil de nascimento da criança ou prova da adoção. A licença paternidade é de 5 dias corridos, contados a partir do nascimento ou adoção da criança.

Licença para serviço militar obrigatório

LICENÇA PARA SERVIÇO MILITAR OBRIGATÓRIO: ao servidor que for convocado para o serviço militar, e outros encargos de segurança nacional, será concedida licença com remuneração integral. A licença será concedida à vista de documento oficial que comprove a incorporação.

REMUNERAÇÃO: descontar-se-á a importância que o servidor perceber na qualidade de incorporado, salvo se optar pelas vantagens do serviço militar.

SERVIDOR DESINCORPORADO: conceder-se-á prazo não excedente a 30 dias, para que reassuma o exercício, sem perda de remuneração. A licença será também concedida ao servidor que houver feito curso para ser admitido como oficial das Forças Armadas, durante os estágios prescritos pelos regulamentos militares.

Licença para acompanhar cônjuge ou companheiro

SERVIDOR: cujo cônjuge ou companheiro tiver sido mandado servir, independentemente de solicitação, em outro ponto do território nacional, ou no estrangeiro, terá direito a licença sem remuneração; Excluem-se da regra os municípios integrantes da Região Metropolitana de Fortaleza.

LICENÇA: será concedida mediante pedido devidamente instruído e vigorará pelo tempo que durar a comissão ou a nova função do cônjuge ou companheiro.

Licença para desempenho de mandato eletivo

SERVIDOR INVESTIDO EM MANDATO ELETIVO: será considerado em licença, aplicando-se as seguintes disposições: tratando-se de mandato eletivo federal, estadual ou distrital, ficará afastado do seu cargo, emprego ou função sem remuneração; investido no mandato de Prefeito, será afastado do cargo, emprego ou função, sendo-lhe facultado optar pela sua remuneração; investido no mandato de vereador, havendo compatibilidade de horários, perceberá as vantagens de seu cargo, emprego ou função, sem prejuízo da remuneração do cargo eletivo, e, não havendo compatibilidade, será aplicada a norma do inciso anterior.

LICENÇA: considerar-se-á automática com a posse no mandato eletivo.

SERVIDOR MUNICIPAL: afastado nos termos deste artigo, só poderá reassumir o exercício do cargo, após o término ou renúncia do mandato.

SERVIDOR OCUPANTE DE CARGO EM COMISSÃO: será exonerado com a posse no mandato eletivo. Se o ocupante do cargo em comissão for também de um cargo de carreira ficará exonerado daquele e licenciado deste.

Atenção!

O servidor municipal deverá licenciar-se antes da eleição a que for concorrer, na forma dos dispositivos legais que regulamentam a matéria.

Licença-prêmio

LICENÇA-PRÊMIO: após cada quinquênio de efetivo exercício o servidor fará jus a 3 meses de licença, a título de prêmio por assiduidade, sem prejuízo de sua remuneração. Para que o servidor titular de cargo de carreira, no exercício de cargo em comissão, goze de licença prêmio, com as vantagens desse cargo, deve ter nele pelo menos dois anos de exercício ininterruptos.

TEMPO DE SERVIÇO PÚBLICO PRESTADO: somente o tempo de serviço público prestado ao município de Fortaleza, será contado para efeito de licença-prêmio.

NÃO CONCESSÃO: não se concederá licença-prêmio ao servidor que no período aquisitivo:

I - sofrer penalidade disciplinar de suspensão.

II - afastar-se do cargo em virtude de:

a) licença para tratamento em pessoa da família por mais de 04 (quatro) meses ininterruptos ou não;

b) para trato de interesse particular;

c) por afastamento para acompanhar o cônjuge ou companheiro, por mais de 03 (três) meses ininterruptos ou não:

d) licença para tratamento de saúde por prazo superior a 06 (seis) meses ininterruptos ou não;

e) disposição sem ônus.

FALTAS INJUSTIFICADAS AO SERVIÇO: retardarão a concessão da licença, na proporção de um mês para cada alta.

LICENÇA-PRÊMIO A PEDIDO DO SERVIDOR: poderá ser gozada por inteiro ou parceladamente.

GOZO PARCELADO: requerida para gozo parcelado, a licença-prêmio não será concedida por período inferior a um mês.

Atenção!

É facultado à autoridade competente, tendo em vista o interesse da Administração, devidamente fundamentado, determinar, dentro de 90 dias seguintes da apuração do direito, a data do início do gozo pela licença-prêmio, bem como decidir se poderá ser concedida por inteiro ou parceladamente.

INTERRUPÇÃO: a licença-prêmio poderá ser interrompida, de ofício, quando o exigir interesse público, ou a pedido do servidor, preservado em qualquer caso, o direito ao gozo do período restante da licença.

FACULDADE: é facultado ao servidor contar em dobro o tempo de licença-prêmio não gozada, para efeito de aposentadoria e disponibilidade.

AGUARDE: o servidor deverá aguardar em exercício a concessão da licença-prêmio.

DIREITO DE REQUERER LICENÇA-PRÊMIO: não está sujeito à caducidade.

1.8 Afastamentos

Disposições preliminares

AFASTAMENTO: o servidor poderá se afastar do exercício funcional: sem prejuízo da remuneração, quando a) for estudante para incentivo à sua formação profissional e dentro dos limites estabelecidos nesta Lei; b) for realizar missão ou estudo fora do município de Fortaleza; c) por motivo de casamento até o máximo de 8 dias; d) por motivo de luto, até 5 dias; ***II - sem direito a percepção da remuneração quando se tratar de afastamento para o trato de interesse particular; III - com ou sem direito a percepção da remuneração***, conforme se dispuser em lei ou regulamento, quando para o exercício das atribuições de cargo, função ou emprego em órgãos ou entidades da Administração Federal, Estadual ou Municipal.

SERVIDORES OCUPANTES DE CARGO DE CARREIRA OU COMISSÃO: poderão, devidamente autorizados, integrar ou assessorar comissões, grupos de trabalho ou programas, com ou sem prejuízos da remuneração.

Para trato de interesse particular

TRATO DE INTERESSE PARTICULAR: depois de 2 anos de efetivo exercício, o servidor poderá obter autorização de afastamento para o trato de interesse particular, por um período não superior a 10 anos, consecutivos ou não.

Atenção!

O servidor deverá aguardar em exercício a autorização do seu afastamento.

AFASTAMENTO DO SERVIDOR: não será autorizado o afastamento do servidor removido antes de ter assumido o exercício.

AFASTAMENTO PARA O TRATO DE INTERESSE PARTICULAR: será negado quando for inconveniente ao interesse público.

AUTORIZAÇÃO: quando o interesse do serviço o exigir, a autorização poderá ser revogada, a juízo da autoridade competente, devendo, neste caso, o servidor ser expressamente notificado para se apresentar ao serviço no prazo máximo de 30 dias, prorrogável por igual período, findo o qual caracterizar-se-á o abandono do cargo.

REASSUMIR CARGO: o servidor poderá a qualquer tempo reassumir o exercício, desistindo da autorização.

Autorizações para incentivo à formação profissional do servidor

AUTORIZAÇÃO: poderá ser autorizado o afastamento, de até 2 horas diárias, ao servidor que frequente curso regular de 1º grau, 2º grau ou do Ensino Superior, a critério da Administração. A autorização poderá dispor que a redução dar-se-á por prorrogação do início ou antecipação do término do expediente diário, conforme considerar mais conveniente ao estudante e aos interesses da repartição.

AFASTAMENTO PARA MISSÃO OU ESTUDO FORA DO MUNICÍPIO OU NO ESTRANGEIRO: será autorizado nos mesmos atos que designarem o servidor a realizar a missão ou estudo, quando do interesse do município. As autorizações dependerão de comprovação, mediante documento oficial, das condições previstas para elas, podendo a autoridade competente exigi-la, prévia ou posteriormente, conforme julgar conveniente.

Direito de petição

DIREITO DE PETIÇÃO: é assegurado ao servidor o direito de petição para requerer ou representar e pedir reconsideração.

PEDIDO DE RECONSIDERAÇÃO: será dirigido à autoridade que houver expedido o ato ou proferido a primeira decisão, não podendo ser renovado. O pedido de reconsideração deverá ser decidido dentro do prazo de 30 dias.

CABERÁ RECURSO do indeferimento do pedido de reconsideração; das decisões sobre os recursos sucessivamente interpostos.

RECURSO que não terá efeito suspensivo, será dirigido à autoridade imediatamente superior a quem tiver expedido o ato ou proferido a decisão, e, sucessivamente, em escala, às demais autoridades.

DIREITO DE PLEITEAR: na esfera administrativa prescreverá: em 5 anos, quanto aos atos de que decorrerem demissão, cassação de aposentadoria ou disponibilidade; em 120 dias, nos demais casos.

PRAZO DE PRESCRIÇÃO: contar-se-á da data da publicação do ato impugnado e quando esta for de natureza reservada, da data em que o interessado dele tiver ciência.

PEDIDO DE RECONSIDERAÇÃO: quando cabível, interrompe a prescrição.

PRESCRIÇÃO INTERROMPIDA: recomeçará a correr pela metade do prazo da data do ato que a interrompeu, ou do último ato ou termo do respectivo processo.

Vencimento e remuneração

VENCIMENTO: é a retribuição pecuniária pelo exercício de cargo público, com valor fixado em lei.

REMUNERAÇÃO: é o vencimento do cargo, acrescido das vantagens pecuniárias permanentes ou temporárias estabelecidas em Lei.

SERVIDOR PERDERÁ: a remuneração dos dias que faltar ao serviço, salvo os casos previstos nesta Lei; a parcela da remuneração diária proporcional aos atrasos, às ausências e às saídas antecipadas, na forma que se dispuser por decreto.

VENCIMENTO, REMUNERAÇÃO, PROVENTO OU QUALQUER VANTAGEM PECUNIÁRIA: atribuída ao servidor, não sofrerão descontos além dos previstos expressamente em lei, nem serão objeto de arresto, sequestro ou penhora, salvo em se tratando de: prestação de alimentos, determinada judicialmente ou acordada; reposição ou indenização devida à Fazenda Municipal.

REPOSIÇÕES E INDENIZAÇÕES à FAZENDA MUNICIPAL: serão descontadas em parcelas mensais não excedentes da 10ª parte da remuneração. Quando o servidor for exonerado ou demitido, a quantia por ele devida será inscrita como dívida ativa para os efeitos legais.

SERVIDOR QUE NÃO ESTIVER NO EXERCÍCIO DO CARGO: somente poderá perceber vencimento ou remuneração nos casos previstos em lei ou regulamento.

REMUNERAÇÃO DO SERVIDOR E OS PROVENTOS DO APOSENTADO: quando falecidos, são indivisíveis e pagos de acordo com a ordem de preferência estabelecida na lei civil.

1.9 Vantagens Pecuniárias

Disposições preliminares

VANTAGENS: juntamente com o vencimento, poderão ser pagas ao servidor as seguintes vantagens:

I - 13ª remuneração;

II - gratificação de insalubridade, periculosidade e risco de vida;

III - gratificação por serviço extraordinário;

IV - gratificação por participação em órgão de deliberação coletiva;

V - gratificação por participação em comissão examinadora de concurso;

VI - gratificação por exercício de magistério;

VII - diárias;

VIII - adicional por tempo de serviço;

IX - adicional por trabalho noturno;

X - gratificação por representação;

XI - gratificação pelo aumento de produtividade;

XII - (suprimido pela Lei nº 6.901, de 25 de junho de 1991).

XIII - gratificação pela execução de trabalho relevante, técnico ou científico;

XIV - retribuição adicional variável;

XV - gratificação de raio X;

XVI - gratificação pela prestação de serviço em regime de sobre aviso permanente;

XVII - gratificação de plantão.

13ª remuneração

13ª REMUNERAÇÃO: corresponde a 1/12 da remuneração a que o servidor fizer jus no mês de dezembro, por mês de exercício, no respectivo ano. A fração igual ou superior a 15 dia será considerada como mês integral.

VACÂNCIA EM CARGO DE CARREIRA: no caso de vacância em cargo de carreira, qualquer que seja a sua causa, o servidor perceberá 13ª remuneração proporcionalmente aos meses de efetivo exercício, calculada sobre a remuneração do último mês trabalhado.

Atenção!

A 13ª remuneração não será considerada para cálculo de qualquer vantagem pecuniária.

Gratificação de insalubridade, periculosidade e risco de vida

ATIVIDADES OU OPERAÇÕES INSALUBRES: aquelas que, por sua natureza, condições ou métodos de trabalho, exponham os servidores a agente nocivo à saúde, acima dos limites de tolerância fixados em razão da natureza e da intensidade do agente e o tempo de exposição aos seus efeitos.

ELIMINAÇÃO OU NEUTRALIZAÇÃO DA INSALUBRIDADE OCORRERÁ: com adoção de medidas que conservem o ambiente de trabalho dentro dos limites de tolerância; com a utilização de equipamentos de proteção individual ao servidor, que diminuam a intensidade do agente agressivo a limites de tolerância.

INSALUBRIDADE E PERICULOSIDADE: serão comprovadas por meio de perícia médica.

EXERCÍCIO DE TRABALHO EM CONDIÇÕES INSALUBRES: acima dos limites de tolerância estabelecidos pelo Ministério do Trabalho, assegura a percepção da gratificação de insalubridade.

GRATIFICAÇÃO: classifica-se segundo os graus máximo, médio e mínimo, com valores de 40%, 20% e 10% do vencimento base do servidor, respectivamente.

ATIVIDADES OU OPERAÇÕES PERIGOSAS: são consideradas atividades ou operações perigosas, aquelas que, por sua natureza ou método de trabalho, impliquem em contato permanente com inflamáveis ou explosivos em condições de risco acentuado.

TRABALHO EM CONDIÇÕES DE PERICULOSIDADE: assegura ao servidor uma gratificação de 30% sobre o vencimento base.

EXECUÇÃO DE TRABALHO DE NATUREZA ESPECIAL: pela execução de trabalho de natureza especial com risco de vida será concedida uma gratificação de 20%, calculada sobre o vencimento base do servidor.

DIREITO DO SERVIDOR à gratificação de insalubridade, periculosidade ou risco de vida, cessará com a eliminação do risco à saúde ou integridade física.

SERVIDOR: poderá optar pela gratificação de insalubridade, periculosidade ou risco de vida, vedada a acumulação dessas gratificações, garantida a incorporação aos proventos desde que comprovada a percepção do benefício por período superior a 2 anos, de forma ininterrupta, na data de postulação da aposentadoria.

Gratificação por serviço extraordinário

SERVIÇO EXTRAORDINÁRIO: será calculado com acréscimo de 50% em relação à hora normal de trabalho, incidindo sobre a remuneração do servidor, excetuando-se a representação de cargo comissionado. Somente será permitido serviço extraordinário para atender situações excepcionais e temporárias, respeitado o limite máximo de 2 horas diárias.

Diárias

SERVIDOR: que, a serviço, se afastar do município, em caráter eventual ou transitório, para outro ponto do território nacional, fará jus a passagens e diárias, para cobrir as despesas de hospedagem, alimentação e locomoção, cujo valor será fixado por ato do prefeito ou presidente da Câmara, conforme o caso.

DIÁRIA: será concedida por dia de afastamento, sendo devida pela metade quando o deslocamento não exigir pernoite fora do município.

SERVIDOR QUE RECEBER DIÁRIAS E NÃO SE AFASTAR DO MUNICÍPIO: por qualquer motivo, fica obrigado a restituí-las, integralmente, no prazo de 5 dias. Na hipótese de o servidor retornar ao município em prazo menor do que o previsto para seu afastamento, restituirá as diárias recebidas em excesso no prazo de 5 dias.

Adicional por tempo de serviço

ADICIONAL POR TEMPO DE SERVIÇO: é devido à razão de 1% por anuênio de efetivo serviço público, incidente sobre o vencimento do servidor. O servidor fará jus ao adicional por tempo de serviço a partir do mês subsequente àquele em que completar anuênio.

LIMITE DO ADICIONAL é de 35%.

ANUÊNIO: calculado sobre o vencimento, mantidas as condições estabelecidas pela Lei nº 5.391, de 6 de maio de 1981, e pelo art. 53 da Lei Complementar nº 1, de 13 de setembro de 1990, incorporando-se aos vencimentos para todos os efeitos, inclusive para aposentadoria e disponibilidade. Não poderá receber o adicional o servidor que perceber qualquer vantagem por tempo de serviço, salvo opção por uma delas.

Adicional por trabalho noturno

TRABALHO NOTURNO: terá remuneração superior à do diurno e, para esse efeito, sua remuneração terá um acréscimo de 20% sobre a hora diurna.

HORA DO TRABALHO NOTURNO: será computada como de 52 minutos e 30 segundos. Considera-se noturno, o trabalho executado entre às 19 horas de um dia e às 7 horas do dia seguinte.

HORÁRIOS MISTOS: assim entendidos os que abrangem períodos diurnos e noturnos, aplica-se às horas de trabalho noturno.

Gratificação de representação

GRATIFICAÇÃO DE REPRESENTAÇÃO: é atribuída aos ocupantes de cargos em comissão e outros que a legislação determinar, tendo em vista despesas de natureza social e profissional determinadas pelo exercício funcional.

PERCENTUAIS DA GRATIFICAÇÃO: serão estabelecidos em Lei, em ordem decrescente, a partir da remuneração de Secretário Municipal.

SERVIDOR INVESTIDO EM CARGO EM COMISSÃO: quando deste afastado depois de 8 anos sem interrupção ou 10 anos consecutivos ou não, fica com o direito de continuar a perceber a representação correspondente ao cargo em comissão que ocupava à época do afastamento, garantida a incorporação desta vantagem aos proventos de aposentadoria.

TEMPO DE SERVIÇO: também para integralização do tempo de serviço exigido no ***caput*** deste artigo, computar-se-á: ***O período em que o servidor atuar como membro de comissão, percebendo gratificação equivalente a cargo comissionado, a qualquer tempo.***

SERVIDOR BENEFICIADO: poderá optar pela maior representação dos cargos em comissão exercidos, no qual tenha permanecido por um período mínimo de 12 meses.

SERVIDOR QUE JÁ TENHA ADICIONADO AOS SEUS VENCIMENTOS A VANTAGEM: quando nomeado para cargo comissionado, poderá perceber, a título de verba especial, o valor correspondente a 60% da representação do cargo em comissão que esteja exercendo.

DIREITO À PERCEPÇÃO DA VANTAGEM: cessa quando o servidor deixar de exercer o cargo em comissão, não podendo esta vantagem, sob qualquer hipótese, ser adicionada ou incorporada a seus vencimentos ou proventos, para nenhum efeito.

Estabilidade

SERVIDOR HABILITADO: em concurso público e empossado em cargo de carreira adquirirá estabilidade no serviço público após 2 anos de efetivo exercício.

SERVIDOR ESTÁVEL: só perderá o cargo em virtude de sentença judicial transitada em julgado ou de processo administrativo disciplinar no qual lhe seja assegurada ampla defesa.

INVALIDADA A DEMISSÃO DO SERVIDOR ESTÁVEL: será ele reintegrado, e o eventual ocupante da vaga reconduzido ao cargo de origem, sem direito a indenização, aproveitado em outro cargo ou posto em disponibilidade.

Disponibilidade e do aproveitamento

EXTINTO O CARGO OU DECLARADA A SUA DESNECESSIDADE: o servidor estável ficará em disponibilidade, com remuneração integral.

RETORNO À ATIVIDADE DE SERVIDOR EM DISPONIBILIDADE: far-se-á mediante aproveitamento obrigatório em cargo de atribuições e vencimentos compatíveis com o anteriormente ocupado.

APROVEITAMENTO DE SERVIDOR: que se encontra em disponibilidade a mais de 1 ano dependerá de prévia comprovação de sua capacidade física e mental, por Junta Médica Municipal. Se julgado apto, o servidor assumirá o exercício do cargo no prazo de 30 dias contados da publicação do ato de aproveitamento.

INCAPACIDADE DEFINITIVA: verificada a incapacidade definitiva, o servidor em disponibilidade será aposentado.

SEM EFEITO: será tornado sem efeito o aproveitamento e cessada a disponibilidade se o servidor não entrar em exercício no prazo legal, salvo doença comprovada por Junta Médica Municipal.

1.10 Previdência e da Assistência

Disposições preliminares

MUNICÍPIO: assegurará a manutenção de um sistema de previdência e assistência que, dentre outros, preste os seguintes benefícios ao servidor e à sua família: aposentadoria; pensão; e assistência médica, odontológica e hospitalar.

BENEFÍCIOS E SERVIÇOS: serão concedidos, nos termos e condições definidos em regulamento, observadas as disposições desta Lei.

RECEBIMENTO INDEVIDO de benefícios havidos por fraude, dolo ou má fé, implicará devolução ao Erário do total auferido, sem prejuízo da ação cabível.

1.11 Aposentadoria

Disposições preliminares

SERVIDOR SERÁ APOSENTADO: por invalidez permanente; compulsoriamente; voluntariamente.

PROPORCIONALIDADE DOS PROVENTOS DA APOSENTADORIA: com base no tempo de serviço, obedecerá sempre aos seguintes percentuais sobre o vencimento do cargo: até 10 anos de tempo de serviço, 50%; de mais de 10 anos até 15 anos de tempo de serviço, 60%; de mais de 15 até 20 anos de tempo de serviço, 70%; de mais de 20 anos até 25 anos de tempo de serviço, 80%; de mais de 25 e menos de 30 e 35 anos, conforme o caso, 90%.

RESULTADO DA APLICAÇÃO DA PROPORCIONALIDADE: constituirá a parte fixa dos proventos do inativo, a que se acrescentarão as vantagens pecuniárias que deverão integrá-los.

SERVIDOR QUE CONTAR TEMPO DE SERVIÇO IGUAL OU SUPERIOR ao fixado para aposentadoria voluntária com proventos integrais, ou aos 70 anos de idade, aposentar-se-á com as vantagens do cargo em comissão, em cujo exercício se encontrar, desde que haja ocupado durante 5 anos ininterruptamente ou 7 anos consecutivos ou não.

SERVIDOR BENEFICIADO: poderá optar pela maior representação dos cargos em comissão exercidos, e no qual tenha permanecido por um período mínimo de 12 meses.

PROVENTOS DA APOSENTADORIA: serão revistos, na mesma proporção e na mesma data, sempre que se modificar a remuneração dos servidores em atividade, sendo também estendidos aos inativos quaisquer benefícios ou vantagens posteriormente concedidas aos servidores em atividade, inclusive quando decorrentes da transformação ou reclassificação do cargo ou função em que se deu a aposentadoria.

Aposentadoria por invalidez

SERVIDOR SERÁ APOSENTADO POR INVALIDEZ PERMANENTE: sendo os proventos integrais, quando: decorrer de acidente em serviço: por moléstia profissional ou doença grave, contagiosa ou incurável, especificada em lei, inclusive: quando acometido de tuberculose ativa, alienação mental, neoplasia maligna, cegueira ou redução de vista que lhe seja praticamente equivalente; quando acometido de hanseníase, paralisia irreversível e incapacitante, cardiopatia grave, doença de Parkinson, espondiartrose anquilosante, epilepsia vera, nefropatia grave e estados avançados de Paget.

ACIDENTE EM SERVIÇO: todo aquele que, acarretando dano físico ou mental para o servidor, ocorra em razão do desempenho do cargo, ainda que fora da sede, ou durante o período de trânsito, inclusive no deslocamento do ou para o trabalho. Considera-se também acidente em serviço, a agressão sofrida e não provocada pelo servidor, em decorrência do desempenho do cargo, ainda que fora do local de trabalho.

DOENÇA PROFISSIONAL: a que decorrer das condições de serviço de fato nele ocorridas, devendo o laudo médico estabelecer-lhe a precisa caracterização.

PROVA DE ACIDENTE: será feita em processo especial, no prazo de 10 dias, prorrogáveis quando as circunstâncias o exigirem, sob pena de suspensão de quem omitir ou retardar providências.

PROVENTOS DE APOSENTADORIA POR INVALIDEZ: serão proporcionais ao tempo de serviço, na forma prevista pelo art. 133, deste Estatuto.

Aposentadoria compulsória

SERVIDOR SERÁ APOSENTADO COMPULSORIAMENTE: aos 70 anos de idade, com proventos proporcionais ao tempo de serviço.

RETARDAMENTO DO ATO QUE DECLARAR A APOSENTADORIA COMPULSÓRIA: não impedirá que o servidor se afaste do exercício de seu cargo ou função no dia imediato ao que atingir a idade limite.

Aposentadoria voluntária

SERVIDOR SERÁ APOSENTADO VOLUNTARIAMENTE: aos 35 anos de serviço, se homem, e aos 30, de mulher, com proventos integrais; aos 30 anos de efetivo exercício em função de magistério, se professor, e 25, se professora, com proventos integrais; aos 30 anos de serviço, se homem, e aos 25, se mulher, com proventos proporcionais a esse tempo; aos 65 anos de idade, se homem, e aos 60, se mulher, com proventos proporcionais ao tempo de serviço.

SERVIDOR QUE REQUERER APOSENTADORIA: poderá afastar-se do exercício de seu cargo ou função após decorridos 60 dias da data da postulação, mediante expedição de documento fornecido pelo órgão, comprobatório de que o servidor implementou o tempo de serviço necessário à aposentadoria. Parágrafo único acrescentado pela Lei nº 6.901/91.

Pensão

REGIME PREVIDENCIÁRIO DOS SERVIDORES PÚBLICOS MUNICIPAIS: ocupantes de cargos efetivos (PREVIFOR) é atualmente disciplinado na Lei nº 9.103/2006.

MORTE DO SERVIDOR: os dependentes fazem jus a uma pensão mensal de valor correspondente, até o limite fixado em lei, ao da respectiva remuneração ou proventos.

PENSÕES: distinguem-se quanto à natureza em vitalícia e temporária.

PENSÃO VITALÍCIA: é composta de cota ou cotas permanentes, que somente se extinguem ou revertem com a morte de seus beneficiários.

PENSÃO TEMPORÁRIA: é composta de cota ou cotas que podem extinguir-se ou reverter por motivo de morte, cessação da invalidez ou maioridade do beneficiário.

BENEFICIÁRIOS DAS PENSÕES: vitalícia: a) cônjuge; b) a pessoa separada judicialmente ou divorciada, com percepção de pensão alimentícia; c) a companheira que comprove convivência há 5 anos ou que tenha filho em comum com o servidor; d) a mãe e/ou pai que comprovem dependência econômica ao servidor; e) a pessoa designada maior de 60 anos e a pessoa portadora de deficiência que viva sob a dependência econômica do servidor; temporária: a) os filhos de qualquer condição, ou enteados até 21 anos de idade, ou se inválidos enquanto durar a invalidez; b) o menor sob a guarda ou tutela até 21 anos de idade; c) o irmão órfão de pai e sem padrasto, até 21 anos, e o inválido que comprove dependência econômica ao servidor; e d) a pessoa designada que viva na dependência econômica do servidor, até 21 anos, ou inválida.

HABILITAÇÃO DE VÁRIOS TITULARES: ocorrendo habilitação de vários titulares à pensão vitalícia, o valor será distribuído em partes iguais entre os beneficiários habilitados. Ocorrendo habilitação às pensões vitalícia e temporária, metade do valor caberá ao titular ou titulares da pensão vitalícia, sendo a outra metade rateada, em partes iguais entre os titulares da pensão temporária. Ocorrendo habilitação somente à pensão temporária, o valor integral da pensão será rateado, em partes iguais, entre os que se habilitarem.

CONCEDIDA A PENSÃO: qualquer prova posterior ou habilitação tardia que implique exclusão de beneficiário ou redução de pensão só produzirá efeitos a partir da data em que foi oferecida.

PENSÃO PROVISÓRIA POR MORTE PRESUMIDA DO SERVIDOR OU INATIVO: nos seguintes casos: declaração de ausência, pela autoridade judiciária competente; desaparecimento em desabamento, inundação, incêndio, ou acidente não caracterizado como em serviço; desaparecimento no desempenho das atribuições do cargo.

Atenção!

A pensão será transformada em vitalícia ou temporária, conforme o eventual reaparecimento do servidor.

PERDA DA QUALIDADE DE BENEFICIÁRIO: seu falecimento; a anulação do casamento, quando a decisão ocorrer após a concessão da pensão ao cônjuge; a cessação de invalidez em se tratando de beneficiário inválido; a maioridade de filho, irmão, órfão ou pessoa designada aos 21 anos de idade: a acumulação de pensão; a renúncia expressa.

MORTE OU PERDA DA QUALIDADE DE BENEFICIÁRIO: a respectiva cota reverterá: da pensão vitalícia para os remanescentes desta ou para os titulares da pensão temporária, se não houver pensionista remanescente de pensão vitalícia; da pensão temporária para os cobeneficiários ou, na falta destes, para o beneficiário da pensão vitalícia.

PENSÃO: poderá ser requerida a qualquer tempo, prescrevendo tão somente as prestações exigíveis há mais de 5 anos. As pensões serão automaticamente atualizadas na mesma proporção e condições dos reajustes dos vencimentos dos servidores em atividade.

PERCEPÇÃO CUMULATIVA DE PENSÃO: ressalvado o direito de opção, é vedada a percepção cumulativa de pensão, salvo a hipótese de 2 pensões originárias de cargos ou empregos públicos constitucionalmente acumuláveis.

Faltas ao serviço

FALTAS AO SERVIÇO: nenhum servidor poderá faltar ao serviço sem causa justificada, sob pena de ter descontados dos seus vencimentos os dias de ausência.

CAUSA JUSTIFICADA: o fato que por natureza e circunstância, possa razoavelmente constituir escusa do comportamento.

SERVIDOR QUE FALTAR AO SERVIÇO: fica obrigado a justificar a falta, por escrito, ao chefe imediato, no primeiro dia em que comparecer ao trabalho.

NÃO PODERÃO SER JUSTIFICADAS AS FALTAS: que excederem de 20 por ano, obedecido o limite de 3 ao mês.

CHEFE IMEDIATO DO SERVIDOR: decidirá sobre a justificação das faltas, até o máximo de 10 por ano; a justificação das que excederem a esse número até o limite de 20 será submetida, devidamente informada por essa autoridade, à decisão do seu superior hierárquico, no prazo de 5 dias.

JUSTIFICAÇÃO DE FALTAS: poderão ser exigidas provas do motivo alegado pelo servidor.

AUTORIDADE COMPETENTE: decidirá sobre a justificação no prazo de 5 dias, cabendo recurso para autoridade superior, quando indeferido o pedido. Deferido o pedido de justificação da falta, será o requerimento encaminhado ao órgão de pessoal para as devidas providências.

Proibições

SERVIDOR É PROIBIDO: ausentar-se do serviço durante o expediente, sem prévia autorização do chefe imediato; retirar, sem prévia anuência da autoridade competente, qualquer documento ou objeto da repartição; recusar fé a documentos públicos; opor resistência injustificada ao andamento de documento e processo ou execução de serviço; referir-se de modo depreciativo ou desrespeitoso às autoridades públicas ou aos atos do Poder Público, mediante manifestação escrita ou oral; cometer a pessoa estranha à repartição, fora dos casos previstos em Lei, o desempenho de encargos que sejam da sua competência ou de seu subordinado; compelir ou aliciar outro servidor no sentido de filiação à associação profissional ou sindical, ou a partido político; manter, sob sua chefia imediata, cônjuge, companheiro ou parente até o segundo grau civil; valer-se do cargo para lograr proveito pessoal ou de outrem, em detrimento da dignidade da função pública; exercer comércio ou participar de sociedade comercial, exceto como acionista, cotista ou comandatário; participar de gerência de administração de empresa privada e, nessas condições, transacionar com o Estado; receber propina, comissão, presente ou vantagens de qualquer espécie, em razão de suas atribuições; praticar usura sob qualquer de suas formas; proceder de forma desidiosa; cometer a outro servidor atribuições estranhas às do cargo que ocupa, exceto em situações de emergência e transitórias; utilizar pessoal ou recursos materiais da repartição em serviços ou atividades particulares; exercer quaisquer atividades que sejam incompatíveis com o exercício do cargo e com o horário de trabalho; acumular cargos, funções e empregos públicos nos termos da Constituição Federal.

PROCESSO ADMINISTRATIVO: verificada em processo administrativo a acumulação ilícita, desde que seja comprovada a boa-fé, o servidor optará por um dos cargos e, se não o fizer dentro de 15 dias, será exonerado de qualquer deles, a critério da Administração.

Responsabilidades

SERVIDOR: responde civil, penal e administrativamente pelo exercício irregular de suas atribuições.

RESPONSABILIDADE CIVIL: decorre de ato omissivo ou comissivo, doloso ou culposo, de que resulte prejuízo ao Erário ou terceiros. Trata de dano causado a terceiros, responderá o servidor perante a Fazenda Municipal em ação regressiva, nos casos de dolo ou culpa.

RESPONSABILIDADE PENAL: abrange os critérios e as contravenções, imputadas ao servidor, nesta qualidade.

RESPONSABILIDADE ADMINISTRATIVA: resulta de ato omissivo ou comissivo praticado no desempenho do cargo ou função.

SANÇÕES CIVIS, PENAIS E ADMINISTRATIVAS: poderão cumular-se, sendo independentes entre si.

RESPONSABILIDADE CIVIL OU ADMINISTRATIVA DO SERVIDOR: será afastada no caso de absolvição criminal que neguem a existência do fato ou sua autoria.

Penalidades

PENALIDADES DISCIPLINARES: advertência, suspensão, demissão, cassação de aposentadoria ou disponibilidade, e destituição de cargo em comissão.

APLICAÇÃO DAS PENALIDADES: serão consideradas a natureza e a gravidade da infração cometida, os danos que dela proverem para o serviço público, as circunstâncias agravantes ou atenuantes e os antecedentes funcionais.

ADVERTÊNCIA: será aplicada por escrito, nos casos de violação de proibições, e de inobservância de dever funcional previsto nesta Lei, regulamento ou normas internas.

SUSPENSÃO: será aplicada em caso de reincidência das faltas punidas com advertência e de violação das demais proibições que não tipifiquem infração sujeita a penalidade de demissão, não podendo exceder de 90 dias.

CONVENIÊNCIA PARA O SERVIÇO: a penalidade de suspensão poderá ser convertida em multa, na base de 50% por dia da remuneração, ficando o servidor obrigado a permanecer em serviço.

PENALIDADES DE ADVERTÊNCIA E DE SUSPENSÃO: terão seus registros cancelados, após o decurso de 3 e 5 anos de efetivo exercício, respectivamente, se o servidor não houver, nesse período, praticado nova infração disciplinar.

DEMISSÃO: será aplicada nos seguintes casos: crime contra a administração pública; abandono de cargo; inassiduidade habitual; improbidade administrativa; insubordinação grave em serviço; ofensa física, em serviço, a servidor ou a particular, salvo em legítima defesa própria ou de ourem; aplicação irregular de dinheiro público; revelação de segredo apropriado em razão do cargo; lesão aos cofres públicos e dilapidação do patrimônio municipal; acumulação ilegal de cargos, empregos ou funções públicas; transgressão.

ABANDONO DE CARGO: a deliberada ausência ao serviço, sem justa causa, por mais de 30 dias consecutivos.

INASSIDUIDADE HABITUAL: a falta ao serviço, sem causa justificada, por 60 dias, interpoladamente, durante o período de 12 meses.

ATO DE IMPOSIÇÃO DA PENALIDADE: sempre o fundamento legal e a causa da sanção disciplinar.

PENALIDADES: disciplinares serão aplicadas: prefeito, presidente da Câmara ou dirigente superior de autarquias ou fundações, as de demissão, cassação de disponibilidade e aposentadoria; pelo secretário municipal ou autoridade equivalente, a de suspensão superior a 30 dias; a aplicação das penas de advertência e suspensão até 30 dias é da competência de todas as autoridades administrativas em relação a seus subordinados; pela autoridade que houver feito a nomeação, quando se tratar de destituição de cargo em comissão de não ocupante de cargo de carreira.

AÇÃO DISCIPLINAR PRESCREVERÁ: em 5 anos, quanto às infrações puníveis com demissão, cassação de aposentadoria e disponibilidade e destituição de cargo em comissão; em 2 anos, quanto à suspensão; e em 180 dias, quanto à advertência.

PRAZO DE PRESCRIÇÃO: começa a correr da data em que o ilícito foi praticado. Os prazos de prescrição previstos na lei penal aplicam-se às infrações disciplinares capituladas também como crime.

ABERTURA DE SINDICÂNCIA OU INSTAURAÇÃO DE PROCESSO: disciplinar interrompe a prescrição.

SUSPENSO O CURSO DA PRESCRIÇÃO: este recomeçará a ocorrer, pelo prazo restante, a partir do dia em que cessara suspensão. São imprescritíveis o ilícito de abandono de cargo e a respectiva sanção.

Processo administrativo disciplinar

AUTORIDADE QUE TIVER CIÊNCIA DE IRREGULARIDADE NO SERVIÇO PÚBLICO: é obrigada a promover sua apuração imediata, mediante sindicância ou processo administrativo disciplinar, assegurada ao acusado ampla defesa.

DENÚNCIAS SOBRE IRREGULARIDADES: serão objeto de apuração, desde que contenham identificação e endereço do denunciante e sejam formuladas por escrito, confirmada a autenticidade.

ATO QUE COMINAR SANÇÃO: precederá sempre procedimento disciplinar, assegurado ao servidor ampla defesa, nos termos desta Lei, sob pena de nulidade da cominação imposta.

AUTORIDADE QUE DETERMINAR A INSTAURAÇÃO DA SINDICÂNCIA: terá prazo nunca inferior a 30 dias, para sua conclusão, prorrogáveis até o máximo de 15 dias, à vista da representação motivada do sindicante.

SINDICÂNCIA INSTAURADA PELA AUTORIDADE: poderá resultar arquivamento do processo e abertura de inquérito administrativo.

SINDICÂNCIA SERÁ ABERTA POR PORTARIA: em que se indique seu objeto e um servidor ou comissão de servidores, para a realizar. Quando a sindicância for realizada apenas por um sindicante este designará outro servidor para secretariar os trabalhos mediante a aprovação do superior hierárquico.

PROCESSO DE SINDICÂNCIA: será sumário, feitas as diligências necessárias à apuração das irregularidades e ouvido o indiciado e todas as pessoas envolvidas nos fatos, bem como peritos e técnicos necessários ao esclarecimento de questões especializadas.

Processo disciplinar

PROCESSO DISCIPLINAR: é o instrumento destinado a apurar responsabilidade de servidor por infração praticada no exercício de suas atribuições, ou que tenha relação mediata com as atribuições do cargo em que se encontre investido.

CONDUÇÃO: o processo disciplinar será conduzido por Comissão de Inquérito Composta de servidores designados pela autoridade competente que indicará, dentre eles, seu presidente e secretário.

NÃO PODERÁ PARTICIPAR DE COMISSÃO DE SINDICÂNCIA OU DE INQUÉRITO: parente do acusado, consanguíneo ou afim, em linha reta ou colateral, até o terceiro grau.

COMISSÃO DE INQUÉRITO: exercerá suas atividades com independência e imparcialidade, assegurado o sigilo necessário à elucidação do fato ou exigido pelo interesse da Administração, sem prejuízo do direito de defesa do indiciado.

Inquérito

INQUÉRITO ADMINISTRATIVO: será contraditório, assegurada ao acusado ampla defesa, com a utilização de meios e recursos admitidos em direito.

RELATÓRIO DA SINDICÂNCIA: integrará o inquérito administrativo, como peça informativa da instrução do processo. Na hipótese de o relatório da sindicância concluir pela prática de crime, a autoridade competente oficiará à autoridade policial, para abertura do inquérito, independentemente da imediata instauração do processo disciplinar.

PRAZO PARA CONCLUSÃO DO INQUÉRITO: não excederá 60 dias úteis, contados da data de publicação do ato que constituir a comissão, admitida sua prorrogação por igual prazo, quando as circunstâncias o exigirem.

SOB PENA DE NULIDADE: reuniões e diligências realizadas pela comissão de Inquérito serão consignadas em atas.

FASE DO INQUÉRITO: a comissão promoverá a tomada de depoimentos, acareações, investigações e diligências cabíveis, objetivando a coleta de prova, recorrendo, quando necessário, a técnicos e peritos de modo a permitir a completa elucidação dos fatos.

ASSEGURADO AO SERVIDOR: o direito de acompanhar o processo, pessoalmente ou por intermédio de advogado, arrolar e reinquirir testemunhas, produzir provas e contraprovas e formular quesitos, quando se tratar de prova pericial.

PRESIDENTE DA COMISSÃO: poderá denegar pedidos considerados impertinentes, meramente protelatórios ou de nenhum interesse para o esclarecimento dos fatos.

INDEFERIDO O PEDIDO DE PROVA PERICIAL: quando a comprovação do fato independer de conhecimento especial do perito.

TESTEMUNHAS: serão intimadas a depor mediante mandado expedido pelo presidente da Comissão, devendo a segunda via, com o ciente do interessado, ser anexada aos autos. Se a testemunha for servidor público, a expedição do mandato será imediatamente comunicada ao chefe da repartição onde serve, com a indicação do dia e hora marcados para inquirição.

DEPOIMENTO: será prestado oralmente e reduzido a termo, não sendo à testemunha trazê-lo por escrito.

TESTEMUNHAS: serão inquiridas separadamente.

Atenção!
Na hipótese de depoimentos contraditórios ou que se infirme, proceder-se-á à acareação entre os depoentes.

CONCLUÍDA A INQUIRIÇÃO DAS TESTEMUNHAS: a comissão promoverá o interrogatório do acusado.

MAIS DE UM ACUSADO: no caso de mais de um acusado, cada um deles será ouvido separadamente, e sempre que divergirem em suas declarações sobre os fatos ou circunstâncias, será promovida a acareação entre eles.

DEFENSOR DO ACUSADO: poderá assistir ao interrogatório bem como a inquirição das testemunhas, podendo reinquiri-las por intermédio do presidente da Comissão.

DÚVIDA SOBRE A SANIDADE MENTAL DO ACUSADO: a comissão proporá à autoridade competente que ele será submetido a exame por junta médica oficial, da qual participe pelo menos um médico psiquiatra.

INCIDENTE DE SANIDADE MENTAL: será processado em auto apartado e apenso ao processo principal, após a expedição do laudo pericial.

TIPIFICADA A INFRAÇÃO DISCIPLINAR: será elaborada a peça de instrução do processo com a indicação do servidor.

INDICIADO: será citado por mandado expedido pelo presidente da Comissão para apresentar defesa escrita, no prazo de 10 dias, assegurando-se-lhe vista do processo na repartição. Havendo 2 ou mais indiciados, o prazo será comum é de 20 dias.

PRAZO DE DEFESA: poderá ser prorrogado, pelo dobro, para diligências reputadas indispensáveis.

RECUSA DO INDICIADO EM APOR O CIENTE NO MANDADO DE CITAÇÃO: o prazo para defesa contar-se-á da data declarada em termo próprio, pelo servidor encarregado da diligência.

INDICIADO QUE MUDAR DE RESIDÊNCIA: fica obrigado a comunicar à comissão o lugar onde poderá ser encontrado.

ACHANDO-SE O INDICIADO EM LUGAR INCERTO E NÃO SABIDO: será citado por edital, publicado no Diário Oficial do Município e em jornal de grande circulação na localidade do último domicílio conhecido, para apresentar defesa.

PRAZO PARA DEFESA: será de 15 dias a partis da última publicação do edital.

REVELIA: considerar-se-á revel o indiciado que, regularmente citado, não apresentar defesa no prazo legal. A revelia será declarada por despacho nos autos do processo e devolverá o prazo para a defesa. Para defender o indiciado revel, a autor idade instauradora do processo designará um defensor dativo, que deverá ser um advogado.

APRECIADA A DEFESA: a comissão elaborará relatório minucioso, onde resumirá as peças principais dos autos e mencionará as provas em que se baseou para formar a sua convicção.

RELATÓRIO: será sempre conclusivo quanto à inocência ou à responsabilidade do servidor.

RESPONSABILIDADE DO SERVIDOR: a comissão indicará o dispositivo legal ou regulamentar transgredido, bem como as circunstâncias agravantes ou atenuantes.

PROCESSO DISCIPLINAR: com o relatório da comissão, será remetido à autor idade que determinou sua instauração, para julgamento.

Atenção!

Aplicam-se subsidiariamente ao processo disciplinar as regras contidas nos Códigos de Processo Civil e Penal.

Julgamento

JULGAMENTO: no prazo de 60 dias, contados do recebimento do processo, a autor idade julgadora proferirá sua decisão.

PENALIDADE A SER APLICADA EXCEDER A ALÇADA DA AUTORIDADE INSTAURADORA DO PROCESSO: este será encaminhado à autoridade competente, que decidirá em igual prazo.

MAIS DE UM INDICIADO E DIVERSIDADE DE SANÇÕES: o julgamento caberá a autoridade competente para a imposição da pena mais grave.

PENALIDADE: prevista for a de demissão ou cassação de aposentadoria ou cassação de disponibilidade, o julgamento caberá ao prefeito, presidente da Câmara Municipal ou ao dirigente superior de autarquia ou fundação.

JULGAMENTO: acatará o relatório da comissão de inquérito, salvo quando contraditórias as provas dos autos. Quando do relatório da comissão contrariar as provas dos autos, a autoridade julgadora poderá, motivadamente, agravar a penalidade proposta, abrandá-la, ou isentar o servidor de responsabilidade.

EXISTÊNCIA DE VÍCIO INSANÁVEL: a autoridade julgadora declarará a nulidade do processo ou de atos do processo e ordenará a constituição de outra comissão, para instauração de novo processo.

JULGAMENTO FORA DO PRAZO LEGAL: não implica nulidade do processo.

EXTINTA A PUNIBILIDADE PELA PRESCRIÇÃO: a autoridade julgadora determinará o registro do fato nos assentamentos individuais do servidor. Quando a infração estiver capitulada como crime, o processo disciplinar será remetido ao Ministério Público para instauração da ação penal, ficando traslado repartição.

SERVIDOR QUE RESPONDE A PROCESSO DISCIPLINAR: só poderá ser exonerado, a pedido, do cargo, ou aposentado voluntariamente, após a conclusão do processo e o cumprimento da penalidade, acaso aplicada.

Revisão do processo

PROCESSO DISCIPLINAR: poderá ser revisto, a qualquer tempo, a pedido ou de ofício, quando se aduzirem fatos novos ou circunstâncias suscetíveis de justificar a inocência do punido ou a inadequação da penalidade aplicada.

CASO DE FALECIMENTO: ausência ou desaparecimento do servidor , qualquer pessoa da família poderá requerer a revisão do processo.

INCAPACIDADE MENTAL DO SERVIDOR: a revisão será requerida pelo respectivo curador.

PROCESSO REVISIONAL: o ônus da prova cabe ao requerente.

SIMPLES ALEGAÇÃO DE INJUSTIÇA DA PENALIDADE: não constitui fundamento para a revisão que requer elementos novos, ainda não apreciados no processo originário.

REQUERIMENTO DE REVISÃO DO PROCESSO: será dirigido ao Secretário Municipal ou autor idade equivalente, que, se autorizar a revisão, encaminhará o pedido ao dirigente do órgão ou entidade onde se originou o processo disciplinar.

RECEBIDA A PETIÇÃO: o dirigente do órgão ou entidade providenciará a constituição da comissão.

REVISÃO: correrá em apenso ao processo originário.

PETIÇÃO INICIAL: o requerente pedirá dia e hora para a produção de provas e inquirição das testemunhas que ar rolar.

COMISSÃO REVISORA: terá até 60 dias para a conclusão dos trabalhos, prorrogável por igual prazo, quando as circunstâncias o exigirem.

TRABALHOS DA COMISSÃO REVISORA: no que couber as normas e os procedimentos próprios da comissão de inquérito.

JULGAMENTO CABERÁ: ao prefeito, presidente da Câmara Municipal ou dirigente superior da autarquia ou fundação, quando do processo revisto houver resultado pena de demissão ou cassação de aposentadoria ou cassação de disponibilidade; ao Secretário Municipal ou autoridade equivalente, quando houver resultado penalidade de suspensão ou de advertência; à autoridade responsável pela designação quando a penalidade for destituição de cargo em comissão.

PRAZO PARA JULGAMENTO: será de até 60 dias contados do recebimento do processo, no curso do qual a autor idade julgadora poderá determinar diligências.

CONCLUÍDAS AS DILIGÊNCIAS: será renovado o prazo para julgamento.

JULGADA PROCEDENTE A REVISÃO: será declarada sem efeito a penalidade aplicada, restabelecendo-se todos os direitos atingidos, exceto em relação à destituição de cargo em comissão, hipótese em que ocorrerá apenas a conversão da penalidade em exoneração.

2. LEI COMPLETAR Nº 4/1991 - ORGANIZAÇÃO DA GUARDA MUNICIPAL DE FORTALEZA

Disposições preliminares

OBJETIVO DA LEI: esta lei dispõe sobre a Guarda Municipal de Fortaleza, sua finalidade, competência, estrutura organizacional básica e sobre o regime jurídico dos dirigentes e dos demais servidores integrantes do seu Quadro de Pessoal.

Finalidade e da competência

GUARDA MUNICIPAL DE FORTALEZA: órgão da Administração Centralizada do Poder Executivo Municipal, com subordinação à Secretaria de Administração do Município, tem como finalidade: *I - A defesa, a preservação e a divulgação da importância do bem público: [...] II - A prestar ao cidadão informações sobre os serviços de competência do município. Parágrafo único. Para o cumprimento desta finalidade, o integrante da guarda fará uso de todo material e meios indispensáveis ao eficaz desempenho da função.*

COMPETÊNCIA DA GUARDA MUNICIPAL DE FORTALEZA: *I - Promover a preservação dos bens patrimoniais da Prefeitura Municipal de Fortaleza; II - executar serviços de vigilância diuturna; III - atuar como quadro de voluntários para o combate a incêndios; IIII - manter a segurança pessoal do prefeito e vice- prefeito; V - auxiliar o departamento de Defesa Civil do município em épocas de calamidades públicas e/ou em situações de emergência, prestando socorro as comunidades atingidas; VI - manter a vigilância de logradouros, praças e jardins públicos; VII - executar o serviço de apoio as promoções de incentivo ao turismo local; VIII - executar o serviço de orientação e salvamento de banhistas nas praias e parques de Fortaleza; IX - auxiliar nos controles das filas de usuários nos terminais de transporte coletivo urbano de Fortaleza.*

Estrutura básica

ESTRUTURA ORGANIZACIONAL BÁSICA: Guarda Municipal de Fortaleza tem a seguinte estrutura organizacional básica: Direção Superior; Diretor Geral; Ação Gerencial; Diretor Adjunto; Órgão de Atuação Programática; Órgão de Execução Instrumental.

Direção superior – do diretor geral

DIRETOR GERAL DA GUARDA MUNICIPAL DE FORTALEZA: portador de diploma de curso superior e de ilibado *currículo vitae*, será nomeado em comissão pelo prefeito. *Parágrafo único. O Diretor Geral da Guarda Municipal gozará das prerrogativas e honras protocolares correspondentes às de Titular de Autarquia ou Fundação Municipal, sendo substituído nos casos de ausência ou impedimento pelo Diretor Adjunto, e este, em idênticas circunstâncias, pelo Diretor do Departamento Operacional.*

ATRIBUIÇÕES DO DIRETOR GERAL DA GUARDA MUNICIPAL DE FORTALEZA: elaborar de forma participativa o plano de trabalho da Guarda e submetê-lo à consideração do Chefe do Poder Executivo; cumprir e fazer cumprir as determinações emanadas do chefe do Poder Executivo; expedir atos administrativos de sua competência; zelar pelo o nome da instituição, representando-a diante dos demais órgãos municipais; fazer respeitar as determinações desta Lei; articular-se com a FUNDESP, objetivando aprimorar o Corpo da Guarda nos seus serviços específicos junto à comunidade; manter atualizadas informações estatísticas das atividades da Guarda; exercer outras atribuições inerentes às funções de seu cargo.

DIRETOR GERAL DA GUARDA MUNICIPAL: terá a sua disposição Secretário Executivo nomeado, em comissão, pelo prefeito municipal.

ATENÇÃO!

Quando da elaboração do plano de trabalho da Guarda será obrigatório a participação de um representante da Associação da Guarda Municipal de Fortaleza; seção II – Diretor Adjunto.

DIRETOR ADJUNTO DA GUARDA MUNICIPAL DE FORTALEZA: portador de diploma de curso superior e de ilibado *curriculum vitae*, será nomeado em comissão pelo prefeito.

ATRIBUIÇÕES DO DIRETOR ADJUNTO DA GUARDA MUNICIPAL: responder pelo diretor geral nos seus afastamentos e impedimentos legais; divulgar, semanalmente, perante toda corporação ou parte desta, o boletim dos serviços a serem executados; e promover e acompanhar sua execução avaliando a qualidade do desempenho; promover a elaboração e fiscalizar as escalas de serviços e as alterações, comunicando-as sempre ao diretor geral da Guarda; cumprir e fazer cumprir as ordens do superior hierárquico; fiscalizar sempre que for necessário, os postos de serviços, visando a um maior controle das atividades desempenhadas; executar outras atribuições que lhe forem conferidas ou delegadas pelo o diretor geral.

Estrutura organizacional

ESTRUTURA ORGANIZACIONAL DA GUARDA MUNICIPAL DE FORTALEZA: será definida por decreto do chefe do Poder Executivo, no prazo de 30 dias, contados a partir da data da publicação desta Lei.

2.1 Direitos e Deveres dos Servidores Lotados na Guarda Municipal de Fortaleza

Regime jurídico

REGIME JURÍDICO DOS DIRIGENTES, INSPETORES, SUBINSPETORES, GUARDAS E DEMAIS SERVIDORES: lotados na Guarda Municipal de Fortaleza é o constante da Lei nº 6.794 de 27 de dezembro de 1990 (Estatuto dos Servidores do Município de Fortaleza), e legislação complementar, a eles também se aplicando o regimento disciplinar da Guarda Municipal de Fortaleza.

Corpo da guarda municipal

NOMEAÇÃO PARA CARGO EFETIVO INICIAL DAS CLASSES DO CORPO DA GUARDA MUNICIPAL: depende de aprovação em concurso público de provas ou de provas e títulos, observada a ordem de classificação e dentro do prazo de sua validade. *Parágrafo único. Haverá concurso público apenas para o nível inicial das Classes do Guardas e Subinspetores do Corpo da guarda e para as demais Carreiras não pertencentes ao Corpo da Guarda.*

REQUISITOS INDISPENSÁVEIS: aos candidatos ao Corpo da Guarda Municipal, serão previstos no Edital do Concurso Público ou de seleção interna.

Hierarquia

HIERARQUIA: é a ordenação da autoridade, em níveis diferentes, estabelecida em sua escala pela qual são uns em relação aos outros, superiores e subordinados hierarquicamente.

ORDENAMENTO HIERÁRQUICO DA GUARDA MUNICIPAL: compreende as seguintes classes: Classe de Guarda – a) guarda aspirante; b) guarda de 2ª; c) guarda 1ª; Classe de Subinspetor: a) subinspetor aspirante; b) subinspetor de 3ª; c) subinspetor de 2ª; d) subinspetor de 1ª; Classe de Inspetor: a) inspetor de 3ª; b) inspetor 2ª; c) inspetor de 1ª.

INTEGRANTES DO CORPO DA GUARDA: serão subordinados à disciplina básica da mesma, onde quer que exerçam suas atividades sujeitando-se também, às normas dos órgãos onde desenvolverem suas atividades, desde que estas não conflitem com as do Corpo da Guarda, que são soberanas.

Gratificação de risco de vida

SERVIDORES DO CORPO DA GUARDA MUNICIPAL DE FORTALEZA: pertencente as classes funcionais de guarda, subinspetor e inspetor, quando em efetivo exercício farão jus a gratificação do Risco de Vida instituída pelo art. 111 do Estatuto dos Servidores do Município de Fortaleza, em dobro. *Parágrafo único. A gratificação de risco de vida, em dobro, referida no caput deste artigo incorpora-se aos proventos de aposentadoria, desde que comprovada a percepção do benefício, por um período superior a 02 (dois) anos, de forma ininterrupta, na data da postulação de aposentadoria.*

Progressão e promoção

SERVIDORES LOTADOS NA GUARDA MUNICIPAL DE FORTALEZA: pertencentes ou não as Classes do Corpo da Guarda, farão jus à progressão, promoção e demais vantagens nos termos do Estatuto dos Servidores do Município de Fortaleza e do Plano Municipal de Cargos e Carreiras.

Quadro de pessoal do corpo da guarda

CORPO DA GUARDA MUNICIPAL INTEGRANTE DO GRUPO OCUPACIONAL: Administração Pública Categoria Funcional – Guarda Municipal com suas Classes Funcionais, com denominação e qualificação dela prevista.

CATEGORIAS FUNCIONAIS de Atividades Profissionais do nível superior e apoio administrativo e operacional, integrantes da lotação da Guarda Municipal de Fortaleza serão definidas no Plano Municipal de Cargos e Carreiras.

Regime disciplinar

REGIME DISCIPLINAR DA GUARDA MUNICIPAL DE FORTALEZA: tem por finalidade especificar as transgressões disciplinar, estabelecer normas relativas à aplicação das punições disciplinares, à classificação do comportamento e dos recursos contra a aplicação das punições. *Parágrafo único. Obedecidas os parâmetros estabelecidos nesta Lei e no Estatuto dos Servidores do Município de Fortaleza, o regime disciplinar da Guarda Municipal de Fortaleza será instituído por decreto do Chefe do Poder Executivo no prazo de 60 (sessenta) dias, contados a partir da data de Publicação desta Lei. SEÇÃO I - DA OBRIGAÇÃO DO USO DO UNIFORME.*

OBRIGATORIEDADE: é obrigatório o uso do uniforme para os servidores do corpo da Guarda Municipal quando em serviço e para ter acesso à sede da instituição. SEÇÃO II – DAS PROIBIÇÕES DO USO DO UNIFORME.

DIRETOR GERAL DA GUARDA MUNICIPAL DE FORTALEZA: proibirá o uso do integrante que: estiver disciplinarmente afastado do cargo; exercer atividades incompatíveis com o cargo; mostrar-se infiel à disciplina; praticar atos de incontinência pública e escandalosa: a) de vícios; b) de jogos proibidos; c) embriaguez habitual; por recomendação da Junta Médica Municipal; passar para inatividade. *Parágrafo único. O regime disciplinar da Guarda Municipal poderá prever proibições ao uso do uniforme.*

Disposições gerais e transitórias

PRAZO: dentro de 90 dias, contados a partir da publicação desta Lei, o diretor geral da Guarda em conjunto com o Secretário de Administração, baixará Edital de Seleção Interna, visando prover as vagas existentes no quadro de pessoal da Guarda Municipal.

VACÂNCIA DE CARGO DE PROVIMENTO: haverá vacância de cargo de provimento efetivo no quadro de pessoal da Guarda Municipal de Fortaleza, somente quando a soma dos cargos ocupados da parte permanente com as funções da parte Especial, de mesma denominação, for inferior ao número de vagas previstas para o referido cargo na parte permanente.

DIA DA GUARDA MUNICIPAL: será comemorado a 10 de julho, a nesta data, far-se- á a outorga do título de Guarda Padrão Municipal.

INTEGRANTES DO CORPO DA GUARDA MUNICIPAL: estão dispensados da "assinatura do ponto", sendo seu controle estabelecido pela Administração da Guarda, por meio de escalas.

DESPESAS: decorrentes de execução desta Lei correrão por conta das dotações orçamentárias da Guarda Municipal de Fortaleza, as quais serão suplementares, se insuficientes.

3. LEI COMPLEMENTAR Nº 17/2004 - CRIA O SISTEMA MUNICIPAL DE SEGURANÇA CIVIL E CIDADANIA

3.1 Finalidade, Competência, Estrutura Organizacional Básica da Guarda Municipal De Fortaleza; Cria o Sistema Municipal de Segurança, Defesa Civil e Cidadania

GUARDA MUNICIPAL DE FORTALEZA (GMF): órgão da administração direta do Poder Executivo Municipal, subordinada ao Gabinete do Prefeito, tem como finalidade a proteção preventiva e ostensiva dos bens e instalações, a garantia dos serviços públicos municipais e a Defesa Civil do Município, bem como formular as políticas e as diretrizes gerais para a segurança municipal.

COMPETÊNCIA DA GUARDA MUNICIPAL DE FORTALEZA: executar a vigilância e promover a preservação dos bens, serviços, instalações e logradouros públicos do município, realizando rondas diurnas e noturnas; realizar a segurança do prefeito, do vice-prefeito e, em caráter eventual, de outras autoridades indicadas pelo chefe do Executivo Municipal; efetuar serviço de apoio e fiscalização, na área de segurança, aos eventos de interesse da Prefeitura Municipal; executar o serviço de orientação e salvamento de banhistas no município, atuando em parceria com o Corpo de Bombeiros Militar do Estado; apoiar as promoções de incentivo ao turismo local; executar as ações preventivas e emergenciais de Defesa Civil do município, quando da ocorrência de calamidade pública, prestando socorro às vítimas, em parceria com o competente órgão de Defesa Civil do estado; realizar a vigilância e a preservação do meio ambiente, do patrimônio histórico, cultural, ecológico e paisagístico, incluindo os logradouros, praças e jardins; atuar como corpo voluntário de combate a incêndios, em parceria com o Corpo de Bombeiros Militar do estado; auxiliar na área de segurança a Agência Reguladora de Limpeza na fiscalização da prestação dos serviços alusivos às atividades do exercício de polícia nas praças, jardins e logradouros públicos; auxiliar a Agência Reguladora de Limpeza na fiscalização da prestação dos serviços de limpeza urbana nas praças, jardins e logradouros públicos; firmar convênios com órgãos e entidades públicas, nas esferas municipal, estadual e federal, visando à prestação de serviços pertinentes à área de segurança; colaborar na fiscalização e garantir a prestação dos serviços públicos de responsabilidade do município, desempenhando atividade de polícia administrativa.

ESTRUTURA ORGANIZACIONAL DA GUARDA MUNICIPAL DE FORTALEZA: passa a ser a seguinte: Direção-geral, a ser exercida pelo diretor-geral da Guarda Municipal de Fortaleza; Direção Adjunta, a ser exercida pelo subdiretor da Guarda Municipal de Fortaleza; órgãos de Atuação Programática; Órgãos de Execução Instrumental; transforma-se a Assessoria de Defesa Civil em Coordenadoria de Defesa Civil, com simbologia DNS-1, vinculada à Guarda Municipal de Fortaleza, que terá como agregados a Comissão de Defesa Civil e os Agentes de Cidadania, tendo para tanto total autonomia administrativa e financeira, cujas funções serão objeto de regulamentação por decreto do chefe do Poder Executivo.

DOTAÇÃO ORÇAMENTÁRIA: destinada à Defesa Civil, oriunda do orçamento municipal para exercício de 2004, será executada em conjunto pela Diretoria-geral da Guarda Municipal de Fortaleza e a Coordenadoria de Defesa Civil.

FUNÇÃO DE DIRETOR-GERAL E SUBDIRETOR DA GUARDA MUNICIPAL DE FORTALEZA: para ocupar a função de diretor-geral e subdiretor da Guarda Municipal de Fortaleza exige-se formação de nível superior e comprovada experiência, pelo período mínimo de 2 anos, na área de segurança pública, podendo também recair a escolha sobre oficiais superiores das Forças Armadas e da Polícia Estadual, sendo nomeado, em comissão, pelo prefeito.

DIRETOR-GERAL DA GUARDA MUNICIPAL: participará como membro do Conselho de Orientação Política e Administrativa do Município (COPAM), gozando das prerrogativas e honras protocolares correspondentes às de Titular de Autarquia ou Fundação Municipal, sendo substituído nos casos de ausência ou impedimento pelo subdiretor.

DIRETOR-GERAL DA GUARDA MUNICIPAL: terá à sua disposição Secretário Executivo nomeado, em comissão, pelo Prefeito Municipal.

REGIME JURÍDICO DOS SERVIDORES LOTADOS NA GUARDA MUNICIPAL DE FORTALEZA: pertencentes ou não à categoria funcional de guarda, agente de cidadania e agente especial, será objeto de lei de plano de cargos e carreiras específicos para os servidores da Guarda Municipal de Fortaleza, aplicando-se, subsidiariamente, a Lei nº 6.794, de 27 de dezembro de 1990, e do Plano Municipal de Cargos e Carreiras.

NOMEAÇÃO PARA CARGO EFETIVO INICIAL DO CORPO DA GUARDA MUNICIPAL da Categoria de Guarda, Agente de Cidadania e Agente Especial, depende de aprovação em concurso de provas ou de provas e títulos, segundo os critérios estabelecidos em edital do concurso público. *Parágrafo único. Haverá concurso público apenas para os níveis iniciais de Guarda de 2ª Classe e Subinspetor de 2ª Classe do Corpo da Guarda e para as demais carreiras não pertencentes ao Corpo da Guarda de Fortaleza.*

REQUISITOS INDISPENSÁVEIS AO CORPO DA GUARDA MUNICIPAL DA CLASSE DE GUARDAS, AGENTES DE CIDADANIA E AGENTES ESPECIAIS: segundo grau completo; idade mínima de 18 anos e máxima de 35 anos; boa saúde física e mental, e não ser portador de deficiência física incompatível com o exercício do cargo; reputação ilibada, comprovada mediante documentação a ser exigida no edital do concurso público.

ORDENAMENTO HIERÁRQUICO DA CATEGORIA DE GUARDA MUNICIPAL: compreende as seguintes classes: Classes de Guarda: a) guarda de 2ª classe; b) guarda de 1ª classe; Classes de Subinspetor: a) subinspetor de 2ª classe; b) subinspetor de 1ª classe; Classe de Inspetor: a) inspetor.

HIERARQUIA: entre as Classes de Subinspetor e de Guarda de 1ª Classe e de 2ª Classe, sendo estas subordinadas àquelas.

Atenção!

Em decorrência da extinção da Classe de Subinspetor de 3ª Classe, os atuais Subinspetores de 3ª Classe passam à Classe de Subinspetor de 2ª Classe e os de 2ª Classe passam para a 1ª Classe.

OCUPANTES DAS 1ª, 2ª E 3ª CLASSES DE INSPETORES: passam à Classe de Inspetor, tendo este ascensão hierárquica sobre as demais classes, referidas no anexo único desta Lei Complementar.

GUARDAS DE 1ª CLASSE: que atenderem aos requisitos de promoção para a classe hierárquica imediatamente superior, conforme estabelecido na Lei nº 7.141, de 29 de maio de 1992, passarão a exercer a função de subinspetor de 2ª Classe.

SERVIDORES DO CORPO DA GUARDA MUNICIPAL DE FORTALEZA: quando em efetivo exercício, a ser regulado em ato administrativo do Diretor da Guarda, farão jus à gratificação de risco de vida, de 40% até o limite de 100% do vencimento-base desses servidores, conforme regulamento interno da guarda municipal.

GRATIFICAÇÃO DE RISCO DE VIDA: incorpora-se os proventos de aposentadoria, desde que comprovada a percepção do benefício por um período superior a 2 anos, de forma ininterrupta, na data da postulação da aposentadoria.

PROIBIÇÃO: é proibido o uso do uniforme ao guarda municipal, quando: não mais pertencer ao efetivo da Guarda Municipal de Fortaleza; estiver exercendo função comissionada ou à disposição de outro órgão não pertencente à Prefeitura Municipal de Fortaleza, desde que esteja realizando atividade não inclusa nas competências legais do cargo de Guarda Municipal; passar para a inatividade. *Parágrafo único. O Regime Disciplinar da Guarda Municipal poderá prever proibições ao uso do uniforme, não constantes.*

CORPO DA GUARDA MUNICIPAL: está especificado no anexo único desta Lei Complementar, com denominação e qualificação ali previstas.

CATEGORIA DE GUARDA MUNICIPAL: organiza-se em 5 Classes, na forma estabelecida pelo anexo único

NOVA DISTRIBUIÇÃO: substitui e extingue a atual denominação, descrita na Lei Complementar nº 7, de 1 de setembro de 1992.

GUARDA MUNICIPAL: será composta por um contingente de guardas correspondente aos cargos necessários ao cumprimento de suas finalidades, sendo um efetivo de guardas, agentes de cidadania e agentes especiais fixado no limite máximo de 2.355 componentes.

PREENCHIMENTO DOS CARGOS: dar-se-á pelo efetivo já existente da Guarda Municipal de Fortaleza, considerando o critério de antiguidade, e as promoções subsequentes dar-se-ão pelos critérios estabelecidos no regulamento de promoções, a ser aprovado por Decreto, dentro dos limites e quantitativos: 106 Inspetores; 225 Subinspetores de 1ª Classe; 300 Subinspetores de 2ª Classe; 855 Guardas de 1ª Classe; 639 Guardas de 2ª Classe; 200 Agente de Cidadania; 30 Agentes Especiais.

COMPOSIÇÃO E ATRIBUIÇÕES dos setores e diversas funções da estrutura organizacional da Guarda Municipal de Fortaleza fixadas por Regulamento a ser aprovado, por meio de Decreto pelo Chefe do Executivo Municipal, no prazo de 60 dias a contar da publicação desta Lei Complementar.

SISTEMA MUNICIPAL DE SEGURANÇA, DEFESA CIVIL E CIDADANIA: fica criado o Sistema Municipal de Segurança, Defesa Civil e Cidadania, constituído pelos mecanismos consolidados por esta Lei Complementar, objetivando a integração das ações preventivas de segurança patrimonial, defesa civil e de serviços públicos no âmbito dos órgãos e entidades do Poder Executivo Municipal. *Parágrafo único. As atividades a serem regulamentadas para o Sistema Municipal de Segurança, Defesa Civil e Cidadania, referido no caput deste artigo, sob nenhuma hipótese, deverão invadir as competências funcionais da Guarda Municipal de Fortaleza, notadamente as da área de segurança.*

FORMULAÇÃO DO PLANO INTEGRADO DE SEGURANÇA E CIDADANIA: observará as seguintes diretrizes: ação integrada com as demais políticas municipais, principalmente do meio ambiente, educação, saúde, cultura e ação social; promoção de campanhas educativas de estímulo à diminuição da violência, preservação do patrimônio público e meio ambiente; integração do serviço de segurança patrimonial do Município, inclusive aquele prestado por empresas terceirizadas; unificação do serviço de radiocomunicação operado no âmbito da Prefeitura Municipal; integração com o Sistema de Segurança Pública Estadual, visando obter informações estatísticas de interesse às ações a serem desenvolvidas no âmbito municipal.

JORNADA DE TRABALHO DOS SERVIDORES: integrantes do quadro de pessoal da Guarda Municipal de Fortaleza, é estabelecida no art. 4º da Lei nº 6.794, de 27 de dezembro de 1990 (Estatuto dos Servidores do Município de Fortaleza), podendo, entretanto, ser estabelecido um sistema de escala de serviço e de aferição de frequência, visando atender ao interesse público. *Art. 19. A Guarda Municipal terá direito a passe livre nos transportes coletivos urbanos de passageiros no âmbito do Município de Fortaleza.*

Atenção!

Usufruirá deste direito o guarda, o subinspetor e o inspetor da guarda municipal, bem como o agente de cidadania e o agente especial, quando estiverem a serviço da municipalidade, devidamente uniformizados.

GRATIFICAÇÕES POR TEMPO DE SERVIÇO: excluídas as gratificações por tempo de serviço e as demais percebidas por direito adquirido, todos os Guardas Municipais, ativos e inativos, em suas respectivas classes, deverão receber seus vencimentos e proventos com percepção remuneratória igualitária na forma prevista em Lei.

INTEGRANTES DO CORPO DA GUARDA MUNICIPAL DE FORTALEZA: poderão utilizar armamentos e equipamentos para ações defensivas de acordo com o Estatuto do Desarmamento, Lei Federal nº 10.826 de 22 de dezembro de 2003, e devidamente regulamentado pelo Poder Executivo Municipal por meio de Decreto.

DESPESAS DECORRENTES DA EXECUÇÃO: correrão por conta das dotações orçamentárias da Guarda Municipal, acrescida dos créditos suplementares necessários.

TRANSGRESSÃO DISCIPLINAR: é a infração administrativa caracterizada pela violação dos deveres dispostos no Decreto Regulamentar de Punições a ser editado posteriormente, cominando ao infrator as sanções previstas no Estatuto dos Servidores do Município de Fortaleza, Lei nº 6.794, de 27 de dezembro de 1990, sem prejuízo das responsabilidades penal e civil cabíveis ao caso.

4. LEI COMPLEMENTAR Nº 19/2004 - ORGANIZAÇÃO BÁSICA DA GUARDA MUNICIPAL

GUARDA MUNICIPAL DE FORTALEZA (GMF): órgão da administração direta do Poder Executivo Municipal, subordinada ao Gabinete do Prefeito, tem como finalidade a proteção preventiva e ostensiva dos bens e instalações, a garantia dos serviços públicos municipais e a Defesa Civil do município, bem como formular as políticas e as diretrizes gerais para a segurança municipal.

COMPETÊNCIA DA GUARDA MUNICIPAL DE FORTALEZA:

I - executar a vigilância e promover a preservação dos bens, serviços, instalações e logradouros públicos do Município, realizando rondas diurnas e noturnas; (NR)

II - realizar a segurança do Prefeito, do Vice-Prefeito e, em caráter eventual, de outras autoridades indicadas pelo Chefe do Executivo Municipal; (NR)

III - efetuar serviço de apoio e fiscalização, na área de segurança, aos eventos de interesse da Prefeitura Municipal; (AC)

IV - executar o serviço de orientação e salvamento de banhistas no Município, atuando em parceria com o Corpo de Bombeiros Militar do Estado; (NR)

V - apoiar as promoções de incentivo ao turismo local;

VI - executar as ações preventivas e emergenciais de Defesa Civil do Município, quando da ocorrência de calamidade pública, prestando socorro às vítimas, em parceria com o competente órgão de Defesa Civil do Estado;

VII - realizar a vigilância e a preservação do meio ambiente, do patrimônio histórico, cultural, ecológico e paisagístico, incluindo os logradouros, praças e jardins; (AC)

VIII - atuar como corpo voluntário de combate a incêndios, em parceria com o Corpo de Bombeiros Militar do Estado;

IX - auxiliar na área de segurança a Agência Reguladora de Limpeza na fiscalização da prestação dos serviços alusivos às atividades do exercício de polícia nas praças, jardins e logradouros públicos;

X - auxiliar a Agência Reguladora de Limpeza na fiscalização da prestação dos serviços de limpeza urbana nas praças, jardins e logradouros públicos;

XI - firmar convênios com órgão e entidades públicas, nas esferas municipal, estadual e federal, visando à prestação de serviços pertinentes à área de segurança;

XII - colaborar na fiscalização e garantir a prestação dos serviços públicos de responsabilidade do Município, desempenhando atividade de polícia administrativa, nos termos previstos no § 8º do art. 144 da Constituição Federal, combinado com o inciso XII do art. 76 da Lei Orgânica do Município.

ESTRUTURA ORGANIZACIONAL DA GUARDA MUNICIPAL DE FORTALEZA: passa a ser a seguinte: Direção-geral, a ser exercida pelo diretor-geral da Guarda Municipal de Fortaleza; Direção Adjunta, a ser exercida pelo subdiretor da Guarda Municipal de Fortaleza; órgãos de Atuação Programática; órgão de Execução Instrumental; transforma-se a Assessoria de Defesa Civil em Coordenadoria de Defesa Civil, com simbologia DNS-1, vinculada à Guarda Municipal de Fortaleza, que terá como agregados a Comissão de Defesa Civil e os agentes de cidadania, tendo para tanto total autonomia administrativa e financeira, cujas funções serão objeto de regulamentação por decreto do Chefe do Poder Executivo.

DOTAÇÃO ORÇAMENTÁRIA: destinada à Defesa Civil, oriunda do orçamento municipal para exercício de 2004, será executada em conjunto pela Diretoria-geral da Guarda Municipal de Fortaleza e a Coordenadoria de Defesa Civil.

Atenção!

Para ocupar a função de diretor-geral e subdiretor da Guarda Municipal de Fortaleza exige-se formação de nível superior e comprovada experiência, pelo período mínimo de 2 anos, na área de segurança pública, podendo também recair a escolha sobre oficiais superiores das Forças Armadas e da Polícia Estadual, sendo nomeado, em comissão, pelo prefeito municipal.

DIRETOR GERAL DA GUARDA MUNICIPAL: participará como membro do Conselho de Orientação Política e Administrativa do Município (COPAM), gozando das prerrogativas e honras protocolares correspondentes às de Titular da Autarquia ou Fundação Municipal, sendo substituído nos casos de ausência ou impedimento pelo subdiretor.

DIRETOR-GERAL DA GUARDA MUNICIPAL: terá à sua disposição secretário executivo nomeado, em comissão, pelo prefeito municipal.

REGIME JURÍDICO DOS SERVIDORES LOTADOS NA GUARDA MUNICIPAL DE FORTALEZA: pertencentes ou não à categoria funcional de guarda, agente de cidadania e agente especial, será objeto de lei de planos de cargos e carreiras específicos para servidores da Guarda Municipal de Fortaleza e o Plano Municipal de Cargos e Carreiras.

NOMEAÇÃO PARA CARGO EFETIVO INICIAL DO CORPO DA GUARDA MUNICIPAL da Categoria de Guarda, Agente de Cidadania e Agente Especial, depende de aprovação em concurso de provas ou de provas e títulos, segundo os critérios estabelecidos em edital do concurso público. *Parágrafo único. Haverá concurso público apenas para os níveis iniciais de Guarda de 2ª Classe e Subinspetor de 2ª Classe do Corpo da Guarda e para as demais carreiras não pertencentes ao Corpo da Guarda de Fortaleza.*

REQUISITOS INDISPENSÁVEIS AO CORPO DA GUARDA MUNICIPAL DA CLASSE DE GUARDAS, AGENTES DE CIDADANIA E AGENTES ESPECIAIS: segundo grau completo; idade mínima de 18 anos e máxima de 35 anos; boa saúde física e mental, e não ser portador de deficiência física incompatível com o exercício do cargo; reputação ilibada, comprovada mediante documentação a ser exigida no edital do concurso público.

ORDENAMENTO HIERÁRQUICO DA CATEGORIA DE GUARDA MUNICIPAL: compreende as seguintes classes: Classes de Guarda: a) guarda de 2ª classe; b) guarda de 1ª classe; Classes de Subinspetor: a) subinspetor de 2ª classe; b) subinspetor de 1ª classe; Classe de Inspetor: a) inspetor.

HIERARQUIA ENTRE AS CLASSES DE SUBINSPETOR E DE GUARDA DE 1ª CLASSE E DE 2ª CLASSE: sendo estas subordinadas àquelas. *§ 2º Em decorrência da extinção da Classe de Subinspetor de 3ª Classe, os atuais Subinspetores de 3ª Classe passam à Classe de Subinspetor de 2ª Classe e os de 2ª Classe passam para a 1ª Classe.*

OCUPANTES DAS DE 1ª, 2ª E 3ª CLASSES DE INSPETORES: passam à Classe de Inspetor, tendo esta ascensão hierárquica sobre as demais classes.

GUARDAS DE 1ª CLASSE: que atenderem aos requisitos de promoção para a classe hierárquica imediatamente superior, conforme estabelecido na Lei nº 7.141, de 29 de maio de 1992, passarão a exercer a função de subinspetor de 2ª Classe.

GRATIFICAÇÃO DE RISCO DE VIDA: incorpora-se aos proventos de aposentadoria, desde que comprovada a percepção do benefício por um período superior a 2 anos, de forma ininterrupta, na data da postulação da aposentadoria.

PROIBIÇÃO: é proibido o uso do uniforme ao guarda municipal, quando: não mais pertencer ao efetivo da Guarda Municipal de Fortaleza; estiver exercendo função comissionada ou à disposição de outro órgão não pertencente à Prefeitura Municipal de Fortaleza, desde que esteja realizando atividade não inclusa nas competências legais do cargo de Guarda Municipal; passar para a inatividade. *Parágrafo único. O Regime Disciplinar da Guarda Municipal poderá prever proibições ao uso do uniforme.*

CORPO DA GUARDA MUNICIPAL: está especificado no anexo único desta Lei Complementar, com denominação e qualificação ali previstas.

CATEGORIA DE GUARDA MUNICIPAL: organiza-se em 5 Classes, na forma estabelecida pelo anexo único desta Lei Complementar.

NOVA DISTRIBUIÇÃO: substitui e extingue a atual denominação, descrita na Lei Complementar nº 7, de 1 de setembro de 1992.

COMPOSIÇÃO: Guarda Municipal será composta por um contingente de guardas correspondente aos cargos necessários ao cumprimento de suas finalidades, sendo um efetivo de guardas, agentes de cidadania e agentes especiais fixado no limite máximo de 2.355 componentes.

PREENCHIMENTO DOS CARGOS: dar-se-á pelo efetivo já existente da Guarda Municipal de Fortaleza, considerando o critério de antiguidade, e as promoções subsequentes dar-se-ão pelos critérios estabelecidos no regulamento de promoções, a ser aprovado por Decreto, dentro dos limites e quantitativos: 106 Inspetores; 225 Subinspetores de 1ª Classe; 300 Subinspetores de 2ª Classe; 855 Guardas de 1ª Classe; 639 Guardas de 2ª Classe; 200 Agentes de Cidadania; 30 Agentes Especiais.

COMPOSIÇÃO E ATRIBUIÇÕES DOS SETORES E DIVERSAS FUNÇÕES DA ESTRUTURA ORGANIZACIONAL DA GUARDA MUNICIPAL DE FORTALEZA: fixadas por Regulamento a ser aprovado, por meio de Decreto pelo Chefe do Executivo Municipal, no prazo de 60 dias a contar da publicação desta Lei Complementar.

SISTEMA MUNICIPAL DE SEGURANÇA, DEFESA CIVIL E CIDADANIA: fica criado o Sistema Municipal de Segurança, Defesa Civil e Cidadania, constituído pelos mecanismos consolidados por esta Lei Complementar, objetivando a integração das ações preventivas de segurança patrimonial, Defesa Civil e de serviços públicos no âmbito dos órgãos e entidades do Poder Executivo Municipal. *Parágrafo único. As atividades a serem regulamentadas para o Sistema Municipal de Segurança, Defesa Civil e Cidadania, referido no caput deste artigo, sob nenhuma hipótese, deverão invadir as competências funcionais da Guarda Municipal de Fortaleza, notadamente as da área de segurança.*

FORMULAÇÃO DO PLANO INTEGRADO DE SEGURANÇA E CIDADANIA: observará as seguintes diretrizes: ação integrada com as demais políticas municipais, principalmente do meio ambiente, educação, saúde, cultura e ação social; promoção de campanhas educativas de estímulo à diminuição da violência, preservação do patrimônio público e meio ambiente; integração do serviço de segurança patrimonial do Município, inclusive aquele prestado por empresas terceirizadas; unificação do serviço de radiocomunicação operado no âmbito da Prefeitura Municipal; integração com o Sistema de Segurança Pública Estadual, visando obter informações estatísticas de interesse às ações a serem desenvolvidas no âmbito municipal.

JORNADA DE TRABALHO DOS SERVIDORES: integrantes do quadro de pessoal da Guarda Municipal de Fortaleza, é estabelecida no art. 4º da Lei nº 6.794, de 27 de dezembro de 1990 (Estatuto dos Servidores do Município), podendo, entretanto, ser estabelecido um sistema de escala de serviço e de aferição de frequência, visando atender ao interesse público.

GUARDA MUNICIPAL: terá direito a passe livre nos transportes coletivos urbanos de passageiros no âmbito do município de Fortaleza. *Parágrafo único. Usufruirá deste direito o Guarda, o Subinspetor e o Inspetor da Guarda Municipal, bem como o Agente de Cidadania e o Agente Especial, quando estiverem a serviço da municipalidade, devidamente uniformizados.*

GUARDAS MUNICIPAIS ATIVOS E INATIVOS: excluídas as gratificações por tempo de serviço e as demais percebidas por direito adquirido, todos os guardas municipais, ativos e inativos, em suas respectivas classes, deverão receber seus vencimentos e proventos com percepção remuneratória igualitária na forma prevista em lei.

INTEGRANTES DO CORPO DA GUARDA MUNICIPAL DE FORTALEZA: poderão utilizar armamentos e equipamentos para ações defensivas, de acordo com o Estatuto do Desarmamento, Lei Federal nº 10.826, de 22 de dezembro de 2003, e devidamente regulamentado pelo Poder Executivo Municipal por meio de Decreto.

DESPESAS DECORRENTES DA EXECUÇÃO DESTA LEI COMPLEMENTAR: correrão por conta das dotações orçamentárias da Guarda Municipal, acrescida dos créditos suplementares necessários.

TRANSGRESSÃO DISCIPLINAR: é a infração administrativa caracterizada pela violação dos deveres dispostos no Decreto Regulamentar de Punições a ser editado posteriormente, cominando ao infrator as sanções previstas no Estatuto dos Servidores do Município de Fortaleza, Lei nº 6.794, de 27 de dezembro de 1990, sem prejuízo das responsabilidades penal e civil cabíveis ao caso.

5. LEI COMPLEMENTAR Nº 34, DE 18 DE DEZEMBRO DE 2006

FINALIDADE DA LEI: modifica a Lei Orgânica da Guarda Municipal, Lei Complementar nº 4, de 16 de julho de 1991, modificada pelas Leis Complementares nº 17, de 7 de junho de 2004, e nº 19, de 8 de setembro de 2004, e dá outras providências.

NOMEAÇÃO PARA CARGO EFETIVO INICIAL DO CORPO DA GUARDA MUNICIPAL: a nomeação para cargo efetivo inicial do Corpo da Guarda Municipal, da categoria de guarda, agente de cidadania e agente especial, depende de aprovação em concurso de provas ou de provas e títulos, segundo os critérios estabelecidos e edital do concurso público.

CONCURSO PÚBLICO PARA INGRESSO NA CARREIRA: far-se-á apenas para os níveis de Guarda de 2ª Classe, de Agente de Cidadania e de Agente Especial.

REQUISITOS INDISPENSÁVEIS PARA INVESTIDURA NOS CARGOS DO CORPO DA GUARDA MUNICIPAL: em todas as suas classes: idade mínima de 18 anos.

REQUISITO DE SAÚDE MENTAL: será exigido, no concurso público, mediante exame psicotécnico, nos termos do edital.

GUARDA MUNICIPAL: será composta por um contingente de guardas correspondente aos cargos necessários ao cumprimento de suas finalidades, sendo um efetivo de guardas, agentes de cidadania e agentes especiais fixado no limite máximo de 2.675 componentes.

PREENCHIMENTO DOS CARGOS: dar-se-á pelo efetivo já existente da guarda municipal de Fortaleza e as promoções dar-se-ão pelos critérios estabelecidos no regulamento, a ser aprovado por Lei Complementar, dentro dos limites e quantitativos: 959 guardas de 2ª Classe.

CRIAÇÃO: ficam criadas 320 novas vagas para o cargo de guarda de 2ª Classe, a par das existentes.

DOCUMENTO DE IDENTIDADE PROFISSIONAL: na forma prevista no Regulamento Geral, é de uso obrigatório no exercício da atividade do guarda municipal, agente de cidadania e agente especial, e constitui prova de identidade civil para todos os fins legais.

FUNÇÃO DE DIRETOR-GERAL E SUBDIRETOR DA GUARDA MUNICIPAL DE FORTALEZA: para ocupar a função de diretor-geral e subdiretor da Guarda Municipal de Fortaleza, a escolha, preferencialmente, deverá recais entre os Inspetores em fim de carreira, exigindo-se formação de nível superior, e notáveis conhecimentos administrativos e jurídicos por período nunca inferior a 2 anos na área de segurança pública, podendo também recais a escolha sobre oficiais superiores das forças armadas e da polícias federal e estadual, sendo referida nomeação feita por livre convencimento do chefe do Poder Executivo Municipal.

6. LEI COMPLEMENTAR Nº 38, DE 10 DE JULHO DE 2007

6.1 Plano de Cargos, Carreiras e Salários (PCCS) dos Servidores da Guarda Municipal e Defesa Civil de Fortaleza

Disposições preliminares

OBETIVO LEGAL: fica aprovado o Plano de Cargos, Carreiras e Salários (PCCS) dos Servidores da Guarda Municipal e Defesa Civil de Fortaleza, obedecendo às diretrizes contidas em Lei.

PLANO DE CARGOS, CARREIRAS E SALÁRIOS: abrange apenas os servidores ocupantes dos cargos/funções de: Inspetor, Subinspetor e Guarda Municipal; Agente de Defesa Civil; Agente de Segurança Institucional.

APOSENTADOS E PENSIONISTAS DA GUARDA MUNICIPAL E DEFESA CIVIL DE FORTALEZA: são estendidos os benefícios deste Plano, no que se refere ao vencimento básico, diferencial de hierarquia e vantagem pecuniária fixa, criadas nesta Lei, nos termos do § 8º, do art. 40, da Constituição Federal.

PLANO DE CARGOS, CARREIRAS E SALÁRIOS: resultante da aplicação das diretrizes estabelecidas será composto por: estrutura do plano: carreiras, classes e cargos/funções; tabela de conversão de cargos; quadro de pessoal; descrição dos níveis de capacitação; matrizes hierárquicas salariais; matrizes hierárquicas salariais; tabela de conversão de tempo de serviço; descrição das atribuições dos cargos/funções; Manual de Avaliação de Desempenho; Quadro Discriminativo de Enquadramento.

MANUAL DE AVALIAÇÃO DE DESEMPENHO E QUADRO DISCRIMINATIVO DE ENQUADRAMENTO: serão regulamentados por decreto do chefe do Poder Executivo.

Conceitos

PLANO DE CARGOS, CARREIRAS E SALÁRIOS: conjunto de princípios, diretrizes e normas que regulam o desenvolvimento profissional dos servidores ocupantes de cargos/funções que integram determinada carreira, constituindo-se em instrumento de gestão do órgão.

CARGO PÚBLICO: é o lugar inserido no sistema administrativo municipal caracterizando-se, cada um, por determinado conjunto de atribuições e responsabilidades de natureza permanente, com denominação própria, número certo, pagamento pelo erário municipal, criação por lei, e sua investidura depende de aprovação prévia em concurso público de provas ou de provas e títulos.

FUNÇÃO: é o conjunto de atribuições e responsabilidades cometidas a um servidor, extinta quando vagar.

PADRÃO DE VENCIMENTO: é a posição do servidor na escala de vencimento, em função do cargo/função, do nível de capacitação e da classe.

REFERÊNCIA: posição do servidor no padrão de vencimento em função do tempo de serviço.

NÍVEL DE CAPACITAÇÃO: posição do servidor na matriz hierárquica dos padrões de vencimento em decorrência da capacitação profissional para o exercício das atividades do cargo/função ocupado.

CLASSE: é a divisão básica da carreira, agrupando os cargos/funções da mesma denominação, segundo o nível de responsabilidade e complexidade.

CARREIRA: é o conjunto de cargos de mesma natureza, na qual o servidor se desloca nos níveis de capacitação e nos padrões de vencimento.

Quadro de pessoal

TRANSFERÊNCIAS: ficam transferidos para este Plano de Cargos, Carreiras e Salários da Guarda Municipal e Defesa Civil os cargos especificados na Lei Complementar nº 34, de 18 de dezembro de 2006, assim redenominados: inspetor; subinspetores de 1ª e 2ª classes passam a ser denominados subinspetor; guardas de 1ª e 2ª classes passam a ser denominados Guarda Municipal; agente municipal de serviços públicos e cidadania passa a ser denominado Agente de Defesa Civil; agente especial de serviços públicos passa a ser denominado Agente de Segurança Institucional.

QUADRO DE PESSOAL DA GUARDA MUNICIPAL E DEFESA CIVIL DE FORTALEZA: fica organizado em carreiras, estruturado em 2 partes: parte permanente: composta de cargos de carreira; parte especial: composta por funções, a serem extintas quando vagarem.

Ingresso na carreira

INGRESSO NA CARREIRA: dar-se-á mediante concurso público, para padrão de vencimento inicial do primeiro nível de capacitação, com nível de escolaridade mínima de Ensino Médio, na forma disciplinada pelo Estatuto dos Servidores Públicos do Município de Fortaleza e na Lei Orgânica da Guarda Municipal.

REQUISITOS PARA O PREENCHIMENTO DO CARGO: serão publicados por meio de edital para concurso público, ressalvando-se que não haverá concurso público para subinspetor e inspetor.

CARREIRAS: são organizadas em classes de cargos/funções dispostos de acordo com o nível de responsabilidade e complexidade.

SERVIDORES: não poderão ser disponibilizados ou cedidos para outros órgãos municipais, estaduais ou federais, para executar funções diferentes daquelas previstas nas atribuições do seu respectivo cargo, salvo para exercer mandato em entidades de representação sindical, para assumir cargo em comissão, mandato eletivo e as demais exceções previstas em lei.

Desenvolvimento do servidor na carreira

DESENVOLVIMENTO DO SERVIDOR NA CARREIRA: ocorrerá da seguinte forma: promoção por capacitação; progressão por tempo de serviço.

FORMAS DE DESENVOLVIMENTO: disciplinadas nesta Lei, dependem de disponibilidade orçamentária e da existência de vaga, conforme os quantitativos estabelecidos no Anexo III, além dos critérios e requisitos que lhes são peculiares, na forma da legislação vigente.

REGULAMENTO: disporá sobre os critérios a serem observados para as formas de desenvolvimento profissional.

Atenção!

Não participarão dos processos de promoção por capacitação e progressão por tempo de serviço os ocupantes dos cargos/funções que, embora implementadas todas as condições, incorrerem em uma das seguintes hipóteses: tiverem punição disciplinar que importe suspensão ou 2 advertências no período entre uma progressão/promoção e outra; tiverem cometido mais de 5 faltas não justificadas, a cada ano, nos últimos 24 meses; terem sido condenados em processo criminal no período entre uma progressão/promoção e outra.

COMISSÃO SETORIAL: será criada uma comissão setorial, definida em regulamento, não remunerada, que coordenará e encaminhará os processos de promoção à Secretaria de Administração do Município (SAM).

COMISSÃO: funcionalmente subordinada à comissão permanente da Secretaria de Administração do Município, será renovada ou revalidada a cada 3 anos.

Promoção por capacitação

PROCESSO DE PROMOÇÃO POR CAPACITAÇÃO: é a passagem do servidor ocupante de um dos cargos/funções, de um nível de capacitação para outro imediatamente subsequente, a partir da obtenção de certificados em cursos compatíveis com o cargo/função ocupado e cargas horárias.

PROMOÇÃO: ocorrerá no interstício de 36 meses, a partir do segundo enquadramento.

CURSOS TÉCNICOS: somente serão considerados cursos técnicos de segurança pública e defesa civil aqueles promovidos por entidades previamente credenciadas pelo município de Fortaleza. Respeitada a carga horária, será permitida a soma das horas em cursos correlatos, desde que estes tenham, no mínimo, 20 horas/aula para os oferecidos pela Prefeitura Municipal de Fortaleza ou 40 horas/aula nos demais casos, e que tenham sido concluídos posteriormente a janeiro de 2005.

PROMOÇÃO: também será promovido por capacitação o servidor da carreira de segurança pública que estiver no último nível de sua classe (de guarda para subinspetor e de subinspetor para inspetor), atendidos os seguintes requisitos: existência de disponibilidade orçamentária; existência de cargos vagos nas classes subsequentes, observada a antiguidade, como critério para desempate; existência de cargos vagos nas classes subsequentes, observada, como critério de desempate, a antiguidade no cargo (no cargo de guarda quando a promoção se der para o cargo de Subinspetor, no cargo de Subinspetor quando a promoção se der para o cargo de Inspetor); aprovação em cursos de formação específicos na carreira de segurança pública; existência de necessidade de profissionais nas classes, determinada pela Direção da Guarda.

DESLOCAMENTO: quando o servidor se deslocar para outra classe, após a promoção, este ocupará o nível de capacitação I na nova posição hierárquica, permanecendo no padrão de vencimento relativo ao que ocupava anteriormente.

REQUISITO PARA PROMOÇÃO: também será considerado requisito para esta promoção o tempo de serviço prestado pelos servidores à Guarda Municipal de Fortaleza.

ANTIGUIDADE: a antiguidade refere-se ao tempo de serviço no cargo que o servidor ocupa; persistindo o empate, será promovido o servidor, na seguinte ordem: que tiver mais tempo de serviço prestado à GMF; que tiver precedência na escala de números funcionais da instituição.

ATENÇÃO!

Não serão considerados, para fins da contagem de tempo de serviço, as faltas não justificadas e os afastamentos não remunerados.

Progressão por tempo de serviço

PROGRESSÃO POR TEMPO DE SERVIÇO: a progressão por tempo de serviço é a passagem do servidor, ocupante de um cargo/função definido nesta Lei, de um padrão de vencimento para o imediatamente superior, dentro da mesma classe e do mesmo nível de capacitação a que pertence.

OCORRÊNCIA: haverá progressão por tempo de serviço a cada 24 meses de efetivo exercício, contados a partir da primeira fase do enquadramento.

PROGRESSÃO: para efeitos desta progressão, será levado em consideração o tempo de serviço prestado ao município de Fortaleza, como também o tempo de serviço disponibilizado à União, aos estados e aos municípios, com ônus para origem.

Remuneração

COMPOSIÇÃO DA REMUNERAÇÃO DOS SERVIDORES: contemplados por este PCCS dar-se-á da seguinte forma: vencimento básico; gratificação de risco de vida; gratificação de desempenho específica de segurança e defesa civil; diferencial de hierarquia, para os subinspetores e inspetores; incentivo à titulação; vantagens pecuniárias previstas em legislação específica.

VENCIMENTO BÁSICO: corresponde ao valor estabelecido para o padrão de vencimento da classe e do nível de capacitação ocupado pelo servidor.

TABELA DE VALORES DOS PADRÕES DE VENCIMENTO: encontra-se definida no Anexo V deste Plano.

REAJUSTES: concedidos a título de revisão geral da remuneração dos servidores municipais somente incidirão sobre o vencimento básico.

INCENTIVO: será calculado sobre o vencimento básico de referência do servidor.

VANTAGENS PECUNIÁRIAS: são aquelas previstas no Estatuto do Servidor do Município (Lei nº 6.794, de 27 de dezembro de 1990) e legislação específica do município de Fortaleza.

Gratificações

GRATIFICAÇÃO DE DESEMPENHO ESPECÍFICA DE SEGURANÇA E DEFESA CIVIL (GDESD): fica instituída a GDESD, de percentual variável de 50 a 100, calculada sobre o vencimento básico, devida mensalmente aos servidores, em efetivo exercício no cargo, visando ao melhor desempenho das atribuições por eles realizadas.

GRATIFICAÇÃO: será atribuída com base em avaliação de aferição mensal, cujos critérios objetivos serão estabelecidos em decreto do chefe do Poder Executivo.

GDESD: é incorporável aos proventos, dos servidores, atendidos os seguintes requisitos:

a) no caso dos servidores admitidos até 15 de dezembro de 1998, desde que a tenham percebido por um período superior a 36 (trinta e seis) meses ininterruptos;

↓

b) no caso dos servidores admitidos após 15 de dezembro de 1998, desde que a tenham percebido por um período superior a 60 (sessenta) meses ininterruptos ou 84 (oitenta e quatro) meses intercalados;

↓

c) para os servidores enquadrados nos cargos de agente de defesa civil e agente de segurança institucional anteriormente à publicação desta Lei, desde que percebida por um período superior a 24 (vinte e quatro) meses ininterruptos.

CÁLCULO DO VALOR: para efeito do cálculo do valor a ser incorporado aos proventos, tomar-se-á como base a média dos valores percebidos de acordo com os períodos estabelecidos.

ATENÇÃO!

Para aqueles servidores que, na data da publicação desta Lei (2007), tiverem 67 anos ou mais de idade, fica garantida a incorporação da GDESD para fins de aposentadoria compulsória.

SERVIDORES CONTEMPLADOS NAS CARREIRAS DESTE PCCS: quando em efetivo exercício, farão jus à Gratificação por Atividade de Risco à Vida (GARV), equivalente a 40%, calculado sobre o vencimento básico.

NÃO PAGAMENTO: não será paga a gratificação mencionada no *caput* deste artigo àqueles que estiverem à disposição de outros órgãos que não a Guarda Municipal e Defesa Civil de Fortaleza, executados os casos dos representantes sindicais pertencentes às carreiras abrangidas por este Plano, mandatos eletivos.

GRATIFICAÇÃO: é incorporável aos proventos para fins de aposentadoria, desde que o servidor a tenha percebido por um período superior a 60 meses ininterruptos ou 84 meses intercalados, ressalvados os servidores que, na data da publicação desta Lei, já haviam implementado o tempo mínimo de percepção de 24 meses ininterruptos da referida gratificação, prevista na Lei Orgânica da Guarda Municipal.

DIFERENCIAL DE HIERARQUIA (DH): fica instituído o Diferencial de Hierarquia (DH) para os servidores da carreira de segurança pública, calculado sobre o vencimento básico, nos seguintes percentuais: classe B, 10%, calculados sobre o vencimento básico, para servidores ocupantes do cargo/função de subinspetor; classe C, 15%, calculados sobre o vencimento básico, para servidores ocupantes do cargo/função de Inspetor.

DIFERENCIAL: constitui vantagem incorporável aos proventos para fins de aposentadoria, para os servidores admitidos até 15 de dezembro de 1998, desde que o tenham percebido por um período superior a 36 meses ininterruptos; e os demais servidores, 60 meses ininterruptos ou 84 meses intercalados.

INCENTIVO À TITULAÇÃO: fica instituído o Incentivo à Titulação, calculado sobre o vencimento básico, aos servidores que adquirirem os seguintes títulos: título de graduação, 10%; título de pós-graduação, 15%.

ATENÇÃO!

Caso seja o servidor portador de mais de um título, prevalecerá o correspondente ao de maior percentual, desprezando-se os demais, não sendo admitida a percepção cumulativa.

INCENTIVO: será incorporado aos respectivos proventos, desde que os servidores admitidos até 15 de dezembro de 1998 o tenham percebido por um período superior a 36 meses ininterruptos; e os demais servidores, o tenham percebido por um período superior a 60 meses ininterruptos ou 84 meses intercalados.

CURSOS DE GRADUAÇÃO E PÓS-GRADUAÇÃO: para fins de concessão do incentivo, deverão ser reconhecidos pelo Ministério da Educação, bem como guardar correlação com a área de segurança e defesa civil, nos termos do regulamento a ser editado pelo chefe do Executivo.

Jornada de trabalho

SERVIDORES: cumprirão jornada de trabalho mensal com duração de 180 horas, podendo ser estabelecido sistema de escalas de serviço e aferição de frequência, visando atender ao interesse público.

JORNADA DE TRABALHO DOS SERVIDORES INTEGRANTES DO PLANO DE CARGOS, CARREIRAS E SALÁRIOS (PCCS) da Guarda Municipal e Defesa Civil fica estabelecida em: 180 horas mensais, sendo 30 horas semanais efetivamente trabalhadas, cujos vencimentos básicos são os estabelecidos no Anexo V. Inclusão feita pelo art. 1º, da Lei Complementar nº 154, de 13 de dezembro de 2013, e 240 horas mensais, sendo 40 horas semanais efetivamente trabalhadas.

DIRETOR DA GUARDA MUNICIPAL DE FORTALEZA: emitirá portaria que regulamentará o sistema de escalas previsto no *caput* deste artigo, adequando-o às instituições e à necessidade de serviço.

CUMPRIMENTO DA JORNADA DE TRABALHO: para fins de cumprimento da jornada de trabalho, poderá ser estabelecido sistema de escalas de serviço e aferição de frequência, visando atender ao interesse público.

DIRETOR DA GUARDA MUNICIPAL DE FORTALEZA: poderá regulamentar, por portaria, o sistema de escalas, adequando-o às instituições e à necessidade do serviço, desde que observada a jornada semanal de trabalho.

6.2 Estrutura do Plano de Cargos, Carreiras e Salários

Carreiras, classes e níveis de capacitação

CARREIRAS: ficam criadas 3 carreiras: carreira de segurança pública: formada por inspetores, subinspetores e guardas municipais; carreira de segurança institucional: formada por agentes de segurança institucional; carreira de defesa civil: formada por agentes de defesa civil.

CARREIRA DE SEGURANÇA PÚBLICA: é composta por 3 classes: classe A: guarda municipal; classe B: subinspetor; III classe C: inspetor.

CARREIRAS DE SEGURANÇA INSTITUCIONAL E DEFESA CIVIL: são compostas por classe única. Cada classe definida compreende 4 níveis de capacitação.

NÍVEL DE CAPACITAÇÃO: cada nível de capacitação contém 20 padrões de vencimento estruturados.

Enquadramento na matriz hieráquica

ENQUADRAMENTO DO SERVIDOR NA MATRIZ HIERÁRQUICA: dar-se-á na carreira, classe, cargo/função e padrão de vencimento correspondente à situação funcional quando da vigência desta Lei, considerando ainda a Tabela de Conversão de Tempo de Serviço.

CONTAGEM DE TEMPO DE SERVIÇO: serão arredondadas para 1 ano as frações de tempo iguais ou superiores a 11 meses.

PERÍODO PARA A APURAÇÃO DE TEMPO DE SERVIÇO PARA O ENQUADRAMENTO: será da data de efetivação do servidor no município de Fortaleza até a data da publicação desta Lei.

ATENÇÃO!

Não serão contados na apuração de tempo de serviço para efeito de enquadramento o período probatório, período referente a afastamentos não remunerados, férias e licença-prêmio não gozadas e contadas em dobro ou qualquer outro tipo de averbação.

SERVIDOR QUE NÃO POSSUIR A ESCOLARIDADE EXIGIDA PARA O EXERCÍCIO DO CARGO/FUNÇÃO e já o estiver exercendo, na data da vigência desta Lei, ficará enquadrado em cargo correlato, ficando dispensado do pré-requisito de escolaridade.

Fases do enquadramento

ENQUADRAMENTO: será realizado em 2 fases:

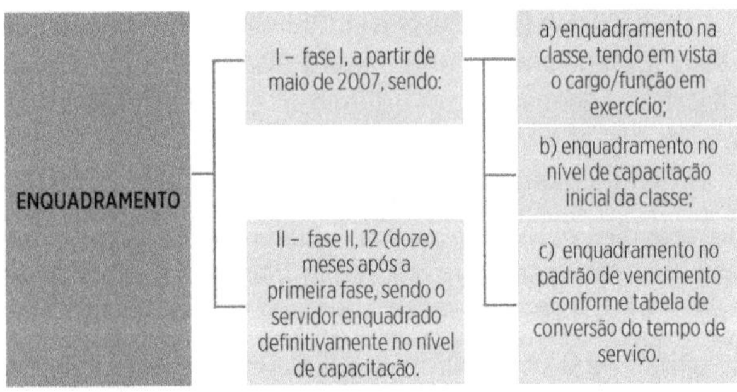

INFORMAÇÃO: após a primeira fase do enquadramento, o servidor deverá informar os cursos de capacitação na área de segurança e defesa civil, devidamente reconhecidos e/ou credenciados pelo município de Fortaleza, que porventura tenha concluído a partir de janeiro de 2005.

ENQUADRAMENTO DOS SERVIDORES NESTE PCCS: será automático, mas estes podem se manifestar formalmente pela opção do não enquadramento, permanecendo, portanto, no sistema de remuneração da legislação anterior.

MANIFESTAÇÃO: deverá ser efetivada no prazo de até 90 dias contados da data de publicação desta Lei.

Disposições finais e transitórias

SERVIDOR QUE SE JULGAR PREJUDICADO: quando do seu enquadramento neste Plano de Cargos, Carreiras e Salários, poderá requerer a reavaliação junto à Guarda Municipal e Defesa Civil de Fortaleza, até 90 dias após a publicação do Quadro Discriminativo de Enquadramento no Diário Oficial do Município (DOM).

ATENÇÃO!

Fica assegurado àqueles que não optarem pelo enquadramento o reajuste de seus vencimentos básicos nos mesmos percentuais e datas em que se verificar o reajuste geral dos servidores do Poder Executivo Municipal.

ATRIBUIÇÕES RELATIVAS AOS CARGOS/FUNÇÕES: descritos neste Plano de Cargos, Carreiras e Salários são as constantes do Anexo VII.

PLANO DE CARGOS, CARREIRAS E SALÁRIOS: obedecerá, exclusivamente, às normas estabelecidas nesta Lei, não prevalecendo para nenhum efeito planos, reclassificações e enquadramentos anteriores.

SERVIDORES CONTEMPLADOS NESTE PCCS: farão jus a uma vantagem pecuniária fixa de R$ 110,00, reajustável nos mesmos índices aplicados ao vencimento básico, a qual não se incorpora a este para qualquer finalidade, garantida, porém, sua incorporação aos proventos, atendidas as seguintes condições: no caso dos servidores admitidos até 15 de dezembro de 1998, que a tenham percebido por um período superior a 36 meses ininterruptos; nos demais casos, que a tenham percebido pelo período de 60 meses ininterruptos ou 84 meses intercalados.

AGENTES DE DEFESA CIVIL E DE SEGURANÇA INSTITUCIONAL: ao serem enquadrados neste PCCS, deixarão de perceber a gratificação de aumento de produtividade variável prevista na Lei nº 8.419, de 31 de março de 2000, regulamentada pelo Decreto nº 10.850, de 15 de agosto de 2000.

SERVIDORES: além da vantagem prevista no parágrafo único do art. 36 desta Lei, farão jus a uma vantagem pecuniária pessoal fixa de R$ 35,09, reajustável nos mesmos índices aplicados ao vencimento básico, a qual não se incorpora a este para qualquer finalidade, garantida, porém, sua incorporação aos proventos, desde que percebida por um período mínimo de 60 meses ininterruptos ou 84 meses intercalados. Os servidores, antes submetidos a uma carga horária de 8 horas diárias, nos termos do Edital 001, de 28 de abril de 2000, deixarão de perceber a complementação salarial de 60 horas; conforme o art. 25 desta Lei passarão a ter carga horária de 180 horas mensais.

INSPETORES: além da vantagem prevista no parágrafo único do art. 36 desta Lei, farão jus a uma vantagem pessoal fixa de R$ 366,08, reajustável nos mesmos índices aplicados ao vencimento básico, a qual não se incorpora a este para qualquer finalidade, garantida, porém, sua incorporação aos proventos, desde que os servidores admitidos até 15 de dezembro de 1998 a tenham percebido por um período superior a 36 meses ininterruptos; e os demais servidores, 60 meses ininterruptos ou 84 meses intercalados.

ATOS REGULAMENTARES DO PODER EXECUTIVO: vinculados a esta Lei deverão ser aprovados por decretos, dentro de 90 dias contados da publicação desta Lei.

DESPESAS DECORRENTES DA IMPLANTAÇÃO DO PLANO DE CARGOS, CARREIRAS E SALÁRIOS: correrão à conta das dotações orçamentárias próprias da Guarda Municipal e Defesa Civil de Fortaleza, que serão suplementadas em caso de insuficiência de recursos.

VIGOR DA LEI: Fortaleza, em 10 de julho de 2007.

7. LEI COMPLEMENTAR Nº 137/2013 - ORGANIZAÇÃO ADMINISTRATIVA DE FORTALEZA

OBJETIVO LEGAL: ficam criadas a Secretaria de Governo, a Secretaria de Segurança Cidadã, a Secretaria Extraordinária da Copa, a Secretaria de Conservação e Serviços Públicos e a Secretaria da Controladoria e Transparência.

SECRETARIA MUNICIPAL DE ADMINISTRAÇÃO E SECRETARIA MUNICIPAL DE PLANEJAMENTO E ORÇAMENTO: ficam fundidas a Secretaria Municipal de Administração e a Secretaria Municipal de Planejamento e Orçamento, passando a denominar-se Secretaria de Planejamento, Orçamento e Gestão; a Secretaria Municipal de Defesa do Consumidor e a Secretaria Municipal de Direitos Humanos, passando a denominar-se Secretaria de Cidadania e Direitos Humanos.

COORDENADORIA ESPECIAL DE POLÍTICAS PARA AS MULHERES: fica vinculada à Secretaria Municipal de Cidadania e Direitos Humanos.

SECRETARIA MUNICIPAL DE MEIO AMBIENTE E CONTROLE URBANO (SEMAM): passa a ser denominada de Secretaria Municipal de Urbanismo e Meio Ambiente (SEUMA), mantendo suas atuais atribuições, acrescidas a estas as competências relativas ao urbanismo provenientes da Secretaria Municipal de Planejamento Urbano (SEPLA) e relativas ao desenvolvimento urbano provenientes da Secretaria de Estado da Infraestrutura (SEINF). As atribuições recebidas da SEPLA e da SEINF ficam suprimidas de seus órgãos originários.

SECRETARIA MUNICIPAL DE ASSISTÊNCIA SOCIAL (SEMAS): passa a ser denominada de Secretaria Municipal de Trabalho, Desenvolvimento Social e Combate à Fome (SETRA), mantendo suas atuais atribuições, acrescidas as competências relativas ao Trabalho e Qualificação oriunda da Secretaria de Desenvolvimento Econômico (SDE) e as atividades de Combate à Fome no Município de Fortaleza.

COORDENADORIAS DE POLÍTICAS SOBRE DROGAS; DE CIÊNCIA, TECNOLOGIA E INOVAÇÃO; E COORDENADORIA DE PARTICIPAÇÃO POPULAR: ficam criadas as Coordenadorias de Políticas sobre Drogas; de Ciência, Tecnologia e Inovação e a Coordenadoria de Participação Popular, unidades administrativas vinculadas ao Gabinete do Prefeito, com *status* de Secretaria de Município, responsáveis por coordenar e desenvolver políticas públicas nas suas respectivas áreas de atuação.

PODER EXECUTIVO: regulamentará por Decreto as competências e atribuições das coordenadorias criadas.

ATENÇÃO!

Permanecem inalteradas as competências e atribuições dos demais órgãos e estruturas administrativas existentes não mencionadas.

SECRETÁRIOS DE MUNICÍPIO: terão honras compatíveis com a dignidade da função.

EQUIPARAÇÃO: equiparam-se a Secretários de Município, os presidentes do Instituto de Planejamento de Fortaleza (IPLANFOR), da Fundação de Desenvolvimento Habitacional de Fortaleza (HABITAFOR) e os Titulares das Coordenadorias Especiais de Políticas Públicas de Juventude; de políticas sobre drogas; de ciência, tecnologia e inovação e da Coordenadoria de Participação Popular.

CARGOS DE SECRETÁRIO DE MUNICÍPIO E SECRETÁRIO EXECUTIVO: ficam criados os cargos de Secretário de Município e Secretário Executivo na forma do Anexo I, parte integrante desta Lei.

INSTITUTO DE PLANEJAMENTO URBANO DE FORTALEZA (IPLANFOR): passa a ser denominado Instituto de Planejamento de Fortaleza (IPLANFOR) e fica vinculado diretamente ao prefeito municipal de Fortaleza.

SECRETÁRIO MUNICIPAL EXTRAORDINÁRIO DA COPA: fica autorizado o Secretário Municipal Extraordinário da Copa a solicitar prioritariamente, para o funcionamento da SECOPAFOR, servidores do Poder Executivo ou do Legislativo Municipal.

8. LEI COMPLEMENTAR Nº 144/2013 - COMPETÊNCIAS DA GUARDA MUNICIPAL DE FORTALEZA

Alteração legislativa

> ***Art. 1º*** *É acrescentado ao art. 3º da Lei Complementar nº 4, de 16 de julho de 1991, o seguinte parágrafo único: [...]*
>
> ***Art. 3º*** *Compete à Guarda Municipal de Fortaleza: [...]*
>
> *Parágrafo único. As competências previstas nos incisos II (II - realizar a segurança do Prefeito, do Vice-Prefeito e, em caráter eventual, de outras autoridades indicadas pelo Chefe do Executivo Municipal), IV (IV - executar o serviço de orientação e salvamento de banhistas no município, atuando em parceria com o Corpo de Bombeiros Militar do Estado) e VI (VI - executar as ações preventivas e emergenciais de Defesa Civil do Município, quando da ocorrência de calamidade pública, prestando socorro às vítimas, em parceria com o competente órgão de Defesa Civil do Estado); deste artigo poderão ser desempenhadas em conjunto ou mediante auxílio dos órgãos de Segurança Pública do Estado, mediante celebração de convênio de cooperação técnica.*

NOVA REDAÇÃO: o art. 2º da Lei Complementar nº 4, de 16 de julho de 1991, passa a vigorar com a seguinte redação:

> ***Art. 2º*** *A Guarda Municipal de Fortaleza (GMF), órgão da administração direta do Poder Executivo Municipal, subordinada à Secretaria Municipal de Segurança Cidadã, tem como finalidade a proteção preventiva e ostensiva dos bens e instalações, a garantia dos serviços públicos municipais e a defesa civil do Município, bem como formular as políticas e as diretrizes para a Segurança Municipal.*

LEGISLAÇÃO ESPECÍFICA

1. LEI Nº 13.869/2019 - LEI DE ABUSO DE AUTORIDADE

A lei de abuso de autoridade é o epíteto da Lei 13.86 9, de 5 de setembro de 2019, que possui sua base constitucional no art. 5º, inciso XXXIV, alínea "a" de nossa Magna Carta, dispositivo que trata do direito de petição em face dos Poderes Públicos em defesa de direitos contra a ilegalidade ou abuso de poder. Seu objetivo é buscar combater a arbitrariedade no exercício do poder pelos agentes públicos em geral, criminalizando uma série de condutas que anteriormente no máximo eram considerados ilícitos administrativos.

Deve-se ter em mente, no entanto, que o conceito de "abuso de autoridade" usado pela lei refere-se ao seu conceito legal - subordinado ao princípio da legalidade penal - , sendo mais estrito que o conceito visto em Direito Administrativo em geral.

Essa nova lei revogou expressamente a Lei 4.898/1965, que tratava do mesmo assunto.

Importante observar que o prazo de "vacatio legis" (prazo para a lei entrar em vigor) previsto no art. 45 da lei é de 120 dias, contados a partir de sua publicação oficial, a qual ocorreu no dia 5 de setembro de 2019.

A lei sofreu diversos vetos pelo Presidente da República, sendo que vários deles foram derrubados pelo Congresso Nacional.

De uma certa forma polêmica, é certo que muitos dispositivos da referida lei estão sendo e serão questionados quanto à sua constitucionalidade, devendo estar-se atento a eventuais pronunciamentos do Supremo Tribunal Federal sobre a lei.

Por ser uma lei que trata diretamente da conduta de agentes públicos, deve ser bastante cobrada em provas, especialmente em carreiras policiais e jurídicas.

Para melhor clareza, estudaremos os dispositivos da lei um a um, comentando-os, desprezando-se, porém, aqueles que foram vetados pelo Presidente da República e cujo veto não foi derrubado pelo Congresso Nacional.

Disposições gerais

> ***Art. 1º*** *Esta Lei define os crimes de abuso de autoridade, cometidos por agente público, servidor ou não, que, no exercício de suas funções ou a pretexto de exercê-las, abuse do poder que lhe tenha sido atribuído.*
>
> ***§ 1º*** *As condutas descritas nesta Lei constituem crime de abuso de autoridade quando praticadas pelo agente com a finalidade específica de prejudicar outrem ou beneficiar a si mesmo ou a terceiro, ou, ainda, por mero capricho ou satisfação pessoal.*
>
> ***§ 2º*** *A divergência na interpretação de lei ou na avaliação de fatos e provas não configura abuso de autoridade.*

O Art. 1º da Lei deixa claro que suas disposições se aplicam aos agentes públicos em geral, seja ou não servidor (vide no próximo tópico o conceito de agente público, para os efeitos dessa lei).

Por outro lado, também deixa claro que as condutas previstas na lei somente serão consideradas criminosas se forem praticadas com o dolo específico de prejudicar ou beneficiar alguém, ou quando o ato for praticado por mero capricho ou satisfação pessoal. Sendo assim, os crimes previstos na lei não admitem a modalidade culposa (que é quando o agente não tem a intenção de produzir o resultado, mas age com imprudência, imperícia ou negligência).

Por fim, especialmente visando tranquilizar o trabalho dos juízes e autoridades policiais, e até para evitar que sejam vítimas de perseguições políticas, o parágrafo 2º do art. 1º estipula que a divergência na interpretação da lei ou avaliação de fatos e provas não configura abuso de autoridade.

Sujeitos do crime

> ***Art. 2º*** *É sujeito ativo do crime de abuso de autoridade qualquer agente público, servidor ou não, da administração direta, indireta ou fundacional de qualquer dos Poderes da União, dos Estados, do Distrito Federal, dos Municípios e de Território, compreendendo, mas não se limitando a:*
>
> ***I.*** *servidores públicos e militares ou pessoas a eles equiparadas;*
>
> ***II.*** *membros do Poder Legislativo;*
>
> ***III.*** *membros do Poder Executivo;*
>
> ***IV.*** *membros do Poder Judiciário;*
>
> ***V.*** *membros do Ministério Público;*
>
> ***VI.*** *membros dos tribunais ou conselhos de contas.*
>
> ***Parágrafo único.*** *Reputa-se agente público, para os efeitos desta Lei, todo aquele que exerce, ainda que transitoriamente ou sem remuneração, por eleição, nomeação, designação, contratação ou qualquer outra forma de investidura ou vínculo, mandato, cargo, emprego ou função em órgão ou entidade abrangidos pelo caput deste art..*

Sujeito ativo de um crime é a pessoa que pode praticá-lo, ou seja, é aquele a quem pode ser imputada a prática do crime.

No caso dos crimes previstos na Lei de Abuso de Autoridade, todo agente público pode incorrer em suas penas, ainda que não seja servidor público, trazendo os incisos do art. 2º apenas exemplos, conforme o "caput" deixa claro, ao dizer *"compreendendo, mas não se limitando a"*.

Por sua vez, o conceito de agente público utilizado pela lei é bastante amplo, assemelhando-se àquele utilizado pela Lei de Improbidade Administrativa.

Assim, para a Lei de Abuso de Autoridade, basta que a pessoa exerça um cargo, mandato, emprego ou função em órgão da Administração Direta ou entidade da Administração Indireta, mesmo que de forma transitória ou sem remuneração, alcançando, desta forma, até mesmo trabalhadores terceirizados ou temporários.

Ação penal

Os crimes previstos na Lei de Abuso de Autoridade são de ação penal pública incondicionada.

Isso quer dizer que quem é o titular legitimado para propor a ação, processando o agente público, é o Ministério Público, não havendo sequer necessidade de representação por parte de algum ofendido. Assim, tomando o Ministério Público conhecimento da prática de ato que configure abuso de autoridade, deverá ele propor de ofício a ação penal respectiva, mesmo que ninguém o requeira.

No entanto, até em obediência à norma constitucional, a mesma lei estabelece que será admitida ação privada se a ação penal pública não for intentada no prazo legal, cabendo ao Ministério Público aditar a queixa, repudiá-la e oferecer denúncia substitutiva, intervir em todos os termos do processo, fornecer elementos de prova, interpor recurso e, a todo tempo, no caso de negligência do querelante, retomar a ação como parte principal.

Ou seja, se o Ministério Público não apresentar a ação no prazo legal, poderá o ofendido - na condição de querelante - propor ele mesmo a ação, desde que o faça, de acordo com o § 2º do Art. 3º, no prazo de 6 meses contados da data em que se esgotar o prazo para oferecimento da denúncia.

Porém, ainda que seja o particular que proponha a ação (ação privada subsidiária da pública), continua sendo o Ministério Público o seu titular, podendo ele intervir no processo, inclusive interpondo recursos e retomando a ação como parte principal, no caso de negligência do querelante.

O Art. 39 da Lei de Abuso de Autoridade estipula que, na condução da ação penal, devem ser aplicadas as normas do Código de Processo Penal e da Lei dos Juizados Especiais (Lei 9.099/95), o que, permite, por exemplo, desde que atendidos os requisitos desta última, considerar-se o crime como de pequeno potencial ofensivo e aplicar-se o "sursis" processual, suspendendo o processo respectivo.

Efeitos da condenação e penas restritivas de direitos

O Capítulo IV da Lei 13.869/19 trata dos efeitos da condenação e também das penas restritivas de direitos que poderão ser aplicadas no caso dos crimes de abuso de autoridade.

Efeitos da condenação

A lei determina em seu art. 4º que são efeitos da condenação:

a) tornar certa a obrigação de indenizar o dano causado pelo crime, devendo o juiz, a requerimento do ofendido, fixar na sentença o valor mínimo para reparação dos danos causados pela infração, considerando os prejuízos por ele sofridos;
b) a inabilitação para o exercício de cargo, mandato ou função pública, pelo período de 1 (um) a 5 (cinco) anos;
c) a perda do cargo, do mandato ou da função pública.

Os efeitos previstos nos itens b) e c), porém, somente ocorrerão se houver reincidência em crime de abuso de autoridade e não são automáticos, ou seja, para que ocorram, o juiz deve prevê-los expressamente e de forma justificada em sua decisão.

Deve-se observar que, além desses efeitos específicos, existem outros, previstos na Constituição Federal ou em outras leis, como a perda dos direitos políticos após o trânsito em julgado da condenação (art. 15, inciso III, da CF).

Penas restritivas de direitos

A Constituição Federal, em seu Art. 5º, inciso XLVI, prevê a aplicação de penas alternativas à prisão, nos casos e na forma previstos em lei.

No caso dos crimes de abuso de autoridade, o Art. 5º da Lei 13.869/19 prevê as seguintes:

a) prestação de serviços à comunidade ou a entidades públicas; e
b) suspensão do exercício do cargo, da função ou do mandato, pelo prazo de 1 (um) a 6 (seis) meses, com a perda dos vencimentos e das vantagens.

Essas penas podem ser aplicadas de forma autônoma ou cumulativamente. Além disso, cabe ao juiz, com base nos critérios previstos no Código Penal, decidir se substituição da pena de prisão por essas penas é adequado e suficiente em cada caso.

Sanções de natureza civil e administrativa

Além das imposições de caráter penal - prisão ou aplicação de penas restritivas de direitos -, a Lei de Abuso de Autoridade prevê que podem ser aplicadas concomitantemente as penalidades de natureza civil e administrativa cabíveis em cada caso.

Isso decorre do princípio da independência entre as instâncias penal, civil e administrativa.

As notícias de crimes previstos na Lei 13.869/19 que também configurarem falta funcional deverão serão informadas à autoridade competente para a abertura de eventual processo administrativo disciplinar.

Embora o Art. 7º da lei estipule que as responsabilidades civil e administrativa são independentes da criminal, deixa ele claro que não se pode questionar sobre a existência ou a autoria do fato quando essas questões tenham sido decididas no juízo criminal.

Ou seja, se o juiz criminal decidiu que não houve crime ou que ficou provado que quem praticou o crime não foi o acusado, ele não poderá ser responsabilizado nas esferas cível e administrativo. No entanto, se o acusado for absolvido no âmbito penal por falta de provas, poderá ser condenado civil e administrativamente.

O Art. 8º também traz disposição importante, ao determinar que faz coisa julgada em âmbito cível, assim como no administrativo-disciplinar, a sentença penal que reconhecer expressamente ter sido o ato praticado com alguma excludente de ilicitude (estado de necessidade, legítima defesa, estrito cumprimento de dever legal ou exercício regular de direito).

Dos crimes e das penas

Em seus Art. 9º a 38, traz a Lei 13.869/19 a descrição dos diversos crimes que configuram abuso de autoridade no âmbito criminal, lembrando que o princípio da legalidade do direito penal estipula que alguém só pode ser acusado de um crime se a conduta respectiva estiver prevista (tipificada) previamente em lei e a mesma lei também preveja as penas aplicáveis.

Reproduzimos abaixo os artigos da lei que tipificam os crimes de abuso de autoridade, cujo estudo pertence ao campo do direito penal, devendo ser lidos com atenção:

> ***Art. 9º*** *Decretar medida de privação da liberdade em manifesta desconformidade com as hipóteses legais:*
>
> ***Pena*** *- detenção, de 1 (um) a 4 (quatro) anos, e multa.*
>
> ***Parágrafo único.*** *Incorre na mesma pena a autoridade judiciária que, dentro de prazo razoável, deixar de:*
>
> ***I.*** *relaxar a prisão manifestamente ilegal;*
>
> ***II.*** *substituir a prisão preventiva por medida cautelar diversa ou de conceder liberdade provisória, quando manifestamente cabível;*
>
> ***III.*** *deferir liminar ou ordem de habeas corpus, quando manifestamente cabível.*

Art. 10. *Decretar a condução coercitiva de testemunha ou investigado manifestamente descabida ou sem prévia intimação de comparecimento ao juízo:*

Pena - *detenção, de 1 (um) a 4 (quatro) anos, e multa.*

Art. 11. *(VETADO).*

Art. 12. *Deixar injustificadamente de comunicar prisão em flagrante à autoridade judiciária no prazo legal:*

Pena - *detenção, de 6 (seis) meses a 2 (dois) anos, e multa.*

Parágrafo único. *Incorre na mesma pena quem:*

I. *deixa de comunicar, imediatamente, a execução de prisão temporária ou preventiva à autoridade judiciária que a decretou;*

II. *deixa de comunicar, imediatamente, a prisão de qualquer pessoa e o local onde se encontra à sua família ou à pessoa por ela indicada;*

III. *deixa de entregar ao preso, no prazo de 24 (vinte e quatro) horas, a nota de culpa, assinada pela autoridade, com o motivo da prisão e os nomes do condutor e das testemunhas;*

IV. *prolonga a execução de pena privativa de liberdade, de prisão temporária, de prisão preventiva, de medida de segurança ou de internação, deixando, sem motivo justo e excepcionalíssimo, de executar o alvará de soltura imediatamente após recebido ou de promover a soltura do preso quando esgotado o prazo judicial ou legal.*

Art. 13. *Constranger o preso ou o detento, mediante violência, grave ameaça ou redução de sua capacidade de resistência, a:*

I. *exibir-se ou ter seu corpo ou parte dele exibido à curiosidade pública;*

II. *submeter-se a situação vexatória ou a constrangimento não autorizado em lei;*

III. *produzir prova contra si mesmo ou contra terceiro:*

Pena - *detenção, de 1 (um) a 4 (quatro) anos, e multa, sem prejuízo da pena cominada à violência.*

Art. 14. *(VETADO).*

Art. 15. *Constranger a depor, sob ameaça de prisão, pessoa que, em razão de função, ministério, ofício ou profissão, deva guardar segredo ou resguardar sigilo:*

Pena - *detenção, de 1 (um) a 4 (quatro) anos, e multa.*

Parágrafo único. *Incorre na mesma pena quem prossegue com o interrogatório:*

I. *de pessoa que tenha decidido exercer o direito ao silêncio; ou*

II. *de pessoa que tenha optado por ser assistida por advogado ou defensor público, sem a presença de seu patrono.*

Art. 16. *Deixar de identificar-se ou identificar-se falsamente ao preso por ocasião de sua captura ou quando deva fazê-lo durante sua detenção ou prisão:*

Pena - *detenção, de 6 (seis) meses a 2 (dois) anos, e multa.*

Parágrafo único. *Incorre na mesma pena quem, como responsável por interrogatório em sede de procedimento investigatório de infração penal, deixa de identificar-se ao preso ou atribui a si mesmo falsa identidade, cargo ou função.*

Art. 17. *(VETADO).*

Art. 18. *Submeter o preso a interrogatório policial durante o período de repouso noturno, salvo se capturado em flagrante delito ou se ele, devidamente assistido, consentir em prestar declarações:*

Pena - *detenção, de 6 (seis) meses a 2 (dois) anos, e multa.*

Art. 19. *Impedir ou retardar, injustificadamente, o envio de pleito de preso à autoridade judiciária competente para a apreciação da legalidade de sua prisão ou das circunstâncias de sua custódia:*

Pena - *detenção, de 1 (um) a 4 (quatro) anos, e multa.*

Parágrafo único. *Incorre na mesma pena o magistrado que, ciente do impedimento ou da demora, deixa de tomar as providências tendentes a saná-lo ou, não sendo competente para decidir sobre a prisão, deixa de enviar o pedido à autoridade judiciária que o seja.*

Art. 20. *Impedir, sem justa causa, a entrevista pessoal e reservada do preso com seu advogado:*

Pena - *detenção, de 6 (seis) meses a 2 (dois) anos, e multa.*

Parágrafo único. *Incorre na mesma pena quem impede o preso, o réu solto ou o investigado de entrevistar-se pessoal e reservadamente com seu advogado ou defensor, por prazo razoável, antes de audiência judicial, e de sentar-se ao seu lado e com ele comunicar-se durante a audiência, salvo no curso de interrogatório ou no caso de audiência realizada por videoconferência.*

Art. 21. *Manter presos de ambos os sexos na mesma cela ou espaço de confinamento:*

Pena - *detenção, de 1 (um) a 4 (quatro) anos, e multa.*

Parágrafo único. *Incorre na mesma pena quem mantém, na mesma cela, criança ou adolescente na companhia de maior de idade ou em ambiente inadequado, observado o disposto na Lei nº 8.069, de 13 de julho de 1990 (Estatuto da Criança e do Adolescente).*

Art. 22. *Invadir ou adentrar, clandestina ou astuciosamente, ou à revelia da vontade do ocupante, imóvel alheio ou suas dependências, ou nele permanecer nas mesmas condições, sem determinação judicial ou fora das condições estabelecidas em lei:*

Pena - *detenção, de 1 (um) a 4 (quatro) anos, e multa.*

§ 1º *Incorre na mesma pena, na forma prevista no caput deste art., quem:*

I. *coage alguém, mediante violência ou grave ameaça, a franquear-lhe o acesso a imóvel ou suas dependências;*

II. *(VETADO);*

III. *cumpre mandado de busca e apreensão domiciliar após as 21h (vinte e uma horas) ou antes das 5h (cinco horas).*

§ 2º *Não haverá crime se o ingresso for para prestar socorro, ou quando houver fundados indícios que indiquem a necessidade do ingresso em razão de situação de flagrante delito ou de desastre.*

Art. 23. *Inovar artificiosamente, no curso de diligência, de investigação ou de processo, o estado de lugar, de coisa ou de pessoa, com o fim de eximir-se de responsabilidade ou de responsabilizar criminalmente alguém ou agravar-lhe a responsabilidade:*

Pena - *detenção, de 1 (um) a 4 (quatro) anos, e multa.*

Parágrafo único. *Incorre na mesma pena quem pratica a conduta com o intuito de:*

I. *eximir-se de responsabilidade civil ou administrativa por excesso praticado no curso de diligência;*

II. *omitir dados ou informações ou divulgar dados ou informações incompletos para desviar o curso da investigação, da diligência ou do processo.*

Art. 24. *Constranger, sob violência ou grave ameaça, funcionário ou empregado de instituição hospitalar pública ou privada a admitir para tratamento pessoa cujo óbito já tenha ocorrido, com o fim de alterar local ou momento de crime, prejudicando sua apuração:*

Pena - *detenção, de 1 (um) a 4 (quatro) anos, e multa, além da pena correspondente à violência.*

Art. 25. *Proceder à obtenção de prova, em procedimento de investigação ou fiscalização, por meio manifestamente ilícito:*

Pena - *detenção, de 1 (um) a 4 (quatro) anos, e multa.*

Parágrafo único. *Incorre na mesma pena quem faz uso de prova, em desfavor do investigado ou fiscalizado, com prévio conhecimento de sua ilicitude.*

Art. 26. (VETADO).

Art. 27. Requisitar instauração ou instaurar procedimento investigatório de infração penal ou administrativa, em desfavor de alguém, à falta de qualquer indício da prática de crime, de ilícito funcional ou de infração administrativa:

Pena - detenção, de 6 (seis) meses a 2 (dois) anos, e multa.

Parágrafo único. Não há crime quando se tratar de sindicância ou investigação preliminar sumária, devidamente justificada.

Art. 28. Divulgar gravação ou trecho de gravação sem relação com a prova que se pretenda produzir, expondo a intimidade ou a vida privada ou ferindo a honra ou a imagem do investigado ou acusado:

Pena - detenção, de 1 (um) a 4 (quatro) anos, e multa.

Art. 29. Prestar informação falsa sobre procedimento judicial, policial, fiscal ou administrativo com o fim de prejudicar interesse de investigado:

Pena - detenção, de 6 (seis) meses a 2 (dois) anos, e multa.

Parágrafo único. (VETADO).

Art. 30. Dar início ou proceder à persecução penal, civil ou administrativa sem justa causa fundamentada ou contra quem sabe inocente:

Pena - detenção, de 1 (um) a 4 (quatro) anos, e multa.

Art. 31. Estender injustificadamente a investigação, procrastinando-a em prejuízo do investigado ou fiscalizado:

Pena - detenção, de 6 (seis) meses a 2 (dois) anos, e multa.

Parágrafo único. Incorre na mesma pena quem, inexistindo prazo para execução ou conclusão de procedimento, o estende de forma imotivada, procrastinando-o em prejuízo do investigado ou do fiscalizado.

Art. 32. Negar ao interessado, seu defensor ou advogado acesso aos autos de investigação preliminar, ao termo circunstanciado, ao inquérito ou a qualquer outro procedimento investigatório de infração penal, civil ou administrativa, assim como impedir a obtenção de cópias, ressalvado o acesso a peças relativas a diligências em curso, ou que indiquem a realização de diligências futuras, cujo sigilo seja imprescindível:

Pena - detenção, de 6 (seis) meses a 2 (dois) anos, e multa.

Art. 33. Exigir informação ou cumprimento de obrigação, inclusive o dever de fazer ou de não fazer, sem expresso amparo legal:

Pena - detenção, de 6 (seis) meses a 2 (dois) anos, e multa.

Parágrafo único. Incorre na mesma pena quem se utiliza de cargo ou função pública ou invoca a condição de agente público para se eximir de obrigação legal ou para obter vantagem ou privilégio indevido.

Art. 34. (VETADO).

Art. 35. (VETADO).

Art. 36. Decretar, em processo judicial, a indisponibilidade de ativos financeiros em quantia que extrapole exacerbadamente o valor estimado para a satisfação da dívida da parte e, ante a demonstração, pela parte, da excessividade da medida, deixar de corrigi-la:

Pena - detenção, de 1 (um) a 4 (quatro) anos, e multa.

Art. 37. Demorar demasiada e injustificadamente no exame de processo de que tenha requerido vista em órgão colegiado, com o intuito de procrastinar seu andamento ou retardar o julgamento:

Pena - detenção, de 6 (seis) meses a 2 (dois) anos, e multa.

Art. 38. Antecipar o responsável pelas investigações, por meio de comunicação, inclusive rede social, atribuição de culpa, antes de concluídas as apurações e formalizada a acusação:

Pena - detenção, de 6 (seis) meses a 2 (dois) anos, e multa.

2. LEI Nº 8.069/2013 - ESTATUTO DA CRIANÇA E DO ADOLESCENTE

2.1 Conceitos e Breve Histórico

O Estatuto da Criança e do Adolescente, Lei nº 8.069 de 13 de julho de 1990, versa sobre a proteção dirigida à criança e ao adolescente bem como a aplicação de medidas no caso da prática de ato infracional.

A ideia é a **Proteção Integral** do menor, garantindo seus direitos.

Antes do atual Estatuto, o primeiro instrumento de proteção aos menores foi promulgado em 1927. Tal instrumento cuidava dos menores em situação de abandono ou quando da prática de atos infracionais (havia a denominação delinquente na época).

A Lei 6.697 de 1979 foi uma revisão do primeiro Código de Menores, mantendo as características do primeiro, introduzindo ao conceito de menor em situação irregular.

O que ambos os instrumentos tinham em comum, era a arbitrariedade.

Na década de 80 do século XX, precisamente em 1988, temos a promulgação da nossa atual Constituição, que procurou assegurar a proteção da criança e do adolescente.

Hoje, temos a atual redação do artigo 227 da CF:

> ***Art. 227.*** *É dever da família, da sociedade e do Estado assegurar à criança, ao adolescente e ao jovem, com absoluta prioridade, o direito à vida, à saúde, à alimentação, à educação, ao lazer, à profissionalização, à cultura, à dignidade, ao respeito, à liberdade e à convivência familiar e comunitária, além de colocá-los a salvo de toda forma de negligência, discriminação, exploração, violência, crueldade e opressão.*

Assim, podemos afirmar que o ECA é um microssistema para a proteção integral da criança e do adolescente, ditando normas em matéria civil, penal (aqui teremos uma diferenciação, pelo princípio da especialidade), administrativa, prevendo a responsabilização daqueles que não observem as disposições do Estatuto.

O primeiro aspecto a ser observado quando estudamos o Estatuto da Criança e do Adolescente é o que dispõe o artigo 1° da Lei, que prevê a proteção integral à criança e ao adolescente, reconhecendo a necessidade de direitos específicos para a criança e o adolescente.

O nosso Estatuto é considerado um dos mais evoluídos do mundo, pois protege a criança e o adolescente de uma forma ampla e específica.

2.2 Disposições Preliminares

Quando se fala em Estatuto da Criança e do Adolescente, a primeira diferenciação a se fazer é entre criança e adolescente. Criança é aquele indivíduo tem menos de 12 anos (12 anos incompletos) e adolescente é aquele que tem entre 12 anos e 18 anos (maior que 12 anos e menor que 18 anos).

Em casos excepcionais, o Estatuto poderá ser aplicado ao jovem até 21 anos de idade, principalmente nos casos de ato infracional praticado antes de atingir a maioridade.

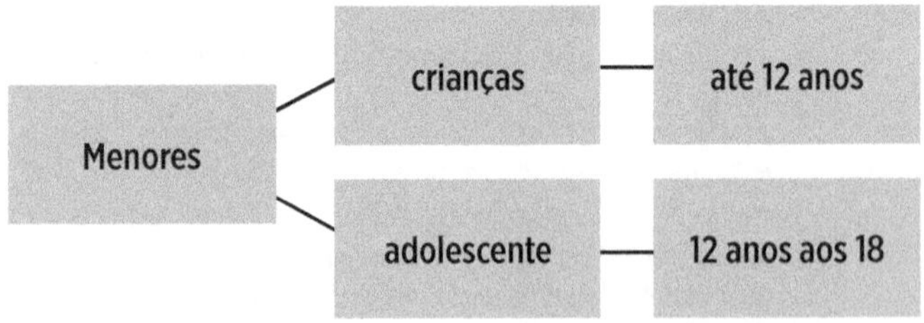

Além do Estatuto, o menor também é objeto de proteção da Constituição Federal e, por isso, goza de todos os direitos fundamentais inerentes à pessoa humana, sem prejuízo da proteção integral de que trata esta Lei, assegurando-se-lhes, por lei ou por outros meios, todas as oportunidades e facilidades, a fim de lhes facultar o desenvolvimento físico, mental, moral, espiritual e social, em condições de liberdade e de dignidade.

Os direitos referentes à vida, à saúde, à alimentação, à educação, ao esporte, ao lazer, à profissionalização, à cultura, à dignidade, ao respeito, à liberdade e à convivência familiar e comunitária devem ser assegurados pela família, comunidade, sociedade em geral e pelo poder público, pois constituem seus deveres.

Os direitos enunciados no Estatuto aplicam-se a todas as crianças e adolescentes, sem discriminação de nascimento, situação familiar, idade, sexo, raça, etnia ou cor, religião ou crença, deficiência, condição pessoal de desenvolvimento e aprendizagem, condição econômica, ambiente social, região e local de moradia ou outra condição que diferencie as pessoas, as famílias ou a comunidade em que vivem.

A garantia de prioridade compreende (artigo 4° do ECA):

- Primazia de receber proteção e socorro em quaisquer circunstâncias: existindo o perigo, os menores terão preferência no atendimento.
- Precedência de atendimento nos serviços públicos ou de relevância pública: um exemplo é o atendimento preferencial para uma gestante.
- Preferência na formulação e na execução das políticas sociais públicas: voltada para o Legislativo e Executivo, na elaboração de leis e execução das políticas.
- Destinação privilegiada de recursos públicos nas áreas relacionadas com a proteção à infância e à juventude.

No ECA, os direitos fundamentais vêm abordados nos artigos 3° e 4°, que vêm aparados na prioridade dada às crianças e aos adolescentes, em sua peculiar condição de pessoas humanas em desenvolvimento.

Nesta parte "introdutória" do Eca, temos princípios que regem o Estatuto. Dois principais princípios que regem as normas do Estatuto: da prioridade absoluta e da proteção integral à criança e ao adolescente.

O princípio da proteção integral visa que deve orientar a atuação de todos, em especial do Poder Público, para defesa e aplicação dos direitos previstos para as crianças e os adolescentes.

Em resumo, podemos afirmar que são princípios aplicados:

- Da Proteção Integral.
- Da Prioridade Absoluta.

» Da Condição Peculiar como Pessoa em Desenvolvimento.

» Da Ouvida e Participação Progressiva: leva-se em consideração a opinião da criança e do adolescente progressivamente, ou seja, conforme sua maturidade.

» Do Melhor Interesse: deve-se aplicar o melhor no caso concreto.

» Da Autonomia da Família.

» Da Responsabilidade Parental.

» Da Proporcionalidade: as medidas aplicadas devem ser proporcionais ao fato.

» Da Intervenção precoce e mínima.

Na aplicação dos direitos e interpretação de casos que envolvam as crianças e adolescentes, frequentemente trataremos dos princípios da proteção integral e do melhor interesse.

Os direitos enunciados no ECA aplicam-se a todas as crianças e adolescentes, sem discriminação de nascimento, situação familiar, idade, sexo, raça, etnia ou cor, religião ou crença, deficiência, condição pessoal de desenvolvimento e aprendizagem, condição econômica, ambiente social, região e local de moradia ou outra condição que diferencie as pessoas, as famílias ou a comunidade em que vivem.

Ainda nas disposições preliminares, o Estatuto determina que nenhuma criança ou adolescente será objeto de qualquer forma de negligência, discriminação, exploração, violência, crueldade e opressão, punido na forma da lei qualquer atentado, por ação ou omissão, aos seus direitos fundamentais, determinando de forma ampla a proteção destes tutelados.

Por fim, determina o artigo 6° do ECA:

> ***Art. 6°.*** *Na interpretação desta Lei levar-se-ão em conta os fins sociais a que ela se dirige, as exigências do bem comum, os direitos e deveres individuais e coletivos, e a condição peculiar da criança e do adolescente como pessoas em desenvolvimento.*

Este dispositivo trata da hermenêutica do Estatuto, ou seja, orienta como os estudiosos e operadores do direito, como um juiz, por exemplo, devem aplicar a norma menorista. Quando se trata de levar em conta os fins sociais e a exigência do bem comum, o legislador determina que o intérprete busque a finalidade da lei e da justiça, que no caso do ECA é, respectivamente, a busca pela proteção integral da criança e do adolescente e o interesse social.

Portanto, para fins de prova, é importante atentar: o ECA visa à proteção dos menores!

2.3 Direitos Fundamentais

Do direito à vida e à saúde

Como gozam de direitos fundamentais, o ECA elenca a proteção de forma específica quanto à Vida e à Saúde. Trata da proteção à gestante, garantindo o bom desenvolvimento da criança, desde a sua concepção e após o nascimento.

A criança e o adolescente têm direito à proteção à vida e à saúde, mediante a efetivação de políticas sociais públicas que permitam o nascimento e o desenvolvimento sadio e harmonioso, em condições dignas de existência. Ou seja, o Estado Social deve garantir tal direito por meio de políticas sociais públicas, que são ações em esfera federal, estadual e municipal visando ao atendimento do bem coletivo.

O ECA determina ações que devem ser observadas, quais sejam:

> É assegurado a todas as mulheres o acesso aos programas e às políticas de saúde da mulher e de planejamento reprodutivo e, às gestantes, nutrição adequada, atenção humanizada à gravidez, ao parto e ao puerpério e atendimento pré-natal, perinatal e pós-natal integral no âmbito do Sistema Único de Saúde.

> O atendimento pré-natal será realizado por profissionais da atenção primária e os profissionais de saúde de referência da gestante garantirão sua vinculação, no último trimestre da gestação, ao estabelecimento em que será realizado o parto, garantido o direito de opção da mulher.

> Os serviços de saúde nos quais o parto for realizado assegurarão às mulheres e aos seus filhos recém-nascidos alta hospitalar responsável e contrarreferência na atenção primária, bem como o acesso a outros serviços e a grupos de apoio à amamentação.

> Incumbe ao poder público proporcionar assistência psicológica à gestante e à mãe, no período pré e pós-natal, inclusive como forma de prevenir ou minorar as consequências do estado puerperal. A assistência psicológica deverá ser prestada também a gestantes e mães que manifestem interesse em entregar seus filhos para adoção, bem como a gestantes e mães que se encontrem em situação de privação de liberdade.

> A gestante e a parturiente têm direito a 1 (um) acompanhante de sua preferência durante o período do pré-natal, do trabalho de parto e do pós-parto imediato.

> A gestante deverá receber orientação sobre aleitamento materno, alimentação complementar saudável e crescimento e desenvolvimento infantil, bem como sobre formas de favorecer a criação de vínculos afetivos e de estimular o desenvolvimento integral da criança.

> A gestante tem direito a acompanhamento saudável durante toda a gestação e a parto natural cuidadoso, estabelecendo-se a aplicação de cesariana e outras intervenções cirúrgicas por motivos médicos.

> A atenção primária à saúde fará a busca ativa da gestante que não iniciar ou que abandonar as consultas de pré-natal, bem como da puérpera que não comparecer às consultas pós-parto.

> Incumbe ao poder público garantir, à gestante e à mulher com filho na primeira infância que se encontrem sob custódia em unidade de privação de liberdade, ambiência que atenda às normas sanitárias e assistenciais do Sistema Único de Saúde para o acolhimento do filho, em articulação com o sistema de ensino competente, visando ao desenvolvimento integral da criança.

A Lei 13.798/2019 instituiu, dentro dos aspectos da saúde, a Semana Nacional de Prevenção da Gravidez na Adolescência:

> ***Art. 8º-A.*** *Fica instituída a Semana Nacional de Prevenção da Gravidez na Adolescência, a ser realizada anualmente na semana que incluir o dia 1º de fevereiro, com o objetivo de disseminar informações sobre medidas preventivas e educativas que contribuam para a redução da incidência da gravidez na adolescência.*
>
> ***Parágrafo único.*** *As ações destinadas a efetivar o disposto no caput deste artigo ficarão a cargo do poder público, em conjunto com organizações da sociedade civil, e serão dirigidas prioritariamente ao público adolescente*

- O poder público, as instituições e os empregadores propiciarão condições adequadas ao aleitamento materno, inclusive aos filhos de mães submetidas à medida privativa de liberdade.
- Os profissionais das unidades primárias de saúde desenvolverão ações sistemáticas, individuais ou coletivas, visando ao planejamento, à implementação e à avaliação de ações de promoção, proteção e apoio ao aleitamento materno e à alimentação complementar saudável, de forma contínua.
- Os serviços de unidades de terapia intensiva neonatal deverão dispor de banco de leite humano ou unidade de coleta de leite humano.

Ainda, determina artigo 10 do ECA:

> ***Art. 10.*** *Os hospitais e demais estabelecimentos de atenção à saúde de gestantes, públicos e particulares, são obrigados a:*
>
> ***I.*** *manter registro das atividades desenvolvidas, através de prontuários individuais, pelo prazo de dezoito anos;*
>
> ***II.*** *identificar o recém-nascido mediante o registro de sua impressão plantar e digital e da impressão digital da mãe, sem prejuízo de outras formas normatizadas pela autoridade administrativa competente;*
>
> ***III.*** *proceder a exames visando ao diagnóstico e terapêutica de anormalidades no metabolismo do recém-nascido, bem como prestar orientação aos pais;*
>
> ***IV.*** *fornecer declaração de nascimento onde constem necessariamente as intercorrências do parto e do desenvolvimento do neonato;*
>
> ***V.*** *manter alojamento conjunto, possibilitando ao neonato a permanência junto à mãe.*
>
> ***VI.*** *acompanhar a prática do processo de amamentação, prestando orientações quanto à técnica adequada, enquanto a mãe permanecer na unidade hospitalar, utilizando o corpo técnico já existente.*

- É assegurado acesso integral às linhas de cuidado voltadas à saúde da criança e do adolescente, por intermédio do Sistema Único de Saúde, observado o princípio da equidade no acesso a ações e serviços para promoção, proteção e recuperação da saúde.
- A criança e o adolescente com deficiência serão atendidos, sem discriminação ou segregação, em suas necessidades gerais de saúde e específicas de habilitação e reabilitação.
- Incumbe ao poder público fornecer gratuitamente, àqueles que necessitarem, medicamentos, órteses, próteses e outras tecnologias assistivas relativas ao tratamento, habilitação ou reabilitação para crianças e adolescentes, de acordo com as linhas de cuidado voltadas às suas necessidades específicas.
- Os profissionais que atuam no cuidado diário ou frequente de crianças na primeira infância receberão formação específica e permanente para a detecção de sinais de risco para o desenvolvimento psíquico, bem como para o acompanhamento que se fizer necessário.
- Os estabelecimentos de atendimento à saúde, inclusive as unidades neonatais, de terapia intensiva e de cuidados intermediários, deverão proporcionar condições para a permanência em tempo integral de um dos pais ou responsável, nos casos de internação de criança ou adolescente.
- Os casos de suspeita ou confirmação de castigo físico, de tratamento cruel ou degradante e de maus-tratos contra criança ou adolescente serão obrigatoriamente comunicados ao Conselho Tutelar da respectiva localidade, sem prejuízo de outras providências legais.
- As gestantes ou mães que manifestem interesse em entregar seus filhos para adoção serão obrigatoriamente encaminhadas, sem constrangimento, à Justiça da Infância e da Juventude.
- Os serviços de saúde em suas diferentes portas de entrada, os serviços de assistência social em seu componente especializado, o Centro de Referência Especializado de Assistência Social (CREAS) e os demais órgãos do Sistema de Garantia de Direitos da Criança e do Adolescente deverão conferir máxima prioridade ao atendimento das crianças na faixa etária da primeira infância com suspeita ou confirmação de violência de qualquer natureza, formulando projeto terapêutico singular que inclua intervenção em rede e, se necessário, acompanhamento domiciliar.
- O Sistema Único de Saúde promoverá programas de assistência médica e odontológica para a prevenção das enfermidades que ordinariamente afetam a população infantil, e campanhas de educação sanitária para pais, educadores e alunos.
- É obrigatória a vacinação das crianças nos casos recomendados pelas autoridades sanitárias.
- O Sistema Único de Saúde promoverá a atenção à saúde bucal das crianças e das gestantes, de forma transversal, integral e intersetorial com as demais linhas de cuidado direcionadas à mulher e à criança.
- A atenção odontológica à criança terá função educativa protetiva e será prestada, inicialmente, antes de o bebê nascer, por meio de aconselhamento pré-natal, e, posteriormente, no sexto e no décimo segundo anos de vida, com orientações sobre saúde bucal.
- A criança com necessidade de cuidados odontológicos especiais será atendida pelo Sistema Único de Saúde.

Do direito à liberdade, ao respeito e à dignidade

Dentro dos Direitos Fundamentais, também será resguardado o direito à Liberdade, ao Respeito e à Dignidade.

Cada um é conceituado de forma diferenciada no ECA. Vejamos:

→ Direito à liberdade: compreende os seguintes aspectos:
  > Ir, vir e estar nos logradouros públicos e espaços comunitários, ressalvadas as restrições legais.
  > Opinião e expressão.
  > Crença e culto religioso.
  > Brincar, praticar esportes e divertir-se.
  > Participar da vida familiar e comunitária, sem discriminação.
  > Participar da vida política, na forma da lei.
  > Buscar refúgio, auxílio e orientação.

→ Direito ao respeito: consiste na inviolabilidade da integridade física, psíquica e moral da criança e do adolescente, abrangendo a preservação da imagem, da identidade, da autonomia, dos valores, ideias e crenças, dos espaços e objetos pessoais.

→ Direito à dignidade: como pessoas humanas em processo de desenvolvimento e como sujeitos de direitos civis, humanos e sociais garantidos na Constituição e nas leis, é dever de todos velar pela dignidade da criança e do adolescente, pondo-os a salvo de qualquer tratamento desumano, violento, aterrorizante, vexatório ou constrangedor.

Com os diversos casos de abusos nos castigos por parte dos pais ou responsáveis, já que em nossa cultura é muito forte a ideia de bater para educar, foi publicada a Lei 13.010/2014, que ficou conhecida como "Lei da Palmada" ou "Menino Bernardo". Ela acrescentou dispositivos sobre a dignidade. Vejamos:

> ***Art. 18-A.*** *A criança e o adolescente têm o direito de ser educados e cuidados sem o uso de castigo físico ou de tratamento cruel ou degradante, como formas de correção, disciplina, educação ou qualquer outro pretexto, pelos pais, pelos integrantes da família ampliada, pelos responsáveis, pelos agentes públicos executores de medidas socioeducativas ou por qualquer pessoa encarregada de cuidar deles, tratá-los, educá-los ou protegê-los.*
>
> ***Parágrafo único.*** *Para os fins desta Lei, considera-se:*
>
> ***I.*** *castigo físico: ação de natureza disciplinar ou punitiva aplicada com o uso da força física sobre a criança ou o adolescente que resulte em:*
>
> ***a)*** *sofrimento físico; ou*
>
> ***b)*** *lesão;*
>
> ***II.*** *tratamento cruel ou degradante: conduta ou forma cruel de tratamento em relação à criança ou ao adolescente que:*
>
> ***a)*** *humilhe; ou*
>
> ***b)*** *ameace gravemente; ou*
>
> ***c)*** *ridicularize.*

O artigo 18-B prevê sanções quando imposto tratamento cruel ou degradante ou castigo físico:

> ***Art. 18-B.*** *Os pais, os integrantes da família ampliada, os responsáveis, os agentes públicos executores de medidas socioeducativas ou qualquer pessoa encarregada de cuidar de crianças e de adolescentes, tratá-los, educá-los ou protegê-los que utilizarem castigo físico ou tratamento cruel ou degradante como formas de correção, disciplina, educação ou qualquer outro pretexto estarão sujeitos, sem prejuízo de outras sanções cabíveis, às seguintes medidas, que serão aplicadas de acordo com a gravidade do caso:*
>
> ***I.*** *encaminhamento a programa oficial ou comunitário de proteção à família;*
>
> ***II.*** *encaminhamento a tratamento psicológico ou psiquiátrico;*
>
> ***III.*** *encaminhamento a cursos ou programas de orientação;*
>
> ***IV.*** *obrigação de encaminhar a criança a tratamento especializado;*
>
> ***V.*** *advertência.*
>
> ***Parágrafo único.*** *As medidas previstas neste artigo serão aplicadas pelo Conselho Tutelar, sem prejuízo de outras providências legais.*

Percebe-se que o parágrafo único prevê aplicação das medidas pelo Conselho Tutelar, sem prejuízo de medidas que possam ser adotadas pelo Poder Judiciário. Inclusive, dependendo da gravidade, os pais podem ser suspensos do poder familiar.

Do direito à convivência familiar

É direito da criança e do adolescente ser criado e educado no seio de sua família e, excepcionalmente, em família substituta, assegurada a convivência familiar e comunitária, em ambiente que garanta seu desenvolvimento integral.

Família natural é aquela formada por pai, mãe, irmãos... ou seja, formada pelos pais (ou qualquer deles) e seus descendentes.

Já a família substituta vem substituir aquela, por meio, por exemplo, da adoção.

Além disso, é importante conceituar que família extensa ou ampliada é aquela formada por parentes próximos com os quais o menor convive e mantém vínculos de afetividade e afinidade. Tal conceito de família vai além da unidade de pais e filhos ou da unidade do casal.

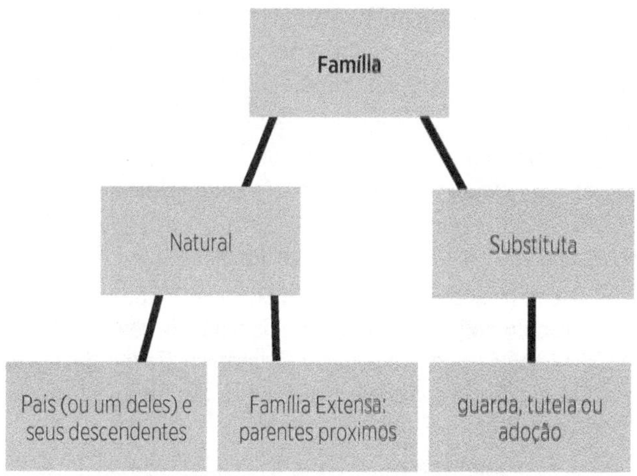

O ECA determina que se o menor estiver inserido em programa de **acolhimento familiar ou institucional**, a sua situação será reavaliada, no máximo a cada **três meses**, devendo a autoridade judiciária fundamentar pela reintegração familiar ou colocação em família substituta.

Mas o que é o acolhimento institucional ou familiar? O acolhimento é realizado em instituições para tal finalidade ou em residências de famílias previamente cadastradas. Tal acolhimento é considerado uma medida protetiva. Assim, o menor passa a viver com outra família ou em uma instituição para regressar à sua família ou destinar-se a uma família substituta.

O acolhimento institucional é a "ultima opção", ocorre de maneira subsidiária.

Devemos ter em mente que as ações articuladas pelo Estado devem respeitar o máximo possível os princípios da autonomia da família e da responsabilidade parental.

O menor permanecerá **acolhido institucionalmente** por, no **máximo, 18 meses, exceto** em situação que atenda a seu próprio interesse.

É importante ressaltar que não haverá diferenciação entre os filhos havidos no casamento e os fora dele, como também não haverá diferenciação em relação aos filhos adotados, o que em tempos remotos ocorreu em nosso país.

Cabe aos pais (pai e mãe), de forma igualitária, exercer o poder familiar (expressão que antes era denominada pátrio poder), que poderá ser perdido caso não cumpram seu dever de sustento, guarda e educação dos filhos menores e as determinações judiciais.

A falta ou a carência de recursos materiais não constituem motivos suficientes para a perda ou a suspensão do poder familiar. Caso seja necessário, a família será incluída em programas oficiais de auxílio. Cuidado: frequentemente aparece nos concursos que a falta de recursos materiais é causa da perda da guarda do menor.

O ECA deixa expresso que a manutenção ou a reintegração de criança ou adolescente à sua família terão preferência em relação a qualquer outra providência, caso em que será esta incluída em serviços e programas de proteção, apoio e promoção.

A ideia do Estatuto é sempre manter o menor em sua família de origem, com seus genitores, excepcionalmente retirá-los.

Portanto, não existindo outro motivo que, por si só, autorize a decretação da medida, a criança ou o adolescente serão mantidos na família de origem, a qual deverá obrigatoriamente ser incluída em serviços e programas oficiais de proteção, apoio e promoção.

A perda do poder familiar ocorre somente por sentença judicial, garantindo-se o contraditório e a ampla defesa, ou seja, correrá processo judicial, no qual os pais poderão defender-se e provar a possível falta de fundamento das denúncias.

A condenação criminal do pai ou da mãe não implicará a destituição do poder familiar, exceto na hipótese de condenação por crime doloso sujeito à pena de reclusão contra outrem igualmente titular do mesmo poder familiar ou contra filho, filha ou outro descendente.

Será garantida a convivência da criança e do adolescente com a mãe ou o pai privado de liberdade, por meio de visitas periódicas promovidas pelo responsável ou, nas hipóteses de acolhimento institucional, pela entidade responsável, independentemente de autorização judicial.

Será garantida a convivência integral da criança com a mãe adolescente que estiver em acolhimento institucional.

A mãe adolescente será assistida por equipe especializada multidisciplinar.

Da genitora que deseja entregar filho para adoção

A gestante ou mãe que manifeste interesse em entregar seu filho para adoção, antes ou logo após o nascimento, será encaminhada à Justiça da Infância e da Juventude, sendo devidamente ouvida por equipe interprofissional da Justiça.

Após a oitiva, a equipe apresentará relatório à autoridade judiciária, devendo levar em consideração eventuais efeitos do estado gestacional e puerperal.

Com o relatório em mãos, a autoridade poderá determinar o encaminhamento da gestante ou mãe, quando esta concordar, para recebimento de tratamento especializado em saúde e assistência médica, na rede pública.

Na sequência, busca-se a família extensa para verificar a possibilidade de inserção da criança na própria família, existindo interessados aptos.

A lei determina que a busca à família extensa, conforme definida na lei, respeitará o **prazo máximo de 90 (noventa) dias, prorrogável por igual período.**

Na hipótese de não haver a indicação do genitor e de não existir outro representante da família extensa apto a receber a guarda, a autoridade judiciária competente deverá decretar a extinção do poder familiar e determinar a colocação da criança sob a guarda provisória de quem estiver habilitado a adotá-la ou de entidade que desenvolva programa de acolhimento familiar ou institucional.

Após o nascimento da criança, a vontade da mãe ou de ambos os genitores, se houver pai registral ou pai indicado, deve ser manifestada na audiência (seguindo até mesmo regras da adoção, em que os genitores devem manifestar a concordância com a medida), na qual será acolhida concordância para colocação em família substituta, garantido o sigilo sobre a entrega.

Os detentores da guarda possuem o prazo de 15 (quinze) dias para propor a ação de adoção, contado do dia seguinte à data do término do estágio de convivência. Ou seja, nesse momento se inicia o procedimento de adoção, com a antecedência do prazo de estágio de convivência.

Na hipótese de desistência pelos genitores - manifestada em audiência ou perante a equipe interprofissional - da entrega da criança após o nascimento, a criança será mantida com os genitores, e será determinado pela Justiça da Infância e da Juventude o acompanhamento familiar pelo **prazo de 180 (cento e oitenta) dias.**

É garantido à mãe o direito ao sigilo sobre o nascimento, respeitada a possibilidade de o menor conhecer sua origem biológica.

→ Atenção aos prazos:
    - 90 dias: busca de família extensa;
    - 180 dias: acompanhamento familiar na desistência de entrega da criança.

Apadrinhamento

Com a entrada em vigor da lei nº 13.509, de 22 de novembro de 2017, que dispõe sobre adoção o ECA prevê a possibilidade de apadrinhamento, que pode ser de forma afetiva ou financeira, de crianças e adolescentes em acolhimento institucional.

O apadrinhamento, conforme conceitua a lei, consiste em estabelecer e proporcionar à criança e ao adolescente vínculos externos à instituição para fins de convivência familiar e comunitária e colaboração com o seu desenvolvimento nos aspectos social, moral, físico, cognitivo, educacional e financeiro. Existe a possibilidade de pessoas jurídicas poderem apadrinhar criança ou adolescente a fim de colaborar para o seu desenvolvimento.

O perfil da criança ou do adolescente a ser apadrinhado será definido no âmbito de cada programa de apadrinhamento, com prioridade para crianças ou adolescentes com remota possibilidade de reinserção familiar ou colocação em família adotiva. Os programas ou serviços de apadrinhamento apoiados pela Justiça da Infância e da Juventude poderão ser executados por órgãos públicos ou por organizações da sociedade civil.

Se ocorrer violação das regras de apadrinhamento, os responsáveis pelo programa e pelos serviços de acolhimento deverão imediatamente notificar a autoridade judiciária competente, que tomará as medidas necessárias.

2.4 Da Família Natural

Conforme já conceituado, família natural é a comunidade formada pelos pais (ou qualquer deles) e seus descendentes. A família extensa ou ampliada é aquela formada por parentes próximos com os quais o menor convive e mantém vínculos de afetividade e afinidade, que vai além da unidade de pais e filhos ou da unidade do casal.

O reconhecimento de paternidade para os filhos havidos fora do casamento poderá ser feito, conjunta ou separadamente:

- → por próprio termo do nascimento;
- → por testamento;
- → mediante escritura; ou
- → por outro documento público.

O reconhecimento pode preceder o nascimento do filho ou suceder-lhe ao falecimento, se deixar descendentes.

O reconhecimento do estado de filiação é direito personalíssimo, indisponível e imprescritível, podendo ser exercitado contra os pais ou seus herdeiros, sem qualquer restrição.

Além disso, não haverá nenhuma distinção entre os filhos. Aos pais incumbe o dever de sustento, guarda e educação dos filhos menores.

Aos pais também cabe cuidar dos interesses dos seus filhos quanto à obrigação de cumprir e fazer cumprir as determinações judiciais (exemplo: pensão alimentícia, herança).

A mãe e o pai, ou os responsáveis, têm direitos iguais e deveres e responsabilidades compartilhados no cuidado e na educação da criança, devendo ser resguardado o direito de transmissão familiar de suas crenças e culturas.

Da família substituta

Primeiras considerações

A colocação em família substituta será feita mediante guarda, tutela ou adoção.

A colocação do adolescente em família substituta dependerá de seu consentimento, porém, sempre que possível, o menor será ouvido por equipe interprofissional, como, por exemplo, psicólogo, buscando sempre o que é melhor para o menor.

Os irmãos serão colocados sob guarda, tutela ou adoção da mesma família substituta, ressalvada a existência de risco de abuso ou outra excepcionalidade, evitando-se o rompimento do vínculo familiar.

Em se tratando de criança ou adolescente indígena ou proveniente de comunidade remanescente de quilombo, é ainda obrigatório:

a) que sejam consideradas e respeitadas sua identidade social e cultural, os seus costumes e tradições, bem como suas instituições, desde que não sejam incompatíveis com os direitos fundamentais reconhecidos pelo ECA e pela Constituição Federal;
b) que a colocação familiar ocorra, prioritariamente, no seio de sua comunidade ou junto a membros da mesma etnia;
c) a intervenção e oitiva de representantes do órgão federal responsável pela política indigenista, no caso de crianças e adolescentes indígenas, e de antropólogos, perante a equipe interprofissional ou multidisciplinar que irá acompanhar o caso.

Caso se revele, por qualquer modo, incompatibilidade com a natureza da medida ou não oferecimento de ambiente familiar adequado, não será deferida a colocação em família substituta.

Não será admitida a transferência de criança ou adolescente (que tenham sido colocados em família substituta) a terceiros ou a entidades governamentais ou não governamentais, sem autorização judicial.

A colocação em família substituta estrangeira constitui medida excepcional, somente admissível na modalidade de adoção.

Aquele que assumir a guarda ou tutela se compromete a desempenhar o encargo bem e fielmente.

A inclusão de criança ou adolescente em programas de acolhimento familiar terá preferência a seu acolhimento institucional, sempre resguardando o caráter temporário e excepcional da medida.

No caso de acolhimento familiar, a pessoa ou casal cadastrado no programa poderá receber a criança ou adolescente mediante guarda, observado o que dispõe a lei sobre a matéria.

A União apoiará a implementação de serviços de acolhimento em família acolhedora como política pública, os quais deverão dispor de equipe que organize o acolhimento temporário de crianças e de adolescentes em residências de famílias selecionadas, capacitadas e acompanhadas que não estejam no cadastro de adoção.

Ainda prevê o ECA que poderão ser utilizados recursos federais, estaduais, distritais e municipais para a manutenção dos serviços de acolhimento em família acolhedora, facultando-se o repasse de recursos para a própria família acolhedora.

Da guarda

A guarda destina-se a regularizar a posse de fato, podendo ser deferida, liminar ou incidentalmente, nos procedimentos de tutela e adoção, exceto no de adoção por estrangeiros. Além disso, a guarda obriga a prestação de assistência material, moral e educacional à criança ou ao adolescente, conferindo a seu detentor o direito de opor-se a terceiros, inclusive aos pais.

Ou seja, por meio da guarda, o menor fica sob a responsabilidade e companhia daquele determinado como seu guardião em processo judicial.

Excepcionalmente, poderá ser concedida a guarda fora dos casos de tutela e adoção, para atender a situações peculiares ou suprir a falta eventual dos pais ou responsável.

A guarda confere à criança ou ao adolescente a condição de dependente, para todos os fins e efeitos de direito, inclusive previdenciários.

Já a guarda conferida a terceiros não retira dos pais o direito de visitas e o dever de prestar alimentos, salvo expressa e fundamentada determinação em contrário, da autoridade judiciária.

O poder público estimulará, por meio de assistência jurídica, incentivos fiscais e subsídios, o acolhimento, sob a forma de guarda, de criança ou adolescente afastado do convívio familiar.

A guarda poderá ser revogada a qualquer tempo, mediante ato judicial fundamentado, ouvido o Ministério Público.

Da tutela

A tutela será deferida a pessoa de até 18 (dezoito) anos incompletos e seu deferimento pressupõe a prévia decretação da perda ou suspensão do poder familiar e implica necessariamente o dever de guarda.

Determina o Código Civil que o menor será posto sob tutela:

> ***Art. 1.**728. Os filhos menores são postos em tutela:*
>
> ***I.** com o falecimento dos pais, ou sendo estes julgados ausentes;*
>
> ***II.** em caso de os pais decaírem do poder familiar.*

O tutor nomeado por testamento ou qualquer documento autêntico, conforme previsto na lei civil, deverá, no prazo de 30 (trinta) dias após a abertura da sucessão, ingressar com pedido destinado ao controle judicial do ato.

Mesmo se os pais nomearem um tutor, este será avaliado se é a melhor opção para o menor e se tem condições de assumir o encargo.

Em falta de tutor nomeado pelos pais, incumbe a tutela aos parentes consanguíneos do menor, por esta ordem:

- aos ascendentes, preferindo o de grau mais próximo ao mais remoto;
- aos colaterais até o terceiro grau, preferindo os mais próximos aos mais remotos, e, no mesmo grau, os mais velhos aos mais moços; em qualquer dos casos, o juiz escolherá entre eles o mais apto a exercer a tutela em benefício do menor.

A tutela será destituída quando o tutor não cumprir com seus deveres e obrigações; dar-se-á por meio de processo judicial, garantido o contraditório e a ampla defesa.

Da adoção

A adoção é medida excepcional e irrevogável, não podendo ser feita por procuração.

É possível até mesmo casar por procuração (quando outro realiza ato em seu lugar), mas na adoção, isso é expressamente vedado!

A adoção atribui a condição de filho ao adotado, com os mesmos direitos e deveres dos filhos legítimos, inclusive sucessórios, desligando-o de qualquer vínculo com pais e parentes, salvo impedimentos matrimoniais.

O adotando (quem é adotado) deve contar com, no máximo, dezoito anos à data do pedido, salvo se já estiver sob a guarda ou tutela dos adotantes (quem adota).

Se um dos cônjuges ou concubinos adota o filho do outro, mantêm-se os vínculos de filiação entre o adotado e o cônjuge ou concubino do adotante e os respectivos parentes.

Os maiores de 18 anos podem adotar, exceto se forem ascendentes ou irmãos do adotando, e o adotante precisa ser, pelo menos, dezesseis anos mais velho do que o adotando.

É possível a adoção conjunta, desde que os adotantes sejam casados civilmente ou mantenham união estável, comprovada a estabilidade da família.

Os divorciados, os judicialmente separados e os ex-companheiros podem adotar conjuntamente, contanto que acordem sobre a guarda (que poderá ser compartilhada) e o regime de visitas e desde que o estágio de convivência tenha sido iniciado na constância do período de convivência, restando comprovada a existência de vínculos de afinidade e afetividade com aquele não detentor da guarda, que justifiquem a excepcionalidade da concessão.

A adoção poderá ser deferida ao adotante que, após inequívoca manifestação de vontade, vier a falecer no curso do procedimento, antes de prolatada a sentença também conhecida como adoção póstuma, ou seja, que acontece depois da morte de alguém.

Assim sendo, é importante observar:

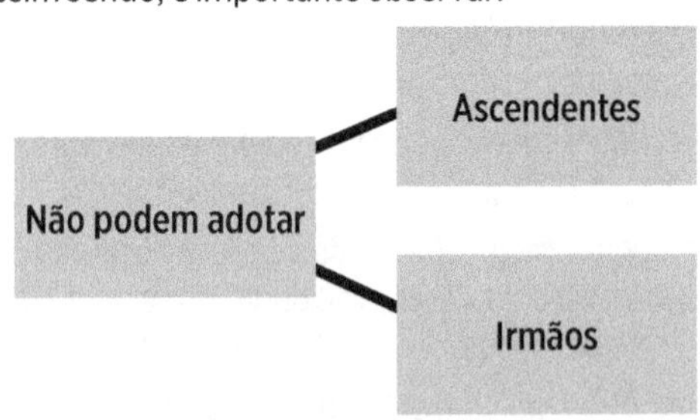

A morte dos adotantes não restabelece o poder familiar dos pais naturais.

O tutor ou o curador somente pode adotar o pupilo ou curatelado depois que der conta de sua administração e saldar o seu alcance.

O Código Civil, em seu art. 1.620, conservou o mesmo princípio: "Enquanto não der contas de sua administração e não saldar o débito, não poderá o tutor ou curador adotar o pupilo ou o curatelado".

A adoção depende do consentimento dos pais ou do representante legal do adotando e, em sendo o caso, do adolescente. Esse consentimento será dispensado no caso de crianças com pais desconhecidos ou sem o poder familiar.

A adoção será precedida de estágio de convivência com a criança ou adolescente, por no máximo 90 dias (podendo o juiz pode prorrogar por igual prazo) observadas as peculiaridades do caso e a idade do menor, podendo ser dispensada caso o adotando já estiver sob a tutela ou guarda legal do adotante durante tempo suficiente para que seja possível avaliar a conveniência da constituição do vínculo, não dispensando, por si só, a guarda de fato.

Em caso de adoção por pessoa ou casal residente ou domiciliado fora do País, o estágio de convivência, cumprido no território nacional, será de, no mínimo, 30 dias e, no máximo, 45 dias, prorrogável por igual período, uma única vez, por decisão judicial fundamentada.

Após este esse período, equipe interprofissional emitirá laudo recomendando ou não a adoção.

O vínculo de adoção constitui-se por sentença judicial que será inscrita no registro civil mediante mandado do qual não se fornecerá certidão. A inscrição consignará o nome dos adotantes como pais, bem como o nome de seus ascendentes e o mandado judicial cancelará o registro original do adotado. Caso deseje, o adotante poderá pedir para que o novo registro seja lavrado no Cartório de Registro Civil do município de sua residência.

A sentença conferirá ao adotado o nome (patronímico) do adotante e poderá ser modificado também o prenome a pedido do adotante ou do adotado, se for do adotante, o adotado deverá ser ouvido e ser for maior de 12 anos, dependerá de seu consentimento.

A adoção produz efeitos a partir do trânsito em julgado da sentença constitutiva, salvo na hipótese de deferimento de adoção à pessoa falecida, e desde que iniciado processo de adoção anteriormente, produzirão efeitos a partir do óbito.

Para não esquecer:

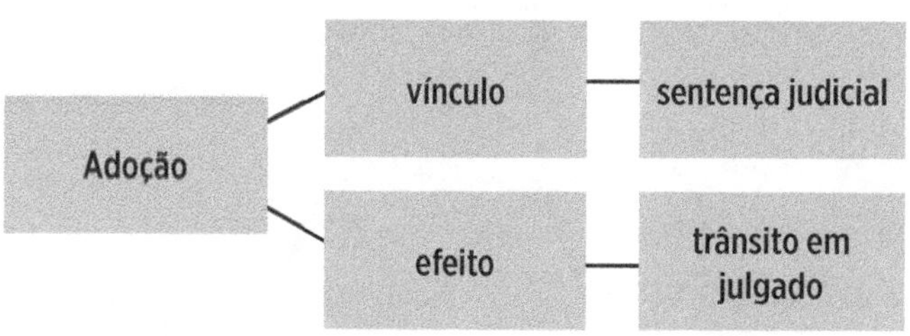

Ao adotado, após completar 18 anos, é assegurado o direito de conhecer sua origem biológica, bem como de obter acesso irrestrito ao processo no qual a medida foi aplicada. Esse acesso também pode ser deferido ao menor de 18 anos, assegurada orientação e assistência jurídica e psicológica.

A autoridade judiciária manterá, em cada comarca ou foro regional, um registro de crianças e adolescentes em condições de serem adotados e outro de pessoas interessadas na adoção.

Para isso, serão criados e implementados cadastros estaduais e o nacional de crianças e adolescentes em condições de serem adotados e de pessoas ou casais habilitados à adoção.

A alimentação do cadastro e a convocação criteriosa dos postulantes à adoção serão fiscalizadas pelo Ministério Público.

Adoção internacional

Não é tema frequente, porém, fica de complementação o procedimento da adoção internacional, previsto no artigo Art. 52 do ECA:

> ***Art. 52.*** *A adoção internacional observará o procedimento previsto nos arts. 165 a 170 desta Lei, com as seguintes adaptações:*
>
> ***I.*** *a pessoa ou casal estrangeiro, interessado em adotar criança ou adolescente brasileiro, deverá formular pedido de habilitação à adoção perante a Autoridade Central em matéria de adoção internacional no país de acolhida, assim entendido aquele onde está situada sua residência habitual;*
>
> ***II.*** *se a Autoridade Central do país de acolhida considerar que os solicitantes estão habilitados e aptos para adotar, emitirá um relatório que contenha informações sobre a identidade, a capacidade jurídica e adequação dos solicitantes para adotar, sua situação pessoal, familiar e médica, seu meio social, os motivos que os animam e sua aptidão para assumir uma adoção internacional;*
>
> ***III.*** *a Autoridade Central do país de acolhida enviará o relatório à Autoridade Central Estadual, com cópia para a Autoridade Central Federal Brasileira;*
>
> ***IV.*** *o relatório será instruído com toda a documentação necessária, incluindo estudo psicossocial elaborado por equipe interprofissional habilitada e cópia autenticada da legislação pertinente, acompanhada da respectiva prova de vigência;*
>
> ***V.*** *os documentos em língua estrangeira serão devidamente autenticados pela autoridade consular, observados os tratados e convenções internacionais, e acompanhados da respectiva tradução, por tradutor público juramentado;*
>
> ***VI.*** *a Autoridade Central Estadual poderá fazer exigências e solicitar complementação sobre o estudo psicossocial do postulante estrangeiro à adoção, já realizado no país de acolhida;*
>
> ***VII.*** *verificada, após estudo realizado pela Autoridade Central Estadual, a compatibilidade da legislação estrangeira com a nacional, além do preenchimento por parte dos postulantes à medida dos requisitos objetivos e subjetivos necessários ao seu deferimento, tanto à luz do que dispõe esta Lei como da legislação do país de acolhida, será expedido laudo de habilitação à adoção internacional, que terá validade por, no máximo, 1 (um) ano;*
>
> ***VIII.*** *de posse do laudo de habilitação, o interessado será autorizado a formalizar pedido de adoção perante o Juízo da Infância e da Juventude do local em que se encontra a criança ou adolescente, conforme indicação efetuada pela Autoridade Central Estadual.*
>
> ***§ 1º*** *Se a legislação do país de acolhida assim o autorizar, admite-se que os pedidos de habilitação à adoção sejam intermediados por organismos credenciados.*
>
> ***§ 2º*** *Incumbe à Autoridade Central Federal Brasileira o credenciamento de organismos nacionais e estrangeiros encarregados de intermediar pedidos de habilitação à adoção internacional, com posterior comunicação às Autoridades Centrais Estaduais e publicação nos órgãos oficiais de imprensa e em sítio próprio da internet.*
>
> ***§ 3º*** *Somente será admissível o credenciamento de organismos que:*
>
> ***I.*** *sejam oriundos de países que ratificaram a Convenção de Haia e estejam devidamente credenciados pela Autoridade Central do país onde estiverem sediados e no país de acolhida do adotando para atuar em adoção internacional no Brasil;*

***II.** satisfizerem as condições de integridade moral, competência profissional, experiência e responsabilidade exigidas pelos países respectivos e pela Autoridade Central Federal Brasileira;*

***III.** forem qualificados por seus padrões éticos e sua formação e experiência para atuar na área de adoção internacional;*

***IV.** cumprirem os requisitos exigidos pelo ordenamento jurídico brasileiro e pelas normas estabelecidas pela Autoridade Central Federal Brasileira.*

***§ 4º** Os organismos credenciados deverão ainda*

***I.** perseguir unicamente fins não lucrativos, nas condições e dentro dos limites fixados pelas autoridades competentes do país onde estiverem sediados, do país de acolhida e pela Autoridade Central Federal Brasileira;*

***II.** ser dirigidos e administrados por pessoas qualificadas e de reconhecida idoneidade moral, com comprovada formação ou experiência para atuar na área de adoção internacional, cadastradas pelo Departamento de Polícia Federal e aprovadas pela Autoridade Central Federal Brasileira, mediante publicação de portaria do órgão federal competente;*

***III.** estar submetidos à supervisão das autoridades competentes do país onde estiverem sediados e no país de acolhida, inclusive quanto à sua composição, funcionamento e situação financeira;*

***IV.** apresentar à Autoridade Central Federal Brasileira, a cada ano, relatório geral das atividades desenvolvidas, bem como relatório de acompanhamento das adoções internacionais efetuadas no período, cuja cópia será encaminhada ao Departamento de Polícia Federal;*

***V.** enviar relatório pós-adotivo semestral para a Autoridade Central Estadual, com cópia para a Autoridade Central Federal Brasileira, pelo período mínimo de 2 (dois) anos. O envio do relatório será mantido até a juntada de cópia autenticada do registro civil, estabelecendo a cidadania do país de acolhida para o adotado;*

***VI.** tomar as medidas necessárias para garantir que os adotantes encaminhem à Autoridade Central Federal Brasileira cópia da certidão de registro de nascimento estrangeira e do certificado de nacionalidade tão logo lhes sejam concedidos.*

***§ 5º** A não apresentação dos relatórios referidos no § 4º deste artigo pelo organismo credenciado poderá acarretar a suspensão de seu credenciamento.*

***§ 6º** O credenciamento de organismo nacional ou estrangeiro encarregado de intermediar pedidos de adoção internacional terá validade de 2 (dois) anos.*

***§ 7º** A renovação do credenciamento poderá ser concedida mediante requerimento protocolado na Autoridade Central Federal Brasileira nos 60 (sessenta) dias anteriores ao término do respectivo prazo de validade.*

***§ 8º** Antes de transitada em julgado a decisão que concedeu a adoção internacional, não será permitida a saída do adotando do território nacional.*

***§ 9o** Transitada em julgado a decisão, a autoridade judiciária determinará a expedição de alvará com autorização de viagem, bem como para obtenção de passaporte, constando, obrigatoriamente, as características da criança ou adolescente adotado, como idade, cor, sexo, eventuais sinais ou traços peculiares, assim como foto recente e a aposição da impressão digital do seu polegar direito, instruindo o documento com cópia autenticada da decisão e certidão de trânsito em julgado.*

***§ 10.** A Autoridade Central Federal Brasileira poderá, a qualquer momento, solicitar informações sobre a situação das crianças e adolescentes adotados*

***§ 11.** A cobrança de valores por parte dos organismos credenciados, que sejam considerados abusivos pela Autoridade Central Federal Brasileira e que não estejam devidamente comprovados, é causa de seu descredenciamento.*

***§ 12.** Uma mesma pessoa ou seu cônjuge não podem ser representados por mais de uma entidade credenciada para atuar na cooperação em adoção internacional.*

***§ 13.** A habilitação de postulante estrangeiro ou domiciliado fora do Brasil terá validade máxima de 1 (um) ano, podendo ser renovada.*

***§ 14.** É vedado o contato direto de representantes de organismos de adoção, nacionais ou estrangeiros, com dirigentes de programas de acolhimento institucional ou familiar, assim como com crianças e adolescentes em condições de serem adotados, sem a devida autorização judicial.*

§ 15. A Autoridade Central Federal Brasileira poderá limitar ou suspender a concessão de novos credenciamentos sempre que julgar necessário, mediante ato administrativo fundamentado.

Adoção internacional é aquela na qual a pessoa ou casal postulante é residente ou domiciliado fora do Brasil.

A adoção internacional de criança ou adolescente brasileiro ou domiciliado no Brasil somente terá lugar quando restar comprovado:

> que a colocação em família substituta é a solução adequada ao caso concreto;

> que foram esgotadas todas as possibilidades de colocação da criança ou adolescente em família substituta brasileira, após consulta aos cadastros anteriormente mencionados;

> que, em se tratando de adoção de adolescente, este foi consultado, por meios adequados ao seu estágio de desenvolvimento, e que se encontra preparado para a medida, mediante parecer elaborado por equipe interprofissional.

Os brasileiros residentes no exterior terão preferência aos estrangeiros, nos casos de adoção internacional de criança ou adolescente brasileiro.

Resumindo: sobre a família:

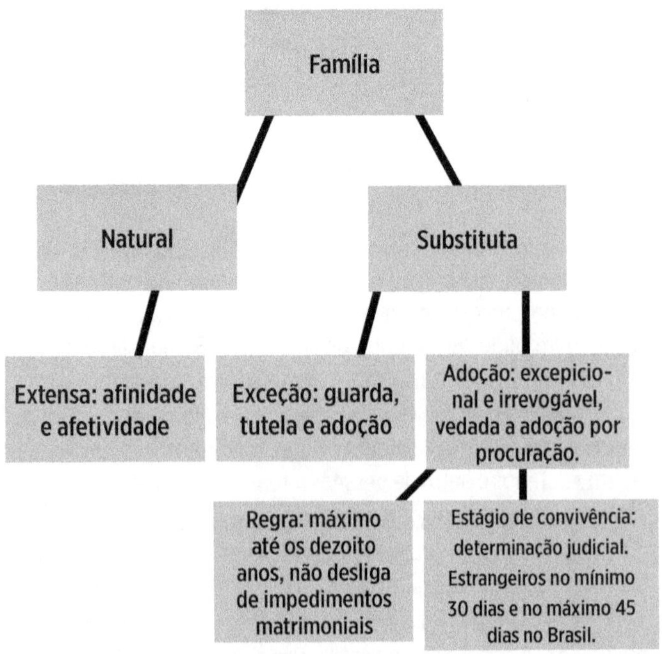

Questões

01. (IBFC) Assinale a alternativa correta, considerando as disposições da Lei Federal nº 8.069, de 13/07/1990, que dispõe sobre o Estatuto da Criança e do Adolescente e dá outras providências.

a) O adotando deve contar com, no máximo, dezoito anos à data do pedido, salvo se já estiver sob a guarda ou tutela dos adotantes.

b) O adotando deve contar com, no máximo, dezoito anos à data do pedido, mesmo se já estiver sob a guarda ou tutela dos adotantes.

c) O adotando deve contar com, no máximo, dezesseis anos à data do pedido, salvo se já estiver sob a guarda ou tutela dos adotantes.

d) O adotando deve contar com, no máximo, dezesseis anos à data do pedido, mesmo se já estiver sob a guarda ou tutela dos adotantes.

02. (FUNRIO) O Estatuto da Criança e do Adolescente (Lei nº 8.069/90), em seu artigo 2º, para efeitos da Lei, considera as idades de criança e adolescente, respectivamente:

a) até doze anos incompletos e entre doze e dezoito anos, podendo estender até 21 anos, excepcionalmente.

b) de zero a doze anos completos e de treze a dezesseis anos, podendo estender até 24 anos, excepcionalmente.

c) até treze anos incompletos e entre quatorze e dezoito anos, podendo estender até 21 anos, excepcionalmente.

d) de um a onze anos completos e entre doze e dezesseis anos, podendo estender até 23 anos, excepcionalmente.

e) de três a doze anos incompletos e entre doze e dezoito anos, podendo estender até 22 anos, excepcionalmente.

03. (VUNESP) Nos termos preconizados pela Lei nº 8.069, de 13 de julho de 1990, a criança e o adolescente têm direito à liberdade, ao respeito e à dignidade como pessoas humanas em processo de desenvolvimento e como sujeitos de direitos civis, humanos e sociais garantidos na Constituição e nas leis. E, ainda, estabelece que o direito ao respeito consiste

a) em buscar refúgio, auxílio e orientação, bem como crença e culto religioso.

b) na inviolabilidade da integridade física, psíquica e moral da criança e do adolescente.

c) na participação da vida política, na forma da lei, como também da vida familiar e comunitária, sem discriminação.

d) em ir, vir e estar nos logradouros públicos e espaços comunitários, ressalvadas as restrições legais.

e) em ser criado e educado no seio de sua família e, excepcionalmente, em família substituta.

04. (MPE-GO) Em relação à adoção de crianças e adolescentes, assinale a alternativa correta:

a) A adoção atribui a condição de filho ao adotado, com os mesmos direitos e deveres, desligando-o de qualquer vínculo com os pais e parentes sem qualquer exceção.

b) Não podem adotar os ascendentes e os colaterais até o terceiro grau do adotando.

c) O adotante há de ser, pelo menos, dezoito anos mais velho do que o adotando.

d) A adoção produz efeitos a partir do trânsito em julgado da sentença constitutiva, exceto na hipótese de adoção póstuma.

05. (AMEOSC) Os divorciados, os judicialmente separados e os ex-companheiros podem adotar ____________________, contanto que acordem sobre a guarda e o regime de visitas e desde que o estágio de convivência tenha sido____________________ na constância do período de convivência e que seja comprovada a existência de vínculos de afinidade e afetividade com aquele não detentor da guarda, que justifiquem a ____________________ da concessão.

Preenchem adequadamente as lacunas acima as respectivas palavras:

a) Conjuntamente – Iniciado – Excepcionalidade.

b) Conjuntamente – Concluído – Temeridade.

c) Isoladamente – Terminalizado – Fugalidade.

d) Isoladamente – Principiado – Eugenia.

06. (CAIP-IMES) A colocação em família substituta far-se-á mediante guarda, tutela ou adoção, independentemente da situação jurídica da criança ou adolescente, sendo que nos termos do artigo 28 do Estatuto da criança e adolescente, será necessário seu consentimento, colhido em audiência, tratando-se de maior de:

a) dez anos de idade.

b) doze anos de idade.

c) quinze anos de idade.

d) dezoito anos de idade.

07. (FCC) O Estatuto da Criança e do Adolescente, em seu art. 4º, preconiza que é dever da família, da comunidade, da sociedade em geral e do poder público assegurar, com absoluta prioridade, a efetivação dos direitos de crianças e adolescentes. A garantia dessa prioridade compreende

a) primazia de receber proteção e socorro para as situações que envolvem a saúde e educação, não abrangendo quaisquer outras circunstâncias.

b) precedência de atendimento nos serviços públicos e privados, sobretudo para a criança que se encontra na primeira infância.

c) preferência na formulação e na execução das políticas sociais públicas.

d) destinação privilegiada de recurso público aos Fundos da Criança e do Adolescente para a manutenção continuada de serviços das diferentes políticas setoriais.

e) preferência na formulação das políticas sociais públicas referentes à saúde, à alimentação, à educação e para a execução destas, prioriza se o estabelecimento de parcerias com a sociedade em geral.

Gabaritos

01	A	05	A
02	A	06	B
03	B	07	C
04	D	-	-

3. DIREITOS FUNDAMENTAIS - DIREITO À EDUCAÇÃO, À CULTURA, AO ESPORTE E AO LAZER

A criança e o adolescente têm direito à educação, visando ao pleno desenvolvimento de sua pessoa, ao preparo para o exercício da cidadania e à qualificação para o trabalho, assegurando-se-lhes:

> igualdade de condições para o acesso e a permanência na escola;

> direito de ser respeitado por seus educadores;

> direito de contestar critérios avaliativos, podendo recorrer às instâncias escolares superiores;

> direito de organização e participação em entidades estudantis;

> acesso à escola pública e gratuita próxima de sua residência.

Art. 53-A. *É dever da instituição de ensino, clubes e agremiações recreativas e de estabelecimentos congêneres assegurar medidas de conscientização, prevenção e enfrentamento ao uso ou dependência de drogas ilícitas. (Incluído pela Lei nº 13.840, de 2019)*

> ensino fundamental, obrigatório e gratuito, inclusive para os que a ele não tiveram acesso na idade própria;

> progressiva extensão da obrigatoriedade e gratuidade ao ensino médio;

> atendimento educacional especializado aos portadores de deficiência, preferencialmente na rede regular de ensino (no caso de atendimento médico, este será especializado);

> atendimento em creche e pré-escola às crianças de zero a cinco anos de idade;

> acesso aos níveis mais elevados do ensino, da pesquisa e da criação artística, segundo a capacidade de cada um;

> oferta de ensino noturno regular, adequado às condições do adolescente trabalhador;

> atendimento no ensino fundamental, por meio de programas suplementares de material didático-escolar, transporte, alimentação e assistência à saúde.

O acesso ao ensino obrigatório e gratuito é direito público subjetivo e o seu não oferecimento pelo poder público importa em responsabilidade da autoridade competente.

Apesar de o ensino obrigatório e gratuito ser um dever do Estado, os pais ou responsável têm a obrigação de matricular seus filhos ou pupilos na rede regular de ensino.

O ECA também traz obrigação aos dirigentes de estabelecimentos de ensino fundamental, que deverão comunicar ao Conselho Tutelar os casos de:

> maus-tratos envolvendo seus alunos;

> reiteração de faltas injustificadas e de evasão

> escolar, esgotados os recursos escolares;

> elevados níveis de repetência.

O dirigente poderá ser responsabilizado caso não cumpra com o dever de comunicar.

O poder público estimulará pesquisas, experiências e novas propostas relativas a calendário, seriação, currículo, metodologia, didática e avaliação, com vistas à inserção de crianças e adolescentes excluídos do ensino fundamental obrigatório.

No processo educacional respeitar-se-ão os valores culturais, artísticos e históricos próprios do contexto social da criança e do adolescente, garantindo-se a estes a liberdade da criação e o acesso às fontes de cultura.

Os municípios, com apoio dos estados e da União, estimularão e facilitarão a destinação de recursos e espaços para programações culturais, esportivas e de lazer voltadas para a infância e a juventude.

3.1 Do Direito à Profissionalização e à Proteção no Trabalho

Quando tratamos do direito ao trabalho dos menores, devemos ter atenção à idade mínima admitida para o trabalho, pois o ECA e a Constituição trazem redações diferentes.

Dita o artigo 60 do ECA:

Art. 60. *É proibido qualquer trabalho a menores de quatorze anos de idade, salvo na condição de aprendiz.*

Esse artigo era compatível com o texto constitucional na época em que o ECA foi publicado. No entanto, com a Emenda Constitucional 20/98, ele passou a dispor em contrário:

Art. 5º *XXXIII - Proibição de trabalho noturno, perigoso ou insalubre a menores de dezoito e de qualquer trabalho a menores de dezesseis anos, salvo na condição de aprendiz, a partir de quatorze anos.*

Com isso, perde sentido também o artigo 64, a saber:

Art. 64. *Ao adolescente até quatorze anos de idade é assegurada bolsa de aprendizagem.*

Como proceder no momento da prova? Caso a questão solicite o texto expresso do ECA, a idade correspondente é a de 14 anos. Caso não solicite o texto expresso, a idade certa será 16 anos. Convém analisar, na prática, uma questão, para que este tema fique claro:

Aprendizagem é a formação técnico-profissional ministrada segundo as diretrizes e bases da legislação de educação em vigor.

A formação técnico-profissional obedecerá aos seguintes princípios:

> Garantia de acesso e frequência obrigatória ao ensino regular.

> Atividade compatível com o desenvolvimento do adolescente.

> Horário especial para o exercício das atividades.

> Ao adolescente portador de deficiência é assegurado trabalho protegido.

> Ao adolescente aprendiz, maior de quatorze anos, são assegurados os direitos trabalhistas e previdenciários.

Vedações no trabalho

Ao adolescente empregado, aprendiz, em regime familiar de trabalho, aluno de escola técnica, assistido em entidade governamental ou não governamental, é vedado trabalho:

- noturno, realizado entre as vinte e duas horas de um dia e as cinco horas do dia seguinte;
- perigoso, insalubre ou penoso;
- realizado em locais prejudiciais à sua formação e ao seu desenvolvimento físico, psíquico, moral e social;
- realizado em horários e locais que não permitam a frequência à escola.

Trabalho educativo

Trabalho educativo é a atividade laboral em que as exigências pedagógicas relativas ao desenvolvimento pessoal e social do educando prevalecem sobre o aspecto produtivo.

O programa social que tenha por base o trabalho educativo, sob responsabilidade de entidade governamental ou não governamental sem fins lucrativos, deverá assegurar ao adolescente que dele participe condições de capacitação para o exercício de atividade regular remunerada.

A remuneração que o adolescente recebe pelo trabalho efetuado ou a participação na venda dos produtos de seu trabalho não desfiguram o caráter educativo.

O adolescente tem direito à profissionalização e à proteção no trabalho, observados os seguintes aspectos, entre outros:

- Respeito à condição peculiar de pessoa em desenvolvimento.
- Capacitação profissional adequada ao mercado de trabalho.

3.2 Da Prevenção

Da prevenção especial

Informação, cultura, lazer, esportes, diversões e espetáculos

Todos devem prevenir a ocorrência de ameaça ou violação dos direitos da criança e do adolescente, tendo estes direito à informação, à cultura, ao lazer, aos esportes, às diversões, aos espetáculos e aos produtos e serviços que respeitem sua condição peculiar de pessoa em desenvolvimento.

A inobservância das normas de prevenção importará em responsabilidade de pessoa física ou jurídica, nos termos desta Lei.

Quanto aos espetáculos e diversões:

- Toda criança ou adolescente terá acesso às diversões e espetáculos públicos classificados como adequados à sua faixa etária.
- As crianças menores de dez anos somente poderão ingressar e permanecer nos locais de apresentação ou exibição quando acompanhadas dos pais ou responsável.
- O poder público, por meio do órgão competente, regulará as diversões e espetáculos públicos, informando sobre a natureza deles, as faixas etárias a que não se recomendem, locais e horários em que sua apresentação se mostre inadequada e os responsáveis pelas diversões e espetáculos públicos deverão afixar, em lugar visível e de fácil acesso, à entrada do local de exibição, informação destacada sobre a natureza do espetáculo e a faixa etária especificada no certificado de classificação.
- As emissoras de rádio e televisão somente exibirão, no horário recomendado para o público infantojuvenil, programas com finalidades educativas, artísticas, culturais e informativas.
- Nenhum espetáculo será apresentado ou anunciado sem aviso de sua classificação, antes de sua transmissão, apresentação ou exibição.
- Os proprietários, diretores, gerentes e funcionários de empresas que explorem a venda ou aluguel de fitas de programação em vídeo cuidarão para que não haja venda ou locação em desacordo com a classificação atribuída pelo órgão competente, devendo ainda as fitas exibir, no invólucro, informação sobre a natureza da obra e a faixa etária a que se destinam.

No que tange ao direito à informação:

- As revistas e publicações contendo material impróprio ou inadequado a crianças e adolescentes deverão ser comercializadas em embalagem lacrada, com a advertência de seu conteúdo.
- As editoras cuidarão para que as capas que contenham mensagens pornográficas ou obscenas sejam protegidas com embalagem opaca.
- As revistas e publicações destinadas ao público infantojuvenil não poderão conter ilustrações, fotografias, legendas, crônicas ou anúncios de bebidas alcoólicas, tabaco, armas e munições, e deverão respeitar os valores éticos e sociais da pessoa e da família.

Além disso, o ECA determina que os responsáveis por estabelecimentos que explorem comercialmente bilhar, sinuca ou congênere ou por casas de jogos, assim entendidas as que realizem apostas, ainda que eventualmente, cuidarão para que não seja permitida a entrada e a permanência de crianças e adolescentes no local, afixando aviso para orientação do público.

Dos produtos e serviços

Os menores são consumidores, usufruem de produtos e serviços que estão no mercado de consumo. Porém, alguns produtos e serviços que são proibidos a menores. O ECA proíbe a comercialização para crianças e adolescentes de:

- armas, munições e explosivos;
- bebidas alcoólicas;
- produtos cujos componentes possam causar dependência física ou psíquica ainda que por utilização indevida;
- fogos de estampido e de artifício, exceto aqueles que, pelo seu reduzido potencial, sejam incapazes de provocar qualquer dano físico em caso de utilização indevida;

> revistas e publicações com materiais impróprios;
> bilhetes lotéricos e equivalentes.

Da mesma forma, é proibida a hospedagem de criança ou adolescente em hotel, motel, pensão ou estabelecimento congênere, salvo se autorizado ou acompanhado pelos pais ou responsável.

Questões

01. (CESPE) Julgue o item subsecutivo, acerca do Estatuto da Criança e do Adolescente (ECA).

É responsabilidade dos pais ou responsáveis matricular seus filhos na rede regular de ensino, devendo os dirigentes de estabelecimentos de ensino comunicar ao Conselho Tutelar os casos de reiteração de faltas injustificadas.

Certo ( ) Errado ( )

02. (FGV) Mãe de criança com 10 meses de idade ingressa com ação judicial em face do Município, para que este pague a mensalidade de seu filho em creche particular próxima de sua residência, uma vez que a unidade de ensino da rede municipal fica distante de sua casa, exigindo transporte para que a criança possa se deslocar.

Certo ( ) Errado ( )

03. Como Procurador do Município, assinale a opção que indica a linha de defesa a ser adotada pela municipalidade.

a) A criança não possui o direito à educação infantil na rede pública, mas apenas a partir do ensino fundamental.

b) O direito ao atendimento em creche e pré-escola na rede pública surge apenas a partir de um ano de idade.

c) O município fornecerá programa suplementar de transporte para a creche municipal.

d) O município jamais possuirá o dever de custear a mensalidade de um aluno em rede particular.

e) A educação infantil deve ser prestada pelo Estado e não pelo Município.

04. (FCC) Sobre o trabalho da criança e do adolescente, é correto afirmar:

a) É proibido o trabalho de adolescentes em atividades lúdicas.

b) É proibido para os menores de 16, salvo na condição de aprendizes.

c) É proibido o trabalho noturno de menores de 16 anos, salvo na condição de aprendizes.

d) É proibido o trabalho de adolescentes em hospitais, salvo na condição de aprendizes de enfermagem.

e) É proibido o trabalho de crianças em peças teatrais e atividades cinematográficas.

05. (FCC) A formação técnico-profissional do adolescente NÃO deverá obedecer a

a) horário especial, estabelecido em lei.

b) horário especial, de acordo com a atividade.

c) peculiaridades do seu desenvolvimento pessoal.

d) adequação ao mercado de trabalho.

e) prevalência das atividades educativas sobre as produtivas.

06. (FGV) Maria, empregada doméstica, precisa retornar ao trabalho, após gozar de licença-maternidade, mas não tem com quem deixar o filho João, de sete meses de idade. A partir do caso apresentado, segundo o ECA, assinale a afirmativa correta.

a) João tem direito à creche e à pré-escola.

b) João tem direito ao atendimento em creche e pré-escola somente a partir de um ano de idade.

c) João tem direito ao atendimento em entidade de acolhimento institucional.

d) João tem direito de permanecer com a mãe no local de trabalho.

e) João tem direito ao atendimento em acolhimento familiar.

07. (FGV) É permitido ao comerciante vender a crianças e adolescentes:

a) brinquedos e jogos que os induzam a situações de violência.

b) cerveja.

c) produtos que possam causar dependência física.

d) bilhetes da loteria "raspadinha".

e) bebidas alcoólicas, desde que autorizadas, por escrito, por seus pais ou responsáveis.

08. (FGV) Com relação a diversões e espetáculos públicos, é correto afirmar que:

a) as crianças com mais de 7 e menos de 10 anos de idade podem ingressar e permanecer nos locais de apresentação ou exibição, sem seus pais ou responsáveis.

b) hoje não mais se exige que revistas e publicações contendo material impróprio ou inadequado a crianças e adolescentes sejam comercializadas em embalagem lacrada, com a advertência de seu conteúdo.

c) é permitida a presença de adolescentes, acima de 16 anos, em estabelecimentos que ofereça jogos de bilhar ou sinuca.

d) o poder público, por meio do órgão competente, regulará as diversões e espetáculos públicos, informando sobre a natureza deles, as faixas etárias a que não se recomendem, locais e horários em que sua apresentação se mostre inadequada.

e) os responsáveis pelas diversões e espetáculos públicos deverão afixar, em lugar visível e de fácil acesso, à entrada do local, informação destacada sobre a natureza do espetáculo, dispensada a referência à faixa etária, que se constitui em verdadeira censura.

09. (FEPESE) De acordo com o Estatuto da Criança e do Adolescente, é proibida a venda à criança e ao adolescente de:

1) armas.

2) revistas

3) bebidas alcoólicas.

4) produtos cujos componentes possam causar dependência física ou psíquica ainda que por utilização indevida.

Assinale a alternativa que indica todas as afirmativas corretas.

a) São corretas apenas as afirmativas 1 e 4.

b) São corretas apenas as afirmativas 1, 2 e 3

c) São corretas apenas as afirmativas 1, 3 e 4.

d) São corretas apenas as afirmativas 2, 3 e 4.

e) São corretas as afirmativas 1, 2, 3 e 4.

10. (FGV) Com relação a diversões e espetáculos públicos, é correto afirmar que:

a) as crianças com mais de 7 e menos de 10 anos de idade podem ingressar e permanecer nos locais de apresentação ou exibição, sem seus pais ou responsáveis.

b) hoje não mais se exige que revistas e publicações contendo material impróprio ou inadequado a crianças e adolescentes sejam comercializadas em embalagem lacrada, com a advertência de seu conteúdo.

c) é permitida a presença de adolescentes, acima de 16 anos, em estabelecimentos que ofereça jogos de bilhar ou sinuca.

d) o poder público, por meio do órgão competente, regulará as diversões e espetáculos públicos, informando sobre a natureza deles, as faixas etárias a que não se recomendem, locais e horários em que sua apresentação se mostre inadequada.

e) os responsáveis pelas diversões e espetáculos públicos deverão afixar, em lugar visível e de fácil acesso, à entrada do local, informação destacada sobre a natureza do espetáculo, dispensada a referência à faixa etária, que se constitui em verdadeira censura.

11. (QUADRIX) Acerca do Direito Administrativo, julgue o item a seguir.
Conforme o Estatuto da Criança e do Adolescente (ECA), os dirigentes de estabelecimentos de Ensino Fundamental devem comunicar ao Conselho Tutelar os casos de evasão escolar, não sendo necessária tal providência na hipótese de reiteração de faltas injustificadas.
Certo ( ) Errado ( )

Gabaritos

01	CERTO	06	A
02	C	07	D
03	B	08	C
04	A	09	D
05	A	10	ERRADO

3.3 Autorização para Viagem

Viagens nacionais

Em regra, nenhuma criança ou adolescente menor de 16 anos poderá viajar para fora de sua comarca (normalmente compreendida como a área de um município), desacompanhada dos pais ou responsável, sem expressa autorização judicial.

A autoridade judiciária poderá, a pedido dos pais ou responsável, conceder autorização válida por dois anos.

No entanto, existem alguns casos em que a criança e o adolescente, menores de 16 anos, poderão sair da comarca onde residem, sem a devida autorização, são eles:

- Se for viajar para comarca contígua à de sua residência, sendo que permaneça no mesmo Estado da federação, ou para comarca incluída em região metropolitana.
- Se estiver acompanhada:
  - de ascendente (avós) ou colateral maior, até o terceiro grau (tios e irmãos), comprovado documentalmente o parentesco;
  - de pessoa maior, expressamente autorizada pelo pai, mãe ou responsável.[1]

1 LEI Nº 13.812, DE 16 DE MARÇO DE 2019 Institui a Política Nacional de Busca de Pessoas Desaparecidas, cria o Cadastro Nacional de Pessoas Desaparecidas e altera a Lei nº 8.069, de 13 de julho de 1990.

Viagens internacionais

Quando falamos em viagens internacionais, a regra é mais rígida, primeiramente porque as restrições são extensíveis às crianças e aos adolescentes e também porque são diminuídas as hipóteses de exceções.

A viagem ao exterior também pode se dar por autorização judicial. Essa autorização é dispensável se:

- a criança ou adolescente viajar na companhia de um dos pais, autorizado expressamente pelo outro, por meio de documento com firma reconhecida.

Sem prévia e expressa autorização judicial, nenhuma criança ou adolescente nascido em território nacional poderá sair do País em companhia de estrangeiro residente ou domiciliado no exterior.

3.4 Política de Atendimento

A política de atendimento dos direitos da criança e do adolescente far-se-á por meio de um conjunto articulado de ações governamentais e não governamentais da União, dos estados, do Distrito Federal e dos municípios.

A ideia do ECA é a de garantir os direitos da criança e do adolescente, incluindo toda a sociedade, e articular com diversos órgãos a efetivação destes direitos. A descentralização é a principal diferença com o anterior Código de Menores, no qual o juiz tinha um poder absoluto.

A política de atendimento dos direitos da criança e do adolescente, previsto do artigo 90 e seguintes do ECA, far-se-á por meio de um conjunto articulado de ações governamentais e não governamentais, da União, dos estados, do Distrito Federal e dos municípios. A atuação ocorre nos níveis da seguinte maneira:

- Em nível federal, cabe ao CONANDA – Conselho Nacional dos Direitos da Criança e Adolescente, conforme dispõe a Lei 9.242 de 1991.
- Em nível estadual, há os Conselhos Estaduais dos Direitos da Criança e do Adolescente (CEDCA).
- Em nível municipal, temos os Conselhos Municipais dos Direitos das Crianças e dos Adolescentes e também por meio dos Conselhos Tutelares.

São linhas da política de atendimento:

Art. 87. *São* ***linhas de ação da política*** *de atendimento:*

I. *políticas sociais básicas;*

II. *serviços, programas, projetos e benefícios de assistência social de garantia de proteção social e de prevenção e redução de violações de direitos, seus agravamentos ou reincidências;*

III. *serviços especiais de prevenção e atendimento médico e psicossocial às vítimas de negligência, maus-tratos, exploração, abuso, crueldade e opressão;*

IV. *serviço de identificação e localização de pais, responsável, crianças e adolescentes desaparecidos;*

V. *proteção jurídico-social por entidades de defesa dos direitos da criança e do adolescente.*

VI. *políticas e programas destinados a prevenir ou abreviar o período de afastamento do convívio familiar e a garantir o efetivo exercício do direito à convivência familiar de crianças e adolescentes;*

> ***VII.*** *campanhas de estímulo ao acolhimento sob forma de guarda de crianças e adolescentes afastados do convívio familiar e à adoção, especificamente inter-racial, de crianças maiores ou de adolescentes, com necessidades específicas de saúde ou com deficiências e de grupos de irmãos.*

São diretrizes:

> ***Art. 88.*** *São* ***diretrizes da política*** *de atendimento:*
>
> ***I.*** *municipalização do atendimento;*
>
> ***II.*** *criação de conselhos municipais, estaduais e nacional dos direitos da criança e do adolescente, órgãos deliberativos e controladores das ações em todos os níveis, assegurada a participação popular paritária por meio de organizações representativas, segundo leis federal, estaduais e municipais;*
>
> ***III.*** *criação e manutenção de programas específicos, observada a descentralização político-administrativa;*
>
> ***IV.*** *manutenção de fundos nacional, estaduais e municipais vinculados aos respectivos conselhos dos direitos da criança e do adolescente;*
>
> ***V.*** *integração operacional de órgãos do Judiciário, Ministério Público, Defensoria, Segurança Pública e Assistência Social, preferencialmente em um mesmo local, para efeito de agilização do atendimento inicial a adolescente a quem se atribua autoria de ato infracional;*
>
> ***VI.*** *integração operacional de órgãos do Judiciário, Ministério Público, Defensoria, Conselho Tutelar e encarregados da execução das políticas sociais básicas e de assistência social, para efeito de agilização do atendimento de crianças e de adolescentes inseridos em programas de acolhimento familiar ou institucional, com vista na sua rápida reintegração à família de origem ou, se tal solução se mostrar comprovadamente inviável, sua colocação em família substituta, em quaisquer das modalidades previstas no Art. 28 desta Lei;*
>
> ***VII.*** *mobilização da opinião pública para a indispensável participação dos diversos segmentos da sociedade;*
>
> ***VIII.*** *especialização e formação continuada dos profissionais que trabalham nas diferentes áreas da atenção à primeira infância, incluindo os conhecimentos sobre direitos da criança e sobre desenvolvimento infantil;*
>
> ***IX.*** *formação profissional com abrangência dos diversos direitos da criança e do adolescente que favoreça a intersetorialidade no atendimento da criança e do adolescente e seu desenvolvimento integral;*
>
> ***X.*** *realização e divulgação de pesquisas sobre desenvolvimento infantil e sobre prevenção da violência.*

A função de membro do Conselho Nacional e dos Conselhos Estaduais e Municipais dos Direitos da Criança e do Adolescente é considerada de interesse público relevante e não será remunerada.

Entidades de atendimento

Com previsão dos artigos 90 a 97 do ECA, as entidades de atendimento atendem crianças e adolescentes em situação de direitos violados ou ameaçados, bem como abrigam aqueles adolescentes que comentem atos infracionais.

As entidades são responsáveis pela manutenção das próprias unidades, assim como pelo planejamento e execução de programas de proteção e socioeducativos destinados a crianças e adolescentes, em regime de:

I - orientação e apoio sociofamiliar;

II - apoio socioeducativo em meio aberto;

III - colocação familiar;

IV - acolhimento institucional;

V - prestação de serviços à comunidade;

VI - liberdade assistida;

VII - semiliberdade; e

VIII - internação.

As entidades governamentais e não governamentais deverão proceder à inscrição de seus programas, especificando os regimes de atendimento, na forma definida em lei, no Conselho Municipal dos Direitos da Criança e do Adolescente, o qual manterá registro das inscrições e de suas alterações, do que fará comunicação ao Conselho Tutelar e à autoridade judiciária.

Os programas em execução serão reavaliados pelo Conselho Municipal dos Direitos da Criança e do Adolescente, no máximo, a cada 2 (dois) anos, constituindo-se critérios para renovação da autorização de funcionamento, conforme dispõe o artigo:

> ***I.*** *o efetivo respeito às regras e princípios do Estatuto, bem como às resoluções relativas à modalidade de atendimento prestado expedidas pelos Conselhos de Direitos da Criança e do Adolescente, em todos os níveis;*
>
> ***II.*** *a qualidade e eficiência do trabalho desenvolvido, atestadas pelo Conselho Tutelar, pelo Ministério Público e pela Justiça da Infância e da Juventude;*
>
> ***III.*** *em se tratando de programas de acolhimento institucional ou familiar, serão considerados os índices de sucesso na reintegração familiar ou de adaptação à família substituta, conforme o caso.*

As entidades não governamentais somente poderão funcionar depois de registradas no Conselho Municipal dos Direitos da Criança e do Adolescente, o qual comunicará o registro ao Conselho Tutelar e à autoridade judiciária da respectiva localidade.

Será negado o registro à entidade que:

- não ofereça instalações físicas em condições adequadas de habitabilidade, higiene, salubridade e segurança;
- não apresente plano de trabalho compatível com os princípios desta Lei;
- esteja irregularmente constituída;
- tenha em seus quadros pessoas inidôneas.
- não se adequar ou deixar de cumprir as resoluções e deliberações relativas à modalidade de atendimento prestado expedidas pelos Conselhos de Direitos da Criança e do Adolescente, em todos os níveis.

O registro terá validade máxima de 4 (quatro) anos, cabendo ao Conselho Municipal dos Direitos da Criança e do Adolescente, periodicamente, reavaliar o cabimento de sua renovação, observando critérios da lei.

O artigo 92 do ECA prevê princípios que as entidades devem seguir:

> ***Art. 92.*** *As entidades que desenvolvam programas de acolhimento familiar ou institucional deverão adotar os seguintes princípios:*
>
> ***I.*** *preservação dos vínculos familiares e promoção da reintegração familiar;*
>
> ***II.*** *integração em família substituta, quando esgotados os recursos de manutenção na família natural ou extensa;*
>
> ***III.*** *atendimento personalizado e em pequenos grupos;*
>
> ***IV.*** *desenvolvimento de atividades em regime de coeducação;*

V. não desmembramento de grupos de irmãos;

VI. evitar, sempre que possível, a transferência para outras entidades de crianças e adolescentes abrigados;

VII. participação na vida da comunidade local;

VIII. preparação gradativa para o desligamento;

IX. participação de pessoas da comunidade no processo educativo.

O dirigente de entidade que desenvolve programa de acolhimento institucional é equiparado ao guardião, para todos os efeitos de direito e deverão remeter ao juiz no máximo a cada 6 meses relatório circunstanciado acerca da situação de cada criança ou adolescente acolhido e sua família, para fins da reavaliação.

O descumprimento das disposições do Estatuto pelo dirigente de entidade que desenvolva programas de acolhimento familiar ou institucional é causa de sua destituição, sem prejuízo da responsabilidade criminal, por exemplo.

As entidades que mantenham programa de acolhimento institucional poderão, em caráter excepcional e de urgência, acolher crianças e adolescentes sem prévia determinação da autoridade competente, fazendo comunicação do fato em até 24 (vinte e quatro) horas ao Juiz da Infância e da Juventude, sob pena de responsabilidade, visto ser regra que o acolhimento só ocorrerá por determinação judicial.

Recebida a comunicação, a autoridade judiciária, ouvido o Ministério Público e se necessário com o apoio do Conselho Tutelar local, tomará as medidas necessárias para promover a imediata reintegração familiar da criança ou do adolescente ou, se por qualquer razão não for isso possível ou recomendável, para seu encaminhamento a programa de acolhimento familiar, institucional ou a família substituta.

As entidades que desenvolvem programas de internação têm as seguintes obrigações estipuladas em lei, aplicando-se, no que couber, as obrigações constantes deste artigo às entidades que mantêm programas de acolhimento institucional e familiar:

I. observar os direitos e garantias de que são titulares os adolescentes;

II. não restringir nenhum direito que não tenha sido objeto de restrição na decisão de internação;

III. oferecer atendimento personalizado, em pequenas unidades e grupos reduzidos;

IV. preservar a identidade e oferecer ambiente de respeito e dignidade ao adolescente;

V. diligenciar no sentido do restabelecimento e da preservação dos vínculos familiares;

VI. comunicar à autoridade judiciária, periodicamente, os casos em que se mostre inviável ou impossível o reatamento dos vínculos familiares;

VII. oferecer instalações físicas em condições adequadas de habitabilidade, higiene, salubridade e segurança e os objetos necessários à higiene pessoal;

VIII. oferecer vestuário e alimentação suficientes e adequados à faixa etária dos adolescentes atendidos;

IX. oferecer cuidados médicos, psicológicos, odontológicos e farmacêuticos;

X. propiciar escolarização e profissionalização;

XI. propiciar atividades culturais, esportivas e de lazer;

XII. propiciar assistência religiosa àqueles que desejarem, de acordo com suas crenças;

XIII. proceder a estudo social e pessoal de cada caso;

XIV. reavaliar periodicamente cada caso, com intervalo máximo de seis meses, dando ciência dos resultados à autoridade competente;

XV. informar, periodicamente, o adolescente internado sobre sua situação processual;

XVI. comunicar às autoridades competentes todos os casos de adolescentes portadores de moléstias infectocontagiosas;

XVII. fornecer comprovante de depósito dos pertences dos adolescentes;

XVIII. manter programas destinados ao apoio e acompanhamento de egressos;

XIX. providenciar os documentos necessários ao exercício da cidadania àqueles que não os tiverem;

XX. manter arquivo de anotações onde constem data e circunstâncias do atendimento, nome do adolescente, seus pais ou responsável, parentes, endereços, sexo, idade, acompanhamento da sua formação, relação de seus pertences e demais dados que possibilitem sua identificação e a individualização do atendimento.

As entidades, públicas ou privadas, que abriguem ou recepcionem crianças e adolescentes, ainda que em caráter temporário, devem ter, em seus quadros, profissionais capacitados a reconhecer e reportar ao Conselho Tutelar suspeitas ou ocorrências de maus-tratos, visando sempre à proteção dos menores.

As entidades governamentais e não governamentais tratadas neste tópico serão fiscalizadas pelo Judiciário, pelo Ministério Público e pelos Conselhos Tutelares.

Poderão ser aplicadas às entidades de atendimento que descumprirem obrigações citadas acima, sem prejuízo da responsabilidade civil e criminal de seus dirigentes ou prepostos:

I - às entidades governamentais:

a) advertência;

b) afastamento provisório de seus dirigentes;

c) afastamento definitivo de seus dirigentes;

d) fechamento de unidade ou interdição de programa.

II - às entidades não governamentais:

a) advertência;

b) suspensão total ou parcial do repasse de verbas públicas;

c) interdição de unidades ou suspensão de programa;

d) cassação do registro.

3.5 Das Medidas de Proteção

As medidas de proteção à criança e ao adolescente são aplicáveis sempre que os direitos previstos no ECA forem ameaçados ou violados:

> por ação ou omissão da sociedade ou do Estado (como, por exemplo: falta de escolas adequadas e seguras, vagas em creches);

> por falta, omissão ou abuso dos pais ou responsável (exemplo: abandono, morte dos pais, expulsão do filho de seu lar...);

> em razão de sua conduta (exemplo: uso de entorpecentes, prática de ato infracional).

As medidas visam evitar e afastar ou afastar qualquer perigo da criança ou do adolescente.

Na aplicação das medidas levar-se-ão em conta as necessidades pedagógicas, preferindo-se aquelas que visem ao fortalecimento dos vínculos familiares e comunitários. Também serão levados em conta os seguintes princípios, previstos no Estatuto:

> Condição da criança e do adolescente como sujeitos de direitos: crianças e adolescentes são os titulares dos direitos previstos nesta e em outras Leis, bem como na Constituição Federal.

> Proteção integral e prioritária: a interpretação e aplicação de toda e qualquer norma contida no Estatuto da Criança e do Adolescente deve ser voltada à proteção integral e prioritária dos direitos de que crianças e adolescentes são titulares.

> Responsabilidade primária e solidária do poder público: a plena efetivação dos direitos assegurados às crianças e aos adolescentes por esta Lei e pela Constituição Federal, salvo nos casos por esta expressamente ressalvados, é de responsabilidade primária e solidária das 3 (três) esferas de governo, sem prejuízo da municipalização do atendimento e da possibilidade da execução de programas por entidades não governamentais.

> Interesse superior da criança e do adolescente: a intervenção deve atender, prioritariamente, aos interesses e direitos da criança e do adolescente, sem prejuízo da consideração que for devida a outros interesses legítimos no âmbito da pluralidade dos interesses presentes no caso concreto.

> Privacidade: a promoção dos direitos e proteção da criança e do adolescente deve ser efetuada no respeito pela intimidade, direito à imagem e reserva da sua vida privada.

> Intervenção precoce: a intervenção das autoridades competentes deve ser efetuada logo que a situação de perigo seja conhecida.

> Intervenção mínima: a intervenção deve ser exercida, exclusivamente, pelas autoridades e instituições cuja ação seja indispensável à efetiva promoção dos direitos e à proteção da criança e do adolescente.

> Proporcionalidade e atualidade: a intervenção deve ser a necessária e adequada à situação de perigo em que a criança ou o adolescente se encontram no momento em que a decisão é tomada.

> Responsabilidade parental: a intervenção deve ser efetuada de modo que os pais assumam os seus deveres para com a criança e o adolescente.

> Prevalência da Família: na promoção de direitos e na proteção da criança e do adolescente deve ser dada prevalência às medidas que os mantenham ou reintegrem na sua família natural ou extensa ou, se isso não for possível, que promovam a sua integração em família adotiva;

> Obrigatoriedade da informação: a criança e o adolescente, respeitado seu estágio de desenvolvimento e capacidade de compreensão, seus pais ou responsável devem ser informados dos seus direitos, dos motivos que determinaram a intervenção e da forma como esta se processa.

> Oitiva obrigatória e participação: a criança e o adolescente, em separado ou na companhia dos pais, de responsável ou de pessoa por si indicada, bem como os seus pais ou responsável, têm direito a ser ouvidos e a participar nos atos e na definição da medida de promoção dos direitos e de proteção, sendo sua opinião devidamente considerada pela autoridade judiciária competente , observado o disposto nos §§ 1º e 2º do art. 28 desta Lei."

A autoridade competente poderá determinar as seguintes medidas de proteção (que podem ser aplicadas isolada ou cumulativamente):

→ **Medidas de Proteção**

> encaminhamento aos pais ou responsável, mediante termo de responsabilidade;

> orientação, apoio e acompanhamento temporários;

> matrícula e frequência obrigatórias em estabelecimento oficial de ensino fundamental;

> inclusão em serviços e programas oficiais ou comunitários de proteção, apoio e promoção da família, da criança e do adolescente;

> requisição de tratamento médico, psicológico ou psiquiátrico, em regime hospitalar ou ambulatorial;

> inclusão em programa oficial ou comunitário de auxílio, orientação e tratamento a alcoólatras e toxicômanos;

> acolhimento institucional;

> inclusão em programa de acolhimento familiar;

> colocação em família substituta.

O acolhimento institucional e o acolhimento familiar são medidas provisórias e excepcionais, utilizáveis como forma de transição para reintegração familiar ou, não sendo esta possível, para colocação em família substituta, não implicando privação de liberdade.

O afastamento da criança ou adolescente do convívio familiar é de competência exclusiva da autoridade judiciária (Juiz da Vara da Infância e Juventude) e importará na deflagração, a pedido do Ministério Público ou de quem tenha legítimo interesse, de procedimento judicial contencioso, no qual se garanta aos pais ou ao responsável legal o exercício do contraditório e da ampla defesa.

Crianças e adolescentes somente poderão ser encaminhados às instituições que executam programas de acolhimento institucional, governamentais ou não, por meio de uma Guia de Acolhimento, expedida pela autoridade judiciária, na qual obrigatoriamente constarão, dentre outros:

> sua identificação e a qualificação completa de seus pais ou de seu responsável, se conhecidos;

> o endereço de residência dos pais ou do responsável, com pontos de referência;

> os nomes de parentes ou de terceiros interessados em tê-los sob sua guarda;
> os motivos da retirada ou da não reintegração ao convívio familiar.

Imediatamente após o acolhimento da criança ou do adolescente, a entidade responsável pelo programa de acolhimento institucional ou familiar elaborará um plano individual de atendimento, visando à reintegração familiar, ressalvada a existência de ordem escrita e fundamentada por autoridade judiciária competente, caso em que também deverá contemplar sua colocação em família substituta, observadas as regras e princípios do ECA.

O plano individual será elaborado sob a responsabilidade da equipe técnica do respectivo programa de atendimento e levará em consideração a opinião da criança ou do adolescente e a oitiva dos pais ou do responsável.

Constarão do plano individual, dentre outros:

> os resultados da avaliação interdisciplinar;
> os compromissos assumidos pelos pais ou responsável pela previsão das atividades a serem desenvolvidas com a criança ou com o adolescente acolhido e seus pais ou responsável, com vista na reintegração familiar ou, caso seja esta vedada por expressa e fundamentada determinação judicial, as providências a serem tomadas para sua colocação em família substituta, sob direta supervisão da autoridade judiciária.

O acolhimento familiar ou institucional ocorrerá no local mais próximo à residência dos pais ou do responsável e, como parte do processo de reintegração familiar, sempre que identificada a necessidade, a família de origem será incluída em programas oficiais de orientação, de apoio e de promoção social, sendo facilitado e estimulado o contato com a criança ou com o adolescente acolhido.

Verificada a possibilidade de reintegração familiar, o responsável pelo programa de acolhimento familiar ou institucional fará imediata comunicação à autoridade judiciária, que dará vista ao Ministério Público, pelo prazo de 5 (cinco) dias, decidindo em igual prazo:

Vistas MP → 5 dias → Volta para o juiz decidir → 5 dias

Em sendo constatada a impossibilidade de reintegração da criança ou do adolescente à família de origem, após seu encaminhamento a programas oficiais ou comunitários de orientação, apoio e promoção social, será enviado relatório fundamentado ao Ministério Público, no qual conste a descrição pormenorizada das providências tomadas e a expressa recomendação, subscrita pelos técnicos da entidade ou responsáveis pela execução da política municipal de garantia do direito à convivência familiar, para a destituição do poder familiar, ou destituição de tutela ou guarda.

Recebido o relatório, o Ministério Público terá o prazo de 15 (Quinze) dias para o ingresso com a ação de destituição do poder familiar, salvo se entender necessária a realização de estudos complementares ou outras providências que entender indispensáveis ao ajuizamento da demanda.

A autoridade judiciária manterá, em cada comarca ou foro regional, um cadastro contendo informações atualizadas sobre as crianças e adolescentes em regime de acolhimento familiar e institucional sob sua responsabilidade, com informações pormenorizadas sobre a situação jurídica de cada um, bem como as providências tomadas para sua reintegração familiar ou colocação em família substituta, mediante guarda, tutela ou adoção.

Terão acesso ao cadastro o Ministério Público, o Conselho Tutelar, o órgão gestor da Assistência Social e os Conselhos Municipais dos Direitos da Criança e do Adolescente e da Assistência Social, aos quais incumbe deliberar sobre a implementação de políticas públicas que permitam reduzir o número de crianças e adolescentes afastados do convívio familiar e abreviar o período de permanência em programa de acolhimento.

As medidas de proteção serão acompanhadas de registro civil. Se inexistente, o assento de nascimento da criança ou do adolescente será feito à vista dos elementos disponíveis, mediante requisição da autoridade judiciária.

Os registros e certidões necessários à regularização para aplicação da medida de proteção são isentos de multas, custas e emolumentos, gozando de absoluta prioridade.

Se a paternidade do menor for indefinida, o MP intentará a ação de investigação de paternidade, sendo este dispensável se, após o não comparecimento ou a recusa do suposto pai em assumir a paternidade a ele atribuída, a criança for encaminhada para adoção, de acordo com a LEI Nº 8.560, DE 29 DE DEZEMBRO DE 1992.

3.6 Prática de Ato Infracional

Ato infracional é a conduta descrita como infração penal: crime ou contravenção penal.

São penalmente inimputáveis os menores de dezoito anos, sujeitos às medidas previstas no ECA.

Teoria da atividade: para os efeitos do ECA, deve ser considerada a idade do adolescente à data do fato.

Ex.: se um adolescente cometer ato infracional no dia anterior ao seu aniversário de 18 anos, às 23h40min, sendo apreendido à 01h do dia do seu aniversário, será aplicado o ECA, pois o fato ocorreu quando ainda era menor.

Se um ato infracional for cometido por criança, ela será submetida às medidas de proteção e não sofrerá processo de investigação de ato infracional.

Dos direitos individuais

As crianças não podem ter sua liberdade privada e, para os adolescentes terem sua liberdade privada, deverá ser ou em flagrante de ato infracional ou por ordem escrita e fundamentada da autoridade judiciária competente.

O adolescente terá direito à identificação dos responsáveis pela sua apreensão, devendo ser informado acerca de seus direitos.

A apreensão de qualquer adolescente e o local onde se encontra recolhido serão comunicados à autoridade judiciária competente e à família do apreendido ou à pessoa por ele indicada sob pena de cometer crime, previsto no ECA.

Examinar-se-á, desde logo e sob pena de responsabilidade, a possibilidade de liberação imediata.

A **internação, antes da sentença** de aplicação de medida socioeducativa, pode ser determinada pelo **prazo máximo de quarenta e cinco dias.**

O adolescente civilmente identificado não será submetido à identificação compulsória pelos órgãos policiais, de proteção e judiciais, salvo para efeito de confrontação, havendo dúvida fundada.

Das garantias processuais

O ECA prevê garantias processuais, ou seja, no decorrer de procedimento judicial que apure a prática de ato infracional. Vejamos:

- Nenhum adolescente será privado de sua liberdade sem o devido processo legal e será assegurada ao adolescente, entre outras, as seguintes garantias:
  - Pleno e formal conhecimento da atribuição de ato infracional, mediante citação ou meio equivalente.
  - Igualdade na relação processual, podendo confrontar- se com vítimas e testemunhas e produzir todas as provas necessárias à sua defesa.
  - Defesa técnica por advogado.
  - Assistência judiciária gratuita e integral aos necessitados, na forma da lei.
  - Direito de ser ouvido pessoalmente pela autoridade competente.
  - Direito de solicitar a presença de seus pais ou responsável em qualquer fase do procedimento.

Das medidas socioeducativas

Se uma criança comete ato infracional, será ela submetida a uma medida de proteção. Se um adolescente comete ato infracional, será ele submetido a uma medida socioeducativa ou uma medida de proteção.

São medidas socioeducativas:

a) **Advertência** - consiste em uma admoestação verbal, reduzida a termo e assinada.

b) **Obrigação de reparar o dano** - sempre que o ato infracional tiver reflexos patrimoniais.

c) **Prestação de serviços à comunidade** - consiste na realização de tarefas gratuitas de interesse geral, por período não excedente a 6 meses, junto a entidades assistenciais, hospitais, escolas e outros estabelecimentos congêneres, bem como em programas comunitários ou governamentais.

As tarefas serão atribuídas conforme as aptidões do adolescente, devendo ser cumpridas durante jornada máxima de oito horas semanais, aos sábados, domingos e feriados ou em dias úteis, de modo a não prejudicar a frequência à escola ou à jornada normal de trabalho.

d) **Liberdade assistida** - consiste na designação de pessoa capacitada (orientador) para acompanhar o caso, a qual poderá ser recomendada por entidade ou programa de atendimento e será fixada pelo prazo mínimo de seis meses, podendo a qualquer tempo ser prorrogada, revogada ou substituída por outra medida, ouvido o orientador, o Ministério Público e o defensor.

São incumbências do orientador, com o apoio e a supervisão da autoridade competente, a realização dos seguintes encargos, entre outros:

- promover socialmente o adolescente e sua família, fornecendo-lhes orientação e inserindo-os, se necessário, em programa oficial ou comunitário de auxílio e assistência social;
- supervisionar a frequência e o aproveitamento escolar do adolescente, promovendo, inclusive, sua matrícula;
- diligenciar no sentido da profissionalização do adolescente e de sua inserção no mercado de trabalho;
- apresentar relatório do caso.

e) **Inserção em regime de semiliberdade** - que pode ser determinado desde o início, ou como forma de transição para o meio aberto, possibilitada a realização de atividades externas, independente de autorização judicial. No regime de semiliberdade são obrigatórias a escolarização e a profissionalização, devendo, sempre que possível, ser utilizados os recursos existentes na comunidade e a medida não comporta prazo determinado aplicando-se, no que couber, as disposições relativas à internação.

A internação é uma medida privativa da liberdade aplicada ao adolescente que comete ato infracional e possui as seguintes características:

- Brevidade: o adolescente ficará interno o tempo necessário, porém, o mais breve possível.
- Excepcionalidade: não é a regra.
- Respeito à condição peculiar do adolescente.

A medida será declarada judicialmente e não comporta prazo determinado, devendo sua manutenção ser avaliada, no máximo, a cada seis meses, e a internação não excederá a três anos, devendo após esse prazo, o adolescente ser liberado, colocado em regime de semiliberdade ou de liberdade assistida, sempre precedido de autorização judicial, ouvido o Ministério Público.

A liberação será compulsória aos vinte e um anos de idade. O adolescente internado será autorizado à realização de atividades externas, a critério da equipe técnica, salvo expressa determinação judicial em contrário, podendo a determinação judicial de internação ser revista a qualquer tempo.

A medida de internação será aplicada da seguinte maneira:

- Ato infracional cometido mediante grave ameaça ou violência à pessoa - 03 anos.
- Reiteração no cometimento de outras infrações graves - 03 anos.
- Descumprimento reiterado e injustificável da medida anteriormente imposta - 03 meses.

Em nenhuma hipótese será aplicada a internação, havendo outra medida adequada.

A internação deverá ser cumprida em entidade exclusiva para adolescentes, em local distinto daquele destinado ao abrigo, obedecida rigorosa separação por critérios de idade, compleição física e gravidade da infração.

Durante o período de internação, inclusive provisória, serão obrigatórias atividades pedagógicas.

→ **Direitos do adolescente privado da liberdade.**

São direitos do adolescente privado de liberdade, entre outros, os seguintes:

> Entrevistar-se pessoalmente com o representante do Ministério Público.
> Peticionar diretamente a qualquer autoridade.
> Avistar-se reservadamente com seu defensor.
> Ser informado de sua situação processual, sempre que solicitada.
> Ser tratado com respeito e dignidade.
> Permanecer internado na mesma localidade ou naquela mais próxima ao domicílio de seus pais ou responsável.
> Receber visitas, ao menos, semanalmente.
> Corresponder-se com seus familiares e amigos.
> Ter acesso aos objetos necessários à higiene e ao asseio pessoal.
> Habitar alojamento em condições adequadas de higiene e salubridade.
> Receber escolarização e profissionalização.
> Realizar atividades culturais, esportivas e de lazer.
> Ter acesso aos meios de comunicação social.
> Receber assistência religiosa, segundo a sua crença, e desde que assim o deseje.
> Manter a posse de seus objetos pessoais e dispor de local seguro para guardá-los, recebendo comprovante daqueles porventura depositados em poder da entidade.
> Receber, quando de sua desinternação, os documentos pessoais indispensáveis à vida em sociedade.

Em nenhum caso haverá incomunicabilidade.

A autoridade judiciária poderá suspender temporariamente a visita, inclusive de pais ou responsável, se existirem motivos sérios e fundados de sua prejudicialidade aos interesses do adolescente.

É dever do Estado zelar pela integridade física e mental dos internos, cabendo-lhe adotar as medidas adequadas de contenção e segurança.

3.7 Da remissão

Determina o artigo 126 do ECA:

> ***Art. 126.*** *Antes de iniciado o procedimento judicial para apuração de ato infracional, o representante do Ministério Público poderá conceder a remissão, como forma de exclusão do processo, atendendo às circunstâncias e consequências do fato, ao contexto social, bem como à personalidade do adolescente e sua maior ou menor participação no ato infracional.*
>
> ***Parágrafo único.*** *Iniciado o procedimento, a concessão da remissão pela autoridade judiciária importará na suspensão ou extinção do processo.*

A remissão não implica necessariamente o reconhecimento ou comprovação da responsabilidade do adolescente, nem prevalece para efeito de antecedentes, podendo ser aplicada qualquer das medidas previstas no Estatuto, exceto a colocação em regime de semiliberdade e a internação.

A medida aplicada por força da remissão poderá ser revista judicialmente, a qualquer tempo, mediante pedido:

> expresso do adolescente ou de seu representante legal; do Ministério Público.

3.8 Das Medidas Pertinentes aos Pais ou Responsável

Não são raras as situações em que os pais ou responsáveis pelos menores acabam por violar os direitos destes ou não conseguem suprir o necessário para seus filhos ou pupilos, por situação alheia à sua vontade.

Assim, são previstas medidas aplicáveis aos pais ou responsável, no artigo 129 do ECA:

> Encaminhamento a serviços e programas oficiais ou comunitários de proteção, apoio e promoção da família.
> Inclusão em programa oficial ou comunitário de auxílio, orientação e tratamento a alcoólatras e toxicômanos.
> Encaminhamento a tratamento psicológico ou psiquiátrico.
> Encaminhamento a cursos ou programas de orientação.
> Obrigação de matricular o filho ou pupilo e acompanhar sua frequência e aproveitamento escolar.
> Obrigação de encaminhar a criança ou o adolescente a tratamento especializado.
> Advertência.
> Perda da guarda.
> Destituição da tutela.
> Suspensão ou destituição do poder familiar.

Não serão aplicadas as medidas de destituição da tutela e suspensão do poder familiar se os pais deixarem de cumprir o dever de sustento por falta ou carência de recursos materiais e, caso sejam aplicadas, serão decretadas judicialmente.

Ou seja, a falta de recursos materiais não é o suficiente para tirar dos pais a guarda de um filho!

Se for verificado que os pais ou responsáveis estão agindo em relação aos menores com maus-tratos, abuso sexual ou opressão, o juiz poderá determinar, como medida cautelar, o afastamento do agressor da moradia comum e fixação provisória dos alimentos que de necessitam a criança ou o adolescente dependentes do agressor.

3.9 Do Conselho Tutelar

O Conselho Tutelar é um órgão permanente e autônomo, encarregado pela sociedade de zelar pelo cumprimento dos direitos da criança e do adolescente.

Ele é um **órgão não jurisdicional** e será composto de cinco membros, escolhidos pela comunidade local para mandato de quatro anos, permitida recondução.

> ***Art. 132.*** *Em cada Município e em cada Região Administrativa do Distrito Federal haverá, no mínimo, 1 (um) Conselho Tutelar como órgão integrante da administração pública local, composto de 5 (cinco) membros, escolhidos pela população local para mandato de 4 (quatro) anos, permitida recondução por novos processos de escolha. (Redação dada pela Lei nº 13.824, de 2019)*

- Reconhecida idoneidade moral.
- Idade superior a vinte e um anos.
- Residir no município.

Vejamos o que dispõe o artigo 134 do ECA:

> ***Art. 134.*** *Lei municipal ou distrital disporá sobre o local, dia e horário de funcionamento do Conselho Tutelar, inclusive quanto à remuneração dos respectivos membros, aos quais é assegurado o direito a:*
>
> ***I.*** *cobertura previdenciária;*
>
> ***II.*** *gozo de férias anuais remuneradas, acrescidas de 1/3 (um terço) do valor da remuneração mensal;*
>
> ***III.*** *licença-maternidade;*
>
> ***IV.*** *licença-paternidade;*
>
> ***V.*** *gratificação natalina.*
>
> ***Parágrafo único.*** *Constará da lei orçamentária municipal e da do Distrito Federal previsão dos recursos necessários ao funcionamento do Conselho Tutelar e à remuneração e formação continuada dos conselheiros tutelares.*

O local, dia e horário de funcionamento do Conselho Tutelar e a remuneração de seus membros serão previstos em lei municipal, e quanto aos recursos necessários ao funcionamento do Conselho, estarão previstos na lei orçamentária municipal.

O exercício efetivo da função de conselheiro constituirá serviço público relevante, estabelecerá presunção de idoneidade moral.

Das atribuições do conselho

São atribuições do Conselho, atender crianças e adolescentes nas hipóteses em que deva ser aplicada medida de proteção, salvo inclusão em programa de acolhimento familiar e colocação em família substituta e atender e aconselhar os pais ou responsáveis, aplicando as medidas aplicáveis aos pais e responsáveis, salvo medidas aplicáveis somente judicialmente (perda da guarda, destituição da tutela, suspensão ou destituição do poder familiar) e promover a execução de suas decisões, podendo para tanto:

- Requisitar serviços públicos nas áreas de saúde, educação, serviço social, previdência, trabalho e segurança.
- Representar junto à autoridade judiciária nos casos de descumprimento injustificado de suas deliberações.
- Encaminhar ao Ministério Público notícia de fato que constitua infração administrativa ou penal contra os direitos da criança ou do adolescente.
- encaminhar à autoridade judiciária os casos de sua competência.
- Providenciar a medida estabelecida pela autoridade judiciária, dentre as previstas como medida de proteção (exceto acolhimento institucional, inclusão em programa de acolhimento familiar e colocação em família substituta), para o adolescente autor de ato infracional.
- Expedir notificações.
- Requisitar certidões de nascimento e de óbito de criança ou adolescente quando necessário.
- Assessorar o Poder Executivo local na elaboração da proposta orçamentária para planos e programas de atendimento dos direitos da criança e do adolescente.
- Representar, em nome da pessoa e da família, contra a violação dos direitos previstos no art. 220, § 3°, inciso II, da Constituição Federal.

> ***CF. Art. 220, § 3°, inciso II -*** *Estabelecer os meios legais que garantam à pessoa e à família a possibilidade de se defenderem de programas ou programações de rádio e televisão que contrariem o disposto no Art. 221, bem como da propaganda de produtos, práticas e serviços que possam ser nocivos à saúde e ao meio ambiente.*

- Representar ao Ministério Público para efeito das ações de perda ou suspensão do poder familiar, depois de esgotadas as possibilidades de manutenção da criança ou do adolescente junto à família natural.

Disposições finais

Se, no exercício de suas atribuições, o Conselho Tutelar entender necessário o afastamento do convívio familiar, comunicará incontinenti o fato ao Ministério Público, prestando-lhe informações sobre os motivos de tal entendimento e as providências tomadas para a orientação, o apoio e a promoção social da família.

As decisões do Conselho Tutelar somente poderão ser revistas pela autoridade judicial.

Além disso, o ECA prevê:

> ***Art. 140.*** *São impedidos de servir no mesmo Conselho marido e mulher, ascendentes e descendentes, sogro e genro ou nora, irmãos, cunhados, durante o cunhadio, tio e sobrinho, padrasto ou madrasta e enteado.*
>
> ***Parágrafo único.*** *Estende-se o impedimento do conselheiro, na forma deste artigo, em relação à autoridade judiciária e ao representante do Ministério Público com atuação na Justiça da Infância e da Juventude, em exercício na comarca, foro regional ou distrital.*

No que tange à escolha dos membros:

Art. 139. O processo para a escolha dos membros do Conselho Tutelar será estabelecido em lei municipal e realizado sob a responsabilidade do Conselho Municipal dos Direitos da Criança e do Adolescente, e a fiscalização do Ministério Público. (Redação dada pela Lei nº 8.242, de 12.10.1991)

§ 1º O processo de escolha dos membros do Conselho Tutelar ocorrerá em data unificada em todo o território nacional a cada 4 (quatro) anos, no primeiro domingo do mês de outubro do ano subsequente ao da eleição presidencial. (Incluído pela Lei nº 12.696, de 2012)

§ 2º A posse dos conselheiros tutelares ocorrerá no dia 10 de janeiro do ano subsequente ao processo de escolha. (Incluído pela Lei nº 12.696, de 2012)

§ 3º No processo de escolha dos membros do Conselho Tutelar, é vedado ao candidato doar, oferecer, prometer ou entregar ao eleitor bem ou vantagem pessoal de qualquer natureza, inclusive brindes de pequeno valor

3.10 Aspectos Processuais

A partir do artigo 141 do ECA, está previsto o acesso à Justiça, tratando de aspectos processuais. Abordaremos o que determina o texto de lei quanto aos procedimentos judiciais.

É princípio constitucional a garantia do acesso à Justiça.

Ninguém poderá ser impedido de ter acesso à Justiça, muito menos as crianças e os adolescentes.

Assim, toda a criança e todo o adolescente têm garantido o acesso à Defensoria Pública, ao Ministério Público e ao Poder Judiciário, por qualquer de seus órgãos.

A Defensoria Pública tem a incumbência de defender aqueles que não possuem e não podem pagar por um advogado particular, garantindo-se a assistência judiciária gratuita. Porém, nada impede que este tenha assistência de um advogado. Quando não existir Defensoria Pública na localidade, a lei garante a nomeação de advogado, ou seja, sem defesa técnica, o menor não ficará.

Para facilitar ainda mais o acesso, as ações judiciais da competência da Justiça da Infância e da Juventude são isentas de custas e emolumentos (não se pagará para entrar com ação), ressalvada a hipótese de litigância de má-fé (por exemplo, quando alterar a verdade dos fatos).

Nas ações que envolvem crianças e adolescentes, os menores de dezesseis anos serão representados, e os maiores de dezesseis serão assistidos por seus pais, tutores, na forma da legislação civil ou processual.

Além disso, a lei prevê que a autoridade judiciária dará curador especial à criança ou ao adolescente, sempre que os interesses destes colidirem com os de seus pais ou responsável (imaginemos um adolescente que deseja casar e seus pais não permitem sem justificativa plausível), ou quando carecerem de representação ou assistência legal, ainda que eventual.

Todos os atos judiciais, policiais e administrativos que envolvam crianças e adolescentes devem resguardar segredo, vedada a divulgação de qualquer informação.

Enquanto em uma ação de cobrança, em regra, qualquer pessoa pode ter acesso ao processo e assistir a uma audiência, por ser pública, quando se trata de menores, isso não ocorrerá pelo segredo de justiça.

Além do mais, assegura o Estatuto que os estados e o Distrito Federal poderão criar Varas especializadas e exclusivas da Infância e da Juventude, cabendo ao Poder Judiciário estabelecer sua proporcionalidade por número de habitantes, dotá-las de infraestrutura e dispor sobre o atendimento, inclusive em plantões.

Nesse sentido, estudaremos as figuras que fazem parte do processo, conforme dispõe o ECA.

Do juiz

A autoridade constantemente referenciada no ECA é o Juiz da Infância e da Juventude, ou o juiz que exerce essa função, na forma da lei de organização judiciária local.

A competência do juízo será determinada:

→ pelo domicílio dos pais ou responsável;

→ pelo lugar onde se encontre a criança ou o adolescente, à falta dos pais ou responsável.

→ nos casos de ato infracional, será competente a autoridade do lugar da ação ou omissão, observadas as regras de conexão, continência e prevenção.

A execução das medidas poderá ser delegada à autoridade competente da residência dos pais ou responsável, ou do local onde sediar-se a entidade que abrigar a criança ou o adolescente.

Em caso de infração cometida através de transmissão simultânea de rádio ou televisão, que atinja mais de uma comarca, será competente, para aplicação da penalidade, a autoridade judiciária do local da sede estadual da emissora ou rede, tendo a sentença eficácia para todas as transmissoras ou retransmissoras do respectivo estado.

Atentemos para as competências da Justiça da Infância e Juventude:

Art. 148. A Justiça da Infância e da Juventude é competente para:

I. conhecer de representações promovidas pelo Ministério Público, para apuração de ato infracional atribuído a adolescente, aplicando as medidas cabíveis;

II. conceder a remissão, como forma de suspensão ou extinção do processo;

III. conhecer de pedidos de adoção e seus incidentes;

IV. conhecer de ações civis fundadas em interesses individuais, difusos ou coletivos afetos à criança e ao adolescente, observado o disposto no art. 209;

V. conhecer de ações decorrentes de irregularidades em entidades de atendimento

aplicando as medidas cabíveis;

VI. aplicar penalidades administrativas nos casos de infrações contra norma de proteção à criança ou adolescente;

VII. *conhecer de casos encaminhados pelo Conselho Tutelar, aplicando as medidas cabíveis.*

Parágrafo único. *Quando se tratar de criança ou adolescente nas hipóteses do art. 98, é também competente a Justiça da Infância e da Juventude para o fim de:*

a) *conhecer de pedidos de guarda e tutela;*

b) *conhecer de ações de destituição do poder familiar, perda ou modificação da tutela ou guarda;*

c) *suprir a capacidade ou o consentimento para o casamento;*

d) *conhecer de pedidos baseados em discordância paterna ou materna, em relação ao exercício do poder familiar; (Expressão substituída pela Lei nº 12.010, de 2009) Vigência*

e) *conceder a emancipação, nos termos da lei civil, quando faltarem os pais;*

f) *designar curador especial em casos de apresentação de queixa ou representação, ou de outros procedimentos judiciais ou extrajudiciais em que haja interesses de criança ou adolescente;*

g) *conhecer de ações de alimentos;*

h) *determinar o cancelamento, a retificação e o suprimento dos registros de nascimento e óbito.*

Art. 149. *Compete à autoridade judiciária disciplinar, através de portaria, ou autorizar, mediante alvará:*

I. *a entrada e permanência de criança ou adolescente, desacompanhado dos pais ou responsável, em:*

a) *estádio, ginásio e campo desportivo;*

b) *bailes ou promoções dançantes;*

c) *boate ou congêneres;*

d) *casa que explore comercialmente diversões eletrônicas;*

e) *estúdios cinematográficos, de teatro, rádio e televisão.*

II. *a participação de criança e adolescente em:*

a) *espetáculos públicos e seus ensaios;*

b) *certames de beleza.*

§ 1º *Para os fins do disposto neste artigo, a autoridade judiciária levará em conta, dentre outros fatores:*

Os princípios desta Lei;

b) *as peculiaridades locais;*

c) *a existência de instalações adequadas;*

d) *o tipo de frequência habitual ao local;*

e) *a adequação do ambiente a eventual participação ou frequência de crianças e adolescentes;*

f) *a natureza do espetáculo.*

Serviços auxiliares

Cabe ao Poder Judiciário, na elaboração de sua proposta orçamentária, prever recursos para manutenção de equipe interprofissional (assistentes sociais, psicólogos etc.) destinada a assessorar a Justiça da Infância e da Juventude.

Compete à equipe interprofissional, dentre outras atribuições que lhe forem reservadas pela legislação local, fornecer subsídios por escrito, mediante laudos, ou verbalmente, na audiência, e bem assim desenvolver trabalhos de aconselhamento, orientação, encaminhamento, prevenção e outros, tudo sob a imediata subordinação à autoridade judiciária, assegurada a livre manifestação do ponto de vista técnico.

Na ausência ou insuficiência de servidores públicos integrantes do Poder Judiciário responsáveis pela realização dos estudos psicossociais ou de quaisquer outras espécies de avaliações técnicas exigidas por esta Lei ou por determinação judicial, a autoridade judiciária poderá proceder à nomeação de perito.

3.11 Procedimentos

Aos procedimentos se subsidiariamente as normas gerais previstas na legislação processual pertinente.

Os processos e procedimentos amparados no Estatuto têm prioridade absoluta, sob pena de responsabilidade, assim como a execução dos atos e diligências judiciais a eles referentes. Ou seja, devem tramitar com celeridade.

Os prazos estabelecidos nesta Lei e aplicáveis aos seus procedimentos são contados em dias corridos, excluído o dia do começo e incluído o dia do vencimento, vedado o prazo em dobro para a Fazenda Pública e o Ministério Público.

Caso seja necessária medida não prevista no Estatuto, o legislador prevê a possibilidade de atuação de ofício, ouvido o Ministério Público, conforme artigo 153 do Estatuto:

> ***Art. 153.*** *Se a medida judicial a ser adotada não corresponder a procedimento previsto nesta ou em outra lei, a autoridade judiciária poderá investigar os fatos e ordenar de ofício as providências necessárias, ouvido o Ministério Público.*
>
> ***Parágrafo único.*** *O disposto neste artigo não se aplica para o fim de afastamento da criança ou do adolescente de sua família de origem e em outros procedimentos necessariamente contenciosos.*

Da perda e da suspensão do poder familiar

O procedimento para a perda ou a suspensão do poder familiar terá início por provocação do Ministério Público ou de quem tenha legítimo interesse.

O artigo 156 do Estatuto prevê que a petição inicial deverá indicar:

> ***I.*** *a autoridade judiciária a que for dirigida;*
>
> ***II.*** *o nome, o estado civil, a profissão e a residência do requerente e do requerido, dispensada a qualificação em se tratando de pedido formulado por representante do Ministério Público;*
>
> ***III.*** *a exposição sumária do fato e o pedido;*
>
> ***IV.*** *as provas que serão produzidas, oferecendo, desde logo, o rol de testemunhas e documentos.*

Caso exista algum motivo grave, o juiz, após ouvir o Ministério Público, decreta a suspensão poder familiar, liminar ou incidentalmente, até o julgamento definitivo da causa, de modo que a criança ou o adolescente fiquem confiados a uma pessoa idônea, mediante termo de responsabilidade.

Com a suspensão, o réu no processo é citado para, no prazo de dez dias, oferecer resposta escrita, indicando as provas a serem produzidas e oferecendo desde logo o rol de testemunhas e documentos.

É necessário atentar para o disposto no Art. 158 do ECA:

> ***Art. 158.*** *O requerido será citado para, no prazo de dez dias, oferecer resposta escrita, indicando as provas a serem produzidas e oferecendo desde logo o rol de testemunhas e documentos.*
>
> ***§ 1º*** *A citação será pessoal, salvo se esgotados todos os meios para sua realização.*
>
> ***§ 2º*** *O requerido privado de liberdade deverá ser citado pessoalmente.*
>
> ***§ 3º*** *Quando, por 2 (duas) vezes, o oficial de justiça houver procurado o citando em seu domicílio ou residência sem o*

encontrar, deverá, havendo suspeita de ocultação, informar qualquer pessoa da família ou, em sua falta, qualquer vizinho do dia útil em que voltará a fim de efetuar a citação, na hora que designar, nos termos do art. 252 e seguintes da Lei no 13.105, de 16 de março de 2015 (Código de Processo Civil).

§ 4º *Na hipótese de os genitores encontrarem-se em local incerto ou não sabido, serão citados por edital no prazo de 10 (dez) dias, em publicação única, dispensado o envio de ofícios para a localização.*

A defesa será feita por advogado, que será nomeado dativo caso o réu não tenha condições de pagar.

Assim, dita o artigo 159 que poderá requerer, em cartório, que lhe seja nomeado dativo, ao qual incumbirá a apresentação de resposta, contando-se o prazo a partir da intimação do despacho de nomeação.

A citação será pessoal, salvo se esgotados todos os meios para sua realização. Quando o requerido estiver privado de liberdade, deverá ser citado pessoalmente.

Se não for contestado o pedido e tiver sido concluído o estudo social ou a perícia realizada por equipe interprofissional ou multidisciplinar, a autoridade judiciária dará vista dos autos ao Ministério Público, por 5 (cinco) dias, salvo quando este for o requerente, e decidirá em igual prazo.

Caso seja apresentada a resposta, a autoridade judiciária dará vista dos autos ao Ministério Público, por cinco dias, salvo quando este for o requerente, e quando concluído o estudo social ou perícia por equipe interprofissional ou multisiciplinar, designando, desde logo, audiência de instrução e julgamento.

Na audiência, presentes as partes e o Ministério Público, serão ouvidas as testemunhas, colhendo-se oralmente o parecer técnico, salvo quando apresentado por escrito, manifestando-se sucessivamente o requerente, o requerido e o Ministério Público, pelo tempo de vinte minutos cada um, prorrogável por mais dez. A decisão será proferida na audiência, podendo a autoridade judiciária, excepcionalmente, designar data para sua leitura no prazo máximo de cinco dias.

Dentro do procedimento de perda e suspensão do poder familiar, o juiz de ofício ou a requerimento das partes ou do Ministério Público, determinará a realização de estudo social ou perícia por equipe interprofissional ou multidisciplinar, bem como a oitiva de testemunhas que comprovem a presença de uma das causas de suspensão ou destituição do poder familiar previstas no Código Civil.

Sendo os pais oriundos de comunidades indígenas, o Estatuto prevê que é ainda obrigatória a intervenção, junto à equipe profissional ou multidisciplinar, de representantes do órgão federal responsável pela política indigenista, a FUNAI (Fundação Nacional do Índio)

Se o pedido importar em modificação de guarda, será obrigatória, desde que possível e razoável, a oitiva da criança ou do adolescente, respeitado seu estágio de desenvolvimento e grau de compreensão sobre as implicações da medida.

Além disso, é obrigatória a oitiva dos pais sempre que esses forem identificados e estiverem em local conhecido. Se o pai ou a mãe estiverem privados de liberdade, a autoridade judicial requisitará sua apresentação para a oitiva.

O prazo máximo para conclusão do procedimento será de 120 (cento e vinte) dias e a sentença será averbada à margem do registro de nascimento da criança ou do adolescente.

Destituição da tutela

Na destituição da tutela, observar-se-á o procedimento para a remoção de tutor previsto na lei processual civil e, no que couber, o disposto na perda e suspensão do poder familiar.

Temos previsão na norma processual no artigo 759 e seguintes do Novo Código de Processo Civil.

Colocação em família substituta

Quando não existe mais a possibilidade de a criança ou o adolescente estarem inseridos na sua família natural (pela falta dos pais, perda do poder família...), teremos a colocação em família substituta, que deve atender aos requisitos:

Art. 165. *São requisitos para a concessão de pedidos de colocação em família substituta:*

I. *qualificação completa do requerente e de seu eventual cônjuge, ou companheiro, com expressa anuência deste;*

II. *indicação de eventual parentesco do requerente e de seu cônjuge, ou companheiro, com a criança ou adolescente, especificando se tem ou não parente vivo;*

III. *qualificação completa da criança ou adolescente e de seus pais, se conhecidos;*

IV. *indicação do cartório onde foi inscrito nascimento, anexando, se possível, uma cópia da respectiva certidão;*

V. *declaração sobre a existência de bens, direitos ou rendimentos relativos à criança ou ao adolescente.*

Parágrafo único. *Em se tratando de adoção, observar-se-ão também os requisitos específicos.*

Se os pais forem falecidos, tiverem sido destituídos ou suspensos do poder familiar, ou houverem aderido expressamente ao pedido de colocação em família substituta, este poderá ser formulado diretamente em cartório, em petição assinada pelos próprios requerentes, dispensada a assistência de advogado.

Convém notar que a lei prevê que o consentimento dos titulares do poder familiar será precedido de orientações e esclarecimentos prestados pela equipe interprofissional da Justiça da Infância e da Juventude, em especial, no caso de adoção, sobre a irrevogabilidade da medida.

Na hipótese de concordância dos pais, esses serão ouvidos pela autoridade judiciária e pelo representante do Ministério Público, tomando-se por termo as declarações.

O consentimento é retratável até a data da publicação da sentença constitutiva da adoção e somente terá valor se for dado após o nascimento da criança.

Para a família substituta é devida orientação por intermédio de equipe técnica interprofissional a serviço do Poder Judiciário, preferencialmente com apoio dos técnicos responsáveis pela execução da política municipal de garantia do direito à convivência familiar.

O juiz, de ofício ou a requerimento das partes ou do Ministério Público, determinará a realização de estudo social ou, se possível, perícia por equipe interprofissional, decidindo sobre a concessão de guarda provisória, bem como, no caso de adoção, sobre o estágio de convivência, ao qual será entregue mediante termo de responsabilidade.

Apresentado o relatório social ou o laudo pericial, e ouvidos, sempre que possível, a criança ou o adolescente, dar-se-á vista dos autos ao Ministério Público, pelo prazo de cinco dias, decidindo a autoridade judiciária em igual prazo.

Nas hipóteses em que a destituição da tutela, a perda ou a suspensão do poder familiar constituir pressuposto lógico da medida principal de colocação em família.

Disposições finais da apuração de ato infracional

Em caso de não apresentação, o representante do Ministério Público notificará os pais ou responsáveis para apresentação do adolescente, podendo requisitar o concurso das polícias civil e militar.

Feita tal etapa, o representante do Ministério Público poderá:

> promover o arquivamento dos autos;

> conceder a remissão;

> representar à autoridade judiciária para aplicação de medida socioeducativa.

Cumpre observar que a súmula 108 do STJ prevê que

"A aplicação de medidas socioeducativas ao adolescente, pela prática de ato infracional, é da competência exclusiva do juiz."

Caso o MP promova o arquivamento ou conceda remissão, esta deverá ser homologada pelo juiz, cabendo recurso de apelação da decisão que não homologar, conforme entendimento do STJ.

Homologado o arquivamento ou a remissão, a autoridade judiciária determinará, conforme o caso, o cumprimento da medida.

Discordando, a autoridade judiciária fará remessa dos autos ao Procurador-Geral de Justiça, mediante despacho fundamentado, e este oferecerá representação, designará outro membro do Ministério Público para apresentá-la, ou ratificará o arquivamento ou a remissão, que só então estará a autoridade judiciária obrigada a homologar.

A representação será oferecida por petição, que conterá o breve resumo dos fatos e a classificação do ato infracional e, quando necessário, o rol de testemunhas, podendo ser deduzida oralmente, em sessão diária instalada pela autoridade judiciária, independentemente de prova pré-constituída da autoria e materialidade.

Por analogia ao CPP, na prática se admitem 8 testemunhas.

O prazo máximo e improrrogável para a conclusão do procedimento previsto do ECA, estando o adolescente internado provisoriamente, será de quarenta e cinco dias, que visa coibir o constrangimento ilegal.

Oferecida a representação, a autoridade judiciária designará audiência de apresentação do adolescente, decidindo, desde logo, sobre a decretação ou manutenção da internação, observado o prazo de 45 dias.

O adolescente e seus pais ou responsável serão cientificados do teor da representação, e notificados a comparecer à audiência, acompanhados de advogado.

Caso os pais ou responsável não forem localizados, a autoridade judiciária dará curador especial ao adolescente, e não sendo localizado o adolescente, a autoridade judiciária expedirá mandado de busca e apreensão, determinando o sobrestamento do feito, até a efetiva apresentação.

No caso do adolescente internado, será requisitada a sua apresentação, sem prejuízo da notificação dos pais ou responsável.

Jamais a internação, decretada ou mantida pela autoridade judiciária, não poderá ser cumprida em estabelecimento prisional. Caso não exista tal estabelecimento na Comarca entidade para abrigar o adolescente, este será transferido para a localidade mais próxima.

Sendo impossível a pronta transferência, o adolescente aguardará sua remoção em repartição policial, desde que em seção isolada dos adultos e com instalações apropriadas, não podendo ultrapassar o prazo máximo de cinco dias, sob pena de responsabilidade.

Sendo o fato grave, passível de aplicação de medida de internação ou colocação em regime de semiliberdade, a autoridade judiciária, verificando que o adolescente não possui advogado constituído, nomeará defensor, designando, desde logo, audiência em continuação, podendo determinar a realização de diligências e estudo do caso.

O advogado constituído ou o defensor nomeado, no prazo de três dias contado da audiência de apresentação, oferecerá defesa prévia e rol de testemunhas.

Se o adolescente, devidamente notificado, não comparecer, injustificadamente à audiência de apresentação, a autoridade judiciária designará nova data, determinando sua condução coercitiva.

A remissão, como forma de extinção ou suspensão do processo, poderá ser aplicada em qualquer fase do procedimento, antes da sentença.

A remissão extingue a ação quando a remissão é própria ou cumulada com advertência. Nas demais situações, implicará a suspensão.

Atentemos para o artigo 189 e 190 do Estatuto:

Art. 189. *A autoridade judiciária não aplicará qualquer medida, desde que reconheça na sentença:*

I. *estar provada a inexistência do fato;*

II. *não haver prova da existência do fato;*

III. *não constituir o fato ato infracional;*

IV. *não existir prova de ter o adolescente concorrido para o ato infracional.*

Parágrafo único. *Na hipótese deste artigo, estando o adolescente internado, será imediatamente colocado em liberdade.*

Art. 190. *A intimação da sentença que aplicar medida de internação ou regime de semiliberdade será feita:*

I. *ao adolescente e ao seu defensor;*

II. *quando não for encontrado o adolescente, a seus pais ou responsável, sem prejuízo do defensor.*

§ 1º *Sendo outra a medida aplicada, a intimação far-se-á unicamente na pessoa do defensor.*

§ 2º *Recaindo a intimação na pessoa do adolescente, deverá este manifestar se deseja ou não recorrer da sentença.*

Da apuração de irregularidades em entidade de atendimento

O procedimento de apuração de irregularidades em entidade governamental e não governamental terá início mediante portaria da autoridade judiciária ou representação do Ministério Público ou do Conselho Tutelar, onde conste, necessariamente, resumo dos fatos.

Havendo motivo grave, poderá o juiz, após ouvir o Ministério Público, decretar liminarmente o afastamento provisório do dirigente da entidade, mediante decisão fundamentada.

O dirigente da entidade será citado e terá o prazo de dez dias para oferecer resposta escrita, podendo juntar documentos e indicar as provas a produzir.

Apresentada ou não a resposta, e sendo necessário, o juiz designará audiência de instrução e julgamento, intimando as partes.

Salvo manifestação em audiência, as partes e o Ministério Público terão cinco dias para oferecer alegações finais, decidindo a autoridade judiciária em igual prazo.

Quando do afastamento provisório ou definitivo de dirigente de entidade governamental, o juiz oficiará à autoridade administrativa imediatamente superior ao afastado, marcando prazo para a substituição e antes de aplicar qualquer das medidas, poderá fixar prazo para a remoção das irregularidades verificadas.

Satisfeitas as exigências, o processo será extinto, sem julgamento de mérito. A multa e a advertência serão impostas ao dirigente da entidade ou programa de atendimento.

Da apuração de infração administrativa às normas de proteção à criança e ao adolescente

Dita o artigo 194 do ECA:

> ***Art. 194.*** *O procedimento para imposição de penalidade administrativa por infração às normas de proteção à criança e ao adolescente terá início por representação do Ministério Público, ou do Conselho Tutelar, ou auto de infração elaborado por servidor efetivo ou voluntário credenciado, e assinado por duas testemunhas, se possível.*
>
> ***§ 1º*** *No procedimento iniciado com o auto de infração, poderão ser usadas fórmulas impressas, especificando-se a natureza e as circunstâncias da infração.*
>
> ***§ 2º*** *Sempre que possível, à verificação da infração seguir-se-á a lavratura do auto, certificando-se, em caso contrário, dos motivos do retardamento.*

O requerido terá prazo de dez dias para apresentação de defesa, contado da data da intimação, que será feita:

> ***I.*** *pelo autuante, no próprio auto, quando este for lavrado na presença do requerido;*
>
> ***II.*** *por oficial de justiça ou funcionário legalmente habilitado, que entregará cópia do auto ou da representação ao requerido, ou a seu representante legal, lavrando certidão;*
>
> ***III.*** *por via postal, com aviso de recebimento, se não for encontrado o requerido ou seu representante legal;*

Da habilitação de pretendentes à adoção

O ECA, precisamente no artigo 50 do Estatuto, prevê cadastros (da comarca ou foro regional, estadual e federal) para a casais ou pessoas que desejam adotar, sendo o mais utilizado o local da comarca ou foro regional.

Nos artigos 197-A ao 197-E estão descritos tais procedimentos, incluídos no ECA pela Lei 12.010/2009.

Inicialmente, o Estatuto determina os postulantes à adoção com:

> ***I.*** *qualificação completa;*
>
> ***II.*** *dados familiares;*
>
> ***III.*** *cópias autenticadas de certidão de nascimento ou casamento, ou declaração relativa ao período de união estável;*
>
> ***IV.*** *cópias da cédula de identidade e inscrição no Cadastro de Pessoas Físicas;*
>
> ***V.*** *comprovante de renda e domicílio;*
>
> ***VI.*** *atestados de sanidade física e mental;*
>
> ***VII.*** *certidão de antecedentes criminais;*
>
> ***VIII.*** *certidão negativa de distribuição cível.*

O juiz, no prazo de 48 horas, dará vista dos autos ao Ministério Público, que no prazo de 5 (cinco) dias poderá:

- apresentar quesitos a serem respondidos pela equipe interprofissional encarregada de elaborar o estudo técnico a que se refere o art. 197-C do ECA.

Tal dispositivo determina que equipe interprofissional a Serviço da Justiça da Infância e da Juventude, que deverá elaborar estudo psicossocial, que conterá subsídios que permitam aferir a capacidade e o preparo dos postulantes para o exercício de uma paternidade ou maternidade responsável.

Os postulantes deverão participar de programa oferecido pela Justiça da Infância e da Juventude preferencialmente com apoio dos técnicos responsáveis pela execução da política municipal de garantia do direito à convivência familiar, que inclua preparação psicológica, orientação e estímulo à adoção inter-racial, de crianças maiores ou de adolescentes, com necessidades específicas de saúde ou com deficiências e de grupos de irmãos.

Também existe a previsão, quando possível, de os postulantes terem contato com crianças e adolescentes em acolhimento familiar ou institucional em condições de adoção.

- requerer a designação de audiência para oitiva dos postulantes em juízo e testemunhas;
- requerer a juntada de documentos complementares e a realização de outras diligências que entender necessárias.

Certificada nos autos a conclusão da participação no programa referido acima, o juiz, no prazo de 48 horas, decidirá acerca das diligências requeridas pelo Ministério Público e determinará a juntada do estudo psicossocial, designando, conforme o caso, audiência de instrução e julgamento.

Caso não sejam requeridas diligências, ou sendo essas indeferidas, o juiz determinará a juntada do estudo psicossocial, abrindo a seguir vista dos autos ao Ministério Público, por 5 (cinco) dias, decidindo em igual prazo.

Quando deferida a habilitação, o postulante será inscrito nos cadastros, sendo a sua convocação para a adoção feita de acordo com ordem cronológica de habilitação e conforme a disponibilidade de crianças ou adolescentes adotáveis.

Esta ordem cronológica poderá ser ignorada, quando for comprovado ser a melhor solução para o adotando, nas seguintes hipóteses:

> tratar-se de pedido de adoção unilateral, quando um dos cônjuges ou companheiro adotar o filho do outro;

> for formulada por parente com o qual a criança ou o adolescente mantenham vínculos de afinidade e afetividade;

> oriundo o pedido de quem detém a tutela ou guarda legal de criança maior de 3 (três) anos ou adolescente, desde que o lapso de tempo de convivência comprove a fixação de laços de afinidade e afetividade, e não seja constatada a ocorrência de má-fé ou qualquer das situações previstas nos arts. 237 ou 238 desta Lei (crimes previstos no Estatuto).

A recusa sistemática na adoção das crianças ou adolescentes indicados importará na reavaliação da habilitação concedida, não tendo um número de recusas estipuladas pelo ECA.

Recursos

O artigo 198 do ECA prevê que nos procedimentos afetos à Justiça da Infância e da Juventude, inclusive os relativos à execução das medidas socioeducativas, adotar-se-á o sistema recursal da Código de Processo Civil com as seguintes adaptações:

> ***I.*** *os recursos serão interpostos independentemente de preparo;*
>
> ***II.*** *em todos os recursos, salvo nos embargos de declaração, o prazo para o Ministério Público e para a defesa será sempre de 10 (dez) dias;*
>
> ***III.*** *os recursos terão preferência de julgamento e dispensarão revisor;*
>
> ***VII.*** *antes de determinar a remessa dos autos à superior instância, no caso de apelação, ou do instrumento, no caso de agravo, a autoridade judiciária proferirá despacho fundamentado, mantendo ou reformando a decisão, no prazo de cinco dias;*
>
> ***VIII.*** *mantida a decisão apelada ou agravada, o escrivão remeterá os autos ou o instrumento à superior instância dentro de vinte e quatro horas, independentemente de novo pedido do recorrente; se a reformar, a remessa dos autos dependerá de pedido expresso da parte interessada ou do Ministério Público, no prazo de cinco dias, contados da intimação.*
>
> ***Art. 199.*** *Contra as decisões proferidas com base no art. 149 (quando o juiz determina, através de portaria, ou autorizar, mediante alvará por exemplo a entrada permanência de criança ou adolescente, desacompanhado dos pais ou responsável em estádio) caberá recurso de apelação.*

Quando a sentença deferir adoção, produzirá efeitos desde logo, estando sujeita à apelação no efeito devolutivo, salvo nos casos de adoção internacional ou se houver perigo de dano irreparável ou de difícil reparação ao adotando.

A sentença que destituir ambos ou qualquer dos genitores do poder familiar fica sujeita à apelação, que deverá ser recebida apenas no efeito devolutivo.

Portanto, podemos esquematizar:

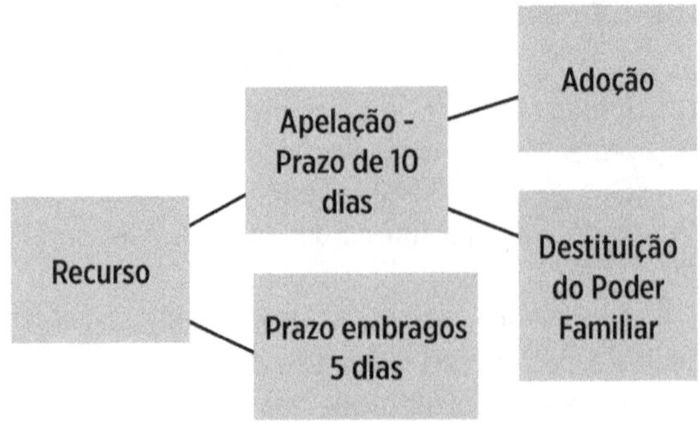

Os recursos nos procedimentos de adoção e de destituição de poder familiar, em face da relevância das questões, serão processados com prioridade absoluta, devendo ser imediatamente distribuídos, ficando vedado que aguardem, em qualquer situação, oportuna distribuição, e serão colocados em mesa para julgamento sem revisão e com parecer urgente do Ministério Público, devendo o relator inserir processo para julgamento no prazo máximo de 60 dias contados da sua conclusão (art. 199 – D).

O Ministério Público será intimado da data do julgamento e poderá na sessão, se entender necessário, apresentar oralmente seu parecer. O Ministério Público poderá requerer a instauração de procedimento para apuração de responsabilidades se constatar o descumprimento das providências e do prazo previstos.

Do ministério público e do advogado

As funções do Ministério Público previstas no Estatuto serão exercidas nos termos da respectiva lei orgânica. O artigo 201 do ECA determina as competências do Ministério Público, vejamos:

> ***Art. 201.*** *Compete ao Ministério Público:*
>
> ***I.*** *conceder a remissão como forma de exclusão do processo;*
>
> ***II.*** *promover e acompanhar os procedimentos relativos às infrações atribuídas a adolescentes;*
>
> ***III.*** *promover e acompanhar as ações de alimentos e os procedimentos de suspensão e destituição do poder familiar, nomeação e remoção de tutores, curadores e guardiães, bem como oficiar em todos os demais procedimentos da competência da Justiça da Infância e da Juventude;*
>
> ***IV.*** *promover, de ofício ou por solicitação dos interessados, a especialização e a inscrição de hipoteca legal e a prestação de contas dos tutores, curadores e quaisquer administradores de bens de crianças e adolescentes nas hipóteses do art. 98;*
>
> ***V.*** *promover o inquérito civil e a ação civil pública para a proteção dos interesses individuais, difusos ou coletivos relativos à infância e à adolescência, inclusive os definidos no art. 220, § 3º inciso II, da Constituição Federal;*
>
> ***VI.*** *instaurar procedimentos administrativos e, para instruí-los:*
>
> ***a)*** *expedir notificações para colher depoimentos ou esclarecimentos e, em caso de não comparecimento injustificado, requisitar condução coercitiva, inclusive pela polícia civil ou militar;*
>
> ***b)*** *requisitar informações, exames, perícias e documentos de autoridades municipais, estaduais e federais, da administração direta ou indireta, bem como promover inspeções e diligências investigatórias;*
>
> ***c)*** *requisitar informações e documentos a particulares e instituições privadas;*

VII. instaurar sindicâncias, requisitar diligências investigatórias e determinar a instauração de inquérito policial, para apuração de ilícitos ou infrações às normas de proteção à infância e à juventude;

VIII. zelar pelo efetivo respeito aos direitos e garantias legais assegurados às crianças e adolescentes, promovendo as medidas judiciais e extrajudiciais cabíveis;

IX. impetrar mandado de segurança, de injunção e habeas corpus, em qualquer juízo, instância ou tribunal, na defesa dos interesses sociais e individuais indisponíveis afetos à criança e ao adolescente;

X. representar ao juízo visando à aplicação de penalidade por infrações cometidas contra as normas de proteção à infância e à juventude, sem prejuízo da promoção da responsabilidade civil e penal do infrator, quando cabível;

XI. inspecionar as entidades públicas e particulares de atendimento e os programas de que trata esta Lei, adotando de pronto as medidas administrativas ou judiciais necessárias à remoção de irregularidades porventura verificadas;

XII. requisitar força policial, bem como a colaboração dos serviços médicos, hospitalares, educacionais e de assistência social, públicos ou privados, para o desempenho de suas atribuições.

§ 1º A legitimação do Ministério Público para as ações cíveis previstas neste artigo não impede a de terceiros, nas mesmas hipóteses, segundo dispuserem a Constituição e esta Lei.

§ 2º As atribuições constantes deste artigo não excluem outras, desde que compatíveis com a finalidade do Ministério Público.

§ 3º O representante do Ministério Público, no exercício de suas funções, terá livre acesso a todo local onde se encontre criança ou adolescente.

§ 4º O representante do Ministério Público será responsável pelo uso indevido das informações e documentos que requisitar, nas hipóteses legais de sigilo.

§ 5º Para o exercício da atribuição de que trata o inciso VIII deste artigo, poderá o representante do Ministério Público:

a) reduzir a termo as declarações do reclamante, instaurando o competente procedimento, sob sua presidência;

b) entender-se diretamente com a pessoa ou autoridade reclamada, em dia, local e horário previamente notificados ou acertados;

c) efetuar recomendações visando à melhoria dos serviços públicos e de relevância pública afetos à criança e ao adolescente, fixando prazo razoável para sua perfeita adequação.

O Estatuto também determina que nos processos e procedimentos em que não for parte, atuará obrigatoriamente o Ministério Público na defesa dos direitos e interesses de que cuida a lei, como um fiscal, hipótese em que terá vista dos autos depois das partes, podendo juntar documentos e requerer diligências, usando os recursos cabíveis.

A intimação do Ministério Público, em qualquer caso, será feita pessoalmente, e a falta de intervenção acarreta a nulidade do feito, declarada pelo juiz ou requerida pelo interessado.

No que tange ao advogado, o artigo 206 do Estatuto prevê que "A criança ou o adolescente, seus pais ou responsável, e qualquer pessoa que tenha legítimo interesse na solução da lide poderão intervir nos procedimentos de que trata esta Lei, através de advogado, o qual será intimado para todos os atos, pessoalmente ou por publicação oficial, respeitado o segredo de justiça."

Igualmente, temos a previsão da assistência judiciária integral e gratuita àqueles que dela necessitarem, e nenhum adolescente a quem se atribua a prática de ato infracional, ainda que ausente ou foragido, será processado sem defensor, que na falta, será nomeado pelo juiz.

A ausência do defensor não determinará o adiamento de nenhum ato do processo, devendo o juiz nomear substituto, ainda que provisoriamente, ou para o só efeito do ato.

Da proteção judicial dos interesses individuais, difusos e coletivos

O artigo 208 do Eca traz um rol exemplificativo, de situações que merecem a tutela do Estado, cabendo todas as espécies de ações pertinentes.

Art. 208. Regem-se pelas disposições desta Lei as ações de responsabilidade por ofensa aos direitos assegurados à criança e ao adolescente, referentes ao não oferecimento ou oferta irregular:

I. do ensino obrigatório;

II. de atendimento educacional especializado aos portadores de deficiência;

III. de atendimento em creche e pré-escola às crianças de zero a cinco anos de idade;

IV. de ensino noturno regular, adequado às condições do educando;

V. de programas suplementares de oferta de material didático-escolar, transporte e assistência à saúde do educando do ensino fundamental;

VI. de serviço de assistência social visando à proteção à família, à maternidade, à infância e à adolescência, bem como ao amparo às crianças e adolescentes que dele necessitem;

VII. de acesso às ações e serviços de saúde;

VIII. de escolarização e profissionalização dos adolescentes privados de liberdade.

IX. de ações, serviços e programas de orientação, apoio e promoção social de famílias e destinados ao pleno exercício do direito à convivência familiar por crianças e adolescentes.

X. de programas de atendimento para a execução das medidas socioeducativas e aplicação de medidas de proteção.

§ 1º As hipóteses previstas neste artigo não excluem da proteção judicial outros interesses individuais, difusos ou coletivos, próprios da infância e da adolescência, protegidos pela Constituição e pela Lei.

§ 2º A investigação do desaparecimento de crianças ou adolescentes será realizada imediatamente após notificação aos órgãos competentes, que deverão comunicar o fato aos portos, aeroportos, Polícia Rodoviária e companhias de transporte interestaduais e internacionais, fornecendo-lhes todos os dados necessários à identificação do desaparecido.

As ações serão propostas no foro do local onde ocorreu ou deva ocorrer a ação ou omissão, cujo juízo terá competência absoluta para processar a causa, ressalvadas a competência da Justiça Federal e a competência originária dos tribunais superiores.

Entrando na esfera dos direitos coletivos, cabe conceituar direitos difusos e coletivos:

> **Direitos difusos:** são indivisíveis e os titulares são pessoas indeterminadas ligadas a um fato.

> **Direitos coletivos:** são indivisíveis e os titulares referem-se a grupo, categoria ou classe de pessoas ligadas entre si ou com a parte contrária por uma relação jurídica base.

São legitimados concorrentes, para as ações cíveis fundadas em interesses coletivos ou difusos:

I) o Ministério Público;

II) a União, os estados, os municípios, o Distrito Federal e os territórios;

III) as associações legalmente constituídas há pelo menos um ano e que incluam entre seus fins institucionais a defesa dos interesses e direitos protegidos por esta Lei, dispensada a autorização da assembleia, se houver prévia autorização estatutária.

Admitir-se-á litisconsórcio facultativo entre os Ministérios Públicos da União e dos estados na defesa dos interesses e direitos previstos no ECA e, em caso de desistência ou abandono da ação por associação legitimada, o Ministério Público ou outro legitimado poderá assumir a titularidade ativa.

Os órgãos públicos legitimados poderão tomar dos interessados compromisso de ajustamento de sua conduta às exigências legais, o qual terá eficácia de título executivo extrajudicial. Ou seja, prevê-se uma solução rápida.

Contra atos ilegais ou abusivos de autoridade pública ou agente de pessoa jurídica no exercício de atribuições do poder público, que lesem direito líquido e certo previsto no ECA, caberá ação mandamental, que se regerá pelas normas da lei do mandado de segurança.

Na ação que tenha por objeto o cumprimento de obrigação de fazer ou não fazer, o juiz concederá a tutela específica da obrigação ou determinará providências que assegurem o resultado prático equivalente ao do adimplemento.

Sendo relevante o fundamento da demanda e havendo justificado receio de ineficácia do provimento final, é lícito ao juiz conceder a tutela liminarmente ou após justificação prévia, citando o réu, podendo o juiz impor multa diária, independentemente de pedido do autor, fixando prazo razoável para cumprimento da obrigação.

A multa só será exigível do réu após o trânsito em julgado da sentença favorável ao autor, sendo devida desde o dia em que se houver configurado o descumprimento, sendo o valor revertido ao fundo gerido pelo Conselho dos Direitos da Criança e do Adolescente do respectivo município.

As multas não recolhidas até trinta dias após o trânsito em julgado da decisão serão exigidas por meio de execução promovida pelo Ministério Público, nos mesmos autos, facultada igual iniciativa aos demais legitimados.

Se não tivermos o fundo regulamentado, o valor será depositado em estabelecimento oficial de crédito, em conta com correção monetária.

Da decisão, cabe recurso. Prevê o Eca, no artigo 125, que o juiz poderá conferir efeito suspensivo aos recursos, para evitar dano irreparável à parte. Neste aspecto, é um "poder-dever" do magistrado.

Nas ações que tratamos neste ponto, não haverá adiantamento de custas, emolumentos, honorários periciais e quaisquer outras despesas.

É imprescindível a leitura dos demais dispositivos:

> **Art. 216.** *Transitada em julgado a sentença que impuser condenação ao poder público, o juiz determinará a remessa de peças à autoridade competente, para apuração da responsabilidade civil e administrativa do agente a que se atribua a ação ou omissão.*
>
> **Art. 217.** *Decorridos sessenta dias do trânsito em julgado da sentença condenatória sem que a associação autora lhe promova a execução, deverá fazê-lo o Ministério Público, facultada igual iniciativa aos demais legitimados.*
>
> **Art. 218.** *O juiz condenará a associação autora a pagar ao réu os honorários advocatícios arbitrados na conformidade do § 4° do art. 20 da Lei n.° 5.869, de 11 de janeiro de 1973 (Código de Processo Civil), quando reconhecer que a pretensão é manifestamente infundada.*
>
> **Parágrafo único.** *Em caso de litigância de má-fé, a associação autora e os diretores responsáveis pela propositura da ação serão solidariamente condenados ao décuplo das custas, sem prejuízo de responsabilidade por perdas e danos.*
>
> **Art. 219.** *Nas ações de que trata este Capítulo, não haverá adiantamento de custas, emolumentos, honorários periciais e quaisquer outras despesas.*
>
> **Art. 220.** *Qualquer pessoa poderá e o servidor público deverá provocar a iniciativa do Ministério Público, prestando-lhe informações sobre fatos que constituam objeto de ação civil, e indicando-lhe os elementos de convicção.*
>
> **Art. 221.** *Se, no exercício de suas funções, os juízos e tribunais tiverem conhecimento de fatos que possam ensejar a propositura de ação civil, remeterão peças ao Ministério Público para as providências cabíveis.*
>
> **Art. 222.** *Para instruir a petição inicial, o interessado poderá requerer às autoridades competentes as certidões e informações que julgar necessárias, que serão fornecidas no prazo de quinze dias.*
>
> **Art. 223.** *O Ministério Público poderá instaurar, sob sua presidência, inquérito civil, ou requisitar, de qualquer pessoa, organismo público ou particular, certidões, informações, exames ou perícias, no prazo que assinalar, o qual não poderá ser inferior a dez dias úteis.*
>
> **§ 1°** *Se o órgão do Ministério Público, esgotadas todas as diligências, se convencer da inexistência de fundamento para a propositura da ação cível, promoverá o arquivamento dos autos do inquérito civil ou das peças informativas, fazendo-o fundamentadamente.*
>
> **§ 2°** *Os autos do inquérito civil ou as peças de informação arquivados serão remetidos, sob pena de se incorrer em falta grave, no prazo de três dias, ao Conselho Superior do Ministério Público.*
>
> **§ 3°** *Até que seja homologada ou rejeitada a promoção de arquivamento, em sessão do Conselho Superior do Ministério público, poderão as associações legitimadas apresentar razões escritas ou documentos, que serão juntados aos autos do inquérito ou anexados às peças de informação.*
>
> **§ 4°** *A promoção de arquivamento será submetida a exame e deliberação do Conselho Superior do Ministério Público, conforme dispuser o seu regimento.*
>
> **§ 5°** *Deixando o Conselho Superior de homologar a promoção de arquivamento, designará, desde logo, outro órgão do Ministério Público para o ajuizamento da ação.*
>
> **Art. 224.** *Aplicam-se subsidiariamente, no que couber, as disposições da Lei n.° 7.347, de 24 de julho de 1985*

Questões

01. (FUNIVERSA) As medidas de proteção à criança e ao adolescente são aplicáveis sempre que os direitos reconhecidos pelo ECA forem ameaçados ou violados por ação ou omissão da sociedade ou do Estado, por falta, omissão ou abuso dos pais ou do responsável ou em razão da conduta destes. Nesses casos, a competência será da Justiça da Infância e da Juventude, exceto para

a) conhecer ações de alimentos.

b) suprir a capacidade ou o consentimento para o casamento de adolescente.

c) conhecer ações civis fundadas em interesses individuais, difusos ou coletivos afetos à criança e ao adolescente, ainda que no âmbito da Justiça Federal.

d) conceder a emancipação, designar curador especial em casos de apresentação de queixa ou representação e outros procedimentos em que haja interesses de criança ou adolescente.

e) determinar o cancelamento, a retificação e o suprimento dos registros de nascimento e óbito.

02. (FGV) O Estatuto da Criança e do Adolescente (Lei nº 8.069/90) compreende como competências da equipe interprofissional da Justiça da Infância e Juventude:

I. Fornecer subsídios por escrito, mediante laudos.

II. Fornecer subsídios verbalmente, na audiência.

III. Desenvolver as atribuições que lhe forem reservadas pela legislação local.

Está correto o que se afirma em:

a) somente I.

b) somente I e II.

c) somente I e III.

d) somente II e III.

e) I, II e III.

03. (CETRO) Segundo o disposto no artigo 150, do ECA, é correto afirmar que cabe ao Poder Judiciário, na elaboração de sua proposta orçamentária, prever recursos para manutenção de equipe interprofissional, destinada a assessorar

a) a criança e o adolescente em estado de risco.

b) os Centros de Atendimento Socioeducativos ao Adolescente.

c) a Justiça da Infância e da Juventude.

d) a família do adolescente infrator.

e) as Polícias Militar e Civil.

04. (FGV) Decretada por sentença, pelo Juiz da Infância e da Juventude, a destituição do poder familiar em desfavor do genitor de uma criança, pretende ele recorrer dessa decisão. Nessa hipótese, o recurso cabível é:

a) a apelação, interponível no prazo de dez dias, desprovida de efeito suspensivo.

b) a apelação, interponível no prazo de dez dias, dotada de efeitos devolutivo e suspensivo.

c) a apelação, interponível no prazo de quinze dias, desprovida de efeito suspensivo.

d) a apelação, interponível no prazo de quinze dias, dotada de efeitos devolutivo e suspensivo.

e) o agravo de instrumento, interponível no prazo de dez dias, desprovido de efeito suspensivo.

05. (FUNIVERSA) Em relação aos recursos previstos no ECA, assinale a alternativa correta.

a) Os recursos serão interpostos independentemente de preparo, terão preferência de julgamento e dispensarão revisor.

b) Em todos os recursos a que estão sujeitas as decisões do Juiz da Infância e da Juventude, o prazo para o Ministério Público e para a defesa será de dez dias.

c) Na apelação e no agravo de instrumento, não se admite juízo de retratação, devendo a autoridade judiciária determinar a remessa à instância superior caso seja tempestivo.

d) A sentença que destituir ambos ou qualquer dos genitores do poder familiar deve ficar sujeita à apelação, que, por sua vez, deve ser recebida nos efeitos suspensivo e devolutivo.

e) Os recursos, nos procedimentos de adoção e de destituição de poder familiar, devem ser processados com prioridade, sendo logo distribuídos e colocados para julgamento após a revisão e a juntada do parecer do Ministério Público.

06. (MPE) Nos termos da Lei nº 8.069/90 (ECA), entre outras funções, compete ao Ministério Público:

I. Instaurar procedimentos administrativos.

II. Instaurar sindicâncias.

III. Determinar a instauração de inquérito policial.

IV. Impetrar habeas corpus.

V. Impetrar mandado de injunção.

Está correto apenas o contido em:

a) I, II, III e IV.

b) II, III, IV e V.

c) III e IV.

d) II e III.

e) Todos os itens estão corretos.

07. (MPE-SC) Analise o enunciado da questão abaixo e indique se ele é Certo ou Errado.

Acerca dos recursos afetos ao Estatuto da Criança e do Adolescente, serão interpostos independentemente de preparo e antes de determinar a remessa dos autos à superior instância, no caso de apelação, ou do instrumento, no caso de agravo, a autoridade judiciária proferirá despacho fundamentado, mantendo ou reformando a decisão, no prazo de quarenta e oito horas.

Certo ( ) Errado ( )

08. (FEPESE) São atribuições do Conselho Tutelar conforme disposto no artigo 136 do Estatuto da Criança e do Adolescente:

01. Encaminhar ao Ministério Público notícia de fato que constitua infração administrativa ou penal contra os direitos da criança ou do adolescente.

02. Encaminhar à autoridade judiciária os casos de sua competência.

03. Aplicar a medida de proteção prevista no artigo 101, inciso IX, que consiste em colocação em família substituta.

04. Assessorar o Poder Executivo local na elaboração da proposta orçamentária para planos e programas de atendimento dos direitos da criança e do adolescente.

Assinale a alternativa que indica todas as afirmativas corretas.

a) São corretas apenas as afirmativas 2 e 3.

b) São corretas apenas as afirmativas 1, 2 e 3.

c) São corretas apenas as afirmativas 1, 2 e 4.
d) São corretas apenas as afirmativas 1, 3 e 4.
e) São corretas apenas as afirmativas 2, 3 e 4.

09. (FEPESE) Em relação aos Conselhos Tutelares assinale a alternativa correta.
a) Em cada Município haverá, no mínimo, um Conselho Tutelar composto de cinco membros, escolhidos pela comunidade local para mandato de três anos, permitida uma recondução.
b) O processo eleitoral para a escolha dos membros do Conselho Tutelar será estabelecido em Lei Municipal e realizado sob a presidência de Juiz Eleitoral e a fiscalização do Ministério Público.
c) As decisões do Conselho Tutelar somente poderão ser revistas pelo Conselho Municipal de Direitos Municipal da Criança e do Adolescente a pedido de quem tenha legítimo interesse.
d) Compete ao Conselho Tutelar aplicar as medidas socioeducativas de prestação de serviços à comunidade e de liberdade assistida aos adolescentes autores de ato infracional.
e) O Conselho Tutelar é órgão permanente e autônomo, não jurisdicional, encarregado pela sociedade de zelar pelo cumprimento dos direitos da criança e do adolescente.

10. (EXATUS) Complete corretamente a afirmação abaixo: "O Conselho Tutelar é órgão permanente e autônomo, não jurisdicional, encarregado ______________ de zelar pelo cumprimento dos direitos da criança e do adolescente". (ECA, 1990)
a) pelo Estado
b) pela sociedade
c) pelo Conselho dos direitos da criança e do adolescente
d) pelo Judiciário

Gabaritos

01	C	06	E
02	E	07	ERRADO
03	C	08	C
04	A	09	E
05	A	10	B

3.12 Dos Crimes e das Infrações Administrativas

Neste capítulo, estudaremos as infrações administrativas e os crimes previstos no ECA.

Estes são aplicados aos adultos, quando da prática de alguns dos tipos previstos na lei, em situações de desrespeito e violação dos direitos de crianças e adolescentes.

Atenção: criança e adolescente cometem ato infracional!

O que é abordado nos concursos é o texto de lei, geralmente descrevendo uma conduta, situação, e qual tipo penal ou infração representa.

A diferença entre crime e infração é que os crimes geram sanções de natureza penal, podendo restringir a liberdade do indivíduo com prisão, e as infrações têm natureza administrativa, gerando multa, sendo forma de expressão do poder de polícia da Administração Pública.

Da infiltração de agentes de polícia para a investigação de crimes contra a dignidade sexual de criança e de adolescente

A infiltração de agentes de polícia na internet com o fim de investigar os crimes contra dignidade sexual previstos no Código Penal e no ECA deve seguir os seguintes procedimentos:

- será precedida de autorização judicial devidamente circunstanciada e fundamentada, que estabelecerá os limites da infiltração para obtenção de prova, ouvido o Ministério Público;
- dar-se-á mediante requerimento do Ministério Público ou representação de delegado de polícia e conterá a demonstração de sua necessidade, o alcance das tarefas dos policiais, os nomes ou apelidos das pessoas investigadas e, quando possível, os dados de conexão ou cadastrais que permitam a identificação dessas pessoas;
- não poderá exceder o prazo de 90 (noventa) dias, sem prejuízo de eventuais renovações, desde que o total não exceda a 720 (setecentos e vinte) dias e seja demonstrada sua efetiva necessidade, a critério da autoridade judicial.

A autoridade judicial e o Ministério Público poderão requisitar relatórios parciais da operação de infiltração antes do término do prazo.

Se as provas puderem ser obtidas de outra forma, não será admitida a infiltração do agente na internet.

As informações da operação de infiltração serão encaminhadas diretamente ao juiz responsável pela autorização da medida, que zelará por seu sigilo e antes da conclusão da operação, o acesso aos autos será reservado ao juiz, ao Ministério Público e ao delegado de polícia responsável pela operação, com o objetivo de garantir o sigilo das investigações.

Não comete crime o policial que oculta a sua identidade para, por meio da internet, colher indícios de autoria e materialidade dos crimes previstos neste Estatuto (nos arts. 240, 241, 241-A, 241-B, 241-C e 241-D do ECA e nos arts. 154-A, 217-A, 218, 218-A e 218-B do Decreto-Lei nº 2.848, de 7 de dezembro de 1940 do Código Penal) porém poderá responder se não observar a finalidade da investigação e cometer excessos.

Os órgãos de registro e cadastro público poderão incluir nos bancos de dados próprios, mediante procedimento sigiloso e requisição da autoridade judicial, as informações necessárias à efetividade da identidade fictícia criada.

Concluída a investigação, todos os atos eletrônicos praticados durante a operação deverão ser registrados, gravados, armazenados e encaminhados ao juiz e ao Ministério Público, juntamente com relatório circunstanciado. Os atos eletrônicos registrados serão reunidos em autos apartados e apensados ao processo criminal, juntamente com o inquérito policial, assegurando-se a preservação da identidade do agente policial infiltrado e a intimidade das crianças e dos adolescentes envolvidos.

→ Consideram-se:

> dados de conexão: informações referentes à hora, à data, ao início, ao término, à duração, ao endereço de Protocolo de Internet (IP) utilizado e ao terminal de origem da conexão;

> dados cadastrais: informações referentes a nome e endereço de assinante ou de usuário registrado ou autenticado para a conexão a quem o endereço de IP, a identificação de usuário ou o código de acesso tenham sido atribuídos no momento da conexão.

***Art. 227-A** Os efeitos da condenação prevista no inciso I do caput do art. 92 do Decreto-Lei nº 2.848, de 7 de dezembro de 1940 (Código Penal), para os crimes previstos nesta Lei, praticados por servidores públicos com abuso de autoridade, são condicionados à ocorrência de reincidência. (Incluído pela Lei nº 13.869. de 2019)*

***Parágrafo único.** A perda do cargo, do mandato ou da função, nesse caso, independerá da pena aplicada na reincidência. (Incluído pela Lei nº 13.869. de 2019)*

3.13 Dos crimes

O ECA prevê um capítulo sobre os crimes praticados contra a criança e o adolescente, por **ação ou omissão**, sem prejuízo do disposto na legislação penal, aplicando as normas da Parte Geral do Código Penal e o que for pertinente do Código de Processo Penal.

Os crimes definidos são de **ação pública incondicionada**, ou seja, independem da vontade da vítima ou de qualquer pessoa para a proposição da ação.

Abordaremos quais os crimes previstos no ECA:

***Art. 228.** Deixar o encarregado de serviço ou o dirigente de estabelecimento de atenção à saúde de gestante de manter registro das atividades desenvolvidas, na forma e prazo referidos no art. 10 desta Lei, bem como de fornecer à parturiente ou a seu responsável, por ocasião da alta médica, declaração de nascimento, onde constem as intercorrências do parto e do desenvolvimento do neonato:*

***Pena** - detenção de seis meses a dois anos.*

***Parágrafo único.** Se o crime é culposo:*

***Pena** - detenção de dois a seis meses, ou multa.*

***Art. 229.** Deixar o médico, enfermeiro ou dirigente de estabelecimento de atenção à saúde de gestante de identificar corretamente o neonato e a parturiente, por ocasião do parto, bem como deixar de proceder aos exames referidos no art. 10 desta Lei:*

***Pena** - detenção de seis meses a dois anos.*

***Parágrafo único.** Se o crime é culposo:*

***Pena** - detenção de dois a seis meses, ou multa.*

***Art. 230.** Privar a criança ou o adolescente de sua liberdade, procedendo à sua apreensão sem estar em flagrante de ato infracional ou inexistindo ordem escrita da autoridade judiciária competente:*

***Pena** - detenção de seis meses a dois anos.*

***Parágrafo único.** Incide na mesma pena aquele que procede à apreensão sem observância das formalidades legais.*

***Art. 231.** Deixar a autoridade policial responsável pela apreensão de criança ou adolescente de fazer imediata comunicação à autoridade judiciária competente e à família do apreendido ou à pessoa por ele indicada:*

***Pena** - detenção de seis meses a dois anos.*

***Art. 232.** Submeter criança ou adolescente sob sua autoridade, guarda ou vigilância a vexame ou a constrangimento:*

***Pena** - detenção de seis meses a dois anos.*

***Art. 234.** Deixar a autoridade competente, sem justa causa, de ordenar a imediata liberação de criança ou adolescente, tão logo tenha conhecimento da ilegalidade da apreensão:*

***Pena** - detenção de seis meses a dois anos.*

***Art. 235.** Descumprir, injustificadamente, prazo fixado nesta Lei em benefício de adolescente privado de liberdade:*

***Pena** - detenção de seis meses a dois anos.*

***Art. 236.** Impedir ou embaraçar a ação de autoridade judiciária, membro do Conselho Tutelar ou representante do Ministério Público no exercício de função prevista nesta Lei:*

***Pena** - detenção de seis meses a dois anos.*

***Art. 237.** Subtrair criança ou adolescente ao poder de quem o tem sob sua guarda em virtude de lei ou ordem judicial, com o fim de colocação em lar substituto:*

***Pena** - reclusão de dois a seis anos, e multa.*

***Art. 238.** Prometer ou efetivar a entrega de filho ou pupilo a terceiro, mediante paga ou recompensa:*

***Pena** - reclusão de um a quatro anos, e multa.*

***Parágrafo único.** Incide nas mesmas penas quem oferece ou efetiva a paga ou recompensa.*

***Art. 239.** Promover ou auxiliar a efetivação de ato destinado ao envio de criança ou adolescente para o exterior com inobservância das formalidades legais ou com o fito de obter lucro:*

***Pena** - reclusão de quatro a seis anos, e multa.*

***Parágrafo único.** Se há emprego de violência, grave ameaça ou fraude: (Incluído pela Lei nº 10.764, de 12.11.2003)*

***Pena** - reclusão, de 6 (seis) a 8 (oito) anos, além da pena correspondente à violência.*

***Art. 240.** Produzir, reproduzir, dirigir, fotografar, filmar ou registrar, por qualquer meio, cena de sexo explícito ou pornográfica, envolvendo criança ou adolescente: (Redação dada pela Lei nº 11.829, de 2008)*

Pena. reclusão, de 4 (quatro) a 8 (oito) anos, e multa. (Redação dada pela Lei nº 11.829, de 2008)

***§ 1º** Incorre nas mesmas penas quem agencia, facilita, recruta, coage, ou de qualquer modo intermedeia a participação de criança ou adolescente nas cenas referidas no caput deste artigo, ou ainda quem com esses contracena. (Redação dada pela Lei nº 11.829, de 2008)*

***§ 2º** Aumenta-se a pena de 1/3 (um terço) se o agente comete o crime: (Redação dada pela Lei nº 11.829, de 2008)*

***I.** no exercício de cargo ou função pública ou a pretexto de exercê-la; (Redação dada pela Lei nº 11.829, de 2008)*

***II.** prevalecendo-se de relações domésticas, de coabitação ou de hospitalidade; ou (Redação dada pela Lei nº 11.829, de 2008)*

***III.** prevalecendo-se de relações de parentesco consanguíneo ou afim até o terceiro grau, ou por adoção, de tutor, curador, preceptor, empregador da vítima ou de quem, a qualquer outro título, tenha autoridade sobre ela, ou com seu consentimento. (Incluído pela Lei nº 11.829, de 2008)*

***Art. 241.** Vender ou expor à venda fotografia, vídeo ou outro registro que contenha cena de sexo explícito ou pornográfica envolvendo criança ou adolescente: (Redação dada pela Lei nº 11.829, de 2008)*

Pena. reclusão, de 4 (quatro) a 8 (oito) anos, e multa. (Redação dada pela Lei nº 11.829, de 2008)

***Art. 241-A.** Oferecer, trocar, disponibilizar, transmitir, distribuir, publicar ou divulgar por qualquer meio, inclusive por meio de sistema de informática ou telemático, fotografia, vídeo ou outro registro que contenha cena de sexo explícito ou pornográfica envolvendo criança ou adolescente: (Incluído pela Lei nº 11.829, de 2008)*

Pena. reclusão, de 3 (três) a 6 (seis) anos, e multa. (Incluído pela Lei nº 11.829, de 2008)

***§ 1º** Nas mesmas penas incorre quem: (Incluído pela Lei nº 11.829, de 2008)*

***I.** assegura os meios ou serviços para o armazenamento das fotografias, cenas ou imagens de que trata o caput deste artigo; (Incluído pela Lei nº 11.829, de 2008)*

***II.** assegura, por qualquer meio, o acesso por rede de computadores às fotografias, cenas ou imagens de que trata o caput deste artigo. (Incluído pela Lei nº 11.829, de 2008)*

***§ 2º** As condutas tipificadas nos incisos I e II do § 1º deste artigo são puníveis quando o responsável legal pela prestação do serviço, oficialmente notificado, deixa de desabilitar o acesso ao conteúdo ilícito de que trata o caput deste artigo. (Incluído pela Lei nº 11.829, de 2008)*

***Art. 241-B.** Adquirir, possuir ou armazenar, por qualquer meio, fotografia, vídeo ou outra forma de registro que contenha cena de sexo explícito ou pornográfica envolvendo criança ou adolescente: (Incluído pela Lei nº 11.829, de 2008)*

Pena. reclusão, de 1 (um) a 4 (quatro) anos, e multa. (Incluído pela Lei nº 11.829, de 2008)

***§ 1º** A pena é diminuída de 1 (um) a 2/3 (dois terços) se de pequena quantidade o material a que se refere o caput deste artigo. (Incluído pela Lei nº 11.829, de 2008)*

***§ 2º** Não há crime se a posse ou o armazenamento tem a finalidade de comunicar às autoridades competentes a ocorrência das condutas descritas nos arts. 240, 241, 241-A e 241-C desta Lei, quando a comunicação for feita por: (Incluído pela Lei nº 11.829, de 2008)*

***I.** agente público no exercício de suas funções; (Incluído pela Lei nº 11.829, de 2008)*

***II.** membro de entidade, legalmente constituída, que inclua, entre suas finalidades institucionais, o recebimento, o processamento e o encaminhamento de notícia dos crimes referidos neste parágrafo; (Incluído pela Lei nº 11.829, de 2008)*

***III.** representante legal e funcionários responsáveis de provedor de acesso ou serviço prestado por meio de rede de computadores, até o recebimento do material relativo à notícia feita à autoridade policial, ao Ministério Público ou ao Poder Judiciário. (Incluído pela Lei nº 11.829, de 2008)*

***§ 3º** As pessoas referidas no § 2º deste artigo deverão manter sob sigilo o material ilícito referido. (Incluído pela Lei nº 11.829, de 2008)*

***Art. 241-C.** Simular a participação de criança ou adolescente em cena de sexo explícito ou pornográfica por meio de adulteração, montagem ou modificação de fotografia, vídeo ou qualquer outra forma de representação visual: (Incluído pela Lei nº 11.829, de 2008)*

Pena. reclusão, de 1 (um) a 3 (três) anos, e multa. (Incluído pela Lei nº 11.829, de 2008)

***Parágrafo único.** Incorre nas mesmas penas quem vende, expõe à venda, disponibiliza, distribui, publica ou divulga por qualquer meio, adquire, possui ou armazena o material produzido na forma do caput deste artigo. (Incluído pela Lei nº 11.829, de 2008)*

***Art. 241-D.** Aliciar, assediar, instigar ou constranger, por qualquer meio de comunicação, criança, com o fim de com ela praticar ato libidinoso: (Incluído pela Lei nº 11.829, de 2008)*

Pena. reclusão, de 1 (um) a 3 (três) anos, e multa. (Incluído pela Lei nº 11.829, de 2008)

***Parágrafo único.** Nas mesmas penas incorre quem: (Incluído pela Lei nº 11.829, de 2008)*

***I.** facilita ou induz o acesso à criança de material contendo cena de sexo explícito ou pornográfica com o fim de com ela praticar ato libidinoso; (Incluído pela Lei nº 11.829, de 2008)*

***II.** pratica as condutas descritas no caput deste artigo com o fim de induzir criança a se exibir de forma pornográfica ou sexualmente explícita. (Incluído pela Lei nº 11.829, de 2008)*

***Art. 241-E.** Para efeito dos crimes previstos nesta Lei, a expressão "cena de sexo explícito ou pornográfica" compreende qualquer situação que envolva criança ou adolescente em atividades sexuais explícitas, reais ou simuladas, ou exibição dos órgãos genitais de uma criança ou adolescente para fins primordialmente sexuais (Incluído pela Lei nº 11.829, de 2008)*

***Art. 242.** Vender, fornecer ainda que gratuitamente ou entregar, de qualquer forma, a criança ou adolescente arma, munição ou explosivo:*

***Pena** - reclusão, de 3 (três) a 6 (seis) anos. (Redação dada pela Lei nº 10.764, de 12.11.2003)*

***Art. 243.** Vender, fornecer, servir, ministrar ou entregar, ainda que gratuitamente, de qualquer forma, a criança ou a adolescente, bebida alcoólica ou, sem justa causa, outros produtos cujos componentes possam causar dependência física ou psíquica: (Redação dada pela Lei nº 13.106, de 2015)*

***Pena** - detenção de 2 (dois) a 4 (quatro) anos, e multa, se o fato não constitui crime mais grave. (Redação dada pela Lei nº 13.106, de 2015)*

***Art. 244.** Vender, fornecer ainda que gratuitamente ou entregar, de qualquer forma, a criança ou adolescente fogos de estampido ou de artifício, exceto aqueles que, pelo seu reduzido potencial, sejam incapazes de provocar qualquer dano físico em caso de utilização indevida:*

***Pena** - detenção de seis meses a dois anos, e multa.*

***Art. 244-A.** Submeter criança ou adolescente, como tais definidos no caput do art. 2º desta Lei, à prostituição ou à exploração sexual: (Incluído pela Lei nº 9.975, de 23.6.2000)*

***Pena** – reclusão de quatro a dez anos e multa, além da perda de bens e valores utilizados na prática criminosa em favor do Fundo dos Direitos da Criança e do Adolescente da unidade da Federação (Estado ou Distrito Federal) em que foi cometido o crime, ressalvado o direito de terceiro de boa-fé.*

***§ 1º** Incorrem nas mesmas penas o proprietário, o gerente ou o responsável pelo local em que se verifique a submissão de criança ou adolescente às práticas referidas no caput deste artigo. (Incluído pela Lei nº 9.975, de 23.6.2000)*

***§ 2º** Constitui efeito obrigatório da condenação a cassação da licença de localização e de funcionamento do estabelecimento. (Incluído pela Lei nº 9.975, de 23.6.2000)*

***Art. 244-B.** Corromper ou facilitar a corrupção de menor de 18 (dezoito) anos, com ele praticando infração penal ou induzindo-o a praticá-la: (Incluído pela Lei nº 12.015, de 2009)*

***Pena** - reclusão, de 1 (um) a 4 (quatro) anos. (Incluído pela Lei nº 12.015, de 2009)*

***§ 1º** Incorre nas penas previstas no caput deste artigo quem pratica as condutas ali tipificadas utilizando-se de quaisquer meios eletrônicos, inclusive salas de bate-papo da internet. (Incluído pela Lei nº 12.015, de 2009)*

***§ 2º** As penas previstas no caput deste artigo são aumentadas de um terço no caso de a infração cometida ou induzida estar incluída no rol do art. 1º da Lei no 8.072, de 25 de julho de 1990. (Incluído pela Lei nº 12.015, de 2009)*

3.14 Infrações administrativas

As infrações têm natureza administrativa como consequência de violação dos direitos da criança e do adolescente, punível com multa.

***Art. 245.** Deixar o médico, professor ou responsável por estabelecimento de atenção à saúde e de ensino fundamental, pré-escola ou creche, de comunicar à autoridade competente os casos de que tenha conhecimento, envolvendo suspeita ou confirmação de maus-tratos contra criança ou adolescente:*

Pena - *multa de três a vinte salários de referência, aplicando-se o dobro em caso de reincidência.*

Art. 246. *Impedir o responsável ou funcionário de entidade de atendimento o exercício dos direitos constantes nos incisos II, III, VII, VIII e XI do art. 124 desta Lei:*

Pena - *multa de três a vinte salários de referência, aplicando-se o dobro em caso de reincidência.*

Art. 247. *Divulgar, total ou parcialmente, sem autorização devida, por qualquer meio de comunicação, nome, ato ou documento de procedimento policial, administrativo ou judicial relativo a criança ou adolescente a que se atribua ato infracional:*

Pena - *multa de três a vinte salários de referência, aplicando-se o dobro em caso de reincidência.*

§ 1º *Incorre na mesma pena quem exibe, total ou parcialmente, fotografia de criança ou adolescente envolvido em ato infracional, ou qualquer ilustração que lhe diga respeito ou se refira a atos que lhe sejam atribuídos, de forma a permitir sua identificação, direta ou indiretamente.*

§ 2º *Se o fato for praticado por órgão de imprensa ou emissora de rádio ou televisão, além da pena prevista neste artigo, a autoridade judiciária poderá determinar a apreensão da publicação ou a suspensão da programação da emissora até por dois dias, bem como da publicação do periódico até por dois números. (Expressão declara inconstitucional pela ADIN 869-2).*

Art. 249. *Descumprir, dolosa ou culposamente, os deveres inerentes ao poder familiar ou decorrente de tutela ou guarda, bem assim determinação da autoridade judiciária ou Conselho Tutelar: (Expressão substituída pela Lei nº 12.010, de 2009) Vigência.*

Pena - *multa de três a vinte salários de referência, aplicando-se o dobro em caso de reincidência.*

Art. 250. *Hospedar criança ou adolescente desacompanhado dos pais ou responsável, ou sem autorização escrita desses ou da autoridade judiciária, em hotel, pensão, motel ou congênere: (Redação dada pela Lei nº 12.038, de 2009).*

Pena. multa. (Redação dada pela Lei nº 12.038, de 2009).

§ 1º *Em caso de reincidência, sem prejuízo da pena de multa, a autoridade judiciária poderá determinar o fechamento do estabelecimento por até 15 (quinze) dias. (Incluído pela Lei nº 12.038, de 2009).*

§ 2º *Se comprovada a reincidência em período inferior a 30 (trinta) dias, o estabelecimento será definitivamente fechado e terá sua licença cassada. (Incluído pela Lei nº 12.038, de 2009).*

Art. 251. *Transportar criança ou adolescente, por qualquer meio, com inobservância do disposto nos arts. 83, 84 e 85 desta Lei:*

Pena - *multa de três a vinte salários de referência, aplicando-se o dobro em caso de reincidência.*

Art. 252. *Deixar o responsável por diversão ou espetáculo público de afixar, em lugar visível e de fácil acesso, à entrada do local de exibição, informação destacada sobre a natureza da diversão ou espetáculo e a faixa etária especificada no certificado de classificação:*

Pena - *multa de três a vinte salários de referência, aplicando-se o dobro em caso de reincidência.*

Art. 253. *Anunciar peças teatrais, filmes ou quaisquer representações ou espetáculos, sem indicar os limites de idade a que não se recomendem:*

Pena - *multa de três a vinte salários de referência, duplicada em caso de reincidência, aplicável, separadamente, à casa de espetáculo e aos órgãos de divulgação ou publicidade.*

Art. 254. *Transmitir, através de rádio ou televisão, espetáculo em horário diverso do autorizado ou sem aviso de sua classificação:*

Pena - *multa de vinte a cem salários de referência; duplicada em caso de reincidência a autoridade judiciária poderá determinar a suspensão da programação da emissora por até dois dias.*

Art. 255. *Exibir filme, trailer, peça, amostra ou congênere classificado pelo órgão competente como inadequado às crianças ou adolescentes admitidos ao espetáculo:*

Pena - *multa de vinte a cem salários de referência; na reincidência, a autoridade poderá determinar a suspensão do espetáculo ou o fechamento do estabelecimento por até quinze dias.*

Art. 256. *Vender ou locar a criança ou adolescente fita de programação em vídeo, em desacordo com a classificação atribuída pelo órgão competente:*

Pena - *multa de três a vinte salários de referência; em caso de reincidência, a autoridade judiciária poderá determinar o fechamento do estabelecimento por até quinze dias.*

Art. 257. *Descumprir obrigação constante dos arts. 78 e 79 desta Lei:*

Pena - *multa de três a vinte salários de referência, duplicando-se a pena em caso de reincidência, sem prejuízo de apreensão da revista ou publicação.*

Art. 258. *Deixar o responsável pelo estabelecimento ou o empresário de observar o que dispõe esta Lei sobre o acesso de criança ou adolescente aos locais de diversão, ou sobre sua participação no espetáculo: (Vide Lei nº 12.010, de 2009) Vigência*

Pena - *multa de três a vinte salários de referência; em caso de reincidência, a autoridade judiciária poderá determinar o fechamento do estabelecimento por até quinze dias.*

Art. 258-A. *Deixar a autoridade competente de providenciar a instalação e operacionalização dos cadastros previstos no art. 50 e no § 11 do art. 101 desta Lei: (Incluído pela Lei nº 12.010, de 2009)*

Pena - *multa de R$ 1.000,00 (mil reais) a R$ 3.000,00 (três mil reais). (Incluído pela Lei nº 12.010, de 2009)*

Parágrafo único. *Incorre nas mesmas penas a autoridade que deixa de efetuar o cadastramento de crianças e de adolescentes em condições de serem adotadas, de pessoas ou casais habilitados à adoção e de crianças e adolescentes em regime de acolhimento institucional ou familiar. (Incluído pela Lei nº 12.010, de 2009)*

Art. 258-B. *Deixar o médico, enfermeiro ou dirigente de estabelecimento de atenção à saúde de gestante de efetuar imediato encaminhamento à autoridade judiciária de caso de que tenha conhecimento de mãe ou gestante interessada em entregar seu filho para adoção: (Incluído pela Lei nº 12.010, de 2009)*

Pena - *multa de R$ 1.000,00 (mil reais) a R$ 3.000,00 (três mil reais). (Incluído pela Lei nº 12.010, de 2009) Vigência*

Parágrafo único. *Incorre na mesma pena o funcionário de programa oficial ou comunitário destinado à garantia do direito à convivência familiar que deixa de efetuar a comunicação referida no caput deste artigo. (Incluído pela Lei nº 12.010, de 2009)*

Art. 258-C. *Descumprir a proibição estabelecida no inciso II do art. 81: (Redação dada pela Lei nº 13.106, de 2015)*

Pena - *multa de R$ 3.000,00 (três mil reais) a R$ 10.000,00 (dez mil reais); (Redação dada pela Lei nº 13.106, de 2015)*

Medida Administrativa - interdição do estabelecimento comercial até o recolhimento da multa aplicada. (Redação dada pela Lei nº 13.106, de 2015)

Questões

01. (VUNESP) Quanto aos crimes e infrações administrativas previstos no Estatuto da Criança e do Adolescente, pode-se afirmar, corretamente, que

a) é infração administrativa sujeita à multa de três a vinte salários de referência, aplicando-se o dobro, em caso de reincidência, a conduta de jornaleiro que vende revista que contenha cena de sexo explícito envolvendo adolescente.

b) a apreensão ilegal de criança ou adolescente é conduta atípica pela inexistência de pretensão punitiva pelo Estado.

c) é de ação pública incondicionada a apuração de crime praticado por médico, professor ou responsável por estabelecimento de atenção à saúde e de ensino fundamental, pré-escola ou creche, que não comunica à autoridade competente os casos de que tenha conhecimento, envolvendo suspeita ou confirmação de maus-tratos contra criança ou adolescente.

d) a divulgação indevida de nome de adolescente a quem se atribua a prática de ato infracional por qualquer meio de comunicação é infração administrativa sujeita à multa de três a vinte salários de referência, aplicando-se o dobro em caso de reincidência.

02. (FCC) O adolescente João, aluno do 6º ano do ensino fundamental, foi apreendido em razão de suposta prática de ato infracional equiparado ao crime de roubo. Sua genitora, a fim de auxiliar na instrução processual e na defesa de seu filho, solicitou à escola onde João estuda declaração de matrícula escolar. Dessa forma, o diretor da escola tomou conhecimento da apreensão e, como já desejava expulsar o aluno, acabou divulgando aos demais alunos, sem autorização, que João estava respondendo pela prática de ato infracional, utilizando-o como mau exemplo. O Diretor, em tese

a) praticou infração administrativa prevista pelo ECA.

b) praticou o crime de quebra de sigilo previsto pelo ECA.

c) praticou crime de quebra de sigilo e infração administrativa, ambos previstos pelo ECA.

d) praticou crime de difamação previsto pelo ECA.

e) não praticou crime, tampouco infração administrativa prevista pelo ECA.

03. (CESPE) Jonas, policial militar em serviço velado no interior de uma viatura descaracterizada em estacionamento público próximo a uma casa de eventos, onde ocorria grande espetáculo de música, percebeu a presença de Mauro, com vinte e quatro anos de idade, que já ostentava condenação transitada em julgado por crime de receptação. Na oportunidade, Jonas viu que Mauro usou um pequeno canivete para abrir um automóvel e neste ingressou rapidamente. Fábio, com dezessete anos de idade, e que acompanhava Mauro, entrou pela porta direita do passageiro e sentou-se no banco. Mauro usou o mesmo canivete para dar partida na ignição do motor e se evadir do local na condução do veículo. Jonas informou sobre o fato a outros agentes em viaturas policiais, os quais, em diligências, localizaram o veículo conduzido por Mauro e prenderam-no cerca de dez minutos depois da abordagem. Em revista pessoal realizada por policiais militares em Mauro, foi apreendida arma de fogo que se encontrava em sua cintura: um revólver de calibre 38, municiado com dois projéteis, do qual o portador não tinha qualquer registro ou porte legalmente válido em seu nome. O canivete foi encontrado na posse de Fábio.

Com referência à situação hipotética acima relatada, julgue o item que se segue. Mauro cometeu crime de corrupção de menores, previsto no ECA.

Certo ( ) Errado ( )

04. (CESPE) Com relação às causas extintivas da punibilidade, julgue o item a seguir.

A multa prevista no Estatuto da Criança e do Adolescente como sanção às infrações administrativas sujeita-se ao prazo prescricional de dois anos quando for a única cominada ou aplicada.

Certo ( ) Errado ( )

05. (CESPE) Acerca dos procedimentos afetos às crianças e aos adolescentes, julgue o item seguinte.

O valor das multas aplicadas em face de crimes e infrações administrativas cometidas pelos órgãos auxiliares será revertido ao fundo gerido pelo conselho dos direitos da criança e do adolescente do estado no qual esteja localizado o órgão.

Certo ( ) Errado ( )

06. (CESPE) Determinado cidadão, penalmente responsável, valendo-se de um adolescente de treze anos de idade, sexualmente corrompido, produziu imagens eróticas em cenário previamente montado, divulgando-as por meio de sistema de informática em sítio da Internet. O mantenedor do sítio, tão logo divulgadas as imagens, foi notificado pelo Juiz da Infância e da Juventude do conteúdo ilícito do material e, de imediato, desabilitou o acesso às imagens. Com referência à situação hipotética acima, julgue o item a seguir à luz do Estatuto da Criança e do Adolescente.

Na situação considerada, é viável a prisão em flagrante do mantenedor do sítio, porquanto a sua conduta é classificada como crime permanente, uma vez ultrapassada a fase de notificação e não desativado o acesso.

Certo ( ) Errado ( )

07. (CESPE) Para a configuração da conduta do criador das imagens em relação ao tipo penal descrito como produzir imagem pornográfica envolvendo adolescente, exige-se a prática de relação sexual entre o agente e o menor, não se demandando qualquer correção moral do adolescente.

Certo ( ) Errado ( )

08. (CESPE) A respeito dos crimes praticados contra a criança e o adolescente, contra o meio ambiente e daqueles previstos no Estatuto do Idoso, julgue o item a seguir.

Divulgar, sem autorização devida, por qualquer meio de comunicação, o nome de criança ou adolescente envolvido em procedimento policial a que se atribua ato infracional não é conduta criminosa, mas mera infração administrativa.

Certo ( ) Errado ( )

09. (VUNESP) O art. 250 da Lei n.º 8.069/90, recentemente alterado pela Lei n.º 12.038/09, trata da hospedagem irregular de menor e prevê

a) a possibilidade de fechamento definitivo do estabelecimento que realizou a hospedagem, como também a cassação de sua licença de funcionamento.

b) pena de prisão ao acompanhante do menor assim como do proprietário, gerente ou administrador do estabelecimento.

c) em hipótese de reincidência, a fixação de multa entre dez e cinquenta salários de referência.

d) escusa legítima pela demonstração de que o menor possuía autorização do guardião, pais no exercício do poder familiar, autoridade judiciária ou conselhos de direitos infanto-juvenis.

e) agravante para situações em que se constate adulteração; falsificação ou ocultação de documentos de identidade.

10. (VUNESP) É crime praticado contra crianças e adolescentes:

a) Divulgar, total ou parcialmente, sem autorização devida, por qualquer meio de comunicação, nome, ato ou documento de procedimento policial, administrativo ou judicial relativo à criança ou ao adolescente a que se atribua ato infracional.

b) Deixar de apresentar à autoridade judiciária de seu domicílio, no prazo de cinco dias, com o fim de regularizar a guarda, adolescente trazido de outra comarca para a prestação de serviço doméstico, mesmo que autorizado pelos pais ou responsável.

c) Hospedar criança ou adolescente desacompanhado dos pais ou responsável, ou sem autorização escrita desses ou da autoridade judiciária, em hotel, pensão, motel ou congênere.

d) Exibir filme, trailer, peça, amostra ou congênere classificado pelo órgão competente como inadequado a crianças ou adolescentes admitidos ao espetáculo.

e) Promover ou auxiliar a efetivação de ato destinado ao envio de criança ou adolescente para o exterior com inobservância das formalidades legais ou com o fito de obter lucro.

Gabaritos

01	D	06	CERTO
02	A	07	ERRADO
03	CERTO	08	CERTO
04	ERRADO	09	C
05	ERRADO	10	E

4. LEI Nº 11.343/2006 - SISTEMA NACIONAL DE POLÍTICAS PÚBLICAS SOBRE DROGAS (SISNAD)

4.1 Disposições Preliminares

A Lei nº 11.343/06 instituiu o Sistema Nacional de Políticas Públicas sobre Drogas - Sisnad. Ela prescreve medidas para prevenção do uso indevido, atenção e reinserção social de usuários e dependentes de drogas, além de estabelecer normas para repressão à produção não autorizada e ao tráfico ilícito de drogas e define crimes relacionados a esse assunto.

Ficam proibidas, em todo o território nacional, as drogas, bem como o plantio, a cultura, a colheita e a exploração de vegetais e substratos dos quais possam ser extraídas ou produzidas drogas, ressalvada a hipótese de autorização legal ou regulamentar, assim como estabelece a Convenção de Viena, de 1971, das Nações Unidas, sobre Substâncias Psicotrópicas a respeito de plantas de uso estritamente ritualístico-religioso.

Pode a União autorizar o plantio, a cultura e a colheita dos vegetais acima referidos, exclusivamente para fins medicinais ou científicos, em local e prazo predeterminados, mediante fiscalização, respeitadas as ressalvas supramencionadas.

4.2 Do Sistema Nacional de Políticas Públicas sobre Drogas

O Sisnad tem a finalidade de articular, integrar, organizar e coordenar as atividades relacionadas com:

- A prevenção do uso indevido, a atenção e a reinserção social de usuários e dependentes de drogas.
- A repressão da produção não autorizada e do tráfico ilícito de drogas.

Dos princípios e dos objetivos do sistema nacional de políticas públicas sobre drogas

Princípios do sisnad

- O respeito aos direitos fundamentais da pessoa humana, especialmente quanto à sua autonomia e à sua liberdade.
- O respeito à diversidade e às especificidades populacionais existentes.
- A promoção dos valores éticos, culturais e de cidadania do povo brasileiro, reconhecendo-os como fatores de proteção para o uso indevido de drogas e outros comportamentos correlacionados.
- A promoção de consensos nacionais, de ampla participação social, para o estabelecimento dos fundamentos e estratégias do Sisnad.
- A promoção da responsabilidade compartilhada entre Estado e Sociedade, reconhecendo a importância da participação social nas atividades do Sisnad.
- O reconhecimento da intersetorialidade dos fatores correlacionados com o uso indevido de drogas, com a sua produção não autorizada e o seu tráfico ilícito.
- A integração das estratégias nacionais e internacionais de prevenção do uso indevido, atenção e reinserção social de usuários e dependentes de drogas e de repressão à sua produção não autorizada e ao seu tráfico ilícito.
- A articulação com os órgãos do Ministério Público e dos Poderes Legislativo e Judiciário visando à cooperação mútua nas atividades do Sisnad.
- A adoção de abordagem multidisciplinar que reconheça a interdependência e a natureza complementar das atividades de prevenção do uso indevido, atenção e reinserção social de usuários e dependentes de drogas, repressão da produção não autorizada e do tráfico ilícito de drogas.
- A observância do equilíbrio entre as atividades de prevenção do uso indevido, atenção e reinserção social de usuários e dependentes de drogas e de repressão à sua produção não autorizada e ao seu tráfico ilícito, visando a garantir a estabilidade e o bem-estar social.
- A observância às orientações e normas emanadas do Conselho Nacional Antidrogas - Conad.

Objetivos do sisnad

- Contribuir para a inclusão social do cidadão, visando a torná-lo menos vulnerável a assumir comportamentos de risco para o uso indevido de drogas, seu tráfico ilícito e outros comportamentos correlacionados.
- Promover a construção e a socialização do conhecimento sobre drogas no país.
- Promover a integração entre as políticas de prevenção do uso indevido, atenção e reinserção social de usuários e dependentes de drogas e de repressão à sua produção não autorizada e ao tráfico ilícito e as políticas públicas setoriais dos órgãos do Poder Executivo da União, Distrito Federal, Estados e Municípios.
- Assegurar as condições para a coordenação, a integração e a articulação das atividades de prevenção e repreensão.

Da composição e da organização do sistema nacional de políticas públicas sobre drogas

A organização do Sisnad assegura a orientação central e a execução descentralizada das atividades realizadas em seu âmbito, nas esferas federal, distrital, estadual e municipal e se constitui matéria definida no regulamento desta Lei.

Da coleta, análise e disseminação de informações sobre drogas

As instituições com atuação nas áreas da atenção à saúde e da assistência social, que atendam usuários ou dependentes de drogas, devem comunicar ao órgão competente do respectivo sistema municipal de saúde os casos atendidos e os óbitos ocorridos, preservando a identidade das pessoas, conforme orientações emanadas da União.

Os dados estatísticos nacionais de repressão ao tráfico ilícito de drogas integrarão sistema de informações do Poder Executivo.

4.3 Das Atividades de Prevenção do Uso Indevido, Atenção e Reinserção Social de Usuários e Dependentes de Drogas

Da prevenção

Constituem atividades de prevenção do uso indevido de drogas, para efeito desta Lei, aquelas direcionadas para a redução dos fatores de vulnerabilidade e risco e para a promoção e o fortalecimento dos fatores de proteção.

As atividades de prevenção do uso indevido de drogas devem observar os seguintes princípios e diretrizes:

> O reconhecimento do uso indevido de drogas como fator de interferência na qualidade de vida do indivíduo e na sua relação com a comunidade à qual pertence.

> A adoção de conceitos objetivos e de fundamentação científica como forma de orientar as ações dos serviços públicos comunitários e privados e de evitar preconceitos e estigmatização das pessoas e dos serviços que as atendam.

> O fortalecimento da autonomia e da responsabilidade individual em relação ao uso indevido de drogas.

> O compartilhamento de responsabilidades e a colaboração mútua com as instituições do setor privado e com os diversos segmentos sociais, incluindo usuários e dependentes de drogas e respectivos familiares, por meio do estabelecimento de parcerias.

> A adoção de estratégias preventivas diferenciadas e adequadas às especificidades socioculturais das diversas populações, bem como das diferentes drogas utilizadas; o reconhecimento do "não uso", do "retardamento do uso" e da redução de riscos como resultados desejáveis das atividades de natureza preventiva, quando da definição dos objetivos a serem alcançados.

> O tratamento especial dirigido às parcelas mais vulneráveis da população, levando em consideração as suas necessidades específicas.

> A articulação entre os serviços e organizações que atuam em atividades de prevenção do uso indevido de drogas e a rede de atenção a usuários e dependentes de drogas e respectivos familiares.

> O investimento em alternativas esportivas, culturais, artísticas, profissionais, entre outras, como forma de inclusão social e de melhoria da qualidade de vida.

> O estabelecimento de políticas de formação continuada na área da prevenção do uso indevido de drogas para profissionais de educação nos três níveis de ensino.

> A implantação de projetos pedagógicos de prevenção do uso indevido de drogas, nas instituições de ensino público e privado, alinhados às Diretrizes Curriculares Nacionais e aos conhecimentos relacionados a drogas.

> A observância das orientações e normas emanadas do Conad.

> O alinhamento às diretrizes dos órgãos de controle social de políticas setoriais específicas.

As atividades de prevenção do uso indevido de drogas dirigidas à criança e ao adolescente deverão estar em consonância com as diretrizes emanadas pelo Conselho Nacional dos Direitos da Criança e do Adolescente - Conanda.

Das atividades de atenção e de reinserção social de usuários ou dependentes de drogas

Constituem atividades de atenção ao usuário e dependente de drogas e respectivos familiares, para efeito desta Lei, aquelas que visem à melhoria da qualidade de vida e à redução dos riscos e dos danos associados ao uso de drogas.

Constituem atividades de reinserção social do usuário ou do dependente de drogas e respectivos familiares, para efeito desta Lei, aquelas direcionadas para sua integração ou reintegração em redes sociais.

As atividades de atenção e as de reinserção social do usuário e do dependente de drogas e respectivos familiares devem observar os seguintes princípios e diretrizes:

> Respeito ao usuário e ao dependente de drogas, independentemente de quaisquer condições, observados os direitos fundamentais da pessoa humana, os princípios e diretrizes do Sistema Único de Saúde e da Política Nacional de Assistência Social.

> A adoção de estratégias diferenciadas de atenção e reinserção social do usuário e do dependente de drogas e respectivos familiares que considerem as suas peculiaridades socioculturais.

> Definição de projeto terapêutico individualizado, orientado para a inclusão social e para a redução de riscos e de danos sociais e à saúde.

> Atenção ao usuário ou dependente de drogas e aos respectivos familiares, sempre que possível, de forma multidisciplinar e por equipes multiprofissionais.

> Observância das orientações e normas emanadas do Conad.

> O alinhamento às diretrizes dos órgãos de controle social de políticas setoriais específicas.

As redes dos serviços de saúde da União, dos Estados, do Distrito Federal, dos Municípios desenvolverão programas de atenção ao usuário e ao dependente de drogas, respeitadas as diretrizes do Ministério da Saúde e os princípios acima explicitados, obrigatória a previsão orçamentária adequada.

A União, os Estados, o Distrito Federal e os Municípios poderão conceder benefícios às instituições privadas que desenvolverem programas de reinserção no mercado de trabalho, do usuário e do dependente de drogas encaminhados por órgão oficial.

As instituições da sociedade civil, sem fins lucrativos, com atuação nas áreas da atenção à saúde e da assistência social, que atendam usuários ou dependentes de drogas poderão receber recursos do Funad, condicionados à sua disponibilidade orçamentária e financeira.

O usuário e o dependente de drogas que, em razão da prática de infração penal, estiverem cumprindo pena privativa de liberdade ou submetidos à medida de segurança, têm garantidos os serviços de atenção à sua saúde, definidos pelo respectivo sistema penitenciário.

Dos crimes e das penas

Essas penas poderão ser aplicadas isolada ou cumulativamente, bem como substituídas a qualquer tempo, ouvidos o Ministério Público e o defensor.

Posse para uso pessoal (Art. 28)

Quem adquirir, guardar, tiver em depósito, transportar ou trouxer consigo, para consumo pessoal, drogas sem autorização ou em desacordo com determinação legal ou regulamentar será submetido às seguintes penas:

> Advertência sobre os efeitos das drogas.

> Prestação de serviços à comunidade (prazo máximo de 5 meses; em caso de reincidência → até 10 meses).

> Medida educativa de comparecimento a programa ou curso educativo (prazo máximo de 5 meses; em caso de reincidência → até 10 meses).

Às mesmas medidas submete-se quem, para seu consumo pessoal, semeia, cultiva ou colhe plantas destinadas à preparação de pequena quantidade de substância ou produto capaz de causar dependência física ou psíquica.

Para determinar se a droga destinava-se a consumo pessoal, o Juiz atenderá à natureza e à quantidade da substância apreendida, ao local e às condições em que se desenvolveu a ação, às circunstâncias sociais e pessoais, bem como à conduta e aos antecedentes do agente.

A prestação de serviços à comunidade será cumprida em programas comunitários, entidades educacionais ou assistenciais, hospitais, estabelecimentos congêneres, públicos ou privados sem fins lucrativos, que se ocupem, preferencialmente, da prevenção do consumo ou da recuperação de usuários e dependentes de drogas.

Para garantia do cumprimento das medidas educativas a que se refere essa lei (penas aplicadas aos usuários), a que injustificadamente se recuse o agente, poderá o juiz submetê-lo, sucessivamente a:

> Admoestação verbal.

> Multa.

O juiz determinará ao Poder Público que coloque à disposição do infrator, gratuitamente, estabelecimento de saúde, preferencialmente ambulatorial, para tratamento especializado.

Na imposição da pena de medida educativa de multa (em caso de recusa injustificada) o juiz, atendendo à reprovabilidade da conduta, fixará o número de dias-multa, em quantidade nunca inferior a 40 nem superior a 100, atribuindo depois a cada um, segundo a capacidade econômica do agente, o valor de um trinta avos (1/30) até três vezes o valor do maior salário-mínimo.

Os valores decorrentes da imposição dessa multa serão creditados à conta do Fundo Nacional Antidrogas.

Prescrevem em dois anos a imposição e a execução das penas, observado, no tocante à interrupção do prazo, o disposto nos Arts. 107 e seguintes do Código Penal.

4.4 Da Repressão à Produção não Autorizada e ao Tráfico Ilícito de Drogas

Disposições gerais

É indispensável a licença prévia da autoridade competente para produzir, extrair, fabricar, transformar, preparar, possuir, manter em depósito, importar, exportar, reexportar, remeter, transportar, expor, oferecer, vender, comprar, trocar, ceder ou adquirir, para qualquer fim, drogas ou matéria-prima destinada à sua preparação, observadas as demais exigências legais.

As plantações ilícitas serão imediatamente destruídas pelo delegado de polícia (incineração, em no máximo 30 dias da apreensão) que recolherá quantidade suficiente para exame pericial, de tudo lavrando auto de levantamento das condições encontradas, com a delimitação do local, asseguradas as medidas necessárias para a preservação da prova.

Em caso de ser utilizada a queimada para destruir a plantação, observar-se-á, além das cautelas necessárias à proteção ao meio ambiente, o disposto no Decreto nº 2.661, de 8 de julho de 1998, no que couber, dispensada a autorização prévia do órgão próprio do Sistema Nacional do Meio Ambiente - Sisnama.

As glebas cultivadas com plantações ilícitas serão expropriadas, conforme o disposto no Art. 243 da Constituição Federal, de acordo com a legislação em vigor.

Dos crimes

Tráfico de drogas

Importar, exportar, remeter, preparar, produzir, fabricar, adquirir, vender, expor à venda, oferecer, ter em depósito, transportar, trazer consigo, guardar, prescrever, ministrar, entregar a consumo ou fornecer drogas, ainda que gratuitamente, sem autorização ou em desacordo com determinação legal ou regulamentar.

Pena: reclusão de 5 a 15 anos e pagamento de 500 a 1.500 dias-multa.

É possível caracterizar o crime de tráfico de drogas com as seguintes peculiaridades:

> vale lembrar que **não é preciso** obter lucro para o cometimento desse crime;

> trata-se de um **crime vago e misto alternativo**;

> é um **crime congruente**, visto que não há um fim específico.

De acordo com os tribunais superiores, como a saúde pública é o bem jurídico tutelado por essa lei, NÃO se admite o princípio da insignificância!

Classificação: crime comum ou próprio (prescrever, ministrar), formal ou material (deve haver apreensão da droga), permanente, de perigo abstrato.

Bem Jurídico Tutelado: Saúde Pública.

Consumação e Tentativa: o momento consumativo ocorre com a conduta antecipada, dispensando-se o resultado naturalístico. A tentativa é admitida.

O STJ tem entendimento de que haverá tráfico de drogas consumado quando ocorrer a negociação telefônica e a posterior apreensão das drogas antes mesmo de chegar a seu destinatário.

Crimes equiparados ao tráfico de drogas

Nas mesmas penas incorre quem:

> Importa, exporta, remete, produz, fabrica, adquire, vende, expõe à venda, oferece, fornece, tem em depósito, transporta, traz consigo ou guarda, ainda que gratuitamente, sem autorização ou em desacordo com determinação legal ou regulamentar, matéria-prima, insumo ou produto químico destinado à preparação de drogas.

> Semeia, cultiva ou faz a colheita, sem autorização ou em desacordo com determinação legal ou regulamentar, de plantas que se constituam em matéria-prima para a preparação de drogas.

> Utiliza local ou bem de qualquer natureza de que tem a propriedade, posse, administração, guarda ou vigilância, ou consente que outrem dele se utilize, ainda que gratuitamente, sem autorização ou em desacordo com determinação legal ou regulamentar, para o tráfico ilícito de drogas.

Tráfico Privilegiado: essas penas (itens 1 e 2) poderão ser reduzidas de 1/6 a 2/3, desde que o agente seja primário, de bons antecedentes, não se dedique às atividades criminosas nem integre organização criminosa[1].

1 De acordo com a resolução 5 do Senado Federal, a parte desse dispositivo que dizia ser vedada a conversão em penas restritivas de direitos foi suspensa. Dessa forma, a pena privativa de liberdade pode ser convertida em restritiva de direitos.

Maquinário, aparelho, instrumento ou objetos destinados apreparação (art. 34)

Fabricar, adquirir, utilizar, transportar, oferecer, vender, distribuir, entregar a qualquer título, possuir, guardar ou fornecer, ainda que gratuitamente, maquinário, aparelho, instrumento ou qualquer objeto destinado à fabricação, preparação, produção ou transformação de drogas, sem autorização ou em desacordo com determinação legal ou regulamentar.

Pena: reclusão, de 3 a 10 anos, e pagamento de 1.200 a 2.000 dias-multa.

Associação para o tráfico (art. 35)

> ***Art. 35.*** *Associarem-se* **DUAS OU MAIS PESSOAS** *para o fim de praticar,* **REITERADAMENTE OU NÃO,** *qualquer dos crimes previstos nos arts. 33, caput e § 1º, e 34 desta Lei.*
>
> ***Pena*** *- reclusão, de 3 (três) a 10 (dez) anos, e pagamento de 700 (setecentos) a 1.200 (mil e duzentos) dias-multa.*

Diferente do artigo 288 do CP, o qual caracteriza associação criminosa a junção de 3 ou mais pessoas com a finalidade de cometer crimes, aqui o mínimo de pessoas não é 3, mas 2 pessoas. Por isso, vale lembrar que se trata de um crime plurissubjetivo.

Nesse artigo somente cabem as hipóteses previstas de tráfico + condutas equiparadas + tráfico de maquinário, lembrando que o cometimento de crimes pode ser **REITERADO OU NÃO**. Por se tratar de crime autônomo, ocorrendo qualquer outro crime, estar-se-á diante de concurso material de infrações penais. Exige-se também a estabilidade e a permanência para a configuração desse crime (STJ).

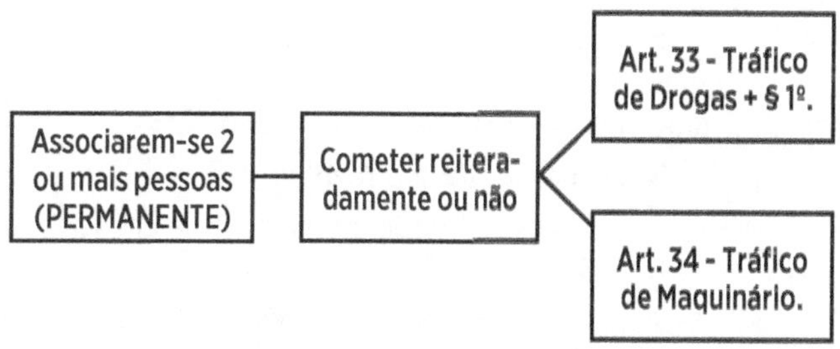

É alvo de provas também a possibilidade de acumular esse crime com o tráfico. A doutrina afirma que **HÁ POSSIBILIDADE** plena do concurso entre associação para o tráfico e o tráfico de drogas, caracterizando concurso material de crimes.

NOTA: para o cometimento desse crime, é preciso combinar a ação criminosa, sendo o fato ocasional descaracterizado em tal tipo penal.

4.4...1 FORMA EQUIPARADA

Parágrafo único. Nas mesmas penas do caput deste artigo incorre quem se associa para a **PRÁTICA REITERADA** do crime definido no art. 36 desta Lei.

O parágrafo único penaliza a conduta de quem **se associa para a prática reiterada** do custeio ou financiamento do tráfico de drogas ou de maquinário. É a chamada figura equiparada do caput, mas divergindo apenas na finalidade reiterada de financiamento.

Associarem-se 2 ou mais pessoas (permanente)	*Reiteradam-ente*	Art. 36 - Financiamento e custeio do tráfico (Art. 31 + § 1º + Art. 34).

Colaborador do tráfico (art. 37)

Colaborar, como informante, com grupo, organização ou associação destinados à prática de qualquer dos crimes previstos nos itens 1, 2 e 3, e também do crime previsto no item 6 (financiar ou custear).

Pena: reclusão, de 2 a 6 anos, e pagamento de 300 a 700 dias-multa.

financiamento ou custeio do tráfico (art. 36)

Financiar ou custear a prática de qualquer dos crimes previstos nos arts. 33, caput e § 1o, e 34 desta Lei.

Pena - reclusão, de 8 (oito) a 20 (vinte) anos, e pagamento de 1.500 (mil e quinhentos) a 4.000 (quatro mil) dias-multa.

Nesse artigo, o custeio ou financiamento tem que ser relevante, e o financiamento ou custeio deve ser reiterado (habitual), por isso NÃO admite tentativa. Se o financiamento for ocasional, o agente se enquadra no Art. 33 com aumento de pena (Art. 40).

As condutas consideradas (equiparadas) tráfico e, por conseguinte, consideradas como crime hediondo são apenas o caput do artigo 33 + §1º + Art. 36 (Doutrina)!

Assunto bastante interessante julgado pelo STJ foi a questão do autofinanciamento. O STJ entendeu que, na hipótese de autofinanciamento do tráfico, não há concurso material entre os crimes de tráfico e o Art. 36, sobressaindo, neste caso, o Art. 33 com aumento de pena previsto no Art. 40, VII (1/6 a 2/3).

Causa de Aumento de Pena (Art. 40)

As penas dos itens 1 ao 6 são aumentadas de um sexto a dois terços (1/6 a 2/3), se:

> A natureza, a procedência da substância ou do produto apreendido e as circunstâncias do fato evidenciarem a transnacionalidade do delito.

> O agente praticar o crime prevalecendo-se de função pública ou no desempenho de missão de educação, poder familiar, guarda ou vigilância.

> A infração tiver sido cometida nas dependências ou imediações de estabelecimentos prisionais, de ensino ou hospitalares, de sedes de entidades estudantis, sociais, culturais, recreativas, esportivas, ou beneficentes, de locais de trabalho coletivo, de recintos onde se realizem espetáculos ou diversões de qualquer natureza, de serviços de tratamento de dependentes de drogas ou de reinserção social, de unidades militares ou policiais ou em transportes públicos.

> O crime tiver sido praticado com violência, grave ameaça, emprego de arma de fogo, ou qualquer processo de intimidação difusa ou coletiva.

> Caracterizado o tráfico entre Estados da Federação ou entre estes e o Distrito Federal.

> Sua prática envolver ou visar a atingir criança ou adolescente ou a quem tenha, por qualquer motivo, diminuída ou suprimida a capacidade de entendimento e determinação.

> O agente financiar ou custear a prática do crime.

Esses crimes (itens 1 ao 6) são inafiançáveis e insuscetíveis de sursis, graça, indulto, anistia e liberdade provisória, vedada a conversão de suas penas em restritivas de direitos.

Nesses crimes, dar-se-á o livramento condicional após o cumprimento de dois terços da pena, vedada sua concessão ao reincidente específico.

Induzimento ou auxílio ao consumo indevido de droga (art. 33, §2º)

Induzir, instigar ou auxiliar alguém ao uso indevido de droga[2]:

Pena: detenção, de 1 a 3 anos, e multa de 100 a 300 dias-multa.

Oferecimento de droga para consumo em conjunto (art. 33, §3º)

Oferecer droga, eventualmente e sem objetivo de lucro, à pessoa de seu relacionamento para juntos a consumirem:

Pena: detenção, de 6 meses a 1 ano, e pagamento de 700 a 1.500 dias-multa, sem prejuízo das penas previstas para usuários.

Prescrição ou ministração culposa de drogas (art. 38)

Prescrever ou ministrar, culposamente, drogas, sem que delas necessite o paciente, ou fazê-lo em doses excessivas ou em desacordo com determinação legal ou regulamentar:

Pena: detenção, de 6 meses a 2 anos, e pagamento de 50 a 200 dias-multa.

O juiz comunicará a condenação ao Conselho Federal da categoria profissional a que pertença o agente.

Condução de embarcação ou aeronave pós-consumo de drogas (art. 39)

Conduzir embarcação ou aeronave após o consumo de drogas, expondo a dano potencial a incolumidade de outrem:

Pena: detenção, de 6 meses a 3 anos, além da apreensão do veículo, cassação da habilitação respectiva ou proibição de obtê-la, pelo mesmo prazo da pena privativa de liberdade aplicada, e pagamento de 200 a 400 dias-multa.

As penas de prisão e multa, aplicadas cumulativamente com as demais, serão de 4 a 6 anos e de 400 a 600 dias-multa, se o veículo for de transporte coletivo de passageiros.

O indiciado ou acusado que colaborar voluntariamente com a investigação policial e o processo criminal na identificação dos demais coautores ou partícipes do crime e na recuperação total

2 ADI nº 4.274 (STF) O Tribunal, por unanimidade e nos termos do voto do Relator, julgou procedente a ação direta para dar ao § 2º do Art. 33 da Lei nº 11.343/2006 interpretação conforme à Constituição, para dele excluir qualquer significado que enseje a proibição de manifestações e debates públicos acerca da descriminalização ou legalização do uso de drogas ou de qualquer substância que leve o ser humano ao entorpecimento episódico, ou então viciado, das suas faculdades psicofísicas.

ou parcial do produto do crime, no caso de condenação, terá pena reduzida de um terço a dois terços.

O juiz, na fixação das penas, considerará, com preponderância sobre o previsto no Art. 59 do Código Penal, a natureza e a quantidade da substância ou do produto, a personalidade e a conduta social do agente.

Na fixação da multa, o juiz, atendendo ao acima disposto para fixação das penas, determinará o número de dias-multa, atribuindo a cada um, segundo as condições econômicas dos acusados, valor não inferior a um trinta avos nem superior a cinco vezes o maior salário-mínimo.

As multas, que em caso de concurso de crimes serão impostas sempre cumulativamente, podem ser aumentadas até o décuplo se, em virtude da situação econômica do acusado, considerá-las o juiz ineficazes, ainda que aplicadas no máximo.

É isento de pena o agente que, em razão da dependência ou sob o efeito, proveniente de caso fortuito ou força maior, de droga, era, ao tempo da ação ou da omissão, qualquer que tenha sido a infração penal praticada, inteiramente incapaz de entender o caráter ilícito do fato ou de determinar-se de acordo com esse entendimento.

Quando absolver o agente, reconhecendo, por força pericial, que este apresentava, à época do fato, as condições acima referidas, poderá determinar o juiz, na sentença, o seu encaminhamento para tratamento médico adequado.

As penas podem ser reduzidas de um terço a dois terços se, por força das circunstâncias previstas para isenção de pena (acima estudadas), o agente não possuía, ao tempo da ação ou da omissão, a plena capacidade de entender o caráter ilícito do fato ou de determinar-se de acordo com esse entendimento.

Na sentença condenatória, o juiz, com base em avaliação que ateste a necessidade de encaminhamento do agente para tratamento, realizada por profissional de saúde com competência específica na forma da lei, determinará que a tal se proceda, observado o disposto no Art. 26 desta Lei. (*O usuário e o dependente de drogas que, em razão da prática de infração penal, estiverem cumprindo pena privativa de liberdade ou submetidos a medida de segurança, têm garantidos os serviços de atenção à sua saúde, definidos pelo respectivo sistema penitenciário.*)

Do procedimento penal

O procedimento relativo aos processos por crimes definidos neste Título rege-se pelo a seguir, aplicando-se, subsidiariamente, as disposições do Código de Processo Penal e da Lei de Execução Penal.

O agente de qualquer das condutas previstas no Art. 28 desta Lei (adquirir, guardar, tiver em depósito, transportar ou trouxer consigo, para consumo pessoal, drogas sem autorização ou em desacordo com determinação legal ou regulamentar), salvo se houver concurso com os crimes previstos nos itens 1 a 8 do tópico anterior, será processado e julgado na forma dos Arts. 60 e seguintes da Lei nº 9.099, de 26 de setembro de 1995, que dispõe sobre os Juizados Especiais Criminais.

Tratando-se da conduta prevista no Art. 28 (acima citado) desta Lei, não se imporá prisão em flagrante, devendo o autor do fato ser imediatamente encaminhado ao juízo competente ou, na falta deste, assumir o compromisso de a ele comparecer, lavrando-se termo circunstanciado e providenciando-se as requisições dos exames e perícias necessários.

Se ausente a autoridade judicial, as providências acima previstas serão tomadas de imediato pela autoridade policial, no local em que se encontrar, vedada a detenção do agente.

Concluídos esses procedimentos (encaminhamento ao juízo), o agente será submetido a exame de corpo de delito, se o requerer ou se a autoridade de polícia judiciária entender conveniente, e em seguida liberado.

Para os fins do disposto no Art. 76 da Lei nº 9.099, de 1995, que dispõe sobre os Juizados Especiais Criminais, o Ministério Público poderá propor a aplicação imediata de pena prevista no Art. 28 (acima citado) desta Lei, a ser especificada na proposta.

Tratando-se de condutas tipificadas nos itens 1 ao 6 do tópico anterior, o juiz, sempre que as circunstâncias o recomendem, empregará os instrumentos protetivos de colaboradores e testemunhas previstos na Lei nº 9.807, de 13 de julho de 1999.

Da investigação

Ocorrendo prisão em flagrante, a autoridade de polícia judiciária fará, imediatamente, comunicação ao juiz competente, remetendo-lhe cópia do auto lavrado, do qual será dada vista ao órgão do Ministério Público, em 24 horas.

Para efeito da lavratura do auto de prisão em flagrante e estabelecimento da materialidade do delito, é suficiente o laudo de constatação da natureza e quantidade da droga, firmado por perito oficial ou, na falta deste, por pessoa idônea.

O perito que subscrever esse laudo não ficará impedido de participar da elaboração do laudo definitivo.

Recebida cópia do auto de prisão em flagrante, o juiz, no prazo de 10 dias, certificará a regularidade formal do laudo de constatação e determinará a destruição das drogas apreendidas, guardando-se amostra necessária à realização do laudo definitivo.

A destruição das drogas será executada pelo delegado de polícia competente no prazo de 15 dias na presença do Ministério Público e da autoridade sanitária.

O local será vistoriado antes e depois de efetivada a destruição das drogas, sendo lavrado auto circunstanciado pelo delegado de polícia, certificando-se neste a destruição total delas.

A destruição de drogas apreendidas sem a ocorrência de prisão em flagrante será feita por incineração, no prazo máximo de 30 dias contado da data da apreensão, guardando-se amostra necessária à realização do laudo definitivo, aplicando-se, no que couber, o procedimento de destruição acima citado.

O inquérito policial será concluído no prazo de 30 dias, se o indiciado estiver preso, e de 90 dias, quando solto. Esses prazos podem ser duplicados pelo juiz, ouvido o Ministério Público, mediante pedido justificado da autoridade de polícia judiciária.

Findos esses prazos, a autoridade de polícia judiciária, remetendo os autos do inquérito ao juízo:

> relatará sumariamente as circunstâncias do fato, justificando as razões que a levaram à classificação do delito, indicando a quantidade e natureza da substância ou do produto apreendido, o local e as condições em que se desenvolveu a ação criminosa, as circunstâncias da prisão, a conduta, a qualificação e os antecedentes do agente; ou

> requererá sua devolução para a realização de diligências necessárias.

A remessa dos autos far-se-á sem prejuízo de diligências complementares:

> Necessárias ou úteis à plena elucidação do fato, cujo resultado deverá ser encaminhado ao juízo competente até três dias antes da audiência de instrução e julgamento.

> Necessárias ou úteis à indicação dos bens, direitos e valores de que seja titular o agente, ou que figurem em seu nome, cujo resultado deverá ser encaminhado ao juízo competente até três dias antes da audiência de instrução e julgamento.

Em qualquer fase da persecução criminal relativa aos crimes previstos nesta Lei, são permitidos, além dos previstos em lei, mediante autorização judicial e ouvido o Ministério Público, os seguintes procedimentos investigatórios:

> A infiltração por agentes de polícia, em tarefas de investigação, constituída pelos órgãos especializados pertinentes.

> A não atuação policial sobre os portadores de drogas, seus precursores químicos ou outros produtos utilizados em sua produção, que se encontrem no território brasileiro, com a finalidade de identificar e responsabilizar maior número de integrantes de operações de tráfico e distribuição, sem prejuízo da ação penal cabível.

» Nessa hipótese, a autorização será concedida desde que sejam conhecidos o itinerário provável e a identificação dos agentes do delito ou de colaboradores.

Da instrução criminal

Recebidos em juízo os autos do inquérito policial, de Comissão Parlamentar de Inquérito ou peças de informação, dar-se-á vista ao Ministério Público para, no prazo de dez dias, adotar uma das seguintes providências:

> Requerer o arquivamento.

> Requisitar as diligências que entender necessárias.

> Oferecer denúncia, arrolar até cinco testemunhas e requerer as demais provas que entender pertinentes.

Oferecida a denúncia, o juiz ordenará a notificação do acusado para oferecer defesa prévia, por escrito, no prazo de dez dias.

Na resposta, consistente em defesa preliminar e exceções, o acusado poderá arguir preliminares e invocar todas as razões de defesa, oferecer documentos e justificações, especificar as provas que pretende produzir e arrolar até cinco testemunhas.

As exceções serão processadas em apartado, nos termos dos Arts. 95 a 113 do Decreto-Lei nº 3.689, de 3 de outubro de 1941 - Código de Processo Penal.

Se a resposta não for apresentada no prazo, o juiz nomeará defensor para oferecê-la em dez dias, concedendo-lhe vista dos autos no ato de nomeação.

Apresentada a defesa, o juiz decidirá em cinco dias.

Se entender imprescindível, o juiz, no prazo máximo de dez dias, determinará a apresentação do preso, realização de diligências, exames e perícias.

Recebida a denúncia, o juiz designará dia e hora para a audiência de instrução e julgamento, ordenará a citação pessoal do acusado, a intimação do Ministério Público, do assistente, se for o caso, e requisitará os laudos periciais.

Tratando-se de condutas tipificadas como infração do disposto nos itens 1 a 6 do tópico anterior, o juiz, ao receber a denúncia, poderá decretar o afastamento cautelar do denunciado de suas atividades, se for funcionário público, comunicando ao órgão respectivo.

Essa audiência será realizada dentro dos 30 dias seguintes ao recebimento da denúncia, salvo se determinada a realização de avaliação para atestar dependência de drogas, quando se realizará em 90 dias.

Na audiência de instrução e julgamento, após o interrogatório do acusado e a inquirição das testemunhas, será dada a palavra, sucessivamente, ao representante do Ministério Público e ao defensor do acusado, para sustentação oral, pelo prazo de 20 minutos para cada um, prorrogável por mais dez minutos, a critério do juiz.

Após proceder ao interrogatório, o juiz indagará das partes se restou algum fato para ser esclarecido, formulando as perguntas correspondentes se o entender pertinente e relevante.

Encerrados os debates, proferirá o juiz sentença de imediato, ou o fará em dez dias, ordenando que os autos para isso lhe sejam conclusos.

Nos crimes dos itens 1 ao 6 do capítulo anterior o réu não poderá apelar sem recolher-se à prisão, salvo se for primário e de bons antecedentes, assim reconhecido na sentença condenatória.

Da apreensão, arrecadação e destinação de bens do acusado

O juiz, de ofício, a requerimento do Ministério Público ou mediante representação da autoridade de polícia judiciária, ouvido o Ministério Público, havendo indícios suficientes, poderá decretar, no curso do inquérito ou da ação penal, a apreensão e outras medidas assecuratórias relacionadas aos bens móveis e imóveis ou valores consistentes em produtos dos crimes previstos nesta Lei, ou que constituam proveito auferido com sua prática, procedendo-se na forma dos Arts. 125 a 144 do Decreto-Lei nº 3.689, de 3 de outubro de 1941 - Código de Processo Penal.

Decretadas quaisquer dessas medidas, o juiz facultará ao acusado que, no prazo de cinco dias, apresente ou requeira a produção de provas acerca da origem lícita do produto, bem ou valor objeto da decisão.

Provada a origem lícita do produto, bem ou valor, o juiz decidirá pela sua liberação.

Nenhum pedido de restituição será conhecido sem o comparecimento pessoal do acusado, podendo o juiz determinar a prática de atos necessários à conservação de bens, direitos ou valores.

A ordem de apreensão ou sequestro de bens, direitos ou valores poderá ser suspensa pelo juiz, ouvido o Ministério Público, quando a sua execução imediata possa comprometer as investigações.

Não havendo prejuízo para a produção da prova dos fatos e comprovado o interesse público ou social, mediante autorização do juízo competente, ouvido o Ministério Público e cientificada a Senad, os bens apreendidos poderão ser utilizados pelos órgãos ou pelas entidades que atuam na prevenção do uso indevido, na atenção e reinserção social de usuários e dependentes de drogas e na repressão à produção não autorizada e ao tráfico ilícito de drogas, exclusivamente no interesse dessas atividades.

Recaindo a autorização sobre veículos, embarcações ou aeronaves, o juiz ordenará à autoridade de trânsito, ou ao equivalente órgão de registro e controle, a expedição de certificado provisório de registro e licenciamento, em favor da instituição à qual tenha deferido o uso, ficando esta livre do pagamento de multas, encargos e tributos anteriores, até o trânsito em julgado da decisão que decretar o seu perdimento em favor da União.

Os veículos, embarcações, aeronaves e quaisquer outros meios de transporte, os maquinários, utensílios, instrumentos e objetos de qualquer natureza, utilizados para a prática dos crimes definidos nesta Lei, após a sua regular apreensão, ficarão sob custódia da autoridade de polícia judiciária, excetuadas as armas, que serão recolhidas na forma de legislação específica.

Comprovado o interesse público na utilização de qualquer dos bens acima mencionados, a autoridade de polícia judiciária poderá deles fazer uso, sob sua responsabilidade e com o objetivo de sua conservação, mediante autorização judicial, ouvido o Ministério Público.

Feita essa apreensão acima referida, e tendo recaído sobre dinheiro ou cheques emitidos como ordem de pagamento, a autoridade de polícia judiciária que presidir o inquérito deverá, de imediato, requerer ao juízo competente a intimação do Ministério Público.

Intimado, o Ministério Público deverá requerer ao juízo, em caráter cautelar, a conversão do numerário apreendido em moeda nacional, se for o caso, a compensação dos cheques emitidos após a instrução do inquérito, com cópias autênticas dos respectivos títulos, e o depósito das correspondentes quantias em conta judicial, juntando-se aos autos o recibo.

Após a instauração da competente ação penal, o Ministério Público, mediante petição autônoma, requererá ao juízo competente que, em caráter cautelar, proceda à alienação dos bens apreendidos, excetuados aqueles que a União, por intermédio da Senad, indicar para serem colocados sob uso e custódia da autoridade de polícia judiciária, de órgãos de inteligência ou militares, envolvidos nas ações de prevenção ao uso indevido de drogas e operações de repressão à produção não autorizada e ao tráfico ilícito de drogas, exclusivamente no interesse dessas atividades.

Excluídos esses casos acima, o requerimento de alienação deverá conter a relação de todos os demais bens apreendidos, com a descrição e a especificação de cada um deles, e informações sobre quem os tem sob custódia e o local onde se encontram.

Requerida a alienação dos bens, a respectiva petição será autuada em apartado, cujos autos terão tramitação autônoma em relação aos da ação penal principal.

Autuado o requerimento de alienação, os autos serão conclusos ao juiz, que, verificada a presença de nexo de instrumentalidade entre o delito e os objetos utilizados para a sua prática e risco de perda de valor econômico pelo decurso do tempo, determinará a avaliação dos bens relacionados, cientificará a Senad e intimará a União, o Ministério Público e o interessado, este, se for o caso, por edital com prazo de cinco dias.

Feita a avaliação e dirimidas eventuais divergências sobre o respectivo laudo, o juiz, por sentença, homologará o valor atribuído aos bens e determinará sejam alienados em leilão.

Realizado o leilão, permanecerá depositada em conta judicial a quantia apurada, até o final da ação penal respectiva, quando será transferida ao Funad, juntamente com os demais valores.

Terão apenas efeito devolutivo os recursos interpostos contra as decisões proferidas no curso do procedimento previsto neste artigo.

Quanto aos bens, recaindo a autorização sobre veículos, embarcações ou aeronaves, o juiz ordenará à autoridade de trânsito ou ao equivalente órgão de registro e controle a expedição de certificado provisório de registro e licenciamento, em favor da autoridade de polícia judiciária ou órgão aos quais tenha deferido o uso, ficando estes livres do pagamento de multas, encargos e tributos anteriores, até o trânsito em julgado da decisão que decretar o seu perdimento em favor da União.

Ao proferir a sentença de mérito, o juiz decidirá sobre o perdimento do produto, bem ou valor apreendido, sequestrado ou declarado indisponível.

Os valores apreendidos em decorrência dos crimes tipificados nesta Lei e que não forem objeto de tutela cautelar, após decretado o seu perdimento em favor da União, serão revertidos diretamente ao Funad.

Compete à Senad a alienação dos bens apreendidos e não leiloados em caráter cautelar, cujo perdimento já tenha sido decretado em favor da União.

A Senad poderá firmar convênios de cooperação, a fim de dar imediato cumprimento a essa alienação.

Transitada em julgado a sentença condenatória, o juiz do processo, de ofício ou a requerimento do Ministério Público, remeterá à Senad relação dos bens, direitos e valores declarados perdidos em favor da União, indicando, quanto aos bens, o local em que se encontram e a entidade ou o órgão em cujo poder estejam, para os fins de sua destinação nos termos da legislação vigente.

A União, por intermédio da Senad, poderá firmar convênio com os Estados, com o Distrito Federal e com organismos orientados para a prevenção do uso indevido de drogas, a atenção e a reinserção social de usuários ou dependentes e a atuação na repressão à produção não autorizada e ao tráfico ilícito de drogas, com vistas na liberação de equipamentos e de recursos por ela arrecadados, para a implantação e execução de programas relacionados à questão das drogas.

4.5 Da Cooperação Internacional

De conformidade com os princípios da não intervenção em assuntos internos, da igualdade jurídica e do respeito à integridade territorial dos Estados e às leis e aos regulamentos nacionais em vigor, e observado o espírito das Convenções das Nações Unidas e outros instrumentos jurídicos internacionais relacionados à questão das drogas, de que o Brasil é parte, o governo brasileiro prestará, quando solicitado, cooperação a outros países e organismos internacionais e, quando necessário, deles solicitará a colaboração, nas áreas de:

> Intercâmbio de informações sobre legislações, experiências, projetos e programas voltados para atividades de prevenção do uso indevido, de atenção e de reinserção social de usuários e dependentes de drogas.

> Intercâmbio de inteligência policial sobre produção e tráfico de drogas e delitos conexos, em especial o tráfico de armas, a lavagem de dinheiro e o desvio de precursores químicos.

> Intercâmbio de informações policiais e judiciais sobre produtores e traficantes de drogas e seus precursores químicos.

4.6 Disposições Finais e Transitórias

Para fins do conceito de drogas instituído nessa lei, até que seja atualizada a terminologia da lista mencionada no preceito, denominam-se drogas substâncias entorpecentes, psicotrópicas, precursoras e outras sob controle especial, da Portaria SVS/MS nº 344, de 12 de maio de 1998.

A liberação dos recursos previstos na Lei nº 7.560, de 19 de dezembro de 1986, em favor de Estados e do Distrito Federal, dependerá de sua adesão e respeito às diretrizes básicas contidas nos convênios firmados e do fornecimento de dados necessários à atualização do sistema previsto no Art. 17 desta Lei, pelas respectivas polícias judiciárias.

A União, os Estados, o Distrito Federal e os Municípios poderão criar estímulos fiscais e outros, destinados às pessoas físicas e jurídicas que colaborem na prevenção do uso indevido de drogas, atenção e reinserção social de usuários e dependentes e na repressão da produção não autorizada e do tráfico ilícito de drogas.

No caso de falência ou liquidação extrajudicial de empresas ou estabelecimentos hospitalares, de pesquisa, de ensino, ou congêneres, assim como nos serviços de saúde que produzirem, venderem, adquirirem, consumirem, prescreverem ou fornecerem drogas ou de qualquer outro em que existam essas substâncias ou produtos, incumbe ao juízo perante o qual tramite o feito:

> Determinar, imediatamente, à ciência da falência ou liquidação, que sejam lacradas suas instalações.

> Ordenar à autoridade sanitária competente a urgente adoção das medidas necessárias ao recebimento e guarda, em depósito, das drogas arrecadadas.

> Dar ciência ao órgão do Ministério Público, para acompanhar o feito.

Da licitação para alienação de substâncias ou produtos não proscritos referidos no inciso II do caput deste artigo, só podem participar pessoas jurídicas regularmente habilitadas na área de saúde ou de pesquisa científica que comprovem a destinação lícita a ser dada ao produto a ser arrematado.

Ressalvada a hipótese a seguir citada, o produto não arrematado será, ato contínuo à hasta pública, destruído pela autoridade sanitária, na presença dos Conselhos Estaduais sobre Drogas e do Ministério Público.

Figurando entre o praceado e não arrematadas especialidades farmacêuticas em condições de emprego terapêutico, ficarão elas depositadas sob a guarda do Ministério da Saúde, que as destinará à rede pública de saúde.

O processo e o julgamento dos crimes previstos nos itens de 1 a 6 do tópico acima estudado, se caracterizado ilícito transnacional, são da competência da Justiça Federal.

Os crimes praticados nos Municípios que não sejam sede de vara federal serão processados e julgados na vara federal da circunscrição respectiva.

Encerrado o processo penal ou arquivado o inquérito policial, o juiz, de ofício, mediante representação do delegado de polícia ou a requerimento do Ministério Público, determinará a destruição das amostras guardadas para contraprova, certificando isso nos autos.

A União poderá estabelecer convênios com os Estados e o com o Distrito Federal, visando à prevenção e à repressão do tráfico ilícito e do uso indevido de drogas, e com os Municípios, com o objetivo de prevenir o uso indevido delas e de possibilitar a atenção e reinserção social de usuários e dependentes de drogas.

Esta Lei entra em vigor 45 dias após a sua publicação (23 de agosto de 2006) e revogam-se a Lei nº 6.368, de 21 de outubro de 1976, e a Lei nº 10.409, de 11 de janeiro de 2002.